Betriebs- und Wirtschaftsinformatik

Herausgegeben von
H. R. Hansen   H. Krallmann   A.-W. Scheer
D. Seibt   P. Stahlknecht   H. Strunz   R. Thome

Büroinformations- und -kommunikationssysteme

Anwendergespräch,
Wirtschaftsuniversität Wien,
30. 9. bis 1. 10. 1982

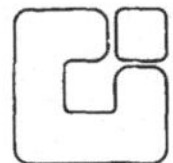

Gesellschaft für Informatik e.V.

Arbeitsgemeinschaft für Datenverarbeitung

Herausgegeben von H. R. Hansen

Springer-Verlag
Berlin Heidelberg New York 1982

Prof. Dr. Hans Robert Hansen
Wirtschaftsuniversität Wien
Institut für Unternehmensführung /
Wirtschaftsinformatik
Augasse 2-6, A-1090 Wien

CIP-Kurztitelaufnahme der Deutschen Bibliothek:

Büroinformations- und -kommunikationssysteme / Anwendergespräch,
Wirtschaftsuniv. Wien, 30.9. - 1.10.1982. Ges. für Informatik e.V.; ADV,
Arbeitsgemeinschaft für Datenverarbeitung. Hrsg. von Hans Robert
Hansen. Berlin; Heidelberg; New York: Springer, 1982.
(Betriebs- und Wirtschaftsinformatik; Bd. 2)
ISBN-13: 978-3-540-11599-1   e-ISBN-13: 978-3-642-68600-9
DOI: 10.1007/978-3-642-68600-9

NE: Hansen, Hans Robert [Hrsg.]; Anwendergespräch <1982, September,
Wien>; Gesellschaft für Informatik; GT

VORWORT

In den Anfängen der kommerziellen Datenverarbeitung wurden Computer weitgehend isoliert vom übrigen Betriebsgeschehen eingesetzt. Formalisierbare und damit automatisierbare Aufgaben der Massen- und Routinedatenverarbeitung, vor allem vergangenheitsorientierte Abrechnungen, wurden aus den Fachabteilungen ausgegliedert und unter der zentralen Verantwortung der EDV-Abteilung verrichtet. Bis gegen das Ende der sechziger Jahre konzentrierte sich dementsprechend das Interesse von Informatikwissenschaft und Datenverarbeitungspraxis fast ausschließlich auf den Computer und sein Betriebssystem. Die Vorfeldorganisation, die Datenerfassung und andere Funktionen 'um den Computer herum' bzw. außerhalb der eigentlichen EDV hatten lediglich für eine reibungslose Datenübergabe und ein sicheres Funktionieren der Anlagen zu sorgen.

Die siebziger Jahre waren durch Anstrengungen geprägt, die Computerleistungen dezentral am Arbeitsplatz zur Verfügung zu stellen und damit ehemals ausgelagerte Funktionen zumindest zum Teil wieder in die Fachabteilungen zu reintegrieren. Neue EDV-Anwendungen wurden nun unter der Mitverantwortung der Fachabteilungen entwickelt und teilweise auch von dort betrieben. Zunehmend wurden auch planerische Aufgabenstellungen durch den Rechner unterstützt. Gefördert wurde diese 'verteilte Datenverarbeitung' durch die Entwicklung von leistungsfähigen, besonders kostengünstigen Kleincomputern und (häufig branchenspezifischen) Peripheriegeräten, das Angebot von Datenbanksystemen, von digitalen Fernmeldediensten sowie von herstellerspezifischen Rechnernetzkonzepten für die Datenfernverarbeitung.

Als vorherrschender Entwicklungstrend in den achtziger Jahren wird angesehen, daß der isolierte Einsatz der EDV nun vollends aufgegeben wird und durch eine Integration von Datenverarbeitung, Textverarbeitung und Nachrichtenübertragung abgelöst wird. Kennzeichnend für diese Sichtweise ist, daß das 'Büro', also jener Platz, an dem sich die Informationsverarbeitungsvorgänge schwerpunktmäßig ereignen, der eigentliche Betrachtungsmittelpunkt wird. Über Terminals oder Kleinrechner 'vor Ort' zur Verfügung gestellte Computerleistungen werden in erster Linie als Hilfsmittel für den Büroarbeitsplatz begriffen, die es mit anderen Hilfsmitteln zu koordinieren gilt. Dahingehende Anstrengungen zielen also darauf ab, die isolierten, zum Teil mechanischen oder händischen Tätigkeiten im Büro wie Schreiben, Kopieren, Ablage, Telefonieren, Telexverkehr usw. untereinander und mit der EDV zu verbinden und zu automatisieren. Motor dieser Entwicklung ist der

Zwang zu mehr Effizienz in der Büroorganisation und der, etwa gegenüber der Produktion, vergleichsweise geringe Rationalisierungs- und Produktivitätsgrad.

Um die notwendige Integration der zu erledigenden Bürotätigkeiten am Arbeitsplatz zu erreichen, wird angestrebt

- einerseits durch Mehrzweckmaschinen das Nebeneinander von spezialisierten Gerätetypen mit den sich zum Teil überschneidenden Funktionen abzubauen und
- andererseits durch Organisations- und Netzkonzepte die Gesamtheit der betrieblichen Informationsverarbeitungsfunktionen in einem System modular kombinierbarer Geräte zu berücksichtigen.

Netze im Fernbereich erlauben heute Übertragungsgeschwindigkeiten bis zu ca. 50 Kbit/s; zusätzliche Dienste wie Telefax, Teletex und Bildschirmtext erleichtern und vereinfachen die Kommunikation zwischen Geschäftspartnern bis hin zum Privathaushalt. Auf eigenem Gelände ermöglichen breitbandige Netze Übertragungsgeschwindigkeiten im Megabitbereich und damit eine Integration von Kommunikationssystemen für Daten, Text, Sprache und Bilder.

An der Wirtschaftsuniversität Wien wurde vom 30. September bis zum 1. Oktober 1982 von der Gesellschaft für Informatik e.V., Sitz Bonn, und der Arbeitsgemeinschaft für Datenverarbeitung, Sitz Wien, ein Anwendergespräch über diesen Themenkreis veranstaltet. Ziele dieses Anwendergesprächs waren die Klärung der mit der Gestaltung von Büroinformations- und -kommunikationssystemen zusammenhängenden grundlegenden Probleme, der Austausch von Erfahrungen bei Planungen und konkreten Anwendungen sowie eine Diskussion der Entwicklungstendenzen. In diesem Band werden - mit Ausnahme von zwei nicht rechtzeitig eingereichten Beiträgen - die schriftlichen Fassungen der Referate dieser Tagung vorgelegt. Sie sind vier Themenschwerpunkten zugeordnet:

- Instrumente und Technologie von Büroinformations- und -kommunikationssystemen,
- Planung und Entwicklung von Büroinformations- und -kommunikationssystemen,
- Vorstellungen und Erfahrungsberichte der Anwender sowie
- Konzepte und Produkte der Hersteller.

Dem Programmausschuß, der die Beiträge aus einer großen Zahl von Vortragsanmeldungen auszuwählen hatte, gehörten folgende Herren an:

Univ.-Doz. Dr. K. Fuchs   (Die Erste österreichische Spar-Casse, Wien)
Prof. Dr. H. Krallmann   (Technische Universität Berlin)
Prof. Dr. L. Nastansky   (Universität - Gesamthochschule Paderborn)
K. Wenke   (Martin Brinkmann AG, Bremen)

Organisiert wurde die Tagung von

P.L. Maier (Wirtschaftsuniversität Wien) und

W. Weber (Amt der Niederösterreichischen Landesregierung, Wien).

Als Sitzungsleiter stellten sich neben den Mitgliedern des Programmausschusses zur Verfügung:

Dr. A. Blaser (IBM Wissenschaftszentrum Heidelberg),

Prof. Dr. O. Grün (Wirtschaftsuniversität Wien),

Prof. Dr. H. Kerner (Technische Universität Wien),

F.R. Müller (Diebold Deutschland GmbH, Frankfurt/M.) und

J. Speek (mbp Mathematischer Beratungs- und Programmierungsdienst GmbH, Dortmund).

Diesen Herren und ganz besonders den Referenten, die sich an diesem Anwendergespräch beteiligt haben, möchte ich vielmals danken.

Hans Robert Hansen

INHALTSVERZEICHNIS

INSTRUMENTE UND TECHNOLOGIE VON BÜROINFORMATIONS- UND -KOMMUNIKATIONSSYSTEMEN

O. Spaniol (Universität Frankfurt):
Lokale Netze: Architektur, Standards, Internetting ... 1

L. Weninger (Technische Universität Wien):
Produktübersicht: Typen, Merkmale und Prinzipien unterschiedlicher Konzepte für lokale Netzwerke ... 18

M. Stumm (Universität Zürich), P.U. Schulthess (Eidgenössische Technische Hochschule Zürich):
Implementierungserfahrungen mit lokalen Netzwerken und daraus abzuleitende Anforderungen ... 33

J. Speek (mbp Mathematischer Beratungs- und Programmierungsdienst GmbH, Dortmund):
Integration von Ethernet in SNA ... 48

W. v. Pattay (Siemens AG, München):
Technologische und fernmeldepolitische Trends und ihre Auswirkungen auf die technische und juristische Integration von Kommunikationssystemen für Sprache, Text, Daten und Bilder ... 61

H. Wortmann (Bundesministerium des Innern, Bonn):
Sachstand der Festlegung Einheitlicher Höherer Kommunikationsprotokolle (EHKP) ... 78

W. Michalke (Fernmeldetechnisches Zentralamt, Wien):
Neue Dienste der Post - Konzepte und Möglichkeiten ... 89

W. Schröder (mbp Mathematischer Beratungs- und Programmierungsdienst GmbH, Dortmund):
Teletex Controller - Lösungen der Dienst-Integrationsproblematik für allgemeine Text-Endgeräte ... 99

H. Kalt (Siemens AG, München):
Auswirkungen des Bildschirmtext-Einsatzes auf die Datenverarbeitung und Nachrichtentechnik bei Anschluß größerer Teilnehmerzahlen ... 111

P. Stucki (IBM Forschungslaboratorium, Rüschlikon):
Algorithmen und Verfahren zur digitalen Speicherung und Wiedergabe von Bilddokumenten (nur Zusammenfassung des Vortrags) ... 117

L. Nastansky (Universität - Gesamthochschule Paderborn, derzeit Université de Montréal):
Business Graphics ... 119

U. Gilhofer (Philips Data Systems GmbH, Wien):
MEGADOC - ein elektronisches Großraumarchiv auf der Basis optischer Speicherplatten ... 135

X

PLANUNG UND ENTWICKLUNG VON BÜROINFORMATIONS- UND -KOMMUNIKATIONSSYSTEMEN

N. Leckebusch (PR-Redaktion Leckebusch KG, Marbach/Neckar):
  Das Büro der achtziger Jahre - zwischen Utopie und Wirklichkeit　143

F. Krückeberg (Gesellschaft für Mathematik und Datenverarbeitung, St. Augustin und Universität Bonn):
  Die Gewährleistungsarchitektur als eine betriebliche Notwendigkeit für Büroinformations- und Kommunikationssysteme　160

H. Krallmann, R. Zimmermann (Technische Universität Berlin):
  Ein betriebliches Kommunikationssystem auf der Basis von CAD/CAM　169

T.W.H.A. Sommerlatte (Arthur D. Little International, Wiesbaden):
  Die Planung künftiger Büroautomation - Vorschläge für eine Unternehmensstrategie　184

W. Schiebel (Wirtschaftsuniversität Wien):
  Interface Gap: Abweichungsursachen bei der Realisation geplanter Informations- und Kommunikationsprozesse im Betrieb und ihre Analyse　196

C. Pronay (Technische Universität Wien und Schrack Elektronik AG, Wien):
  Beurteilung von softwaregesteuerten Bürobetriebsmitteln; ihre Auswirkungen und ihre Einbettung in die Arbeitsorganisation　211

VORSTELLUNGEN UND ERFAHRUNGSBERICHTE DER ANWENDER

U. Busch (SKF Kugellagerfabriken GmbH, Schweinfurt):
  Konzeption betrieblicher Kommunikationssysteme bei SKF　220

R. Koch (Bundesinstitut für Berufsbildung, Berlin):
  Die Anwendung der Informationstechnik in Büro und Verwaltung und die Auswirkungen auf die Arbeitsorganisation und Arbeitsanforderungen in kaufmännisch-verwaltenden Berufen　231

W. Heilmann (INTEGRATA GmbH, Tübingen):
  Organisatorische Gestaltung von informationstechnisch gestützten Heimarbeitsplätzen für Programmierer (Teleprogrammierung)　243

M. Moritz (Gewerkschaft der Privatangestellten, Wien):
  Gewerkschaftliche Erfahrungen mit Büroinformations- und -kommunikationstechnologien - Technisch-organisatorische Entwicklung und Angestellte　264

H. Mildt (Siemens AG, München):
  Anforderungen an Bürosysteme aus der Sicht des Anwenders (Ein Erfahrungsbericht aus dem Siemens-Projekt COS)　273

W.U. Vonrufs (Schweizerische Bankgesellschaft, Zürich):
Erfahrungen und Anforderungen beim Einsatz von Büroinformations-
und -kommunikationssystemen in der Schweizerischen Bankgesellschaft 281

W. Konvicka (Die Erste österreichische Spar-Casse, Wien):
Büroinformations- und -kommunikationssysteme bei der Ersten österreichischen Spar-Casse 287

H.C. Höfer (Hilti AG, Schaan):
Informatik als Instrument der Unternehmensführung bei der Hilti-
Gruppe 300

W. F. Finke (Universität - Gesamthochschule Paderborn):
Gestaltung von Büroinformationssystemen mit Mikrocomputern der
CP/M-Familie 315

P.U. Schulthess (Eidgenössische Technische Hochschule Zürich), M. Stumm
(Universität Zürich):
Dienstintegration in einem in Kabelfernsehtechnik ausgeführten, lo-
kalen Kommunikationsnetz 331

A. Kasparek (Bundesministerium für Finanzen, Wien):
Integration von Text und Daten im DDP-Pilotprojekt des Bundesministeriums für Finanzen 339

A.E. Wiesmayr (Bundesministerium für Finanzen, Wien):
Einsatz der automationsunterstützten Dokumentation in der österreichischen Finanzverwaltung am Beispiel der Pressedokumentation
des Bundesministeriums für Finanzen 358

H. Lasta (Philips Data Systems GmbH, Wien):
Die computergestützte Arbeits- und Informationsumgebung im Büro
am Beispiel von COAST 378

KONZEPTE UND PRODUKTE DER HERSTELLER

T. Kreifelts, P. Wißkirchen (Gesellschaft für Mathematik und Datenverarbeitung, St. Augustin):
Zur Architektur von Bürokommunikationssystemen 395

P.A. Strassmann (Xerox Corporation, Stamford/Connecticut):
Twelve Concepts of Office Automation Development pursued by
Xerox 405

E.G. Lotz (IBM Deutschland GmbH, Stuttgart):
Die IBM-Konzeption zur Integration von Daten- und Textverarbeitung 417

J. Günther (Philips Data Systems GmbH, Wien):
Bürostrukturänderungen durch Philips Informations- und Kommunikationssysteme 427

R. Zimmermann (Dornier System GmbH, Friedrichshafen):
Einsatz neuartiger Kommunikationstechniken in Dornier-Informa-
tions- und -Kommunikationssystemen 443

P. Nikodem (Nixdorf Computer Gesellschaft mbH, Wien):
Die Produktstrategien der Nixdorf Computer AG im Markt der Bürokommunikation   458

K. Herron (DATAPOINT Europe Ltd., Harrow Middlesex/England):
The Integrated Electronic Office of DATAPOINT   467

L.J. Marquit (Wang Laboratories, Inc., Lowell/Massachussets):
Wang's sixth technology: Human Factors in Office Automation   490

H. Peuckert (Siemens AG, München):
Integrierte Bürokommunikation mit Siemens-Produkten   505

M. Hamm (Sperry UNIVAC International Division, London):
SPERRYLINK Office System - Büroinformations- und -kommunikationssystem von Sperry UNIVAC   516

H. Felsner, E. Piller, M. Zimmermann (Honeywell Bull AG, Wien):
OFFICE 2000 - Ein elektronisches Bürosystem im praktischen Einsatz   529

P.H. Nedwed (DIGITAL Equipment Corporation Gesellschaft mbH, Wien-Vösendorf):
Büroverbundsysteme - DIGITAL's Lösungsansatz für das Büro der Zukunft   541

G.B. Bertram (Olympia Werke AG, Wilhelmshaven):
Die technischen Voraussetzungen für die Textverarbeitung und die technisch machbaren Funktionen   547

G. Dieterle (Kontron Mikrocomputer GmbH, München-Eching):
NET/ONE - ein busorientiertes lokales Datennetzwerk   557

ANSCHRIFTENVERZEICHNIS DER AUTOREN, SITZUNGSLEITER UND MITGLIEDER DES PROGRAMMAUSSCHUSSES   573

LOKALE NETZE: ARCHITEKTUR, STANDARDS,

INTERNETTING

PROF. DR. OTTO SPANIOL
Fachbereich 20 (Informatik)
Universität Frankfurt
D-6000 Frankfurt/Main

Kurzfassung: *Diese Arbeit gibt eine Übersicht über Architekturkonzepte und Kopplungsverfahren von lokalen Netzen unter Berücksichtigung des aktuellen Stands der Normungsbestrebungen (IEEE 802, ECMA). Hauptgegenstand des Artikels sind eine vergleichende Beschreibung von Netzzugangsverfahren sowie eine Diskussion von unterschiedlichen Gateway-Konzepten zur Kopplung von lokalen Netzen mit anderen lokalen bzw. nichtlokalen Netzen.*

Abstract: *This paper presents architectural concepts and interconnection principles of local area networks basing on the actual standardization efforts (IEEE 802, ECMA). Main topics of the article are:*
a. a comparative discussion of access schemes
b. the presentation of different gateway structures for interconnecting local and long-haul networks.

1. Definition und Aufgabenbereiche von lokalen Netzen

Ein lokales Rechnernetz ist ein Datenkommunikationssystem, das die Übermittlung von Nachrichten zwischen einer Vielzahl von Datenstationen ermöglicht. Es wird charakterisiert durch eine vergleichsweise geringe geographische Distanz zwischen einzelnen Netzstationen (von ca. 100 m bis hin zu wenigen km) und schließt damit die Lücke zwischen Multiprozessoren einerseits und Netzen mit größerer geographischer Ausdehnung andererseits. Dieser Distanzbereich erlaubt die Vernetzung von in sich abgeschlossenen privaten und öffentlichen Einrichtungen (z.B. Bürogebäude, Kliniken oder Firmengelände) und ermöglicht den Einsatz von Kommunikationsmedien, die eine wesentlich höhere Bandbreite (etwa 1-20 Megabit/s und mehr) und eine niedrigere Fehlerrate (weniger als 10^{-8} auf Bitebene und noch geringere Werte auf höheren Ebenen aufgrund der Fehlersicherungsverfahren) aufweisen als Netze mit größerer Distanz.

Die genannten Qualitätsmerkmale ermöglichen eine Anwendung von lokalen Netzen in vielen Bereichen, die bisher aufgrund der unzureichenden Bandbreite von 'klassischen' Netzen nicht oder nur ineffizient durchführbar waren. Typische Einsatzgebiete sind z.B. (siehe [IEEE 81]):

- File-Transfer
- Textverarbeitung
- Zugriff auf entfernte Datenbanken
- Electronic Mail
- Digitale Sprachübertragung.

2. Architektur und Protokollstruktur von lokalen Netzen

Zur Definition der Regeln für die Steuerung des Kommunikationsablaufs in verteilten
Systemen hat sich ein hierarchisches Konzept als zweckmäßig erwiesen. Figur 1 zeigt
den Schichtenaufbau des ISO-Referenzmodells, das 7 Ebenen unterschiedlicher Funktion
verwendet. Dieses Modell ist für die Kommunikation in sogenannten offenen Systemen
konzipiert worden (OSI, Open System Interconnection).

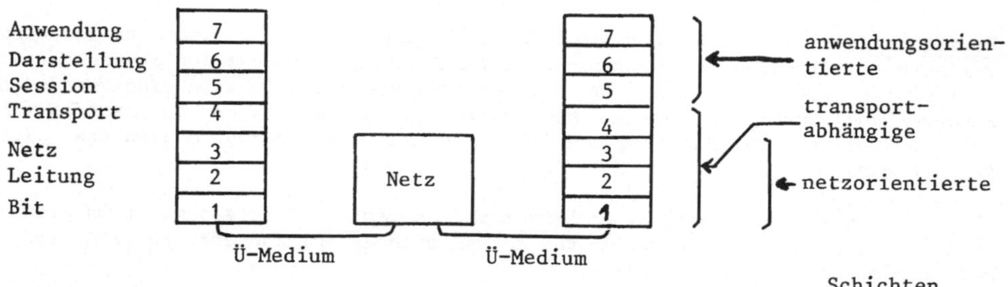

Figur 1: ISO-Referenzmodell

Die Einteilung in 7 Schichten ist nicht zwingend; andere Strukturen sind vorgeschlagen
worden (siehe z.B. [ETHE81]), die andere Schichtenzahlen bzw. -aufgabenbereiche vorsehen.

Im Bereich der lokalen Netze, wo der Betreiber weniger stark oder garnicht an (ein-
schränkende) Vorschriften von öffentlichen Datenträgern (Bundespost!) gebunden ist,
kann man sich eine Abweichung von 7-Schichtenmodell am ehesten erlauben. Anpassungs-
probleme ergeben sich jedoch, wenn man nicht-ISO-konforme lokale Netze mit Stationen eines anderen Netzes koppeln will, das nach einer abweichenden Architektur aufgebaut ist bzw. auch dann, wenn man gleichartige nicht-ISO-Netze mittels öffentlicher
Netze miteinander verbinden will. Eine solche Kopplung erfordert die Umsetzung und
Anpassung der Protokolle auf der höchsten Ebene, wo sich die Architekturkonzepte voneinander unterscheiden; diese Protokollkonversionen müssen in aller Regel mit hohem
Aufwand und geminderter Leistung bezahlt werden. In Abschnitt 4 dieser Arbeit wird
auf diese Fragen näher eingegangen.

Zulässig im Sinne des ISO-Referenzmodells ist dagegen die Unterteilung einer Schicht
in mehrere Unterschichten; dies ist dann zweckmäßig, wenn die Aufgabenbereiche einer
Schicht bei einem speziellen Netzkonzept zu umfangreich werden, um in übersichtlicher
Weise 'en bloc' abgewickelt werden zu können. Auf der anderen Seite können einzelne
(Teil-)Schichten entfallen, wenn deren Funktionen bei speziellen Netzkonzepten nicht
benötigt werden. Beispiele für die Anwendung dieser Techniken findet man im Bereich
der lokalen Netze: Zusätzlich (im Vergleich zu 'klassischen' öffentlichen Netzen)
ist hier die Art und Weise des Zugangs zum Übertragungsmedium zu regeln; man kann
dafür eine eigene - untere - Teilschicht von Ebene 2 vorsehen (siehe Abschnitt 3).

Umgekehrt entfällt in vielen lokalen Netzen die Notwendigkeit einer Wegwahl zwischen
Stationen aufgrund der einfachen verwendeten Topologien, so daß die entsprechenden
der Schicht 3 zugeordneten Funktionen entfallen können.

Die bei lokalen Netzen gegenüber nicht-lokalen Netzen veränderte Struktur der Übertragungsmedien (wesentlich höhere Übertragungsraten, geänderte Zugriffsverfahren,
kurze Laufzeiten) beeinflußt die technologieorientierten unteren Protokollschichten
wesentlich stärker als die anwendungsbezogenen höheren Schichten. Dem Anwender kann
es weitgehend gleichgültig sein, ob seine Anforderungen von einem lokalen, von einem
terrestrischen oder von einem Satelliten-Netz erfüllt werden, sofern die von ihm geforderten Qualitätsmerkmale (maximale bzw. mittlere Anwortzeit, Reihenfolgerichtig-
keit, ...) gewährleistet werden.

Die folgenden Abschnitte der Arbeit beziehen sich daher allein auf die netzabhängigen
Schichten 1 - 3. Die Aufgabenbereiche dieser Schichten im Bereich der lokalen Netze
werden beschrieben, wobei der Diskussionsstand der Standardisierungsgremien IEEE802
und ECMA berücksichtigt wird. Nähere Einzelheiten hierzu findet man in [CL 81] sowie
in [ECMA 82] bzw. in [IEEE 81] .

3. Struktur der technologieabhängigen Ebenen von lokalen Netzen

Aus den in Abschnitt 2 angegebenen Gründen empfiehlt es sich, die technologieabhän-
gigen Ebenen 2 und 3 des auf lokale Netze angewandten ISO-Referenzmodells in Teilschichten zu zerlegen. Figur 2 zeigt eine sich an IEEE802 bzw. an ECMA orientieren-
de Aufteilung.

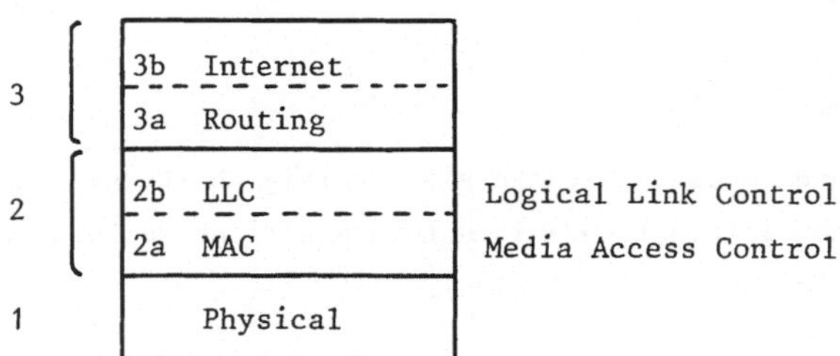

Figur 2: Unterteilung der technologieorientierten Schichten bei lokalen Netzen

Aufgaben und Realisierungsprinzipien der unteren Ebenen werden im folgenden kurz
erläutert. Weitere Einzelheiten zu den folgenden Ausführungen findet man in [IEEE 81]
und [SP 82].

4

3.1. Physikalische Ebene

Die Protokolle dieser Ebene regeln den physikalischen Übertragungsablauf, d.h. die
Übermittlung von Bits zwischen zwei miteinander kommunizierenden Stationen; hierzu
ist insbesondere festzulegen, wie Signale in Abhängigkeit von den Eigenschaften der
zulässigen Übertragungsmedien gesendet bzw. empfangen werden.

Zur Abwicklung des Informationsaustauschs eignen sich Übertragungsmedien mit hoher
Bandbreite, z.B. Basisband-Koax, Breitband-Koax, Glasfasertechnologie, drahtlose
Übertragung im Mikrowellen- oder im Infrarotbereich ... Die Art des verwendeten
Mediums hat entscheidenden Einfluß auf die möglichen bzw. sinnvollen Zugangsverfahren und damit auf den Ablauf der Kommunikation zwischen den Benutzern. Am Beispiel der Eigenschaften von Basisband- bzw. von Breitbandkommunikation sollen die
unterschiedlichen Leistungsmerkmale verdeutlicht werden.

3.1.1. Basisbandkommunikation

Bei dieser Übertragungstechnik <u>können nicht</u> mehrere ungestörte Signale gleichzeitig
auf dem Medium vorhanden sein (im Gegensatz zur Breitbandkommunikation , wo unterschiedliche Signale unterschiedliche Teilbänder des Mediums besetzen können und sich
dann gegenseitig nicht stören). Läßt ein Zugangsverfahren zu, daß zu gewissen Zeit-
punkten mehrere Signale sich überlagern können, dann entsteht ein Konflikt, der erkannt und beseitigt werden muß. Erlaubt das Übertragungsmedium (z.B. aus Zeitgrün-
den) die Konfliktentdeckung nicht in hinreichend zuverlässiger Weise, dann muß ein
Zugangsverfahren verwendet werden, das solche Situationen von vornherein im Regel-
fall ausschließt, z.B. ein Token-Zugangsverfahren. Solche Medien werden in IEEE802
als 'Class B Medien' bezeichnet im Gegensatz zu den 'Class A Medien', welche Kon-
flikterkennung ermöglichen.

3.1.2. Breitbandkommunikation

Breitbandmedien können mehrere Signale gleichzeitig übertragen; dies erfolgt dadurch,
daß die verschiedenen Informationen in unterschiedliche Teilbänder umgesetzt und
übertragen werden (Frequenz-Multiplexing).

Das in IEEE802 definierte 'Class A' Breitbandübertragungsverfahren mittels Koaxkabel soll Datenraten im Bereich zwischen 1 und 20 Megabit/s zulassen und mit
konventionellen Breitbandübertragungstechniken (Kabelfernsehen) verträglich sein;
dies bedeutet, daß die einzelnen Breitbandkanäle unabhängig voneinander für Daten,
Sprache und Video-Übertragungen eingesetzt werden können.

Im Gegensatz zur Basisbandkommunikation müssen bei Breitbandverfahren Signalver-
stärker an geeigneten Stellen des Mediums eingesetzt werden, was dazu führt, daß

die Signale das Übertragungsmedium <u>nur in einer Richtung</u> durchlaufen können. Um
eine Kommunikation zwischen allen angeschlossenen Benutzern ermöglichen zu können,
muß man daher zwei getrennte Koaxkabel verwenden (jeweils eins für die beiden Richtungen) oder aber sogenannte bidirektionale Verstärker einsetzen, welche die untere
Hälfte des Frequenzbereichs 'nach links',die obere aber 'nach rechts' verstärken.
Eine weitere Methode besteht schließlich darin , das untere Frequenzband als Sen-
demedium und das obere Frequenzband als Empfangsmedium zu verwenden, wobei in beiden Medien jeweils gerichtete Verstärker verwendet werden; die Übertragung läuft
hier in der Weise ab, daß Sendeinformationen auf das untere Frequenzband gegeben
werden, am Kopfende (Head-End) des Mediums auf das obere Frequenzband umgesetzt
werden und über dieses schließlich den oder die Adressaten erreichen. Dies entspricht dem ALOHA-Prinzip; es ist leichter zu realisieren als die vorher genannten
Schemata (keine Entscheidung über die Auswahl eines Frequenzbands bzw. Kabels vor
Beginn der Sendung ist notwendig), es vergrößert aber die Laufzeit zwischen Quell-
und Zielstation von einer Nachricht (siehe Figur 3 und [BI 81]).

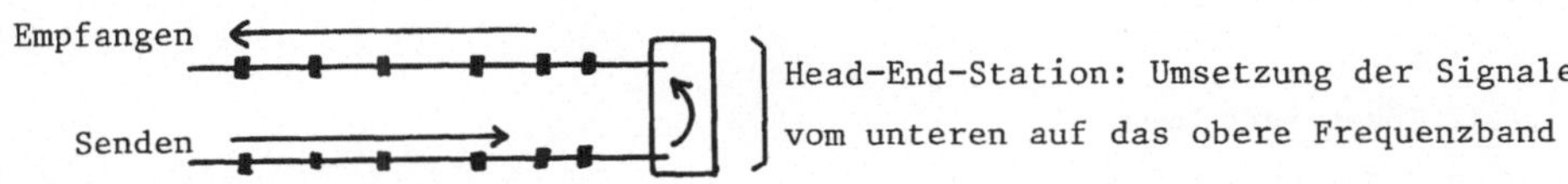

<u>Figur 3</u>: Breitbandübertragung

3.2. <u>Leitungsebene</u>

Im ISO-Referenzmodell hat diese Protokollschicht vor allem die Aufgaben der Flußkontrolle und Fehlersicherung auf Leitungsebene; dies wird dadurch erreicht, daß
Bitströme der Ebene 1 zu numerierten Übertragungsabschnitten zusammengefaßt und
mit Steuerungs- sowie Fehlerprüfungsblöcken ergänzt werden. Dies ermöglicht eine
weitgehende Erkennung von Übertragungsfehlern bzw. -verlusten und die Korrektur
derselben durch Wiederholung dieser Übertragungen.
Bei lokalen Netzen enthält diese Protokollebene als untere Teilschicht zusätzlich
noch die Regelung des Medienzugangs. Die Abtrennung dieser Aufgaben durch eine
eigene Teilschicht ermöglicht eine von Netztopologie und Medienzugangsverfahren
unabhängige Behandlung der eben angesprochenen Flußkontroll- und Fehlersicherungs-
probleme.

3.2.1. <u>MAC (Media Access Control). Untere Teilebene von Schicht 2</u>

Die Steuerung des Medienzugangs (MAC) enthält nach dem Standardisierungsvorschlag
IEEE802 sowohl Elemente der physikalischen Ebene als auch Funktionen der Leitungsebene; daher ist MAC dort teilweise der Schicht 1 bzw. der Schicht 2 zugeordnet.
Wir folgen hier jedoch der Darstellung in [DAN 82] , wo der Medienzugang in Schicht
2 verlagert wird, dies scheint der klarere und systematischere Ansatz zu sein.
Die Art und Weise des Medienzugangs ist zunächst abhängig von der Struktur der Übertragungsmedien und der verwendeten Netztopologie.

Die Übertragungsmedien lassen sich klassifizieren in:

- Rundspruchmedien (Broadcast-Prinzip): Jede Station sendet und empfängt direkt
  zu bzw. von jeder anderen Station. Beispiel: Sprechfunk auf gemeinsamer Frequenz.
- Sequentielle Medien (dedizierte Leitungen): Nachrichten erreichen ihr Ziel über
  dedizierte Leitungen unter eventueller Einschaltung von Zwischenknoten, wobei
  Teile der Nachricht im Zwischen- bzw. im Endknoten geändert bzw. vom Netz entfernt
  werden können.

Als Netztopologien sind einfache Strukturen wie Stern, physikalischer Ring bzw. Bus
von dominierender Bedeutung (siehe $\lceil$SP 82$\rfloor$). Drei Klassen von Zugangsverfahren
werden in den Standardisierungsbestrebungen von IEEE802 nebeneinander diskutiert:
- Token-Verfahren für sequentielle Medien bzw. für Rundspruchmedien (Token-Ring
  bzw. Token-Bus)
- CSMA/CD (Vielfachzugriff auf Rundspruchmedien mit Konfliktentdeckung und -besei-
  tigung)
- Reservierungssysteme.

3.2.1.1. Token-Verfahren

A. Token-Ring (physikalischer Ring)

Hier wird eine physikalisch ringförmige Struktur zwischen den Benutzern B1,...BN
aufgebaut:

$$\lceil \rightarrow B_1 \longrightarrow B_2 \longrightarrow B_3 \longrightarrow \quad \cdots\cdots \quad \longrightarrow B_{N-1} \rightarrow B_N \rceil$$

Übertragungsrechte werden durch ein sogenanntes Token ausgesprochen, das reihum
weitergereicht wird. Diese Konfiguration ermöglicht ein faires Aufteilen der Medien-
kapazitäten auf die aktuell sendewilligen Benutzer. Die Signallaufzeiten können
besonders klein gehalten werden, wenn geographisch benachbarte Stationen direkt
miteinander verbunden werden. Pro angeschlossener Station entsteht eine Verzögerungszeit beim Weiterleiten einer Nachricht (mindestens eine Bit-Übertragungszeit)
für die Prüfung des Token-Feldes der betreffenden Nachricht.

B. Token-Bus (logischer Ring)

Das Token-Prinzip ist nicht auf physikalische Ringstrukturen beschränkt, sondern
kann auf logisch ringförmige Strukturen ausgedehnt werden. Das Token wird in
diesem Fall an die Nachfolgerstation innerhalb des logischen Rings weitergeleitet;
dieses Prinzip ist für alle Topologien und alle Typen von Übertragungsmedien anwendbar, wir beschränken uns jedoch im folgenden auf Bus-Topologien.

Da sich die Zusammensetzung des logischen Rings im Laufe der Zeit ändert (siehe
unten) ergeben sich unterschiedliche Laufzeiten zwischen logisch benachbarten Netzstationen; es ist daher der ungünstigste Fall,   nämlich die doppelte maximale

Signallaufzeit zwischen zwei Netzstationen als Zeit für das Weiterreichen eines
Token vorzusehen. Das Weiterreichen eines Token erfordert bei der hierdurch angesprochenen Nachfolgerstation einen erhöhten Zeitaufwand für die Decodierung der Stationsadresse; außerdem ist wie eben angedeutet die Laufzeit zwischen zwei Stationen höher
als im Falle eines physikalischen Rings. Dies bedeutet, daß Token-Busverfahren aufwendiger sind als Token-Ringverfahren.

Im Token-Busverfahren wird der logische Ring aus den zu einer gegebenen Zeit 'aktiven'
Stationen gebildet; hierunter fallen alle diejenigen Stationen, die z.Zt. eine Kommunikation auf Session-Ebene mit einem anderen Partner durchführen. Wenn während dieser
Zeit ein passierendes Token nicht zur Übertragung einer Nachricht genutzt werden
kann, ist das Token unverzüglich an den Nachfolger im logischen Ring weiterzuleiten.
Stationen, die eine Session eröffnen, müssen die Gelegenheit erhalten, sich in den
logischen Ring neu einzufügen. Dies erfolgt dadurch, daß nach n-maligem Erhalt eines
Tokens (n ist ein systemspezifischer Parameter) ein sogenanntes 'Demand window' eröffnet wird , in dem sich neue Kandidaten anmelden können. Das Entfernen von Elementen
eines logischen Rings kann dadurch erfolgen, daß eine hierfür verantwortliche Station in regelmäßigen Abständen Nachrichten an die Mitglieder des Rings sendet, die
positiv bestätigt werden müssen, wenn das betreffende Mitglied seine Session weiter
aufrechterhalten möchte. Einzelheiten zu diesem Verfahren findet man in   [IEEE 81]
und [CL 81] .

3.2.1.2. CSMA/CD (Rundspruchübertragung mit Vielfachzugriff)

Diese durch Ethernet [ETHE 81] inzwischen wohlbekannte Zugriffsmethode für Bussysteme
geht davon aus, daß alle sendewilligen Stationen vor Beginn einer Übertragung den
Bus abhören und den Sendebeginn verschieben, wenn er z.Zt. belegt ist. Sofern der
Bus frei ist bzw. wird , beginnt die eigene Übertragung unter gleichzeitiger Abhörung der auf dem Bus vorgefundenen Signale. Ein Konflikt und eine daraus resultierende Zerstörung der Nachrichten aller beteiligten Stationen ergibt sich dann, wenn
mindestens zwei Stationen quasi gleichzeitig (d.h. innerhalb einer Signallaufzeit
zwischen den Stationen) ihre Übertragung beginnen. Im Falle solcher Kollisionen werden alle Übertragungsversuche gestoppt und die Sendungen nach einer gewissen Verzögerungszeit neu versucht. Konflikte häufen sich mit wachsender Systembelastung, daher sollte sich die mittlere Verzögerungszeit nach einem erfolglosen Versuch an einner Schätzung der aktuellen Systemlast orientieren; in [SP 82] werden zahlreiche
Varianten von Algorithmen zur Konfliktauflösung beschrieben. <u>Bemerkung:</u> Es gibt verschiedene Verfahren, welche Konfliktwiederholungen vermeiden; diese erfordern jedoch
einen höheren Implementierungsaufwand bzw. können zu einer Bevorzugung gewisser Benutzer führen; in den aktuellen Standardisierungsbestrebungen wird auf solche Methoden nicht eingegangen.

3.2.1.3. Reservierungsschemata

Ein (vereinfachter) Vergleich von Token- und CSMA/CD-Verfahren ergibt, daß erstere
im Hochlastbereich ein besseres Systemverhalten zeigen, da sie auch dann einen hohen
Durchsatz und vergleichsweise kleine maximale Anwortzeiten garantieren können. Im
Niederlastbereich dagegen sind CSMA/CD-Verfahren günstig, da in diesen Fällen Konflikte selten auftreten und die Wartezeit bis zum Passieren eines freien Tokens
entfällt. Eine endliche Antwortzeit kann allerdings auch im Falle sehr geringer
Systembelastung nicht garantiert werden, da in ungünstigen Fällen Konflikte sich
beliebig oft wiederholen können.

Reservierungsschemata versuchen die Vorteile beider Techniken miteinander zu kombinieren. Wir skizzieren im folgenden ein Verfahren, das aufeinander folgende Reser-
vierungs- und Datenübertragungsphasen vorsieht. Die Reservierungsphase bereitet die
konfliktfreie Übertragung aller sendewilligen Benutzer in der nachfolgenden Datenphase vor. Stationen, die während dieses Zeitabschnitts neu sendewillig werden,
müssen sich in der nächsten Reservierungsphase ein Übertragungsintervall für die
darauffolgende Datenphase reservieren. Dies erfolgt in Anlehnung an $[RW\ 77]$, $[CA\ 78]$,
$[HA\ 79]$ wie folgt:

1. Nach Beendigung einer Übertragungsphase versuchen alle neu sendewillig gewordenen
   eine Reservierung (und stoppen diesen Versuch, sofern sie einen Konflikt bemerken).
2a. Wird kein Konflikt festgestellt, dann war höchstens ein Benutzer sendewillig
   und es werden 0 bzw. 1 Übertragungsintervalle in der anschließenden Datenphase
   für diesen Benutzer zur Verfügung gestellt.
2b. Im Falle eines Konflikts startet eine Hälfte der beteiligten Benutzer (z.B. die
   mit den niedrigeren Benutzernummern) einen neuen Reservierungsversuch. Wiederholt sich dann der Konflikt, wird ein neuerlicher Versuch mit einer nochmals
   halbierten Zahl von Benutzern gestartet; dieser Halbierungsprozeß wiederholt
   sich solange, bis kein Konflikt mehr auftritt; dieser und der nächste Reservierungsversuch reservieren dann ein bzw. zwei Abschnitte der Datenphase. Anschließend werden sukzessive diejenigen Stationen neue Übertragungsversuche durchführen, die bei den vorigen Versuchen aufgrund von Konflikten und anschließenden
   Halbierungsprozessen nicht zum Zuge kamen. Man erkennt, daß mit diesem Schema
   die Stationen abhängig von ihrer Stationsnummer in einem binären Baum geordnet
   werden und die Übertragungsreihenfolge 'von links nach rechts' nach aufsteigen-
   der Stationsnummer regeln (vergleiche dazu auch das folgende Beispiel).

3.2.1.4. Beispiel

Im folgenden soll das Zugangsverhalten von Token-Bus, CSMA/CD und von dem eben angesprochenen Reservierungsschema skizziert werden. Wir gehen dabei davon aus, daß
insgesamt acht Netzstationen 0,1,...7 vorhanden seien, die bei Ringstrukturen in

dieser Reihenfolge angeordnet seien und von denen zu einem gegebenen Zeitpunkt die
Stationen 1,2,4,5 gleichzeitig eine Übertragung durchführen wollen (siehe Figur 4).

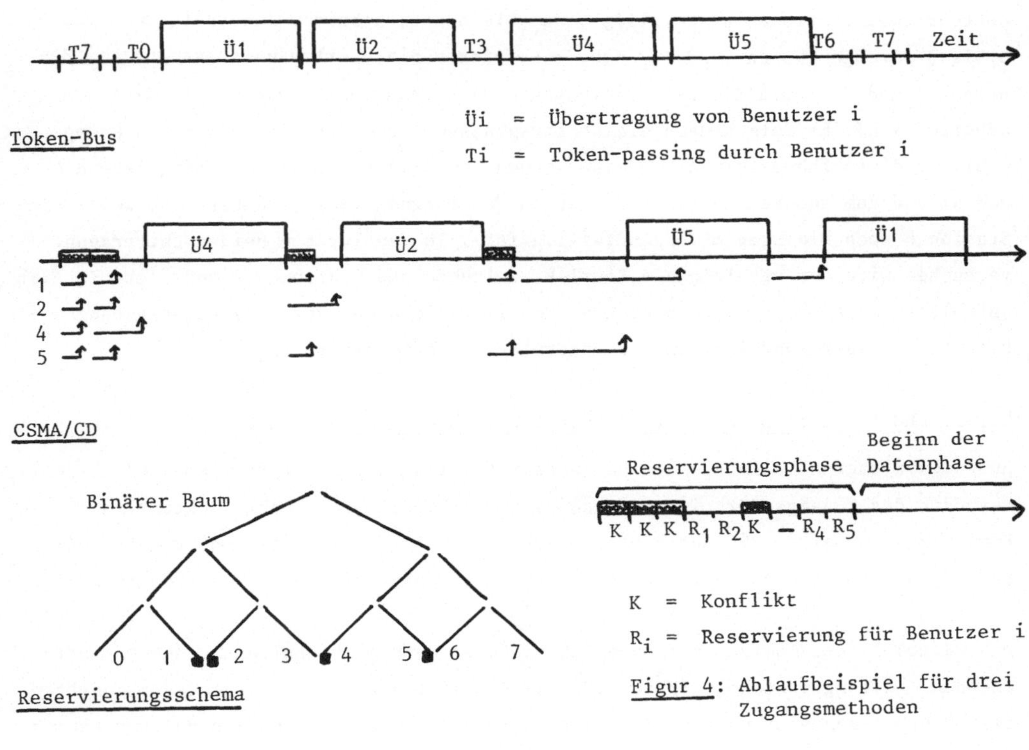

Figur 4: Ablaufbeispiel für drei Zugangsmethoden

Das CSMA/CD-Verfahren benötigt zunächst einige Zeit zur Konfliktauflösung (in diesem gewählten Beispiel). Keine der Stationen 1,2,4,5 ist bezüglich des Netzvorgangs
favorisiert, man kann auch keiner eine Gewähr für einen erfolgreichen Zugang innerhalb eines endlichen Zeitintervalls geben. Die Situation verschärft sich noch, wenn
sich neue Stationen innerhalb der Übertragungsphase der bereits aktiven zusätzlich
einschalten.

Im Token-Bus-Verfahren leiten die Stationen die Sendeberechtigung reihum weiter;
im gewählten Beispiel, wo jede zweite Netzstation übertragungswillig ist (Hochlast-
betrieb), ist der Aufwand für das reine Weiterleiten eines Token vergleichsweise
gering und daher das Token-Bus-Prinzip der CSMA/CD-Methode deutlich überlegen. Die
Verhältnisse ändern sich im Niederlastbereich grundlegend: Wenn z.B. nur eine Station
sendewillig ist, erhält sie bei CSMA/CD sofortigen Zugang, im Token-Verfahren muß
sie im Mittel eine halbe Ringumlaufzeit abwarten; solange dauert es nämlich im
Durchschnitt, bis eine Sendeberechtigung bei ihr eintrifft, wenn alle anderen Stationen inaktiv sind.

Beim Reservierungsprinzip zeigt sich zunächst ein Konflikt, der andeutet, daß mindestens zwei Stationen sendewillig sind. Es folgen weiterhin zwei neue Konflikte, in denen festgestellt wird, daß aus den Gruppen 0 bis 3 bzw. 4 bis 7 jeweils mindestens zwei Stationen sendewillig sind. Die nächsten beiden innerhalb der Gruppe 0 bis 3 durchgeführten Sendeversuche reservieren die Übertragungsversuche der Benutzer 1 und 2, womit die Reservierungen dieser gesamten Gruppe erfolgreich abgearbeitet sind. Es folgen dann die Übertragungsversuche der Mitglieder von Gruppe 4 bis 7; diese führen einmal zu einem neuen Konflikt (zwischen den Mitgliedern 4 und 5) und zum anderen zu einer fehlenden Übertragung (was bedeutet, daß weder die Station 6 noch die Station 7 sendewillig ist). In den letzten beiden Übertragungsversuchen wird der verbleibende Konflikt zwischen den Stationen 4 und 5 erfolgreich aufgelöst. Auch hier ist zu bemerken, daß im Falle niedrigerer Systembelastung wesentlich weniger Konflikte in der Reservierungsphase auftreten.

3.2.2. LLC (Logical Link Control); obere Teilebene von Schicht 2

Auf dieser oberen Teilebene des Leitungsprotokolls werden die Probleme und Lösungsmethoden des Zugangs für die unterschiedlichen Medien nicht mehr sichtbar, d.h. die Kommunikationspartner können sich so verhalten, als ob sie eine fest zugeordnete Leitung für die sequentielle Durchführung ihrer Übertragungen zur Verfügung hätten.

Das Protokoll der oberen Teilebene LLC arbeitet denn auch ähnlich zu dem entsprechenden Leitungsprotokoll (HDLC) für die Übermittlung von Übertragungsabschnitten zwischen Datenendeinrichtung (DTE, Data Terminal Equipment) und zugehöriger Datenübertragungseinrichtung des Netzes (DCE, Data Communication Entity). Die spezifischen Gegebenheiten im Bereich lokaler Netze haben jedoch zur Einführung folgender Abweichungen Anlaß gegeben (siehe [CL 81]):

1. Übertragungsabschnitte werden nicht durch Signalfolgen (sogenannte 'Flaggen') am Anfang und Ende begrenzt; anstelle dessen wird eine Präambel einer Übertragung vorgeschaltet, die zusammen mit einem Konfliktentdeckungsmechanismus einen Abschnitt als solchen eindeutig kennzeichnet. Hiermit entfällt auch die Notwendigkeit des künstlichen Einfügens von Nullen in einem Datenabschnitt (Bit Stuffing) zur Vermeidung von Signalfolgen im Innern einer Übertragung, die als Flaggen interpretierbar sind.

2. Sender- und Empfängeradresse sind reale Stationsadressen, während diese Bereiche bei HDLC (wo ja Sender und Empfänger einer Nachricht von vornherein bekannt sind) lediglich kennzeichneten, ob die betreffende Nachricht eine Botschaft oder eine zugehörige Antwort ist. Hierin zeigt sich der spezielle Charakter lokaler Netze, die eine direkte Verbindung zahlreicher Quell- und Zielknoten untereinander ermöglichen.

3. Das Fehlerprüffeld ist nicht wie in HDLC auf 16 Bits festgelegt, sondern kann wahlweise auch 32 Bits umfassen.

4. Gateway- und Adressierungsprobleme

4.1. Funktionen der Netzebene (Schicht 3 des ISO-RM) bei lokalen Netzen

Ebene 3 im ISO-Referenzmodell ist verantwortlich für Aufbau, Durchführung und Beendigung der Kommunikation auf Netzebene. Sie übernimmt die Aufgaben der geeigneten Wegwahl (Routing) sowie der Kopplung bzw. Überbrückung von Netzen (Internetting) in den Fällen, wo Quell-DTE und Ziel-DTE nicht dem gleichen Netz angehören. Von Ebene 4 an aufwärts sind diese netzspezifischen Eigenschaften unsichtbar.

Zwei wichtige Kommunikationsarten werden auf Netzebene unterschieden:
- Datagramm (connectionless):
  Übertragung aufeinanderfolgender Nachrichten zwischen Quell-DTE und Ziel-DTE unabhängig voneinander. Es besteht hier die Möglichkeit von Verlust, Duplizierung und Umordnung der Reihenfolge aufeinanderfolgender Nachrichten; die Ziel-DTE ist verantwortlich für Maßnahmen, die solche Sonder- bzw. Fehlersituationen beheben. Geeignete Flußsteuerungsmechanismen sind erforderlich, da ein unkontrolliertes Eingeben von neuen Nachrichten ins Netz (zusammen mit einer ungeschickten Wegwahl) zu Überlastung des Netzes und zu daraus resultierenden schlechten Anwortzeiten führen kann.
- Virtueller Schaltkreis (connection):
  Zwischen Quell-DTE und Ziel-DTE wird vor Beginn der eigentlichen Kommunikation eine logische Verbindung aufgebaut; das Netz verpflichtet sich, die sequentiell numerierten Nachrichten dieser Verbindung reihenfolgerichtig und ohne Verluste bzw. Duplikate bei der Ziel-DTE abzuliefern. Durch einen Festermechanismus wird die Zahl der Nachrichten einer gegebenen logischen Verbindung, die gleichzeitig im Netz sein können, auf einen vergleichsweise niedrigen Wert beschränkt; dieser Flußkontrollmechanismus kann bei geeigneter Anwendung das Auftreten von Überlastsituationen im Netz äußerst unwahrscheinlich machen bzw. ganz vermeiden.

Eine modellhafte Beschreibung, die Analyse und einen Vergleich der beiden Kommunikationsarten 'Datagramm' sowie 'Virtueller Schaltkreis' findet sich in [PS 81] ; in die dortige Diskussion werden auch zwei weitere Kommunikationsprinzipien einbezogen, die eine Zwischenstellung zwischen den erwähnten Netzübertragungstechniken einnehmen.

Öffentliche Netze (X.25-Empfehlung) favorisieren virtuelle Schaltkreise; Datagrammübertragung ist erst relativ spät in den Standard mit einbezogen worden, was zeigt, daß man dieser Technik offenbar geringere Bedeutung zumißt. Im Bereich der lokalen Netze ist die Situation grundlegend anders: Hier wird in den meisten Fällen zunächst ein Datagrammdienst angeboten, der aufgrund der spezifischen Gegebenheiten von lokalen Netzen (direkte Verbindung zwischen Quelle und Ziel, vergleichsweise geringe

Fehlerrate) eine hohe Zuverlässigkeit beinhaltet und damit die oben angesprochenen
Datagrammprobleme weitgehend behebt, weil Verlust, Duplizierung und Reihenfolgeum-
ordnung sehr unwahrscheinlich werden. Diese unterschiedliche Philosophie beim Aufbau
lokaler bzw. nicht-lokaler (öffentlicher) Netze verursacht Probleme, wenn man nach
unterschiedlichen Kommunikationsprinzipien aufgebaute Netze miteinander koppelt
(siehe unten).

4.2. Wegwahl und Netzkopplung

Die in lokalen Netzen vorzugweise verwendeten einfachen Netztopologien (Bus, Ring,
Stern) schaffen im allgemeinen eine direkte Verbindung zwischen Quelle und Ziel (ohne
Vermittlung in intelligenten Zwischenstationen, abgesehen von sternförmigen Netzen);
die Wegwahl ist daher entweder trivial (bei sternförmigen Netzen) bzw. überflüssig
(bei den anderen angesprochenen Netztopologien).

Die Situation ändert sich, wenn man 'aufwendigere' Topologien auch im Bereich der
lokalen Netze einsetzt: Ein Beispiel dafür ist die 'Zopftopologie', wobei die Stationen neben einer ringförmigen Anordnung jeweils noch eine direkte Leitung zur
'übernächsten' Station des Ringes haben. Die Entscheidung, ob eine Nachricht zur
direkten Nachfolgerstation oder aber zur übernächsten Station weiterzuleiten ist,
ist hier abhängig von der Adresse der Zielstation.

Ein weiteres Beispiel dafür, wo auch innerhalb lokaler Netze Wegwahlentscheidungen
zu treffen sind, ist der sogenannte 'doppelte Ring', der eine zweite (in Gegenrich-
tung zur ersten verlaufende) ringförmige Verbindung der Stationen beinhaltet.

Wir gehen im folgenden davon aus, daß innerhalb lokaler Netze einfache Topologien
verwendet und damit keine Wegwahlentscheidungen erforderlich werden. Gehören Quell-
und Zielstation einer Nachricht jedoch zu verschiedenen (lokalen bzw. nicht-lokalen)
Netzen, dann müssen sogenannte Gateway-Stationen eingesetzt werden; wenn die Zielstation nur unter Einschalten von einem oder mehreren Zwischennetzen erreichbar ist,
müssen diese Stationen auch Wegwahlentscheidungen treffen. Dies wird auch dann erforderlich, wenn bei Ausfall oder Überlastung eines Gateways zwischen zwei Netzen
eine Nachricht, deren Quelle in dem einen, deren Ziel aber in dem anderen Netz liegt,
über andere Gateways bzw. andere Netze umgeleitet werden muß.

Der Aufbau von Gateway-Stationen ist nicht unproblematisch, da diese leicht zu Eng-
pässen werden können. Diese Situation kann eintreten, wenn zu viele netzübergreifende Kommunikationen über ein Gateway abgewickelt werden. Eine Überlastungsgefahr besteht insbesondere auch dann, wenn nach unterschiedlichen Kriterien aufgebaute Netze
miteinander gekoppelt werden. So wird eine Verbindung von nach Datagrammverfahren
arbeitenden lokalen Netzen mit hoher Bandbreite miteinander über· öffentliche X.25-

Netze (die nach dem virtuellen Schaltkreisprinzip arbeiten und in aller Regel eine
wesentlich geringere Bandbreite pro Verbindung zulassen) Flußkontroll-und Anpassungs-
probleme aufwerfen, die entweder durch geeignete Mechanismen in Quell- bzw. Ziel-
stationen der lokalen Netze oder aber durch Erhöhung der Speicher- und Rechenkapazität der Gateway-Station gelöst werden müssen (siehe [DAN 82] für eine Diskussion
dieser Problematik sowie [AN 82] für den Vorschlag einer Gateway-Struktur zur Verbindung von datagrammartigen lokalen Netzen vom Typ Danube untereinander mittels
öffentlicher X.25-Netze).

Die Netzebene ist auch verantwortlich für eine eventuell notwendige Anpassung der
Nachrichtenformate bzw. für eine Umsetzung von netzinternen Protokollen bei der
Kopplung von Netzen unterschiedlicher Architektur. Es empfiehlt sich daher, diese
unterschiedlichen Funktionen (Wegwahl bei der Kopplung lokaler Netze bzw. Protokoll-
umsetzung und -anpassung) in zwei aufeinander aufbauende Teilebenen von Schicht 3
einzugliedern. Figur 5 zeigt den prinzipiellen Aufbau einer solchen Protokollhier-
archie in Anlehnung an [DAN 82] .

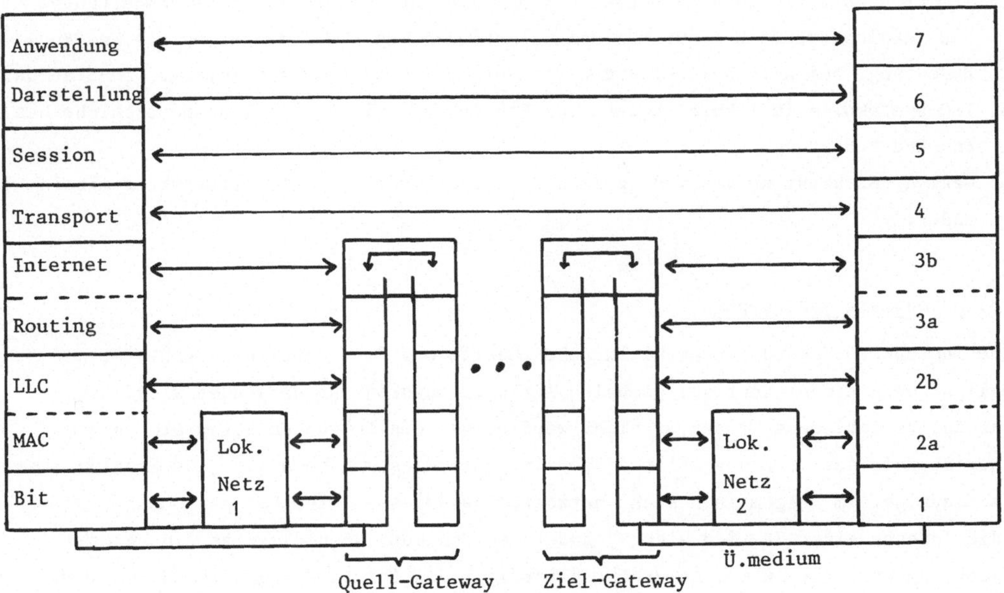

Figur 5: Gateway-Struktur

Gateway-Stationen müssen mindestens die Protokolle der Schichten 1 bis 3 implementieren. Höhere Protokollebenen müssen berücksichtigt werden, wenn die Protokollschichten dieser Ebenen in den beteiligten Netzen nach unterschiedlichen Architek-
turprinzipien aufgebaut sind; siehe [EL 81] , [ECMA 81] . Figur 6 zeigt einige
Beispiele für mögliche Gateway-Strukturen zur Verbindung eines lokalen Netzes (das
nicht unbedingt ISI-konform sein muß; linke Seite der betreffenden Zeicnungen) mit
einem ISO-RM-Netz (rechte Seite der Zeichnungen).

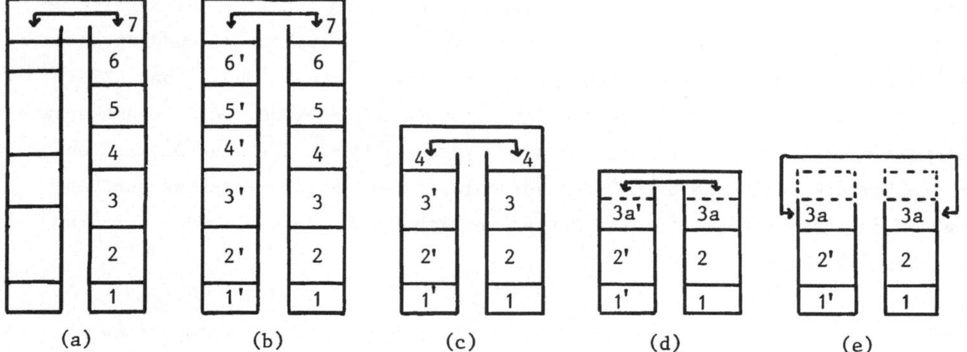

(a)   (b)   (c)   (d)   (e)

Figur 6: Alternativen der Protokollstruktur in Gateways

(a) Unterschiedliche Protokollarchitekturen unterhalb der Anwendungsebene (das lokale Netz muß nicht einmal aufgrund einer hierarchischen Struktur aufgebaut sein).

(b) Hierarchischer Aufbau mit gleicher Stufenzahl im lokalen bzw. nichtlokalen Netz.
Unterschiedliche Protokolle in den Ebenen 1-6.

(c) ISO-Protokolle in lokalen Netzen für die Schichten 5 bis 7; die Transportebene
des lokalen Netzes hat nur für Kommunikationen innerhalb dieses Netzes End-End-
Bedeutung, bei netzübergreifendem Verkehr reicht sie nur bis zur Gateway-Station.

(d) ISO-Protokolle in lokalen Netzen für Schichten 7 bis 4; die Transportschicht hat
End-End-Bedeutung.

(e) Gateway-Struktur zur Verbindung lokaler Netze gleicher Protokollstruktur miteinander.

4.3. Adressierungskonzepte

Eine (netzüberbrückende) Wegwahl zwischen Quelle und Ziel einer Nachricht ist nur
möglich, wenn ein eindeutiges globales Adressierungskonzept verwendet wird. Dies
kann auf verschiedene Weisen erreicht werden, wie die folgenden Beispiele zeigen:

- Horizontale Adressierung (Flat Addressing): In diesem Schema hat jede Station eine
  eindeutige, im allgemeinen nicht netzbezogene Adresse. Dies hat den Vorteil, daß
  die Adresse einer Station nicht geändert werden muß, wenn diese an ein anderes
  Netz angeschlossen wird. Es erhöht allerdings den Adressierungsaufwand, da auch
  für netzinterne Transporte die vollständigen Adressen angegeben werden müssen.
  Außerden werden die Wegwahlentscheidungen schwieriger, da aus der Adresse nicht
  ohne weiteres auf das zugehörige Netz zurückgeschlossen werden kann.

- Vertikale Adressierung (Hierarchical Addressing): Die Adresse einer Station wird
  hier eingeteilt in hierarchische Bereiche, z.B.: Netzadresse, Stationsadresse,
  Adresse des Benutzerprozesses (in dieser Reihenfolge). Beim Wechsel des Netzanschlusses einer Station müssen die Adressen aller betroffenen Benutzerprozesse
  geändert werden. Ist eine Station mit mehreren Netzen gleichzeitig verbunden,

dann muß sie unter Verwendung dieses Schemas mehrere Adressen erhalten. Die Vorteile eines hierarchischen Adressierungskonzepts liegen darin, daß Wegwahlentscheidungen erheblich vereinfacht werden, und daß im netzinternen Bereich mit verkürzten Adressen gearbeitet werden kann (Beispiel: Telefonnetz).

4.4. Gateway-Strukturen für verschiedene Operationsformen

Wir unterscheiden folgende drei wichtige Operationsarten für lokale Netze:

A. Interne Kommunikation (d.h. Quell- und Zielstation im gleichen lokalen Netz).

B. Netzübergreifende Kommunikation zwischen lokalen Netzen ohne Einschaltung von öffentlichen Netzen.
   Diese Aufgabe kann (bei gleichártigem Aufbau der Netze) durch eine Gateway-Station gelöst werden, die lediglich Wegwahlaufgaben übernimmt, aber keine Protokollanpassungen. Das Gateway muß dann nur die untere Teilebene von Schicht 3 realisieren.

C. Netzübergreifende Kommunikation zwischen lokalen Netzen unter Einbezug von öffentlichen Netzen. In diesem Fall muß neben der Wegwahl eine Anpassung an die Gegebenheiten des X.25-Standards vorgenommen werden.

Figur 7 zeigt die verschiedenen möglichen Operationsformen.

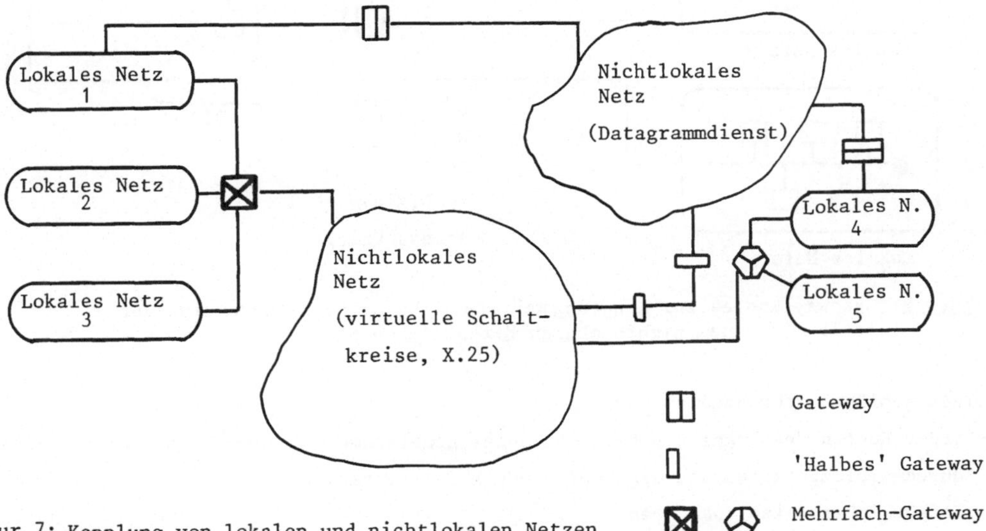

<u>Figur 7</u>: Kopplung von lokalen und nichtlokalen Netzen

Es wurde bereits darauf hingewiesen, daß Gateways zwischen lokalen und X.25-Netzen besondere Probleme bei der Implementierung aufwerfen. Es empfiehlt sich daher, für mehrere lokale Netze eines Bereichs ein gemeinsames Gateway vorzusehen, das zum einen für den Anschluß der lokalen Netze an das X.25-Netz sorgt (Operationsart C) und das zum andern auch die Kommunikation zwischen den lokalen Netzen dieses Bereichs ermöglicht (Operationsart B). In einer Arbeit von Elden [EL 81] wird der Aufbau einer

solchen Gateway-Station im Detail beschrieben; dieser Ansatz wurde inzwischen verschiedenen Standardisierungsgremien zur Prüfung vorgelegt. Figur 8 skizziert die
Struktur eines solchen Mehrfach-Gateways.

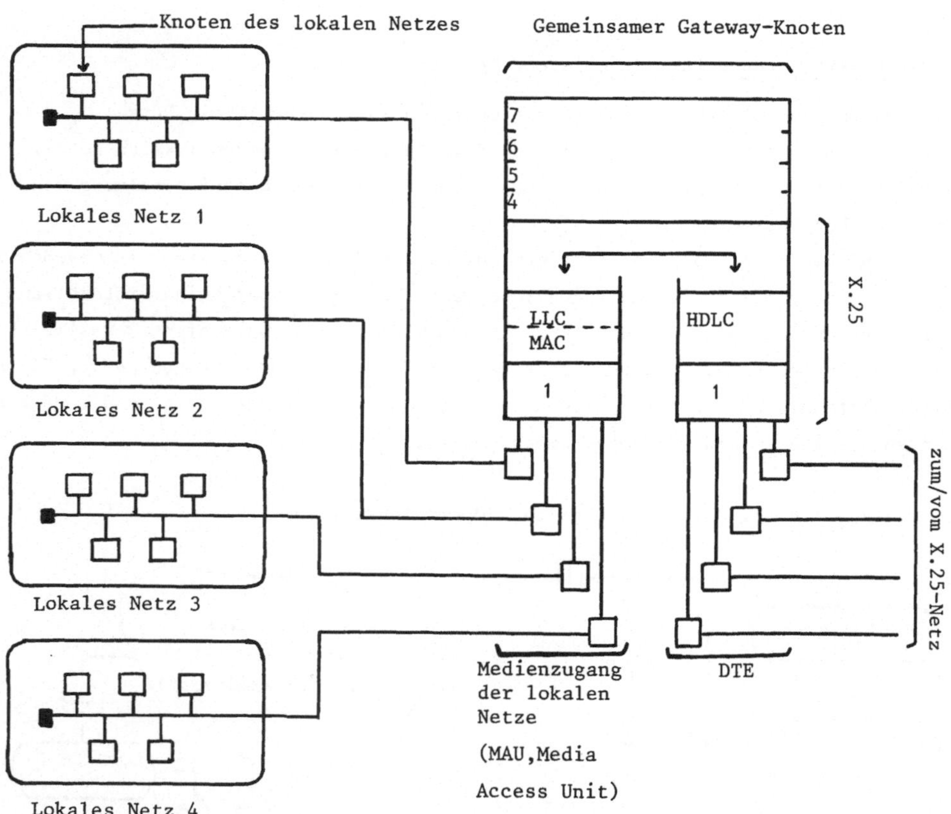

<u>Figur 8</u>: Gateway-Knoten zur Kopplung mehrerer lokaler Netze untereinander
sowie mit einem nicht-lokalen öffentlichen Netz

Elden schlägt unter anderem vor, daß:

- jeder Knoten des lokalen Netzes und jeder gemeinsame Gateway-Knoten die X.25-Proze-
duren implementieren und die Empfehlung X.121 (internationales Adressierungskonzept
öffentlicher Netze) beachten

- jeder Knoten der lokalen Netze (einschließlich desjenigen Teils des Gateway-Knotens,
der den lokalen Netzen zuzurechnen ist) zwei verschiedene LLC-Protokolle implementiert: Eines für Operationsform A (netzintern), das andere für Operationsart B oder
C (netzübergreifend); die beiden Operationsformen sollen durch Subadressierung im
Datenfeld der Nachrichten unterscheidbar gemacht werden

- für jedes an ein Gateway angeschlossene lokales Netz genau eine Host-Adresse für
netzübergreifenden Verkehr eingesetzt wird.

5. Literatur

[AN 82]   Ansart, J.P. und andere:
           DANUBE Local Network Interconnections via TRANSPAC Public Network.
           IFIP-Symp. on Local Computer Networks, North-Holland 1982, 279-287.

[BI 81]   Biba, K.J.:
           Packet Communication Networks for Broadband Coaxial Cable.
           Online 81, Northwood, 611-625.

[CA 79]   Capetanakis, J.I.:
           Tree Algorithms for Packet Broadcast Channels.
           IEEE Transactions on Information Theory, IT-25, 1979, 505-515.

[CL 81]   Clancy, G.J.Jr.:
           A Status Report on the IEEE Project 802 Local Network Standard.
           Online 81, Northwood, 591-609.

[DAN 82]   Danthine, A.S.:
           Network Interconnection.
           IFIP-Symp. on Local Computer Networks, North-Holland 1982, 289-308.

[EL 81]   Elden, W.L.:
           Gateways for Interconnecting Local Area and Long-Haul Networks.
           Online 81, Northwood, 391-406.

[ECMA 82] ECMA-Network Layer Principles, Final Draft.
           (ECMA/TC24/82/18).

[ETHE 81] The Ethernet: A Local Area Network; Data Link Layer and Physical
           Layer Specifications. Computer Communication Rewiev 11, 1981, 20-66.

[HA 78]   Hayes, J.F.:
           An Adaptive Technique for Local Distribution.
           IEEE Transactions on Communications, COM-26, 1978, 1178-1186.

[IEEE 81] IEEE 802 Local Network Standard.
           Draft B, oct.15, 1981.

[PS 81]   Pujolle, G. und Spaniol, O.:
           Modelling and Evaluation of Several Internal Network Services.
           Performance Evaluation 1, 1981, 212-224.

[RW 77]   Rothauser, E.H., Wild, D.:
           MLMA: A Collision-free Multi-Access Method.
           Proceedings IFIP Congress 77, North-Holland 1977, 431-436.

[SP 82]   Spaniol, O.:
           Konzepte und Bewertungsmethoden für lokale Rechnernetze.
           Erscheint in Heft 3, 1982, des GI-Informatik-Spektrums.

<u>PRODUKTÜBERSICHT: TYPEN, MERKMALE UND PRINZIPIEN</u>
<u>UNTERSCHIEDLICHER KONZEPTE FÜR LOKALE NETZWERKE</u>

L. Weninger
Institut für Angewandte Informatik
und Systemanalyse
TU Wien

Die heute immer stärker entstehende Vielfalt am Gebiet der lokalen Netzwerke erfordert die Angabe von Einteilungs- und Strukturierungsprinzipien, mit deren Hilfe die verschiedenen Konzepte verglichen werden können. Die dabei auftretenden Fragen sind:

Was sind lokale Netzwerke?

Nach welchen Prinzipien arbeiten sie?

Wie können sie eingeteilt werden?

Die folgende Diskussion beschreibt an Hand des Modells von IEEE 802 die wichtigsten Punkte, die auf obige Fragen eine Antwort geben. Dabei muß aber sofort festgestellt werden, daß es wahrscheinlich nie <u>das</u> lokale Netzwerk geben wird, sondern je nach Bedarf das eine oder das andere Produkt die geforderten Kriterien am besten erfüllen wird.

1. <u>DEFINITION</u>

Lokale Netzwerke lassen sich nur grob definieren, es gibt eigentlich keine exakte Definition. Die am häufigsten verwendeten Unterscheidungsmerkmale, nach denen sich lokale Netze einteilen lassen, sind die Entfernung der Knoten voneinander und die Übertragungsgeschwindigkeit. Eine grobe Einteilung könnte daher lauten:

	Entfernung	Geschwindigkeit
Datennetze	> 10 km	< 0.1 Mbps
Lokale Netzwerke	0.1 – 10 km	0.1 – 10 Mbps
Multiprozessorsysteme	< 0.1 km	> 10 Mbps

(Anmerkung: Mbps = Megabit pro Sekunde)

Die Grenze zwischen "normalen" Netzwerken und lokalen Netzen ist allerdings sehr unscharf und wird meist eher durch die Organisationsform und die Übertragungsrate als durch die räumliche Distanz gegeben. Typische Merkmale lokaler Netzwerke sind die billigen Übertragungsmedien und Modems; die hohe Datenrate und die große Anzahl der Endpunkte. Ein Schlüsselprinzip besagt, daß im allgemeinen jeder Teilnehmer jede Übertragung hören kann, unabhängig davon, ob sie für ihn bestimmt ist, oder nicht.

2. EINTEILUNGSPRINZIPIEN

Um Einteilungsprinzipien für lokale Netzwerke aufstellen zu können, ist es hilfreich, ein theoretisches Modell zu Hilfe zu nehmen. Das allgemeinste Modell dafür ist das ISO-Modell /1//2/, das vom IEEE für die speziellen Anforderungen lokaler Netze modifiziert wurde und von der Normungsgruppe IEEE 802 für lokale Netzwerke erweitert wurde /3//4/.

2.1. ISO-OSI MODELL UND IEEE 802

Bei der Entwicklung des ISO-Modells ging man von der Idee eines offenen Systems aus. Man wollte ein Modell schaffen, das auf öffentlichen Datennetzen aufbauend die Kommunikation zwischen beliebigen Terminals und Rechnern ermoglicht. Das entstandene Schichtenmodell läßt eine Unterteilung in ein Transportsystem und ein Anwendersystem zu.
Das Transportsystem dient dazu, Nachrichten von einem Endgerät zu einem anderen zu transportieren, ohne dabei die Daten selbst zu beachten und deren Verarbeitung zu beeinflussen. Das Anwendersystem wiederum setzt den erfolgreichen Transport der Daten voraus. Es behandelt ausschließlich die Kommunikation zwischen Prozessen, deren Datenstrukturen und die Verarbeitung der Daten durch die Prozesse. Diese beiden Teilsysteme werden weiter untergliedert, sodaß das ISO-Modell aus sieben Ebenen besteht. Die lokalen Netzwerke stellen nun ausschließlich Dienste des Transportsystems zur Verfügung.

Während das ISO-Modell verbindungsorientiert ist, erlaubt das lokale Netz einem Sender in einem Übertragungsvorgang einen, mehrere oder alle

anderen Knoten zu erreichen. Da also das routing-Konzept unnötig
scheint, kann die Schicht 3 des ISO-Modells durch eine leere Schicht
ersetzt werden. Daher bezieht sich das Modell eines lokalen Netzwerkes
nur auf die Schicht 1 und die Schicht 2 des ISO-Modells. Dieser Weg
wurde vom IEEE 802 Gremium eingeschlagen. Um das Modell besser an die
Anforderungen lokaler Netze anzupassen, wurde eine Unterteilung der
Schicht 2 des ISO-Modells in die Schichten Medium Access Control (MAC)
und Logical Link Control (LLC) vorgeschlagen. Der Zusammenhang zu ISO
läßt sich klar erkennen (Abb 1).

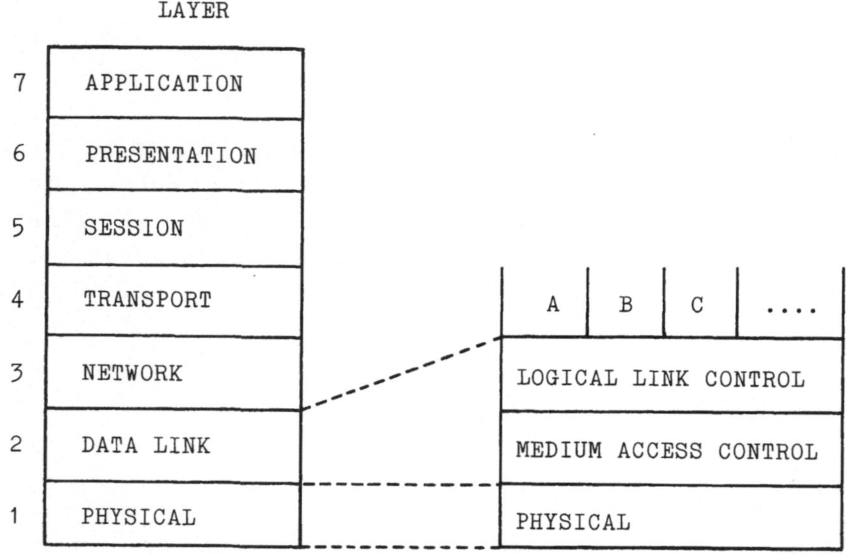

Abbildung 1

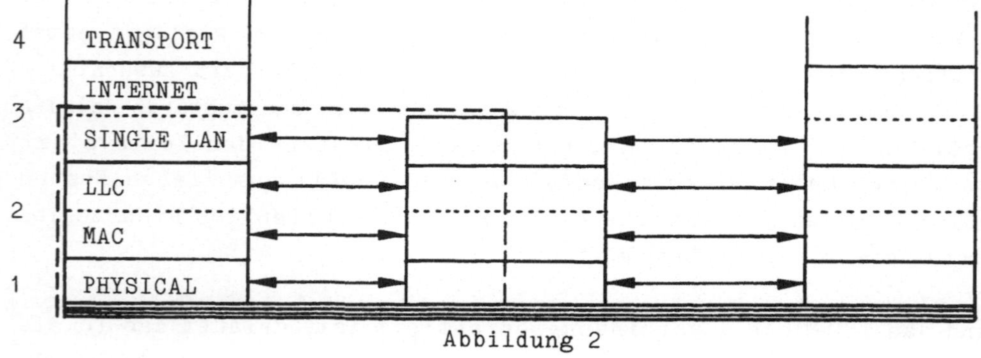

Abbildung 2

Um auch die Zusammenhänge bei der Verbindung zweier lokaler Netze beschreiben zu können, muß im ISO-Modell auch noch die Schicht 3 unterteilt werden, sodaß das allgemeine ISO-OSI-Modell (offenes System!)
eines lokalen Netzes wie in (Abb 2) dargestellt werden kann.

3. MERKMALE UNTERSCHIEDLICHER KONZEPTE

Im folgenden sollen die verschiedenen Modelle lokaler Netzwerke nach den
Schichten des IEEE 802-Modells betrachtet werden.

3.1. PHYSIKALISCHES NIVEAU

Das physikalische Niveau definiert die Eigenschaften des verwendeten
Übertragungsmediums. Dem nächst höheren Niveau werden der Aufbau einer
physikalischen Verbindung, die Übertragung von Bitstrings und der Abbau
der Verbindung als Dienstleistung zur Verfügung gestellt. Nach der Art
der Übertragung wird in Schmalband- und in Breitbandübertragung unterteilt. Da die wichtigste Forderung an ein lokales Netz eine einfache,
schnelle und zuverlässige Datenübertragung ist, sind eigentlich nur
Übertragungsmedien mit großer Bandbreite interessant.
Die für lokale Netze verwendeten Übertragungsmedien sind Telefonkabel,
Koaxialkabel, Glasfaserkabel und die drahtlose Übertragung.

Medium	Distanz	Bitrate	Bemerkung
Telefonleitungen	5 km	250 kbps	weit verbreitet
Basisband-Koax	3 km	10 Mbps	⎧ Abschirm- und
CATV-Koax	3 km	350 MHz (ca 500Mbps)	⎩ Erdungsprobleme
Glasfaserkabel	30 km	> 1 Gbps	teuer, techni-
	(theoretisch)		sche Probleme
drahtlos	3 km	4 Mbps	Postbewilligung?

Die folgende Diskussion erwähnt auch beispielhaft einige Produkte, die
überwiegend mit dem betreffenden Übertragungsmedium arbeiten; eine ge-
nauere Beschreibung ist in /5/ zu finden.

3.1.1. TELEFONLEITUNGEN

Für sogenannte "inhouse" Netze bietet sich die Verlegung von Koaxialkabeln an, die eine entsprechend hohe Datenübertragungsrate ermöglichen.
Da man allerdings nicht davon ausgehen kann, daß lokale Netzwerke nur
auf ein Gebäude beschränkt sind - andererseits aber die grundstücküber-
schreitende Kommunikation ein Privileg der Post ist - können für Netze,
die mehrere getrennte Grundstücke verbinden, nur die von der Post zur
Verfügung gestellten Medien verwendet werden. Die Integration von Tele-
fon- und Datexleitungen in lokale Netzwerke kann also nicht von vorneherein ausgeschlossen werden. Telefonleitungen werden von CAMBRIDGE-RING
/6/, DATARING, LOGICA VTS und DCA verwendet sowie von lokalen Netzen,
die von der Seite des Telefons her entwickelt wurden - wie etwa IBX von
INTECOM/ EXXON oder SL-1 von NORTHERN TELECOM.

3.1.2. BASISBAND-KOAXIALKABEL

Die meisten lokalen Netzwerke arbeiten heute mit Koaxialkabeln, wobei
die Diskussion über Basisband oder Breitband gerade derzeit sehr heftig
entflammt ist. Die Seite der Basisbandvertreter wird eindeutig vom
ETHERNET-Konzept /7/ dominiert. Der Beginn der Forschungsarbeiten dafür
lag im Jahr 1972 und wurde mit der Veröffentlichung der Spezifikationen
für DIX (Ergebnis einer Kooperation von DEC, INTEL und XEROX) /8/ abgeschlossen. Die typischen und für den Anwender nicht uninteressanten
Merkmale von DIX sind: Die Verwendung eines Koaxkabels als passives
Medium (=Äther) mit einer Rate von 10 Mbps. Dadurch liegt die Kontrolle
und die Zugriffslogik vollständig in den Endgeräten. Das Kabel kann
durch einfache Verstärkerverbindungen bis zu einer Länge von 2500 m
erweitert werden, wobei insgesamt bis zu 1024 Geräte pro Kabelsegment
angeschlossen werden können. Die Hauptargumente für DIX sind Einfach-
heit, der niedrige Preis und Gerätekompatibilität durch die Verlagerung
der Kontrolle in die Endgeräte, die Gleichberechtigung aller Teilnehmer,
die Unabhängigkeit von der Funktionsfähigkeit einzelner Knoten sowie die
Stabilität. Durch die erfolgreiche Kooperation DIX sowie durch die
Lizenzvergabe um $ 1000,- haben sich bisher etwa 300 Hersteller zu
diesem Konzept entschlossen. Durch diesen Umstand scheint sich eine de-
facto Norm herausgebildet zu haben. Diese Norm wird aber ganz sicher
nicht die einzige bleiben, da die Seite der Breitbandvertreter ebenfalls

über gute Argumente und über viele Anhänger verfügt. Nach einer Prognose der US-Marktforscher Frost & Sullivan sollten bis 1986 die Basisbandlösungen einen Markt von 100 Mio $, die Breitbandnetze aber mehr als 210 Mio $ erreicht haben.
Basisband-Koaxialkabel finden in SILK, PRIMENET, STAR SHAPED RINGNET, ETHERNET, DIX, ARCNET und NET-ONE Verwendung.

3.1.3. BREITBAND-KOAXIALKABEL

Als der typische Vertreter der Breitbandlösung wird meist WANGNET /9/ erwähnt. Seit dem Frühjahr 1982 laufen die Prototypen dieses Netzes. Von der Strategie her unterstützt WANGNET SNA. Das Übertragungsmedium ist ein doppeltes Koaxialkabel (für Senden und Empfangen) wobei aber die Glasfaserkabel nicht von vorneherein ausgeschlossen sein sollen. Das Breitband wird mit Frequenzmultiplexing in drei Bänder geteilt, die der simultanen Übertragung von Texten, Daten, Stimmen und Videosignalen dienen. Auf einem eigenen WANG-band kommunizieren WANGeigene Geräte mit einer Rate von 12 Mbps. Das zweite Band, das sogenannte Interconnect-band steht für standardisierte Protokolle beliebiger Geräte mit 300 bps bis 64 Kbps zur Verfügung. Über das dritte Band schließlich können KabelTV-Anwendungen abgewickelt werden, wobei mehrere Video-Kanäle mit einer Bandbreite von 6 MHz vorhanden sind. Die auf dem Utility-band vorgesehenen Anwendungen sind etwa Videokonferenzen, Sicherheitsüberwachungsanlagen und sogar Satellitenverbindungen. Insgesamt sollen etwa 5000 Teilnehmer an einem WANGNET partizipieren können. CATV- (=Community antenna TV) Koaxialkabel werden von MITRENET, WANGNET, VIDEODATA und HYPERCHANNEL eingesetzt.

3.1.4. GLASFASERKABEL

Die heute noch vorhandenen technischen Probleme bei der Verwendung von Glasfaserkabeln verhindern derzeit eine weitere Verbreitung dieses Mediums. Man muß aber die Forschungsfortschritte speziell bei der Kopplertechnologie und bei der Entwicklung von nur mit Licht arbeitenden Verstärkern (d.h. ohne Umwandlung des Lichtes in Strom, der dann verstärkt und wieder in Licht gewandelt wird) bedenken und den immer krasser

werdenden Preisunterschied zwischen Kupfer und Quarzsand in Erwägung
ziehen /10/. Diese Umstände zeigen zusammen mit der starken Verbilligung
jeder Technologie, die eine große Verbreitung erfährt, eindeutig den
Trend zur Verwendung der Glasfasertechnik auf.
Die Glasfasertechnologie wird von EE-NET und DIKOS verwendet und bei
einigen der bereits erwähnten Produkte vorgesehen.

3.1.5. DRAHTLOSE ÜBERTRAGUNG

Wesentliche Impulse werden auch für lokale Netzwerke erfolgen, die mit
drahtloser Übertragung arbeiten, sobald deren Verwendung von der Post
gestattet wird. Speziell im dicht verbauten Gebiet ist dieses Übertragungsmedium mit Investitionen einzusetzen die weit unter den Kosten
der Verlegung eines eigenen Kabels liegen. Es ist abzuwarten, ob und zu
welchen Gebühren die Post die drahtlose Übertragung für lokale Netze
freigeben wird oder ob dieser Dienst von der Post selbst wahrgenommen
wird. Als Beispiel der drahtlosen Übertragung sei LIGHT-LINK erwähnt
(ein Bestandteil von ARCNET).

4. NETZTOPOLOGIE

Neben der Art des Übertragungsmediums ist die Topologie des Netzes das
zweite wesentliche Merkmal lokaler Netze in der ersten Schicht.

4.1. RING

In einem lokalen Netzwerk, das als Ring konfiguriert ist, ist jede
Station mit ihrer Nachbarstation direkt verbunden. Die Signale werden
von aktiven Koppelelementen (Verstärkern) regeneriert und weitergegeben.
Diese Verstärker sind mit der eigentlichen Zugriffssteuerung verbunden.
Falls der Ring synchron betrieben wird, benötigt man eine zentrale
Stelle, die die Synchronisationssignale generiert und weitergibt; im
asynchronen Betrieb wird mit Hilfe differentierterer Verfahren die

Systemüberwachung bewerkstelligt.

Die Vorteile der Ringstruktur bestehen in dem Umstand, daß eigentlich nur Punkt-zu-Punkt Verbindungen geschaffen werden müssen. Daher können sowohl die Sende- und Empfangseinrichtungen der Verstärker einfach konstruiert sein, als auch Erweiterungen des Ringes verhältnismäßig leicht durchgeführt werden. Lokale Netzwerke mit Ringstruktur können daher in beinahe beliebiger Größe implementiert werden.

Naturgemäß hat aber der Ring auch Nachteile: Da die Signale von einem Verstärker zum nächsten Verstärker weitergegeben werden, führt der Ausfall einer einzigen Komponente (Verstärker oder Kabel) zum Zusammenbruch des Netzes. Weiters ist in einem Ring in der Regel eine Station für Überwachungs- und Steuerungsaufgaben zuständig und damit ausgezeichnet. Dieses Steuerelement widerspricht somit der Idee der Dezentralität der Ringstruktur.

4.2. BUS

Der Bus ist ein passives Übertragungsmedium, das schwerpunktmäßig im Zusammenhang mit Basisbandkoaxialkabeln verwendet wird. Da über den Bus die Signale in beide Richtungen übertragen werden, entspricht das verwendete Verfahren dem Broadcastverfahren. Anders als im Ring werden die Signale nur passiv übertragen und vom jeweiligen Kopplerelement an die Station weitergesendet. Daher stört der Ausfall eines Elementes nicht die gesamte Übertragung, sondern nur die an dieses Element angeschlossene(n) Station(en).

Während also die Verlässlichkeit des Bussystems als Vorteil zu werten ist, bildet die dadurch errichtete Mehrpunktverbindung einen entscheidenden Faktor bezüglich der Größe des Netzes. Da die Nachrichten an viele Empfänger gehen, ist auch die Sendestärke ein wesentliches Kriterium. Demgemäß ist aber auch die Größe des Netzes nach der Anzahl der Teilnehmer und der geographischen Ausdehnung begrenzt.

4.3. STERN

Bei den lokalen Netzwerken mit sternförmiger Topologie muß zwischen aktiven und passiven Sternen unterschieden werden. Der aktive Stern

besitzt einen zentralen Vermittlungsknoten (vgl dazu Fernsprechvermitt-
lungen), der sämtliche Steuerungs- und Überwachungsfunktionen wahrnimmt.
Die Vorteile einer sternförmigen Topologie sind die zentrale Wartungs-
möglichkeit und wiederum die Tatsache, daß der Ausfall einer Leitung
nicht das Gesamtsystem betrifft.
Die Nachteile sind die Abhängigkeit aller Stationen von der Funktionsfähigkeit der Zentrale, die auftretenden verhältnismäßig großen Verzö-
gerungszeiten und die nicht optimale Auslastung der Übertragungswege.
Anders als im aktiven Stern hat im passiven Stern die zentrale Stelle
keine Kontroll- und Vermittlungsfunktionen wahrzunehmen, sondern nur die
Verteilung des Eingangssignals an alle Ausgänge. Somit ist die Funktionsweise des passiven Sterns ähnlich derjenigen eines Bussystems. Die
Topologie des passiven Sterns wird für Glasfasersysteme vorgeschlagen,
da das Leistungsverhalten hier besser ist als in einem Bus.

4.4. VOLLSTÄNDIGES NETZ

Im vollständig vermaschten Netz ist jeder Knoten mit jedem Knoten verbunden. Dies kann entweder durch eine Vielzahl von Einzelleitungen
erreicht werden oder durch einen (Glasfaser-) Bus, der in maximal so
viel Kanäle geteilt wird, wie Knoten existieren. Der Vorteil dieser
vollständigen Punkt-zu-Punkt Verbindungen besteht darin, daß jeder Knoten mit einem beliebigen anderen Knoten ohne Protokoll parallel zu den
anderen Übertragungen kommunizieren kann. Allerdings müssen die Frequen-
zen in einem eigenen Reservierungskanal extra angefordert werden. Daher
muß in jedem Knoten ein umfangreicheres Protokoll abgewickelt werden;
die Fehlererkennung und übermäßig viele Anforderungen einer Frequenz
führen zu Einschränkungen des Betriebes.

5. KONZEPTE FÜR SCHICHT ZWEI DES ISO-MODELLS

Die Schicht zwei des ISO-Modells (link layer) wird bei IEEE 802 in zwei
Teilschichten unterteilt: Medium access control (MAC) und logical link
control (LLC). Dadurch wird der reine Zugriff zum Medium von den Funktionen getrennt, die die logische Verbindung beschreiben.

5.1. MEDIUM ACCESS CONTROL

Die Schicht MAC greift auf die Dienste der physikalischen Schicht zurück
und garantiert die korrekte und fehlerfreie Weitergabe der Daten. Wesentliche Unterschiede zwischen den einzelnen lokalen Netzwerken ergeben
sich aus der Art, wie Zugriffsfehler verhindert oder erkannt und behoben
werden. Da grundsätzlich entweder ein Fehler der Hardware oder der
Software die Ursache sein kann, spielt die Schicht MAC von IEEE 802 zum
Teil auch in die Schicht eins des ISO-Modells hinein.

5.1.1. VERMEIDUNG VON HARDWAREFEHLERN

Die Überschneidung der ersten und zweiten Schicht des ISO-Modells ist
für Ringnetze typisch. Da im Ring die Signale von Verstärker zu Verstärker weitergegeben werden, führt der Ausfall eines einzigen Verstärkers
zum Zusammenbruch des Netzes.
Um dieses Problem besser in den Griff zu bekommen werden bei SILK /11/
Sekundärleitungen verwendet, die jeden Knoten mit seinem übernächsten
Nachbarn verbinden. Dadurch kann eine defekte Station einfach überbrückt
werden. Falls mehrere Verstärker ausfallen, wird mit Hilfe der Tertiär-
leitung ein ganzer Systemteil umgangen und dadurch der Ring in Gang
gehalten.
Anders ist die Anordnung im STAR SHAPED RING NETWORK /12/. Um rasch
erkennen zu können, welcher Verstärker ausgefallen ist, werden alle
Leitungen zwischen den einzelnen Knoten wieder in eine zentrale Stelle
zurückgeführt - wodurch eine sternförmige Topologie entsteht. In dieser
Zentrale werden alle Leitungen von einem Mikroprozessor überwacht, der
defekte Knoten sofort durch ein Relais überbrückt.
Eine dritte Möglichkeit besteht darin, den Ring aus zwei unabhängigen
Schleifen aufzubauen (WANGNET, PLANET, DDLCN). Im Störungsfall kann der
Ring über "Umleitungen" funktionsfähig gehalten werden, oder als ein
"Quasi-Bus" weiterbetrieben werden.

5.1.2. VERMEIDUNG VON SOFTWAREFEHLERN

Softwaremäßige Zugriffsfehler werden durch Zugriffsprotokolle verhindert oder erkannt und korrigiert.

5.1.2.1. RINGSYSTEME

Ringe unterscheiden im Wesentlichen drei Zugriffskonzepte:

a) <u>Tokenverfahren:</u> Auf dem Ring kreist eine eindeutig identifizierbare Bitkombination, das "token". Jede Station, die senden will, muß auf das token warten. Wenn es bei ihr eintrifft, kann sie es vom Ring entfernen und das eigene Paket senden. Das beliebig lange Paket wird mit dem token beendet - wodurch auch die Kontrolle weitergegeben wird. Um eine zufällig wie ein token aussehende Bitfolge vom token unterscheiden zu können, wird diese Zeichenfolge nach feststehenden Regeln verändert (diese Methode wird bit stuffing genannt). Nach dem Tokenverfahren arbeitet etwa PRIMENET.

b) <u>Time-slot:</u> Im Ring entsteht durch die Übertragungsverzögerung ein gewisser Speichereffekt. Der Ring kann also als "zirkulierendes Schieberegister" interpretiert werden. Dieses Register kann nun in fixe Pakete geteilt werden, die slots. Jedes slot wird als leer oder besetzt markiert. Sobald ein Knoten ein leeres slot erhält, kann er sein eigenes Paket in das slot einfügen und es als besetzt kennzeichnen. Nach diesem Prinzip arbeiten CAMBRIDGE-RING, DATARING und LOGICA VTS.

c) <u>Register insertion:</u> Der Ring wird wieder als "Schieberegister" interpretiert, in dem durch Anfang- und Endemarkierungen die Pakete unterschiedlicher Länge gekennzeichnet sind. Jeder Knoten gibt zuerst durchgehende Pakete weiter, um dann erst eigene Pakete einzufügen. Mit dem Konzept register insertion arbeitet auch SILK.

Es gibt aber auch Ausnahmen von den besprochenen Konzepten der verteilten Zugriffskontrolle: So gibt es etwa am Massachusetts Institute of Technology einen Ring der nach dem contention-Prinzip arbeitet und Ringe mit zentraler Kontrolle wie SPIDER oder SDLD.

5.1.2.2. BUSSYSTEME

Die contention-Verfahren, nach denen normalerweise Bussysteme arbeiten,
basieren auf dem broadcast-Prinzip des ALOHA-Systems:
Dieses bereits seit langem angewendete Prinzip besagt, daß jede Nachricht prinzipiell von allen Stationen empfangen wird und dort, je nach
der Bestimmungsadresse, angenommen oder ignoriert wird. Die dadurch
aufgebaute Verbindung ist also eine Mehrpunktverbindung. Das Problem,
das bei einem broadcast-Netz gleichberechtigter Stationen auftritt, sind
mögliche Überlappungen und Kollisionen. Daher werden die Nachrichten in
kleine Pakete möglichst einheitlicher Größe eingeteilt. Dadurch kann im
Fehlerfall nicht zu viel Information verloren gehen. Der Fehler wird
dadurch erkannt, daß nach einer angemessenen Zeitspanne keine Bestä-
tigung des Empfanges erfolgt. Dann muß der Sendevorgang wiederholt
werden. Im "pure aloha" kann jede Station jederzeit senden. Eine Verbesserung des Fehlerverhaltens wird mit der Einführung eines Taktsignals
erreicht, nach dem sich die Sender richten müssen. Da auch das verbesserte Aloha nicht befriedigende Resultate ergibt, wurde das Protokoll
wie folgt erweitert: Bevor eine Station senden darf, muß sie in den
Kanal "hineinhorchen", ob er frei ist - diese Technik wird CSMA (carrier
sense multiple access) genannt. Dadurch werden Kollisionen vermindert,
lediglich falls zwei Stationen gleichzeitig zu senden beginnen, tritt
ein Fehler auf.
CSMA/CD ist die Erweiterung des eben beschribenen Protokolls um folgenden Aspekt: Jede Station überwacht auch während des Sendens den Kanal.
Falls nun (korrekterweise) zwei Stationen exakt zum gleichen Zeitpunkt
zu senden beginnen, hört der Sender, der innerhalb des "collision window" (das ist jene Zeit, die das Signal benötigt um sich über das ganze
Medium auszubreiten) zu senden begonnen hat, das ursprüngliche Signal.
Er bricht daraufhin ab und sendet eine unsinnige Zeichenfolge, ein
"jam", um allen Teilnehmern das Auftreten einer Kollision mitzuteilen.
Wenn alle soeben sendenden Stationen abgebrochen haben, kann nach einem
kurzen Intervall - in dem der Kanal regeneriert wird - jede Station nach
einer für sie zufällig gewählten Zeit den Sendeversuch erneut starten.
Auf diese Art konnen Kollisionen sofort erkannt und die korrekte Über-
tragung gesichert werden. Das bekannteste lokale Netzwerk, das mit
CSMA/CD arbeitet, ist ETHERNET.
Ein anderes Prinzip ist im EE-NET (extended Ethernet) verwirklicht.
Durch ein Glasfaserkabel können so viele Frequenzkanäle zur Verfügung
gestellt werden, daß jedem Knoten ein eigener Kanal zugewiesen werden
kann (vollständig vermaschtes Netz). Jeder Knoten meldet über den Reser-

vierungskanal an, mit welchem Knoten er Verbindung aufnehmen will. Deshalb existiert in jedem Knoten eine Tabelle mit den genauen Angaben über Nummer der anderen Knoten, deren Kanal, baudrate, Prozessname und Status. Der Reservierungskanal ist in time-slots eingeteilt und jeder Knoten kann zu "seinem" Zeitpunkt seine Reservierungen eintragen, die von allen anderen Teilnehmern gespeichert werden. Dann kann eine reine Punkt-zu-Punkt Übertragung von mehreren Knoten parallel erfolgen.

Da MITRENET mit Breitbandkoaxialkabeln arbeitet, stehen nicht so viele Kanäle wie im EE-Net zur Verfügung. Die Arbeitsweise ist sehr ähnlich der von EE-Net; nur werden die einzelnen Kanäle im Zeitmultiplexverfahren mehreren Teilnehmern zugeordnet.

Eine weitere Änderung des CSMA erfolgt bei HYPERCHANNEL /13/: Jede Station muß entsprechend ihrer festgelegten Priorität eine fixe Zeitverzögerung einhalten. Das bedeutet also, daß kein "Wettkampf" darum stattfinden kann, welche Station als nächste senden darf. Dadurch werden die Kommunikationsanforderungen der Teilnehmer mit höchster Priorität immer zuerst erfüllt.

Ganz anders arbeitet hingegen ARCNET: Obwohl ein Bus verwendet wird, gibt es kein contention Verfahren. Hier wird der Zugriff zum Übertragungsmedium mit Hilfe eines tokens gesteuert.

Die unterschiedlichen Zugriffsprotokolle gestatten sehr interessante Vergleiche zu menschlichen Verhaltensweisen. So kann etwa das Verhalten eines Staffelläufers, der den Stab an den nächsten Läufer übergibt, im Token-Verfahren wiedergefunden werden. Register insertion und teilweise auch die Verwendung von slots kann mit einem Förderband verglichen werden. Auch das Gesprächsverhalten des Menschen spiegelt sich in den Zugriffsmethoden wieder. Während der Diskussionsleiter die einzelnen Wortmeldungen entgegennimmt und sie in ein Protokoll einträgt (Reservierungskanal), muß bei einer Diskussion ohne Diskussionsleiter jeder Teilnehmer dem anderen zuhören, eine Gesprächspause abwarten und dann im "Wettkampf" als erster das Wort erobern. Allerdings gestattet die Semantik der menschlichen Sprache das Erkennen von Pausen, bei denen nicht unterbrochen werden darf, da der Gedanke noch nicht zu Ende vorgebracht wurde. Auf der anderen Seite kommt es in einem lokalen Netzwerk auf contention-Basis aber nie dazu, daß derjenige das Wort bekommt oder es behält, der die größte Lautstärke entwickelt.

5.2. LOGICAL LINK CONTROL

Auf den Diensten der Schicht MAC aufbauend kann LLC den Auf- und Abbau von Verbindungen zwischen zwei Endgeräten durchführen. Man unterscheidet dabei zwischen broadcast (an alle), multicast (an eine bestimmte Gruppe) und Punkt-zu-Punkt Verbindungen. Diese Möglichkeiten sind über die Adressierung im Prinzip bei allen lokalen Netzwerken gegeben. Um die korrekte Verbindung zwischen zwei Endgeräten belegen zu können, werden in Broadcastnetzen "Acknowledged" oder "Notacknowledged" Pakete verwendet, mit denen der korrekte Empfang bestätigt wird. Im Ring, wo ja der Absender einer Nachricht das Paket wieder zurückerhält wird mit CRC-bits oder dem zeichenweisen Vergleich einer Kopie des abgesendeten Paketes mit dem einlangenden Paket gearbeitet.

6. ZUSAMMENFASSUNG

Für die Implementierung eines lokalen Netzwerkes bietet sich also eine Fülle von Möglichkeiten an. Es gibt unterschiedliche Übertragungsmedien (Telefonleitung, Basis- oder Breitbandkoaxialkabel, Glasfaserkabel und die drahtlose Übertragung), die zu mehreren topologischen Formen (Ring, Bus, Stern) zusammengefügt werden können. Um den korrekten Zugriff zu dem Medium zu garantieren, können mehrere Konzepte zur Anwendung kommen. Aus der enormen Anzahl möglicher Kombinationen dieser Kriterien wurden bereits einige verwirklicht und führen zu einer verwirrenden Produktvielfalt.
Es wird keine einheitliche Norm geben, vor der nur eines dieser Produkte bestehen kann; es müssen allerdings normierte, theoretische Konzepte definiert werden, die auch auf den anwenderseitigen Schichten des ISO-Modells eine Kooperation verschiedener lokaler Netze gestatten. Es wird also in Zukunft nicht darauf ankommen, ob das eine oder das andere Produkt "besser" ist, sondern wieweit dieses oder jenes in ein globaleres Konzept vor allem von Büros (im weitesten Sinn) integriert werden kann.

LITERATURHINWEISE

/1/ ISO/TC 97/SC 16 OPEN SYSTEMS INTERCONNECTION - BASIC REFERENCE
MODEL, N537 Revised November 1980

/2/ H. Kerner, G. Bruckner: RECHNERNETZWERKE, Springer-Verlag Wien 1981

/3/ IEEE 802 Committee, LOCAL NETWORK STANDARD DRAFT B, Oct. 19, 1981

/4/ André A. S. Danthine: NETWORK INTERCONNECTION; LOCAL COMPUTER
NETWORKS, Ravasio, Hopkins & Naffah (ed.), North-Holland, 1982

/5/ L. Weninger: ORGANISATIONSFORM FÜR BÜROINFORMATIONSSYSTEME UND
LOKALE NETZWERKE, Institutsbericht TR DA 81/12/01, TU Wien

/6/ M. V. Wilkes and D. J. Wheeler: THE CAMBRIDGE DIGITAL COMMUNICATION
RING; LAN Symposium, Mitre Corp. & NBS, Boston, 1979

/7/ R. M. Metcalfe and D. R. Boggs: ETHERNET: DISTRIBUTED PACKET
SWITCHING FOR LOCAL COMPUTER NETWORKS; CACM Vol 19, No 7, 1976

/8/ reprinted in: COMPUTER COMMUNICATION REVIEW, Vol 11, No 3, 1981

/9/ STRATEGY BEHIND "WANGNET", Datamation, January 1981

/10/ C. P. Sandbank (ed.): OPTICAL FIBRE COMMUNICATION SYSTEMS,
John Wiley & Sons, 1980

/11/ HASLER MITTEILUNGEN, 40. Jahrgang Nr 1, März 1981

/12/ J. H. Saltzer and Kenneth T. Pogran: A STAR SHAPED RING NETWORK
WITH HIGH MAINTAINABILITY, Computer Networks, Vol 4, No 5, 1980

/13/ O. Spaniol: KONZEPTE UND BEWERTUNGSMETHODEN FÜR LOKALE RECHNER-
NETZE; Textverarbeitung und Bürosysteme, A. Endres und J. Reetz
(ed.), Oldenbourg Verlag, München Wien 1982

Implementierungserfahrungen mit lokalen Netzwerken
und daraus abzuleitende Anforderungen

Michael Stumm

Institut für Informatik
der Universität Zürich

Peter U. Schulthess

Institut für Informatik,
Eidgenössische Technische Hochschule Zürich

0. Einführung

Obwohl die Haupttätigkeit einer Universität in der Lehre und Forschung
liegen sollte, wird ein nicht unerheblicher Teil des Aufwandes von Verwaltungsaufgaben in Anspruch genommen. In diesem Sinne unterscheiden sich
viele Arbeiten nicht wesentlich von denjenigen in z.B. Dienstleistungsbe-
trieben. Auch an der Universität wird daher ein immer grösser werdender
Teil der Rechenkapazität für Aufgaben verwendet, die in den Bereich des
automatisierten Büros fallen. Verschiedenste elektronische Geräte - Tele-
phonapparate, Rechner, Terminals, Videogeräte, Kopiersysteme, Photosatzge-
räte, Schreibsysteme, Drucker, Arbeitsplatzrechner, Gegensprechanlagen,
usw. - sind in den einzelnen Büros über die ganze Universität verteilt.
Diese Einrichtungen lassen sich zusammen mit einem geeigneten Bürokommunikationssystem optimaler und flexibler einsetzen. Fortschritte in der digitalen Technologie, sowie das Aufkommen von hochintegrierten elektronischen
Elementen führen zudem dazu, dass auch die herkömmliche Rechnerleistung
immer mehr verteilt wird. Aus all diesen Gründen kommt einem Kommunikationssystem zentrale Bedeutung zu.

Ein Kommunikationssystem besteht aus Hardware und Software. Das physische
Medium und die physischen Schnittstellen bilden die Hardware. Sie sollen
der Übertragung von Signalen dienen. Die Hardware zusammen mit einer Menge
von Protokollen und Software, die den Verkehr auf dem physischen Medium und
über die Schnittstellen regeln, bilden ein lokales Netzwerk. Das Netzwerk

ermöglicht eine geordnete Kommunikation. Zu einem Kommunikationssystem gehört ausser dem lokalen Netzwerk noch die zusätzliche applikationsbezogene Software, welche eine Integration des Netzwerkes in den Büros nicht nur erlaubt, sondern auch fördert. Erst durch diese zusätzliche Software kann das lokale Netzwerk in einer Büroumgebung sinnvoll eingesetzt werden.

Das Institut für Informatik der Universität Zürich begann sich Anfangs 1981 nach einem lokalen Netzwerk umzuschauen. Ende 1981 wurde ein kommerziell erhältliches Netzwerk erworben und als Pilotnetz an unserem Institut installiert. Zur gleichen Zeit hat unsere Schwesterhochschule, die Eidgenössische Technische Hochschule (ETH), ähnliche Anstrengungen unternommen. Sie hat sich für dasselbe Netzwerk entschieden und ihr erstes Netzwerk im Rechenzentrum der ETH installiert.

Im ersten Teil dieser Arbeit werden die Anforderungen, die wir an das lokale Netzwerk stellen angegeben. Da die Technologie noch nicht weit genug fortgeschritten ist, um Daten, Bild und Ton auf einem lokalen Netzwerk zu integrieren, lässt sich noch kein ideales, lokales Netzwerk für eine Büroumgebung finden. Bei einer Installation heute, wird man sich deshalb noch auf die herkömmliche Datenkommunikation abstützen müssen. Im zweiten Teil wird auf die Funktionsweise der Breitbandnetzwerke näher eingegangen, da uns diese Art Netzwerke für die in einer Büroumgebung vorkommenden Bedürfnisse besonders geeignet scheint. Das Institut für Informatik hat ein solches Breitbandnetzwerk erworben und als Pilotnetz installiert. Es handelt sich um ein paketorientiertes System mit V-24 Schnittstellen, das für einen langsamen Datenverkehr konzipiert wurde. Dieses Pilotnetz wird im dritten Teil beschrieben. Wie weit sich ein solches Netzwerk für eine Büroumgebung eignet, wird diskutiert. Während ich mich auf die Hardware und die untersten Protokollebenen beschränken werde, wird Dr. P. Schulthess (ETH), im Rahmen dieses Anwendergespräches, sich vor allem auf die in einem solchen Netzwerk integrierbaren, höheren Dienste konzentrieren.

1. Anforderungen an das Netzwerk

Der Entwurf eines Netzwerkes wird bestimmt von einer Vielzahl unterschiedlicher Anforderungen, denen es nachher genügen muss. Gerade diese Unterschiede bezüglich der gesetzten Erwartungen können wegweisende Entscheidungen, welche die Gestaltung des Netzwerkes angehen, massgebend beeinflussen. Die meisten erhältlichen Netzwerke wurden aber von ihren Herstellern entwickelt, ohne dass dabei die Bedürfnisse der Bürokommunikation von Anfang an berücksichtigt wurden.

So wurde z.B. bei der Entwicklung der meisten erhältlichen Netzwerke die Übertragung von Telephongesprächen nicht berücksichtigt. Aber auch wenn man die eigentliche Datenübertragung betrachtet, wird ersichtlich, dass bei den bekannten Netzwerken, wie z.B. Ethernet, Cambridge Ring oder NRC's Hyperchannel eine schnelle Datentransferrate im Vordergrund stand, um eine verteilte Datenverarbeitung zu erlauben. Typischerweise spielt aber gerade diese verteilte Datenverarbeitung in einer Büroumgebung z.Z. keine grosse Rolle. Im Gegenteil, es werden vielmehr langsame, billigere Datentransfermöglichkeiten benötigt, um z.B. mit langsamen Druckern oder Terminals kommunizieren zu können.

Grundsätzlich soll ein lokales Netzwerk alle in den verschiedenen Büros verteilten Geräte auf sinnvolle Weise verbinden. Dabei soll das Netzwerk folgenden Punkten genügen:
- Zuverlässigkeit: Ein lokales Netzwerk muss besonders zuverlässig sein. Das Versagen eines einzelnen Elementes soll sich nicht auf das ganze System auswirken. Vor allem darf ein defektes Endgerät den normalen Betrieb nicht stören.
- Vertretbare Kosten: Die Anschaffungs- wie auch die Betriebskosten sollen im Rahmen bleiben.
- Expansionsfähigkeit: Das Netzwerk soll ausbaufähig sein, d.h. es soll ohne grosse Probleme auf zusätzliche Büros ausgeweitet werden können.
- Flexibilität: Flexibilität wird erwartet. Neue Endgeräte sollten auf einfache Art angeschlossen resp. abgehängt werden können, ohne dass dabei der Netzwerkbetrieb gestört wird.

- <u>Wartungsfreundlichkeit</u>: Ausserdem sollte das Netzwerk einfach im Unterhalt und nicht störanfällig sein. Fehler im Kommunikationssystem müssen schnell erkannt und behoben werden können. Die Wartungskosten sollen möglichst gering sein.

Für die Universität Zürich, welche mit mehreren tausend Angestellten und 17'000 Studenten ein grosser Betrieb ist, ergeben sich aus den obigen Punkten folgende Schlüsse. Erstens muss das Netzwerk flächenmässig grosse Gebiete abdecken, da die Universität über die ganze Stadt verteilt ist. Zweitens müssen in naher Zukunft einige tausend Endgeräte an das Netzwerk angeschlossen werden können.

Nicht nur Daten sollen zwischen Terminal und Rechner, oder zwischen zwei verschiedenen Rechnern übertragen werden können, sondern auch die Bild- und Sprachkommunikation soll über das Netzwerk stattfinden. Daraus ergeben sich gewisse Anforderungen an das Netzwerk. Diese sind beim heutigen Stand der Technologie jedoch so unvereinbar, dass es nicht möglich ist, sie durch ein einziges Kommmunikationssystem effizient zu erfüllen. Allerdings befasst sich die Forschung intensiv mit diesem Problem, und es ist zu erwarten, dass Bild und Ton in naher Zukunft in lokalen Netzwerken integriert werden können.

Will man zum heutigen Zeitpunkt ein Netzwerk anschaffen, muss man sich deshalb leider noch auf die herkömmliche Datenkommunikation ausrichten. Bei der Wahl des Netzwerkes sollte jedoch darauf geachtet werden, dass zu erwartende Neuerungen nachträglich (nach Möglichkeit) integriert werden können. D.h. man sollte sich den Weg, den Fortschritt miteinzubeziehen, nicht verbauen, um die geleisteten Investitionen zu sichern.

Nur eine Übertragungstechnologie erlaubt es zur Zeit, verschiedene anwenderspezifische Kommunikationssysteme auf einem physischen Medium (Koaxialkabel) zu integrieren: die Breitbandtechnologie. Dadurch wird es möglich z.B. Videokommunikationsysteme parallel zu Datenkommunikationssystemen zu betreiben. Im zweiten Teil wird auf diese Technologie eingegangen.

Bevor wir die Forderungen, die die Datenkommunikation stellt, spezifizieren, sollen die an der Datenkommunikation beteiligten Endgeräte genauer betrachtet werden. Es handelt sich um Terminals, verschiedenste Drucker (vom Laser- bis zum billigsten Matrixdrucker), Arbeitsplatzrechner (Workstations), Timesharing Systeme, Datenbanksysteme, usw.. Einige davon sind langsam, sehr primitiv und ohne eigene Intelligenz, wie z.B. einfache Drucker, andere weisen eine sehr hohe Intelligenz auf und sind relativ schnell, wie z.B. Timesharing Systeme. Wieder andere werden zwar intelligent sein, lassen sich jedoch nicht nachträglich an eine neue Umgebung anpassen, weil z.B. die Software im ROM (Read Only Memory) ist. Die Anforderungen an die Datenkommunikation ergeben sich primär aus einem Bedarf grössere, zusammenhängende Datenmengen zu übermitteln (File Tranfer). Dies sollte möglich sein zwischen Arbeitsplätzen und Rechnern, Arbeitsplätzen untereinander, Rechner und gemeinsam benutzten Geräten (z.B. Drucker), oder zwischen Rechnern untereinander. Die meisten der angeschlossenen Endgeräte gelten als billig und stammen von den verschiedensten Herstellern.

Für die herkömmliche Datenkommunikation können deshalb folgende Forderungen an lokale Netzwerke gestellt werden:

- <u>Verfügbarkeit</u>: Das System sollte dann verfügbar sein, wenn es benötigt wird. Längere Wartezeiten sind (je nach Anwendung) unerwünscht.

- <u>Niedrige Fehlerrate</u>: Die Datenübertragung muss vom Benutzer her gesehen fehlerfrei erfolgen. Die Protokolle innerhalb des Netzwerkes müssen Fehler erkennen und wenn nötig beheben können.

- <u>Leistungsfähigkeit</u>: Das Netzwerk muss vorübergehenden Überbelastungen standhalten können. Die Leistungskapazität sollte auch von zukünftigen Bedürfnissen abhängig gemacht werden.

- <u>Datensicherheit</u>: Möglichkeiten, die Daten sicher übertragen zu können, müssen vorhanden sein. Die übermittelten Daten sollen weder abgehört, noch verändert werden können. Die Datensicherheit muss vom Konzept her ein integrierter Bestandteil des Netzwerkes sein.

- <u>Hohe Verbindbarkeit</u>: Jedes Endgerät soll mit jedem anderen Endgerät kommunizieren können, wo dies verlangt und sinnvoll ist. Unter Umständen müssen die Protokolle an den Schnittstellen entsprechende Konversionen vornehmen.

- <u>Unterstützung verschiedener Datentransferraten</u>: Der Anschluss von Endgeräten mit verschiedener Datenrate soll gewährleistet sein. Insbesondere sollen langsame Endgeräte auch mit schnellen Endgeräten kommunizieren können.

- <u>Transparenz</u>: Die Heterogenität der Endgeräte führt dazu, dass die Endgerätsoftware nicht unter Netzwerkkontrolle stehen kann. Auf keinen Fall soll das Netzwerk einen gewichtigen Einfluss auf die Endgerät-zu-Endgerät-Protokolle haben. Ferner sollte die Datenübertragung völlig transparent vor sich gehen.

- **Einfache Protokolle**: Auch einfache Softwareschnittstellen von Endgeräten an das Netzwerk müssen angeboten werden, um unintelligente Geräte anschliessen zu können. Personal-Computers sollen ebenfalls problemlos Daten übertragen können. Verbreitete Standardschnittstellen, wie z.B. V-24 müssen vorhanden sein.

- **Billige Schnittstellen**: Kostengünstige Netzwerkanschlüsse sind eine Voraussetzung. Der Anschluss eines Gerätes soll keinesfalls teurer als das Gerät selbst sein.

- **Anpassungsfähige Schnittstellen**: Viele der Endgeräte können nicht nachträglich an das Netzwerk angepasst werden. Es wird deshalb verlangt, dass die Schnittstelle anpassungsfähig ist. Bei der V-24-Schnittstelle z.B. muss die Datenflusskontrolle, Paritätsbitdefinition, Anzahl Stopbits, usw. auf der Netzwerkseite angepasst werden können.

- **Flexibles Adresssystem**: Das Netzwerk benötigt ein flexibles Adresssystem. Die Adressierung der Endgeräte soll unabhängig von ihrem Standort sein. Man sollte sie nachträglich ändern können.

Aus den obigen Anforderungen lassen sich neue ableiten:
- virtuelle Verbindungen müssen unbedingt unterstützt sein.
- die Herstellung virtueller Verbindungen von Endgerät zu Endgerät muss einfach sein.
- die Datenübertragung muss byteweise erfolgen.
- falls einmal eine virtuelle Verbindung existiert, so soll diese für die Endgeräte transparent sein.

2. Die Breitband Übertragungstechnologie

Die meisten bekannten lokalen Netzwerke sind sog. Basisbandnetzwerke. Das Xerox Ethernet dürfte wohl das berühmteste davon sein. In Basisbandsystemen werden die zu übermittelnden Signale direkt, in Form von elektrischen Pulsen, auf das Medium gegeben. Die Signale werden nicht moduliert.

Breitbandnetzwerke hingegen übermitteln modulierte Signale. Unter Modulation versteht man in der Datenübertragung eine Verschiebung des ursprünglichen digitalen Signals in einen höheren Frequenzbereich. Dies gestattet eine bessere Ausnutzung der verfügbaren Übertragungsbandbreite. Beim Senden wird das digitale Signal einer hochfrequenten Trägerschwingung aufgeprägt. Solche Modulationsverfahren werden seit langer Zeit bei Radio- und Fernsehübertragungen verwendet. Unter Demodulation versteht man die Rückgewinnung des ursprünglichen Signals aus der modulierten Trägerschwingung. Einen Sender/Empfänger, der Modulation und Demodulation durchführt, nennt man Modem. Die Notwendigkeit eines Modems macht Breitbandübertragungsgeräte vorerst etwas teurer. Durch die Breitbandübertragungen ergibt sich jedoch eine Reihe von Vorteilen, die, im gesammten gesehen, zu einer kostengünstigereren Lösung führen. Als Vorteil gegenüber der Basisbandtechnik sind zu erwähnen:

- Verschiedene Signale können gleichzeitig in voneinander unabhängige Frequenzbereiche übertragen werden (Frequenzmultiplexen). Das Frequenzspektrum lässt sich dadurch in einzelne unabhängige Kanäle aufteilen, auf denen verschiedene Kommunikationssysteme parallel betrieben werden können.

- Die elektrischen Probleme, die in Ethernet-artigen Netzwerken auftreten, entfallen grösstenteils.

- Das Netzwerk kann eine grössere Anzahl von Geräten über einen viel grösseren geographischen Bereich (ca. 100 km ⌀) bedienen.

Als physisches Medium wird Koaxialkabel verwendet, von der selben Art, wie es bei Kabelfernsehverteilungsanlagen (75 Ohm) eingesetzt wird. Die meisten Breitbandkommunikationssysteme teilen das verwendbare Frequenzspektrum auf dem Koaxialkabel (5 MHz - 300 MHz) in zwei gleich grosse Teile auf. (Es handelt sich demzufolge um ein sogenanntes Midsplit-System.) Die untere Hälfte des Frequenzspektrums dient der Uebermittlung in einer Richtung, während die obere Hälfte für den Transfer der Daten in die andere Richtung bestimmt ist.

Ein Breitbandnetzwerk hat allgemein die Form eines Baumes. Um die Daten von einer Endstation zu einer zweiten zu übermitteln, werden sie zuerst in Richtung der Wurzel gesendet. Dort werden sie verstärkt und im oberen Frequenzbereich in Richtung der angeschlossenen Endgeräte zurückgeschickt. Der untere Frequenzbereich wird also für das Senden der Daten (in Richtung

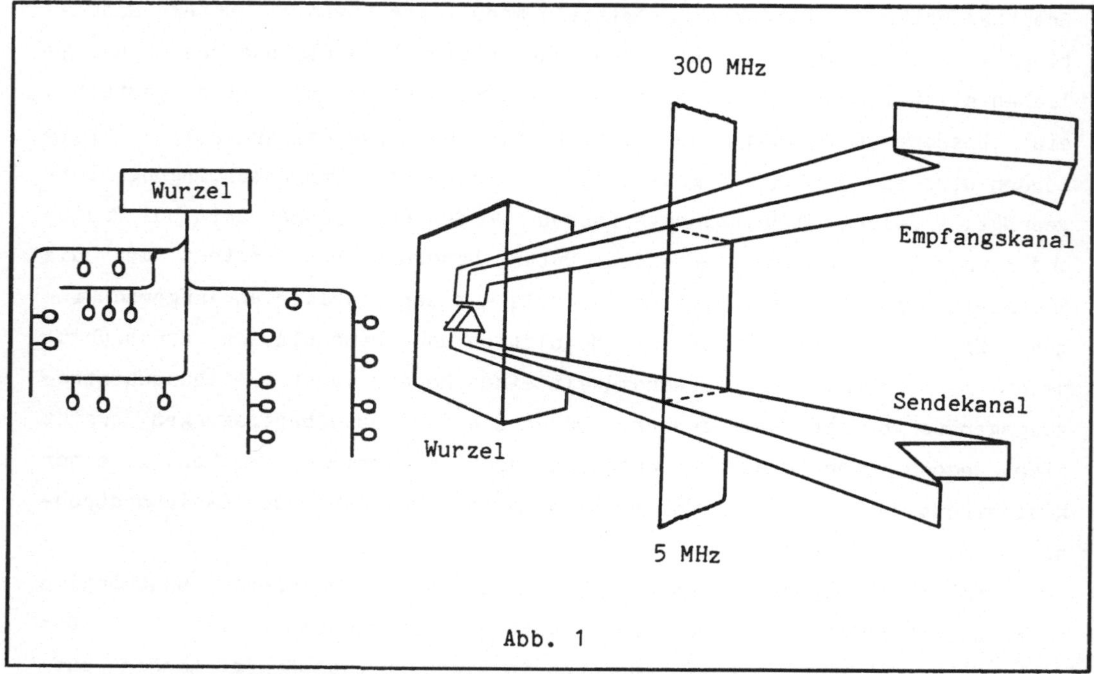

Abb. 1

Wurzel) verwendet, während der obere Frequenzbereich ausschliesslich für den Empfang der Daten (die von der Wurzel kommen) genutzt wird. Logisch gesehen handelt es sich hier um ein Busnetzwerk, da die übermittelten Daten von allen angeschlossenen Endgeräten empfangen werden können. Werden zusätzliche Verstärker geeignet plaziert, können die einzelnen Äste des Baumes bis zu 50 km lang sein. Wegen der Frequenzaufteilung in einen Vorwärts- und Rückwärtspfad, lassen sich richtungs- und frequenzselektive Zwischenverstärker einsetzen. Bei Ethernet-ähnlichen Basisbandsystemen werden Repeaters eingesetzt, welche die Signale in beiden Richtungen verstärken, wodurch Rückkopplungsprobleme entstehen können. Das Netzwerk kann schrittweise und auf einfache Art ausgebaut werden. Es können problemlos an die 20'000 Anschlussstellen bestehen.

In unserem Fall wird, wegen der grossen Distanzen zwischen den einzelnen Institutsgebäuden, nur durch ein Breitbandnetzwerk die Möglichkeit gegeben, die ganze Universität mit einem einzigen lokalen Netzwerk zu erschliessen. Würde man eine andere Übertragungstechnologie verwenden, so könnte man flächenmässig nur einen kleinen Teil der Universität mit einem Netzwerk abdecken. Man müsste deshalb viele kleine Netzwerke über sogenannte Gateways miteinander verbinden. (Ein _Gateway_ ist ein, an einem Netzwerk angeschlossener Rechner, der als Schnittstelle zu einem anderen Netzwerk dient.) Das Resultat wäre ein vermaschtes Netzwerk von lokalen Netzwerken, verbunden mit allen Nachteilen (z.B. Adressierung, Routing, Datenflusskontrolle, etc.), die eine solche Topologie mit sich bringt.

Die baumartige Struktur der Breitbandnetzwerke erlaubt es ohne weiteres, jedes einzelne Büro der Universität mit einem Anschluss an das Netzwerk zu versehen. Die nötigen Abzweiger und Buchsen sind billig und ohne elektrisch aktive Teile. Nur dort, wo ein Knoten angeschlossen wird, braucht man einen Netzwerkadaptor mit dem dazugehörigen Modem. Dank der Frequenzaufteilung in Kanäle ist es möglich, auf einem Kabel Modems und Systeme verschiedener Hersteller und Konzepte unabhängig voneinander einzusetzen. Zusätzlich zum Datenverkehr können auch andere Signale (Signale für Video, Sicherungsanlagen oder Telephon) übermittelt werden. Mit der Installation eines solchen Netzwerkes ist man nicht an einen Hersteller oder ein bestimmtes Übertragungsprotokoll gebunden. Bei den benötigten Filtern, Buchsen und Verstärkern kann man sich auf eine ca. 20-jährige Erfahrung stützen, da es sich um dieselbe Technologie handelt, welche beim Kabelfernsehen verwendet wird.

Obwohl öfters die Meinung geäussert wird, Breitbandsysteme gehörten zu den teuersten, glauben wir nicht, dass dies längerfristig der Fall sein wird. Schon heute ist ein Breitbandsystem die kostengünstigste Lösung, wenn Terminals mit einer V-24-Schnittstelle weiträumig angeschlossen werden sollen. Der Grund liegt darin, dass bei Basisbandnetzwerken jeder Anschluss die volle Übertragungsrate von 10 Mhz verarbeiten können muss. Bei Breitbandsystemen ist es hingegen möglich schmale Frequenzkanäle zu verwenden, die nur eine kleinere Übertragungsrate anbieten. Dadurch kann billige Mikroprozessorhardware benutzt werden. Eine grosse Netzwerkkapazität kann trotzdem erreicht werden, wenn viele parallele Kanäle verwendet werden. Die Struktur des Netzwerkes kann gut an die bestehenden Kabelkanäle und Steigschächte angepasst werden, sodass eine Verkabelung einfacher und günstiger wird. Für die Verbindung zu den einzelnen Büros können dünne (ca. 7 mm Durchmesser), relativ flexible Koaxialkabel verwendet werden, wodurch die Installation vereinfacht wird. (Bei Basisbandsystemen ist der Durchmesser oft doppelt so gross.)

Es existieren grössere Breitbandnetzwerke, die schon einige Zeit in Betrieb sind. Als Beispiel wäre die Anlage eines amerikanischen Chemiekonzerns in Texas zu erwähnen. Diese Anlage hat ca. 180 km verlegte Kabel. Daran sind

450 Modems für die Datenübertragung und 400 Fernsehgeräte angeschlossen. Das Kabel ist so ausgelegt, dass ca. 500 weitere Schnittstellen hinzukommen können. Das Frequenzspektrum ist in 6 Fernseh- und 68 Datenkanäle aufgeteilt.

Ungefähr zehn Firmen haben sich auf dem Gebiet der Breitbandnetzwerke profiliert, darunter Amdax, IS/3M, Mitre, Sytek, Wang. Breitbandnetzwerke scheinen rasch an Popularität zu gewinnen, denn schon in den letzten Wochen sind einige Neuankündigungen (u.a. von Ungermann Bass, Intersil) bekannt geworden.

3. Das Pilotnetz

Geleitet von den im ersten Teil aufgezählten Anforderungen, hat das Institut für Informatik der Universität Zürich ein im Handel erhältliches, lokales Netzwerk erworben und als Pilotnetz in Betrieb genommen. Es handelt sich um ein Breitbandnetzwerk, das auf den langsamen Datenverkehr spezialisiert ist. Das System belegt zwei mal sechs Fernsehkanäle von je 6 MHz Bandbreite (US TV-Norm). Sechs liegen im Vorwärtspfad, und sechs im Rückwärtspfad. Jeder dieser zwei mal sechs Kanäle wird weiter in zwanzig Datenkanäle von je 300 KHz aufgeteilt. Die Datenkanäle im unteren Frequenzbereich bilden die Sendekanäle, die im oberen die Empfangskanäle. Zu jedem Sendekanal gibt es einen entsprechenden Empfangskanal. Auf jedem dieser Datenkanäle wird eine Übertragungsrate von 128 Kbps realisiert.

Endgeräte werden über Schnittstelleneinheiten (SE) angeschlossen. Es gibt sie in zwei Varianten, solche mit zwei und solche mit acht V-24-Schnittstellen (Ports). Andere Schnittstellen (wie z.B. X.25) sind vorgesehen, jedoch zur Zeit noch nicht erhältlich.

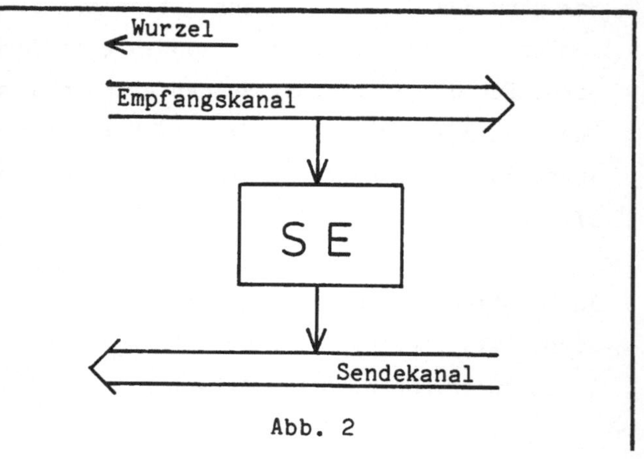

Abb. 2

Logisch lässt sich eine SE in einen digitalen und in einen analogen Teil aufteilen. Im digitalen Teil befindet sich ein Z80 Mikroprozessor, der Pufferspeicher, die E/A-Prozessoren, sowie ein Programm im EPROM-Speicher. Das Programm interpretiert die vom Endgerät an die SE gegebenen Befehle und regelt die Datenkommunikation mit anderen SE's. Im analogen Teil der SE befindet sich das Modem, das die Signale auf das Koaxialkabel moduliert resp. demoduliert. Die dabei verwendete Frequenz kann softwaremässig verändert werden. Zwei SE's können nur dann miteinander kommunizieren, wenn sie dieselben Datenkommunikationskanäle eingestellt haben. Pro 300 KHz Datenkanal können bis zu 250 SE's angeschlossen werden.

Ein Sendekanal, zusammen mit dem entsprechenden Empfangskanal, bildet logisch gesehen einen Bus. Auf diesem Bus wird das vom Ethernet her bekannte CSMA/CD-Verfahren (Carrier Sense Multiple Access with Collision Detection) verwendet. Dieses Verfahren funktioniert in diesem Fall folgendermassen: Hat eine SE Daten, die zu übermitteln sind, wird zuerst solange gewartet, bis der Bus frei wird. Dies wird erkannt, indem auf dem Empfangskanal mitgehört wird. Sobald der Bus frei erscheint, werden die Daten in ein Paket gesetzt und auf dem Sendekanal in Richtung Wurzel übermittelt. Bei der Wurzel werden die Daten empfangen und wieder in entgegengesetzter Richtung, auf dem entsprechenden Empfangskanal zurückgesendet. Dies wird durch ein Gerät bewerkstelligt, das ohne Zwischenspeichern, auf rein analoger Basis arbeitet. Die Daten werden dann von jeder SE, die auf diese Frequenz eingestellt ist, empfangen. An einer Adresse im Paket wird erkannt, für wen die Daten bestimmt sind. Es ist möglich, dass zwei SE's gleichzeitig zu senden beginnen und dadurch eine Kollision entsteht. Kollisionen werden u.a. dadurch erkannt, dass die SE ihre eigenen Daten auf dem Empfangskanal empfängt und auf Richtigkeit prüft.

Ein dem HDLC-ähnliches Link-Level-Protokoll sorgt für einen zuverlässigen Datenaustausch. Dazu gehören u.a. Fehlererkennung, Fehlerkorrektur und eine Datenflusskontrolle (damit eine SE nicht mit Daten überschwemmt wird). Zusätzlich wird dafür gesorgt, dass die Datenpakete in der richtigen Reihenfolge ankommen.

Aus der Sicht eines Benutzers werden nur virtuelle Verbindungen angeboten. Diese werden mit einem entsprechenden Befehl (CALL-Befehl) an die SE zwischen zwei beliebigen Ports hergestellt. Existiert eine virtuelle Verbindung zwischen zwei Ports, so werden die Daten, die bei einem dieser Ports eingegeben werden, zum anderen Port transportiert und dort ausgegeben. Die zwei, an einer virtuellen Verbindung beteiligten Ports, können unterschiedlich konfiguriert sein, indem die Baudrate, Paritätsbitdefinition, die Anzahl Stopbits, die gewählte Datenflusskontrolle (XON/XOFF, EIA RTS/CTS, oder keine) usw. verschieden eingestellt wird. Die SE's führen die nötigen Protokolldefinitionen durch. Ein Benutzer hat, nachdem eine virtuelle Verbindung hergestellt ist, den Eindruck, er sei direkt über eine perfekte Verkabelung mit einem zweiten Endgerät verbunden.

AUTOBAUD	BAUD	CALL	COMMAND	DCD	DISABLE
DTR	DONE	ECHO	ENABLE	EOM	EXPAND
FLOW	GROUP	HELP	IDLE	INTERRUPT	LISTEN
LOCATION	MAXSESSION	NEWLINE	PARITY	PCALL	PRIVILEGE
PUNIT	QUIET	STATUS	STOPS	SUSPEND	SWITCH
TIMEOUT	UNIT	XOFF	XON		

Abb. 3

Abbildung 3 zeigt die verschiedenen Befehle auf, die an eine SE gegeben werden können. Die meisten von ihnen werden nur vom Netzwerk-Manager verwendet, um die Konfiguration, sowie die Adressen der SE festzulegen. Diese Befehle werden üblicherweise (mit dem DISABLE-Befehl) für den Benutzer unwirksam gemacht. Ein normaler Benutzer wird die CALL-, DONE-, SWITCH-, SUSPEND-, STATUS- und HELP-Befehle brauchen, um seine virtuellen Verbindungen zu verwalten. Von einem Port aus können gleichzeitig mehrere virtuelle Verbindungen existieren. Sie werden dadurch charakterisiert, ob sie _aktiv_ und ob sie _aktuell_ sind. Ein Port kann zu einem gegebenen Zeitpunkt nur eine aktuelle Verbindung haben. Die am Port eingegebenen Zeichen werden über die aktuelle Verbindung transportiert. Alle bei einem Port ankommenden Zeichen werden nur dann an das angeschlossene Endgerät ausgegeben, wenn die Zeichen über eine aktive Verbindung angekommen sind. Es ist möglich mehrere aktive Verbindungen gleichzeitig zu unterhalten. In diesem Fall können sich aber zwei aus verschiedenen Verbindungen stammende Meldungen vermischen.

Zurzeit sind folgende Endgeräte an das Pilotnetz angeschlossen:
- 1 PDP-11/70 mit UNIX als Betriebsystem (5 Ports)
- 1 VAX 11/750 mit UNIX als Betriebsystem (4 Ports)
- 4 Onyx-Systeme mit UNIX als Betriebsystem (Total 27 Ports)
- 4 Matrix- und Schönschriftdrucker

- ca. 25 Terminals
- 2 Personal-Computer
- 3 Telephonmodems
- 1 Multiplexer, der an die beiden IBM Time-Sharing-Systeme
  MVS/TSO und VM/CMS angeschlossen ist. (4 Ports)

Das Netzwerk wird verwendet für:

- Terminal-Rechner-Kommunikation

  Von jedem Terminal aus besteht die Möglichkeit sich an einen der 8 Rechner anzuschliessen. Mit Ausnahme der IBM-Systeme mussten bei der Einführung des Netzwerkes keine Softwareänderungen vorgenommen werden. (Bei
  den IBM Systemen wird eine IBM-Series1 und Software von der Yale University verwendet, um die nötigen Protokollkonversionen vorzunehmen.)

- Rechner-Rechner-Kommunikation

  Zwischen den UNIX-Systemen können beliebig Files transferiert werden. Es
  existieren verschiedene Systemprogramme auf den UNIX-Systemen die der
  Kommunikation zwischen den UNIX-Rechnern dienen sollen: "uucp" (Unix to
  Unix CoPy) ist für den Filetransfer gedacht, während "uux" (Unix to Unix
  eXecute) dazu verwendet wird, Programme auf anderen Systemen ausführen zu
  lassen. Zu diesen Systemprogrammen mussten nur die entsprechenden Ge-
  rätetreiber geschrieben werden, die die virtuellen Verbindungen über das
  Netzwerk herstellen.

- Gemeinsam benutzte Geräte

  Erst mit einem lokalen Netzwerk wird es möglich, einzelne Geräte für verschiedene Rechner anzubieten. Die Drucker werden zum Beispiel von allen
  Rechnern geteilt. Gerade diese Art, Geräte zu teilen, erlaubt es, ein
  automatisiertes Büro flexibel zu gestalten.

Durch die ersten Erfahrungen mit diesem Netzwerk wurden wir positiv über-
rascht. Wir sind mit dem Netzwerk zufrieden. Es hat sich sehr bewährt. Am
Institut wird ausschliesslich über das Netzwerk gearbeitet. Ausfälle hat es
noch keine gegeben. Die Installation wurde durch uns vorgenommen und war
problemlos. Die anfänglich befürchteten HF-Probleme erwiesen sich als ge-
genstandslos. Auch während der Arbeit an der Verkabelung konnten die Benutzer ungehindert am Netzwerk arbeiten. Pro Port mussten ca. $700 bezahlt
werden. Damit ist sichergestellt, dass die Schnittstelle nicht teurer als
das daran anzuschliessende Endgerät sein wird.

Was uns am meisten überraschte, war die Tatsache, dass die Kapazität von 128 Kbps auf dem Datenkanal (es wird nur eine von 120 benutzt) völlig ausreicht. Auch wenn, z.B. auf allen 27 Terminals (sie sind auf 9600 Baud eingestellt) gearbeitet wird, werden Verzögerungen des Characterechos mit blossem Auge nicht festgestellt. Dies ist recht erstaunlich, wenn man bedenkt, welche Schritte durchlaufen werden, von der Zeicheneingabe am Terminal bis zum Erscheinen auf dem Bildschirm: Das Zeichen wird der SE übergeben und dort in ein Paket gesetzt. Das Paket wird in Richtung der Wurzel gesendet, von wo es wieder in Richtung der SE's zurückgeschickt wird. Das Paket wird von der SE beim Rechner empfangen, wo das Zeichen aus dem Paket genommen und an den Rechner übergeben wird. Da die UNIX-Systeme ausschliesslich im Voll-Duplex-Betrieb arbeiten, wird das Zeichen vom System an die SE zurückgespiegelt und dort wieder in ein Paket gesetzt. Dieses Paket wird in Richtung der Wurzel und dann von dort in entgegengesetzter Richtung gesendet. Erst wenn das Paket von der SE beim Terminal empfangen und das Zeichen dem Terminal übergeben wird, erscheint das Zeichen auf dem Bildschirm. Dabei darf nicht ausser Acht gelassen werden, dass ein Paket bei Kollisionen oder Übertragungsfehlern mehrmals gesendet werden muss.

Obwohl es sich um ein einseitiges Netzwerk handelt, da es für den langsamen Datenverkehr gedacht ist, sind fast alle an die Datenkommunikation gestellten Anforderungen erfüllt. Leider wird nur die V-24-Schnittstelle unterstützt. Heutzutage ist jedoch fast jedes Endgerät mit dieser Schnittstelle erhältlich. Eine schnellere Schnittstelle für den Anschluss von Rechnern wäre trotzdem nützlich. Obschon die effektive Datenübertragungsrate zwischen zwei Endgeräten mit 9600 bps als relativ gering erscheint, genügt sie für die meisten in einer Büroumgebung anzutreffenden Anwendungen. Wir werden in naher Zukunft einen Laser- und einen Zeilendrucker über eine V-24-Schnittstelle anschliessen. Sogar der Laserdrucker wird mit einer ca. 80% Ausnutzung arbeiten können.

Wir sind in unserer Ansicht bestätigt worden, dass ein solches Breitbandnetzwerk sich als Basis eines Bürokommunikationssystems bestens eignet.

4. Referenzen

- Gentleman,W.M., Corman,J.E., "Design Considerations for a Local Area Network Connecting Diverse Primitive Machines", in Proc. IFIP WG 6.4 Zürich Workshop on Local Networks, 1980.

- Schulthess,P.U., Stumm,M. "Dienstintegration in einem in Kabelfernsehtechnik ausgeführten, lokalen Kommunikationsnetz" in diesem Band.

- Tannenbaum, A.S., Computer Networks, Prentice Hall, 1981.

- Willard, D., "A Sophisticated Digital Cabel Communications System" in Proc. IEEE Nat. Telecom. Conf., 1977.

- Stahlman, M., "Inside Wang's Local Net Architekture" in Data Communications, 1981.

- NBS-ICST, Guidelines for the Selection of Local Area Computer Networks, LAMP-81-5, 1981.

- NRC, Localnet-20 Reference Manual and Installation Guide, 1982.

<u>Integration von Ethernet in SNA</u>

Dipl. Math. Jochen Speek
mbp Mathematischer Beratungs-
und Programmierungsdienst GmbH
Dortmund

Der Büroarbeitsplatz rückt als Ansatzpunkt neuer Technologien
zunehmend in den Mittelpunkt des allgemeinen Interesses.

Ein erster Schritt hin zur Informationsverarbeitung im Büro ist
mit der Dezentralisierung der Datenverarbeitung vollzogen
worden. Damit ist die Voraussetzung geschaffen worden, daß
elektronische Datenverarbeitung in den täglichen Arbeitsablauf
integriert werden konnte und ihre Flexibilität gegenüber
organisatorischen Strukturen zugenommen hat. Die technische
Unterstützung erfolgt jedoch primär in Bereichen vorgegebener,
strukturierbarer Abläufe und hat sich nie von ihrer Historie,
der Massendatenverarbeitung, lösen können. Parallel dazu haben
sich Spezialterminals, die zielorientierte Tätigkeiten im
Büro-, Konstruktions- und Verwaltungsbereich unterstützen und
den Forderungen nach benutzerfreundlichen Hilfsmitteln für
Datenverarbeitung, Textverarbeitung und Graphik gerecht werden,
entwickelt.

Dabei hat sich gezeigt, daß keine Produktlinie eines einzelnen
Hardwareherstellers allen Erfordernissen einer integrierten
Systemlösung genügt, so daß als weitere ernstzunehmende
Anforderung das Zusammenführen der unterschiedlichsten
Komponenten hinzugekommen ist.

In der <u>klassischen Netztechnik</u> sind alle
Kommunikationsendgeräte sternförmig über eine zentrale
Steuerung verbunden. Diese hat, bezogen auf ein
Vernetzungskonzept, welches lokale Verbindungen von
intelligenten Arbeitsplatzsystemen, Kleinrechnern und sonstigen
Endgeräten untereinander ermöglichen soll, eine aufwendige
Punkt-zu-Punkt-Verkabelung und eine wenig effiziente
Verarbeitung zur Folge. Dabei stellt die <u>zentrale Steuerung</u>
sowohl für den Durchsatz als auch für die Zuverlässigkeit des
Netzes einen limitierenden Faktor dar.

<u>Ethernet</u> bildet das Komplement zu einem solchen sternförmigen
Knotennetz:
Anstelle des zentralen Vermittlungsknotens tritt ein zentrales,
passives Kommunikationsmedium, der 'Ether', welcher gemeinsam
dezentral von <u>allen Teilnehmerstationen</u> verwaltet wird.

In integrierten Büroinformations- und Kommunikationssystemen
sind solche Teilnehmerstationen intelligente Arbeitsplätze,
Personalcomputer, Textverarbeitungssysteme und deren gemeinsam
genutzte Resourcen (z.B. Archivspeicher, Drucker, Kopierer oder
Gateways zu einem anderen Netz).

Die Mehrzahl der Anwender haben heute bereits zentrale Informa-
tionssysteme installiert und ihre informationstechnologische
Organisationsstruktur diesen Systemen angepaßt. Es kommt
demnach insbesondere darauf an, die neuen Technologien
integrierbar zu halten, damit nicht große und größte
Insellösungen entstehen, die, wie von Entwicklungen aus dem
Textverarbeitungsbereich bekannt, zu desintegrierten
Arbeitsabläufen in den Unternehmen führen.

Im folgenden soll eine Möglichkeit einer Verbindung zwischen
einem zentralen Informationssystem (IBM-Host mit einem SNA-
Netz) und einem lokalen Netz (Xerox Ethernet NS 8000)
diskutiert werden.

1. <u>Die Verbindung aus Anwendersicht</u>

Die Anforderungen an eine derartige Verbindung lassen
sich <u>aus Benutzersicht</u> folgendermaßen zusammenfassen:

-   Verwendung der Teilnehmerstationen als IBM-
    Terminal; Nutzung der vorhandenen Host-Programme
    mit möglichst identischer Bedieneroberfläche.
-   Verwendung des Hosts im Sinne einer lokalen
    Ethernet-Resource; Nutzung zentraler Datenbestände
    bzw. Nutzung zentraler Plattenspeicherkapazität
    zur Abspeicherung von Dokumenten und
    Texthandbüchern.
-   Verwendung des Hosts als Store- and Forward-
    Vermittlungsknoten im Verbund mehrerer über das
    SNA-Netz zusammengeschalteter, unabhängiger
    Ethernets; Nutzung bestehender Leitungen und
    Verwendung zentral verwalteter Adresslisten.
-   Verwendung lokaler Resourcen durch Host-Anwender-
    programme; z.B. Nutzung des Ethernet-
    Laserdruckers.
-   Verwendung von Ethernet-Gateways durch Host-
    Anwenderprogramme; z.B. Nutzung von Gateways zu
    öffentlichen Diensten (Teletex, usw.) oder zu
    anderen nicht für den IBM-Host über das SNA-Netz
    unmittelbar erreichbaren Ethernets.

Aus dem Genannten resultieren zwei Varianten des
Verkehrsverhaltens der Verbindung:

-   Transaktionsorientierte Kommunikation (IBM-
    Terminal)
-   Batchorientierte Kommunikation
    (sonstige Anforderungen)

Bei den batchorientierten Applikationen kann die
Ethernet/SNA-Verbindungsstation

- Quelle (Versenden von Dokumenten an den Host),
- Senke (Empfang von Dokumenten vom Host),
- Zwischenstation (Empfang von Dokumenten vom Host und Weiterleiten an ein angehängtes Ethernet/Lokales Gateway),
- Zwischenstation (Empfang von Dokumenten von einem angehängten Ethernet/Lokalem Gateway und Weiterleiten an den Host) sein.

2. <u>Das Ethernet-Gateway aus SNA-Sicht</u>

SNA ist aus der Notwendigkeit des Vorhandenseins einer einheitlichen Zugriffsmethode für Terminals zu Anwenderprogrammen und Datenbanken entstanden. Kommunikation zwischen 'gleichberechtigten' Partnern (Peer-to-peer) ist erst in späteren Ausbaustufen hinzugekommen. Gegenüber dem die Domaine kontrollierenden Host erscheint das Gateway (und damit das Ethernet) als ein allgemeiner Cluster-Controll-Node (CCN, PU-Typ 2). Teilnehmerstationen und Server sind, soweit für SNA zugänglich, als logische Einheiten (Logical Units, LU) im Sinne der IBM-Terminologie ausgelegt.

Das Protokoll zwischen Gateway und SNA-Host ist in den unteren Ebenen durch die Anforderungen der LU-LU-Sessions vom Typ 1, 2 oder 3 definiert.

Für Teilnehmerstationen mit 3270-Bildschirm-Simulation übernimmt das Gateway wesentliche Teile der Protokollabwicklung mit dem Host (vgl. 3.).

Für Server und sonstige Ethernet-Gateways wurde auf Basis der genannten SNA-Protokolle und der von IBM entwickelten Architektur für den Austausch von Dokumenten DIA (Document Interchange Architektur) eine File-Transfer-Schnittstelle spezifiziert.

Basis dieser Spezifikation ist der DIA-Datenblock DIU
(Document Interchange Unit) folgender Struktur:

- DIU-Prefix
- DIU-Kommandoblock
- DIU-Verschlüsselung (optional)
- DIU-Dokumentenblock (optional)
       (Prefix,
         Profil,
         Dokumentenblockinhalt,
         Suffix)
- DIU-Suffix

Der <u>DIU-Kommandoblock</u> spezifiziert die über das SNA-
Protokoll hinausgehenden Vereinbarungen zur Steuerung
des Datenaustausches; die 'Verteilungs-Information':

- Senden
    - Adresse des Autors
    - Absender
    - Empfänger/Empfängerliste
    - Verteilungsform
    - Quittungsform
- Empfangen (..........)
- Formatieren (..........)
- Benutzer (..........)
- Löschen (..........)

Eine besondere Bedeutung hat beim Austausch von
Dokumenten zwischen unterschiedlichen Teilnehmern das
dem Dokumenteninhalt zugrundeliegende Datenmodell.
Dabei können grundsätzlich folgende Typen von
Datenmodellen unterschieden werden:

- Editierformat (Eingeben und Redigieren von
  Dokumenten auf unterschiedlichen Systemen)

-    Ausgabeformat (die für Ausgabezwecke (Drucker,
     Bildschirm) vom Sender aufbereitete Form des
     Editierformats).

Beispiele für das Editierformat sind das 8010-, das
860-oder das ATMS-Format; für das Ausgabeformat
druckaufbereitete Daten, 3270-Datenstrom, aber auch
Telex- oder Teletexdatenmodell. Das <u>Dokumenten-Profil</u>
gibt u.a. Auskunft über das im Dokumentenblock
verwendete Datenmodell:

-    den Dokumentennamen
-    den Dokumententyp
     -    8010-Dokument
     -    860-Dokument
     -    DCA-Level 2 (Druckerausgabe)
     -    DCA-Level 3 (Druckerausgabe und Graphik)
     -    Binäre Daten
     -    ......

Aufgrund der sehr inhomogenen Gesamtheit der
Datenmodelle ist es den Teilnehmerstationen überlassen,
das Dokumentenmodell untereinander zu verhandeln. Nur
bei passiven Systemkomponenten (z.B. Druckern)
übernimmt das Gateway die diesbezügliche Interpretation
des Dokumentenprofils und weist bei Inkompatibilität
mit dem Endgeräteprofil den Dokumententransfer zurück.

Damit ist das Ethernet (ähnlich wie die vergleichbaren
IBM-Systeme 5520 oder DISOSS) konzeptionell in die IBM-
Architektur für verteilte SNA-Bürosysteme eingebettet.
Anpassungen im Hinblick auf weitere IBM-Entwicklungen
SNA/DIA-gestützter Büroinformationssysteme sind
möglich.

3. Das SNA-Gateway aus Ethernet-Sicht

Courier, das NS 8000 Remote Procedure Call Protokoll,
definiert die Prinzipien, nach denen Transaktionen
zwischen:

- einem _aktiven_ Element ('CALL') und
- einem _passiven_ Element ('REPLY')

ablaufen.

Ein Beispiel für ein aktives Element ist die
Workstation, für ein passives Element ein Server.

Im Sinne des Courier fungiert das Gateway in
Abhängigkeit von seiner Funktion sowohl als passives,
wie auch als aktives Element.

3.1 3270-Kommunikation

Workstations werden im NS 8000 durch das Gateway als
aktive Elemente behandelt. Mittels eines 'OPEN-CALL'
meldet sich die Workstation für den 3270-Dialog an.
Eine 'WRITE-CALL' überträgt Daten an das Gateway, ein
'READ-CALL' liest Daten aus dem Gateway in den
Endgerätepuffer. Ein 'CLOSE-CALL' beendet die Session.

Es werden zwei Typen von Schnittstellen zur
Teilnehmerstation unterstützt:

- Eine Zeichenmodus-Schnittstelle:
  Dabei übernimmt das Gateway die Interpretation des
  3270-Datenstroms. Eingaben der Workstation werden
  zeichenweise übertragen; Ausgaben als 'REPLY' zu
  einem'WRITE' terminalgerecht übergeben. 'READ'
  ermöglicht das Auslesen des 3270-Puffers im
  Terminalformat.

- Eine Puffer-Schnittstelle:
  Dabei übernimmt das Gateway die Transportfunktion
  (Cluster Controller). Die 3270-Puffer sind durch
  die Terminalsoftware zu interpretieren. Besitzt
  das Terminal mehrere direkt angeschlossene
  Endgeräte, so können diese (Generierparameter)
  mittels SNA-FM-Headers direkt vom Anwenderprogramm
  adressiert werden. Mittels 'WRITE' werden 3270-
  Puffer an den Host gesendet; mittels 'READ'
  gelesen.

In beiden Fällen steht der letzte gültige 3270-
Bildschirmpuffer im Gateway an, so daß auch asynchrone
Dialogprozesse einfach von der Teilnehmerstation
('READ') unterstützt werden können.

3.2 Batch-Kommunikation

Darüber hinaus fungiert das Gateway als:

- passives Element (Courier Filing, Communication
  Server) gegenüber lokalen Ethernet-Workstations,
- aktives Element gegenüber File Server, Print
  Server oder Communication-Server.

4. Ein Modell für die Unterstützung der lokalen 3270-Funktionen innerhalb einer Teilnehmerstation

Das Vorliegen des vollständigen 3270-Puffers im jewei-
ligen Arbeitsplatzsystem erlaubt unterschiedlichen
Typen von Teilnehmerstationen die Verwendung und
Abbildung des Datenmodells auf die jeweilige
Bedieneroberfläche. Besondere Bedeutung gewinnt die
lokale Interpretation des 3270-Pufferinhalts bei der
Verwendung der Teilnehmerstation bei integrierten
Arbeitsabläufen folgender Form:

4.1   Informationsverarbeitung mittels 3270-Simulation und
        Host-Anwenderprogrammen.

4.2   Textverarbeitung mittels lokaler Funktionen und
        Resourcen (File Server, ...).

Zwischen den parallelen Prozessen darf bei hohem Inter-
aktionsgrad kein Medienbruch entstehen, d.h. die
Arbeitsplatzsoftware muß in der Lage sein, ausgewählte
Datenbereiche zwischen den Prozessen (4.1) und (4.2)
auszutauschen.

Dabei kann es in Abhängigkeit von Arbeitsvorgängen
notwendig sein, daß:

-       Während der Sachbearbeitung Datenbereiche für den
        nachfolgenden Textverarbeitungsschritt zwischenge-
        speichert werden müssen. (Einzelner Sachvorgang)
-       Während der Sachbearbeitung Datenbereiche
        zwischengespeichert, gesammelt und mit Mitteln der
        Textverarbeitung nachbearbeitet werden müssen.
        (Schreibaufträge, Serienbriefaktion vorbereiten)
-       Innerhalb der Textverarbeitung aufgenommene
        Informationen über den 3270-Emulator an die
        zentrale Datenhaltung weitergeleitet werden
        müssen. (Adresspflege)

Der Austausch der Daten kann dabei sowohl interaktiv
als auch programmiert erfolgen:

4.3   <u>Interaktiver Datenaustausch: 3270 DV ⟶ TV</u>

-       3270-Quellen sind die Bildschirmpuffer
        (Feldinhalte, komplette Bildschirmmasken)
-       TV-Ziele sind flüchtige Register (IWT-Speicher,
        Zwischenspeicher, Konstantenspeicher,

Rechenfelder, ...) oder permanente Adressdateien
(wiederverwendbar in mehreren Arbeitsgängen;
Möglichkeit des Redigierens übernommener
Informationen).

Die Beschreibung der 3270-Quellobjekte erfolgt durch
Markieren von Bereichen. Die Beschreibung der TV-
Zielobjekte erfolgt durch Benennung der Objekte (z.B.
R5 oder DATEINAME . FELDNAME).

Faßt man mehrere solcher Beschreibungspaare von Quellen
und Zielen zu einer logischen Einheit zusammen, so
erhält man eine Abbildungsvorschrift, welche einem
(oder mehreren) 3270-Bildschirmen eine Gruppe von TV-
Speichern zuweist. Solche tastenprotokollierten
Abbildungsvorschriften lassen sich speichern und bei
Bedarf vom Anwender aufrufen.

Damit ist der Sachbearbeiter in die Lage versetzt, DV-
Informationen in für die TV zugänglichen
Speicherbereichen zwischenzuspeichern und im Rahmen der
Folgeverarbeitung interaktiv (Register) oder im 'Batch'
(Adressdateien) die DV-Information mit Texten zu
mischen.

4.4   Interaktiver Datenaustausch: TV ⟶ 3270 DV

-    TV-Quellen sind lokale, flüchtige Speicher (IWT,
     ....), oder lokale, permanente Speicher
     (Datensätze aus einer Adressdatei) oder markierte
     Bereiche innerhalb der Dokumente.

-    3270 DV-Ziel ist der aktuelle Bildschirmpuffer.

Diese Funktion ist die Invertierung der
Datenübernahme aus dem 3270-Dialog. Sie bedient
sich vergleichbaren Abbildungsvorschriften, um die
Datenpuffer wechselseitig zuzuordnen.

Der Benutzer ist in der Lage, Folgearbeiten zur TV
aus dem Bereich der DV am Bildschirm auszuführen.

4.5 Interaktiver Datenaustausch: TV ⟶ 3270 TV

-       TV-Quellen sind markierte Bereiche innerhalb des
        aktuellen Textes, abgespeicherte Texte oder
        Textteile.

-       3270 TV-Ziel ist der vorliegende Bildschirmpuffer.

        Mittels dieser Funktion kann der Benutzer den
        Host-Computer für weitergehende Aufgaben der
        Textverarbeitung (z.B. Retrieval) nutzen. Die
        interaktive Oberfläche ermöglicht die
        zwischenzeitliche Manipulation (z.B. Ergänzung von
        Deskriptoren für Retrieval) der einzulesenden
        Texte.

4.6 Programmierbarkeit der Schnittstelle zum Informationsterminal

Der Nachteil der bisher beschriebenen Varianten besteht
zweifelsfrei darin, daß der Benutzer mit zwei System-
Oberflächen konfrontiert wird:

-       dem lokalen TV-System
-       dem 3278-Dialog.

Dieser Nachteil kann dadurch vermindert werden, daß
zwischen Benutzer und 3278-Dialog eine interpretativ
ablaufende Zwischenschicht gezogen wird, welche die
3270-Schnittstelle 'verschleiert'.

Auf dieser Schnittstelle werden 3278-Puffer
interpretiert und in eine dem TV-Mode angepaßte
Oberfläche umgesetzt. In Zusammenhang mit den unter
(4.3) beschriebenen Tastenprotokollen erlaubt der
solchermaßen eingezogene Interpretor auch die Benutzung
der Schnittstelle für Aufgaben der 'Textverarbeitung':

- Automatisches Einmischen von Host-Daten bei
  Serienbriefaktionen
- Automatisches Einmischen von Host-Daten bei
  Baustein-Briefen in der PTV
- Zugriff auf zentrale Baustein-Archive.

Die Schnittstellen des Interpretors zum TV-System sind
dabei weitestgehend den vergleichbaren lokalen Schnittstellen nachbildbar.

5.   <u>Zusammenfassung</u>

Dieser Beitrag behandelt die Integration von NS 8000
(Ethernet)-kompatibeln Teilnehmerstationen und ihre
lokalen Resourcen (Server, Gateways) in eine Reihe von
für Bürosysteme relevante IBM-Architekturen (SNA, DIA,
DCA).

In diesem Rahmen werden:

- Ethernet-Stationen als IBM-Terminals,
- Remote-File-Access und
- Store-and-Forward-Anwendungen

von einem SNA-Ethernet-Gateway unterstützt.

1.   Courier: The Remote Procedure Call
        Protokoll XSIS 038112, Xerox Corp. 12'82

2.   SNA, General Information (GA 27 - 3102)

3.   SNA, Introduction to Sessions between Logical Units (GC
        20 - 1869 - 2)

4.   Electronic information interchange in an office
        environment; M.R. De Sousa, IBM Systems Journal 20, No.
        1 (1981)

5.   A communication switch based on high performance local
        network systems;
        H.L. Jensen, On Line: 'Local Networks and Distributed
        Office Systems' (May 1981)

<u>Technologische und fernmeldepolitische Trends und ihre Auswirkungen</u>
<u>auf die technische und juristische Integration von Kommunikations-</u>
<u>systemen für Sprache, Text, Daten und Bilder</u>

Dipl. Ing. W. v. Pattay
SIEMENS-AG
Unternehmensbereich Datentechnik
D-8000 München 83
Otto-Hahn-Ring 6

Inhaltsverzeichnis

1   <u>Begriffsbestimmungen</u>

1.1   Offene Kommunikationssysteme

1.2   Integration von Sprache, Text, Daten, Bildern...

2   <u>Technologische Trends und ihre Folgen</u>

3   <u>Die Zukunft hat schon begonnen</u>

3.1   Juristische Öffnung

3.2   Technische Öffnung

3.3   Benutzeroffene Schnittstellen

3.4   Technische Integration

3.5   Juristische Integration

3.6   Besseres Preisleistungsverhältnis

4   <u>Schlußfolgerungen</u>

Technologische und fernmeldepolitische Trends und ihre Auswirkungen auf die technische und juristische Integration von Kommunikationssystemen für Sprache, Text, Daten und Bilder

1. Begriffsbestimmungen

1.1 Offene Kommunikationssysteme

Unter Kommunikationssystem versteht man ein Übertragungs- und Vermittlungssystem, das der Kommunikation von Menschen und Prozessen in Datenverarbeitungsanlagen dient. Es dient dem Informationsaustausch von Mensch zu Mensch, von Prozess zu Prozess und zwischen Menschen und Prozessen.

Aufbauend auf ISO wollen wir über dessen "Referenzmodell für Open Systems Interconnection" (OSI/RM) hinausgehend ein Kommunikationssystem dann als "offen" bezeichnen (Bild 1), wenn
- es juristisch offen ist, d.h., die Kommunikationspartner verschiedenen Rechtspersonen angehören dürfen,
- es technisch offen ist, d.h., die Protokolle zwischen den verschiedenen Partnern und ihren Endeinrichtungen abgesprochen sind, bzw. im Inneren des Kommunikationssystems aufeinander angepaßt werden, und
- wenn es benutzeroffen oder Kommunikationspartnern allgemein zugänglich ist, d.h., daß die daran teilhabenden Menschen und Prozesse auf allgemein zugängliche, für jedermann verständliche und dokumentierte Schnittstellen aufsetzen können.

Unabhängig davon, ob ein Kommunikationssystem der Übermittlung von Daten, Texten, Sprache oder einer anderen Form der Information (Bild 2) dient, erbringt es in seinem Inneren die Funktionen der Ebenen 1 bis 6 des ISO-Referenzmodells für OSI. Diese Funktionen der Ebenen 1 bis 6 können von öffentlichen Einrichtungen der Fernmeldeverwaltung, von privaten Einrichtungen oder vom Menschen selbst erbracht werden. Kommunikationssysteme für die Datenfernverarbeitung (DFVA) sind vielfach aus privaten und öffentlichen Komponenten für die Übertragung, Vermittlung und Darstellung, bzw. Wiedergabe von Information aufgebaut (Bild 3). Die Funktionen der unteren Ebenen des ISO-Referenzmodells werden vielfach von Einrichtungen der Fernmeldeverwaltung, die Funktionen der oberen Schichten heute in der Regel von privaten Einrichtungen geboten. Beim Telefonieren wird ein großer Teil dieser Funktionen vom Menschen selbst ausgeführt, so daß er nicht nur Kommunikationspartner, sondern auch Teil des Kommunikationssystems selbst ist.

1.2 Integration von Sprache, Text, Daten, Bildern ...

Information läßt sich in den verschiedensten Formen oder "Aggregatzu-
ständen" als Sprache, Text, Faksimile, Daten usw. elektrisch transportieren und vermitteln. Werden dieselben Einrichtungen zur Übertragung,
Vermittlung und/oder Darstellung verschiedener Aggregatzustände der
Information benutzt, so spricht man von Integration.

Auch hier ist zwischen der technischen und der juristischen (benutzungsrechtlichen) Bedeutung des Wortes Integration zu unterscheiden.

Von technischer Integration kann gesprochen werden, wenn dasselbe
technische Mittel für mehrere Formen der Information gleichzeitig
genutzt werden kann, wie dies beispielsweise bei den Richtfunkstrecken
erfolgt, die die Fernmeldeverwaltungen in bunter Mischung für die
Übertragung von Fernschreiben, über Sprach- und Datenkommunikation bis
hin zu breitbandigen Farbfernsehsignalen verwenden.

Von juristischer Integration wird gesprochen, wenn derselbe öffentliche Fernmeldedienst verschiedenen Informationsarten dienen darf.
Wenn beispielsweise der Fernsprechanschluß eines Teilnehmers nicht
nur zur Übertragung der Sprache dient, sondern auch den Anschluß von
Faksimilegeräten und über Modems den von Datenendeinrichtungen erlaubt, so handelt es sich nicht nur um eine technische, sondern auch
um eine juristische Integration. Wenn beispielsweise ein am Teletex-
dienst teilnehmendes Endgerät nicht mit Datenverarbeitungsanlagen verkehren darf, weil die DVA nicht am Dienst teilhaben darf, obwohl sie
technisch dazu in der Lage wäre, so fehlt für dieses Endgerät die
juristische Integration von Text und Daten.

Auch bei der Untersuchung des Integrationsgrades eines Kommunikationssystems ist die Schichteneinteilung des ISO-Referenzmodells sehr hilfreich. Es zeigt sich, daß sowohl die technische, als auch die juristische Integration sich von Ebene zu Ebene unterscheiden kann. Wenn wir
beispielsweise Daten über das Fernsprechnetz übertragen, so ist die Integration auf der Übertragungs- und der Vermittlungsebene erreicht, in
der Darstellungsebene ist dies meist nicht der Fall. Eine Ausnahme bildet die Dateneingabe über die Wähltastatur mit dem Mehrfrequenzverfah-
ren. Diese Art der Dateneingabe stellt ein Beispiel der vollständigen
Integration von Sprache und Daten im Fernsprechdienst dar, da die Wähltastatur ja auch ein Bestandteil des von der Fernmeldeverwaltung zur
Verfügung gestellten Fernsprechapparates ist. In der Praxis finden wir

heute verschiedenste Beispiele der technischen und juristischen Integration (Tabelle 1).

Zusätzliche Unterschiede in der juristischen Integration kommen von Land zu Land durch unterschiedliches Benutzungsrecht zustande. So wird der in den USA übliche breitere Einsatz von Koaxialkabeln auch für Zwecke, für die der Fernsprechdraht technisch völlig ausreicht, vielfach darauf zurückgeführt, daß in den USA die Fernsprechkabel auf einem Grundstück dem Betreiber der Nebenstellenanlage, also oftmals der Telefongesellschaft und nicht dem Grundstückeigentümer gehören.

2. Technologische Trends und ihre Folgen

Die technologische Entwicklung ist von einer zunehmenden <u>Digitalisierung</u> und einer immer weiter fortschreitenden <u>Bausteinintegration</u>, also der Realisierung von immer mehr logischen Funktionen <u>auf einem Baustein</u> gekennzeichnet.

Die zunehmende Digitalisierung führt dazu, daß auch analoge Signale wie die Sprache als digitaler Bitstrom übertragen und vermittelt werden. Damit ist eine weitergehende technische Integration der Sprache mit Daten, kodierten Texten, Faksimile und Graphiken in denselben Übertragungs- und Vermittlungseinrichtungen mit verschiedenen technischen Vorteilen, wie z.B. der abschnittsweisen Regeneration des Nachrichtenstromes gegenüber den heutigen analogen Übertragungswegen möglich. Gleichzeitig vermindern sich die Möglichkeiten, für eine Fernmeldeverwaltung auf der Leitung zwischen Sprache und anderen Informationsarten zu unterscheiden. Sie kann dem Bitstrom, den sie transportiert und vermittelt nicht mehr ansehen, ob er der Übertragung von Sprache, von Daten, Texten oder was auch immer dient. Damit wird es immer schwerer, für die verschiedenen Formen der Information verschiedene Fernmeldedienste und damit das "Bit" zu unterschiedlichen Preisen anzubieten. Die technische Integration erzwingt also langfristig auch eine fernmelderechtliche Integration. Dies führt zu dem angenehmen Nebeneffekt, daß die Datenübertragung preiswerter wird. Bekanntlich entstammen über 95 % der Einnahmen der Fernmeldeverwaltungen dem Fernsprechverkehr. Damit war die Übertragungskapazität eines Fernsprechkanals auch immer der Maßstab für die Preisgestaltung von Datenübertragungsgebühren. Im analogen Netz entspricht ein vermittelter Fernsprechkanal heute 4800 Bit pro Sekunde. In einem digitalen Fernsprechnetz entspricht ein Fernsprechkanal einem Datenstrom von 64 kbit/s.

Wenn man annimmt, daß digitales Fernsprechen nur zu Gebühren verkauft werden kann, die in derselben Größenordnung wie die des analogen Fernsprechens liegen, ergäbe sich daraus eine Verbilligung der Verkehrsgebühr für die Datenübertragung um eine Zehnerpotenz. Um wieviel die einzelne Datenverarbeitungsanwendung billiger wird, hängt dabei sehr wesentlich von der Verkehrscharakteristik der Anwendung und den einzelnen Gebührenelementen (Messeinheiten) ab. So hat sich beispielsweise gezeigt, daß eine Berechnung der DATEX-L Leistungen in Einheiten von z.B. 10 Groschen zu völlig anderen Ergebnissen führt, als eine Berechnung nach Nutzungssekunden und einer zusätzlichen Verbindungsgebühr.

Mit der zunehmenden Digitalisierung und damit auch dem Einsatz von Lichtwellenleitern steigen die verfügbaren Übertragungskapazitäten erheblich und die Entfernung verliert an Kostenrelevanz. Dies wird sich langfristig auch in den Gebühren niederschlagen. Wenn man sich heutige Fernmeldegebühren ansieht, so sind Grund-, Verkehrs- und gegebenenfalls auch Verbindungsgebühren zu entrichten. Bei den Verkehrsgebühren werden folgende Tarifkriterien angewandt: Die Entfernung, die Bandbreite, die Nutzungszeit, bzw. das übertragene Volumen und die Art der Nutzung, d.h. der Aggregatzustand der Information. Auf Standverbindungen wird anstelle der Zeit- oder Volumengebühr meist eine Pauschale pro Monat verlangt. In Zukunft werden sich nicht nur die Verhältnisse von Grund- zu Verkehrs- und Verbindungsgebühr ändern, sondern auch die Kostenfaktoren bei der Verkehrsgebühr einer Wandlung unterworfen werden. Aus der technologischen Entwicklung können wir nun schließen, daß die Art der Nutzung in künftigen Tarifen nicht mehr relevant sein wird. Das übertragene Volumen wird in der Datenpaketvermittlung auch weiterhin Tarifkriterium sein. In anderen Netzen, sogar auf Standverbindungen, wird in zunehmendem Maße nach der Zeit, der Nutzung und der zur Verfügung gestellten Bandbreite tarifiert werden. Die Entfernung wird allgemein an Bedeutung einbüßen. (Dies ist heute bereits bei Satelliten der Fall und trifft morgen auch auf Lichtwellenleiter zu.)

Mit der zunehmenden benutzungsrechtlichen Integration verschiedener Informationsarten in den Fernmeldediensten wird diese Integration auch in Nebenstellenanlagen erlaubt werden. Wir kennen alle die heutigen kunstvollen, benutzungsrechtlichen Gebilde (Bild 4), in denen die Funktionen von Fernsprech-, Daten- und Textnebenstellenanlagen festgelegt und ihre Verbindungen untereinander geregelt sind. Dabei wird der Unterschied zwischen technischer und fernmelderechtlicher Integration am Beispiel der "Datennebenstellenanlagen", herkömmlicherweise Kommunikationsrechner genannt, besonders deutlich. Da sie zumindest nach dem deutschen Fernmelderecht für alle Formen der Information verwendet werden darf, solange sie die Information nur zum Zwecke der Datenverarbeitung vermitteln, haben sie bereits viele Stufen der technischen Integration vollzogen. So bedienen zum Beispiel TRANSDATA[R]-Kommunikationsrechner alle heute gebräuchlichen Fernmeldedienste und erlauben damit heute schon einen höheren Integrationsgrad.

Die zunehmende Großintegration vieler logischer Funktionen auf einem Baustein führt zu einer Verbilligung, die es uns erlaubt, immer höherwertige Kommunikationsleistungen einem immer größeren Benutzerkreis zugänglich zu machen. Bildschirmtext ist hierfür ein Beispiel. Unter anderem wird uns hier eine farbige Datenstation für Texte und komplexe Graphiken zu einem Preis geboten, der vor wenigen Jahren noch kaum vorstellbar gewesen wäre. Diese prognostizierten Preise sind nur deshalb möglich, weil diese hochintegrierten Bausteine in großer Stückzahl produziert werden sollen. Die hohen Stückzahlen wiederum beruhen darauf, daß sich die Fernmeldeverwaltungen verschiedener Länder auf denselben Standard einigen. Anders gesagt, die Tatsache, daß die Vorteile der Großintegration erst bei großen Stückzahlen durchschlagen, erzwingt eine Standardisierung. Die Tatsache, daß die Fernmeldeverwaltungen im CCITT eine schlagfähige Standardisierungsorganisation besitzen und sie seit Jahrzehnten gewohnt sind, Protokolle und Funktionen für regulierte Dienste auch für die höheren Ebenen des OSI/RM (Bild 5) festzulegen, führt zu einer Fortentwicklung des bekannten Telexdienstes über den Teletexdienst zu den Telematik-Services und damit zu Protokollen, die international anerkannt und für die DFVA breit einsetzbar sind (Bild 6).

3. Die Zukunft hat schon begonnen

Betrachten wir die heutige Fernmeldelandschaft, wie sie uns beispielsweise die Deutsche Bundespost bietet, so können wir die Auswirkungen dieser technologischen Trends heute bereits spüren.

3.1 Juristische Öffnung

In Europa ist es ein Hoheitsrecht der Fernmeldeverwaltungen, Nachrichten zwischen verschiedenen Rechtspersonen zu vermitteln.

Die Fernmeldeverwaltungen erkennen in den letzten Jahren zunehmend die überragende Bedeutung der Datenfernverarbeitung für den Umgang mit dem "Rohstoff" Information und damit für die Volkswirtschaften und bieten daher immer attraktivere Dienste für die Datenübertragung und Datenvermittlung. Boten sie anfangs nur Übertragungsleistungen, so stehen heute vermittelnde Netze bis zu Geschwindigkeiten von 48, ab 1983 von 64 kbit/s und einem mehrfachen davon zur Verfügung. Damit kann zunehmend auf private Vermittlungsbausteine verzichtet werden.

3.2 Technische Öffnung

Im Rahmen regulierter Dienste sind die Fernmeldeverwaltungen auch für die technische Offenheit eines Kommunikationssystems verantwortlich. Sie werden dem gerecht, indem sie auf die "Dienstgüte" achten, nicht zuletzt durch die oft zurecht von den Herstellern als lästig empfundene Zulassungsprozedur für Endeinrichtungen. Da CCITT die Standards, die für Fernmeldedienste erlassen werden, mit ISO abstimmt, und Datenverarbeitungsanlagen in der Regel auch regulierte Dienste wie Telex, Teletex und Bildschirmtext unterstützen, reicht die Bedeutung der dafür gefundenen Protokolle weit über den jeweiligen Dienst hinaus und befruchtet die Datenfernverarbeitung allgemein. So hat die Verabschiedung der Teletexprotokolle bei CCITT Eingang in die Normungsarbeit bei ISO gefunden. ISO TC 97 hat in seiner Sitzung vom Mai 82 in Tokio für die Protokolle der Ebene 4 ein Draft Proposal und für die der Ebene 5 einen Zeitplan zur weiteren Normung beschlossen, die die Teletex-Protokolle einschließt.

3.3 Benutzeroffene Schnittstellen

Der Zwang, Endeinrichtungen, die an Fernmeldedienste angeschlossen werden sollen, bei der jeweiligen Fernmeldeverwaltung zuzulassen, setzt die zulassende Behörde in die Verpflichtung, ihre Schnittstellen offenzulegen. Dies erhöht die Planungssicherheit der Anwender und Gerätehersteller. Als weniger positiv - mit den oben genannten lästigen Folgen - ist dagegen zu vermerken, daß diese Schnittstellen trotz gemeinsamer CCITT-Empfehlungen von Land zu Land in Einzelheiten unterschiedlich sein können, so daß oft erheblicher Aufwand erforderlich ist, bis eine Endeinrichtung, die in einem Land zugelassen ist, auch in einem anderen Land an das entsprechende Fernmeldenetz angeschlossen werden kann. Hier ist eine weitere Harmonisierung erforderlich. Wir verfolgen mit großer Aufmerksamkeit, daß zur Zeit verschiedene europäische Fernmeldeverwaltungen bei der Zulassung von Endeinrichtungen für die Paketvermittlung und den Teletexdienst dasselbe Prüfgerät und dieselben Prüfprogramme einsetzen wollen. Wenn dieser Ansatz gelingt, erreichen wir ein weitere wertvolle Harmonisierung der Netzschnittstellen.

Die Schnittstelle zum Menschen dagegen wurde von den Fernmeldeverwaltungen bisher wenig beachtet. Man denke nur daran, daß man im Moment beginnt, bei Bildschirmtext Millionen Menschen an einer alphanumerischen Tastatur auszubilden, die sehr umstritten ist, da sie angeblich entwickelt wurde, um den Menschen so zu bremsen, daß er die Mechanik der Schreibmaschinen des 19. Jahrhunderts nicht durch zu schnellen Tastenanschlag zerstören konnte. Die breite Einführung dieses überholten Layouts kann weitreichende und ggfs. negative Folgen für die Wettbewerbsfähigkeit eines Landes haben. Vielleicht findet sich in diesem Land ein Forscher, der diese für unsere Zukunft entscheidende Frage aufgreift und die Suche nach einer besseren Mensch-Maschine Schnittstelle vorantreibt.

Die Schnittstelle zu den Anwenderprogrammen, nach denen Benutzerprozesse ablaufen, wird von den Fernmeldeverwaltungen gleichfalls nicht betrachtet. Für die Offenheit eines Kommunikationssystems ist es jedoch wichtig, daß Anwenderprogramme portabel sind. Hierfür empfiehlt sich KDCS, die "kompatible Datenkommunikationsschnittstelle", die auf Betriebssystemen verschiedener Hersteller geboten wird und zur Normung vorgeschlagen ist.

3.4 Technische Integration

1983 wird die Deutsche Bundespost mit dem Modellnetz und dem BIGFON-Versuch weitere Schritte höherwertiger Integration gehen. Im Modellnetz werden vermittelte Kanäle mit n mal 64 kbit/s (n = 1-4) zur Verfügung gestellt. Im BIGFON-Versuch werden auf Teilnehmeranschlüssen aus Lichtwellenleitern gleichzeitig Fernsehprogramme, Rundfunkprogramme, Sprachen, Daten, Texte in kodierter Form und als Faksimile, sowie bewegte Bilder (Bildfernsprachen) transportiert. Im Amt werden die unterschiedlichen Informationsarten dann wieder getrennt und über ihre dienstspezifischen Vermittlungen, bzw. Sammelschienen weitergeführt.

3.5 Juristische Integration

Die Bereitschaft der Deutschen Bundespost, Datenverarbeitungsanlagen, die an verschiedenen Fernmeldediensten teilhaben, nunmehr - unter bestimmten Voraussetzungen - auch direkt an den Teletexdienst anschliessen zu lassen, stellt einen weiteren Schritt der juristischen Integration dar.

Die "nutzungszeitabhängige Tarifierung" von Direktrufverbindungen, das sind die öffentlichen Standverbindungen der Deutschen Bundespost für die Datenfernverarbeitung, deren Details im Moment in der "Arbeitsgruppe des Ausschusses für Fragen der Datenfernverarbeitung" diskutiert werden, wird eine notwenige, wenn auch nicht hinreichende Voraussetzung für eine weitere benutzungsrechtliche Integration sein.

Am Ende dieser Entwicklung stehen Nebenstellenanlagen und Endeinrichtungen, die für alle Aggregatzustände der Information genutzt werden können und dürfen.

3.6 Besseres Preisleistungsverhältnis

Mit der Verordnung der digitalen Fernsprechleitungen setzt die Deutsche Bundespost Zeichen für die Zukunft (19. Verordnung zur Änderung der Fernmeldeordnung vom 4.3.1982). Ab dem 1.1.83 bietet sie Fernsprechleitungen für 64 kbit/s zum doppelten Fernsprechtarif, für zwei Mbit/s zum 30fachen und für 34 Mbit/s zum 480fachen Fernsprechtarif. Damit kostet bei den beiden hohen Geschwindigkeiten ein digitaler Fernsprechkanal bereits nur mehr so viel, wie heute ein analoger. Unter bestimmten, nicht unumstrittenen Bedingungen gestattet sie die Nutzung dieser digitalen Fernsprechleitungen auch für Texte, Daten und andere Informationsarten.

Mit dieser Verordnung sagt sie zweierlei:
- Die Gebühren für digitales Fernsprechen werden in derselben Größenordnung liegen wie für analoges Fernsprechen, und
- es wird wirtschaftlich interessant, Endeinrichtungen für diese hohen Bitraten zu entwickeln.

Auch die Absichtserklärung, das ISDN (Integrated Services Digital Network) zum frühestmöglichen Zeitpunkt in Betrieb zu nehmen, deutet in dieselbe Richtung. Das ISDN wird der Datenfernverarbeitung eine weit bessere Basis bieten, als das heutige analoge Fernsprechnetz. Wenn es auch nicht alle Datennetze (z.B. Teile des Direktrufnetzes) ersetzen kann und wohl auch nicht ersetzen soll, so bietet es doch sehr interessante technische Eigenschaften. Dies sind insbesondere: durchgehende, digitale Verbindungen von 64 kbit/s, ein Teilnehmeranschluß, der mit den vorhandenen Telefonkabeln auskommt und gleichzeitig (2 x 64 + 1 x 16 = 144) kbit/s vollduplex über 6-7 km transportiert, eine diensteindividuelle Verbindungsbehandlung und eine Rufnummer pro Teilnehmer für alle Dienste. Gleichzeitig, und für die Datenfernverarbeitung besonders wichtig: ISDN setzt einen neuen Preismaßstab für das übertragene Bit pro Sekunde.

4. <u>Schlußfolgerungen</u>

Wir haben gesehen, daß in der Kommunikation technisch Mögliches und fernmelderechtlich Erlaubtes nicht immer kongruent sind, und daß eine genaue Analyse erforderlich ist, um Planungsfehler zu minimieren. Hat man nun ein fernmelderechtliches Verbot als technische Unmöglichkeit aufgefaßt, kann dies zu Fehlinvestitionen führen.

Mit fortschreitender Technologie können wir mit einem zunehmenden Abbau fernmelderechtlicher Schranken und einer damit immer besseren Ausnutzung der technischen Möglichkeiten rechnen.

Kommunikationsleistungen werden in zunehmendem Maße für jedermann über das Fernsprechen hinaus auch für andere Informationsarten und für den Dialog Mensch-Prozess geboten.

Da laufend neue Fernmeldedienste eingeführt werden, und ihre Gebührenrelationen ständig adaptiert werden, sollen heute schon Anwenderprogramme für die DFVA auf Schnittstellen aufgesetzt werden, die vom verwendeten Übertragungs- und Vermittlungssystem und, wenn man an Bildschirmtext und Teletex denkt, auch weitgehend vom Wiedergabemittel unabhängig sind.

Die Schnittstelle der Kommunikationssysteme zum Menschen verdient unsere besondere Aufmerksamkeit, hier sind schnellstens menschengerechte und zukunftsweisende Standards zu schaffen.

Tabelle 1

<u>Beispiele der Integration</u>

<u>Übertragungsweg:</u>

- "Adern der Fernsprechkabel im Haus"
  (deutsches Benutzungsrecht)
      Sprache
      Daten
      Text kodiert
      Text (Fernkopie)
- "Telefonadern" der Teilnehmeranschlußleitung
  (Schweizerischer Telefonrundspruch)
      Sprache
      Radio
      Einbruchs-, Feuermelder

<u>Vermittlungseinrichtung:</u>

- Fernsprechvermittlung
      Sprache
      Text, Daten, Graphik ggf. via Modem
- Datenvermittlung
      Daten, Text, Graphik ggf. Sprache

<u>Endgerät:</u>

- Wähltatstatur des Fernsprechapparates
      Signalisierung mit Fernsprechvermittlung
      Dateneingabe an DVA
- Telex-, Telexendgerät
      Text
      Daten
- Bildschirmtextstation
      Text
      Daten
      Graphiken

SIEMENS

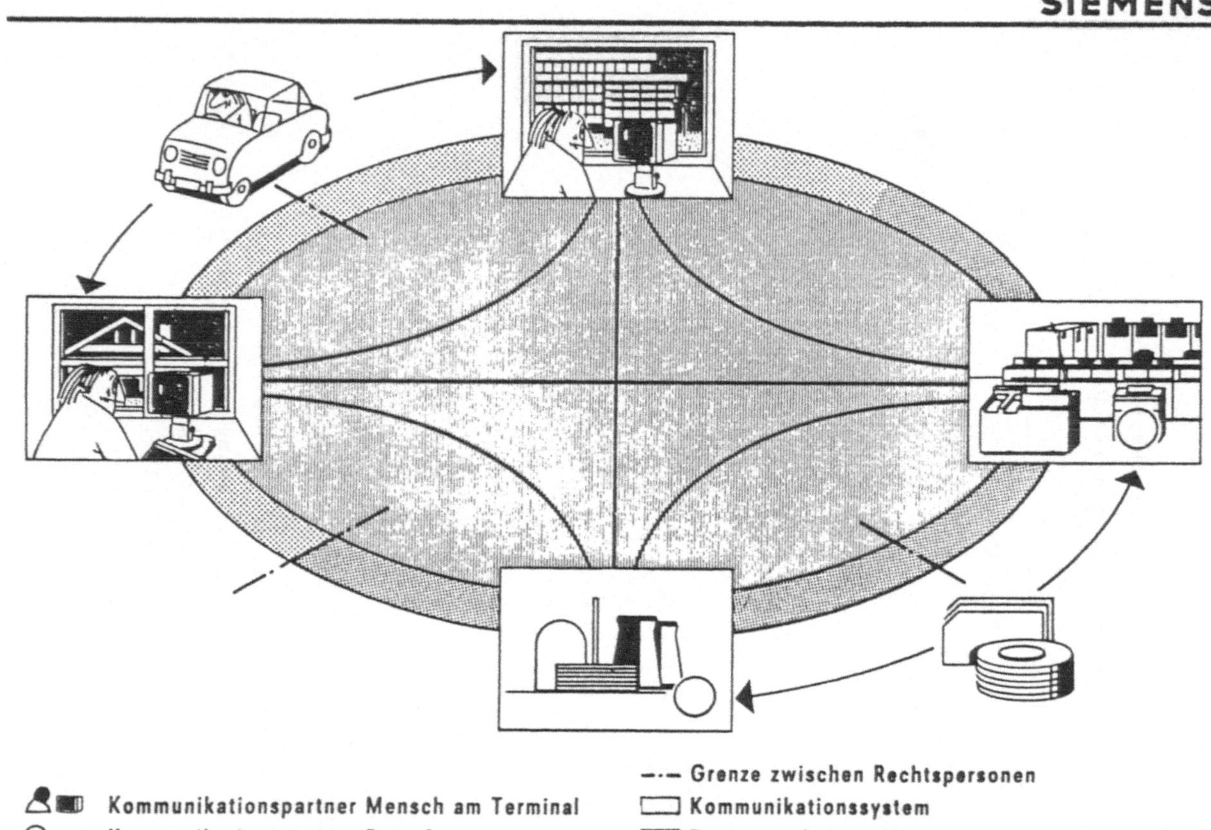

Offene Kommunikation

Bild 1

Bild 2

SIEMENS

Nachrichtenarten/Übergänge

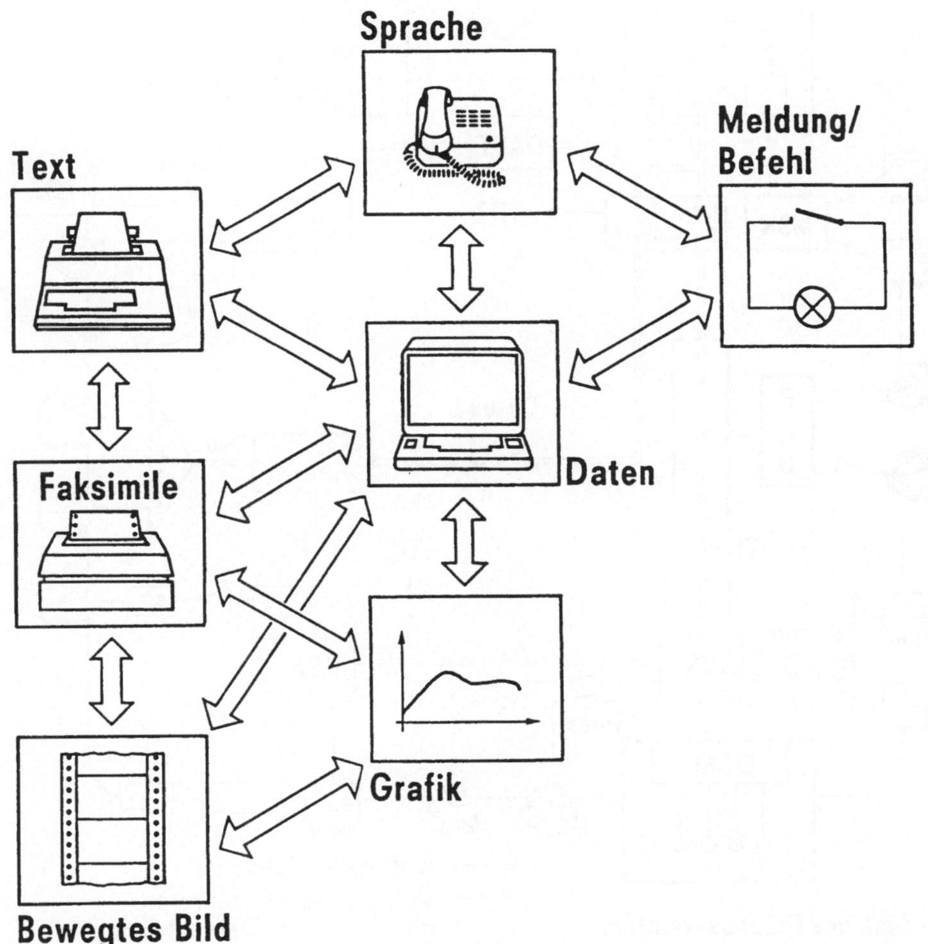

Aggregatzustände der Information

SIEMENS

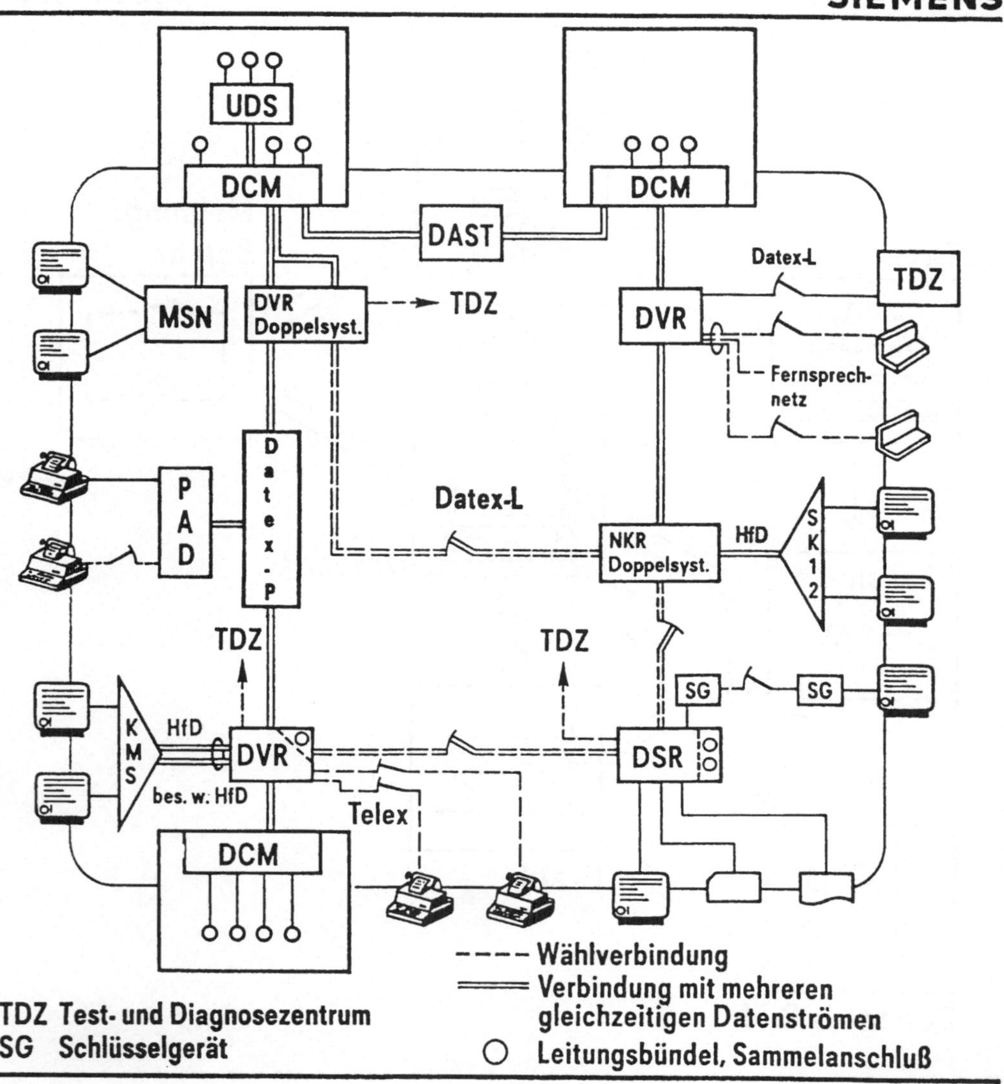

TDZ Test- und Diagnosezentrum
SG   Schlüsselgerät

SIEMENS

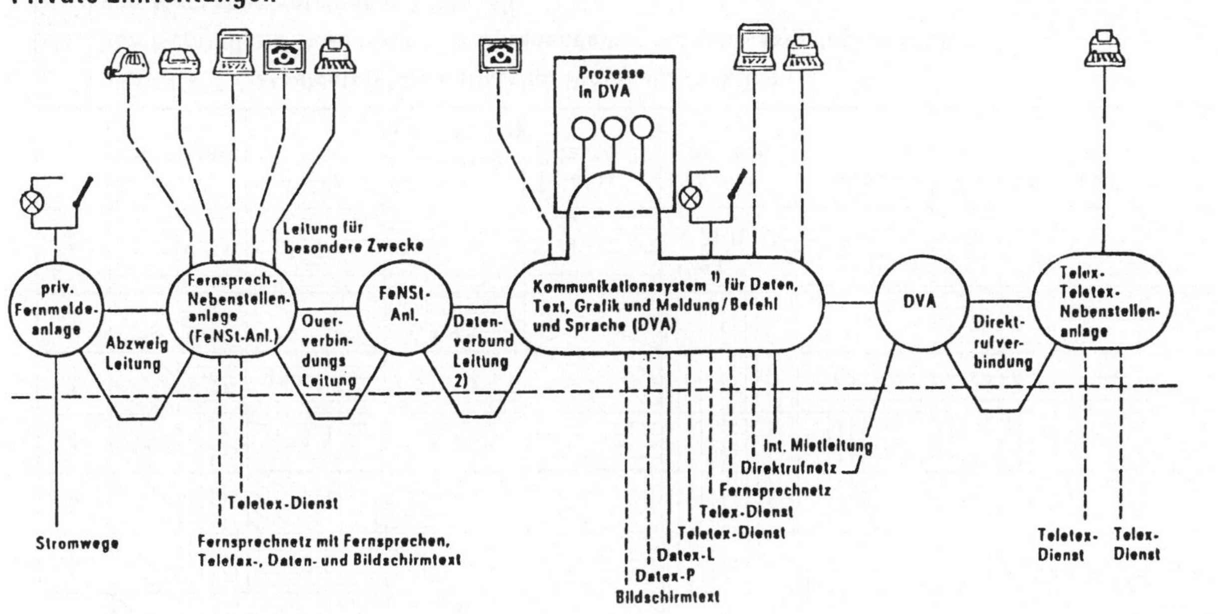

Kommunikationslandschaft

Bild 5

SIEMENS

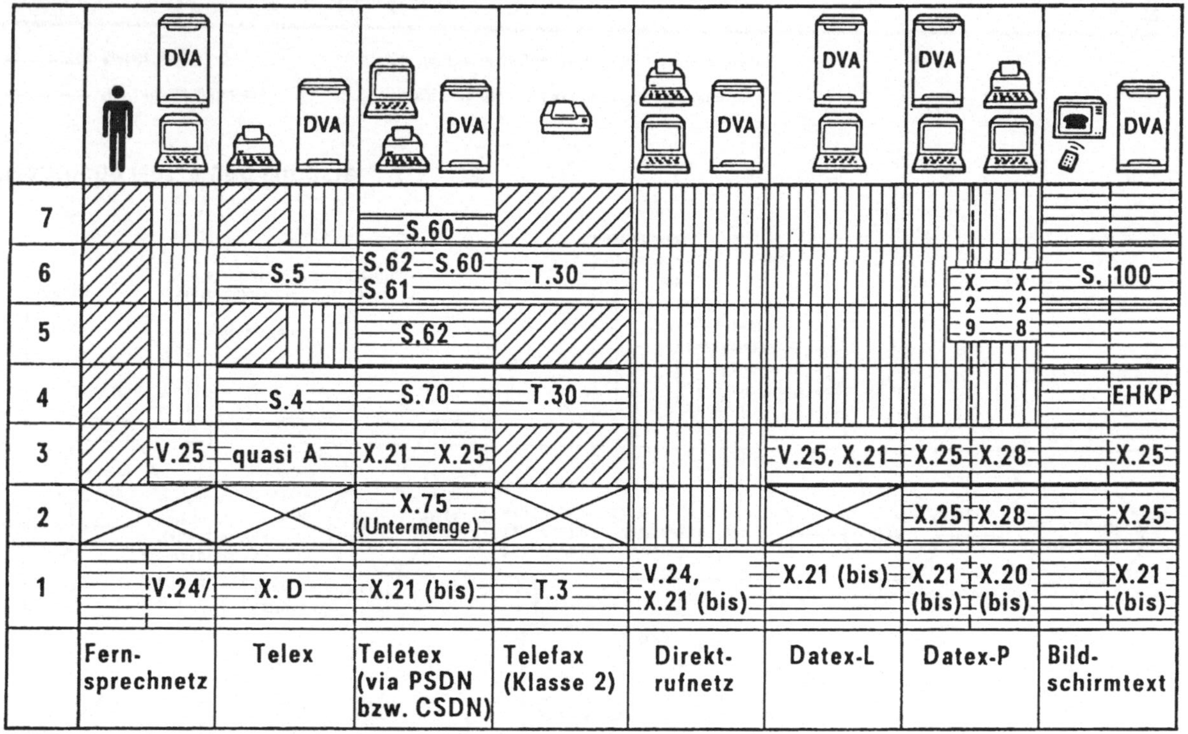

Schicht	Fern-sprechnetz	Telex	Teletex (via PSDN bzw. CSDN)	Telefax (Klasse 2)	Direkt-rufnetz	Datex-L	Datex-P	Bild-schirmtext
7			S.60					
6		S.5	S.62 — S.60 / S.61	T.30			X.2.9 / X.2.8	S.100
5			S.62					
4		S.4	S.70	T.30				EHKP
3	V.25	quasi A	X.21 — X.25			V.25, X.21	X.25 — X.28	X.25
2			X.75 (Untermenge)				X.25 — X.28	X.25
1	V.24/	X. D	X.21 (bis)	T.3	V.24, X.21 (bis)	X.21 (bis)	X.21 (bis) / X.20 (bis)	X.21 (bis)

von CCITT festgelegte(s) Schnittstelle, Protokoll, Funktion

von Herstellern/Anwendern von Datenendeinrichtungen festgelegtes Protokoll

von Menschen gefahrenes Protokoll

Herkunft der Kommunikationsprotokolle

D
182 094

Bild 6

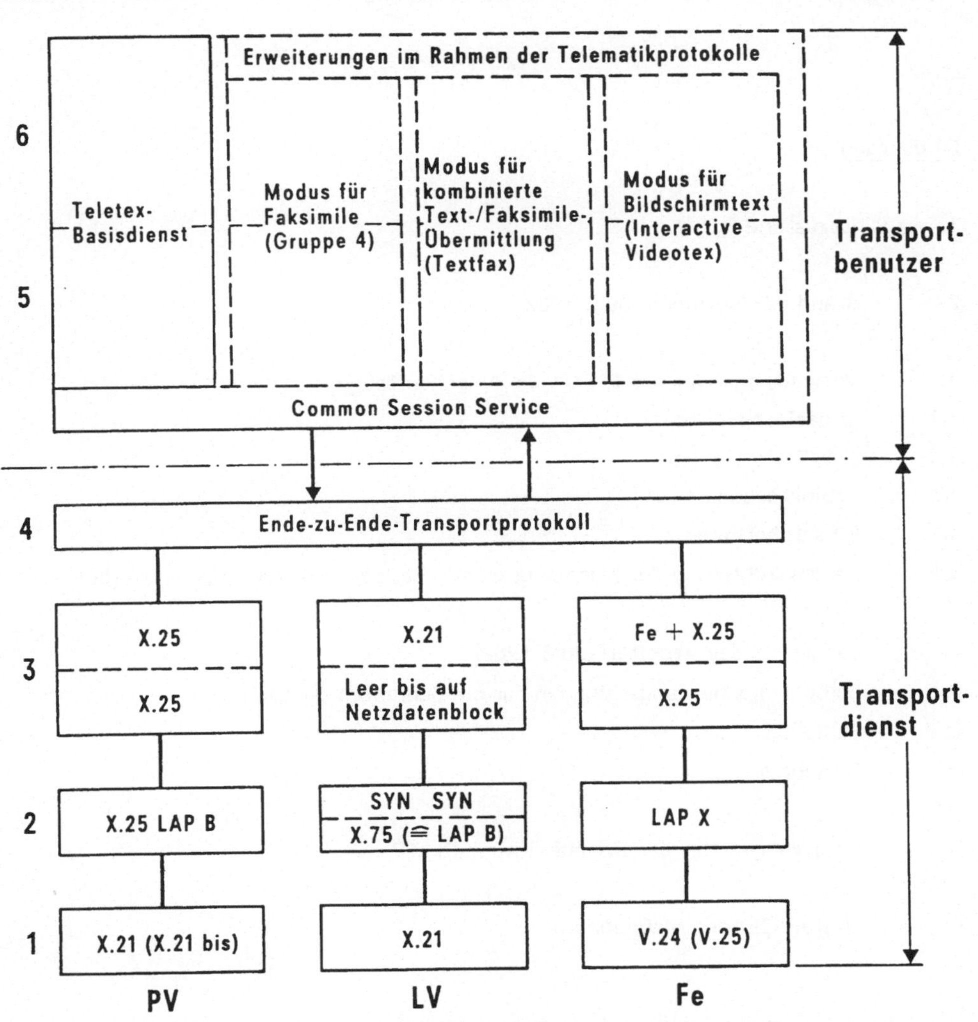

Schichtenstruktur der Telematikprotokolle

<u>Sachstand der Festlegung Einheitlicher</u>
<u>Höherer Kommunikationsprotokolle (EHKP)</u>

H. Wortmann
Bundesministerium des Innern
D - 5300 Bonn 1

<u>Gliederung</u>

1.   Istzustand

2.   Stand der Normung (Juni 1982)

3.   Verwaltungsstandard EHKP als Zwischenlösung
3.1   Bedarfserhebung
3.2   EHKP-Festlegung
3.3   Projektorganisation
3.4   Einsatzbereiche
3.5   Berücksichtigung der Normungsarbeit, Beiträge für die Normungsarbeit

4.   Sachstand der Arbeiten (Juni 1982)
4.1   Schicht 4, Übergangslösungen für die Schichten 5 und 6/7
4.2   Schicht 5
4.3   Schicht 6

5.   Folgerungen für die Zwischenlösung EHKP

6.   Weiterführende Maßnahmen

1.   <u>Istzustand</u>

Für die EHKP-Festlegung gilt folgende Ausgangslage:

- In Wirtschaft und öffentlicher Verwaltung besteht Bedarf nach hersteller-
  übergreifendem Verbund von Geräten mit unterschiedlicher Form der Informationsdarstellung (Daten/Text, Bild), der bisher nicht oder nur mit erheblichem Aufwand verwirklicht werden kann.

- Vollständige international abgestimmte Normen für notwendige und weltweit
  festzulegende systemneutralen Kommunikationsvorschriften, die "Höheren
  Protokolle" werden erst mittelfristig verfügbar sein.

- Öffentliche Datennetze (DATEX-P, DATEX-L, vergleichbare internationale
  Netzwerke), welche die aus Anwendersicht unverzichtbare systemneutrale
  Kommunikation unter Einsatz der Höheren Protokolle ermöglichen können,
  stehen zur Verfügung. Der Weg zu dienstintegrierten Digitalnetzen (ISDN)
  für alle Kommunikationsarten - einschließlich der Sprache - ist bereits
  erkennbar.

2.   <u>Stand der Normung (Juni 1982)</u>

Es ist Ziel der internationalen Normungsbemühungen, insbesondere die technik-
bedingten Beschränkungen für den Nachrichtenaustausch abzubauen.

Dabei wird bei gleichzeitig zu verbesserndem Datenschutz der technisch frei-
zügige, wirtschaftliche und sichere Informationsverbund über beliebige Daten-
transportsysteme (in der Regel öffentliche Datennetze) zwischen den jeweils
zugelassenen Partnern, unabhängig von ihrem jeweiligen Standort, den im Einzelfall
eingesetzten technischen Systemen und der Art der zu übertragenden Information
(Daten/Text, Sprache, Bild) angestrebt.

Als Grundlage hierzu hat die Internationale Normungsorganisation ISO bereits
das Basis-Referenzmodell "Kommunikation Offener Systeme" als Internationalen
Normentwurf (Draft International Standard - DIS) ISO/DIS 7498 festgelegt.
Dies Papier liegt in der Bundesrepublik Deutschland als Entwurf DIN/ISO 7498
(Stand: Mai 1982) vor.

Das Referenzmodell sieht die grundsätzliche Möglichkeit der herstellerneutralen
Kommunikation sowohl für Systeme der Informationsverarbeitungstechnik als
auch für Einrichtungen der modernen Bürokommunikation vor. Das ISO-Modell
gliedert den Kommunikationsvorgang in sieben in sich abgeschlossene Funktions-
schichten mit eindeutiger Festlegung der Dienstleistungen der Schichten sowie
der Schnittstellen und der Schnittstellenereignisse zwischen den Funktionsschich-
ten. Jede Schicht bedient sich dabei zur Ausführung ihrer genau umrissenen
Aufgaben der Funktionen der darunterliegenden Funktionsschicht. Die Kommunikation wird somit auf "logischer Ebene" horizontal durchgeführt, der Datentransport selbst verläuft im Sendefall von den höheren zu den niederen Schichten
und im Empfangsfall umgekehrt. Die modular aufgebauten Vorschriften für
die Abwicklung des Datenaustauschs innerhalb des Kommunikationsmodells
werden "Protokolle" genannt.

Die Schichten 1 bis 3 der internationalen Netzwerkarchitektur (Bitübertragungs-
schicht, Sicherungsschicht und Vermittlungsschicht) regeln den physikalischen
Datentransport sowie den Zugang zu Datennetzen. Diese Schichten fallen in
der Regel in den Zuständigkeitsbereich der Postverwaltungen.

Die Schicht 4 (Transportschicht) ermöglicht - unter Nutzung der Dienstleistungen der Schichten 1 bis 3 - insbesondere den gesicherten Datenaustausch zwischen zwei Verbundpartnern über das gewählte "Datentransportsystem", beispielsweise die öffentlichen Datennetze DATEX-P und DATEX-L sowie - in absehbarer Zukunft - das dienstintegrierte Digitalnetz ISDN. Die Schichten 5 bis 7 (Kommunikationssteuerschicht, Darstellungsschicht und Verarbeitungsschicht) unterstützen den eigentlichen Kommunikationsvorgang der beteiligten Geräte sowie der Anwendungen und ermöglichen die notwendigen Anpassungen zwischen ihnen.

Nach der ISO-Sitzung im Juni 1982 ergibt sich folgender Sachstand:

Schichten 1 bis 3

Über die Festlegung des Referenzmodells gemäß DIN/ISO 7498 hinaus bestehen bereits konkrete Vereinbarungen für die Schichten 1 bis 3 im Rahmen der internationalen Schnittstellenvereinbarung X.25.

Schicht 4

Zwischen der ISO und dem CCITT (Comité Consultatif International des Télégraphique et Téléphonique) besteht Einvernehmen, für die Schicht 4 insgesamt 5 Protokollklassen zuzulassen. Für die Klassen 0 und 1 ist in erster Linie der CCITT zuständig (Grundlage: CCITT-Empfehlung S. 70, die u.a. die notwendigen Festlegungen für das Transportprotokoll des neuen Dienstes Teletex enthält). Ergänzend wird die ISO insbesondere die Klassen 2, 3 und 4 bearbeiten.

In der ISO-Sitzung im Juni 1982 wurden die Entwürfe (Draft Proposals - DP) für die Protokolle der Schicht 4 (Klassen 0, 1, 2, 3 und 4) verabschiedet. Ferner wurde ein Redaktionskomitee eingesetzt, das in die Entwürfe mögliche Änderungsvorschläge einarbeiten soll. Es darf unterstellt werden, daß sich der Entwurf der Klasse 0 (Transportprotokoll für Teletex) nicht mehr ändert. Nach dem Zeitplan der ISO ist vorgesehen, die Protokolle der Schicht 4 in der nächsten Sitzung im Februar 1983 zu verabschieden und als DIS herauszugeben.

Mit anwendungsreifen Produkten auf der Grundlage einer internationalen Norm für Protokolle der Schicht 4 kann nach vorsichtigen Schätzungen etwa 1984/1985 gerechnet werden.

Schicht 5

Für die Schicht 5 liegt bereits als vom DIN Deutsches Institut für Normung e.V. gestützter Beitrag die für Teletex wichtige CCITT-Empfehlung S. 62 vor. In der ISO-Sitzung im Juni 1982 konnte ein Beschluß hierzu aber noch nicht gefaßt werden. Die ISO hat eine Arbeitsgruppe eingesetzt, die einen DP für die Kommunikationssteuerschicht bis zur nächsten Sitzung (Februar 1983) vorlegen und dabei die CCITT-Empfehlungen S. 62 berücksichtigen soll. Es ist zu hoffen, daß sich die ebenfalls von der öffentlichen Verwaltung der Bundesrepublik Deutschland (Abschnitt 4.2) eindeutig befürworteten CCITT-Vorschläge durchsetzen werden. Ob und in welchem Umfang dies gelingt, bleibt noch offen. Die Gefahr ist nicht von der Hand zu weisen, daß auch für die Schicht 5 mehrere Klassen vorgesehen werden. In diesem Fall wäre anzustreben, eine der Klassen ganz oder zumindest teilweise (Vorschriften für Verbindungsauf- und -abbau) gemäß CCITT-Empfehlung S. 62) zu gestalten. Wegen weiterer Aussagen zur Schicht 5 bleibt die ISO-Sitzung im Februar 1983 abzuwarten.

<u>Schichten 6 und 7</u>

Eine konkrete Diskussion zu diesen Schichten steht noch aus.

Es wird unterstellt, daß der Prozeß der Konsensbildung der ISO zu den Schichten 6 und 7 noch erheblich viel Zeit beanspruchen wird.

Damit dürfte feststehen, daß international abgestimmte Normen als Grundlage für weltweit festzulegende "Höhere Protokolle" der Schichten 5 bis 7 erst mittel- fristig verfügbar sein werden.

3. Verwaltungsstandard EHKP als Zwischenlösung

3.1 Bedarfserhebung

Eine auf der Grundlage des Bedarfs der öffentlichen Verwaltung des Bundes, der Bundesländer und der Kommunen durchgeführte Analyse hat als wirtschaft- lichste Alternative ergeben, daß für diesen Bereich - aber darüber hinaus nach Möglichkeit auch für weitere Anwendungen - ein einziger Satz "Höherer Proto- kolle" (Ebenen 4 bis 6/7 des ISO-Referenzmodells) für den systemneutralen Rechner-Rechner-Verbund und den Terminalanschluß sowie für die Aufgaben der modernen Bürokommunikation als Verwaltungsstandard festgelegt und all- gemein eingesetzt werden sollte.

3.2 EHKP-Festlegung

Aus vorstehenden Gründen legt die öffentliche Verwaltung der Bundesrepublik Deutschland den Verwaltungsstandard EHKP als "Zwischenlösung" fest.

Die EHKP dienen der Deckung des akuten Bedarfs im Vorfeld der internationalen Normung. Sie werden unter Berücksichtigung des aktuellen Standes der interna- tionalen Normung abgestimmt und festgelegt.

Der Verwaltungsstandard "EHKP" hat in der Übergangszeit bis zur Verfügbarkeit standardmäßig lieferbarer Produkte auf der Basis der internationalen Normen die Aufgabe, den systemneutralen Informationsverbund von Geräten mit unter- schiedlicher Form der Informationsdarstellung (Daten/Text, Bild) bedarfsgerecht und rechtzeitig zu ermöglichen.

Die EHKP decken die Schichten 4 bis 6 (7) gemäß DIN/ISO 7498 ab. Sie legen das netzseitige Kommunikationsverhalten der Partner fest; die Art der Imple- mentation wird dagegen nicht vorgeschrieben. Die EHKP werden nach Verfüg- barkeit international akzeptierter und erprobter Protokolle durch diese ersetzt. Entsprechende Ablösestrategien sowie - soweit notwendig - Anpassungen an neue Datennetze (z.B. an das ISDN) werden entwickelt.

3.3 Projektorganisation

Auftraggeber für die Erarbeitung bzw. Abstimmung der EHKP ist der für die Koordinierung der Anwenderinteressen der öffentlichen Verwaltung zuständige Kooperationsausschuß ADV Bund/Länder/Kommunaler Bereich (KoopA ADV). Federführend für das Vorhaben ist das Bundesministerium des Innern (BMI).

Die organisatorischen Arbeiten führt die Bund-Länder-Arbeitsgruppe Datenfern- verarbeitung des KoopA ADV - AG DFV - (Vorsitz: BMI) projektbezogen durch. Die technische Sacharbeit leistet die ad hoc-Arbeitsgruppe

"Höhere Protokolle" der AG DFV (Vorsitz: Landesamt für Datenverarbeitung und Statistik NW). Ihre wesentliche Arbeit besteht in der Koordinierung der Ergebnisse der laufenden Vorhaben sowie in der Abstimmung der im Rahmen dieser Projekte entwickelten Feinspezifikationen.

Die EHKP-Projektorganisation ist in Bild 1 dargestellt.

3.4 Einsatzbereiche

Die EHKP sollen grundsätzlich für alle herstellerübergreifenden Kommunikationssysteme (Daten/Text, Bild) der öffentlichen Verwaltung (Bund, Bundesländer, Kommunen) eingesetzt werden. Einzelheiten des Einsatzes regeln die mit Zustimmung des KoopA ADV und des Interministeriellen Ausschusses zur Koordinierung der Datenverarbeitung in der Bundesverwaltung (IMKA) vom BMI herausgegebenen "Grundsätze für die Gestaltung der automatisierten Datenübermittlung" vom 4. Dezember 1980.

Der Einsatz für Anwendungen außerhalb des genannten Bereichs wird angestrebt.

Entscheidend für die Durchsetzung der EHKP in der Übergangszeit bis zur Normung sowie als Beitrag in der Normungsarbeit dürfte allein die konsequente Forderung aller Anwender den DV-Herstellern gegenüber sein, in herstellerübergreifenden Verbundprojekten ausnahmslos diese Zwischenlösung einzusetzen.

In der gemeinsamen Bekanntmachung im Bundesanzeiger vom 8. Juli 1980 haben der Bundesminister des Innern, der Bundesminister für Forschung und Technologie und der Bundesminister für das Post- und Fernmeldewesen die Bedeutung des Vorhabens umrissen.

3.5 Berücksichtigung der Normungsarbeit, Beiträge für die Normungsarbeit

Die EHKP werden in Stufen entsprechend dem Stand der internationalen Normung in ständigem Kontakt mit dem DIN entwickelt, erprobt und festgelegt. Der modulare Aufbau der EHKP bietet die Voraussetzung zur stufenweisen Anpassung an die Einzelschritte der Normungsarbeit sowie zur Überführung in die endgültigen Normprotokolle.

Die jeweiligen Zwischenergebnisse der Festlegungen der EHKP werden als Beitrag in die nationale Normungsarbeit eingebracht.

Es darf unterstellt werden, daß die inzwischen durchgeführte Festlegung der EHKP der Schicht 4 (EHKP 4) zur Beschleunigung der ISO-Arbeiten im Bereich der Transportschicht beigetragen hat.

Ebenso sprechen Anzeichen dafür, daß die Entscheidung der öffentlichen Verwaltung, der Kommunikationssteuerschicht die CCITT-Empfehlung S. 62 zugrunde zu legen (Abschnitt 4.2), bereits positive Auswirkungen auf die ISO-Beratungen im Juni 1982 gehabt hat.

4. Sachstand der Arbeiten (Juni 1982)

4.1 Schicht 4, Überganglösungen für die Schichten 5 und 6/7

Als erstes im Gesamtbereich der öffentlichen Verwaltung abgestimmtes und mit den Verbänden der DV-Hersteller sorgfältig diskutiertes Ergebnis der Festlegung einheitlicher Kommunikationsverfahren liegen die Feinspezifikationen der EHKP der Schicht 4 - der Transportschicht - (EHKP 4) in der Version 2.0 mit Stand vom 15. April 1981 vor.

Die EHKP 4 entsprechen in Aufbau, Funktionsumfang und Schnittstellengestaltung voll dem ISO-Referenzmodell DIN/ISO 7498 und weitgehend den vorliegenden spezifischen ISO-Papieren.

Durch praktische Vorführungen aus Anlaß der Hannover Messen 1981 und 1982 sowie der SYSTEMS 81 wurde die Anwendbarkeit der EHKP für den systemneutralen Rechner-Rechner-Verbund und den Anschluß unterschiedlicher Terminals (Dialoganwendungen, Abfrage von Datenbanken) unter Einsatz des öffentlichen Datennetzes DATEX-P öffentlich nachgewiesen. Beteiligt waren DV-Anlagen der Hersteller IBM, Siemens, AEG-Telefunken, Nixdorf, Dietz und Triumph-Adler.

Die EHKP 4, Version 2.0 werden inzwischen für den Verbund unterschiedlicher Rechner und Datenstationen im Rahmen des Datenvermittlungssystems Nordrhein-Westfalen (DVS NW) auf Anlagen der DV-Hersteller Siemens (BS 2000 und Amboss 3 - Systeme 7760 und 6640), IBM (MSV/VTAM - Systeme 370/168 und 3033), Nixdorf 8860 und Dietz 621 im Wirkbetrieb (u.a. Dialog, Dateiübertragung, Jobtransfer) eingesetzt. Die Realisierung für einen CDC- Rechner ist praktisch abgeschlossen, auf Honeywell-Bull-Vorrechnern des Systems 6 soll die Implementierung bis Mitte 1982 vollendet sein. Ferner wurden erfolgreiche Tests mit einem Rechner des Typs 1020 der Firma Triumph-Adler, mit einer Anlage des Typs 9000 der Firma Kienzle sowie mit Rechnern der Firma ATM durchgeführt. Von einem großen Teil dieser Hersteller werden die EHKP 4 inzwischen als Bestandteil der Betriebssoftware allgemein angeboten.

Neben der EHKP 4-Software stehen in Nordrhein-Westfalen - als Vorläufer entsprechender EHKP-Vereinbarungen - ein Protokoll "Dateitransfer" und ein Programm für interaktive Zusammenarbeit (Dialoganwendungen, Abfrage von Datenbanken) zur Verfügung. Mit diesen Verfahren können bereits wesentliche Kommunikationsaufgaben bedarfsgerecht abgewickelt werden.

Die Weitergabe der in Nordrhein-Westfalen verfügbaren Verbundsoftware ist an öffentliche Verwaltungen der Bundesrepublik im Rahmen entsprechender Beschlüsse des KoopA ADV ohne Kostenerstattung bzw. an "Außenstehende" gegen eine angemessene Gebühr möglich. Es besteht ein Vertragsentwurf für die Weitergabe der EHKP 4 sowie der bereits genannten "Vorläufer", der zwischen den Partnern Nordrhein-Westfalen, dem jeweiligen DV-Hersteller und dem jeweiligen Anwender (außerhalb oder innerhalb der öffentlichen Verwaltung) geschlossen werden kann.

Die Frage der Wartung dieser Software bedarf noch der Klärung.

Als Pilotanwender der EHKP 4 haben das Land Nordrhein-Westfalen und das Fernmeldetechnische Zentralamt der Deutschen Bundespost die Beratung zukünftiger Anwender aufgenommen.

Die Deutsche Bundespost (DBP) hat die Ausschreibung für den endgültigen Rechnerverbund zum Verfahren Bildschirmtext durchgeführt (Aufnahme des Wirkbetriebs: 1983). Den Zuschlag hat die Firma IBM erhalten. Mit der Ausschreibung werden die EHKP sowohl für den internen Rechnerverbund (bundesweites postalisches Vermittlungssystem) als auch für den Anschluß der externen Rechner (Informationszubringer) gefordert.

Die DBP garantiert den EHKP-Einsatz bis mindestens 1988.

Die Generaldirektion der Schweizerischen Post-, Telefon- und Telegrafenbetriebe hat dem Bundesministerium des Innern ihren Entschluß übermittelt, für die Transportsteuerung zwischen den Schweizerischen Videotex-Zentralen die EHKP 4 einzusetzen, bis das Protokoll später durch ein entsprechendes CCITT-Protokoll abgelöst wird.

Das österreichische Ministerium für Wissenschaft und Forschung hat dem BMI
den Beschluß mitgeteilt, für das Netzwerk der Hochschulen Österreichs die
EHKP gemäß einer noch auszuhandelnden Vereinbarung einzusetzen.

Eine Arbeitsgruppe beim Bundesminister der Finanzen, die Anschlußmöglichkeiten
der Landesfinanzverwaltungen an das Juristische Informationssystem JURIS
untersucht hat, empfiehlt für eine Lösungsmöglichkeit den Einsatz der EHKP.
Der Abschlußbericht der Arbeitsgruppe steht jetzt zur Verfügung.

Weitere Projekte sind in Vorbereitung.

In Kürze wird die bisher vom BMI an Interessenten abgegebene Broschürenfassung
der EHKP 4 durch eine Druckausgabe eines Verlags ersetzt werden. Es ist damit
zu rechnen, daß der Verlag auch die EHKP 5 und 6 in absehbarer Zeit in Buchform
veröffentlicht.

4.2   Schicht 5

Als Forschungsprojekt der EG wird z.Z. das Projekt GILT (Get Interconnection
of Local Text Systems) unter Beteiligung der Gesellschaft für Mathematik
und Datenverarbeitung mbH Bonn (GMD) von Forschungsinstituten europäischer
Länder im Rahmen der Vereinbarungen COST-11bis durchgeführt. Ziele sind
Erstellung, Implementierung und Test eines vollständigen Protokolls der Ebene 5
auf der Grundlage der CCITT-Empfehlung S. 62 für den Teletex-Dienst. Diese
Empfehlung "Control Procedures for the Teletex Service" wurde im Rahmen
des Vorhabens zur "GILT Session Description" erweitert und spezifiziert. Die
GMD stellt der öffentlichen Verwaltung die Arbeitsergebnisse des GILT-Projektes
in Absprache mit dem nationalen Projektleiter zur Verfügung.

Die AG DFV hat im Sinne der bereits mehrfach erwähnten Haltung der öffentlichen
Verwaltung, dem weiteren Vorgehen die CCITT-Empfehlungen für Teletex
zugrunde zu legen, beschlossen, die Feinspezifikationen des GILT-Protokolls
als EHKP 5 zu übernehmen.

Dies auf EHKP 4 sowie auf das Teletex-Protokoll der Ebene 4 aufsetzbare
Protokoll entspricht voll dem internationalen Normungsstand sowie den Empfeh-
lungen des CCITT. Es ist vorgesehen, die Feinspezifikationen der EHKP 5 im
Sommer 1982 dem IMKA und dem KoopA ADV zuzuleiten.

Für das Ziel des integrierten Informationsverbundes ist von Bedeutung, daß
das Protokoll EHKP 5 sowohl die Forderungen des DV-Verbundes berücksichtigt
als auch die Kompatibilität zum neuen Fernmeldedienst Teletex und zu den
zukünftigen Verfahren der auf Teletex basierenden Textkommunikation sicher-
stellt.

4.3   Schicht 6

Bereits technisch abgestimmt und Bestandteil des Auftrags für den Rechnerverbund
zum Verfahren Bildschirmtext ist das Protokoll "Basisdienste und ein Protokoll
der Präsentationsschicht" (EHKP 6, Version 1.0). Grundlage dieses Protokolls
ist das ISO-Papier SC 16 N 537.

Die EHKP 6 sind anwendungsunabhängig konzipiert. Sie können durch Hinzufügen
entsprechender Ausprägungen für weitergehende Anwendungen bedarfsgerecht
ausgebaut werden. Anwendungsprogrammierer können ferner die Dienste des
Protokolls der Darstellungsschicht u.a. mit Hilfe höherer Programmiersprachen
nutzen. Ferner besteht Zugang über die Kompatiblen Schnittstellen für Daten-
kommunikationssysteme (KDCS).

Es ist vorgesehen, auch die Feinspezifikationen der EHKP 6, Version 1.0 nach
Aufnahme ergänzender Erläuterungen in absehbarer Zeit dem IMKA und dem
KoopA ADV zuzuleiten.

Mit weiteren Vorschlägen für spezielle Ausprägungen der Ebene 6 ist im Laufe
des Jahres 1982 zu rechnen.

5.   Folgerungen für die Zwischenlösung EHKP

Die Nachfrage beim BMI nach den EHKP für die Schichten 4, 5 und 6 hat nach
der Entscheidung der DBP für die EHKP und im Zusammenhang mit der Einsatz-
garantie bis 1988 eine erhebliche Steigerung erfahren. Sie kennzeichnet das
allgemeine Interesse praktisch aller in der Bundesrepublik arbeitender DV-Hersteller und Softwarehäuser am mit Hilfe der EHKP zu realisierenden Rechnerverbund sowie an weitergehenden Einsatzmöglichkeiten.

Mit den Anwendungen für die Verfahren Bildschirmtext sowie dem weitgehenden
Einsatz der EHKP im Land Nordrhein-Westfalen besteht hohe Wahrscheinlichkeit,
daß sich der Verwaltungsstandard EHKP in relativ kurzer Zeit als allgemeine
Zwischenlösung durchsetzen wird.

6.   Weiterführende Maßnahmen

Es ist notwendig, die Einführung der EHKP durch organisatorische Maßnahmen
zu unterstützen (Anwenderunterstützung, Sicherstellung der einheitlichen EHKP-
Interpretation, Gewährleistung der Stabilität der EHKP-Protokolle).

Mit diesem Ziel wurde unter Berücksichtigung der durch die Verfassung vorgegebenen Strukturen, der Eigenverantwortlichkeit des Anwenders sowie des
Prinzips der Kostenübernahme durch den Anwender das als Bild 2 beigefügte
Organisationsmodell entwickelt. Es wird durch einen Katalog der notwendigen
Aufgaben (EHKP-Festlegung und -Dokumentation, Referenzimplementationen
und Referenzanwender, Beratungs- und Testfunktionen, Erprobung und Weiterentwicklung, Sekretariatsaufgaben und Öffentlichkeitsarbeit) ergänzt. Das Modell
stellt einen Kompromiß aus wünschenswerten Vorleistungen, finanziellen Gegebenheiten und konkretem Bedarf dar. Es muß bei steigendem EHKP-Einsatz entsprechend erweitert werden.

Die Arbeiten der Referenzanwender Land Nordrhein-Westfalen (Datenvermitt-
lungssysteme Nordrhein-Westfalen - DVS NW -) und Fernmeldetechnisches
Zentralamt (Verfahren Bildschirmtext) werden heute bereits u.a. durch den
Einsatz einer über DATEX-P zugänglichen Test- und Diagnoseeinrichtung bei
der GMD ergänzt, die z.Z. den Test der EHKP 4 und des Teletex-Transportpro-
tokolls ermöglicht. Eine weitere Testeinrichtung besteht im Rahmen des DVS NW.
Die DBP arbeitet z.Z. am Aufbau einer entsprechenden EHKP-Testeinrichtung
für Anschlußpartner am Verfahren Bildschirmtext.

Bei der Weiterentwicklung der EHKP sowie bei der Konzeption für die Ablösung
der EHKP durch genormte Produkte werden insbesondere berücksichtigt werden:

-    die CCITT-Empfehlungen S. 70 und S. 62 für den Dienst Teletex, insbesondere
     für Anwendungen der modernen Bürokommunikation. Für diesen Einsatzbereich
     mit steigender Bedeutung wird von der öffentlichen Verwaltung u.a. auch
     gefordert, bestehende Normen aus dem Bereich der Informationsverarbei-
     tungstechnik zu übernehmen (Referenzmodell DIN/ISO 7498, Normen für
     Aufbau und Beschriftung von Datenträgern, eingeführte und bewährte
     Datensicherungsverfahren),

-    die Ergebnisse der ISO-Sitzung im Juni 1982,

-    die Planungen der DBP für das ISDN (gff. notwendige Anpassungen),

-    mögliche Fortschritte bei den Local Area Networks (LAN). Hier wird insbesondere zu fordern sein, daß die LAN - unabhängig vom internen Kommunikationsverhalten - netzseitig den EHKP-Einsatz bzw. den Einsatz zukünftiger Normverfahren nach DIN/ISO 7498 ermöglichen.

E H K P - Projektorganisation

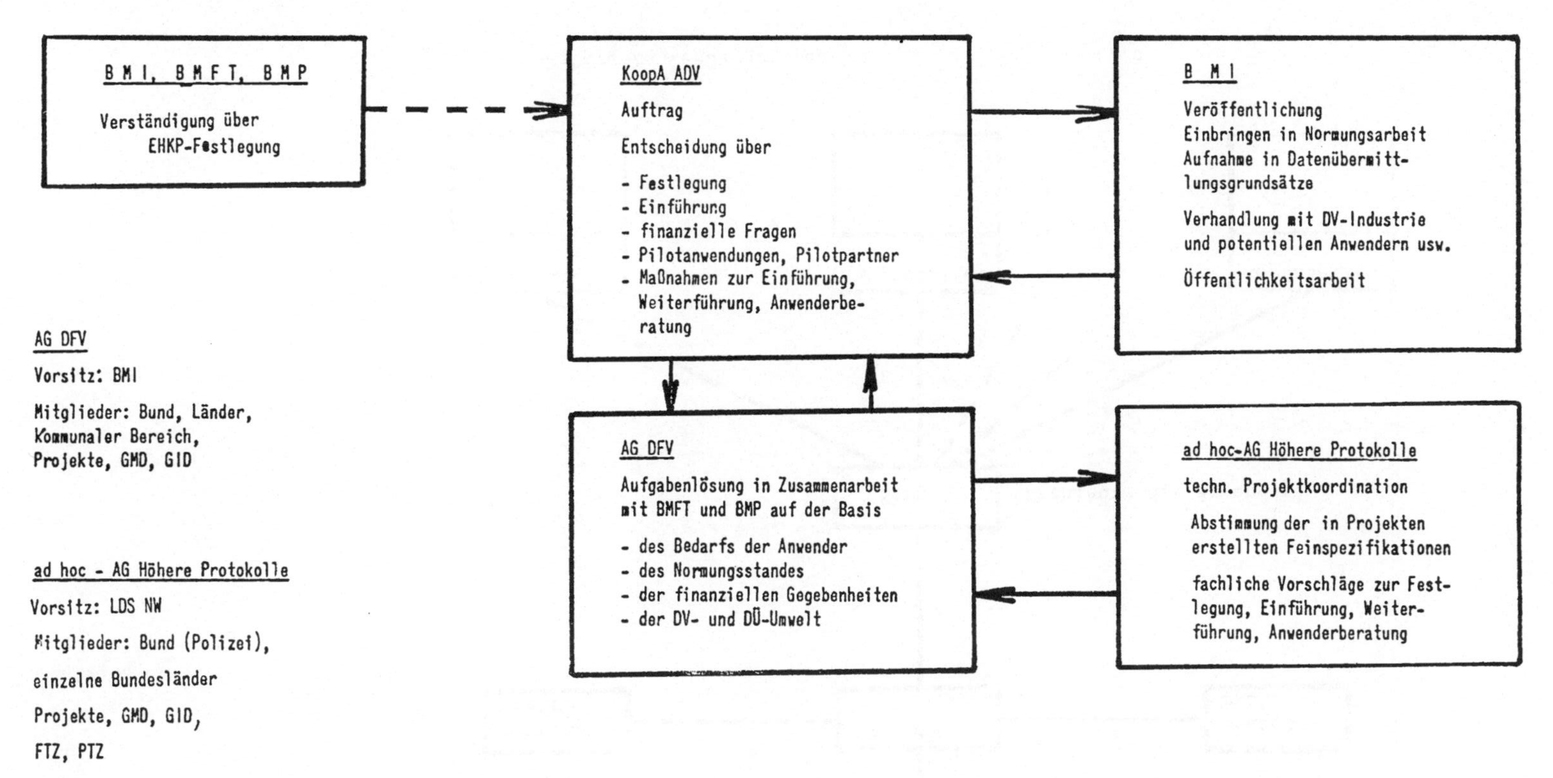

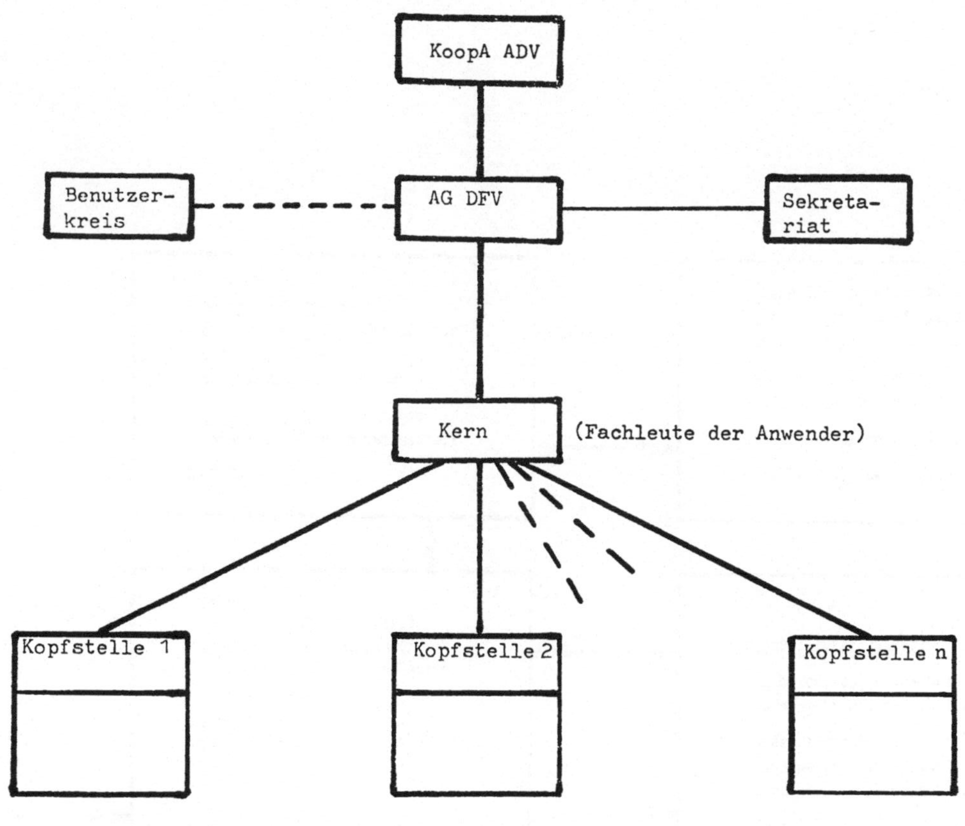

Organisationsmodell für die
Startphase der Einführung
und Weiterführung der EHKP

Bild 2

N E U E   D I E N S T E   D E R   P O S T

Konzepte und Möglichkeiten

Dipl. Ing. Wolfgang Michalke

Fernmeldetechnisches Zentralamt
1103 Wien

1) Einleitung

In Österreich werden im "Integrierten Fernschreib- und Datennetz" drei Arten von öffentlichen Netzen integriert:

- Das Fernschreibnetz
- Das Datennetz nach dem leitungsvermittelnden Prinzip
- Das Datennetz nach dem paketvermittelnden Prinzip

Beide Datennetze können noch weiter untergliedert werden in:

- Wähldatennetz
- Direktdatennetz

Einen Überblick über die öffentlichen Netze bietet die Abbildung (Kapitel 16), wobei auch noch weiter unterschieden wird zwischen den

- Netzdienstleistungen (hiebei sind die unteren Schichten standardisiert (nach ISO 7-Schicht Referenzmodell), um eine einheitliche "Transportfunktion" erfüllen zu können)
- Diensten (hiebei wird über die Transportfunktion hinaus standardisiert, d.h. auch die höheren Schichten werden standardisiert)

unterschieden.

Die einzelnen Netzdienstleistungen und Dienste, die von der Post geboten werden, sind in den nächsten Kapiteln genauer erklärt und beschrieben.
Netzdienstleistungen sind:

- Datex-L-asynchron (Datex-L-300) und DDL-asynchron (DDL-300)
- Datex-L-synchron (Datex-L-2400, Datex-L-4800, Datex-L-9600) und DDL-synchron (DDL-2400, DDL-4800, DDL-9600, DDL-4800)
- Datex-P (Datex-P-2400, Datex-P-4800, Datex-P-9600, Datex-P-48000) und DDP (DDP-2400, DDP-4800, DDP-9600, DDP-48000)

Dienste sind:

- Telex
- Teletex
- Bildschirmtext
- Telepost und Telefax

2) Datex-L-300

Die technischen Merkmale dieser Netzdienstleistung sind:

- Datenübertragungsgeschwindigkeit: 300 bit/s (CCITT X.1, Benutzerklasse 1)
- Übertragungsart: asynchron, duplex
- Verbindungsaufbau: manuelle oder automatische Wahl von der Datenend-einrichtung (nach X.20) oder manuelle Wahl von der Datenübertragungs-

einrichtung ausgehend (nach X.20bis), mit Datenübertragungsgeschwindigkeit abgesetzt.

Die Dauer des Verbindungsaufbaues beträgt im Mittel 0,5 s nach Eingabe des Wahlendezeichens.

- Code und Protokoll: In der Verbindungsaufbauphase ist der Code nach IA Nr. 5 mit 11 Schritten pro Zeichen (Start, 7 Informationsbits, Paritätsbit (gerade), 2 Stopbit) nach X.20 festgelegt. In der Datenübertragungsphase ist für die Generalklasse der Code nach IA Nr. 5 mit gerader Parität festgelegt (in GBG frei wählbar).

Einige Sonderdienste können auf Wunsch des Benutzers eingerichtet werden. Diese sind:

- geschlossene Benutzergruppe
- Kurzwahl
- Direktruf
- Sammelanschluß
- Anschlußkennung

Der Auslandsverkehr mit Deutschland und der Schweiz wurde in diesem Jahr eingeführt, und ist mit anderen Staaten geplant.

3) DDL-300

Die technischen Merkmale dieser Netzdienstleistung sind:

- Datenübertragungsgeschwindigkeit: 300 bit/s
- Übertragungsart: asynchron, duplex
- Code und Protokoll: 11 Schritte pro Zeichen (maximal 8 Datenbits, 1 Startbit, 2 Stopbits). Sonst frei wählbar.

4) Datex-L-synchron

Die technischen Merkmale dieser Netzdienstleistung sind:

- Datenübertragungsgeschwindigkeit: 2400, 4800 oder 9600 bit/s (CCITT X.1, Benutzerklasse 4, 5 oder 6)
- Übertragungsart: synchron (hochgenauer Takt wird vom Netz geliefert), duplex
- Verbindungsaufbau: manuelle oder automatische Wahl vom Datenendgerät ausgehend, mit Datenübertragungsgeschwindigkeit abgesetzt.
  Die Dauer des Verbindungsaufbaues beträgt im Mittel 0,5 s nach Eingabe der Rufnummer.

- Code und Protokoll: In der Verbindungsaufbauphase ist der Code nach IA Nr. 5
  und das Protokoll nach CCITT X.21 festgelegt. In der Datenübertragungsphase
  sind Code und Protokoll frei wählbar.

Einige Sonderdienste können auf Wunsch des Benutzers eingerichtet werden. Diese
sind:

- geschlossene Benutzergruppe
- Kurzruf
- Direktruf
- Sammelanschluß
- Anschlußkennung

Der Auslandsverkehr ist mit allen Staaten (soferne technisch möglich) geplant.
Übergangsverkehr zu anderen Netzen vorgesehen.

5) DDL-synchron

Die technischen Merkmale dieser Netzdienstleistung sind:
- Datenübertragungsgeschwindigkeit: 2400, 4800 oder 9600 bit/s
Im Jahre 1983 ist die Einführung von DDL-synchron-48000 geplant.
- Übertragungsart: synchron, duplex
- Mögliche Verbindungen: Punkt-zu-Punkt-Verbindungen oder Mehrpunktverbindungen
  innerhalb Österreichs mit bis zu 60 Gegenstellen (Steuerung von einer
  Datenendeinrichtung erforderlich)
- Code und Protokoll: frei wählbar. Die Übertragungsablaufsteuerung erfolgt in
  Richtung zur zentralen DEE mit Adreßzeichen, in der anderen Richtung über
  Schnittstellenleitungen.

6) Datex-P

Die technischen Merkmale dieser Netzdienstleitung sind:
- Datenübertragungsgeschwindigkeit: (300), 2400, 4800, 9600 bit/s und
  (ab ca. 1983) 48000 bit/s (CCITT X.1, Benutzerklasse 8, 9, 10 und 11)
- Anschlußmöglichkeiten:
  Anschluß von paketorientierten Datenstationen
  Anschluß von asynchronen, zeichenorientierten Datenstationen.
  Anschluß von synchronen, zeichenorientierten Datenstationen.
Die paketorientierten Endgeräte müssen die Bedingungen der Schnittstellen-
empfehlung X.25 erfüllen.

Asynchrone, zeichenorientierte Endgeräte mit Datenübertragungsgeschwindigkeit 300 bit/s müssen die Schnittstellenempfehlung X.20 (bzw. X.20bis) erfüllen und können entweder direkt oder mittels des leitungsvermittelnden Netzes angeschlossen werden. Ein PAD (packet assembly/packet disassembly facillity) übernimmt die Anpassung.

Zeichenorientierte, synchrone Endgeräte mit Datenübertragungsgeschwindigkeit 2400, 4800 oder 9600 bit/s werden ähnlich angeschlossen. Hier übernimmt ein anderer PAD die Anpassung. Diese Endgeräte müssen die Schnittstellenempfehlung X.21 erfüllen.

Auch für diese Netzdienstleistung sind eine Reihe von Sonderdiensten einrichtbar. Solche sind (Auswahl):

- Gerichteter logischer Kanal

- Abweisung gehender und/oder ankommender Rufe

- Geschlossene Benutzergruppe

- Abweichende Paketlänge

- Direktruf

- Gebührenübernahme

- Mehrfachanschluß

- Redundanter Anschluß

- Durchsatzklasse

- Sonderdienste im Zusammenhang mit dem PAD

Der Auslandsverkehr ist mit allen Staaten (soferne technisch möglich) geplant.

7) DDP

Die technischen Merkmale dieser Netzdienstleistung sind:
- Datenübertragungsgeschwindigkeit: 300, 2400, 4800, 9600 bit/s und (ab ca. 1983) 48000 bit/s
- Code und Protokoll: Protokoll ab Schicht 4 frei wählbar, Schichten 1 bis 3 nach CCITT X.25 (bzw. nach X.20, X.20bis, X.21 für PAD-Anschlüsse)

8) Telex

Die technischen Merkmale dieses Dienstes sind:
- Übertragungsgeschwindigkeit: 50 bit/s

- Übertragungsart: asynchron, halbduplex
- Code: IA Nr. 2
- Verbindungsaufbau: Nummernschalterwahl bzw. Fernschreibzeichenwahl über Tastatur

Schrittweise wird vom bisher verwendeten Vermittlungssystem (TW39) auf das vollelektronische Vermittlungssystem (EDS) umgestellt, wodurch bessere Dienstgüte und erweiterte Nutzungsmöglichkeiten geboten werden können.

Sonderdienste können im Vermittlungsamt eingerichtet werden. Diese sind:
- Sammelanschluß
- Kurzwahl
- Direktruf
- Hinweisgabe
- Zusenden von Datum und Uhrzeit

Die Sonderdienste Rundschreiben (Liste, delay) und Gebührenzuschreiben können vom Teilnehmer für jede Verbindung in Anspruch genommen werden.

9) TELETEX

Die technischen Merkmale dieses Dienstes sind:
- Datenübertragungsgeschwindigkeit: 2400 bit/s
- Übertragungsart: synchron, duplex
- Code und Protokoll: Hier ist eine genaue Festlegung in verschiedenen CCITT-Empfehlungen bis einschließlich Schicht 6 gegeben. (Relevante Empfehlungen sind S.70, S.62, S.61, S.60 und F.200)

Über Umsetzereinrichtungen wird sofort der Zugang zu nationalen und internationalen Telex-Diensten geboten.

10) Bildschirmtext

Dieser Dienst wird vermutlich ab 1984 eingeführt werden. Seit Anfang 1981 wird ein Pilotprojekt durchgeführt.

Die technischen Merkmale dieses Projektes sind:
- Übertragungsmedium: Fernsprechwählnetz
- Übertragungsgeschwindigkeit: 1200 und 75 bit/s (Zentrale zum Teilnehmer bzw. Teilnehmer zur Zentrale)
- Übertragungsart: asynchron, duplex
- Code und Protokoll: Bildschirmtextcode mit 10 bits pro Zeichen (Startbit,

7 Zeichenbits, Paritätsbit, Stopbit). Festlegung der Protokolle in verschiedenen Empfehlungen, die jedoch noch in Diskussion sind.
- Seitenaufbau: 24 Zeilen mit je 40 Zeichen, alphamosaik-Darstellungsmodus.
  Derzeit ist ein intelligenter Dekoder (mupid) im Test, der auch alpha-
  geometrischen Modus verarbeiten kann und zusätzliche Attribute ermöglicht.

Weitere Ausbaupläne: In diesem Jahr Ausschreibung für ein BTx-System in Österreich.
Weiters Einführung und Testbetrieb eines Rechnerverbundes.

Verschiedene "Sonderdienste" können in Anspruch genommen werden: zB. Mitteilungs-
dienst (Antwortseiten), gebührenpflichtige Seiten, Statistiken, persönliche Kenn-
worte, Geschlossene Benutzergruppe.

11) Telepost und Telefax

Derzeit ist in Österreich kein Dienst Telefax eingeführt. (Es existiert jedoch ein
Verzeichnis der zugelassenen Telefax-Geräte). Dieser Dienst würde die Kommunikation
zwischen privaten Fernkopiergeräten national und international ermöglichen und eine
Verknüpfung mit dem Telepost-Dienst ermöglichen.

Beim Telepost-Dienst wird die Vorlage bei einem für diesen Dienst eingerichteten
Postamt mittels Fernkopieren an ein dem Empfänger nächstgelegenes Postamt übertragen, von wo es dem Empfänger zugestellt wird.

Die technischen Merkmale dieses Dienstes sind:
  - Übertragungsmedium: Fernsprechwählnetz
  - Übertragungsdauer: drei Minuten für A4
  - Zustellgarantie: innerhalb von drei Stunden Zustellung (Normalfall)

12) Zusammenarbeitungsmöglichkeiten verschiedener Dienste

  - Teletex und Telex
    Diese Zusammenarbeit ist derzeit bereits möglich.
  - Teletex und Telefax
    Mixed-mode Geräte derzeit in Diskussion
  - Teletex und Bildschirmtext
    Die Zeichensätze bereits in gleicher Weise standardisiert. Standardisierung
    der Protokolle in Angriff genommen.
  - Teletex und Datex

13) Gebührenstruktur

Sämtliche im folgenden genannten Gebühren bedürfen noch der parlamentarischen Zustimmung und haben daher vorläufigen Charakter.
Für die geplanten Dienste Datex-L-synchron bzw. DDL-synchron, Datex-P bzw. DDP und Teletex wird während des "Anwendertestbetriebes" keine Gebühr vorgeschrieben (verrechnet werden jedoch: einmalige Herstellungskosten, Gebühren im Übergangsverkehr Telex-Teletex und Gebühren für den Übergangsverkehr von Teletex nach Telex im außereuropäischen Bereich). Nach dem Anwendertestbetrieb ist für eine gewisse Zeit (3 bis 6 Monate) ein kostenloser Probebetrieb vorgesehen.

Die Gebührenstruktur ist für Datex-L-synchron und für Datex-P in vier Sektionen eingeteilt:

- Einmalige Herstellungskosten je Hauptanschluß
- Laufende monatliche Gebühren je Hauptanschluß
- Verkehrsgebühren
- Gebühren für Sonderdienste und sonstige Gebühren

Die laufenden monatliche Gebühren sind geschwindigkeitsabhängig gestaffelt.
Für DDL-synchron werden zusätzlich Leitungsgebühren (geschwindigkeitsabhängig, bereichsabhängig) und
für DDP zusätzlich Gebühren für einen virtuellen Kanal (geschwindigkeitsabhängig, bereichsabhängig) berechnet.

Die Verkehrsgebühren unterteilen sich weiter
für Datex-L-synchron in
- eine Bereitstellungsgebühr
- eine Zeitgebühr (geschwindigkeitsabhängig und "Nachtermäßigung").
für Datex-P in
- Zeitgebühr (geschwindigkeitsabhängig, bereichsabhängig und "Nachtermäßigung").
- Volumensgebühr (Segmentabhängig, bereichsabhängig, "Nachtermäßigung").
für DDP in
- Volumengebühr (Segmentabhängig, bereichsabhängig, "Nachtermäßigung").

14) Datennetzberatungsprogramm in Bildschirmtext

Auf Grund der oft verwirrend anmutenden Vielzahl von Datennetzen wird von der Post eine Beratung angeboten. Diese Beratung wird mittels Bildschirmtext-Terminals durchgeführt. Hiebei wird einerseits mittels Computerprogramm das für den Benutzer günstigste Datennetz berechnet, andererseits dem Benutzer auch eine Information zur Auswahl der geeigneten Endgeräte angeboten. Dieses Beratungsprogramm wird durch Beamte der Post bei der Beratung benützt und kann nach entsprechenden Tests auch allgemein zugänglich gemacht werden.

15) Informationen

Anläßlich der IFABO 1982 wurden eine Reihe von Informationsschriften ("blaue Hefte") verfaßt. Diese können mittels der nachstehenden Nummern bei der Post angefordert werden.

DS 5080/1982   "Allgemeines über" die einzelnen Dienste (Kurzbeschreibung aller Netzdienstleistungen und Dienste)
DS 5089/1982   "Gebühren für" die einzelnen Dienste (vorbehaltlich der Zustimmung im Parlament)
DS 5081/1982   "Telex" (Spezialinformation)
DS 5082/1982   "Datex-L-300 (DDL-300)" (Spezialinformation)
DS 5083/1982   "Datex-L-synchron (DDL-synchron)" (Spezialinformation)
DS 5084/1982   "Datex-P (DDP)" (Spezialinformation)
DS 5085/1982   "Teletex" (Spezialinformation)
DS 5086/1982   "Telepost" (Spezialinformation)
DS 5087/1982   "Bildschirmtext" (Spezialinformation)

Für nähere Informationen stehen Ihnen die Referenten für Datenübertragung der Post- und Telegraphendirektionen zur Verfügung.

16) Abbildung (Überblick über die öffentlichen Netze)

Die folgende Abbildung gibt einen Überblick über die verschiedenen Bezeichnungen der Netze und Netzdienstleistungen. Für die Dienste Telepost und Bildschirmtext wird weiters auch das Fernsprechwählnetz mitverwendet.
Alle Netze (Datennetz und Fernsprechnetz) sollen in späterer Zukunft zu einem integrierten Netz zusammengefaßt werden.

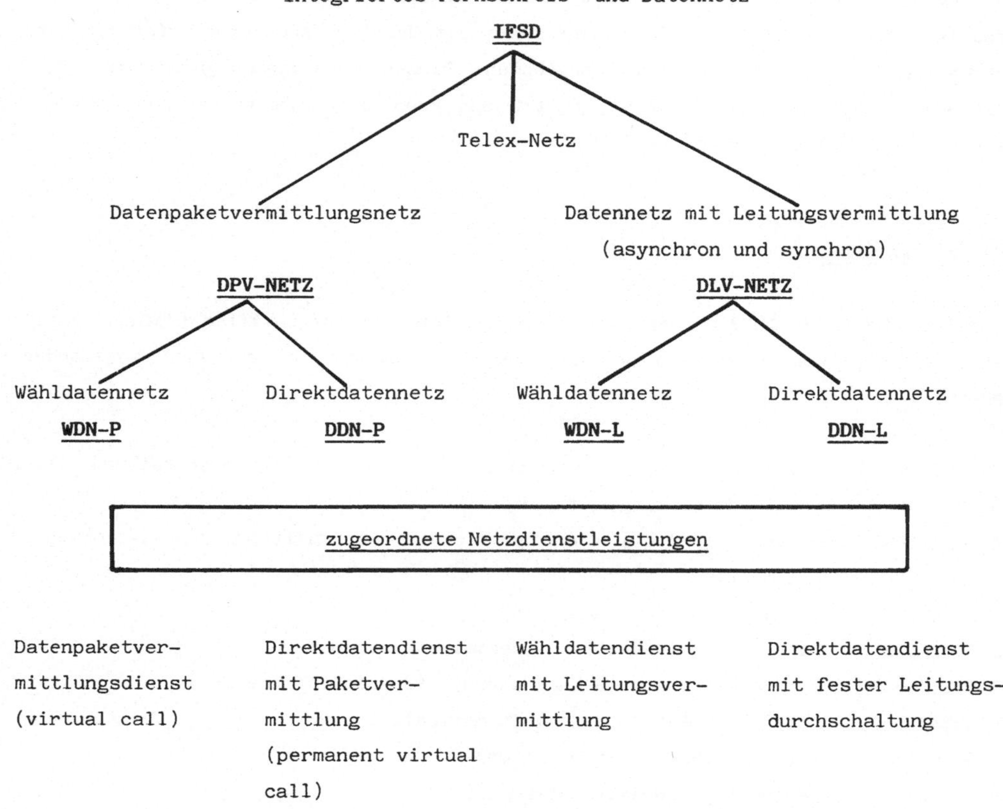

Abbildung: Überblick über die öffentlichen Datennetze

<u>Teletex Controller - Lösungen der
Dienst-Integrationsproblematik für
allgemeine Text-Endgeräte</u>

Dr. Wolfgang Schröder
m b p Mathematischer Beratungs-
und Programmierungsdienst GmbH
Semerteichstraße 45-47
D-4600 Dortmund 1

<u>Gliederung:</u>

1.   Zielsetzung
2.   Anforderungen an TTX-Endgeräte
3.   Teletex Interfacing
4.   Teletex Controller
5.   Der 'Universelle Teletex Controller' UTC

1.   <u>Zielsetzung</u>

Im Bereich der Bürosysteme liegt heute mit den Teletex (TTX) Standards nach dem vorläufigen Abschluß der Normungsarbeiten der CCITT
erstmals ein in allen 6 Kommunikationsebenen des ISO-Referenzmodells
definiertes, international genormtes, offenes Kommunikationssystem
vor. Besonders hervorzuheben ist dabei der Tatbestand, daß diese
Normung gelungen ist, bevor der Teletex-Dienst in irgendeinem Land
aufgenommen wurde: es bot sich dem CCITT damit die einmalige Chance,
die Definition eines neuen Text-Kommunikationsdienstes zu finden,
die sich - frei von halbherzigen Kompatibilitätszwängen zu Vorlauf-
und Versuchsdiensten - ganz auf die Anforderungen und Leistungsmerkmale eines zukunftsorientierten, elektronischen Postdienstes
konzentrieren konnte.

Gerade hier lag natürlich auch die Hauptgefahr der Standardisie-
rungsbemühung Teletex, daß nämlich damit ein Dienst 'auf der grünen

Wiese' an den Anforderungen des Marktes vorbei definiert wurde, und
daß die Post-Monopolhalter als Dienstanbieter hier wesentliche Anwen-
dungsbedürfnisse des Dienstnutzers unzureichend berücksichtigten.

Tatsächlich finden wir auch besonders in der Ebene 6 des TTX-Dienstes, der Dokumenten Ebene, die die Aufbau-Elemente eines Textes
festlegt, eine Vielzahl von wichtigen Strukturen und Funktionen
nicht wieder, wie z. B. die unterschiedlichen Arten von Tabulatoren,
die Festlegungen für linken und rechten Rand, Kopf- und Fußzeilen,
Proportionalschrift und vieles andere mehr; solche Funktionen sind
heute allgemein genutzte Textgestaltungs-Elemente, die aus einem
modernen Text-Kommunikationsdienst eigentlich nicht wegzudenken
sind.

In ähnlicher Weise werden auch die Dokumenten-Leitinformationen
allgemein als ausgesprochen "spärlich" angesehen, die heute nur die
Daten der Sender-/Empfänger-Identifikation, Uhrzeit und Seiten-
nummern enthalten (Kommunikationsdatenzeile), jedoch Angaben über
'Adressaten', Bezugs-Informationen und anderes mehr völlig vermissen
lassen, die für ein sinnvolles elektronisches 'Storage and Retrieval'
weitgehend unerläßlich sind.

Wir wollen uns heute nicht mit der Frage auseinandersetzen "Wie könnte ein besserer Teletex-Dienst aussehen?", sondern wollen uns mit
der Problematik beschäftigen, die der jetzt uns vorliegende Dienst
für seine Endgeräte mit sich bringt. Ich vertrete dabei die Meinung,
daß der heutige Dienst einerseits bezüglich seiner Protokoll-Elemen-
te die Minimal-Kommunikations-Anforderungen abdeckt, bezüglich seines Optionen-Konzeptes sogar ausgesprochen flexibel ist: Features
wie Tabulatoren oder Proportionalschrift müssen nicht ein für allemal aus dem TTX-Dienst herausbleiben - dies Wort insbesondere in das
Ohr der Postverwaltungen, die nicht zu lange mit der Standardisierung solcher Optionen zögern sollten, um nicht in den Lokal-Funktio-
nen der TTX-Endgeräte neue Inkompatibilitäten entstehen zu lassen.
Andererseits aber wird derjenige, der sich im Detail mit dem heutigen Dienst beschäftigt, feststellen, daß TTX eben nicht nur einen
Kommunikationsaspekt hat, sondern daß wir bereits bei dem heutigen
Standard es mit hoch-komplexen Datenstrukturen und Problemen zu tun
haben, die uns noch eine Reihe von Jahren beschäftigen werden.

Ich möchte mich in diesem Vortrag deshalb mit der Problematik befassen, die sich ergibt, wenn man <u>allgemeine Textendgeräte</u> an den
TTX-Dienst heranbringen will, die also zunächst nicht - oder zumindest nicht primär - als Teletex-Endgeräte konzipiert und designed
wurden. Dazu sollen zunächst die Anforderungen an Endgeräte genauer
dargestellt und untersucht werden. Es wäre nach meiner Meinung dabei
völlig falsch, für allgemeine Textendgeräte nach Sonder- und Ausnahme-
Regelungen für Teletex zu suchen: im Interesse der Idee eines offenen Text-Kommunikationsdienstes muß auch diese Gruppe von Endgeräten
innerhalb der bisherigen TTX-Festlegungen ihren Platz finden, insbesondere was das gewährleistete Systemverhalten der Ebene 6 und 7
betrifft, festgelegt in der CCITT-Empfehlung F.200.

Dieser Vortrag soll zeigen, daß es tatsächlich TTX-Lösungen für ein
weites Spektrum an Text-Endgeräten bis hin zum Bürocomputer (mit
integrierter Textsoftware) geben kann, wie solche Lösungen aussehen
und weshalb in diesem Zusammenhang selbständige TTX-Controller ein
besonders attraktives Interface Konzept zum Anschluß an den TTX-
Dienst darstellen.

2.   Anforderungen an TTX-Endgeräte

2.1   Anforderungen aus den CCITT Empfehlungen

Die CCITT-Empfehlungen S.70, S.60, S.61 und S.62 legen die Protokoll-
Ebenen des Teletex Dienstes entsprechend dem ISO-Referenz-Modell für
offene Systeme (Open Systems Interconnect OSI) fest. Die nationalen
"PTT's" machen jeweils diese Grundfestlegungen zur Basis ihrer Dienst-
definition. Die Deutsche Bundespost als eine der TTX-Wegbereiter hat
dies in ihren "Teletex Rahmenwerten" durch das FTZ in Darmstadt durchgeführt, die - obwohl noch in vorläufiger Fassung - de facto bereits
eine kaum noch veränderbare Regelungsvorschrift geworden sind. Sie
legen für die Bundesrepublik Deutschland den Teletex-Dienst als eine
geschlossene Benutzerklasse innerhalb des DATEX-L Dienstes mit 2400
Baud fest und füllen damit den von CCITT den nationalen Behörden
vorbehaltenen Freiraum der Netzauswahl aus. Das vervollständigte
CCITT-Regelwerk für TTX enthält damit die folgenden Kommunikationsanforderungen:

```
Ebene 1, 2 u. 3:      - Verbindungsaufbau nach X.21;
                      - Datenübertragungsphase im HDLC-Mode
                        (Asynchronous Balanced Mode);
                      - rudimentäre Netzwerk-Ebenen Funktionen;
Ebene 4:              - Basis Transportdienst mit erweitertem
                        Adressierungsmechanismus;
Ebene 5:              - Session-Schicht mit Optionen-Verhandlungen
                        und "Two Way Alternate" Kommunikation;
Ebene 6:              - Dokumentenschicht mit Optionen Austausch
                        und Verhandlungen, Recovery Points
                        (Commitment Units), Dokumenten-Struk-
                        turfestlegung und Basiszeichensatz
                        Definition.
```

Die Festlegung dieser 6 Kommunikationsschichten bringt mit ihrer
Komplexität sicherlich bereits manches Hardware- und Softwarekon-
zept aus dem Text- und Bürobereich ins Wanken. Wir brauchen dabei
nur an die bei 8-Bit Prozessoren arg beengten Adressräume zu denken! Die TTX-Euphorie auf Herstellerseite verschwindet aber in
der Regel spätestens dann vollends, wenn die Anforderungen an die
Ebene 7 des Endgerätes, an das allgemeine Systemverhalten, gesammelt werden. Dann sieht die vollständige Liste der System-Anfor-
derungen nämlich wie folgt aus:

- Bedienerloser Empfangsbetrieb;
- Empfangsbereitschaft rund um die Uhr (24 h/Tag, 365
  Tage/Jahr);
- nicht-flüchtiger, nicht entnehmbarer Empfangsspeicher,
  von TTX-Software verwaltet; 'hinreichend' groß!
- HDLC Prozessor;
- große Pufferbereiche für HDLC- und Dokumentenschicht
  'Window' Mechanismen;
- Reaktion auf eingehenden Anruf in 500 ms, kein Nachladen
  der Software möglich;
- Verbindungsaufbau, Protokollabwicklung und Verbindungsab-
  bau einschließlich gesicherter Abspeicherung eines Test-
  Dokumentes von ca. 1600 Byte in weniger als 12 Sekunden;

- ein-/ausgehende Dokumente dürfen die Lokalarbeit nicht stören;
- Darstellbarkeit des vollen TTX-Basic Character-Repertoires auf wenigstens einem Ausgabemedium des Endgerätes, d. h.
  - 309 abbildbare Zeichen (8 Bit Codes mit Multi-Byte Symbolen);
  - Steuerzeichen wie Halbzeilenschaltungen "hoch" und "tief", Backspace (mit der Intention zum Erzeugen von 'composite characters), Unterstreichungen, wechselnde Zeilen- und Zeichenabstände, etc;
- jederzeit sichtbare Anzeige des Empfangsspeicherzustandes;
- Gewährleistung der Zeichensatz- und Zeilen-Format-Kompatibilität für den <u>Telex</u>-Dienst (insbesondere Telex-Versand);
- Gewährleistung des Visualisierungszwanges von empfangenen Dokumenten (vor Veränderung oder Löschen) bzw. Führung eines nicht-flüchtigen, nicht entnehmbaren Log-Buchs mit festgelegtem Informationsinhalt.
- Verarbeitbarkeit des TTX-Dokumenten 'Daten-Modells', d. h. Adaption der Code- und Formatierungsmechanismen.

Der Aufwand für gerade diesen letzten Punkt wird von Endgeräte-Herstellern immer wieder völlig unterschätzt. Mit diesem Tatbestand sind auch heute sicher noch die größten existierenden Inkompatibilitäten von TTX-Geräten verbunden und es wird wohl noch einige Zeit dauern, bis hier adäquate Testmethoden seitens der Zulassungsbehörden gefunden sind.

Man kann mit ruhigem Gewissen behaupten, daß keine andere Datenstruktur-Codierungstechnik für Text-Systeme so gründlich mit den in den letzten 10 Jahren entwickelten Wordprocessing Datenmodellen bricht wie die TTX-Datendefinitionen. Die Überwindung dieses Handicaps ist besonders für Bildschirm-orientierte Systeme mit enormem Aufwand verbunden, wenn dem Endgerät-Benutzer eine uneingeschränkte TTX-Schnittstelle (im Sinne von 'Human Interface') angeboten werden soll.

2.2 Zusätzliche TTX-Markt Anforderungen

Mit den obigen Endgeräte-Anforderungen, die sich unmittelbar aus den
entsprechenden CCITT Regelungen ergeben, ist die Liste der geforderten System-Eigenschaften jedoch nicht zu Ende. Sowohl aus Sicht des
Endgeräte-Herstellers wie auch aus Sicht des zukünftigen Teletex-
Benutzers müssen weitere Aspekte berücksichtigt werden, die nicht
unmittelbar aus den Dienst-Definitionen abzuleiten sind, glücklicher-
weise jedoch auch nicht in direktem Widerspruch zu ihnen stehen.
Dies sind insbesondere die folgenden Anforderungen:

- Berücksichtigung der Gebühren-Strukturen:
  - aus den relativ hohen Grundgebühren pro Hauptanschluß
    und der typischerweise extrem geringen Leitungsaus-
    lastung ergibt sich zwingend der Wunsch nach TTX-Neben-
    stellen-Systemen;
  - die Tag/Nacht-Gebührenunterschiede lassen aus Anwender-
    sicht eine automatische Sendefunktion ('zeitversetzter
    Versand') dringend erforderlich scheinen.
- Hohe Arbeitsplatzverfügbarkeit:
  Die TTX-Feldversuche in Deutschland haben klar bestätigt,
  daß der TTX-Dienst wesentlich von seinem dezentralen
  Arbeitsplatz-Konzept lebt. Auch unter diesem Aspekt brin-
  gen TTX-Nebenstellenanlagen große wirtschaftliche Vortei-
  le mit sich;
- Integrierbarkeit in andere Kommunikationskonzepte:
  Bei der raschen Entwicklung von neuen elektronischen
  Kommunikationstechnologien wie z. B. den 'Lokalen Netz-
  werken' mit Basis- oder Breitbandtechniken oder den Her-
  steller-spezifischen Netzwerk-Konzepten muß auch eine
  Integration des TTX-Dienstes in diese Entwicklungen auf
  der Endgeräteseite möglich sein.
- Integrierbarkeit in andere Systeme:
  Unmittelbar aus dem vorigen Punkt ergibt sich der Zwang zur
  Integrationsmöglichkeit der TTX-Endgeräte Funktionen in
  andere 'intelligente' Systeme. Hier reicht das Spektrum vom
  'Mainframe' mit integrierter Textsoftware (CTV = Computer-
  unterstützte Textverarbeitung) über Personal-Computer in
  einer Wordprocessing Applikation bis hin zu Teletex-Gateways
  mit intelligenten Terminals.

Interessanterweise überdecken sich die Anforderungen aus Kunden- und
Herstellersicht weitgehend - mit Ausnahme des letzten Punktes: für
die Endgeräte-Hersteller wird Teletex zunächst nur bei speziellen
TTX-Endgeräten das Design-Konzept bestimmen, mittelfristig dann wohl
auch allgemein für alle Textsysteme; mit Sicherheit werden jedoch
solch weitreichende Designanforderungen, wie sie implizit durch die
Dienstfestlegungen aufgestellt sind, auch langfristig bei solchen
Systemen unberücksichtigt bleiben müssen, die nur sekundär in einer
TTX-Umgebung eingesetzt werden wie z.B. die klassischen DV-Systeme:
eine zu starke Rückkopplung auf andere EDV-Bereiche ist sicherlich
aus keiner Sicht wünschenswert.

Den vollen Einfluß dieser Marktanforderungen auf das TTX-Endgerät,
indirekt aber damit auch auf die Entwicklung des TTX-Marktes selbst,
wird man erst dann voll abschätzen können, wenn die die CCITT-
Bestimmungen ergänzenden Regelungen für TTX-Nebenstellenanlagen und
Mehrplatzsysteme festgeschrieben sind. Zu Recht besteht nach meiner
Meinung hier ein starker Wille der Deutschen Bundespost (bei anderen
nationalen Postbehörden wohl ebenso), die garantierte Dienstgüte
auch bis an das eigentliche Endgerät im Nebenstellen-System weiter-
zureichen und den vollen Funktionsvorrat und das komplette TTX-Be-
nutzer-Interface bis 'vor Ort' zu bringen.

Resourcen-Sharing darf nicht auf Kosten einer reduzierten Dienst-
qualität gehen! Es wird jedoch wichtig sein, sich dabei nicht
losgelöst vom Markt in Regulationen zu verstricken, sondern die
TTX-Grundidee im Auge zu behalten. Dies gilt ganz besonders für
den juristisch schwierigen Bereich der 'Lokalen Netze', für den
möglichst bald eine praktikable Lösung gefunden werden sollte.

3. Teletex Interfacing

Die Systeme, die sich im engeren Sinne mit Text-Kommunikation beschäftigen und für die konsequenterweise der Markt einen 'TTX-An-
schluß' fordert, lassen sich in 3 Gruppen von Endgeräten zusammenfassen:

1. Gruppe: Speziell für den TTX-Dienst entwickelte
                     Endgeräte; beim Design dieser Systeme sind
                     die Dienstanforderungen bereits Grundlage des
                     Systemkonzepts.

2. Gruppe: Heute im Markt befindliche Text-Systeme;
                     von diesen Systemen wird in der Regel noch
                     eine mehrjährige Produktlebensdauer erwartet,
                     so daß die meisten Hersteller dieser Geräte
                     einem TTX-Anschluß ihrer Systeme eine fundamen-
                     tale Bedeutung zumessen: manche Vertriebs-
                     organisationen befürchten bereits für das
                     Jahr 1983 Markteinbrüche von 30 %, falls kein
                     TTX-Interface angeboten werden kann.

3. Gruppe: Text-Software-Pakete auf integrierten
                     Systemen; dieser Produktgruppe (Stichwort
                     'multifunktionale Workstation') wird in den
                     nächsten Jahren verstärkte Bedeutung zukommen.
                     Eine TTX-Integration für solche Systeme ist
                     unausweichlich; andererseits werden gerade
                     die TTX-Anforderungen bei dieser Gruppe nur
                     teilweise in die grundlegenden Design-
                     Konzepte für solche 'Bürosysteme' einfließen
                     können.

Wie sind die zuvor genannten TTX-Anforderungen nun in den einzelnen Gruppen zu berücksichtigen? Am einfachsten ist die Situation
sicher in der Gruppe 1, die sie bei der System-Planung bereits
berücksichtigen kann. Dies bedeutet im wesentlichen:

- Berücksichtigung des 24 h Betriebs durch selektiv abschaltbares Power Supply; besondere MTBF Überlegungen;
- Bereitstellung ausreichender Prozessorleistung für parallele Lokal-Arbeit und Telekommunikation;
- Ausreichende Puffer und Programmspeicher für Kommunikationssoftware (50 - 60 KB);
- HDLC-Prozessor mit X.21 Schnittstelle;
- Spezielle Empfangsspeicher, meist als nicht entnehmbare Floppy Disk;
- Verbesserte Typenraddrucker/Matrixdrucker;
- Auf TTX abgestimmte Text-Bearbeitungs-Software;
- Bei Bildschirmsystemen neue VDU-Steuerungen für erweiterten Zeichenvorrat, Halbzeilenschaltungen, 'Composite Characters' usw.

Bei allen Systemen der Gruppen 2 und 3 wird man diese tiefgreifenden Modifikationen des Hardware-Systems nur unter hohem Aufwand durchführen können. Bei den Textsystemen der Gruppe 2 wird in einem Fall eine solche Modifikation als 'Aufrüstung' des Systems angeboten, de facto wird jedoch fast das gesamte System ausgetauscht. Inwieweit eine solche Vorgehensweise für den betreffenden Hersteller wirtschaftlich ist oder ob es sich mehr um eine marktpolitische Interimslösung handelt, wird sich spätestens im Laufe der kommenden zwei Jahre zeigen.

Besonders erschwert ist in der Tat die TTX-Anbindung in der Gruppe 3. Hier sind erfolgreiche Lösungen auf dem Markt noch nicht vorhanden, wohl aber die negativen Erfahrungen des einen oder anderen Herstellers aus dem Versuch, TTX in einer 'entschärften Variante' in die Reihe der anderen Kommunikationskomponenten eines DFÜ-Systems einzuordnen: Im Sinne des TTX-Dienstes beharrt die Bundespost auch in diesem Teilmarkt auf den festgelegten Qualitätsmerkmalen. Wie also sind die Gruppe 2 und 3 Systeme nun tatsächlich 'TTX-fähig' zu machen?

4. Teletex Controller

Ein wirtschaftliches TTX-Interfacing läßt sich nach meiner Meinung
für die Gruppen 2 und 3 nur durch solche Lösungen erreichen, die
zwei Grundanforderungen genügen:

> 1. keine HW-Änderungen auf der Seite des Textendgerätes erfor-
>   derlich, allenfalls Anschluß eines anderen Druckers,

> 2. Minimierung des Software-Adaptionsaufwandes auf der Text-
>   systemseite

Da Text- und DV-Systeme in ihrer heutigen Form den TTX-Anforderungen nicht genügen, können diese beiden Postulate logischer-
weise nur dadurch erfüllt werden, daß sie durch einen externen
Controller abgedeckt werden.

Dies bedeutet aber, daß ein Teletex Controller ein autonomes 'Front-
End-Prozessor System' sein muß, das insbesondere auch ohne Unterstützung des eigentlichen Text-Endgerätes (d. h. bei abgeschaltetem
Textsystem) den 24-stündigen Empfangs-und möglichst auch Versende-
betrieb übernehmen können muß. Das heißt dann im einzelnen

- Übernahme aller Ebene 1 - 6 Funktionen des Teletex Proto-
  kolls;
- Verwaltung eines 'sicheren' Empfangs- und Sendespeichers;
- Führung eines vollständigen Kommunikations Journals.

Dem Text-Endgerät verbleibt damit im wesentlichen nur noch der Anteil, der durch zeitunkritische Softwarekomponenten im Endgerät ab-
zudecken ist, nämlich die Erzeugung von TTX-Dokumenten und die Darstellung empfangener Dokumente.

Heute befinden sich meines Wissens 5 solcher externer TTX-Controller
auf dem Markt bzw. stehen in den nächsten Monaten vor ihrem Ent-
wicklungsabschluß. In zwei Fällen handelt es sich dabei um Controller,
die für die speziellen Anforderungen einer Produktfamilie des jeweiligen Herstellers entwickelt wurden, während die beiden anderen
Systeme unabhängig von einem speziellen Endgerät mit einem relativ
allgemeinen Konzept entwickelt wurden. Inwieweit auch die beiden

ersten Systeme generalisiert einzusetzen sind, bleibt abzuwarten.
Der fünfte TTX-Controller kann die 'Autonomie'-Forderung nicht erfüllen und fällt damit deutlich hinter den anderen System-Konzepten
zurück.

Im verbleibenden Teil des Vortrags möchte ich kurz die TTX-Controller-
Lösung des Hauses **mbp** vorstellen, die die mit dem TTX-Dienst zusammenhängende Problematik nach meiner Meinung am weitestgehenden berücksichtigt und für alle Systeme der zuvor vorgestellten Endgerätgruppen
2 und 3 eine äußerst kostengünstige TTX-Integration schafft.

5.   Der 'Universelle Teletex Controller' UTC

Der UTC ist ein autonomes Mikroprozessorsystem mit eigener Spannungs-
versorgung. Es wurde speziell als Teletex Front-End-Prozessor für
allgemeine Textendgeräte von **mbp** entwickelt und genügt allen zuvor
gestellten Anforderungen eines Teletex-Controllers. Der UTC kann in
seinem jetzigen Ausbau bis zu 2 TTX-Hauptanschlüsse und 30 Endgeräte
(je nach Interfaceausführung) unterstützen. Durch sein flexibles
Ausbaukonzept ist der UTC aber gerade auch für Einzelsysteme (1 TTX-
Anschluß, 1 Textsystem) eine interessante wirtschaftliche Lösung.

Der UTC arbeitet nach dem 'Store and Forward' Prinzip. Dies gestattet
ihm, den Empfang und den zeitlich versetzten Versand von Teletex-
(oder Telex-) Dokumenten ohne Unterstützung des eigentlichen Endgerätes durchzuführen. Dessen ungeachtet besteht die zusätzliche Möglichkeit des direkten Versands, bei dem das zu versendende Dokument ohne
Zwischenspeicherung im UTC - und damit ohne jede systemseitige Längen-
begrenzung übertragen wird.

Von besonderer Wichtigkeit ist das Hardware-Konzept des UTC. Es
beinhaltet keine beweglichen oder zu justierenden Teile, die einem
ständigen Verschleiß ausgesetzt wären oder regelmäßiger Wartung
bedürften. Der UTC enthält weder ein Gebläse noch ein Platten- oder
Diskettenlaufwerk. Als Empfangs- und Sendespeicher wird ein Magnet-
blasenspeicher verwendet. Dessen Ausbaufähigkeit reicht von 128 KB
bis zu 2 MByte (ab 1983). Die folgende Liste gibt die wichtigsten
Eigenschaften des UTC wieder:

- vollständige Abdeckung der Ebenen 1 - 6 des TTX-Protokolls;
- ununterbrochene Empfangsbereitschaft;
- unbedienter zeitverzögerter Versand;
- vollständiges Kommunikations-Logbuch;
- automatische Verkettung von Fortsetzungsdokumenten im Empfangsspeicher;
- Unterstützung von Mehrplatzsystemen/Nebenstellen-konfigurationen;
- V.24 Schnittstellen mit BSC-ähnlichem Protokoll zu dem/den Endgerät(en);
- Auto-Restart nach Power Fail;
- Fernwartung der TTX-Software im TTX-'Private Use' Betrieb;

Ein Hinweis auf den letzten Punkt scheint mir besonders wichtig. Gerade bei einer so komplexen Software wie dem TTX-Kommunikations-protokoll, bei dem mit Sicherheit in den nächsten Jahren Ergänzungen und möglicherweise auch Modifikationen auf der Definitionsseite zu erwarten sind, ist es eine dringende Erfordernis, ohne großen Kosten-aufwand die Software der im Feld installierten Systeme auf dem neu-esten Stand halten zu können. Der 'Private-Use' Betrieb als Element des Teletex-Dienstes bietet hierzu ein ideales Instrument.

Mit dem UTC bietet mbp dem Hersteller von Textendgeräten eine Teletex-Lösung an, die es ihm gestattet, in der Regel ohne jede Modifikation seiner System-Hardware seine heutigen Produkte aus dem Textbereich an den TTX-Dienst heranzubringen. Die Erfordernisse bezüglich einer Ergänzung und Modifikation der Endgeräte-Software sind auf ein Mini-mum reduziert, nämlich auf die Zeichendarstellungs-Problematik, die Konversionsroutinen zwischen dem TTX-Datenmodell und der des jewei-ligen Textsystems und auf die Gestaltung der Bedieneroberflächen für die vom UTC angebotenen Dienstfunktionen. Der damit verbundene Auf-wand hängt allerdings stark von dem Komfort ab, der dem Endgerätebe-nutzer des Systems letztlich angeboten werden soll.

<u>Auswirkungen des BTX-Einsatzes auf die Datenverarbeitung und Nachrich-</u>
<u>tentechnik bei Anschluß größerer Teilnehmerzahlen</u>

Dipl.Betriebswirt Helmut Kalt
SIEMENS AG München
Unternehmensbereich Datentechnik

Die Datenverarbeitung hat sich in den letzten Jahren im wesentlichen
hinsichtlich der einfacheren Dialogfähigkeit und somit der Erschließung
größerer Informationsmengen entwickelt.

Wenn man sich diese Entwicklung vor Augen hält, muß man jedoch erkennen,
daß die relativ teuren Terminals und die aus Kostengründen notwendige
hohe Auslastung der Leitungen der zukünftigen Verbreitung der Datenverarbeitung bisher eine natürliche Grenze gesetzt haben. Darüberhinaus war
bisher die Bedienung der Systeme nicht einfach genug, um die Datenver-
beitung auch dem völlig ungeübten Benutzer zugänglich zu machen.

Es war mit Sicherheit nicht die Idee der Begründer von Bildschirmtext,
eine neue Innovation in die Datenverarbeitung zu bringen, es ist vielmehr ein fast zufälliger Nebeneffekt, daß wir mit Hilfe von Bildschirmtext heute in der Lage sind die Datenverarbeitung nicht nur an die verschiedensten Arbeitsplätze, sondern sogar in den privaten Bereich zu
tragen.

Die Grundlage hierzu hat die Deutsche Bundespost geschaffen, indem sie
den Anschluß sogenannter "Externer Rechner" an das öffentliche Bildschirmtext-System ermöglicht. Erst durch diese Anschlußmöglichkeit wird den
Bildschirmtext-Teilnehmern der Zugang zu den unterschiedlichsten Datenverarbeitungsanlagen eröffnet und somit die Datenverarbeitungsleistungen der
großen Breite der Bevölkerung zugänglich gemacht.

Am Beispiel der Bundesrepublik Deutschland stellt sich die Bildschirm-
text-Situation wie folgt dar.

Die Deutsche Bundespost erwartet bis 1984 etwa 150.000 und bis Ende 1986
etwa 1 Mio. Bildschirmtext-Teilnehmer. Eine weitere Entwicklung bis 1990
mit ca. 3,5 Mio. Teilnehmern ist heute schon abzusehen.

Eine solche Entwicklung stellt besondere Anforderungen an Bildschirmtext-
Terminals, an das Fernsprechnetz, die Bildschirmtext-Zentralen, das
DATEX-P-Netz und an die angeschlossenen Externen Rechner.

Bildschirmtext-Geräte im privaten Bereich werden Fernsehempfänger sein,
erweitert um Tastaturen und Decoder, die mit ihren Zusatzfunktionen
durch die Rundfunk- und Fernsehindustrie bereitgestellt werden.

Die kommerziell nutzbaren Terminals werden ab Einführung des Bildschirmtext-Dienstes hinsichtlich ergonomischer Gestaltung und Peripherieaus-
stattung wie Drucker, Floppy-Disk, Indentifikationsgeräten und ggf. Kleincomputern den wachsenden Benutzeransprüchen in zunehmendem Maße gerecht
werden.

Bei den Editiergeräten der Informationsanbieter kommen den zusätzlichen
Speichern, und wegen der höheren Grafiklösung ab Einführung des Bildschirmtext-Dienstes, den Scannern zur Bildeingabe besondere Bedeutung zu.

Ein wesentlicher Teil dieser Peripheriegeräte wie Floppy-Disk, Drucker,
Identifikationsgeräte und Scanner wurde bereits von der Industrie entwik-
kelt und steht zum Teil schon während des Bildschirmtext-Feldversuchs zur
Verfügung.

Der Zugang zu den Bildschirmtext-Zentralen über das Fernsprechnetz ist
als ein Kerngedanken von Bildschirmtext anzusehen, stellt aber gerade
dieses Netz vor große Belastungsprobleme. Das schon heute zu Stoßzeiten
überlastete Netz wird dem zusätzlichen überregionalen Ansturm von rund
1 Mio. Teilnehmern (welche 1986 erwartet werden) in seiner derzeitigen
Ausstattung nicht gerecht.

Nicht zuletzt aus Belastungsgründen ist in der ersten Ausbaustufe, in der nur 150.000 Bildschirmtext-Teilnehmer auf ca. 5.000 Bildschirmtext-Ports zugreifen, der Zugang auf das jeweilige Ortsnetz beschränkt. Lediglich die Informationsanbieter können ihre Informationen auch über das Fernnetz zur Verfügung stellen.

Die Deutsche Bundespost erlaubt in Erweiterung des ursprünglichen Bildschirmtext-Konzeptes den Anschluß privater, sogenannter "Externer Rechner" an das öffentliche Bildschirmtext-System. Hierbei ist es unmaßgebend, ob diese Rechner von kommerziellen oder öffentlichen Institutionen betrieben werden. Durch die Einrichtung dieser sogenannten "Externen Rechner" erhält jeder Betreiber einer Datenverarbeitungsanlage die Möglichkeit, über die öffentlichen Bildschirmtext-Zentralen mit Tausenden und später mit Millionen von Bildschirmtext-Stationen zu verkehren.

Über die Anzahl der möglichen angeschlossenen Externen Rechner liegen heute erste fundierte Schätzungen vor. Die Deutsche Bundespost erwartet noch während des Feldversuchs 128 und bis 1986 rd. 2000 Externe Rechneranschlüsse. Die hohe Zahl ist verständlich, wenn man sich die Gründe vor Augen führt, welche für den Einsatz eines Externen Rechners sprechen, wie Erweiterung der Kundendienste bei Banken, Versicherungen, Fluggesellschaften, Verkaufs- und Serviceorganisationen etc. Diese Organisationen können sich der Notwendigkeit eines Externen Rechner-Anschlusses aus geschäftspolitischen Gründen nicht entziehen.

Mit der Einrichtung des "Externen Rechners" kommt den kommerziellen Bildschirmtext-Anwendungen besondere Bedeutung zu. Wobei diese die derzeitigen DV-Anwendungen zwar beeinflussen, jedoch nicht ablösen werden. Sie werden die bestehenden Anwendungen hinsichtlich Verbreitung von Information und Kommunikation ergänzen.

Externe Rechner sind DV-Anlagen, die von privaten oder öffentlichen Institutionen betrieben werden und im "Bildschirmtext-Rechnerverbund", über die öffentlichen Bildschirmtext-Zentralen erreichbar sind.

Durch den Einsatz von Externen Rechnern bieten sich dem Benutzer wesentliche Vorteile:

- Die Einbeziehung von Rechenleistung in Form von Datenverarbeitungs-
  anlagen
- Die Ausnutzung der weit verbreiteten Fernsprech- und Fernsehtechnik
- Den 24-Stundenbetrieb
- Die einfache Bedienung

Ein besonderer Schwerpunkt von Bildschirmtext liegt neben Externen Rech-
nern und den "Öffentlichen Bildschirmtext-Zentralen" auf den "Inhouse
Systemen". Durch die Bildschirmtext-Inhouse Systeme besteht erstmals die
Möglichkeit, auch innerhalb geschlossener Organisationen die notwendigen
Informationen einem großen Teilnehmerkreis wirtschaftlich zur Verfügung
zu stellen.

Bei Inhouse Systemen handelt es sich um geschlossene Bildschirmtext-
Lösungen für innerbetriebliche Anwendungen, die nicht auf die Abfrage von
gezielten Informationen beschränkt sind, sondern die intensive Kommunikation mit den jeweiligen Rechenanlagen erlauben.

Inhouse Systeme haben gegenüber den herkömmlichen DV-Anwendungen zwei
Vorteile:

- Nutzung der kostengünstigen Terminals
- Bereitstellung einer einfachen, für jeden verständlichen Benutzeroberfläche zur problemlosen Bedienung

Über die Externen Rechneranschlüsse bzw. Inhouse Systeme wird eine zusätzliche große Belastung auf die DV-Systeme zukommen. Dies wird besonders deutlich, wenn man die Prognosen der Stückzahlentwicklung der "herkömmlichen" Terminals und der Bildschirmtextgeräte gegenüberstellt.

In der Bundesrepublik Deutschland werden bis 1990 ca. 1,1 Mio. herkömmliche
Terminals erwartet werden, zu denen noch rd. 3,5 Mio. Bildschirmtext-Geräte
hinzukommen.

Das bedeutet, daß bis 1990 die vielfache Anzahl von Datenendgeräten die
Möglichkeit des Zugriffs zu Datenverarbeitungssystemen haben werden. Eine
Entwicklung, die ohne Bildschirmtext wohl kaum möglich wäre, da derzeit

nur bei Bildschirmtext die zusätzliche Kostenbelastung für den Benutzer
relativ gering ist.

Eine wesentliche Komponente, die diese Entwicklung ermöglicht, ist die
einfache Benutzeroberfläche, die dem Benutzer ein problemloses Arbeiten
mit dem Bildschirmtext-System garantiert. Dadurch ist sichergestellt, daß
der Benutzer an jeder Stelle des Dialogs eine Benutzerführung am Bildschirm erhält und somit quasi keine schriftliche Anleitung mehr benötigt.

Besonders für die kommerzielle Externe Rechner- und Inhouse-Lösung ist
es notwendig, ein alternatives Zugangsverfahren zu der Information
bereitzustellen, denn die Grenzen eines Retrieval-Systems, das hauptsächlich für den Laien gedacht ist, wird durch das sehr zeitaufwendige
Suchverfahren schnell erreicht.

Der Grund liegt darin, daß sich bei einem umfangreichen Informationsangebot wie es bei Externen Rechnern und Inhouse Systemen zu erwarten ist,
Suchbäume mit sehr vielen Verzweigungen ergeben, die eine entsprechend
große Zahl von Suchschritten der Benutzer erfordern. Mit den vielen dabei
durchzublätternden Suchbaumseiten steigt aber der Zeit- und Gebührenauf-
wand. Deshalb ist es vor allem bei kommerziellen Bildschirmtext-Anwendungen mit Externen Rechnern und Inhouse Systemen notwendig, den Bild-
schirmtext-Benutzern ein alternatives Suchverfahren anzubieten, mit dem
dieser in der Lage ist, sehr direkt auf die gewünschte Information zu-
zugreifen. Ein solches Verfahren ist das "Logische Suchen".

Beim Logischen Suchen erfolgt die Auswahl der Informationsseiten durch
Eingabe von einzelnen oder kombinierten alphanumerischen Suchwörtern,
die logisch mit UND-, ODER-, und NICHT verknüpft sind. Eine Leerstelle
bedeutet UND, ein Komma bedeutet ODER und ein Semikolon bedeutet NICHT.

Während des gesamten logischen Suchvorganges wird der Teilnehmer ständig
auf dem Bildschirm geführt und über den jeweiligen Erfolg der Suche sowie
mögliche Varianten des weiteren Vorgehens informiert.

Das Ergebnis eines Suchvorgangs, der sowohl über das allgemein bekannte
Suchbaumverfahren als auch über das komfortable Logische Suchen durchgeführt werden kann, ist das Auffinden bestimmter Informationsseiten oder

der Ablauf bestimmter Anwenderprogramme. Informationsseiten können in
Dateien oder Datenbanken anwendungsspezifisch abgelegt sein oder aber
während des Abfragevorgangs dynamisch entstehen.

Bei der Darstellung der gewünschten Information bietet Bildschirmtext,
wesentliche Vorteile durch die Möglichkeit der Verwendung von Farbe und
Grafik.

Wenn auch Bildschirmtext ursprünglich nicht als Büroorganisationsmittel
angesehen wurde, so wird sein Einfluß in diesem Bereich in den kommenden
Jahren wesentlich an Bedeutung gewinnen. Aus der Integration in die Arbeitsabläufe ergibt sich auch die Notwendigkeit der Kopplung an vorhandene
und zukünftige Büromaschinen.

In welchen Gebieten und in welchen unterschiedlichen Formen Bildschirmtext
in Zukunft eingesetzt wird, hängt letztlich von den jeweiligen Organisationen und dem Ideenreichtum ihrer Mitarbeiter ab. Die angeführten Informa-
tions- und Kommunikationsanwendungen sowie die Einsatzbeispiele können deshalb nur einen kleinen Ausschnitt der Möglichkeiten von Bildschirmtext beleuchten. Diese können aber als Anregung dienen, über den Einsatz des
 Mediums Bildschirmtext im eigenen Bereich nachzudenken.

Algorithmen und Verfahren zur digitalen Speicherung und Wiedergabe von Bilddokumenten

Dr. P. Stucki
IBM Forschungslaboratorium
CH8803 Rueschlikon
Schweiz

Zusammenfassung

Der gegenwaertige Trend der Technologie-Entwicklung in den Bereichen der Mikroelektronik, der Eingabe/ Ausgabe-Geraete und der Uebertragungstechnik laesst sich wie folgt charakterisieren:

- hoehere Rechengeschwindigkeit und Packungs-dichte bei gleichzeitiger Verminderung der Herstellungskosten elektronischer Grund-schaltungen,

- hoehere Schreibdichten auf konventionellen Magnetplatten und das Aufkommen neuer Speichermedien (Videodisks),

- vermehrter Einsatz von Mikroprozessoren und Speicherelementen in Bildschirmgeraeten, Druckern und Scannern,

- Entwicklung lokaler Rechnernetze fuer die schnelle Uebertragung grosser Datenmengen.

Die staendige Verbesserung des Preis/Leistungsver-haeltnisses in der Elektronik und der Nachrichtentechnik schlaegt sich in zunehmend hoeher entwickelten Computer-Systemen nieder, welche in der Zukunft – dank ihrer Leistungsfaehigkeit – die integrierte Verarbeitung von Text und Bild gestatten werden.

Die technischen Anforderungen fuer die Verarbeitung von Bildern in zukuenftigen Informationssystemen werden besprochen und grundlegende Algorithmen und Verfahren fuer deren Speicherung und Wiedergabe erlaeutert.

Schliesslich werden moegliche neue EDV-Anwendungen vorgestellt, die sich aus der Integration von Bild und Text ergeben.

<u>BUSINESS GRAPHICS</u>

L. Nastansky
Département d´informatique et
de recherche opérationelle,
Université de Montréal

Montréal, Québec H4L 2P9 / Can

1. <u>Business Graphics und Bueroinformations- und kommunikationssysteme</u>

<u>WANDEL KOMMUNIKATION</u>. In betrieblichen Informationssystemen (IS) findet die
Kommunikation zwischen Menschen und den zur Informationsspeicherung, -uebertragung
und -verarbeitung eingesetzten Maschinen bisher zumeist vergleichsweise einge-
schraenkt ueber enge Kanaele und unter Ausnutzung nur primitiver Ausdrucksmoeglich-
keiten statt, Gemeint ist dies insbesondere vor dem Hintergrund, als Masstab fuer
Kommunikationsalternativen in Mensch-Maschinesystemen (MMS) das breite Spektrum der
Sinnesaeusserungs- und Wahrnehmungsmoeglichkeiten sowie der Informationsaufberei-
tung- und Verarbeitungsmoeglichkeiten anzusehen, welche Menschen gewohnt sind, im
Umgang untereinander sowie fuer sich selbst zu nutzen. Die Einschraenkungen in der
Kommunikationsbreite gelten vor allem an den Schnittstellen zu Computern in IS. Bei
weitem nicht voll ausgeschoepft sind dabei der visuelle und der graphische Bereich;
insbesondere letzterer soll Gegenstand dieses Beitrags sein, wobei eine naehere mehr
technische Charakterisierung des mit "Business Graphics" (BG) umschriebenen Gebietes
an spaeterer Stelle erfolgen soll.
   In neuerer Zeit ist jedoch der Beginn eines Umdenkens und Wandels bei wichtigen
Gestaltungsmerkmalen im Design der Benutzerschnittstellen zwischen Mensch und Maschine in MMS erkennbar. Dieser Wandel hat vielfaeltige Schichten. Einige dieser
Schichten sollen hier als Hintergrund hervorgehoben werden, damit die Bedeutung von
BG nicht faelschlicherweise und eindimensional in rein technischen Fragen der Anwendung von Computergraphik in einem spezialisierten Bereich dieser Disziplin miss-
verstanden wird.

   <u>BIKOS</u>. Umdenken und Wandel werden z.B. deutlich am Themenfeld dieser Tagung,
das auf "Bueroinformations- und -kommunikationssysteme" (BIKOS) ausgerichtet ist.
Zwar lassen sich bei vielen Themen dieser Tagung im Detail manche vertrauten Gebiete
und Probleme wiedererkennen, die man vor einiger Zeit noch eher mit "Computergestuetzte IS" schlechthin assoziiert haette. Oder man koennte etwa an "Distributed
Processing" als einer vielleicht BIKOS-verwandten und zeitweise zeitgemaessen Ge-
staltungsvariante von computergestuetzten MMS denken. Wichtiger als diese Bezeich-
nungsfragen erscheint jedoch der Akzentwandel, der hinter dem vordergruendig wenig
hochkaraetig kreative Substanz mobilisierenden Themenfeld "BIKOS" steckt. Mit "Buero" ist naemlich u.a. auch gemeint, dass die Betonung auf der Lebensumgebung von
Menschen in der Arbeitswelt liegt.
Eine primaere Sichtweise fuer Gestaltungsfragen eines IS in privatwirtschaftlichen
und oeffentlichen Unternehmungen liegt damit bei den Verhaltensmustern des Menschen

an seinem Arbeitsplatz und seiner Unterstuetzung durch eine integrierte Palette geeigneter Werkzeuge fuer Informationsaustausch, -verabeitung und -speicherung. Eine wichtige Facette dieser Verhaltensmuster ist dabei die visuell-graphische Aufbereitung von Informationen, die erfahrungsgemaess 'von Menschen in vielfaeltigen Varianten alltaeglich geuebt und geleistet wird. Dies geschieht vollstaendig unabhaengig davon, ob eine besondere Schulung durchgefuehrt wurde, wie sie etwa ein CAD-Arbeitsplatz (Computer Aided Design) erfordern mag, oder ob hochspezialisierte Maschinen bereitstehen, wie z.B. Digitizer oder Plotter, Eine wichtige Dimension menschlicher Intelligenz bei Kommunikation, Nachdenken und Erinnern liegt nun einmal unbestreitbar in visuell-graphischen Mustern, aus denen inbesondere auch die farbliche Komponente nicht wegzudenken ist. Deshalb wird BG hier vor diesem selbstverstaendlich alltaeglichen Hintergrund visuell-graphischer Aufbereitung von Informationen gesehen und weniger vor dem Hintergrund spezialisierter Sonderanwendungen.

TECHN.ENTWICKLUNG. Der eben angesprochene mehr konzeptionell begruendbare und in seinen Konturen weiche Sichtwandel laesst sich nicht trennen vom Wandel, der in harten und greifbaren Fakten des technischen Entwicklungsprozesses elektronikgestuetzter Technologien in juengster Zeit in Gang gekommen ist. Kaum eine der "traditionellen" bisher im Verwaltungsbereich eingesetzten Technologien fuer Informationsaustausch, -verarbeitung und -speicherung ist nicht einem starken Redesign oder vollstaendiger Neukonzeption im Hinblick auf (Mikro-)Prozessoreinsatz unterworfen. Ein fast unueberschaubares Buendel bisher ungekannter prozessorgestuetzter Technologien fuer BIKOS zeichnet sich ab, ohne dass man sich in Spekulationen verlieren muss.

Ein gemeinsames Merkmal dieser Vielfalt von Konzeptionen und/oder Geraeten ist: Mindestens eine der Komponenten ihrer Hardware ist ein Modul bestehend aus (Mikro-)-Prozessoren, Speicher und E/A-Ports und sie benoetigen Software, um zu funktionieren. Quantitative Leistungsfaehigkeit, Hierarchiegefuege und physische Ausmasse dieser Module rangieren dabei auf einer breiten, in ihren praktischen Gestaltungsfreiraeumen fast beliebig teilbaren, Skala. Diese gemeinsame technische Basis hat z.T. zu einer gewissen Integration im traditionellen Sinne nebeneinanderstehender Technologien gefuehrt und bildet damit die technische Grundlage fuer die bereits diskutierte konzeptionelle Sichtweise von BIKOS. Die Entwicklung hat nicht zuletzt auch flexible technische Moeglichkeiten eroeffnet, bei Informationsaustausch, -verarbeitung und -speicherung in computergestuetzten BIKOS auch die visuell-graphische Dimension in einem Masse einzufuehren, dass mehr als bisher den Faehigkeiten und Gewohnheiten des Menschen in diesem Bereich Rechnung traegt.

SYSTEMDESIGN. Eine weitere Schicht dieses Wandels liegt darin, dass die Akkumulation von Wissen und Erfahrung im Umfeld von Hardware- und Softwareentwicklung und nicht zuletzt auch breiter Computeranwendung zu Designansaetzen fuer BIKOS gefuehrt haben, deren Schwerpunkte verschieden vom klassischen Schema computergestuetzter Systementwicklung sind. Die Akzente bei der Entwicklung von massgeschneiderten BIKOS in Unternehmungen liegen weniger auf der individuellen Programmentwicklung, wobei sozusagen der alles ermoeglichende Baustein das Statement in einer hoeheren Programmsprache ist - das war vielleicht ein wenig das Merkmal klassischer Systementwicklung. Vielmehr ist inzwischen das Spektrum der Werkzeuge fuer Systemdesign ungleich breiter geworden, sind inzwischen die Werkzeuge selber erheblich leistungsfaehiger geworden. Die Produktivitaet ist entsprechend gestiegen, da mit diesen

Werkzeugen kompakt transferierbares Wissen verwandt werden kann. Dies hat Auswirkungen dahingehend, dass die Bausteine komplexer sind und sich weniger als State-
ments als vielmehr als voll funktionsfaehige Module fuer definierte Anwendungs-
funktionen darstellen und weiterhin darin, dass die Akzente im individuellen Systemdesign ueberhaupt von einer gewissen Softwarezentrierung auf eine Betonung funk-
tionsorientierter Arbeitsplaetze verlagert werden.

Fuer das Themenumfeld "Business Graphics" bedeutet diese Akzentverlagerung,
dass die Schwerpunkte der Aktivitaeten bei einer Integration der visuell-graphischen
Komponente in BIKOS fuer den Anwender z.B. nicht im Schreiben geigneter graphischer
Software fuer bestimmte graphische Auswertungstypen im Rahmen vorhandener Anwendungsprogramme in einer entsprechend erweiterten und geeigneten hoeheren Programmsprache liegen. Vielmehr ist heute davon auszugehen, das auf fertige Module zu-
rueckgegriffen werden kann, die betriebliche strukturelle und/oder numerische Daten
in graphische Muster umsetzen koennen und in ihrem Preis-/Leistungsverhaeltnis bei
Anlegen eines realistischen Masstabs praktikabel umgesetzt werden koennen. Weiterhin
sind Funktionsfragen, die mit der Gesamtgestaltung eines die graphische Dimension
umfassenden Arbeitsplatzes zusammenhaengen, ungleich bedeutender; dazu zaehlen z.B.
sich z.T. ueberlappende Designmerkmale fuer den Arbeitsplatz wie : Verteilung der
graphischen Intelligenz auf Hardware, Flexibilitaet, Interaktivitaet, Kommunikationsfaehigkeit, Hardcopy, permanente Datenspeicher.

<u>COMPUTERGRAPHIK</u>. Eine letzte hier zu erwaehnende Facette in diesem Prozess des
Umdenkens und Wandels in der Gestaltung von Anwenderschnittstellen in MMS fusst
schliesslich im Bereich der graphischen Datenverarbeitung. Computergraphik ist sowohl ein wichtiges Forschungsteilgebiet der Informatik als auch in seinen praktischen Dimensionen ein bedeutender Zweig der Computeranwendung geworden. Die Forschung hat u.a. wichtige Anwendungsergebnisse fuer Mustererkennung und -verarbei-
tung, in der Integration geeigneter Hardware- und Softwarearchitektur, in der interaktiven statischen und dynamischen Manipulation graphischer Gebilde und der Entwicklung von Graphikprimitiven wie auch maechtigen Kommandosprachen fuer Computergraphik
gebracht. Fuer die praktische Bedeutung finden sich Argumente z.B. im breiten Anwendungsfeld von CAD und der beachtlichen Leistungsfaehigkeit, die computergestuetzte
Konzeptionen dort bewiesen haben. Neuerdings kommen diese Argumente auch aus der vor
dem Hintergrund unternehmerischer Anwendung eher anruechigen und unsoliden Ecke
breitester Durchsetzung von Computergraphik im Rahmen von Computerspielen. Man mag
dieser Welt der graphikgestuetzten Computerspiele aus vielfaeltigen ethischen Moti-
ven sehr reserviert gegenueberstehen und viele Begleitumstaende ihrer breiten Durchsetzung ablehnen. Es verbleibt, dass dieses Umfeld eine ergiebige Datenbasis fuer
ein Spektrum vielfaeltiger Kosten- und Leistungsmerkmale realistischer Graphik-
loesungen gerade auch unter Einbeziehung der farblichen Dimension darstellt, an dem
entsprechende Komponenten in unternehmerischen IS gemessen werden koennen. Was aber
fast noch viel wichtiger ist: Es strahlt von diesem jedermann zugaenglichen Umfeld
haeufig eine Intelligenz und Eleganz in der Gestaltung zeitgemaesser Konzeptionen
fuer Benutzerschnittstellen aus, die manche alltaeglich in der Anwendung befindliche
computergestuetzte Loesung in einem unternehrischen IS mit vornehmlich textlich
zeichenorientierter Kommunikation als aeusserst revisionsbeduerftig erscheinen
laesst.

2. Profil von Business Graphics

Fuer die diesem Beitrag zugrundeliegende Problemumgebung hat sich in letzter Zeit der Ausdruck "Business Graphics" eingebuergert. Damit ist in einem weiteren Sinne ein computergestuetztes graphisches Aufbereitungsprofil gemeint, das auf die besonderen Belange visuell-graphischer Informationsaufbereitung, -speicherung und -austausch in IS von Unternehmungen ausgerichtet ist. Das Anwendungsfeld von BG beschraenkt sich dabei nicht auf spezielle unternehmerische Teilbereiche, die von ihren Funktionen her ohnehin besondere qualitative und/oder quantitative Anforderungen im graphischen Bereich haben. Vielmehr ist konzeptionell davon auszugehen, dass die im Rahmen von BG bereitstehenden Instrumentarien alle Teilbereiche eines IS als (potentielle) Anwender umfassen. Bei BG handelt es sich um ein lebendig sich entwickelnden Taetigkeitsfeld und weniger um eine wohldefinierte Disziplin. Deshalb soll neben einer mehr allgemeinen Abgrenzung hier auch nicht der Versuch unternommen werden, darueber hinausgehend eine heile und abgeschlossene eigene BG-Welt herauszuklassifizieren - was z.Zt. gar nicht moeglich erscheint.

ANWENDUNGSABGRENZUNG. Die anwendungsbezogene Namensgebung grenzt BG ab von Anwendungen der Computergraphik etwa im ingenieurwissenschaftlichen oder naturwissenschaftlichen Bereich, bei der Trickfilmerstellung oder der Weltraumforschung. Alle diese Anwendungsgebiete machen sich Erkenntnisse und Erfahrungen der Computergraphik zu nutze. Allen diesen Anwendungsgebieten ist darueberhinaus auch gemeinsam, dass zusaetzlich zur Computergraphik fuer erfolgreiche Anwendungen vielfaeltiges weiteres Wissen aus den in der Anwendungsumgebung begruendeten weiteren Disziplinen notwendig ist. Fuer BG etwa bedeutet dies, dass ueber Computergraphik hinaus mindestens noch die Umfelder Wirtschaftsinformatik und Betriebswirtschaftslehre einzubeziehen sind. Weiterhin ist es sicherlich mehr als zweckmaessig, sich bei der Beschaeftigung mit BG auch Erkenntnissen aus anderen Disziplinen wie etwa den Verhaltenswissenschaften oder der (Wahrnehmungs-)Psychologie nicht zu verschliessen. Diese Zusammenhaenge sind in Abb. (2-1) hervorgehoben.

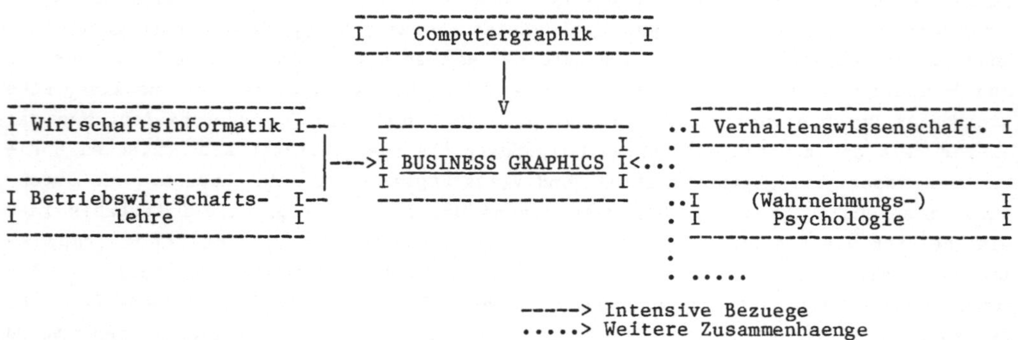

Abb. (2-1): Umfeld "Business Graphics"

Wie immer bei einem neu sich entwickelnden interdisziplinaeren Arbeitsfeld besteht die Gefahr von vielerlei Missverstaendnissen und Fehlakzentuierungen, wenn die gewohnten Masstaebe der jeweiligen etablierten "Host"-Disziplinen angelegt werden, die das neue Arbeitsfeld als Teilgebiet reklamieren koennen. So wird die Vielfalt der Dimensionen von BG sicherlich fehleingeschaetzt, wenn sich vor dem komplexen Hintergrund der Computergraphik BG offenbar durch besonders triviale computerge-

stuetzte graphische Aufbereitungsprinzipien auszeichnet. Betriebswirte missverstehen
wahrscheinlich die konzeptionelle qualitative und quantitative Leistungsfaehigkeit
von BG zur Informationsgewinnung im Rahmen eines unternehmerischen IS, wenn sie vom
Blickwinkel der Erfahrung aus althergebrachten (manuellen) graphischen Aufberei-
tungstechniken fuer betriebliches Zahlenmaterial argumentieren oder ihr persoenli-
ches Misstrauen gegenueber spielerischer Farbgraphik auf die serioese BIKOS-Umgebung
ausdehnen. Aus der Ecke der Wirtschaftsinformatik mag die kreative Ausstrahlung
unterschaetzt werden, die von BG im Hinblick auf Verbesserung von Benutzerschnittstellen in MMS und Benutzerakzeptanz von computergestuetzten Loesungen ausgeht.

    INHALTL.ABGRENZUNG. Losgeloest von diesen Fragen disziplinaerer Abgrenzung ist
in inhaltlicher Sicht der Gegenstandsbereich von Business Graphics
    -computergestuetzte Informationsgewinnung, -verarbeitung, -ausgabe und -aus-
    tausch visuell-graphischer Informationen in IS.

In positiver Charakterisierung ist mit "visuell-graphisch" gemeint, dass
    - die Information in einem aus Punkten, Linien, Flaechen und Farben zusammenge-
    setzten Muster der Daten steckt und visuell dargeboten wird. Die Informations-
    inhalte koennen dabei u.a. numerischer Natur (skalierend, anordnend, klassifi-
    zierend) oder strukturell begruendet sein.
Mit "visuell-graphisch" ist in negativer Abgrenzung gemeint, das es sich etwa nicht
um das engere Themenfeld von BG handelt, wenn Daten in alphanumerischen Zeichenket-
ten codiert sind und auschliesslich textliche und/oder numerische Informationen
repraesentieren. Weiterhin sind etwa Probleme sprachlicher Kommunikation auszu-
schliessen. Die Uebergaenge sind fliessend, wie etwa bei der graphischen Aufbereitung von Buchstaben und Ziffern des ASCII-Alphabets deutlich wird, oder umgekehrt
bei der Erweiterung eines bestimmten Alphabets durch selbstdefinierte "graphische"
Sonderzeichen. Es ist wenig nuetzlich nur um der schaerferen Abgrenzung wegen hier
eine mehr oder weniger kuenstliche Grenze zu ziehen, etwa gekoppelt an formale
Aussagen ueber Nachrichtenverschluesselung auf bestimmten Codierungs-Ebenen.

BG umfasst die Umfelder
    - der Ein- und Ausgabe, der Aufbereitung und Verarbeitung, der Speicherung und
    der Kommunikation
visuell-graphischer Informationen in computergestuetzten IS. Auch bei diesen verschiedenen Prozessen sind die Uebergaenge zwischen Nicht-BG und BG fliessend. Insbesondere ist zu fragen, ob z.B. vielerlei Konzepte einer visuell-graphisch abge-
stuetzten Eingabe von Informationen in Computersysteme und entsprechend auch Ausgabe
von Informationen dem Bereich von BG zuzurechnen sind oder nicht. Hier soll der
bequeme Weg gegangen werden, diese Fragen offenzulassen und darauf zu verweisen,
dass sich alle weiteren Ausfuehrungen mit BG auseinandersetzen, so wie der Verfasser
dieses Gebiet sieht.

    BG KOMMUNIKATIONSQUALITAET. Einige Ausfuehrungen zur kommunikativen Qualitaet
von BG im Rahmen von BIKOS sollen diesen Abschnitt abschliessen. Es kann sich an
dieser Stelle nur um Stichworte handeln.
Bei der Arbeit mit Daten in einem unternehmerischen IS ist neben dem Informations-
gehalt auch die Faehigkeit des Menschen zur Aufnahme der in diesen Daten steckenden
Informationen bedeutsam. Fuer computergestuetzte Planungssysteme, bei denen kreative

Einsichten fuer zukuenftiges unternehmerisches Verhalten aus vielen einzelnen Daten gewonnen werden sollen, ist dieser Aspekt der Informationswahrnehmung und -aufnahme geradezu entscheident. In vielen computergestuetzten IS werden die Datenbasen fuer Planungsueberlegungen in Form einer Fuelle tabellarisch aufbereiteter numerischer und/oder textlicher Daten erzeugt und auf Papier oder Sichtgeraet bereitgestellt. Informationsgewinnung aus diesen Daten stellt sich haeufig als Aufgabe, Muster in der Vielzahl der Einzeldaten zu erkennen. Bei dieser Mustererkennung sind Zusammenhaenge zwischen einem Buendel von Daten wichtig; das einzelne Datum dagegen erlaubt kaum eine Aussage und verschwindet fast vollstaendig. In der Anwendungsumgebung von BIKOS kann es sich hier etwa konkret um Preis- und Umsatzentwicklung in zeitlicher Sicht, um Vergleiche zwischen den Entwicklungen verschiedener Produkte, um Nachfrageverhalten einer bestimmten Kundengruppe, um Deckungsbeitragsueberlegungen, oder um eine Analyse des Zahlungsgebahrens eines bestimmten Kundenkreises handeln. Allen diesen Auswertungen ist gemeinsam, dass Muster in einer grossen Menge von Einzeldaten zu bestimmen sind. Hier kann interaktive graphische Aufbereitung von Daten die Wahrnehmungsleistungsfaehigkeit des Menschen um erhebliche Groessenordnungen gegenueber einer Suche in Zahlenmaterial steigern. Wird zusaetzlich Farbe verwandt, kommt eine weitere Dimension hinzu, um in den Einzeldaten steckende Informationen kompakt darzustellen.

Graphische Muster erregen regelmaessig mehr Interesse und Aufmerksamkeit; darueberhinaus sind eine laengere Aufrechterhaltung von Interesse und langsameres Ermueden zu erwarten. Erinnerungsprozesse werden verbessert, da Erinnerung sehr intensiv visuell-graphisch begruendet ist. Aehnliches gilt auch fuer Kategorisierungsprozesse, die mit visuell-graphischen Mustern arbeiten. Viele Kommunikationsprozesse lassen sich erheblich kompakter durch Verwendung graphischer Informationsaufbereitung gestalten (siehe z.B. [SCHMID-1978]).

3. Konzepte, Hardware und Software fuer Business Graphics
31. Konzepte

ABBILDUNGSPRINZIP. In der Computergraphik werden im Spektrum der Medien, in denen die graphischen Muster abzubilden sind, und den dabei angewandten Technologien unterschiedliche Abbildungsprinzipien realisiert. Aus einer Vielfalt von Gruenden zeichnet sich jedoch fuer BG eine vergleichsweise einheitliche Technologie fuer die graphische Praesentation von Informationen insbesondere bei der Speicherung und bei der Ausgabe ab, die an einer diskreten Punkt-Aufloesung (= bit-mapped-, Raster-, Pixel-) orientiert ist. Das dahinterstehende Raster-Abbildungsprinzip verwendet als kleinste Darstellungsbausteine Punkte, die in der Computergraphik ueblicherweise Pixel genannt werden; dieses Aufloesungsprinzip findet in vielerlei Bereichen, unabhaengig von Computertechnologie, Anwendung. Einige Merkmale dieses Abbildungsprinzips sind in Abb. (3-1) schematisch dargestellt.

Im Bereich dieser kleinsten Darstellungsbausteine gelten dabei folgende Zusammenhaenge. Linien werden aus einer Abfolge von Punkten aufgebaut, Flaechen entsprechend aus Punkthaufen. Damit lassen sich sowohl graphische Muster erzeugen (Abb.3-1-c) wie auch Zeichen eines Alphabets (d). In der Abbildung gibt das Punktraster dabei die moeglichen Pixel an, die Sternchen das Vorhandensein eines Pixels an der entsprechenden (x,y)-Position der Abbildungsflaeche. Die Aufloesung kann in Abhaengig-

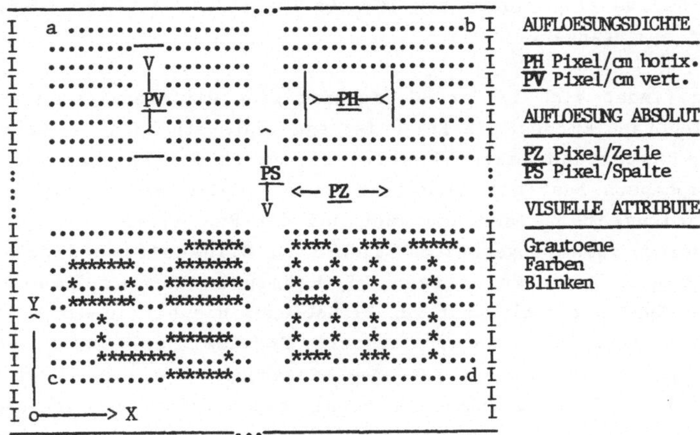

Abb.(31-1): **Pixel-/Bit-mapped-/Raster-Aufloesung**

keit vom Medium u.a. charakterisert werden durch Dichte der Pixel und/oder durch die
absolute Pixelzahl, die auf dem Darstellungsmedium bereitsteht (a, b). Neben den
Strukturinformationen, die in den Zustaenden "Pixel vorhanden" (bit: 1) und "Pixel
nicht vorhanden" (bit: 0) codiert sind, lassen sich den Pixeln noch visuelle Attribute zuordnen. Die visuellen Attribute koennen etwa die Bedeutung von Grauschattie-
rungen haben (z.b.: 0-15), Farben darstellen (z.b.: 1-8, oder: praktisch unbegrenzt)
oder Blinken bedeuten und stehen gleichfalls in engem Zusammenhang mit dem verwandten Medium. Das Verhaeltnis im Speicherbedarf fuer die Strukturinformation eines
Pixels (1 bit) zu den visuellen Attributen des Pixels (z.B. 3, 4, oder 6 bit $\cong$ 8,
16, oder 64 Farben/Grauschattierg.) macht deutlich, dass fuer den gesamten Speicherbedarf bei leistungsfaehiger Farb- oder Grauschattierungsgraphik die visuellen Attribute bei gegebener Aufloesung weitaus bestimmender sind als die (nackte) Strukturinformation.

KOMPLEXE ABBILDUNG. Auf der Grundlage dieses Abbildungsprinzips werden Bilder
aufgebaut. Mit "Bild" soll im weiteren eine visuell-graphische Einheit gemeint sein,
die Gegenstand eines Verarbeitungsschrittes ist und graphische Darstellung und
gegebenenfalls alphanumerische Daten umfasst; es mag sich z.B. um eine sichtgeraet-
ausfuellendes Balkendiagramm mit Beschriftungen und Legende handeln. Die Konzeption
von "Bild" schliesst ein, dass sich (umfassendere) Bilder in beliebiger Verschachte-
lung aus (Teil-) Bildern aufbauen.

Das prinzipiell vergleichsweise einfache atomare Raster-Darstellungsprinzip
fuer die visuelle Aufbereitung von Informationen verschwindet fuer den Benutzer
eines bestimmten Graphiksystems bei der Bildverarbeitung regelmaessig hinter einem
vielfaeltigen Buendel komplexerer Bausteine fuer Graphikdarstellung, determiniert
z.B. durch Hardwaremerkmale, Softwareigenschaften, Gesamtarchitektur des Graphik-
bereichs oder individuelle Merkmale des Anwendungsproblems. Es gilt gerade im Gra-
phikbereich die eingangs herausgestellte Aussage, dass ein weites Spektrum von
Funktionsmodulen in Hardware und/oder Software zum Design bereitsteht und in der
Praxis auch in vielfaeltigen Kombinationen verwandt wird. Die handwerklichen Moeglichkeiten des Anwenders, computergestuetzt in anwendungskonformer Weise ein Bild zu

erzeugen, dass sich dann auf unterster Ebene aus einem Raster zusammensetzt, werden insbesondere auch durch die Leistungsfaehigkeit der unterstuetzenden Software und die Eingabe-Hardwarefunktionen des BG-Arbeitsplatzes bestimmt. Darauf wird weiter unten naeher eingegangen.

Hauefig findet sich in der BG-Umgebung eine Differenzierung in Zeichen- (character) sowie Graphikmodus. Die Folge ist eine Unterscheidung in Graphik-Pixel sowie ein Zeichen-Raster und Raster-Punkte, die durch die Zeichen des zur Verfuegung stehenden Alphabets bestimmt sind. Entsprechend sind die visuellen Attribute fuer beide Modi zu unterscheiden und auch bei der Projektion von aus Zeichen sowie Graphikbausteinen zusammengesetzten Bildern auf Bildschirm und/oder Drucker diese Unterscheidung zu beruecksichtigen. Die Hauptgruende fuer diese Differenzierung liegen in der Speicherarchitektur zur Bildablage, die bis in die Gegenwart dominierend durch hohe Preise fuer interne schnelle RAM-Speicher diktiert war. Ein Kennzeichen dieser Speicherarchitektur ist eine hierarchische Zerlegung der fuer den Bildaufbau benoetigten Informationen auf verschiedene kapazitaetsmaessig relativ knapp bemessene Speichermodule fuer Zeichen, Pixel und und insbesondere die visuellen Attribute. Dahinter steht das Ziel, ein Preis-/Leistungsverhaeltnis fuer die Hardware zu erreichen, das Marktchancen verspricht. Diese Speicherkosten sind auch Ursache dafuer, dass es neben der angesprochenen Differenzierung in Zeichen- und Graphikmodus eine fast unueberschaubare Vielfalt von verschiedenen Konzeptionen und Varianten in den Abbildungsprinzipien: "Rasterbild mit visuellen Attributen" --> "RAM-Bildspeicher" gibt. Insbesondere fuer die Speicherabbildung der visuellen Attribute werden dabei z.T. sehr komplizierte Mechanismen angewandt. Diese Unterschiedlichkeit in den Abbildungsprinzipien ist ist in vieler Sicht sehr stoerend; sie macht die Entwicklung portabler BG-Konzeptionen fast unmoeglich, erschwert den Entwurf von einheitlichen Graphik-Sprachkonzepten und wirkt gerade auch fuer den potentiellen Gelegenheitsanwender abschreckend, sich mit diesem Gebiet ueberhaupt auseinanderzusetzen.

Angesichts sinkender Speicherpreise scheint sich diese Vielfalt der Architekturen ein wenig zu aendern. Durch die Bereitstellung kapazitaetsmaessig weit groesserer erschwinglicher RAM-Speicher scheint sich ein Prinzip durchzusetzen, bei dem

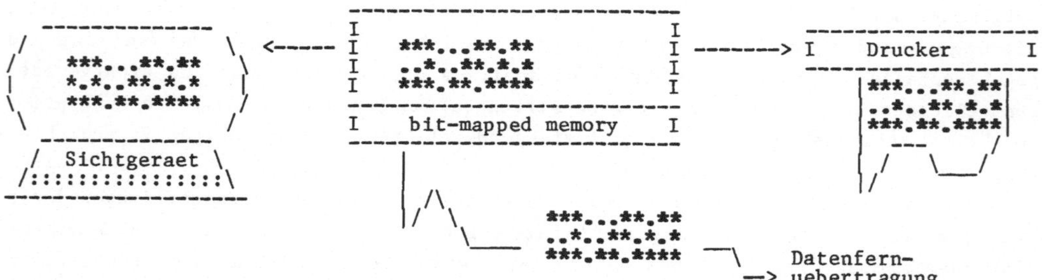

Abb.(31-2): Kompatibilitaet bei bit-mapped Graphikkonzeptionen

die Architektur der Bildspeicher interessanterweise wieder einfacher ist. Dem Benutzer wird dabei ein gesamtes Pixelfeld nach dem oben erlaeuterten Prinzip bereitgestellt auf das er beliebig Zeichen und/oder Graphik projizieren kann. Diese Architektur wird auch mit bit-mapped Display bezeichnet: Rasteraufloesung im Bildspeicher und auf Ausgabemedium, zumeist Sichtgeraet, sind isomorph. Diese sich bei neueren Systemen durchsetzende Komzeption hat Vorteile in ihrer Flexibilitaet bei der Integration von Text und graphischen Komponenten und in der Variabilitaet der Zeichen-Darstellung . Darueber hinaus ermoeglicht sie eine hohe Kompatibilitaet fuer den Transfer von Bildern. Ein einmal in einem Speicher aufgebautes Bild (bit-map) laesst sich vergleichsweise einfach auf andere Speicher(medien) uebertragen, es laesst sich direkt zur Generierung von Bildern auf Rasterdisplays verwenden, es laesst sich insbesondere auch ohne weiteres zeilen-sequentiell auf Drucker uebertragen und es kann ueber Kommunikationsnetze in andere Hardware-/Softwareumgebungen transferiert werden (Abb.31-2). Bei derartigem Transfer ist natuerlich generell die Vertraeglichkeit von Aufloesungsdichte, absoluter Aufloesung und visuellen Attributen auf den verschiedenen Medien zu beachten, auf welche die Bilder projiziert werden. Gerade die im Umfeld von bit-mapped Bildkonzeptionen in letzter Zeit entwickelten Displays und rasterfaehigen Drucker haben jedoch inzwischen eine hohe Kompatibilitaet bei der Aufloesung, z.T. sogar den visuellen Attributen, erreicht.

32. Hardware

BG ARBEITSPLATZ. Ein Arbeitsplatz (workstation) fuer BG besteht aus Eingabe- und Ausgabemedien, in denen der Verarbeitungsprozessor inklusive Speichern integriert ist, oder die mit dem Verarbeitungsprozessor lokal oder ueber laengere Kommunikationsleitungen verbunden sind. In der Minimalausstattung mag es sich dabei um ein Sichtgeraet mit Tastatur handeln, in einer komfortableren Konfiguration um einen Arbeitsplatz, der als weitere Eingabemedien z.B. Lichtgriffel, Rollkugel/"Maus" oder Graphiktablett und/oder als weitere Ausgabemedien Hardcopygeraete wie z.B. Drucker, Plotter oder Fotoreproduktionsgeraet umfasst. Eine beispielhafte Zusammenstellung findet sich in Abb.(32-1).

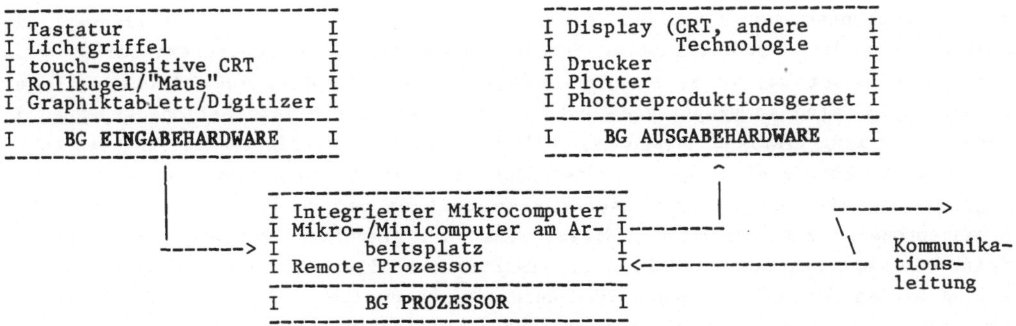

```
-----------------------------------       -----------------------------------
I Tastatur                     I          I Display (CRT, andere     I
I Lichtgriffel                 I          I            Technologie   I
I touch-sensitive CRT          I          I Drucker                  I
I Rollkugel/"Maus"             I          I Plotter                  I
I Graphiktablett/Digitizer I              I Photoreproduktionsgeraet I
-----------------------------------       -----------------------------------
I      BG EINGABEHARDWARE       I         I      BG AUSGABEHARDWARE       I
-----------------------------------       -----------------------------------
        |                                              ^
        |              -----------------------------------      |        ---------->
        |              I Integrierter Mikrocomputer I          |       \
        |              I Mikro-/Minicomputer am Ar- I----------         \    Kommunika-
        ------->       I        beitsplatz          I                    \   tions-
                       I Remote Prozessor          I<---------------------   leitung
                       -----------------------------------
                       I      BG PROZESSOR          I
                       -----------------------------------
```

Abb.(32-1): **Hardwareuebersicht fuer Business Graphics**

Entsprechend der eingangs erlaeuterten generellen Konzeption fuer BG muss an dieser Stelle klar herausgestellt werden, dass die Integration von BG in BIKOS nicht von spezialisierter Hardware mit besonderen Leistungsmerkmalen fuer Computergraphik abhaengig ist. BG ist anwendbar, wenn im einfachsten Fall ein nur zur Zeichen-Aufloesung faehiges Sichtgeraet zur Verfuegung steht, da auch diese Geraete zur Darstellung visuell-graphischer Muster - natuerlich mit entsprechend geringerer Aufloesung - in der Lage sind.

128

    BG PROZESSOR. Fuer die Hardware-Architektur des BG-Prozessors gibt es inzwischen eine solche Vielzahl von Alternativen, dass es hier nicht auch nur annaehernd moeglich ist, dieses weite Spektrum praeziser zu charakterisieren.
Eine der Alternativen ist die, die BG-Verarbeitungsleistung einem Zentralrechner im IS einer Unternehmung zu uebertragen. Bei dieser mehr "klassischen" Loesung stellt sich der BG-Arbeitsplatz als Terminal dar oder BG wird entfernt vom Arbeitsplatz in Batch-Umgebung realisiert. Dieser Konzeption gehoert aus vielerlei Gruenden wahrscheinlich nicht die Zukunft.
Wahrscheinlicher ist, dass die BG-Verarbeitung in Hardware am Arbeitsplatz in einem Mikrocomputer abgewickelt wird und die graphisch aufzubereitenden Daten im Rahmen des Kommunikationsnetzes einer Unternehmung in einem vielfaeltig verwendbaren allgemeinen Format an den Arbeitsplatz zur BG-Aufbereitung uebermittelt werden. Typische am Arbeitsplatz fuer dieses Verarbeitungsprofil notwendige BG-Hardware muss neben Prozessor, ROM und RAM-Verarbeitungsspeicher auch ueber E-/A-Ports und nicht-fluechtige permanente Speichermedien verfuegen. Diese Archtektur ist auch voll vertraeglich mit anderen Profilen notwendiger lokaler Intelligenz eines BIKOS-Arbeitsplatzes, wie etwa Verarbeitungsleistung fuer Text- und Dokumentenaufbereitung, kalkulatorische Manipulationen (z.B. spread-sheet), Datei -und Datenverwaltungssytem sowie Kommunikationsfaehigkeit. Neueste am Markt angebotene Hardware fuer dieses BIKOS-Verarbeitungsprofil bietet in portabler halber Aktentaschengroesse bei Einhaltung professioneller aeusserer Designstandards fuer hochwertige Bueromaschinen : 16-Bit Mikrocomputer (Intel 8086/8087 Math.Coprozessor), 256 kB RAM und 256 kB Permanentspeicher (Bubble); IEE 488, RS232 und RS422 Ports; Modem mit automatischer Anwahl; Schreibmaschinentastatur; Flachdisplay, bit-mapped mit Aufloesung PZxPS = 320x240 ("Compass Computer" [GRID SYSTEMS]). Die Erwaehnung konkreter Hardware an dieser Stelle ist nur erfolgt, um ein Beispiel fuer ein leistungsfaehiges mikrocomputerzentriertes System zu geben, das BG in einen BIKOS-Arbeitsplatz als eine voll vertraegliche Funktion neben anderen Verarbeitungsfunktionen integriert hat.

    BG EINGABEGERAETE. Bei der graphisch-visuellen Aufbereitung von Informationen im IS einer Unternehmung hat das Eingabemedium bei BG einen anderen Stellenwert als allgemein in der Computergraphik. Verarbeitungsleistung von Computern bei BG wird vor allem benoetigt, um mehr oder weniger schon vorhandene numerische und/oder strukturelle Daten in graphische Muster umzusetzen. Diese Informationen koennen in Dateien zur langfristigen Ablage gespeichert sein, kurzfristig in Dateien bereitstehen oder Ergebnisse eines gerade abgeschlossenen Verarbeitungsprozesses sein.
Regelmaessig wird mit der graphischen Aufbereitung jedoch weniger ein manueller Eingabeprozess fuer die Daten dediziert fuer die graphische Aufbereitung verbunden sein. Dies hat zur Konsequenz, dass als Eingabemedien in BG-Umgebung vor allem solche Medien Verwendung finden, die auch ueblicherweise an den BIKOS-Arbeitsplaetzen eingesetzt werden. Vor allem wird dies die Tastatur sein, gegebenenfalls unterstuetzt durch Hilfsmittel fuer Steuerung und Kommandofunktionen, wie etwa Lichtgriffel, Rollkugel/"Maus" oder andere taktil-mechanische Konzeptionen. Eingabeprozesse werden insbesondere dadurch gekennzeichnet sein, dass auf der Kommandoebene von BG-Software die visuell-graphische Aufbereitung interaktiv abgewickelt wird. Spezialisierte Eingabemedien fuer Computergraphik, wie Graphik-Tabletts oder Abtastautomaten zur Rasterbilderzeugung (Scanner), duerften in der alltaeglichen BG-Umgebung die Ausnahme sein und Sonderanwendungen vorbehalten bleiben. Allerdings ist

hier die Entwicklung voll im Fluss. Das eben Gesagte mag z.B. fuer Scanner schon
bald falsch sein, wenn die gerade von der BIKOS-Umgebung ausstrahlenden Impulse zur
Integration von "Bild"-Verarbeitung mit "klassischer" Datenverarbeitung im IS weit-
verbreitete praktische Realisierung finden sollten; "Bild" ist hier umfassender
gemeint als oben in Abschnitt 31. und umspannt auch photographieanaloge Abzuege der
Realitaet.
Die Gestaltung der Benutzerschnittstelle fuer die Kommando- und Dateneingabe bei BG
ist sehr wichtig. Hardware ist nur eine Komponente der gesamten Gestaltungskonzep-
tion; auf eine andere Komponente, Software, wird noch eingegangen. Eine zukunftsweisende Realisation dieser Benutzerschnittstelle findet sich in der Konzeption des
Xerox Star-Systems [SMITH u.a.-1982]. Es ist hier besonders hervorzuheben, dass BG
ein integrativer Bestandteil ist und visuell-graphische Komponenten auch entscheident in der Funktionssteuerung des Systems eingesetzt werden.

BG AUSGABEGERAETE. Eine zentrale Rolle spielt bei BG das zur interaktiven
Bildaufbereitung eingesetzte Sichtgeraet/Display. Die zur Zeit fast ausschliesslich
angewandte Technik fusst auf Kathodenstrahlroehren (CRT). Vor allem wegen ihres
Volumens, der Empfindlichkeit und Waermeentwicklung weist diese Technik jedoch
prinzipielle Nachteile gegenueber Technologien mit Flach-Displays auf. Es scheint
jetzt gerade der Zeitpunkt zu kommen, an dem verschiedene schon laenger bekannte
Flach-Display Technologien konkurrenzfaehig werden.
Die Darstellungsverfahren auf Displays stellen sich als direkte optische Projektion
des oben angerissenen Darstellungsprinzips fuer Bilder in der BG-Umgebung dar. Die
Palette der Sichtgeraete fuer BG reicht von nur zur Zeichen-Aufloesung faehigen
(normalen) Displays bis zu hochaufloesenden Fabgraphik-Bildschirmen. Dazwischen gibt
es eine praktisch unueberschaubare Vielfalt von Varianten. Fuer leistungsfaehige BG
auf einem Schwarz-Weiss Display im zur Zeit zumeist verwandten Querformat (24 x 80)
duerfte eine Aufloesung etwa PZxPS = 400x600 ($\hat{=}$32 kB Bildschirmspeicher; bei Xerox
Star ca. 100 kB) einen qualitativ ansprechenden Mittelplatz einnehmen. Grauschattie-
rungen erhoehen den Komfort; im Sinne der unter 31. angefuehrten Bildspeicher-
Architektur bestehen fuer den Anwender bei gegebenem Geraet haeufig Wahlalternativen
zwischen Graustufenskalierungen (0, 4, 8) und gegebenenfalls demgemaess reduzierter
Aufloseung. Die Aufloesung fuer Farbdisplays sollte entsprechend sein; in weit-
verbreiteter Herstellersprache handelt es sich dabei um "hochaufloesende Farb-
Graphik". Eine Farbpalette von 8 Farben je Bild duerfte beim jetzigen unterentwi-
ckelten Stand der Anwendungsforschung und -erfahrung fuer die Belange von farbiger
BG voll ausreichend sein. Bei manchen Displays laesst sich die Grauschattierungs-
und/oder Farbvielfalt durch "Pseudo"-Graustufen bzw. -Farben erhoehen; dazu werden
bei Flaechenausfuellung durch schraffuranaloge Techniken oder Farbmixmuster benach-
barter Pixel die entsprechenden visuellen Effekte auf einer groeberen Aufloesungs-
stufe hervorgerufen.
Hardwaremaeesig koennen die Datenverarbeitungs- und die Videofunktionen in unterschiedlichen Geraeten untergebracht sein. Wenn diese Trennung erfolgt, wird in dem
den Bildschirmgraphik-Prozessor enthaltenen Geraet das Videosignal erzeugt und ueber
Draht auf das nur als Monitor fungierende Videogeraet uebertragen (RGB-Technologie).
Diese Technologie findet haeufig bei der im Umfeld von Mikrocomputern entwickelten
Graphik-Hardware statt.

Neben den Sichtgeraeten ist fuer BG unbedingt die Moeglichkeit einer weiteren

Bildausgabe auf Papier als Hardcopy notwendig. BG soll insbesondere Management-
Unterstuetzung leisten. Aus dieser Umgebung ist z.Zt. eine Informationsdokumentation
auf Papier kaum wegzudenken.

Fuer schwarz-weiss (s/w) Hardcopies gibt es viele praktikable Moeglichkeiten bei
einem weiten Kostenspektrum. Fuer die BIKOS Umgebung soll insbesondere die neue
Generation der Nadeldrucker hervorgehoben werden, die neben der Verarbeitung verschiedener in ROMs gespeicherter Zeichensaetze insbesondere auch zuladbare Zeichensaetze und Rastergraphik erlauben. Mit ihrer Faehigkeit, durch multiple-pass Option
Qualitaetsstufen von Entwurfsqualitaet bis hoher Qualitaet zu umspannen, stellen sie
s/w-Ausgabemedien dar, die technisch-oekonomisch ein Vielfalt praktikabler Loesungen
fuer einen interaktiven BG-Arbeitsplatz erlauben. S/w-Plotter spielen in der allgemeinen Anwendungsumgebung von BG eine untergeordnete Rolle und sind mehr spezialisierten Anwendungen vorbehalten.

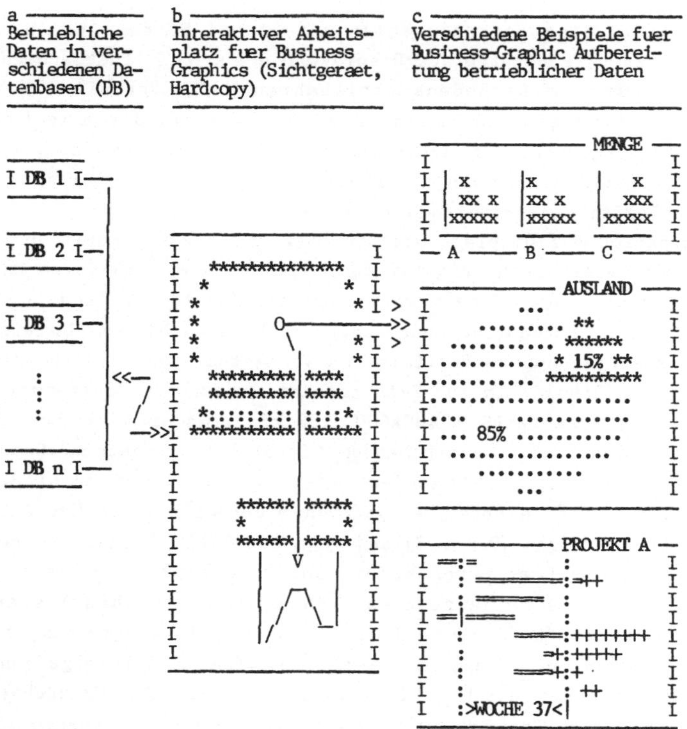

**Abb. (33-1): Graphische Aufbereitung betrieblicher Daten
am Arbeitsplatz**

Die Technik, farbige Hardcopies zu erstellen, ist komplexer und aufwendiger. Quali-
taetsmaessig gute farbige Hardcopies fuer BG-Anwendungen lassen sich ueber Tintenstrahldrucker, Farbplotter oder photographisch herstellen. Die neuen auf dem Markt
befindlichen Nadeldrucker mit Mehrfarben-Farbband scheinen auch hinreichende bis
gute Farbqualitaet bei Beschraenkung auf wenige Farben zu bieten. Die Wahl fuer ein
bestimmtes Hardcopiegeraet fuer farbige BG haengt stark vom Verwendungszweck der
Bilder ab. Diese Verwendungszwecke koennen z.B. sein: Dokumentation auf Papier,
photographische Dokumentation, Erstellung von Praesentationsvorlagen oder Overhead-
Folien. Jedenfalls duerften diese Verwendungsfelder zum jetzigen Zeitpunkt weit

spezialiserter sein als fuer s/w-BG, da die Integration der Farbe als Informations-
traeger in computergestuetzten IS erst am Anfang steht. In technisch oekonomischer
Sicht bieten aber z.B. Tintenstrahldrucker schon jetzt die hardwaremaessigen Voraussetzungen fuer farbige BG in BIKOS-Umgebung.

33. Software

Wichtig fuer die weitere Integration von BG als mehr selbstverstaendliche
Komponente in IS ist die Fortentwicklung der BG-Software auf der Grundlage zeitgemaesser Gestaltungsprinzipien fuer Benutzerschnittstellen. Wie skizziert wurde,
ist der Hardwareentwicklungsstand inzwischen soweit, dass BG als gleichberechtigte
Funktion neben anderen mit einen typischen BIKOS-Arbeitsplatz realisiert werden
kann. Diese BG-Funktionen unterstuetzende Software ist vor dem Hintergrund einer
kommunikationsorientierten IS-Infrastruktur zu sehen, die es erlaubt, die visuell-
graphisch aufzubereitenden Daten in den Arbeitsplatz einzuschleusen und interaktiv
zu manipulieren. Eine Prinzipskizze dieses Leistungsprofils findet sich in Abb.(33-
1).
Das Profil vorhandener Anwendungssoftware fuer BG reicht von Konzeptionen, die sich
stark an allgemeine Computergraphik anlehnen und sprach- oder kommandoorientiert
sind, bis zu Konzeptionen, die auf als typisch angesehene BG-Anwendungen zugeschnit-
ten sind und mit einfachen Kommandofunktionen entsprechende Diagrammtypen produzieren. In Mikrocomputern laesst sich die Software haeufig (wahlweise) in ROMs in das
System integrieren. Der Leistungsumfang eines mehr auf der Seite der allgemeinen
Computergraphik stehenden BG-Paketes soll bespielhaft an konkret auf dem Markt
angebotener Software angedeutet werden. Entsprechend sind in Uebersicht(33-2) kom-
mentarlos einige Merkmale der an der Benutzerschnittstelle als interaktive Komman-
dosprache konzipierten Software wiedergegeben. Es handelt sich um das "Intelligent
Graphics System-IGS" [IGS-1982], das als ROM mit dem notwendigen Mikrocomputer in
ein CRT-Terminal eingebaut werden kann, oder als zuladbare Software generell auf
CP/M-Mikrocomputern implementiert werden kann. IGS untertuetzt Farbdisplay mit
Tastatur, Lichtgriffel und Graphiktablett sowie farbige Ausgabe ueber Tintenstrahldrucker, Plotter und Photoreproduktion.

```
I Visuelle Attribute: BLINK, COLOR, SUPERCOLOR (pseudo-Farbe: Faerbg., Leuchtstaerke, Dichte) I
I Graphik Primitive : ARC, CIRCLE, DRAW vector, LINE, LINE PATTERN, RECTANGLE, POINT           I
I Balken             : BAR, BARTHICKNESS, BARX, BARY                                            I
I Kuchen/Pie         : PIE, PIESLICE                                                            I
I Schrifttyp und -form: CHAR SIZE, CHAR SLANT, FONT EUROSTYLE|MATHEMATICAL|SCRIPT|GOTHIK|..     I
I Text               : TEXT ANGLE, TEXT PATH, VERTICAL|HORIZONTAL JUSTIFICATION                 I
I Achsenbeschriftung: GRID, XLABEL, YLABEL, TIC                                                 I
I Fuellen            : FILL FIELD|PATTERN|POLYGON, TRace,                                       I
I Fenster und View Port: DEVICE VIEW, INPUT VIEW, VIEW PORT, WINDOW, WORLD                      I
I Transformationen   : ROTATE, ZOOM                                                             I
I Prozeduren         : DO, DOLOOP, PROCEDURE, ENDPROCEDURE, JUMP (Bildhierarchien)              I
I Interaktive Bildgestaltung: STROKE PROCEDURE, ENDSTROKE                                       I
I Eingabe            : GET BUTTON, GET LOCATOR, GET KEYBOARD, GET NUMBER                        I
I Visuelle Eingabe   : PICK AT, PICK RECT, PICK OF, BLINK PICKS, SHOW PICK RECTANGLES           I
I Ausgabe            : PRINT, SEND                                                              I
I Datenverwaltung fuer Diskettenumgebung: SAVE, ADD, LOAD, MENU, HELP, EXECUTE, INPUT FROM      I
```

<u>Uebersicht(33-2)</u>: Beispiel fuer BG-Kommandos: Komplexeres BG-System

Ein Beispiel fuer ein mehr auf der Seite einfacherer BG-Software liegendes Paket,
dass dediziert fuer typische BG-Aufbereitungstypen, wie Balkendiagramme, Kuchendia-

gramme, Funktionskurven u.ae. gestaltet wurde, ist GrafTalk [LIFEBOAT]. Um gleichfalls einen Eindruck von der Handhabung dieses Typs von Software zu vermitteln, ist
in Uebersicht(33-3) eine einfache Kommandofolge zur Erzeugung eines Balkendiagramms
wiedergegeben.

```
I DATAFILE Werkdat                          -> Daten aus Datei (6 Saetze, à 3 Indexzahlen)        I
I SOLID                                     -> Balken mit Farbe fett ausfuellen                   I
I TITLE     Gimmick_AG                      -> Bildueberschrift                                   I
I X NAME    Werk                            -> Bezeichnung X-Achse                                I
I Y NAME    Index                           -> Bezeichnung Y-Achse                                I
I X LABEL   Wien Graz Klag Inns Salz Hamb -> Def. von 6 diskreten X-Achsen Positionen           I
I LEGEND AUTO Produktivitaetsniveau Gewinniveau Abwesenheitsniveau                               I
I                                           -> Farbzuordnung der je 3 Balken pro X-Achsen Position I
```

<u>Uebersicht(33-3)</u>: **Beispiel fuer BG-Kommandofolge: Einfacheres BG-System**

Ein wichtiges weiteres Entwicklungsfeld fuer BG-Software liegt im Bereich der
Entwicklung leistungsfaehiger Konzeptionen zur Integration von Texten und graphischen Komponenten in Dokumente. Ein anderer Bereich, in dem Fortschritte zu erwarten
sind, ist die Konzeption von Datenmodellen fuer betriebliche Daten in IS, die in
ihrer Allgemeinheit auch vertraeglich mit BG-Anfoerderungen sind und interaktive
visuell-graphische Analyse erlauben. Dabei muss es moeglich sein, das "Fenster", in
dem die Analyse ueber der Datenbasis erfolgt, sehr flexibel zu gestalten und z.B.
die simultane graphische Aufbereitung einer Vielzahl unterschiedlichster Informationen durchzufuehren.

4. Typische Business Graphics Auswertungsformen

Anschliessend sollen einige typische Auswertungsformen im BG-Bereich aufgezeigt
werden.

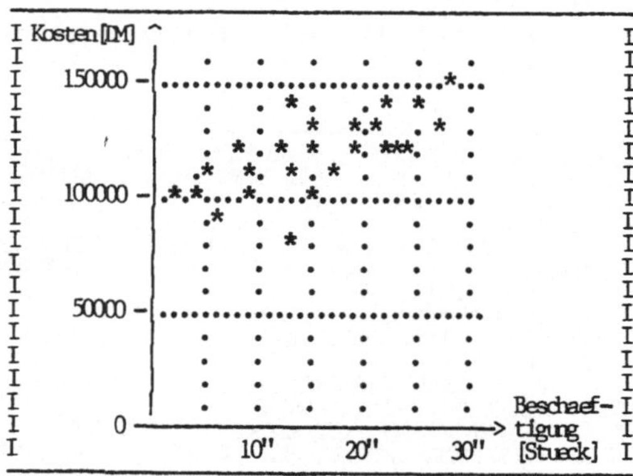

<u>Abb.(4-1)</u>: **Punktdiagramm-Beispiel: Kostenbeobachtungen**
(Kosten = 90000 + 2,10 * Stueckzahl [DM]   )

Es wird haeufig nach der Aufbereitung numerischer und nicht-numerischer/struk-
tureller Informationen unterschieden. Bei der numerischen Aufbereitung gibt es z.B.
Flaechen-, Balken-, Linien-, Stab-, Kuchen-/Kreis- oder Dreiecksdiagramme. Man kann
in zweidimensionaler Darstellung weiterhin noch Kartogramme, Histogramme, Regres-
sions- oder Korrelationsdarstellungen erzeugen. Die angesprochenen Diagrammtypen

lassen sich zumeist auch perspektivisch dreidimensional visualisieren. Ein Beispiel

Woche	LAGERBESTAND [Stueck]	ABSATZMENGE [Stueck]	ERLOES I [DM]	ERLOES A [DM]
1	10.823	77.366	726.394,-	661.992,-
2	13.040	87.551	562.093,-	338.291,-
3	14.830	88.849	672.288,-	263.271,-
4	16.165	84.628	539.227,-	287.782,-
5	14.156	80.817	372.725,-	452.751,-
6	12.344	76.004	...	
7	9.744	72.666	...	
8	4.519	66.437		
9	3.288	58.396		
10	911	64.110		
11	0	71.664		
12	0	76.385		
13	0	75.318		
14	0	67.775		

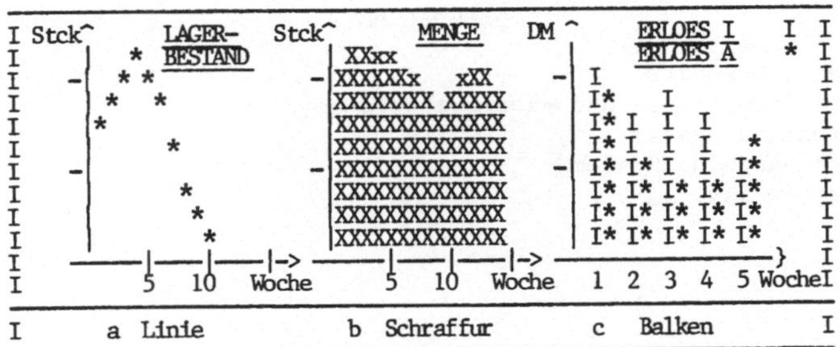

Abb.(4-2): Zweidimensionale Diagrammvarianten

fuer eine Regressionsdarstellung findet sich in Abb(4-1). Wie alle Abbildungen
dieses Beitrags wurde auch diese BG "semi"-graphisch, d.h. ausschliesslich unter
Verwendung nicht zu Computergraphik faehiger spezieller Hardware und Software erzeugt. Beispiele fuer Linien-, Schraffur- und Balkendiagramme finden sich in Abb(4-
2). Die den Diagrammen zugrundeliegneden Zahlen sind eingeblendet, um an einem
vergleichsweise trivialen Beispiel ein wenig Material fuer die in diesem Beitrag oft
betonte These der Unterlegenheit von Zahlenkolonnen gegenueber graphischer Aufbereitung zur Mustererkennung in betrieblichen Daten zu geben.

```
 Stck ^       MENGE                              Stck ^       MENGE
                                      x
      XXxx          >*************> 88000-  XX
80000-XXXXXXx   xXX                        XXx
      XXXXXXXX XXXXX >*****                 XXX
      XXXXXXXXXXXXXX        * FENSTER       XXXx
      XXXXXXXXXXXXXX        * /LUPE  80000- XXXX
40000-XXXXXXXXXXXXXX        *               XXXXXx       x
      XXXXXXXXXXXXXX       *                 XXXXX       XX
      XXXXXXXXXXXXXX      *                 XXXXXXx      XX
      XXXXXXXXXXXXXX     *                  XXXXXXX      XXX
    0---|---|---|->    **>  70000-:---|---|---|-}
       5  10  Woche                         5  10  Woche

     a  Vertikalmasstab                 b  Vertikalmasstab
        1 : 10000                          1 : 2000
```

Abb.(4-3): Massstabveraenderung durch Fensterkonzepte

Zur einer typischen interaktiven Verarbeitungsleistung von BG-Systemen gehoert die
flexible graphische Manipulation einer gegebenen Datenmenge nach verschiedensten
Anforderungen z.B. an Darstellungsform, Masstab oder Ausschnitt, um die Mustererken-
nungsfaehigkeit zu erhoehen. Abb(4-3) gibt in diesem Zusammenhang ein Beispiel fuer
Lupenfunktionen und stellt ein neues Fenster fuer die Daten aus Abb(4-2-b) dar.

Quellenverzeichnis

GRID Systems Corporation. 2535 Garcia Avenue. Mountain View, CA 94043, USA.

IGS - Intelligent Graphics System. Reference Guide. Maerz 1982 (Intelligent Systems. 225 Technology Park/Atlanta. Norcross, GA 30092, USA)

Lifeboat Associates. 1651 Third Avenue. New York, NY 10028, USA.

Schmid, C.F., und S.E. Schmidt, Handbook of Graphic Presentation. Seattle 1978.

Smith, D.C., C. Irby, R. Kimball, und B. Verplank, Designing the Star User Interface. In: BYTE, Vol. 7(1982)4, S. 242-282.

Abkuerzungen

BG	Business Graphics
BIKOS	Bueroinformations- und -kommunikationssystem
IS	Informationssystem
MMS	Mensch-Maschine System
s/w	schwarz-weiss

M E G A D O C - ein elektronisches Großraumarchiv
auf der Basis optischer Speicherplatten

Ulrich Gilhofer
Philips Data Systems GmbH, Wien

In unserer Gesellschaft nimmt die Papierflut ständig zu. Im Büro oder Betrieb muß
daher immer mehr wertvolle Zeit für das Bearbeiten von Schriftstücken aufgewendet
werden.
Beim Bearbeiten handelt es sich um Erstellen, Korrigieren (Ausgangspost) bzw. Ergänzen (Eingangspost) sowie um Verteilen, Einordnen und Abheften bzw. Vernichten,
was direkt oder einige Zeit nach Empfang des Schriftstückes geschieht. Die tägliche
Arbeit bringt es mit sich, daß die abgelegten Schriftstücke immer wieder eingesehen
werden müssen, was oft mit einer langwierigen oder sogar vergeblichen Suche in den
persönlichen Unterlagen verbunden ist.

Schon lange sucht man nach Verfahren zur elektronischen Bearbeitung von Schriftstücken. Mitarbeitern des Projektzentrums Geldrop, das zum Philips Forschungslaboratorium in Eindhoven gehört, ist es gelungen, ein System zu entwickeln, mit dem
sowohl ausgehende als auch eingehende Schriftstücke vollkommen elektronisch bearbeitet werden können. Das bedeutet, daß dieses modular aufgebaute System die Information in binär-digitale elektronische Signale umsetzt und anschließend für das
Verarbeiten, Archivieren, Aufsuchen, Sortieren, Verteilen und Vervielfältigen eines
Schriftstückes sorgt.

Man hat errechnet, daß in den Vereinigten Staaten bis heute pro Arbeitsplatz in der
Landwirtschaft insgesamt 20 x soviel und in der Industrie 10 x soviel investiert
worden ist wie im Bürowesen. In der Tat hat sich im Laufe der Jahre nicht viel an
den Methoden und der Organisation von Büroarbeiten geändert. Das Megadoc-System
kann jedoch das Aussehen eines Büros und den Arbeitsablauf darin entscheidend verändern.

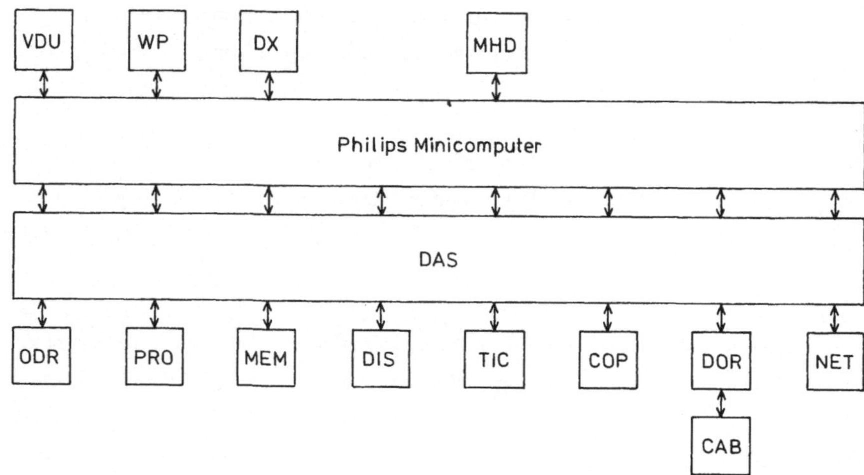

In obigem Blockdiagramm des Megadoc-Systems sind die verschiedenen Module, aus
denen dieses System aufgebaut ist, zu erkennen. Das System wird von einem Philips
Minicomputer PTS gesteuert, daran angeschlossen sind: Magnetplatteneinheiten MHD
zur externen Speicherung von Daten; VDU - Terminals, bestehend aus Bildschirm und
Tastatur, über die der Benutzer mit dem System kommunizieren kann; WP - Textautomat; DAS - Schaltnetz, das den Datenaustausch zwischen den verschiedenen Peripheriegeräten regelt; ODR - Schriftstückabtaster; PRO - Gerät zur Komprimierung und
Dekomprimierung der binär-digitalen Daten; MEM - Halbleiterspeicher zur Zwischenspeicherung der Daten eines Schriftstückes, DIS - Kombination aus einem Sichtgerät
zur Schriftstückwiedergabe und einem Bildwiederholspeicher; TIC - Gerät zur Umsetzung digitaler Information von alphanumerischer Form in Bilddaten; COP - Gerät
zur Anfertigung von Papierkopien; DOR - Lese/Schreibgerät für optische Speicherplatten; CAB - Module, in denen jeweils 64 Speicherplatten abgelegt und wieder aus
ihnen abgerufen werden können; NET - Anschlußmöglichkeit an schnelle interne Daten-
übertragungsnetze; DX - Anschluß an öffentliche Datex-Netze.

Unter Einsatz eines Megadoc-Systemes kann der "Papierfluß" in einem solchen Büro
der Zukunft wie folgt aussehen:
Die Sekretärin öffnet die Eingangspost und liest über ein Abtastgerät (ODR) die
Schriftstücke in den Massenspeicher (DOR) des Medagoc-Systems ein. Danach gibt sie
dem System über Bildschirm und Tastatur ihres Rechnerterminals den Auftrag, die
"elektronischen Briefkästen" derjenigen, für die sie Sekretariatsaufgaben ausführt,
zu füllen. Diese Personen können zu einem von ihnen gewünschten Zeitpunkt über ihr
eigenes Terminal das System beauftragen, die für sie bestimmten Schriftstücke auf
ihrem eigenen, speziell zur Darstellung von Schriftstücken bestimmten Sichtgerät
(DIS) wiederzugeben.

Das System fragt dann über den Bildschirm was mit jedem Schriftstück geschehen
soll, ob es in das System aufgenommen werden soll oder nicht. Im Falle der Übernahme wird nach bestimmten Daten und Stichwörtern gefragt, aus denen eine Beschreibung des Schriftstückes erstellt wird, das in eine Datenbank aufgenommen wird.
Möchte man zu einem späteren Zeitpunkt ein Schriftstück aus dem System abrufen,
dann gibt man die Daten oder Stichwörter ein, an die man sich noch erinnert. Das
System liefert daraufhin nahezu unmittelbar die Beschreibungen von Schriftstücken,
die den eingegebenen Kriterien genügen. Nachdem der Benutzer ein Schriftstück ausgewählt hat, wird vom System innerhalb weniger Sekunden die entsprechende Speicherplatte (DOR) herausgesucht und ausgelesen, woraufhin das Schriftstück auf dem
speziellen Sichtgerät erscheint. Falls gewünscht, kann der Benutzer auch noch eine
Papierkopie (COP) erhalten.

Eine ähnliche Vorgangsweise ist auch bei Ausgangspost zu sehen, mit dem zusätzlichen Vorteil, daß man sich bei der Erstellung von Schriftstücken der Funktionen
eines Textautomaten (WP) bedient.

Aus dem oben angeführten Arbeitsvorgang ist zunächst einmal erkennbar, daß eine
Unterscheidung zu treffen ist zwischen Schriftstücken, die bereits in digitaler
Form dem System angeboten werden (selbst erstellte Schriftstücke über Textautomaten
bzw. Schriftstücke, die von außen, vom "benachbarten System" oder via Teletex dem
System angeboten werden) und Schriftstücken, die in "Bildform" vorliegen. Erstere
werden, weil vermutlich allgemein bekannt, nicht mehr im Detail beschrieben;
Schriftstücke in "Bildform" werden vom Megadoc-System mit Hilfe des Schriftstückab-
tasters ODR in digitale Form umgesetzt.

Das System ist für die Verarbeitung von Schriftstücken in Europaformat A4 bzw.
amerikanischem Format A entwickelt worden. Nach den Empfehlungen des CCITT wird
entweder nach dem HR-Modus (high resolution) mit hoher Auflösung oder nach dem SR-
Modus (Standardauflösung) gearbeitet. In beiden Modi wird das Schriftstück in horizontaler Richtung mit einer Auflösung von 8 Punkten pro mm abgetastet; in vertikaler Richtung erfolgt die Abtastung im HR-Modus mit einer Auflösung von 7,7 Zeilen
pro mm und im SR-Modus mit 3,85 Zeilen pro mm. Das Schriftstück wird daher im HR-
Modus in ungefähr 4 Mio. Bildpunkte zerlegt. Für das Megadoc-System ist spezifiziert, daß ein Schriftstück für den Benutzer in einem Zeitraum von 1 Sekunde abgetastet und wiedergegeben werden muß. Es muß daher der enorme Datenfluß von 4 Mio
Bit/s vom System verarbeitet werden.

Die Menge von 4 M Bits nach dem HR-Modus bzw. 2 M Bits nach dem SR-Modus kann durch komprimieren verringert werden. Der Kompressionsfaktor hängt von der Art des in Binärform umzusetzenden Schriftstückes ab und macht durchschnittlich 10 aus, sodaß pro Schriftstück im HR-Modus ca. 400.000 Bit oder 50.000 Byte gespeichert bzw. verarbeitet werden müssen.

Um die hohe Zeitanforderung von 1 Sekunde pro Schriftstück zu erreichen, wurde für die Komprimierung und Dekomprimierung in dem Megadoc-System ein eigenes Subsystem (PRO) vorgesehen.

Falls das zu bearbeitende Schriftstück bereits in alphanumerischer Form vorliegt, ist die Menge an Daten selbstverständlich wesentlich geringer, es müssen höchstens 50 Zeilen mit je 80 Zeichen verarbeitet und gespeichert werden, was der Kapazität von 4.000 Byte entspricht.

Im Massenspeicher des Megadoc-Systems müssen große Mengen digital codierte Information auf kompakte Weise gespeichert werden. Hierfür wird die professionelle DOR-Platte (Digital Optical Recording) benutzt, die auf einem Durchmesser von 30 cm 1,25 Mrd. Byte speichern kann. Die DOR-Platte besteht aus zwei Hartglasplatten, auf deren Innenseite dünne Tellurschichten aufgebracht sind, in die digitale Daten "eingeschmolzen" werden können. Bei der "Laservision", dem Verwandten der DOR-Platte, ist die Information vom Hersteller bereits eingeprägt, während bei der DOR-Platte das Gerät lesen und schreiben können muß.

Bei der Herstellung der noch unbeschriebenen Platte wird eine spiralförmige Spur eingeprägt, außerdem sind die Sektoradressen vorcodiert.
Die Löcher werden mit Hilfe eines auf die Schicht fokussierten Laserstrahls, dessen Intensität je nach dem einzubringenden Muster variiert, in die Tellurschicht eingeschmolzen.
Es wird deutlich geworden sein, daß die einmal eingeschriebene Information nicht mehr geändert und die beschriebene Platte nicht mehr gelöscht werden kann. Die DOR-Platte ist daher besonders für Archivierungszwecke geeignet.

Die Zugriffszeit zu einem Sektor beträgt ca. 140 msec. Um den Einfluß von Schichtfehlern zu begrenzen, wird beim Einschreiben in die Segmente unter anderem das Prinzip DRAW (Direct Read After Write) ausgenutzt. Auf den Brennpunkt des Schreibstrahls folgt nämlich mit einigen Bits Abstand der Brennpunkt des zweiten Laserstrahls, mit dessen Hilfe die gerade eingeschriebene Information wieder ausgelesen wird.

Den in einem Segment eingeschriebenen Datenbits sind einige Fehlerkorrekturbits
hinzgefügt. Ist ein Segment beschrieben, so wird (während des Passierens der Adressen und Synchronisationsbits des folgenden Segments) die gelesene Information soweit möglich mit Hilfe der Korrekturbits korrigiert. Stellt sich beim Vergleich mit
der ursprünglichen Information heraus, daß noch Fehler vorhanden sind, dann wird
diese Information erneut in das folgende Segment eingeschrieben. Dieses Vorgehen
und die Tatsache, daß die die Information enthaltende Schicht von der Umgebung abgeschlossen ist, rechtfertigen die Annahme einer Fehlerwahrscheinlichkeit von weniger als $1:10^{10}$ nach den ersten 10 Jahren.

Die Kapazität einer DOR-Platte beträgt umgelegt etwa 500.000 DIN A4 Seiten in
alphanumerischer Form oder 25.000 Schriftstücke im HR-Modus als Bilddaten in kom-
primierter Form gespeichert.

Um die Speicherkapazitäten noch zu erhöhen, wurde ein Archivierungsmodul (CAB -
Cartridge Box) für 64 Speicherplatten entwickelt. Eine Vorstellung von dieser
immensen Aufnahmekapazität erhält man dann, wenn man den Raumbedarf eines Megadoc-
Archivierungsmodules mit dem eines gewöhnlichen Archivs vergleicht. Während das
Archivierungsmodul die Grundfläche eines üblichen Büroschreibtisches erfordert, be-
nötigt ein konventionelles Archiv für die Ablage entsprechender Papiermengen einen
Schrank von 60 m Länge und 2,8 m Höhe (Speicherung auf der DOR-Platte im HR-Modus).

Zur Darstellung der Schriftstücke in Originalqualität wurden eigene Sichtgeräte
(DIS - Document Display) entwickelt.

Die verwendete Bildröhre ist von Philips speziell für Anwendungen mit hoher Auflösung entwickelt worden. Die Bilddiagonale beträgt 15" und das Länge/Breiteverhält-
nis ist 4:3, sodaß ein Schriftstück im Maßstab 1:1 wiedergegeben werden kann.

Die technischen Leistungen des Bildschirmes entsprechen den Grundanforderungen des
Megadoc-Systems, sodaß ein Bild in einem Zeitraum von unter 1 Sekunde am Schirm
dargestellt werden kann.

Mit Hilfe des Text Image Converters (TIC) kann ein Schriftstück, das in alphanumerischer Form im System gespeichert ist, nach entsprechender Umsetzung in Bilddaten
auf dem Sichtgerät DIS wiedergegeben werden.

140

<u>SOFTWARE:</u>

Die im Megadoc-System für ein Schriftstück gespeicherte Information gliedert sich
in zwei Teile. Der eine sind die binär-digitalen Daten, meist Bilddaten, des
Schriftstücks selbst. Diese werden wie bereits beschrieben unter einer bestimmten
Adresse in einer der optischen Speicherplatten abgespeichert. Der andere Teil ist
die Beschreibung des Schriftstückes, er enthält Daten, wie den Namen des Verfassers, den Titel, verschiedene Datumsangaben und eine Anzahl von Stichwörtern.
Diese Information wird in einer Datenbank gespeichert, die sich auf den Magnetplatten des Minicomputer-Systems befindet. Mit dieser Information können Schriftstücke
anhand von einzugebenden Auswahlkriterien wie Datum, Verfasser, Name oder bestimmt
Stichwörter wieder aufgesucht werden. Die Beschreibung eines Schriftstückes ist in
der Datenbank unter einer vom System zugewiesenen Schriftstücknummer gespeichert.
Diese Schriftstücknummer ist in der Datenbank direkt mit der Adresse der zugehörigen Daten auf einer der optischen Speicherplatten verknüpft.

Die Software besteht aus zwei Hauptprogrammpaketen, DSX (Document Switching and
Exchange) und DSR (Document Storage and Retrieval). Die Programme vom DSX sorgen
für den Transport der Schriftstücke von Peripheriegerät zu Peripheriegerät und
haben keine direkte Verbindung zum Benutzer.

Das Programmpaket DSR besteht aus den Subprogrammen Doc-mail, Doc-track, Doc-hand.
Die Hauptaufgaben, die diese drei Programmodule ausführen können, sind

für Doc-mail

   das Ablegen der Bilddaten eines Schriftstückes auf einer optischen Speicherplatte, das Verteilen von Schriftstücken und deren Beschreibungen an die verschiedenen Benutzer des Systems (Briefkastenfunktion);

für Doc-track

   das Einholen von Daten vom Benutzer zur Erstellung einer Schriftstückbeschreibung, das Aufsuchen eines Schriftstückes mit Hilfe der aus den vorhandenen
   Schriftstückbeschreibungen gebildeten Datenbank, das Weitergeben von Verfasser-
   oder Stichwortlisten;

für Doc-hand

   das Auswählen eines Peripheriegerätes, das ein Schriftstück versendet, das Auswählen eines Peripheriegerätes, das ein Schriftstück empfängt, woraufhin dann
   Programme von DSX aktiviert werden, die die Schriftstücke weiterleiten.

In der Folge werden nun einige Beispiele für Tätigkeiten gegeben, die ein Benutzer
ausführen kann:

Die Sekretärin verteilt von ihrer aus VDU, DIS und DOR bestehenden Arbeitsstation
die eintreffende Post mit Hilfe des Programmoduls Doc-mail. Zunächst erscheint auf
dem Bildschirm eine Liste der angeschlossenen Personen. Die Sekretärin wählt daraus
die Namen derjenigen, für die das einzugebende Schriftstück bestimmt ist. Das
System fragt dann nach dem gewünschten Vertraulichkeitsgrad (security level) des
Schriftstückes. Wenn sie diesen eingegeben hat, erhält die Sekretärin die Gelegenheit, das Schriftstück über das Abtastgerät ODR in das System einzulesen. Die
Sekretärin kann das Schriftstück bereits mit einer vollständigen Schriftstückbeschreibung versehen oder dies, wie wir hier annehmen wollen, dem Benutzer überlassen.

Der Benutzer schaut sich mit Hilfe seiner aus VDU und DIS bestehenden Arbeitsssta-
tion die für ihn eintreffende Post ebenfalls mit dem Programmodul Doc-mail an, indem er MEGADOC NETWORK wählt. Das System prüft zunächst, ob für die betreffende
Person Schriftstücke eingetroffen sind. Falls nicht, erscheint die Nachricht NO
MORE DOCUMENTS PRESENT IN POSTBOX. Ist jedoch ein Schriftstück für ihn bestimmt, so
erscheint die Schriftstückbeschreibung auf dem Bildschirm seines Terminals VDU und
die erste Seite des Schriftstückes auf dem Sichtgerät DIS. Durch Wählen von HARD
COPY UNIT kann er über das Gerät COP eine Kopie anfertigen lassen. Mit dem Befehl
SCRATCH kann er das Schriftstück aus dem Datenbestand streichen. Die - noch nicht
vollständige - Schriftstückbeschreibung verschwindet dann (falls er der einzige daran interessierte Empfänger ist) aus der Datenbank; der Inhalt des Schriftstückes
bleibt jedoch auf der Speicherplatte erhalten, ist für ihn aber nicht mehr erreichbar.

Die Schriftstückbeschreibung kann später vom Benutzer ergänzt werden, indem dieser
das Programmmodul Doc-track aufruft. Mit Hilfe des "Cursors" kann der Benutzer jede
gewünschte Stelle in einer Zeile auf dem Bildschirm aufsuchen und über die Tastatur
die Rubriken mit entsprechenden Angaben ausfüllen. In der Zeile KEYWORDS gibt er
maximal 8 Stichwörter an. Für den Schriftstückbestand im Megadoc-System sind z. B.
folgende Kategorien gewählt: Art, Herkunft, Bestimmung, Land, Organisation,
Projekt, Fachgebiet und Anwendung. Wenn der Benutzer alle erfragten Angaben gemacht
hat, erscheint die Beschreibung des Schriftstückes erneut in ihrer endgültigen Form
auf dem Bildschirm. Mit der Entscheidung INSERT? YES läßt er schließlich die zunächst im internen Halbleiterspeicher des Rechners zwischengespeicherte Information
in die extern auf Magnetplatten vorhandene Datenbank übertragen.

Später kann das Schriftstück mit dem Programmodul Doc-track über die Entscheidung
RETRIEVE wieder aufgesucht werden. Anhand des dazu gehörenden Menüs gibt der Benutzer Schriftstücknummer, Name des Verfassers, Stichwort oder Datum ein, je nachdem, an welche Angaben zu dem betreffenden Schriftstück er sich noch erinnert.
Daraufhin erscheinen maximal vier gekürzte Schrifstückbeschreibungen auf dem Bildschirm, die den eingegebenen Kriterien entsprechen. Mit der Wahl UPWARDS oder DOWN-
WARDS lassen sich weitere Beschreibungen absuchen, falls es mehr als vier gibt.
Schließlich wird mit FETCH das gewünschte Schriftstück ausgewählt, woraufhin dessen
vollständige Beschreibung auf dem Bildschirm des Terminals sowie dessen erste Seite
auf dem Sichtgerät DIS dargestellt wird. Der Benutzer kann das Schriftstück dann
noch "durchblättern", indem er NEXT PAGE oder PRECEDING PAGE wählt. Mit der Anwei-
sung HARDCOPY UNIT läßt er zum Schluß mit Hilfe des Gerätes COP noch eine Kopie
machen.

Zusammenfassend ist festzuhalten, daß es Philips Ingenieuren gelungen ist, mit
MEGADOC ein modulares, elektronisches System zur Schriftstückbearbeitung zu entwickeln, das nahezu alle benötigten Komponenten inkl. Massenspeicherung von Bilddaten umfaßt, womit die Informationsverarbeitung im Bürobereich in effizienter und
wirtschaftlich sinnvoller Weise automatisiert werden kann.

Das Büro der achtziger Jahre - zwischen Utopie und Wirklichkeit

Norbert Leckebusch
N. Leckebusch KG, D-7142 Marbach/N.

Steigende Personalkosten und eine immer stärker wachsende Informationsflut rücken das Büro als Standort für neue technische Systeme im Sinne von Rationalisierungshilfen zu Beginn der 80'er Jahre immer mehr in den Vordergrund. Für eine schnelle, gezielte und effiziente Informationsverarbeitung werden in den kommenden Jahren elektronische Medien unterschiedlichster Spezifikation die heute verbreiteten klassischen Büroterminals - Telefon, Schreibmaschine, Fernschreiber, Kopiergeräte - ergänzen, teilweise verdrängen, aber in jedem Fall integrieren. Zentrale Aussage zahlreicher Prognosen internationaler Experten (Frost & Sullivan, Quantum Science, etc...) ist, daß Dezentralisierung und Integration der Techniken und die Entwicklung universeller Bürosysteme, alle Formen der Büroarbeit entsprechend den jeweiligen Anfordungen des Büroarbeitsplatzes unterstützen werden.

Mit einer ganzen Reihe Vokabeln - wie Telekommunikation, Telematik, Büro der Zukunft, office automation, etc - wird versucht, der sich ändernden Bürowelt gerecht zu werden. Wenn im folgenden von Bürokommunikation die Rede ist, ist damit das Beziehungsdreieck zwischen Mensch, Informationsverarbeitung und Informationstransport gemeint. Bürokommunikation beinhaltet dabei nicht nur technische Hilfsmittel, sondern auch humanitäre und organisatorische Rahmenbedingungen.

Also auch ein Grund dafür, daß bei all diesen Betrachtungen der Mensch im Mittelpunkt stehen sollte. Seine Aufgabe im Büro ist es, Informationen schnell, gezielt und wirtschaftlich zu produzieren, sie zu verteilen und allen verfügbar zu machen.

Der Mensch ist Auslöser des Informationsprozesses, ist Informationsdisponent. Techniken und Verfahren der Bürokommunikation sind Hilfsmittel, die diese Tätigkeiten unterstützen; sind die Voraussetzungen, die dem Menschen am Büroarbeitsplatz mehr Freiraum für kreative, geistige Prozesse einräumen sollen.

Die Säulen der Bürokommunikation

Das Büro der achtziger Jahre, so sollte man meinen, dürfte zumindest in Ansätzen auch 1982, also heute, schon verwirklicht sein. Eher das Gegenteil ist der Fall. Nicht einmal in Ansätzen sind die Utopien von papierlosen, voll elektronischen, futuristisch gestylten Büros verwirklicht.

Wie schon vor 50 Jahren dominieren auch heute noch Telefon und Schreibmaschine im Büro. Hinzu kam lediglich das maschinelle Diktieren und etwas Kopieren. Auch Textverarbeitungssysteme konnten den, zumindest von den Herstellern erwarteten, Durchbruch im Büro bis heute nicht erreichen, obwohl hier seit Beginn der 80er Jahre noch am ehesten Fortschritte erzielt wurden.

Und dennoch: die Menge der zu verarbeitenden Daten und Texte (Informationen) wächst weiterhin überproportional. Bleibt die Frage offen, wie das Informationsmanagement bis zum Ende der 80er Jahre durch moderne, effiziente Techniken neu strukturiert werden soll. Ausgangslage dafür ist die heutige Situation im Büro.

Technologieverzahnung

Die Erklärung für die beschriebene Kluft zwischen Utopie und
Wirklichkeit liegt in dem Wandel von der Datenverarbeitung
zur Informationsverarbeitung. Der Übergang von der quantitativen Verarbeitung strukturierter Daten hin zur qualitativen
Bewältigung unstrukturierter, unformalisierter Informationen
wirft komplexe Probleme auf. Dieser Wandel bedeutet nicht nur
ein Zusammenwachsen der traditionellen Säulen der Bürokommunikation - Textverarbeitung, Datenverarbeitung, Büro- und
nachrichtentechnik -, sonder eröffnet eine neue Dimension.
Erstmals können auch analytische und kreative Tätigkeiten im
Büro technisch unterstützt werden.

Trotzdem legte die Entwicklung in Textverarbeitung , Datenverarbeitung und Nachrichtentechnik die Grundlage für die
Bürokommunikation.

Der entscheidende Schritt hin zur Informationsverarbeitung
wurde mit der Dezentralisierung der Datenverarbeitung vollzogen. Diese Anwendungsphilosophie ermöglicht die Reintegration
der Hardware in den Arbeitsplatz, weg vom zentralen Rechenzentrum. Positive Folge dieser Entwicklung ist die Abkehr von
tayloristischer Aufgabenzerstückelung, der Schritt zur ganz-
heitlich geschlossenen Fallbarbeitung. Textverarbeitung, so
hört man von den Herstellern immer wieder ist ein erster
Schritt zur Bürokommunikation. Erfahrungen, die bei der Einführung von computergestützten Textsystemen gesammelt wurden,
geben dann auch erste wertvolle Anregungen für die Implementation künftiger Büroinformations- und Kommunikationssysteme.
Mit den heutigen Möglichkeiten der Nachrichtentechnik wird
schließlich die Verbindung der dezentralen Komponenten zu
einem geschlossenen Informationsverbund möglich. Breitbandige
Übertragungswege eröffnen neuen multifunktionalen Diensten
und Arbeitsplätzen die gewünschte Zukunftsperspektive.

Eine wichtige Rolle spielt in diesem Zusammenhang die Deutsche Bundespost. Sie ist mit ihrer investiven Kraft (Investitionsvolumen 1981: 12 Mrd. DM) ein unverzichtbarer Partner. Ihre Dienste, ihre Strategien und Entscheidungen bestimmen die Entwicklung in der Informationstechnologie. Zudem ist die Digitalisierung der Nachrichtenkanäle und als weitere Entwicklungsstufe die Schaffung breitbandiger Kommunikationswege (BIGFON-Projekt, ISDN - Integrated Service Digital Network) die Voraussetzung für multifunktionale Kommunikation.

Bürokommunikation und Hersteller

Am ehesten den Vorwurf, nicht mit Realität, sondern mit marketingbezogenen Utopien zu argumentieren, mußten sich die Hersteller gefallen lassen. Doch auch deren Einstellung zum Büroarbeitsplatz ist zum Teil geläutert. Gefordert durch den oft strapazierten 'mündigen Anwender' sind sie dazu übergegangen Anwendungen und Integration der neuen Techniken praktikabel zu vollziehen. Es geht nicht mehr um den Beweis der Zukunft, sondern um die Demonstration des heute möglichen. Denn: Nicht der Mangel an Realität verzögert die Verwirklichung der Büros der Zukunft, sondern die Vielfalt der offerierten Elemente, Alternativen und Optionen. Den Herstellern gelang es trotz aller voreiliger Euphorie, Phantastereien und Gedankenspielen in der vergangenen Dekade verwertbare Substanz zu schaffen.

Doch welcher Anwender kann angesichts dieser Vielfalt noch den Überblick behalten? Nur große Konzerne mit entsprechenden Stabsabteilungen. So konstatieren die Hersteller trotz des hohen Realisierungsdrucks im Büro immer noch eine relativ geringe Investitionsbereitschaft der Anwender im volkswirtschaftlich wichtigen Mittelstand.

Trotz einer Vielfalt an Verbesserungen und ständiger Innovationskraft der Branche - beispielsweise höhere Integration und Rechnungsdichte auf Schaltkreise, leistungsfähigere Speichertechnologien, geräuscharme Ausgabeperipherien und komfortablere Benutzerschnittstellen - gelingt es den etablierten Herstellern nur ansatzweise, mit ihren Techniken ins Büro vorzudringen. Den Herstellern ist es nur teilweise gelungen, durch bessere Dienstleistung, Beratung und qualifizierte Schulungen die Anwender aufnahmebereiter zu machen. Die notwendigen Investitionen in die Kommunikationsfähigkeit und den Softwaregehalt ihrer Produkte haben die Hersteller oftmals versäumt. Vor allem der Mangel an anwendungsorientierter, praktikabler Software ist auch die Erklärung für das Scheitern mancher Entwicklungen.

Es gilt Arbeitsplatzsysteme zu schaffen, die den Mensch-Maschine-Dialog weiter verbessern. Mit anwendungsfreundlicher Software und neuen Formen des Informationszugriffs, der der assoziativen menschlichen Denkweise angepasst ist, scheinen die ersten Schritte verwirklicht. Beispiel dafür ist der Aufbau relationaler Datenbanken, die die Informationen inhaltsbezogen speichern und verwalten. Weiterhin gilt es Schnittstellen abzubauen und Insellösungen in der Büroorganisation zu reduzieren. Ein Schritt dahin ist der multifunktionale Arbeitsplatz, der das Nebeneinander dedizierter Gerätetypen abbaut. Grundvorrausetzungen für diese Systeme sind:

* Einsatz von Textverarbeitung als Hilfsmittel
* Möglichkeit der Bild- und Grafikverarbeitung
* Angebot von Informationsdienstleistung für Manager und
  Sachbearbeiter
* Integration der Sprachverarbeitung.

Vernetzung

Ein wichtiger Beitrag der Hersteller zu dieser Integration
sind die jüngst angebotenen Konzepte zur Vernetzung des Büros, Systeme zur unternehmensinternen Kommunikation. Über
schnelle digitale Nachrichtenkanäle wird die Information
transportiert, damit der Datenaustausch gesteigert und die
funktionale Integration unterstützt wird. Darüberhinaus ermöglichen die Verbindungswege das kostensenkende Ressource-
sharing von kapitalintensiver Peripherie (Drucker, Massenspeicher, etc.).

Versucht man die Vorgehensweise der Hersteller in einem Sche-
ma abzubilden, so lassen sich folgende Prämissen und Zielset-
zungen feststellen:
* Orientierung an den Planungen nationaler und internationa-
  ler Postgesellschaften
* Realisierung von nationalen und internationalen Standards
* Realisierung von firmenspezifischen Netzwerkarchitekturen
  auf der Basis internationaler Standards
* Orientierung an und Realisierung von Architekturen anderer
  Hersteller
* Endbenutzerorientierung
* Nutzung und Integration neuer Technologien und Dienste

Sozialpolitische Aspekte

Wie die Hersteller betont zukunfts- und technologieorientiert
sind, so konzentrieren sich die Gewerkschaften naturgemäß auf
die humanitären und sozialen Folgen der Bürokommunikation.
Sie gehen bei ihren Überlegungen davon aus, daß die informa

tionstechnologisch bedingte Umwälzungen in der Bürowelt im
Hinblick auf menschengerechte Arbeitsbedingungen gestaltet
werden müssen. Zentrale Forderungen sind:

* Entwicklung arbeitsorganisatorischer Lösungen für Mischar-
  beitsplätze, die Gestaltungsspielräume erweitern und von
  Routinetätigkeiten entlasten
* Nutzung der Produktivitätseffekte für einen Abbau von Ar-
  beitshektik und Arbeitsstreß
* Spielräume zur Selbstorganisation der Mitorganisation der
  Arbeitsprozesse müssen erhalten und ausgebaut werden
* Anreicherung der Tätigkeiten (job enrichment)
* Planvolle Entwicklung und Einführung der neuen Technolo-
  gien, orientiert an den betrieblichen Gegebenheiten
* Sicherung der Rechte und Möglichkeiten der Arbeitnehmer,
  sich Gefahren durch die neuen Technologien wiedersetzen zu
  können.

Gefahren aus Entwicklungen der Bürokommunikation drohen ins-
besonders durch die

* Vernichtung einer großen Zahl von Arbeitsplätzen
* Entwertung weiterer Bereiche und Tätigkeiten und der zu
  ihm gehörenden Qualifikationen
* Verschärfte Kontroll- und Überwachungsmöglichkeiten am Arbeitsplatz.

> (Quelle: A. Drinkuth, IG-Metall, Frankfurt, in:
>   Dokumentation 2. Düsseldorfer Büroforum)
>   Dr. U. Briefs, IG-Metall, Düsseldorf, in:
>   Online-adl-Nachrichten 3/80)

Zentrale Forderung der Gewerkschaften ist, bei der menschengerechten Gestaltung der Büroinformations- und Kommunikationssysteme die freie Entfaltung der Persönlichkeit der betroffenen Mitarbeiter zu schützen und zu fördern. Die Ausführungen der Gewerkschaften enden dann oftmals in der Feststellung: die Entwicklung der Bürokommunikation in den 80er Jahren wird zu Konflikten führen.

Wollen wir Bürokommunikation?

Die Frage ist solange berechtigt, wie sich die Anwenderfirmen
noch kein klares Bild über den Nutzen der Informationsverarbeitung machen können. Es wäre jedoch falsch wenn sich die
Unternehmer nur auf die innovative Führung von Hersteller und
Bundespost verlassen würden. Sie müssen sich innerhalb ihres
Unternehmens über Notwendigkeiten und Bedürfnisse in der Bürokommunikation klar werden.

Dazu wäre aber die Ermittlung des Informationsnutzens mittels
betriebswirtschaftlicher Instrumentarien notwendig. Auf der
Basis einer so ermittelten 'Informationsrendite' ließen sich
dann fundierte Entscheidungen treffen. Der hohe Anteil qualitativer Auswirkungen der Bürokommunikation verhindert jedoch
eine mathematisch exakte Nutzenermittlung. Bleibt der Weg,
verbal deskriptiv die Bedeutung der Informationsverarbeitung
zu umschreiben.

Volkswirtschaftlich betrachtet, ist Informationsverarbeitung
ein erheblicher Kostenfaktor. Bereits Mitte der 80er Jahre
werden über 50% der Beschäftigten im tertiären Sektor be

schäftigt sein. Dies bedeutet, daß rund 10 Millionen Arbeitnehmer in Deutschland dem informationsverarbeitenden Sektor
zugeordnet werden können, die Kosten in Höhe von rund 200
Mrd. DM verursachen.

Der betriebliche Aufwand für die Informationsverarbeitung
wird gleichfalls zu einem immer größeren Kostenblock. Rund
10% der Umsätze geben Unternehmen für Informationsverarbeitung aus, 90% davon sind Personalkosten! Auffallend ist dabei
die Zusammensetzung der Arbeitsinhalte. Wie eine Studie nach-
weist sind die Beschäftigten im Büro zu 90% ihrer Arbeitszeit
mit Informationsempfang beschäftigt, 6% der Arbeitszeit werden für den Entwurf neuer Informationen verwendet. Nur rund
4% verbleiben demnach für die eigentliche kreative, analytische Tätigkeit. Die primäre Aufgabenstellung die sich daraus
ableiten läßt, ist deshalb die Verbesserung der Arbeitsinhalte um die Arbeit im Büro produktiver zu machen. Information
kann damit zum unternehmerischen Gestaltungspotential für die
Steigerung der Wettbewerbs- und Innnovationsfähigkeit werden,
zu einem unternehmerischen Produktionsfaktor.

Schließlich ist die Informationsverarbeitung ein organisatorischer Gestaltungsfaktor. Im Zuge der Dezentralisierung läßt
sich mit den Hilfsmitteln der Bürokommunikation mehr organisatorische Phantasie wirtschaftlich verwirklichen. Hierarchisch flachere Organisationsstrukturen, mit mehr Verantwor-
tungsdelegation geben den Mitarbeitern kreativen Freiraum.

Fazit: Entscheidend für den wirtschaftlichen Erfolg eines
Unternehmens ist die kluge Beherrschung des Faktors 'Information'. Nur mit professionellem Management kann die Entwick

lung der Bürokommunikation vollzogen werden. Das Bewußtsein,
dieses Wettbewerbsreservoir beherrschen zu müssen ist der
Anstoß zur frühzeitigen Vorbereitung der neuen Techniken.
Bürokommunikation ist planbar. Voraussetzung ist, daß bereits
heute mit strategischen Planungen die Grundlagen gelegt werden.

Auf der Suche nach sozialem Konsens

Aufgabe der Anwenderfirmen wird es sein, den betroffenen Menschen im Büro den Übergang zu den neuen Techniken so leicht
wie möglich zu machen. Damit für ihre Organisationen einen
funktionierenden Organisationsablauf zu gewährleisten. Bisher
wurden vor allem bei der Einführung neuer Systeme (Beispiel
Textverarbeitung) gravierende Fehler festgestellt. Die Anwenderfirmen müssen durch kontinuierliche Strategien den Übergang zur Bürokommunikation vollziehen. Dies setzt eine Abwä-
gung der Kosten und Nutzen unter Einbeziehung der sozialen
Folgen voraus. Die Schwierigkeiten bei deren Ermittlung wurden im vorigen Kapitel bereits angedeutet. Die Chance der
Anwender liegt deshalb im evolutionären Verlauf der Entwicklung in der Bürokommunikation. Schritt für Schritt wird es
dadurch möglich die innerbetriebliche Kommunikation in Angriff zu nehmen.

Frühzeitige Information und Einbeziehung der Mitarbeiter in
den Implementierungsprozeß schafft eine gute Basis für die
Akzeptanz der Veränderungen. Dies ermöglicht eine hohe Iden

tifikation mit der Technologie und erhöht die Bereitschaft
sie zu nutzen. Ein frühzeitiger partizipativer Dialog mit den
künftigen Benutzern baut Vorurteile ab und vermeidet Mißver-
ständnisse. Die Erfüllung der Grundfunktionen bei der Vorbereitung, wie:

* Nutzung der technischen Gestaltungsmöglichkeiten für die
  Erweiterung von Aufgabenbereichen
* Höchstmaß an Identifizierung durch zusammenhängende geschlossene Aufgabenstellungen anstelle von zersplitterten
  Teilarbeiten
* Möglichkeit der sinnvollen Einordnung des Arbeitsergebnises
  in den Betriebsablauf
* Selbstständigkeit bei der zeitlichen und formalen Gestaltung des Arbeitsablaufs
* ausreichende Information und Vorbereitung bei der Einführung neuer technischer Hilfsmittel

schafft die Voraussetzungen für einen für die Benutzer akzep-
tablen Kompromiß.

Offen bleibt allerdings, wie die beschäftigungspolitischen
Effekte der Umstrukturierung der Büroarbeit aufgefangen werden können. Die strukturellen Verschiebungen werden vor allem
bei unterqualifizierten Arbeitnehmern zu Freisetzungen führen. Deren Wiedereingliederung in den Arbeitsprozess ist
durch die gestiegenen Qualifikationsanforderungen im Büro nur
erschwert möglich.

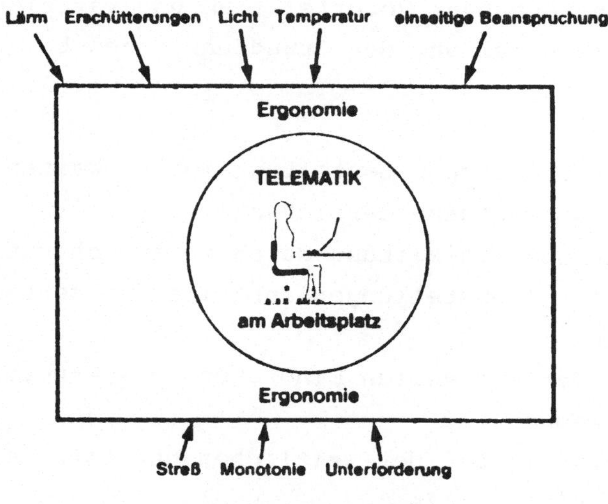

Abb. 1. Der "menschorientierte" Arbeitsplatz

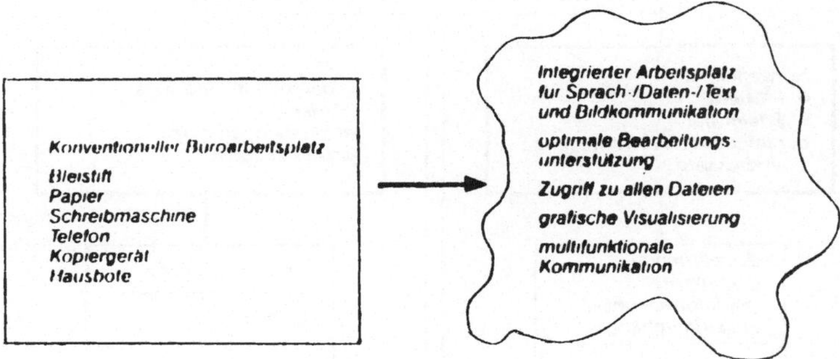

Realität

Arbeitsteilige Spezialisierung.
Koordinationsaufwand

Entkoppelung von Bearbeitungsstufen:
Zeitverlust

Umsetzungen
Hilfsfunktionen

Vision

Problemlose Bedienung

Automatische Erledigung von
Aufgaben

Elektronische Integration der
Bearbeitungsstufen

Abb. 2. Das Büroinformationssystem Realität und Vision

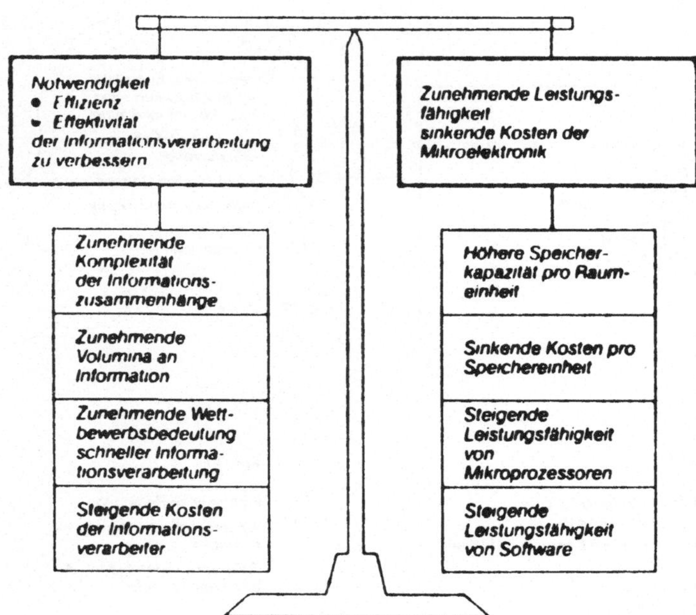

Abb. 3. Zwei Kräfte treiben zunehmende Nutzung der Informationstechnik im Büro voran

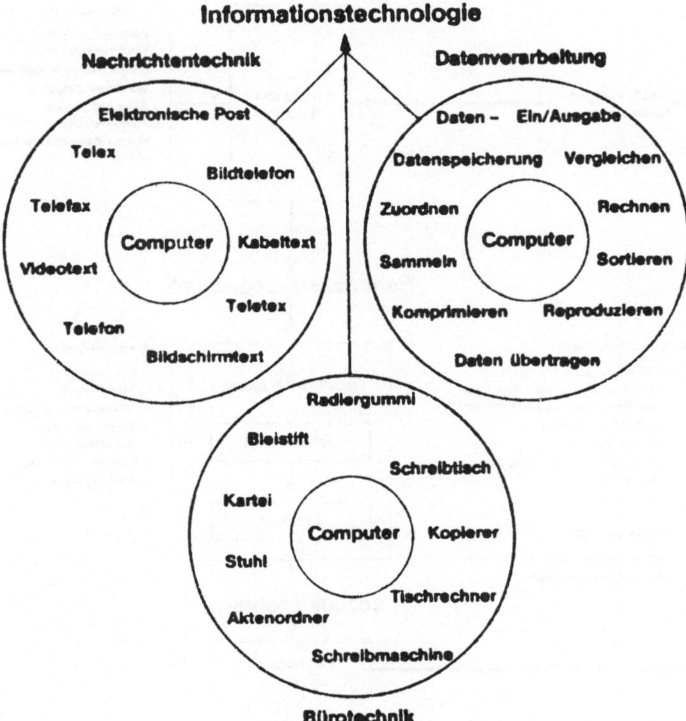

Abb. 4. Die "Explosion der Informatik"

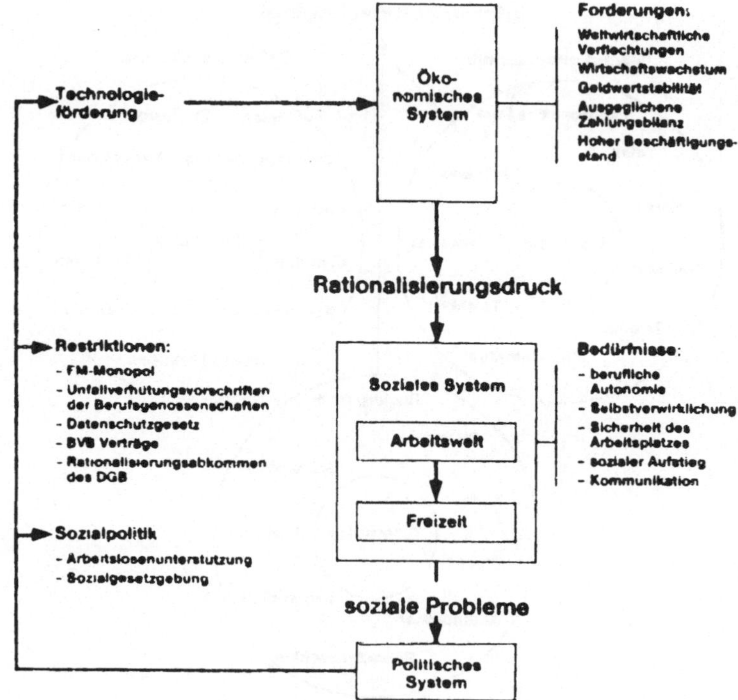

Abb. 5. Das "soziale Umfeld"

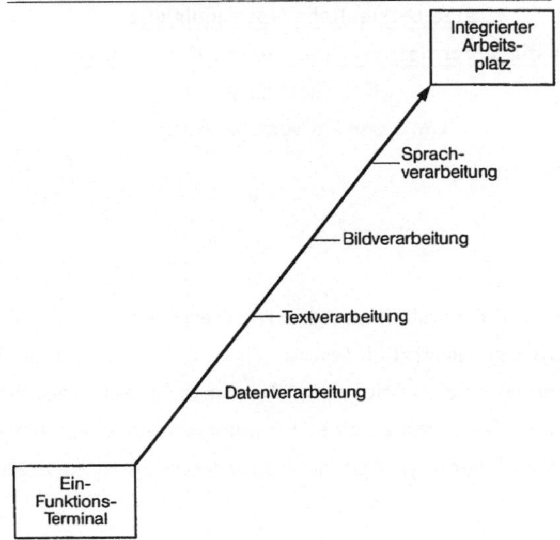

Abb. 6. Entwicklung zum integrierten Büroarbeitsplatz

Die Gewährleistungsarchitektur als
eine betriebliche Notwendigkeit
für Büroinformations- und Kommunikationssysteme
F. Krückeberg
GMD und Universität Bonn

1) Allgemeines

Für Büroinformations- und Kommunikationssysteme ergeben sich vielfältige
Anforderungen. Dabei ist grundsätzlich festzustellen, daß unterschiedlichste Einsatzgebiete
und Anwendungsformen unter dem Stichwort "Büro" zusammengefaßt werden können.
Dementsprechend besteht Interesse an einer "Typologie" der Anwendungsformen in der
Bürolandschaft, um so zu einer Typologie der Anforderungen zu gelangen, die noch
überschaubar ist.

In diesem Beitrag soll zunächst auf eine solche Typologie verzichtet werden; es sollen vielmehr übergreifende Gesichtspunkte dargestellt werden. Erst danach wird auf typische
Strukturen eingegangen.

Ferner wird in diesem Beitrag der Schwerpunkt auf die bestehenden Bedarfslagen gelegt; es
ist nicht das Ziel, Lösungen zu entwickeln, sondern die Entwicklung von Lösungen
anzuregen.

2) Die Anforderungsebenen der betrieblichen Abläufe und der betrieblichen Organisation an die Architektur von Bürosystemen

Ausgehend von einer Gliederung der Gegebenheiten der Bürolandschaft und ihrer informationstechnischen Unterstützung in 3 Ebenen ergibt sich das nachfolgende Diagramm:

		A Verwaltungswelt	B Instrumentelle Welt	C Systemlösung
3	Bedeutungs- ebene	Sinn,Zweck,Aufgabe, Wertsetzungen, Rechtlicher Rahmen, Verbindlichkeiten	Sicherungsspezi- kationen, Konstruktions- prinzipien	Gewährleistungs- architektur
2	Ebene der Abläufe, Operationen	Verwaltungsabläufe, das wesentliche Geschehen	Beschreibungs- mittel, Spezifi- kationsmittel	System- architektur
1	Ebene der physikalischen Realität	Konkrete Arbeitsschritte	Geräte, Netze, Software	Konkretes System

Auf der unteresten Ebene (1) sind die unmittelbaren realen Gegebenheiten zusammengefaßt,
es wird also die "physikalische Realität" auf dieser Ebene beschrieben. Ebene (2) umfaßt, in
einer ersten Abstraktionsstufe relativ zur Ebene (1), die Abläufe und Operationen, also das
funktionale Geschehen. In Ebene (3), zu verstehen als eine Abstraktionsstufe relativ zur
Ebene (2), sind die Bedeutungen der Sachverhalte und die mit den Bedeutungen eng verknüpften Strukturen erfaßt.

Als Spalten des Diagramms sind aufgeführt:
Die Verwaltungswelt (A), wobei "Verwaltung" im weitgefaßten Sinne zu verstehen ist, so
daß die Vielfalt der Bürolandschaft einbezogen ist. Gemeint sind also unter anderem
Planungs- und Führungsaufgaben, fachbezogene Aufgaben und Vollzugsaufgaben. Mit der
Instrumentellen Welt (B) sind vornehmlich die Hilfsmittel der Informationstechnik,
Kommunikationstechnik, Datenverarbeitung gemeint, insbesondere die Möglichkeiten der
Textbearbeitung und Textverarbeitung. Der Begriff "instrumentell" ist jedoch nicht nur im
Sinne technischer Werkzeuge zu verstehen; gemeint sind auch abstrakte Instrumente, also
zum Beispiel die Ablaufstrukturen der Software und die Konstruktionsprinzipien.
In der Spalte (C) ist die Systemlösung angegeben. Unter "System" ist dabei die Gesamtheit
aus informations-technischen Unterstützungseinrichtungen und den in der Verwaltung Täti-
gen zu verstehen, also das soziotechnische System, und dieses auf den verschiedenen
Abstraktionsebenen (1), (2) und (3).

Wenn die Absicht besteht, ein Büroinformations- und Kommunikationssystem zu planen und
zu implementieren, dann ist es im allgemeinen nicht ausreichend, lediglich innerhalb der
Ebene (1) entsprechend dem Diagramm von links nach rechts zu gehen, also die konkreten

Arbeitsschritte im Büro zu ermitteln, dazu passende informationstechnische Geräte, Übertragungsnetze und Software einzurichten (1B) und somit zu einem konkreten (soziotechnischen) System (1C) zu gelangen. Es besteht so zwar die Chance, eine vordergründig angepaßte Systemlösung zu finden; es ist aber zu vermuten, daß das "wesentliche Geschehen" (2A) anhand der konkreten Arbeitsschritte (1A) nur unzureichend erkennbar ist, so daß die Systemlösung (1C) einer Unterstützung der eigentlichen Vorgangsabwicklung usw. höchstens bruchstückhaft wird dienen können.

Es ist also erforderlich, zuvor den Kern der Verwaltungsabläufe und Vorgänge, das wesentliche Geschehen (2A) zu analysieren und zu beschreiben, damit dann die Verwendung geeigneter Beschreibungsmittel und Spezifikationsmittel (2B), welche der Struktur möglicher Geräte, Netze und Software Rechnung tragen, zu einer systematischen Gestaltung der Systemarchitektur (2C) führen kann. Jedoch ist auch dieses im allgemeinen noch nicht ausreichend. Denn mag eine solche Systemarchitektur den funktionalen Ansprüchen auch gut Rechnung tragen, so bleibt doch offen, wie sehr und ob überhaupt die Belange der Ebene (3) der Verwaltungswelt berücksichtigt sind: Sinn, Zweck, Aufgabe, Wertsetzungen, rechtlicher Rahmen, Verbindlichkeiten (3A). Der Bereich (3A) soll nun etwas genauer beleuchtet werden.

Der Bereich (3A) umfaßt eine Reihe von Gegebenheiten einer Verwaltung, eines Büros, die in manchen Fällen nur implizit oder als "ungeschriebene Gesetze" vorliegen; dies gilt oft auch für die Zielsetzung, den Zweck einer Organisation. Arbeitsvorgänge sind mehr oder weniger stark eingebettet in die allgemeine Zielsetzung und enthalten von daher Informationsbestandteile (vielleicht nur implizit), welche im Hinblick auf die Zielsetzung einen besonderen semantischen Charakter haben und die Arbeitsabwicklung kraft ihrer Bedeutung zusätzlich beeinflussen. Daneben und im Zusammenhang damit gibt es Wertsetzungen, die für eine Verwaltung je nach Aufgabenfeld spezifisch ausgeprägt sein können. Hierzu gehören Werte wie Rechtzeitigkeit, Wirtschaftlichkeit, Kundeninteressenbeachtung, Situationsgerechtheit usw. Je nach Charakter und Aufgaben einer Organisation ist ferner ein rechtlicher Rahmen, sind Formen der Verbindlichkeit mehr oder weniger stark von außen vorgegeben oder/und innerhalb der Organisation entstanden. Dabei soll hier der Begriff des rechtlichen Rahmens insofern weiter gefaßt werden, als allgemein alle Forderungen der Ordnungsmäßigkeit, die sich aus verbindlichen Konstellationen ergeben, einbezogen sind - und nicht nur rechtliche Regelungen (Rechtsvorschriften) im engeren Sinne. Zu nennen sind hier insbesondere (siehe Seidel, PROBANA-Projektbericht und Vortrag Seidel/Will) die nachfolgenden Begriffe, welche jedoch unterschiedliche Reichweite haben und verschiedenen Abstraktionsstufen angehören:

- Vollständigkeit
- Genauigkeit (Korrektheit)

- Rechtzeitigkeit
- Verfügbarkeit (insbesondere Lesbarkeit)
- Sicherheit
- Prüfbarkeit (Nachvollziehbarkeit).

Diese Begriffe umschreiben Grundsätze der Ordnungsmäßigkeit und stellen demgemäß wichtige Grundforderungen dar. Hinzu kommen folgende Forderungen:
- Rechtsverbindlichkeit
- Verfahrenstreue
- Datenschutz
- Gewerblicher Rechtsschutz und Handelsschutz.

Diese Anforderungen können von Fall zu Fall stark variieren. Generell soll der systematische und im Zusammenhang mit einer Organisation gebildete Katalog derartiger Anforderungen mit <u>Normware</u> bezeichnet werden [7] .

Es besteht nun die Aufgabe darin, unter Einsatz geeigneter Gestaltungsinstrumente (3B), also Sicherungsspezifikationen, Konstruktionsprinzipien usw., eine "Gewährleistungsarchitektur" (3C) zu schaffen, die systemseitig eine Erfüllung, eine Umsetzung der Normware bedeutet. Die Gewährleistungsarchitektur ist insbesondere Träger von Gewährleistungsregeln, die eine Beachtung von Rechtsvorschriften garantieren.

Der Begriff "Gewährleistungsarchitektur" ist bewußt sehr breit verstanden; gleichwohl wird eine Gewährleistungsarchitektur von Organisation zu Organisation, von Aufgabentyp zu Aufgabentyp sehr spezielle Züge tragen, unter Umständen sehr einfach aufgebaut sein und wenig zu leisten haben (zum Beispiel im Bereich der unverbindlichen Textkommunikation, etwa bei Konferenzsystemen), oder sehr hohe Anforderungen zu erfüllen haben (zum Beispiel im Justizbereich, in nachgeordneten Behörden). Übliche Systemleistungen wie Sicherungstechniken gegen unbefugten Zugriff, Verfahren der Authentifikation und Verifikation, Techniken zur Verhinderung des Verlustes von Informationen sind nur Beispiele. Aber auch Verfahren zur Beachtung des pragmatischen Status von Informationen gehören hierher.

Bei der Schaffung einer Gewährleistungsarchitektur ist zu beachten, daß diese nicht lediglich einen aufgepfropften Überbau zur Systemarchitektur (2C) darstellt, sondern in organischer Weise in die Systemarchitektur integriert werden kann. Die Forderung nach organischer Integrierbarkeit ist sowohl ein zusätzlicher Anspruch an die Systemarchitektur als auch an die Gewährleistungsarchitektur. Ein Beispiel ist die Forderung nach einer guten Einbettbarkeit von Verschlüsselungsverfahren für zu schützende Daten in Betriebssysteme oder in Übertragungsnetze (etwa public key-Systeme).

So ergibt sich also aufgrund der Ansprüche an eine Gewährleistungsarchitektur eine Vielzahl spezifischer Anforderungen an die Hardware, die Software, an Netze und Kommunikationsdienste, an die Gestaltung von Dokumenten, Vorlagen und Informationen. Darauf soll jetzt näher eingegangen werden, ohne daß dabei der Anspruch auf Vollständigkeit erhoben wird.

Zur Gestaltung von Dokumenten und Vorlagen

Dokumente und Vorlagen sollten gemäß Gewährleistungsarchitektur Angaben enthalten, die Bezug nehmen auf deren Bedeutung im Rahmen des Wertesystems (3A), auf den pragmatischen Status sowie auf andere rechtsrelevante und/oder ablaufrelevante Konstellationen. Derartige Angaben sind als formal hervorgehobene Attribute vorstellbar. Beispiele hierzu sind auch im Umgang mit Papiervorlagen übliche Eintragungen. Es ist gängige Praxis, an gut sichtbarer Stelle Attribute zu notieren wie Eilt, Wichtig, Terminsache, Erledigt, Vertraulich, Nur zur persönlichen Kenntnis, Noch zu erledigen, Wichtig usw. Die Forderung an die Gewährleistungsarchitektur besteht nun darin, daß sie derartige Attribute zum pragmatischen Status, zur rechtlichen Relevanz systematisch zuläßt, aber auch nutzt und anbietet. Dadurch wird eine Einbindung der Ziele und Werte einer Organisation in das Büroinformations- und Kommunikationssystem unterstützt und zugleich eine Umsetzung der Normware in die Gewährleistungsarchitektur untermauert.

An dieser Stelle soll nun auf die Typologie der Bürolandschaft eingegangen werden. Hier zeichnet sich eine große Variationsbreite ab. Auf der einen Seite stehen Aufgaben mit stark kreativen Komponenten und sehr geringer Regelungsdichte, wie sie bei Entwurfs- und Planungstätigkeiten oder bei Forschungs- und Entwicklungsaufgaben auftreten. Auch hier erscheint es sinnvoll, eine Gewährleistungsarchitektur zugrunde zu legen, die sich jedoch beschränkt auf die Beachtung einfacher Regelungsstrukturen, wie sie etwa für Computerkonferenzen gebraucht werden, oder auf einfache Attribute zum pragmatischen Status, die etwa den Abstimmungsgrad eines gemeinschaftlich erstellten Textes charakterisieren und diesem angefügt werden[3].

Auf der anderen Seite sind Sachbearbeiteraufgaben mit Vollzugscharakter zu sehen, wie sie zum Beispiel in einer nachgeordneten Behörde auftreten und dort einer Vielzahl von Regelungen unterworfen sind. Oft wird hier auch Revisionsfähigkeit verlangt. Die Gewährleistungsarchitektur ist dementsprechend weitreichend auszulegen; Dokumente und Vorlagen bedürfen dann einer entsprechend ausgebildeten bedeutungsrelevanten und rechtsrelevanten Charakterisierung durch Attribute. Ein Beispiel sind die Materialien an Gerichten.

<u>Zur Gestaltung von Ablaufregelungen gemäß Normware</u>

Die Gewährleistungsarchitektur sollte für Bürovorgänge zusätzlich zu deren funktionalem
Ablauf die rechtlichen Erfordernisse, allgemeiner die Normware berücksichtigen. Während,
wie schon erwähnt, bei Entwurfs- und Planungstätigkeiten sich die Gewährleistungsarchitektur auf die Abstützung einfacher Regelungen beschränken kann, sind bei Vollzugsaufgaben die Erfordernisse der Normware unter Umständen sehr weitgehend. Die in der
Gewährleistungsarchitektur zum Ausdruck kommenden Systemleistungen finden sich in
analoger Weise bereits in Modellvorstellungen zu technischen Schutzsystemen. Um diese
Analogie deutlich zu machen, sei auf die GI-Fachtagung über Fehlertolerierende Rechner-
systeme verwiesen [4] . Es heißt dort: "In Schutzsystemen werden alle Zugriffe auf
die zu schützenden Objekte kontrolliert und nur die zulässigen Zugriffe ausgeführt... In der
Zugriffskontrolle werden die Zugriffsrechte gespeichert, ebenso Angaben darüber, wer
diese ändern darf (meist eine privilegierte Instanz). Für jeden Zugriff wird entschieden, ob
er gemäß Zugriffsrechten erlaubt ist. Erlaubt die Entscheidungsinstanz einen Zugriff, dann
kann er den Aktivierer passieren; wird er abgelehnt, so wird durch eine Fehlermeldung an
eine privilegierte Instanz mitgeteilt, daß ein verbotener Zugriff versucht wurde, und der
Zugriff wird blockiert." Wie durch diese Analogie zu erkennen ist, ließen sich derartige
Leistungen von technischen Schutzsystemen auf die Handhabung von Zugriffsrechten gegenüber Personen übertragen. Überlegungen hierzu wurden auch im GMD-Vorhaben PROBANA
entwickelt [5] .

Eine weitere Komponente der Gewährleistungsarchitektur, neben der Regelung und Sicherung von Zugriffsrechten, ist die Protokollierung von Vorgängen im Hinblick auf deren
Prüfbarkeit (und Wiederholbarkeit beziehungsweise Rekonstruierbarkeit bei Ausfällen).

Ferner ist zu nennen die Gewährleistung, daß Handlungen der in einer Verwaltung Tätigen
sich im Rahmen der jeweiligen Berechtigungsprofile bewegen, die Berechtigungsprofile also
nicht überschreiten. Diese Berechtigungsprofile sind sowohl rollenbedingt als auch auf-
gabenbedingt jeweils mehr oder weniger stark vorgezeichnet und charakterisieren die
Begrenzungen beziehungsweise Handlungsräume, umschreiben dadurch also die Zone der
jeweiligen Teilautonomie eines Bearbeiters.

Als Leistungen der Gewährleistungsarchitektur sind ferner zu nennen: Die systematische
Kontrolle des jeweiligen Status von Bearbeitungs-Prozeduren, die Prüfung von Operationen,
welche der Erbringung verbindlicher Unterschriften durch autorisierte beziehungsweise
verantwortliche Personen entsprechen, die Einbindung von Verschlüsselungsprozeduren, der
Schutz von Dokumenten und Archivmaterial.

Generell sollte die Gewährleistungsarchitektur nicht zu einer Einengung führen und zu einer erhöhten Regelungsdichte, sondern umgekehrt die Aufmerksamkeit des in der Verwaltung Tätigen befreien vom ständigen Bedenken der Konformität mit bestehenden formalen Regelungen[1].

3) Stufen der Kontrollstruktur in Bürosystemen mit verteilten teilautonomen Arbeitsplätzen

Wie im vorangehenden Abschnitt bereits dargestellt wurde, ist die Gewährleistungsarchitektur nicht als starre Kontrollstruktur zu verstehen, sondern angepaßt an die jeweils bestehende typische Aufgabenart auszulegen. Bereits die Normware ist spezifisch zu verstehen und damit als "umgesetzte" Normware auch die Gewährleistungsarchitektur.

Jedoch gilt Entsprechendes für ein und dasselbe im Prinzip homogene Aufgabenfeld. So gibt es zum Beispiel in der Justizpraxis, etwa bei Gerichten, innerhalb der gleichen Sache Stufen unterschiedlicher Verbindlichkeit, unterschiedlicher Verantwortung und Berechtigung. Es wäre daher unzweckmäßig, die maximale Kontrollstruktur allen Bearbeitungsschritten aufzuerlegen. Vielmehr sollte hier der Grundsatz gelten: so viel Gestaltungsfreiheit wie möglich, so wenig Regelungsvorgaben wie nötig. Dieser Grundsatz ist zugleich ein wichtiges Konstruktionsprinzip für die Gewährleistungsarchitektur. Bezogen auf den einzelnen Arbeitsplatz bedeutet dies, daß eine Teilautonomie gewährleistet wird, die den Handlungsspielraum zwischen Rechten und Bindungen auch tatsächlich möglichst vollständig auszuschöpfen gestattet.

Beispiele für Stufen unterschiedlicher Verbindlichkeit sind die Phasen der Entstehung eines Vertragstextes. Im Vorfeld der Beratungen erscheint eine Ausprägung der Gewährleistungsarchitektur angebracht, die für Computerkonferenzen zweckmäßig ist. Danach spielt der pragmatische Status im Sinne des Grades der erreichten Abstimmung eine Rolle; dementsprechend sollte die Gewährleistungsarchitektur dieses protokolliert festzuhalten gestatten. Mit Vertragsabschluß wird dann die Stufe der stärksten Bindung erreicht, die angemessen zu sichern ist.

Ein anderes Beispiel sind die mit einer Zugangsberechtigung verbundenen unterschiedlich weitreichenden Befugnisse und Verantwortungen; dementsprechend sind die Zugangsprozeduren verschieden anspruchsvoll auszulegen (Verifikation, Authentifikation). Die hier geschilderten Sachverhalten wurden in einer GMD-Untersuchung näher beleuchtet[5].

4) Konsequenzen und langfristige Perspektiven

Das bisher Dargelegte sollte deutlich machen, daß für Büroinformations- und Kommunikationssysteme die "Gewährleistungsarchitektur" eine wesentliche und umfassende Begriffsbildung ist. Dabei ist die Grundvorstellung wichtig, daß die Gewährleistungsarchitektur eine betriebliche und organisatorische Notwendigkeit für Büroinformations- und Kommunikationssysteme darstellt, welche durchgängig zu fordern ist, also unabhängig vom Aufgabentyp und nicht nur für hochgradig geregelte Bürovorgänge. Hingegen ist die Ausprägung der Gewährleistungsarchitektur jeweils spezifisch. Durch diesen Grundgedanken entsteht eine gemeinsame Basis für die Vielfalt der Büroinformations- und Kommunikationssysteme und wird ein Auseinanderklaffen verschiedener Bürotypen bezogen auf diesen Architekturhintergrund vermieden.

Im Hinblick auf Beschreibungs- und Modellierungsmittel entsteht so auch eine gemeinsame Basis. Es sollte ja ein Ziel sein, die Systemarchitektur (2C) einschließlich Gewährleistungsarchitektur sauber und exakt modellieren und beschreiben zu können, um dadurch zu regelungskonsistenten, zielgerechten und sicheren Prozeduren und Arbeitsschritten kommen zu können. Im Bereich der Beschreibungs- und Modellierungsmittel werden in der GMD Forschungs- und Entwicklungsarbeiten insbesondere unter Verwendung netztheoretischer und mathematischer Hilfsmittel geleistet [5] , [6] . Dies alles steht nicht im Widerspruch zu der Idee, daß informationstechnische Arbeitshilfen auch am einzelnen teilautonomen Arbeitsplatz selbst generiert werden können und daß Kooperationsregeln auf der Arbeitsebene durch horizontale Koordination neu schaffbar sind. Ideen zu einem solchen Konzept der teilautonomen Entwicklung von Werkzeugen durch den Bearbeiter selbst und der Intensivierung von Koordinationsmechanismen werden in der GMD verfolgt und laborartig erprobt [2] .

Ein weiterer Aspekt, unter dem das Dargelegte zu sehen ist, ist der der Reorganisation. Wenn man fordert, daß ein Büroinformations- und Kommunikationssystem an Änderungen der Organisation anpaßbar ist, so wird Entsprechendes von der Gewährleistungsarchitektur zu verlangen sein. Eine Änderung der Gewährleistungsarchitektur sollte daher selber in der Form einer geregelten Prozedur möglich sein. Dies ist eine wichtige zusätzliche Forderung und zugleich Konsequenz für die Gewährleistungsarchitektur: Die Gewährleistungsarchitektur sollte schon bei deren Konstruktion und Aufbau in systematischer Weise nach klaren Regeln durch überschaubare Prozeduren entstehen, so daß aufgrund der Entstehungsweise die Änderungsweise vorgezeichnet ist und gut handhabbar wird. Reorganisation sollte in diesem Sinne keine komplizierte Ausnahmemaßnahme sein, sondern ein beherrschbarer und normal leistbarer, klar geregelter Prozeß.

168

Es ist zu vermuten, daß die genannten Forderungen und Vorstellungen zur Gewährleistungsarchitektur aus Anwendersicht mit der zunehmenden Verbreitung der Büroinformations-
und Kommunikationssysteme erheblich an Bedeutung gewinnen werden.

<u>Literaturverzeichnis</u>

[1]   Helmreich R., Wimmer K.: Field Study with a
      Computer-Based Office System,
      Telecommunication Policy (Juni 1982)

[2]   Kreifelts Th.: Coordination procedures,
      Arbeitsbericht IIG, GMD (1982)

[3]   Krückeberg F., Wißkirchen P.: Entwicklungstendenzen
      auf dem Gebiet der Bürokommunikation,
      Informatik-Spektrum, Heft 4 (1982)

[4]   Marhöfer M.: Testbarkeit von Schutzsystemen,
      Informatik-Fachberichte, GI-Fachtagung über
      Fehlertoleriende Rechnersysteme, Springer (März 1982)

[5]   PROBANA: GMD-Projektbericht zur Problemanalyse
      im Rahmen des Programms Bürokommunikation (1982)

[6]   Richter G.: Netzmodelle für die Bürokommunikation,
      Informatik-Spektrum, Heft 4 (1982),

[7]   Seidel: Ordnungsmäßig wirkende Systeme,
      PROBANA-Bericht, IIG-GMD (1982)

EIN BETRIEBLICHES KOMMUNIKATIONSSYSTEM AUF DER BASIS VON CAD/CAM

H. Krallmann und R. Zimmermann

TECHNISCHE UNIVERSITÄT BERLIN

I Funktionen und Komponenten von CAD/CAM-Systemen

Die Entwicklung von rechnerunterstützten Planungssystemen für den technischen Bereich und die Einführung neuer Kommunikationstechniken mit
entsprechenden Benutzer-Endgeräten läßt von der Seite der Anwender verstärkt die Forderung nach aufeinander abgestimmten in sich kompatiblen
Lösungen aufkommen. Dieser Forderung der Praxis versucht die Seite der
Wissenschaft mit der Entwicklung ganzheitlicher integrierter Systeme
zu begegnen.

In den Ingenieurwissenschaften des Maschinenbaus, Bauwesens und der
Elektrotechnik zeichnet sich seit einigen Jahren die Entwicklung von
Methoden und Hilfsmitteln zur Rechnerunterstützung der Ingenieurarbeit
ab. Eine einheitliche Definition des CAD/CAM-Begriffs (Computer Aided
Design/Computer Aided Manufacturing) hat sich bisher nicht durchge-
setzt. Im allgemeinen wird darunter die Erfüllung der in Abb. 1 gezeigten Aufgaben auf der Grundlage eines geometrie-orientierten rechnerinternen Werkstückmodells verstanden.

Die Entwicklung von CAD/CAM-System beruhte einerseits auf der Weiterentwicklung von Hardware-Komponenten mit höherer Leistungsfähigkeit bei
sinkendem Preis. Andererseits wurde schwerpunktmäßig an Algorithmen zur
Zeichnungserstellung, Arbeitsplanerstellung, Erzeugung von Maschinen-
steuerungsinformationen sowie Berechnung von Bauteilen gearbeitet.
Diese mehr technisch orientierte Innovation erfordert umfangreiche
organisatorische Maßnahmen bei den potentiellen Anwendern. Im Gegensatz
zu der oben genannten Forderung nach Integration steht in der Phase der
Entwicklung technischer Systeme die Problemlösung im Vordergrund. Eine
Integration wird erst bei Vorliegen mehrerer nicht abgestimmter Einzellösungen akut. Eine von den bestehenden EDV-Konzepten losgelöste Entwicklung der CAD-Systeme bewirkte, daß auch im Hinblick auf Datenbanken
eigene Wege bei CAD/CAM beschritten wurden. Zwar wird seit langem eine
Normung auf der Basis der CODASYL-Vorschläge angestrebt, bisher ist es
jedoch noch nicht zu einem Abschluß gekommen, so daß hier Integrations-
probleme zu erwarten sind /Krause, 1980/.

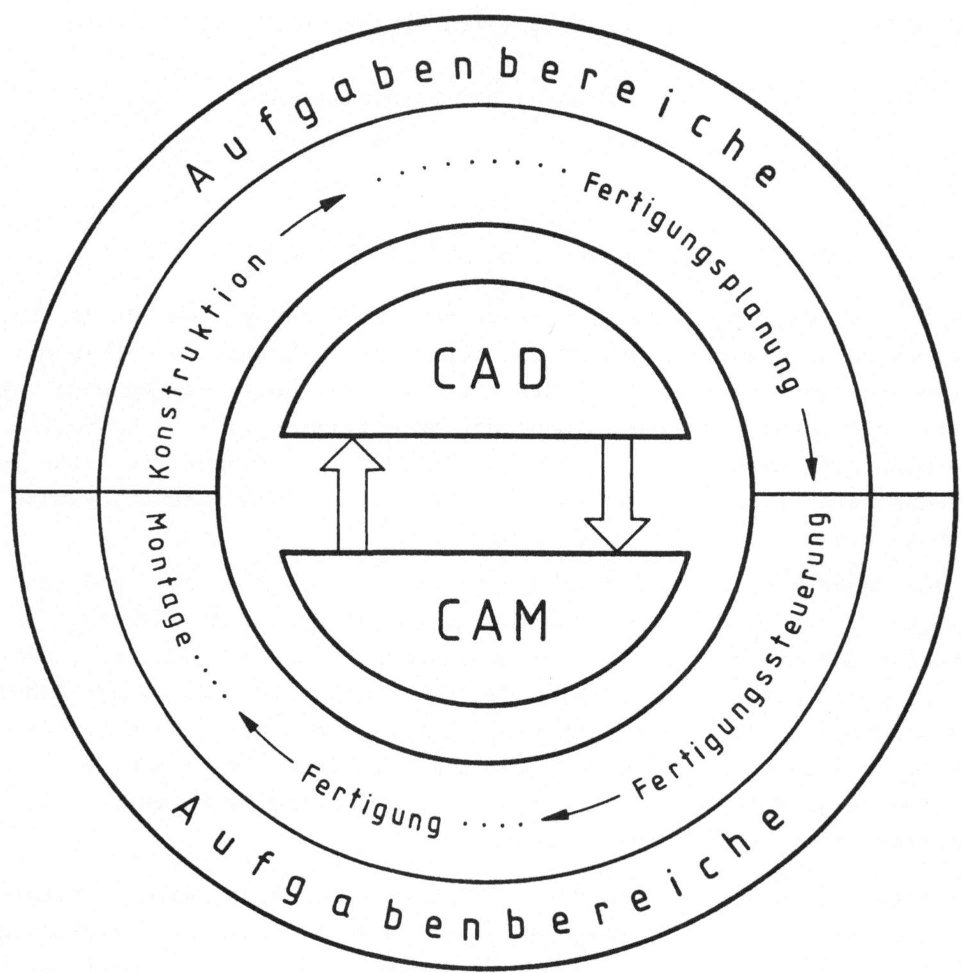

Abb. 1: Aufgabenbereiche von CAD/CAM-Systemen

Im Hinblick auf Kommunikationssysteme nimmt die CAD-Hardware eine Son-
derstellung ein. Zur Verarbeitung graphischer Informationen sind deshalb die im folgenden grob zusammengefaßten Gerätegruppen entwickelt
worden /Diebold, 1982/:

- Plotter
- Graphische Terminals
- Digitalisiergeräte.

Die Plotter werden unterschieden nach den in Fotokopierverfahren arbeitenden elektrostatischen und den Stiftplottern. Der Preis (zwischen DM 2.000,- und DM 500.000,-) richtet sich nach Größe, Genauigkeit und Geschwindigkeit.

Eine genaue Abgrenzung der graphischen Terminals gegenüber den Kleinrechnersystemen ist derzeit nicht möglich, da bei intelligenten Terminals CAD-Funktionen teilweise in das Terminal verlagert werden und diese somit Rechneraufgaben wahrnehmen. Schlüsselfertige Kleinrechnersysteme, wie sie heute eingesetzt werden, basieren auf CAD-angepaßten Rechnerstrukturen. Dabei ist eine Tendenz zu verzeichnen, CAD-Funktionen auf spezielle Mikrorechner zu implementieren, um die Leistungsfähigkeit abgesetzter CAD-Systeme zu erhöhen. Schlüsselfertige CAD-Systeme werden häufig als stand-alone Systeme bezeichnet, was nicht bedeutet, daß es sich um autonome Systeme handeln muß. Hierbei ist vielmehr gemeint, daß CAD-Aufgaben unabhängig von anderen Rechnersystemen wahrgenommen werden können /Krause, 1982/. Bei den am Markt verfügbaren Systemen sind jedoch teilweise Kopplungsmöglichkeiten an Großrechner im remote-batch-Betrieb vorgesehen.

Digitalisiergeräte ermöglichen es, graphische Informationen durch ein dem Zeichnen ähnliches Verschieben eines Stiftes oder einer Lupe auf den Rechner zu übertragen. Sie stellen nach /Diebold, 1982/ derzeit die umsatzschwächste Geräteart im Markt für graphische Systeme dar. Eine technologische Weiterentwicklung der Digitalisierer zur automatischen Digitalisierung einer Zeichnung könnten diese Marktverhältnisse jedoch verschieben. Es ist der Wunsch vieler Unternehmen, die vorhandenen Zeichnungen ohne großen Aufwand im Rechner zu archivieren und einer Weiterverarbeitung zuzuleiten, was solche Geräte ermöglichen würden.

II   CAD/CAM-Istanalyse bei potentiellen Anwendern

Die Entwicklung betrieblicher Kommunikationssysteme muß aufbauen auf den in den Betrieben vorliegenden Strukturen. Um hier den Kontakt zur betrieblichen Praxis nicht zu verlieren, wurden Istanalysen in zwei Unternehmen des Maschinenbaus durchgeführt. Hinzu kamen Einzelgespräche mit einer Vielzahl von Unternehmen, die einen Einsatz der CAD/CAD-Technologie planen. Die Istanalysen wurden mit Hilfe der Selbstaufschreibung und Erstellung von Betriebsstatistiken durchgeführt. Die Selbstaufschreibung wurde zur Analyse der relevanten Zeitanteile eingesetzt. Statistische Erhebungen konnte man auf der Basis von vorhan-

denen Unterlagen und Werkstückinformationen (Zeichnungen + Arbeitspläne) durchführen. Ziel der Unternehmen war die Feinplanung rechnergestützter Arbeitsplanungssysteme und eines Systems zur Programmierung
numerisch gesteuerter Werkzeugmaschinen /Helberg, 1980/. Eine Analyse
der Gesamt-EDV-Konzeption ergab jedoch, daß drei unterschiedliche EDV-
Systeme ungekoppelt in einer Übergangszeit nebeneinander existieren
müssen (Abb. 2).

Auf dem Großrechnersystem IBM/38 sind alle Funktionen der klassischen
EDV, wie Lohnabrechnung, Brutto- und Nettobedarfsermittlung und Arbeits-
planverwaltung zusammengefaßt. Softwaresysteme, wie MAS II, werden auf
dem Großrechner implementiert.

Auf dem CAM-Rechner PDP 11/44 sind die Funktionen Arbeitsplanerstellung und NC-Programmierung implementiert. Neben den dazu notwendigen
Dateien wird eine Arbeitsplandatei auf Platte archiviert und aktualisiert. Dies ist insbesondere deshalb notwendig, weil die noch fehlende
komplexe Kopplung an das System /38 keine Wiederholteileverwendung
bei der Arbeitsplanung zuläßt. Diese genannten Aufgaben sind für Ma-
schinenbaubetriebe nicht gering einzuschätzen, da zumindest indirekt
das gesamte Fertigungs-know-how über die Arbeitspläne beeinflußt wird.

Die Funktionen der Betriebsdatenerfassung sind wegen der zeitkritischen Aufgabenstellung einem dritten Rechner übertragen (geplant
HP 1000). Hier sollen einerseits die Arbeitszeitdaten erfaßt und andererseits die Auftragsdaten on-line verarbeitet werden. Dies erfordert
zwingend eine Kopplung an den Großrechner. Zusammenfassend würden
sich durch die Kopplung der Rechnerkonfigurationen 3 Vorteile ergeben:

1. Integrierter Informationsfluß
2. Reduzierung der Datenbestände
3. Aktualisierung der Datenbestände.

Im folgenden wird speziell auf die Aspekte des integrierten Informa-
tionsflusses eingegangen.
Mit großer Wahrscheinlichkeit werden Firmen mit ähnlichem Erzeugnis-
spektrum innerhalb der nächsten 5 Jahre in ein CAD-System für die
Konstruktion investieren. Damit ergibt sich die zusätzliche Schwierigkeit, auch diese Rechnerkonfiguration sinnvoll zu integrieren.

Das beschriebene Beispiel bezieht sich auf einen mittelständischen
Betrieb mit ca. 800 Mitarbeitern. Die hier extrem aufgezeigten Schwierigkeiten sind jedoch übertragbar auf andere Betriebe.

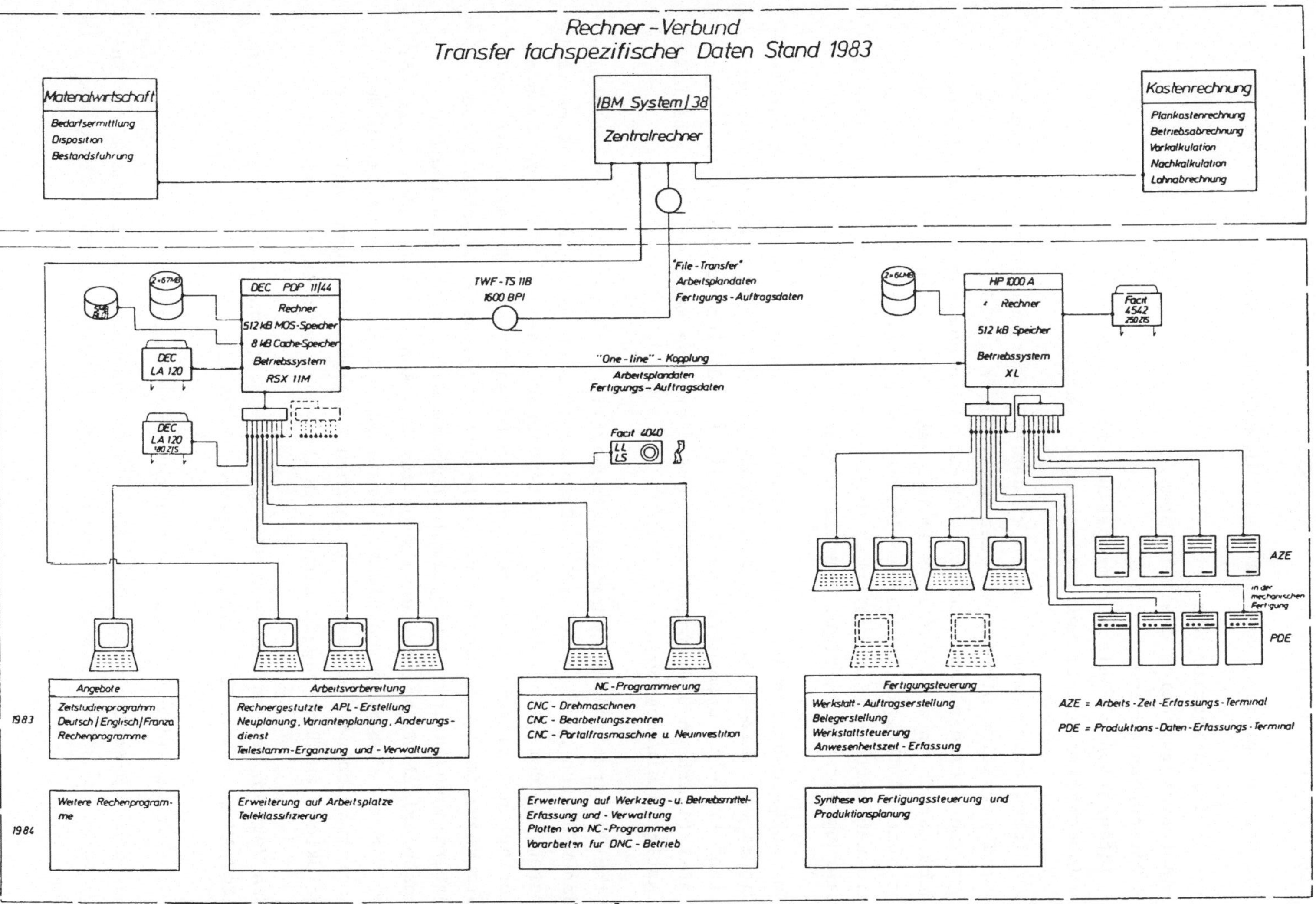

Abb. 2: Beispiel für einen realen Rechner-Verbund

III. Aspekte der Integration von CAD

Bei der Integration von CAD sind folgende Gesichtspunkte zu beachten:

- Ablauforganisation des Betriebes
- Aufbauorganisation des Betriebes
- Datenorganisation
- Integration technischer produktbeschreibender Daten
- Integration betriebswirtschaftlicher Daten.

Die Integration unter dem Aspekt der Ablauforganisation ist die Form
der Integration wie sie von den Herstellern schlüsselfertiger CAD-
Systeme (stand-alone) und Software-Lösungen angeboten wird. Hierbei
geht man davon aus, daß sich im betrieblichen Ablauf einzelne "CAD-
geeignete" Tätigkeiten finden lassen, deren Unterstützung bzw. Übertragung auf ein elektronisches Hilfsmittel bereits so große Rationalisierungserfolge zeitigt, daß der Einsatz wirtschaftlich ist.

Zur Aufbauorganisation kann festgestellt werden, daß die Betriebe häufig einen analogen Weg zur Einführung der NC-Technik beschreiten und
einer Projektgruppe (Stabsstelle) die Koordinierung und Planung aller
CAD-Aktivitäten übertragen. Oft werden externe Berater und Hochschul-
institute hinzugezogen.

Eine Integration der betriebswirtschaftlichen Daten wird von verschiedenen Seiten heute angestrebt. Es handelt sich dabei um alphanumerische
Daten, zu deren Speicherung in Datenbanken eine Vielzahl von Lösungs-
konzepten vorliegt. Einen Teil dieser Daten erzeugt bereits der Konstrukteur in der Entwurfs- und Detaillierungsphase. Abschließende
Untersuchungen über die optimale Zusammensetzung von Routine und
schöpferischen Tätigkeiten liegen für den Konstrukteur noch nicht vor,
so daß die Frage, ob es sinnvoll ist, Tätigkeiten, die heute in der
Konstruktion nachgeordneten Bereichen ausgeführt werden, auf den Konstrukteur zu übertragen, nicht endgültig beantwortet werden kann.

Ein Versuch der umfassenden Konzeptionsentwicklung zur Integration von
CAD/CAM in die betriebliche Umgebung wird im folgenden dargestellt.

IV. Integration von CAD/CAM mit der betrieblichen Umgebung

Auf dem CAD-Fachgespräch der 10. Jahrestagung der Gesellschaft für Informatik im Herbst 1980 führt Herr Dietz in seinem Hauptvortrag u.a.
aus:

"Ein weiteres Problem betrifft die technische und organisatorische
Einbettung eines CAD-Systems in das Gesamtunternehmen des Anwenders.
Damit meine ich nicht nur die vielzitierte und gelegentlich auch
praktizierte Verknüpfung mit CAM, also mit der Computer-gestützten
Fertigung, sondern alle übrigen Querbezüge zu technischen und betrieblichen Funktionen, mögen sie nun Materialwirtschaft, Arbeitsvorbereitung, Bestellwesen, Angebotserstellung, Qualitätssicherung,
Kalkulation, technische Berechnung oder wie immer heißen, - ganz zu
schweigen von den unternehmensübergreifenden Aspekten, die CAD einmal haben wird.

Ohne ein Minimum von technisch-organisatorischer Integration, die jedoch bereits erhebliche Einführungsprobleme aufwirft, ist CAD kaum
wirtschaftlich einsetzbar, und langfristige Perspektiven für eine
möglichst vollständige und tiefe Einbettung in das Gesamtgeschehen
eines Betriebes sind hier wohl mindestens notwendig wie bei jeder anderen Anwendung von Computern." /Dietz, 1980/. Besser kann die Notwendigkeit der Integration von CAD/CAM mit dessen betrieblicher Umgebung
nicht charakterisiert werden.

Die folgenden Ausführungen basieren auf den Ergebnissen der ersten
Phase eines Forschungsprojektes, das diesem Thema gewidmet ist. Deshalb kann an dieser Stelle nicht mehr als

-    die Darstellung einer Istanalyse der Integrationsbestrebungen,
-    die Beschreibung eines Konzeptes für ein Kommunikationssystem,
-    die Darstellung einer möglichen Axiomatik, um für die Integra-
     tionsaktivitäten einen formalen Ansatz zu schaffen,

erwartet werden.

1.   Istanalyse und Entwicklungstendenzen betrieblicher Kommunikations-
     systeme

Mit großer Intensität wird zur Zeit daran gearbeitet, ein CAD-System
nicht als Insellösung nur für den Konstruktionsbereich, sondern als
integralen Bestandteil des rechnergestützten Fertigungsprozesses zu
entwickeln.
Stellvertretend für viele interessante Entwicklungen soll an dieser
Stelle das Konzept von EXAPT-NC-Systemtechnik kurz erläutert werden.

EXAPT ist ein für alle Fertigungsverfahren einsetzbares graphisch interaktives NC-Programmiersystem, das auch im Batchbetrieb gefahren werden kann. EXAPT wird in der Praxis für alle NC-Bearbeitungsaufgaben wie Drehen, Bohren, Fräsen, Brennschneiden usw. eingesetzt. Mit Hilfe von Postprocessoren werden Anpassungsprogramme zur Steuerung der jeweiligen Maschine bereitgestellt. Zielsetzung einer informationsschlüssigen Kopplung von CAD-Systemen und EXAPT ist die rechnerinterne Weiterverwendung im CAD-Bereich vorliegender Werkstückdaten für die nachgeschaltete NC-Programmierung. Diese im Bild gezeigte Integration unterschiedlicher CAD-Systeme (CAD1 .... CADn) mit dem NC-System EXAPT wird durch das Kopplungsmodul CADCPL realisiert. Folgende Arbeitsschritte sind dann zur Erstellung maschinengerechter NC-Steuerdaten, ausgehend von der rechnerinternen Speicherung der Werkstückgeometrie, erforderlich:

- Übernahme der CAD-Werkstückdaten und Anpassung an das vorliegende Fertigungsverfahren
- Planung des Arbeitsablaufes
- Detaillierung der Arbeitsablaufplanung
- Erstellung des NC-Programms.

Das CADCPL-Schnittstellenmodul umfaßt neben der Übernahme und Weiterverwendung der CAD-Werkstückdaten im wesentlichen noch die graphisch-interaktive Aufbereitung der Werkstückgeometrie und -technologie für die NC-Programmierung. Die folgende Abbildung zeigt den dargestellten Zusammenhang:

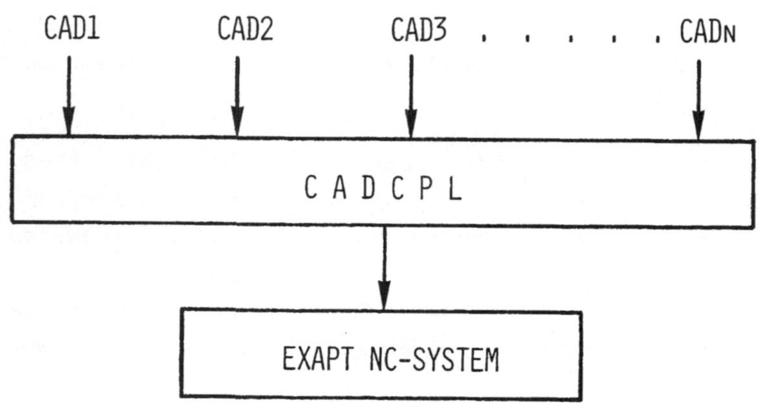

<u>Abb. 3:</u> Schnittstelle CAD/CAM

Aus den Ausführungen von Dietz lassen sich neben Schnittstellen zur
Arbeitsvorbereitung und NC-Programmierung noch die Integration von CAD
zur Kostenrechnung, Beschaffung, zum Vertrieb bzw. Marketing im allgemeinen ableiten. Die Entwicklung der vom Kunden gewünschten Produkt-
variante einschließlich deren Kalkulation stellt insbesondere unter
Berücksichtigung der sich aus diesem Prozeß ergebenden Informationen
zur Fertigungssteuerung eine unmittelbare Kopplung der marktorientier-
ten Aufgaben, zu denen der Fertigung, dar /Busch, 1982/. Die Dynamik
der Informationsströme zwischen dem CAD/CAM-Bereich und den betrieblichen Funktionen wird durch die folgende Abbildung in hervorragender
Weise charakterisiert:

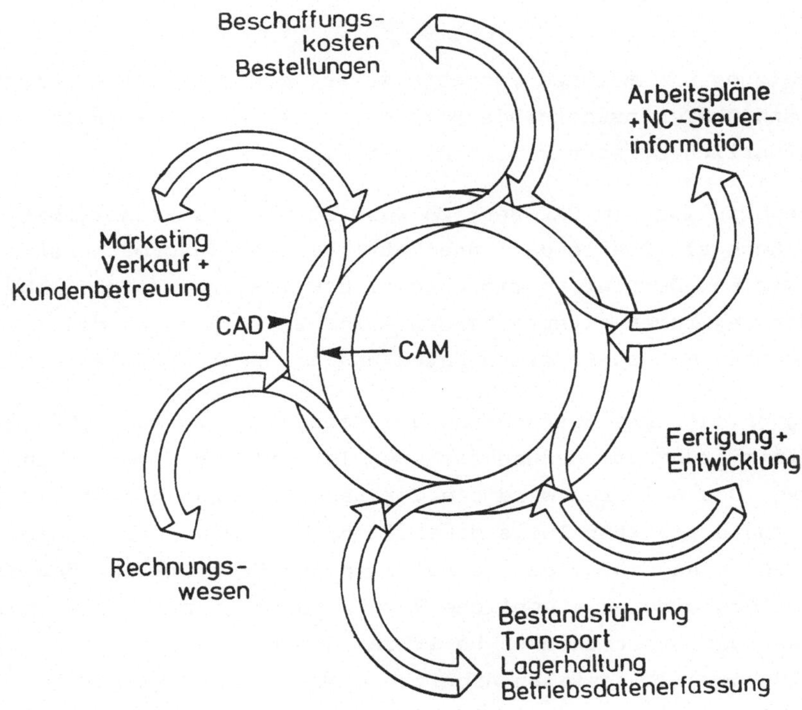

Abb. 4: CAD/CAM in der betrieblichen Umgebung / Diebold, 1981 /

Das dazugehörende nachfolgende Zitat beschreibt sehr präzise das Konzept eines betrieblichen Kommunikationssystems auf der Basis von CAD/
CAM.

"MIS can act as general guide to making an organisaticnal whole out of
the manufacturing information addition to the information system of
a company" /Diebold, 1981/.

Ein Nebenprodukt dieser gesamtbetrieblichen Integration besteht in der
integrierten Verwaltung und Verarbeitung von graphischen und textualen
Objekten. Diese Entwicklung wäre sowohl für die Konstruktion als auch
für das Teilgebiet Business-Graphics der MIS von großem Vorteil.

2. Konzept eines CAD/CAM-Kommunikationssystems

Die Basisidee des vorgestellten Ansatzes kann mit der vorgangsorientierten Abbildung betrieblicher Leistungsprozesse beschrieben werden.
Die Abbildung 5 stellt den Geltungs- und Aufgabenbereich dieses Konzepts
dar.

Über Zielsetzung, Inhalt und Vorgehensweise, einzelne Phasen dieses
Prozesses und über einzusetzende Methoden, Hilfsmittel wird an anderer
Stelle ausführlich berichtet /Busch, 1982/.

Die Aufgabenerfüllung im CAD-Bereich kann sowohl als Transformationsprozeß als auch als Quelle der innerbetrieblichen Informationsströme
angesehen werden. Der Informationsbedarf der Vorgänge (siehe Abb. 5)
zur Realisierung ihrer entsprechenden Aufgaben wird durch die in der
Produktdatenbank abgespeicherten Daten und die Betriebsdaten erfüllt.

Die vorgangsorientierte Betrachtung der Leistungsprozesse gewährleistet die Minimierung von Redundanzen der Informations- sowie Funktions-
verarbeitung. Des weiteren wird die Voraussetzung zum effektiven Einsatz rechnerunterstützter Tools geschaffen. Von wachsender Bedeutung
wird - wie schon angesprochen - dabei auch die Problematik, daß die
Informationstechnologien erhebliche Veränderungen der Arbeitsinhalte
und der Organisationsstrukturen bewirken. Somit werden individuelle
Arbeitsbedingungen im sozialen Arbeitskontext und der Wirkungsgrad
von Organisationen erheblich beeinflußt.

Neben dem CAD/CAM-Bereich wird

- der Bereich <u>individueller Arbeitsplätze</u>, ihrer Tätigkeitsanforde-
  rungen, und der Rückwirkungen dieser Tätigkeiten auf das Individuum,
- der Bereich der umfassenderen <u>Arbeitsorganisation</u>, ihres Aufbaus
  und der Zuordnung ihrer Teilbereiche, der erforderlichen Kompetenz-
  strukturen der Belegschaften,

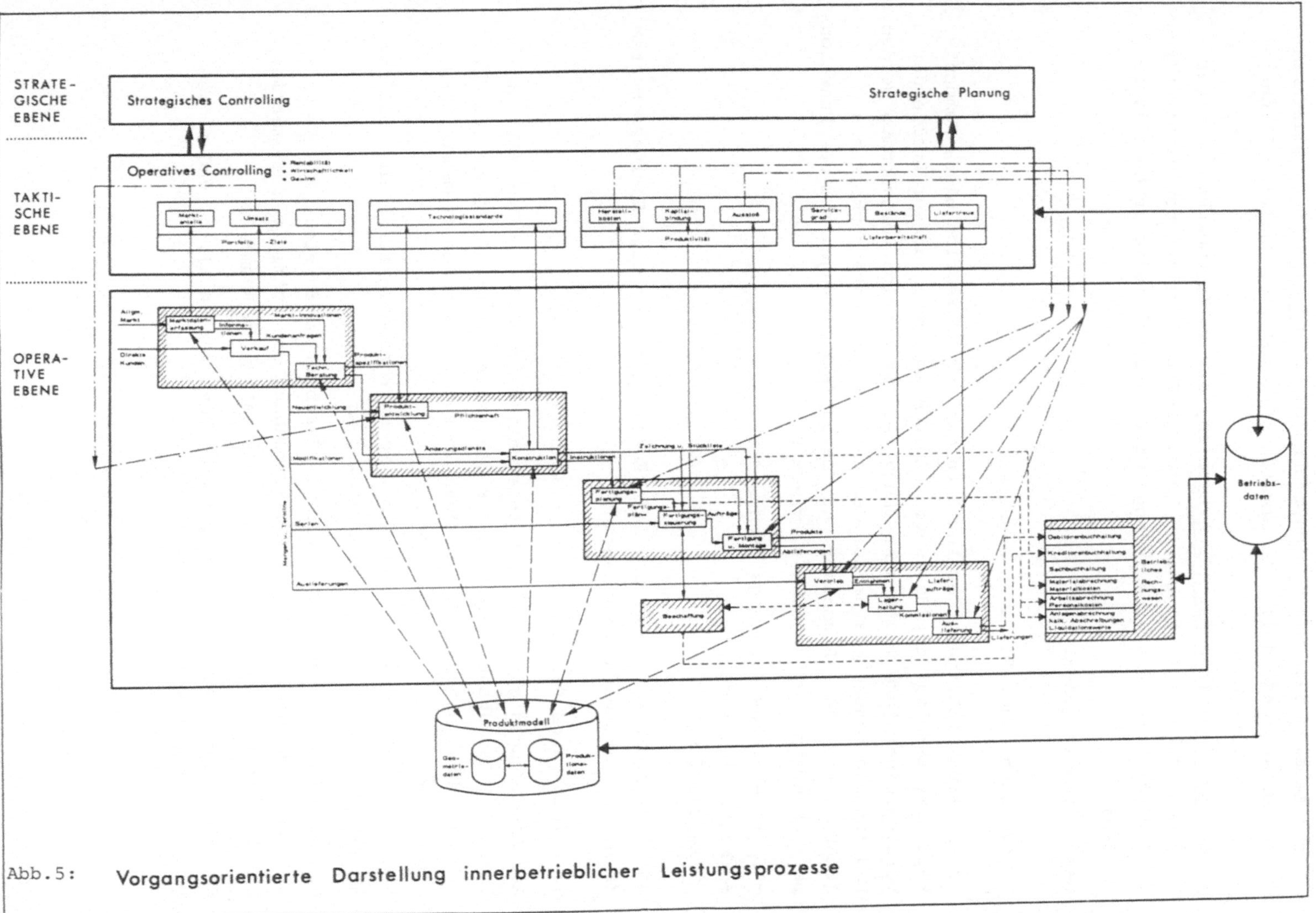

Abb. 5: Vorgangsorientierte Darstellung innerbetrieblicher Leistungsprozesse

- der Bereich der <u>informationstechnologischen Gestaltung</u>, bilaterale Kommunikationsmodelle, Informationsflußmodelle, individuell nutzbare Softwarebausteine,
- der <u>betriebswirtschaftliche</u> Bereich, die im Zusammenhang mit der neuen Technologie gegebenen Aufwands-Ertragsrelationen hinsichtlich der Effektivitätsverbesserung unter unterschiedlichen Modellvorgaben

wesentlich tangiert.

V. Versuch einer formalen Beschreibung

Unter Berücksichtigung der Ausführungen zur Konzeption eines Kommunikationssystems auf der Basis von CAD/CAM sollen an dieser Stelle der <u>Versuch</u> einer formalen Beschreibung der Integration vorgenommen werden. Das Integrationsschema umfaßt den Aufbau eines Datenbanksystems (CADDB), den CAD^{-1}-Prozessor und dessen Verknüpfungen mit den Funktionsbereichen eines Unternehmens, wie z.B.

- betriebliches Rechnungswesen
- Materialwirtschaft
- Beschaffung

die im folgenden mit dem Begriff "Enterprise Operating Business System (EOBS) zusammengefaßt werden.

1. Aufbau eines Datenbanksystems (CADDB)

Aus Anwendungssicht kann eine Integration von CAD, CAM und EOBS nur über eine Datenbank erfolgen. Zur Diskussion steht die Frage, ob die CAD-Datenbank und die CAM-Datenbank bezüglich der Requirements identisch sind.
Die Objektdarstellung benötigt bei rechnerorientierter 2D-Darstellung in der Regel drei Arten von Datensätzen:

a) Primitive Geometrie   (Kreis, Parabel, Linie etc.)
b) Topologische Daten   (Zusammenhänge der Primitiven Geometrie)
c) Räumliche Daten   (Genaue Lokation im Raum)

Für die Zusammenstellung von Arbeitsplänen werden a), b) und c) sequentiell benutzt.

Eine solcher Art strukturierte Datenbank ermöglicht über die bloße
Zeichnungs-, Arbeitsplan- und NC-Steuerinformationserstellung hinausgehend die Bereitstellung höher aggregierter Produktinformationen.
Diese können u.a. zur Standardisierung und Investitionsplanung verwendet werden.

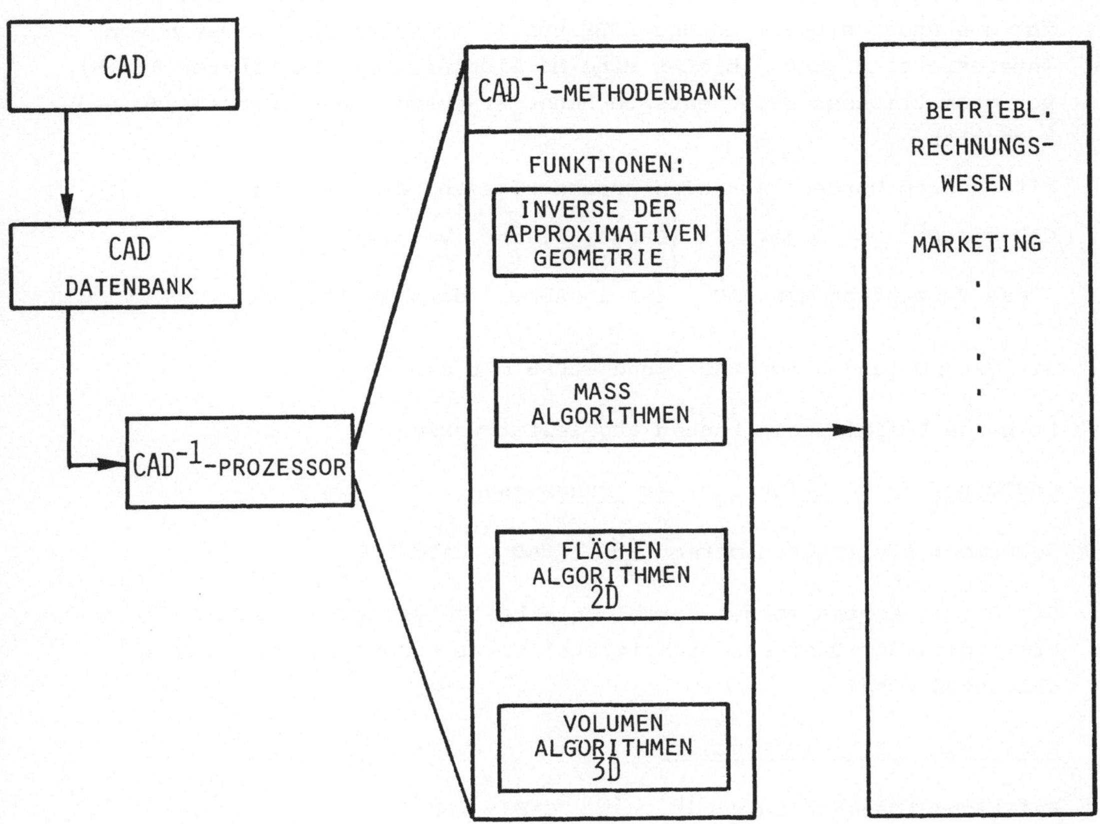

Abb. 6: CAD^{-1} - Konzeption

182

2. CAD^{-1} - Eine Konzeption

Die geometrische Modellierung beschäftigt sich mit der numerisch-
graphischen Darstellung von Objekten (Produkten). CAD^{-1} ist eine
Methodenbank, die aus Eingaben der CADDB die anwendungs-orientierten
geometrischen Eigenschaften der Produkte ermittelt.

Im CAM-Bereich sind sicher alle geometrischen Daten relevant, während
für die anderen Bereiche der EOBS nur Teilmengen der CAD-Daten von
Interesse sind. CAD^{-1} bietet eine Möglichkeit, mit begrenzter Anzahl
von geometrischen Daten entsprechende Fragestellungen schnell zu be-
antworten.

Mit anderen Worten läßt sich zusammenfassend darstellen:

$$CAD \circ CAD^{-1} = Objekt \left\{ Länge, Fläche, Volumen \right\}$$

Diese Konzeption von CAD^{-1} ist in Abb. 6 dargestellt.

3. Verknüpfungen von CAD^{-1} und CADDB mit dem EOBS

Folgende Definitionen können abgeleitet werden:

CADDB und das betriebliche Rechnungswesen

$$Relation: \left\{ Fertigungskosten \right\} \leq CAD \circ CADCPL \circ AP^*$$

Die Arbeitskosten werden durch den Arbeitsplanungsprocessor AP^*
ermittelt, der über eine Schnittstelle zur CADDB die notwendigen
CAD-Daten erhält.

CAD^{-1} und Materialwirtschaft

$$Relation: \left\{ Materialaufwand \right\} \leq CAD \circ CAD^{-1}$$

CAD^{-1} kann mit CADDB als Eingabe Mengenübersichts-Stücklisten von
jedem Produkt erzeugen.

CAD^{-1} und Beschaffung

$$Relation: \left\{ Materialkosten \right\} \leq CAD \circ CAD^{-1} \circ MERT$$

CAD^{-1} kann mit MERT bewertet werden. MERT ist eine Tabelle, die die
Kosten der Einzelteile beinhaltet, Damit wird im Bereich der Beschaffung ein zuverlässiger Überblick über die Materialkosten erzeugt.

CAD^{-1} und Marketing

Mit CAD^{-1}-System ist der Entwurf für neue Produkte flexibler geworden. CAD^{-1} kann neue Entwürfe material-kostenmäßig und arbeits-kostenmäßig schnell bewerten, so daß der Bereich Marketing reaktionsfähiger und handlungskräftiger ist.

VI Zusammenfassung und Ausblick

Die Konzeption und Formalisierung betrieblicher Kommunikationssysteme auf der Basis von CAD/CAM wurde in Ansätzen dargestellt. Ausgehend von in der Praxis vorliegenden unvollständig gekoppelten Systemen und den sich in der Entwicklung befindlichen CAD/CAM-Systemen wurde das Modell einer vorgangsorientierten Abbildung betrieblicher Leistungs-flüsse entwickelt. Die zu erwartende Entwicklung der Kommunikations-technik stellt sowohl innerbetrieblich wie überbetrieblich eine Her-ausforderung an Wissenschaft und Praxis dar.

LITERATUR:

Busch, U.: Konzeption betrieblicher Informations- und Kommunikationssysteme, Berlin 1982, Publikation in Vorbereitung.

Diebold: The MIS Implications of Manufacturing Automation 197 M 59,
   The Diebold Research Program, July 1981.

Diebold, Deutschland GmbH: Der Markt für graphische Datenverarbeitung
   in der Bundesrepublik Deutschland, Frankfurt/Main, Januar 1982.

Dietz, P.: "CAD - Eine unternehmerische Herausforderung", in: CAD-
   Fachgespräche - GI - 10. Jahrestagung (Hrsg. R. Wilhelm) Berlin -
   Heidelberg - New York 1980, S. 1-10.

Helberg, P., Zimmermann, R.: Rechnereinsatz in der Arbeitsvorbereitung
   Sonderdruck aus ZwF, 1980, Hanser-Verlag, München, S. 29 ff.

Krause, F.L.: Systeme der CAD-Technologie für Konstruktion und Arbeitsplanung. Hanser-Verlag, München, Wien 1980, S. 55 ff.

Krause, F.L.: Abramovici, M., Möglichkeiten zum verstärkten Einsatz
   von CAD in kleineren und mittleren Maschinenbaubetrieben, in:
   ZwF (1982) 5, S. 201 ff.

SKF/TU Berlin: Forschungsprojekt: "Office 2000 Konzeptentwicklung" -
   Integriertes Informations- und Kommunikationssystem, Berlin 1982.

<u>DIE PLANUNG KÜNFTIGER BÜROAUTOMATION -</u>

<u>VORSCHLÄGE FÜR EINE UNTERNEHMENSSTRATEGIE</u>

Dr. Ing. Tom W.H.A. Sommerlatte
Vice President Telematik
Arthur D. Little International
D-6200 Wiesbaden

Das DV-Management und das Unternehmens-Management stehen heute vor einer neuen Herausforderung bei Gestaltung und Einsatz der Informationssysteme.

Diese Herausforderung ist nicht nur technischer und organisatorischer Natur, sondern hat einen engen Zusammenhang mit den Unternehmensstrategien.

Die Datenverarbeitung ist heute ein wichtiges und anerkanntes Rationalisierungsinstrument. Der Weg zum derzeitigen Leistungsstand und zur Akzeptanz der Datenverarbeitung war oft nicht leicht, aber er wurde im zunehmend kooperativen Zusammenspiel von DV-Management und Anwendern konsequent und erfolgreich begangen.

Und trotzdem hat sich die Ertragssituation der meisten Unternehmen in den letzten Jahren eher verschlechtert, sind die Kosten im Büro- und Verwaltungsbereich der Unternehmen stark gestiegen und haben die Probleme mangelnder Reaktionsgeschwindigkeit und Innovationsfähigkeit zugenommen.

Wie kommt das?

In einer ganzen Reihe von Unternehmen hat sich gezeigt, daß es zwei grundlegende Ursachen für diese unbefriedigende Entwicklung gibt:

> 1 - Suboptimierung bei Planung und
>   Kontrolle der Informationssysteme
>
> 2 - Unzureichende Abstimmung zwischen
>   Planung der Informationssysteme
>   und Unternehmensstrategien

1. Suboptimierung bei Planung und Kontrolle der Informationssysteme

Abbildung 1 gibt eine typische Entwicklung wieder. In vielen Unternehmen sind die
Kosten der DV-Systeme unter Kontrolle. Zu diesen Kosten rechnen wir die Personalkosten der DV-Abteilung sowie die Betriebs- und Kapitalkosten (Mieten und/oder Ab-
schreibungen) der Hardware- und Softwaresysteme.
Typischerweise liegen diese Kosten bei 2 bis 3 % des Umsatzes, bei prozentual fal-
lender Tendenz. Das jährliche Wachstum der DV-Systemkosten bewegt sich häufig um
etwa 5 %.

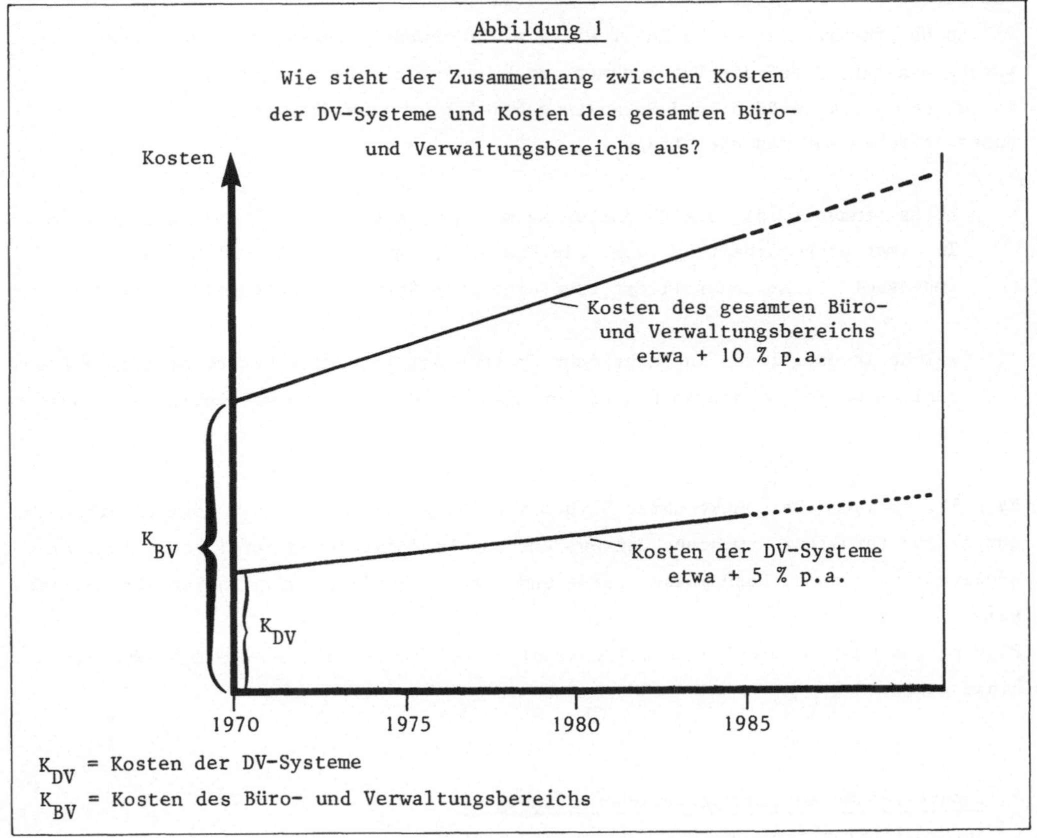

Die Kosten des gesamten Büro- und Verwaltungsbereichs (einschließlich der DV-
Systemkosten) sind in den meisten Unternehmen weder definiert noch bekannt. Sie

bestehen zum überwiegenden Teil aus Personalkosten, wobei

- das gehobene und mittlere Management etwa 25 % dieser Kosten,

- die Sachbearbeiter und Kundenbetreuer etwa 60 % dieser Kosten und

- Sekretärinnen, Schreibkräfte und Typistinnen etwa 15 % dieser Kosten

ausmachen.

Insgesamt stellen die Kosten des Büro- und Verwaltungsbereichs bis zu 15 % des Umsatzes dar, und zwar mit prozentual eher steigender Tendenz. Das jährliche Wachstum dieser Kosten bewegt sich häufig um etwa 10 %.
Vielen Unternehmen ist diese Entwicklung nicht bewußt. Überspitzt ausgedrückt
könnte man sagen, daß die Unternehmen durch Investitionen in ihre DV-Systeme die
Kosten des gesamten Büro- und Verwaltungsbereichs in die Höhe treiben.
Anders gesehen muß man aber fragen,

- ob es sinnvoll ist, die DV-Kosten zu managen, während die Kosten der gesamten
  Informationsverarbeitung (d.h. die Kosten des Büro- und Verwaltungsbereichs
  insgesamt) nicht kontrolliert bzw. nicht als Systemkosten gesteuert werden, und

- welche Investitionen in technische Systeme der Informationsverarbeitung erforderlich wären, um die Kostensteigerungen im Büro- und Verwaltungsbereich abzu-
  fangen.

Es gilt, zu jedem Zeitpunkt unter Berücksichtigung der technischen Möglichkeiten das
günstigste Verhältnis zwischen den System- und Personalkosten der Informationsverarbeitung zu finden. Dazu müssen beide und ihre Wechselbeziehung zueinander bekannt
sein.
Planung und Kontrolle der Informationssysteme muß damit weit über die DV-Systeme
hinausgehen.

2. Unzureichende Abstimmung zwischen Planung der
   Informationssysteme und Unternehmensstrategien

Die Unternehmen sehen sich mit neuen Markt-, Wettbewerbs- und Technologieentwick-
lungen konfrontiert, auf die sie mit der ganzen Klaviatur ihrer operativen Möglichkeiten strategisch, d.h. selektiv und so wirkungsvoll wie möglich, reagieren müssen.
Informationssysteme zur Steigerung von

- Produktivität,

- Reaktionsgeschwindigkeit und
- Innovationsfähigkeit

sind ein wesentlicher Bestandteil der Klaviatur. Leider ist dieser Bestandteil den
Strategen im Unternehmen häufig nicht ausreichend bekannt, d.h. sie wissen nicht,

- welche Tasten (ist gleich technisch-organisatorische Möglichkeiten) es gibt
  und, was wichtiger ist,

- was bei Nutzung der Tasten (ist gleich Einsatz der technisch-organisatorischen
  Möglichkeiten) geschieht.

Typische Beispiele dieser Problematik sind heute Büroautomation und CAD/CAM. Abbildung 2 zeigt einen Ansatz, wie dieses Dilemma überwunden werden kann.

Aus den strategischen Unternehmenszielen, bezogen auf die relevanten Erfolgsfaktoren im Markt, lassen sich Ziele des Ausbaus der Informationssysteme in <u>allen</u> ihren
Bereichen ableiten.
Die Unternehmensziele müssen sich aus einem Vergleich mit dem Wettbewerb und aus
wirkungsvollen Differenzierungsmaßnahmen ableiten.
Es zeigt sich, daß jedes der strategischen Ziele Auswirkungen auf <u>mehrere</u> der Systembereiche hat:

    CAD = Computer-aided Design
    CAM = Computer-aided Manufacturing (einschließlich automatisches Testen, rechner-
          gesteuerte Werkzeugmaschinen, Roboter)
    AMH = Automatic Materials Handling
    MRP = Manufacturing Resources/Requirements Planning
    CDP = Commercial Data Processing
    DDP = Distributed Data Processing
     TV = Textverarbeitung
     EM = Electronic Mail
    MWS = Multifunctional Work Stations
    COM = Kommunikationsnetz

Es wird auch deutlich, daß die einzelnen Unternehmensziele nur unvollständig ver-
folgt werden können, wenn nur einer oder wenige der Systembereiche ausgebaut werden.
Gerade das Zusammenspiel der verschiedenen Systembereiche wird beim strategischen
Einsatz von Informationssystemen immer wichtiger.

Abbildung 2

Ableitung von Zielen des Ausbaus der Informationssysteme aus den strategischen Zielvorgaben
des Unternehmens

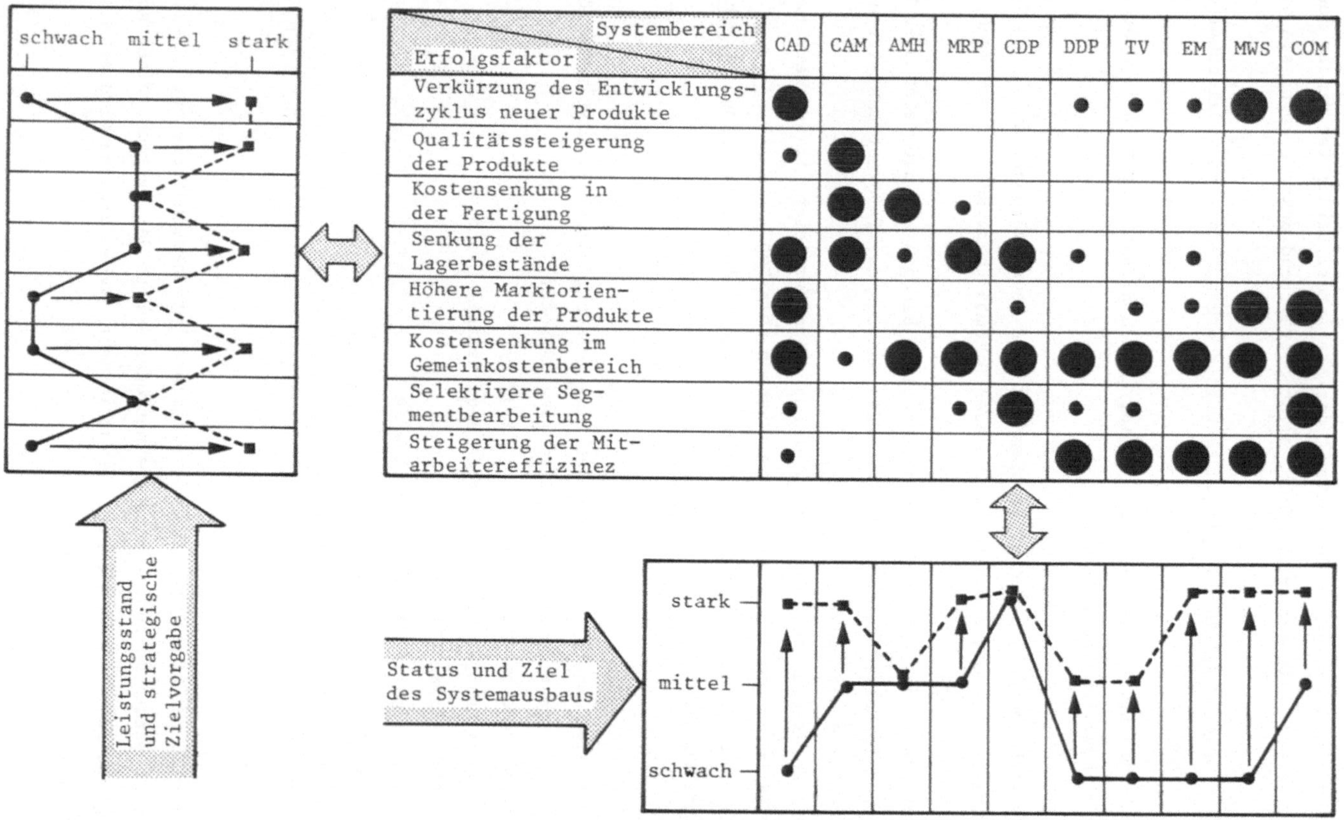

Entscheidend ist aber, die Zusammenhänge zwischen den strategischen Erfolgsfaktoren und der Rolle aller vorhandenen und möglichen Systembereiche genau (und möglichst quantifizierbar) zu erkennen. Nur so können weitgehend zuverlässige Wert- und Kostenfunktionen miteinander in Übereinstimmung gebracht werden.

Nur so kann auch vermieden werden, daß einzelne Systembereiche (z.B. Textverarbeitung) nur anhand eines Teilziels (z.B. Kosteneinsparungen bei den Sekretärinnen) beurteilt werden und ihr Ausbau dann verworfen wird.

Es gibt zahlreiche Unternehmen, die Investitionen in Systeme der Büroautomation zurückstellen, weil

- die Verantwortlichen für <u>Teil</u>systeme (z.B. Textverarbeitung, Telekommunikation) die Wirtschaftlichkeit des Systemausbaus nicht nachweisen können

- angesichts der Vielfalt verschiedener technischer Lösungen eine Bewertungsbasis fehlt, um die optimale <u>Systemstrategie</u> zu bestimmen.

Die Unternehmensleitung steht dieser Situation oft nicht nur ratlos, sondern auch skeptisch gegenüber. Sie sollte aber selber die Initiative für eine aktive strategische Nutzung der Büroautomation ergreifen, weil die Wettbewerbsposition des Unternehmens insgesamt zunehmend davon abhängt.

3. <u>Für eine aktive Systemstrategie</u>

Unternehmen, die aktiv die neuen Möglichkeiten des Ausbaus ihrer Informationssysteme nutzen, gehören zu den erfolgreichsten in ihrer Branche. Diese Beobachtung kann man in vielen Branchen machen.
Aktive Nutzung heißt dabei nicht unkritischer Einsatz oder hohes Risiko. Vielmehr heißt es ständige Überprüfung der neuen Möglichkeiten auf ihre gesamtheitlichen operativen und strategischen Auswirkungen.

Ein erster Schritt zu einer derartigen aktiven Systemstrategie ist die Neuordnung der Verantwortungen im Bereich der Informations- und Kommunikationssysteme.

In der Vergangenheit konnten die einzelnen Systembereiche getrennt aufgebaut und betrieben werden. Es gab in den meisten Unternehmen drei klare Verantwortungsbereiche:

- EDV-Management, zuständig für EDV-Systeme,
- Organisationsabteilung, zuständig für Bürogeräte,
- Technische Abteilung, zuständig für Telefonsysteme und Telex.

190

Diese Verantwortungsbereiche werden zunehmend unschärfer (siehe Abbildung 3):

- das EDV-Management muß die bisher zentrale Verarbeitungs- und Speicherfunk-
  tion in verteilten Systemen an die Arbeitsplätze im Büro bringen und dabei
  Bürofunktionen berücksichtigen und Telekommunikationsfähigkeiten aufbauen,

- die Organisationsabteilung muß die Aufgabenstrukturierung und die Arbeitsabläufe auf die neuen Möglichkeiten von intelligenten Terminalsystemen, kommunizierenden Textverarbeitungsmaschinen und intelligenten Kopiergeräten abstellen
  und

- die Technische Abteilung muß technische Übertragungseinrichtungen für Datennetze im Auftrag und nach Spezifikationen des EDV-Managements sowie neue telefonische Inhouse-Systeme nach den Anforderungen der Organisationsabteilung erstellen.

Alle diese Teilsysteme sollten im Interesse des Unternehmens nach wirtschaftlichen
Gesichtspunkten optimiert sein, d.h.

- Duplikationen vermeiden,
- koordinierte Abläufe und Aufgabenverteilungen gewährleisten und
- so weit wie möglich ein gesamtheitliches Konzept verfolgen.

Es ist einsichtig, daß dafür eine einheitliche Verantwortung geschaffen werden muß.

Man kann nicht verallgemeinern, wer im Unternehmen diese Verantwortung übernehmen
sollte. Zum großen Teil ist das auch eine Frage der vorhandenen Verantwortungsstruk-
turen, Persönlichkeiten und Fähigkeiten. Verallgemeinert kann nur werden, welche
Fähigkeiten der Verantwortliche für Informationssysteme vereinen muß:

- Fähigkeiten des Datennetz-Managements (Software-Kenntnisse, Kenntnisse öffentlicher Netze, Teleprocessing-Kenntnisse, Kenntnisse der Terminalfunktionen in
  den verschiedenen Anwendungsbereichen, Erfahrung in der Störungsbehebung in
  Kommunikationsnetzen)

- Kenntnisse der Technik, Betriebsweise und Einsatzbedingungen der anderen Ver-
  arbeitungs- und Kommunikationssysteme (Sprache, Text, grafische Informationen)

- Fähigkeiten der Systemanalyse und -planung

- Kenntnisse der Anforderungen von Büroarbeitsplätzen und -arbeitsbereichen an
  technische Systeme, Abläufe und Aufgabenstrukturen

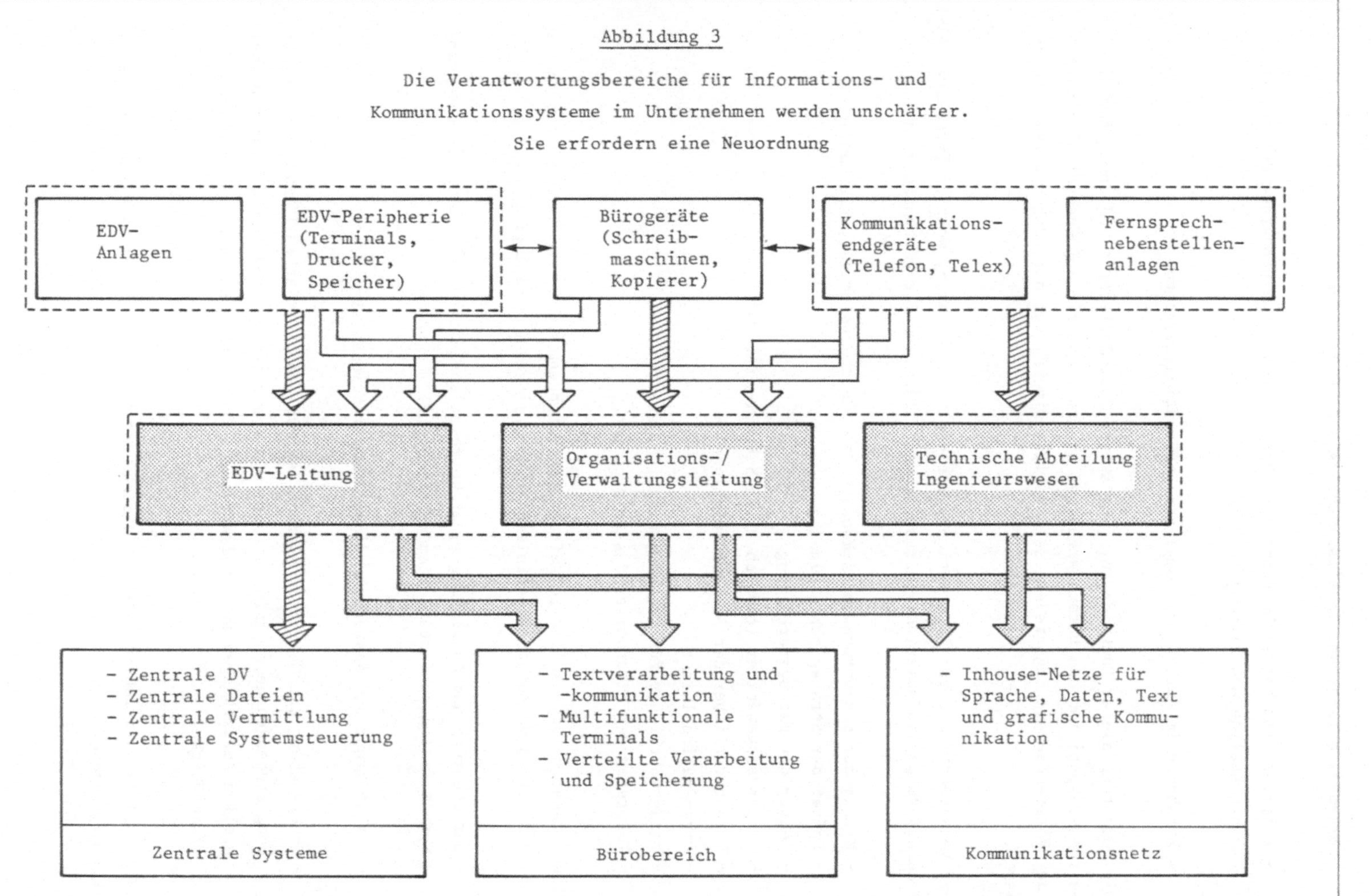

Abbildung 3

Die Verantwortungsbereiche für Informations- und
Kommunikationssysteme im Unternehmen werden unschärfer.
Sie erfordern eine Neuordnung

EDV-Anlagen
EDV-Peripherie (Terminals, Drucker, Speicher)
Bürogeräte (Schreibmaschinen, Kopierer)
Kommunikations-endgeräte (Telefon, Telex)
Fernsprech-nebenstellen-anlagen

EDV-Leitung
Organisations-/Verwaltungsleitung
Technische Abteilung Ingenieurswesen

- Zentrale DV
- Zentrale Dateien
- Zentrale Vermittlung
- Zentrale Systemsteuerung
Zentrale Systeme

- Textverarbeitung und -kommunikation
- Multifunktionale Terminals
- Verteilte Verarbeitung und Speicherung
Bürobereich

- Inhouse-Netze für Sprache, Daten, Text und grafische Kommunikation
Kommunikationsnetz

192

- organisatorische und arbeitspsychologische Kenntnisse

- betriebswirtschaftliche Kenntnisse über Methoden und Bedeutung der strategischen Analyse und Planung

- Erfahrung im Aufbau von komplexen Informationssystemen

Die Bedeutung dieser Funktion für eine aktive Systemstrategie und damit für die Wettbewerbsposition des Unternehmens ist so groß, daß sie auf Geschäftsführungs- oder Vorstandsebene angesiedelt sein sollte. Die EDV ist nur noch ein Teilbereich davon.

Der Verantwortliche für Informationssysteme ist gut beraten, wenn er frühzeitig eine Planungsgruppe "Informations-Infrastruktur" bildet, in der vertreten sind:

- Mitglieder des Unternehmens-Managements (Geschäftsleitung, Vorstand)
- Leiter der Strategischen Planung
- Leiter der Datenverarbeitung
- Leiter ausgewählter (typischer) Fachabteilungen
- Verantwortlicher der Systementwicklung
- Organisationsleiter
- Verantwortlicher für Telekommunikation/Netze
- Vertreter der Mitarbeiter des Unternehmens

Diese Planungsgruppe sollte im Auftrag der Unternehmensleitung zunächst eine Reihe von vorbereitenden Aufgaben definieren und an einzelne Arbeitsgruppen vergeben:

- Durchführung und Auswertung einer Korrelationsanalyse Unternehmensstrategien/ Systemstrategien (entsprechend Abbildung 2)

- Durchführung und Auswertung einer Kommunikationsfluß-Analyse

- Untersuchung und Charakterisierung der für den praktischen Einsatz zur Verfügung stehenden neuen Informations- und Kommunikationssysteme und ihrer prinzipiellen Auswirkungen auf Produktivität, Reaktionsgeschwindigkeit und Innovationsfähigkeit.

Die Kommunikationsfluß-Analyse dient dazu, mit Hilfe einer systematischen Vorgehensweise zu erheben:

- die von den Aufgaben und Funktionen einzelner Organisationseinheiten im Unternehmen ableitbaren Informations- und Kommunikationsanforderungen,

- die wahrscheinliche Entwicklung der Aufgaben- und Funktionsstrukturen in Abhängigkeit von den Unternehmensstrategien und von Maßnahmen der Produktivitätssteigerung,

- die Kommunikationsverbindungen zwischen den einzelnen Organisationseinheiten, und zwar alle Typen von Kommunikationsverbindungen (Sprache, Daten, Text, Austausch grafischer Informationen, persönliche Besprechungen),

- die funktionsbedingten Zusammenhänge zwischen den Informations- und Kommunikationsanforderungen.

Auf der Basis dieser Analyse können wertanalytische Verbesserungen der Aufgabenstrukturen und Abläufe und lohnende Einsatzmöglichkeiten neuer Informations- und Kommunikationssysteme aufgezeigt werden.

Die Untersuchung und Charakterisierung der neuen Informations- und Kommunikationssysteme muß systematisch nach ihrer Relevanz für die einzelnen strategischen Erfolgsfaktoren durchgeführt werden.

Viele der neuen technischen Lösungen stellen noch Neuland dar. Das Unternehmen soll die damit verbundenen Möglichkeiten der Produktivitätssteigerung und Positionsverbesserung zwar nutzen, sollte aber nicht experimentieren und kein hohes Entwicklungsrisiko eingehen.

Auf der Basis dieser Untersuchungsergebnisse sollten in einem zweiten Schritt alternative Verbesserungsmöglichkeiten entwickelt und bewertet werden. Die Bewertungskriterien müssen von der Planungsgruppe zusammengestellt und von der Unternehmensleitung gebilligt werden. Die Bedeutung exakt definierter und verabschiedeter Bewertungskriterien bei der Planung von Informations- und Kommunikationssystemen wird oft unterschätzt.

Diese Bewertungskriterien müssen sich auf meßbare oder überprüfbare Veränderungen im Unternehmen beziehen und bei der Implementierung neuer Systemlösungen zur laufenden Erfolgskontrolle und Steuerung eingesetzt werden.

Typische Bewertungskriterien sollten sich beziehen auf:

- die Auswirkungen auf Produktivität und Wirtschaftlichkeit,

- die Auswirkungen auf die Effektivität der Managementaufgaben,
- die Auswirkungen auf Schnelligkeit und Flexibilität der Arbeitsabläufe,
- Investitionsaufwand,
- Akzeptanz durch die Mitarbeiter,
- Organisationsaufwand,
- Schulungsaufwand und
- Dauer und Stufen der Implementierung.

Auf der Basis dieser Vorarbeiten kann ein <u>Rahmenplan für die Informations-Infrastruktur</u> des Unternehmens entwickelt werden, der die Standards, Schnittstellen, Netzarchitektur, Kompatibilitätsanforderungen und einen Gerätekatalog vorgibt. Die Planung und Implementierung der einzelnen Systembereiche sollte dann zunehmend den einzelnen Fachabteilungen überlassen werden. Die Investitions- und Personalentscheidungen der Fachabteilungen müssen allerdings nach den Regeln des Rahmenplans getroffen werden, z.B.

- keine Personalerhöhung, wenn durch Systemausbau Produktivitätsgewinne bei bestehendem Personalbestand erzielt werden können,

- keine Investition in neue oder erweiterte Systeme, solange nicht nachweisbare und ausreichende Verbesserungen gegenüber den definierten Bewertungskriterien zu erwarten sind,

- Beschaffungen nur nach Gerätekatalog und Vorgaben des Rahmenplans (d.h. Standards, Schnittstellen, Kompatibilitäten, Einführungskriterien).

Die Aufgaben des Verantwortlichen für Informationssysteme in der Implementierungsphase sollten folgende Aspekte umfassen:

- Kontrolle und Freigabe der Anwendungsplanung der einzelnen Fachabteilungen,

- Nachkontrolle der Implementierungen der einzelnen Fachabteilungen,

- Aufbau der Infrastruktur, d.h. der Netze und der zentralen Kapazitäten und Servicefähigkeiten und

- Bereitstellung von Schulungsprogrammen.

Es läßt sich zeigen, daß mehr als zwei Drittel aller Anwendungen der Informationsverarbeitung im Unternehmen im Bereich des <u>Managements</u> und der <u>gehobenen Sachbearbeitung</u> anfallen - da wo Unterstützung durch technische Systeme bisher am wenigsten

entwickelt ist. Technische Systeme waren in diesem kostenträchtigen Bereich bisher
nur bedingt einsatzfähig, weil sich die Arbeitsabläufe hier kaum formalisieren lassen und weil die Menschen in diesem Bereich mit Recht nicht bereit sind, sich den
technischen Systemen anzupassen.

Es besteht nun aber die Chance, wesentlich flexiblere und benutzerfreundlichere
Systemlösungen im Büro- und Verwaltungsbereich zu entwickeln und damit eine neue
Dimension von strategischen Möglichkeiten zu eröffnen.

Diese Ausführungen sind daher ein Plädoyer für eine aktive Systemstrategie.
Es ist klar, daß Probleme und Fehlentwicklungen bei der Realisierung neuer Systemlösungen im Büro- und Verwaltungsbereich dadurch minimiert werden können, daß

- die Planungen so sorgfältig und realistisch wie möglich durchgeführt werden,

- die Implementierungsstufen mit der erforderlichen organisatorischen und päda-
  gogischen Unterstützung in Angriff genommen und einer kritischen Nachkontrolle
  unterzogen werden,

- die Mitarbeiter die Vorteile der gemeinsam definierten und geplanten Maßnahmen
  für das Unternehmen und sich selbst sehen.

INTERFACE GAP
Abweichungsursachen bei der Realisation geplanter
Informations- und Kommunikationsprozesse im Betrieb
und ihre Analyse

W. Schiebel
Institut für Absatzwirtschaft, Wirtschaftsuniversität Wien
A - 1o9o Wien, Augasse 2-6

Über das "integrierte Büro" wurde im Rahmen dieser Tagung viel gesprochen und geschrieben. Firmenkonzepte, Produktplanung und Markterschließung wurden dabei an erster Stelle diskutiert, die technische Seite daher in den Vordergrund gerückt, darüber hinausgehende Probleme wurden zumeist nicht beachtet.

Zweifellos werden die Strategien der Marktleader die zukünftige Entwicklung der
Büroinformations- und -kommunikationssysteme (BIKOS) dominieren. Das darf bei kritischer Betrachtung des Diffusionsprozesses jedoch nicht darüber hinwegtäuschen, daß
es neben den zur Zeit schon in Bearbeitung stehenden Problemfeldern noch zahlreiche
weitere große Problembereiche gibt, die vor dem für EDV-Spezialisten und EDV-Benutzer
befriedigenden Einsatz eines integrierten Büros gelöst werden müssen:

● Technische Probleme
Die bisherigen Bemühungen im Bereich der automatischen Textbearbeitung im Büro konzentrieren sich vorwiegend auf die sogenannte "Textverarbeitung". Weitergehende Möglichkeiten einer maschinellen Textbearbeitung im Büro (ZIMMERMANN 1978) ergeben
sich jedoch aus dem Einsatz von indexierenden, klassifizierenden und retrievalorien-
tierten Software-Systemen, wobei neben der Bearbeitung formatierter Daten eine inhaltliche Erschließung unformatierter Daten (Texte) notwendig ist.
Diese textuelle Inhaltserschließung ist eine wesentliche Voraussetzung dafür, daß die
im Büro überwiegend anfallenden Daten (z.B. die nicht standardisierte Korrespondenz)
in ein Informationssystem eingebracht werden können.

Es scheint, daß die technischen Fragen, die zur Zeit stark in den Vordergrund dieser
Tagung treten, prinzipiell lösbar sind.

RAUCH (1978a) weist im Rahmen des COBIS-Projekts (Computergestütztes Büro-Informations-
System) daraufhin, daß "wenn diese Schwierigkeiten überwunden sein werden und die zur
Verfügung stehende Vielfalt an elektronischen, fotographischen und mechanischen Hilfsmittel gezielt und konzentriert untereinander abgestimmt sein wird, kann das integrierte Büro bereits eine derartige praktische Bedeutung erreicht haben, daß weitere

<u>Probleme</u> entscheidend zum Tragen kommen".

● <u>Soziale Probleme</u>
(information-retrieval und updating werden die Stellenbeschreibungen der im Büro Tätigen dominieren. Es ist möglich, daß diese Anforderungen auch in einer Änderung der sozialen Stellung und damit der Attraktivität dieses Berufsstandes ihren Niederschlag finden werden und dadurch auf der Ebene der Sachbearbeiter und des Management Veränderungen hervorrufen können).

● <u>Juristische Probleme</u>
(wirtschafts- und fernmelderechtliche Aspekte des Datenschutzes und der Datensicherung u.a. der Rückverfolgbarkeit von Beleg-Ketten sowie der Kennung nachträglicher Änderungen an Dokumenten).

● <u>Ökonomische Probleme</u>
(Umschichtung von Tätigkeitsprofilen, Reorganisation der Entscheidungsprozesse und Problemlösung durch neue Möglichkeiten der Informationsbeschaffung).

● <u>Linguistische Probleme</u>
(Be- und Verarbeitung von natürlicher Sprache, das "Verstehen", das sinnvolle Zusammenfassen von Texten, das Erkennen von inhaltlicher Ähnlichkeit von Texten usw.).

An den Fragen der linguistischen Datenverarbeitung wird in zahlreichen Institutionen gearbeitet, die weiteren Fortschritte auf diesem Gebiet werden entscheidend zur praktischen Realisierbarkeit von integrierten Büro-Informations- und -kommunikationssystemen beitragen.

IMPLEMENTIERUNGSPROBLEME

Planungsverfahren zur Gestaltung betrieblicher Informationssysteme ergeben vorerst nur eine entscheidungsprozessuale Aufbauorganisation (SCHIEBEL 1979a), deren Stelleninhaber über ihre informationellen Bilder beschrieben werden, ohne den in der Realisierungsphase so wichtigen kommunikativ-menschlichen Aspekt, durch die Betrachtung der einer Stelle künftig zugeordneten Kommunikationspartner und ihrer "Sprechakte" schon in der Planungsphase zu berücksichtigen.

Es genügt daher nicht für die Gestaltung eines betrieblichen Informationssystems die in dem Entscheidungsprozeß involvierten Stelleninhaber sowie deren Verkettung (SCHIEBEL 1979a) auszuweisen, sondern es ist darüber hinaus notwendig, die <u>zukünftigen Beziehungen</u> der zu belegenden Stellen auf Subjektebene (Mensch-Mensch- bzw. Mensch-Maschine-

198

Kommunikation) zu durchdenken.

Die Überführung des geplanten Informationssystems in seine Realisierung bedeutet eine
Veränderung der Elemente und Beziehungen. Die bisherigen Stelleninhaber werden durch
Kommunikationspartner (Mensch oder Maschine) ersetzt. Die geplanten Kommunikationsbeziehungen zwischen den Stelleninhabern, die durch die Zuordnung zwischen den Stelleninhabern des Systems zuzüglich der Umwelt, dem Inhalt und dem Verhalten der Beziehung
definiert waren, werden realisiert.

Das bedeutet, daß z.B. das geplante Verhalten einer Beziehung (definiert über die Abhängigkeit des Inhalts der Beziehung von einer gegebenen Menge an Parametern, wie
Übertragungsfunktion, Zielobjekt und zur Zielerreichung notwendige Transferfunktio-
nen) durch das reale Kommunikationsverhalten eines Kommunikationspartners erreicht
werden muß.

Reales Kommunikationsverhalten kann im Rahmen von kommunikativen Handlungsspielen
beobachtet werden. Im Rahmen der Realisiserung geplanter Informationstransferprozesse
zur Implementierung betrieblicher Kommunikationsprozesse können beispielhaft die folgenden Störwirkungen (= Abweichungsursachen) auftreten:

● Systeminterne Störwirkungen
  - ein- und mehrdeutige Bezeichnung von Belegspalten,
  - Aufbau und Form von Belegen,
  - individuelle Gestaltung normierter Texte,
● Systemexterne Störwirkungen
  - verschiedenartiger Aufbau von Belegarten der Lieferanten im Rahmen von Waren-
    wirtschaftssystemen,
  - unterschiedliche Begriffsdefinitionen für bestimmte Betriebsformen des z.B.
    Handels bei der Verwertung zwischenbetrieblicher Vergleichskennzahlen,
  - "Mächtigkeit" des Eigenschaftsvektors von Produkten bei der Einführung von
    Produktdeklarationen,
● Systeminterne und systemexterne Störwirkungen
  - die unterschiedlichen Begriffsintensionen, welche die eindeutige Zuordnung
    erschweren ("Adressaten" eines Einzweckbeleges),
  - die semantische Unschärferelation in der Fachsprache,
  - die Erscheinungen der Informationssperre, Verzerrung und das "overreporting",
  - die "begrenzte" Informationsverarbeitungskapazität der Kommunikationspartner,
  - die mangelnde Fähigkeit einer Artikulation der Informationsnachfrage bei den
    Kommunikationspartnern.

Störung = def. als eine beobachtbare, den Toleranzbereich überschreitende Abweichung

(= Abweichungswirkung, z.B. falscher Fakturenbetrag) deren Kausalität (= Abweichungs-
ursache, z.B. falscher Einheitspreis) die Störwirkung der zugrundeliegenden Störungs-
ursache (z.B. veraltete Preisliste) ist.

Die Abweichungsursachen beeinflußen die BIKOS-Entwicklung und Einführung als auch deren
Nutzung derart, daß es dadurch zu erheblichen Zeitverzögerungen in der Systementwicklung als auch zu nicht bedarfs- bzw. benutzergerechten Systemen kommt.

Die Phase der BIKOS-Entwicklung und Einführung erfordert eine intensive Zusammenarbeit
zwischen EDV-Spezialisten, Organisatoren und Systembenutzern.

TERTILT (1978) weist in seinem Buch "Management und EDV" vielfältige Barrieren und
"Klüfte" in der Zusammenarbeit zwischen Managern und EDV-Spezialisten aus und bezeichnet die damit zusammenhängenden Probleme in Anlehnung an die angloamerikanische Literatur (LIPSON/DARLING/REYNOLDS 197o, TOMASZEWSKI 1972) als INTERFACE GAP.

Im weiteren wird nun auf die BIKOS-Implementierung und die dabei als Interface Gap
auftretenden Probleme eingegangen, um Maßnahmen aufzuzeigen, die ein im Sinne von
MÖLLHOFF (1978) effizientes Informationsnachfrage-Verhalten der BIKOS-Benutzer zu
ermöglichen.

Nach CHURCHMAN/SCHAINBLATT (1966), gestützt durch spätere Studien von DYCKMAN (1967)
und DUNCAN (1974) sollen die Interaktionspartner eine Position des "mutual understanding", des gegenseitigen Verstehens, einnehmen (in Abgrenzung zur "separate-function
position, communication position" sowie "persuasion position"). D.h. die Implementierung setzt voraus, daß der Benutzer den Spezialisten versteht bzw. der Spezialist
den Benutzer versteht.

Da somit ein gewisses Maß an Konformität für das Funktionieren zielgerichteter Gruppen-
aktivitäten ("Projektteam") und für das Weiterbestehen der Gruppe notwendig ist
(HERKNER 1981), sind insbesondere soziale Tauschprozesse (direkte und/oder stellver-
tretende Verstärkung imitativer bzw. konformer Verhaltensweisen, Bestrafung oder Ex-
tinktion abweichenden Verhaltens, Eigenschaften der Interaktionspartner, insbesondere
Macht (MCCLELLAND 1978) und Beliebtheit usw.) als auch soziale Vergleichsprozesse
(FESTINGER 195o, 1954) zur Erarbeitung "einheitlicher" Meinungen bzw. Verhaltensnor-
men dafür notwendig.

● Zur Realisierung dieser sozialen Tausch- bzw. Vergleichsprozesse sind Kommunikationsprozesse zwischen Kommunikationspartnern (Entscheidungsträger, Projektteam-
  mitglieder, zukünftige Benutzer) erforderlich, deren geplante Interaktionssequen-
  zen im Rahmen des BIKOS durch linguistische Probleme effizienzverhindernde Abwei-

chungen erfahren können.

Den in diesem Zusammenhang w.o. vorgestellten Störwirkungen liegen drei Kategorien von Störungsursachen zugrunde:

1. syntaktische Störungsursachen,
2. semantische Störungsursachen als auch
3. pragmatische Störungsursachen.

Diese Kategorisierung beruht auf dem allgemeinen Konzept der Semiotik nach MORRIS (1946). KLAUS hat dieses Konzept 1965 um die sigmatische Kategorie erweitert:

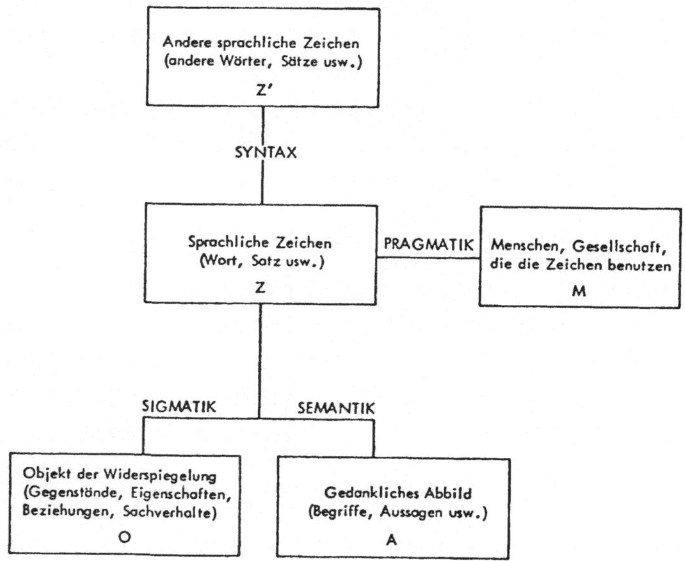

Abb. 1: Teildisziplinen (Kategorien) der Semiotik (nach KLAUS)

Die Sigmatik untersucht die Beziehung des Zeichens zum Objekt R(Z,O). Diese Beziehung ist durch die Bedeutung vermittelt. Die Sigmatik setzt deshalb die Syntaktik und die Semantik voraus. Sie abstrahiert vom Zeichenbenutzer. MASER (1971) weist jedoch daraufhin, daß "im Spezialfall von Metasprachen mit einem wohldefinierten Objektbereich (vgl. "Betriebssprachen", Anm. d. Verf.) kann der Unterschied zwischen Semantik und Sigmatik vernachlässigt werden, beide können dann als Aspekt der Semantik betrachtet werden KLAUS 1969)".

Auch ist aus dem Blickwinkel einer entscheidungsorientierten Betriebswirtschaftslehre

SCHAFF (1969) zuzustimmen, daß eine Erörterung isolierter Teildisziplinen (Syntaktik, Semantik und Pragmatik) zugunsten einer Semiotik im Transklassischen Sinn aufzugeben sei, da die Hauptfunktion jedes Zeichens darin besteht, "jemandem etwas mitzuteilen, jemandem über etwas zu informieren. Dementsprechend ist das Zeichen auf die auf bestimmte, gesellschaftlich bedingte Weise am Kommunikationsprozeß teilnehmenden Menschen sowie auf den Gegenstand bezogen (SCHAFF 1969)". Vgl. dazu auch LÖBER (1973).

ENTSCHEIDUNGSPROZESZ UND NORMSPRACHE

Jedes reale System unterliegt in der Wirklichkeit bestimmten Einflüssen, die laut kybernetischer Terminologie als Störgrößen bezeichnet werden und die der Zielerreichung "Minimiere die Regeldifferenz" entgegenwirken. Der Gleichgewichtszustand im Sinne eines gewünschten Gleichgewichtes ist für die Realisation der einzelnen Prozeßstufen eine vorzugebende Zielgröße, wobei "das Ziel, die Regelgröße auf einen konstanten Wert zu halten, oder einem zeitabhängigen Wert folgen zu lassen, nicht vollständig erreichbar ist (SCHIEMENZ 1972)".

Angestrebt wird daher die Erhaltung einer stets durch neue Informationen gefährdeten Präsentation. Die Präsentation des betrieblichen Kommunikationssystems der Unternehmung als Gesamtheit bzw. des BIKOS als Teilmenge erfolgt mit Hilfe eines Systems bedeutungstragender Zeichen bzw. Superzeichen.

Betriebliche Kommunikationsprozesse dienen dem arbeitsteiligen Vollzug von Entscheidungsprozessen. Prozeßgegenstand sind entscheidungsprozeßrelevante Informationen, d.h. Ergebnisse kollektiver und/oder individueller Entscheidungen. Diese Entscheidungen können unter thematischer Konzentration (SCHIEBEL 198o) hierarchisch (Mittel-Ziel-Hierarchie) gegliedert und der Bezeichnung eines ausgewählten Entscheidungsprozesses als Inhalt zugeordnet werden. Die Entscheidungsträger dieses ausgewählten Prozesses sind die durch den Stellenbesetzungs- und Kompetenzenplan dafür vorgesehenen Kommunikationspartner.

Diese Individuen kommunizieren mit Hilfe der ihnen eigenen Sprache zum Vollzug der ihrer Stelle zugeordneten Entscheidungen eines ausgewählten Entscheidungsprozesses. Die individuelle Sprachverwendung wird jedoch durch die Vorgabe ("Einhaltung") einer Norm-Sprache bestimmt.

Für die normierte Sprache über alle planbaren Entscheidungsprozesse in einer Unternehmung (= die Vereinigungsmenge der Norm-Sprachen der Stellen mit den dokumentierten Sprachen der bisher in der Unternehmung abgelaufenen Entscheidungsprozesse) hat DRUMM (1969) die Bezeichnung "Betriebssprache" eingeführt.

Die Betriebssprache ("Corporate Language", SCHIEBEL 198o) wird im weiteren als die natürliche Sprache verbaler, dokumentierter Zeichensysteme verstanden (nicht-verbale Zeichensysteme werden wegen ihrer Problematik der Superzeichenbildung in der Informationsästhetik gesondert behandelt (MASER 197o, MOLES 1971)).

Die einer Stelle zugeordnete Normsprache kann im tatsächlichen Sprachvollzug durch den Kommunikationspartner eine nicht-tolerierbare Abweichung erfahren. Für den Fall, daß durch syntaktische und/oder semantische und/oder pragmatische Störungsursachen (SCHIEBEL 1979b) Verstehensschwierigkeiten gegeben bzw. zu erwarten sind, seien die folgenden Lenkungsmaßnahmen zu deren Wirkungsverringerung geboten.

ZUR BESEITIGUNG SYNTAKTISCHER STÖRUNGSURSACHEN

Es wird dabei von der Annahme ausgegangen, daß die als Sollwert vorzugebende Normsprache dokumentiert ist und daß die Begründung für eine abweichende Funktorstelligkeit (SCHIEBEL 1981) nicht in der Konstruktion der Normsprache oder ihrer Wortverwendungsregeln zu suchen ist.

Bei Störungen setzen syntaktische Kommunikationsanalysen auf der Zeichenebene an. D.h. es wird experimentell geprüft, ob und wieweit die vom Betriebs-Linguisten aufgestellten grammatikalischen Regeln psychologische Realität besitzen (z.B. wie weit sie beim Wahrnehmen und Lernen von Sätzen nachweisbar sind (HERKNER 1981)). Der Untersuchungsgegenstand ist daher das Zeichen selbst, seine Erscheinungsform sowie seine Aggregierbarkeit ("Fähigkeit zur Bildung von Superzeichen (MORRIS 1946, TEIGELER 1968, LÖBER 1973)").

Die von der Syntax der Normsprache abweichende Sprache des Kommunikationspartners wird daher auf seine unzureichende Kenntnis über die Funktorstelligkeit der Normsprache zurückgeführt.

Die Störquelle ist also ein Sprachkonflikt beim Kommunikationspartner. D.h. der Kommunikationspartner ist nicht gewillt oder nicht in der Lage, ein ihm zugemutetes Sprachverhalten im Sinne einer vorgegebenen Funktorstelligkeit ("Satzlänge und Platzbild", SCHIEBEL 1981) zu zeigen.

Nicht in der Lage zu sein, bedeutet für das Individuum, daß es

1. über einen unzureichenden Wissensstand verfügt, der als das Ergebnis eines Schulungsprozesses mit nicht entsprechenden Lehrinhalten oder eines "lückenhaften" Einstellungsgespräches ("Vergleich des Anforderungs- mit dem Eignungsprofil")

störungsverursachend wirkt und/oder

2. über eine zu geringe Informationsverarbeitungskapazität verfügt.

Maßnahmen zur sollwertentsprechenden Sprachverwendung ("Funktorstelligkeit") und damit zur Wirkungsverringerung der Störquelle sind

- Schulung über Kooperationsbereitschaft und -fähigkeit,
- Innerbetriebliche Aus- und Weiterbildung über die Verwendung der Betriebssprache ("informationsbedarfsabhängige Satzlänge"),
- Stellenumbesetzung,
- Überarbeitung der Lehrinhalte, d.h. die dem Aus- und Weiterbildungsprogramm zugrundegelegte Normsprache ist "veraltet" und muß adaptiert werden (z.B. bei der Einführung neuer Artikelnummern oder Verpackungsgrößen).

ZUR BESEITIGUNG SEMANTISCHER STÖRUNGSURSACHEN

Die Störquelle semantischer Störungsursachen ist die von der Semantik der Normsprache abweichende Verwendung der Bedeutungsmerkmale durch den Kommunikationspartner.

Maßnahmen zur Beseitigung dieser Störquelle sind in Abhängigkeit von den Folgeerscheinungen wie

"Nichtverstehen", bedingt durch die Unkenntnis der semantischen Regeln der Normsprache, oder

"Mißverstehen"   , bedingt durch Differenzen in der Anwendung der semantischen Regeln innerhalb eines gemeinsamen kommunikativen Handlungsspieles ("Unterschiede in der linguistischen Sozialisation"), wodurch der Kommunikationspartner nicht in der Lage ist, ein von ihm gefordertes Sprachverhalten zu zeigen, zu setzen.

Somit wird bei Nichtverstehen aufgrund sprachlicher Ursachen eine innerbetriebliche Ausbildung des Kommunikationspartners über die Verwendung der stellenrelevanten semantischen Regeln notwendig.

Bei Mißverstehen aufgrund sprachlicher Ursachen erscheint ebenfalls eine innerbetriebliche Aus- und Weiterbildung des Kommunikationspartners über die Verwendung der stellen-(entscheidungsprozeß-)relevanten semantischen Regeln und/oder eine Überarbeitung der Lehrinhalte der Schulungsprogramme notwendig.

● Ist dieses Mißverstehen jedoch durch "nicht-sprachliche" Ursachen bedingt, d.h.

die Belegungsdifferenzen sind entweder durch voneinander abweichende Interessen oder Emotionen ("Einstellung") bzw. kognitive Stile (TERTILT 1978) der Kommunikationspartner, welche auf die semantische Gliederung wirken bedingt, oder durch Unterschiede im Bereich gruppen- bzw. organisationstypischer Ziele ("Programme")so sei im folgenden auf die Beseitigung pragmatischer Störungsursachen verwiesen.

Eine Beseitigung semantischer Störungsursachen über "generalisierte Wortbedeutungen" ist daher möglich, wenn

- der entscheidungsprozeßabhängige Kontext für beteiligte Personen gleichgestaltet werden kann und
- nicht-sprachliche, die aktualisierte Bedeutung beeinflußende Variable in ihrer Wirkung verringert werden können.

Nichtverbale Zeichensysteme werden wegen ihrer Problematik der Superzeichenbildung in der Informationsästhetik gesondert behandelt (MASER 197o, MOLES 1971). Dasselbe gilt im Bereich der visuellen Kommunikation, in der die Regeln der Superzeichenbildung nicht vollständig und im allgemeinen auch nicht eindeutig angebbar sind, da dort die Zusammenfassung von Subzeichen zu Superzeichen (Gestalten !) wesentlich auch vom erkennenden und kommunizierenden Subjekt abhängig ist (MASER 197o. Zur "interactive pattern recognition" vgl. DODWELL 197o, CHIEN 1978).

ZUR BESEITIGUNG PRAGMATISCHER STÖRUNGSURSACHEN

Unter der Prämisse, daß keine syntaktischen und semantischen Störungsursachen vorliegen, und daher den transmittierten Termini synonyme Wortbedeutungen zugeordnet werden, entsteht die konkrete Beziehung zwischen den Kommunikationspartnern durch die Transmission der verbalen Teile eines Satzes mit dem Kommunikationsziel - als Ergebnis pragmatischer Transformation - Urteile über den Satz zu erfahren bzw. Schattenbilder (SCHIEBEL 1979b) anzureichern.

Im weiteren Verlauf des intrapersonellen Transferprozesses wird der Satz pragmatisch "transferiert" (= translatiert, transmittiert, transformiert und vice versa):

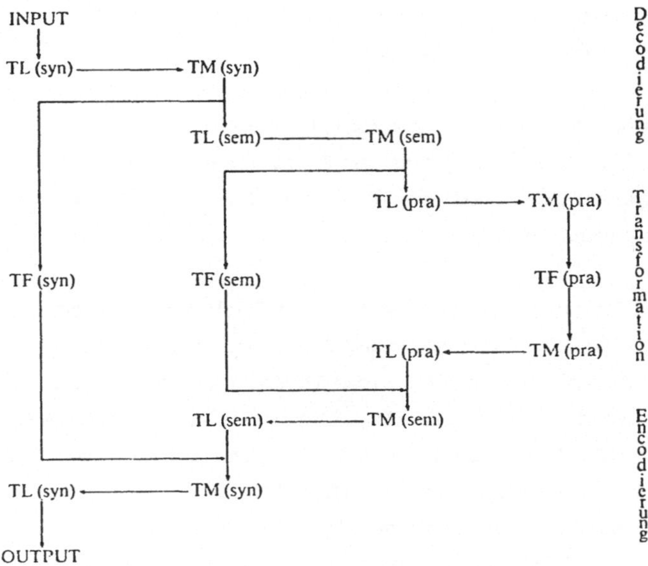

Abb. 2: Semiotisch-strukturierter intrapersoneller Informations-
transferprozeß (TL: Translation, TM: Transmission,
TF: Transformation)

Dieser Vorgang ist durch den "Wahrnehmungsraum", d.i. die Kommunikationssituation,
in der sich der Kommunikationspartner befindet, bestimmt. Wie der Einzelne seine
Kommunikationssituation definiert, hängt im wesentlichen von zwei Kategorien von Ein-
flußfaktoren ab, einerseits von

- individuellen Faktoren, wie dem vorhandenen, einsetzbaren Wissen und der aufgabenbezogenen, individuellen Zielsetzung für den Einsatz dieses Wissens, und andererseits von
- betrieblichen Faktoren, wie der Menge von Entscheidungsprozessen und den daraus
  für den Entscheidungsträger abgeleiteten Soll- Aufgabenstellungen, weiters der eigenen Position ("Hierarchische Eigenstellung") sowie der Position der anderen am
  kommunikativen Handlungsspiel beteiligten Personen.

Das Ergebnis pragmatischer Decodierung ist eine Aufgabenstellung, welche über einen
pragmatischen Transformationsprozeß zu lösen ist. Dieses Ergebnis wird zur Rückantwort bzw. Weitergabe encodiert. Pragmatische De- bzw. Encodierung sind die Erschei-
nungsformen des input- bzw. outputseitigen pragmatischen Translationsverhaltens eines

Kommunikationspartners. Die pragmatische Transformation stellt das Bindeglied zwischen den beiden Translationsformen dar.

● Die pragmatische Codierung ist inputseitig (Decodierung) von der aufgabenbezogenen, individuellen Zielsetzung und dem Einfluß der outputseitigen Kommunikationsrichtung, outputseitig (Encodierung) vom Decodierungsverhalten angesprochener Kommunikationspartner bestimmt.

Ein von der Soll-Aufgabenstellung abweichendes Teilergebnis bedeutet, daß die Aktivitäten zur individuellen Zielerreichung den Inhalt eines störungsfrei semantisch-decodierten Satzes verändert haben. Diese Veränderungsaktivitäten, bedingt durch die individuelle Zielsetzung, wie Ausweiten, Einschränken und Methodenwechsel (SCHIEBEL 1979b), bewirken eine Konzentration des Individuums auf eine neue lokale Region von Verzweigungsbäumen in seinem Wissen (SCHMIDT 1973).
Aktivitäten, welche durch die outputseitige Kommunikationsrichtung bedingt sind, beeinflussen die pragmatische Decodierung bei vertikaler, nach oben gerichteter Kommunikation derart, daß der Satz eine Ausweitung erfährt, wodurch das Ergebnis pragmatischer Transformation ein "vermehrtes" Informationsangebot als Rückantwort bzw. Weitergabe darstellt.
Bei horizontaler Kommunikation werden keine derartigen Aktivitäten gesetzt, sondern Hilfestellungen, d.h. "Erklärungen" zur Verarbeitung abweichender Sätze geboten.
Bei vertikaler, nach unten gerichteter Kommunikation erfährt der Satz eine "Einschränkung", wodurch das Ergebnis pragmatischer Transformation ein "vermindertes" Informationsangebot als Rückantwort bzw. Weitergabe darstellt.

Die bisher angestellten Überlegungen zur pragmatischen Translation und Transformation ergaben, daß

- die individuelle Zielsetzung eines Kommunikationspartners und die hierarchische Stellung ("outputseitige Kommunikationsrichtung") relationierter Kommunikationspartner das Ergebnis der pragmatischen Decodierung bestimmen.
- das Ergebnis pragmatischer Decodierung das Ergebnis (= Aufgabenlösung) der pragmatischen Transformation bestimmt.
- die Encodierung des Ergebnisses den zu kommunizierenden Satz bestimmt.
- der kommunizierte Satz das Ausmaß an Beseitigungsaktivitäten (Redundanzvernichtung, Schattenbildanreicherung und Schattenbildkonstruktion) beim Empfänger bestimmt.

Zur Vermeidung pragmatischer Störungsursachen seien die folgenden, kategorisierten Maßnahmen geboten:

1. Pragmatische Störungsursachen aufgrund individueller Zielsetzung: Schulung in der

Allgemeine Strategie zur Problemlösung , über die Anwendung dieser "Denkweise" und über Kooperationsbereitschaft und -fähigkeit.

Es erscheint darüberhinaus im Sinne einer Vorbeugungsmaßnahme notwendig, diese allgemeine Strategie nicht erst im Störungsfall einzusetzen, sondern bereits bei der Stellenbeschreibung in den Soll-Informationsstand der Stelle aufzunehmen (SCHIEBEL 1979b, 1980).

2. Pragmatische Störungsursachen aufgrund individueller Zielsetzung (= Methodenwechsel) einerseits sowie aufgrund der Kommunikationsrichtung andererseits: Schulung über Kooperationsbereitschaft und -fähigkeit und/oder Stellenumbesetzungen und/ oder Aufbau eines computergestützten betrieblichen Kommunikationssystems, z.B. BIKOS mit integrierter Daten- und Methodenbank.

DILLER (1976) weist daraufhin, daß "nach dem Aufbau derartiger Systeme es den einzelnen Stellen oder Personen im übrigen auch nicht mehr ohne weiteres möglich ist, Informationen versehentlich oder absichtlich zurückzuhalten, zu filtern oder an die falsche Stelle zu lenken. Das MAIS (Marketing-Informationssystem, Anm. d. Verf.) wird dadurch unabhängiger vom einzelnen Mitarbeiter, Informationsmonopole werden abgebaut, der Fachmann für bestimmte Fragen wird leichter ersetzbar (vgl. die "sozialen Probleme" zu Beginn dieses Beitrages, Anm. d. Verf.) und die Kommunikationsaktionen stärker formalisiert". Vor allem ist durch den on-line Verkehr die Möglichkeit geboten, die einzelnen Lösungsschritte des Individuums auf ihre syntaktische und semantische Entsprechung im Hinblick auf die Soll-Aufgabenstellung zu überprüfen.

Das INTERFACE GAP erfordert daher weiterführende Schritte zur Operationalisierung und Prüfung der aus diesem Beitrag ableitbaren Hypothesen.

semiotisch-strukturiert	STÖRUNGS-URSACHEN	STÖRUNGS-WIRKUNGEN	BESEITIGUNGS-MÖGLICHKEITEN
SYNTAKTISCHE	Soll/Ist-Abweichung der Stelligkeit von Funktoren	Redundanzvernichtungsaktivitäten bzw. Rückfrageaktivitäten des Senders	Mit Hilfe der Sprachlenkung (im Hinblick auf eine gewünschte Betriebssprache)
SEMANTISCHE	Nichtverstehen bzw. Mißverstehen	Schattenbildkonstruktion Schattenbildanreicherung Redundanzvernichtungsaktivität (Schattenbildeinengung)	Mit Hilfe "generalisierter Wortbedeutungen"
PRAGMATISCHE	Veränderungsaktivitäten (bedingt durch die individuelle Zielsetzung und abhängig von der Kommunikationsrichtung): Ausweiten, Einschränken, Methodenwechsel, Methodenwechsel mit Ausweitung, Methodenwechsel mit Einschränkung, Erklären	Rückfrageaktivitäten Redundanzvernichtungsaktivitäten Schattenbildanreicherung Schattenbildkonstruktion	Schulung in der allgemeinen Strategie beim Problemlösen Veränderung der Elemente und Struktur betrieblicher Kommunikationssysteme auf Subjektebene

Abb. 3: Semiotisch-strukturierte Störungsursachen, -wirkungen sowie Beseitigungsmöglichkeiten

ZUSAMMENFASSUNG

RAUCH (1978b):Die neuen technologischen Möglichkeiten für das integrierte Büro werden erst dann zu einer entscheidenden Umwälzung in der Bürotätigkeit führen, wenn das Büro als "informationsverarbeitende Einheit" gesehen wird.
In einem solchen informationsverarbeitenden Zentrum einer "Institution" können Text- und Informationssysteme als Datennetzwerke zur Rationalisierung, Humanisierung und Leistungssteigerung beitragen. Die Neuorganisation des Büros sollte jedoch nicht ohne genaue Analyse der möglichen Problembereiche erfolgen. Es dürfte dabei nicht so sehr die Technik sein, die die zukünftige Entwicklung vor Schwierigkeiten stellen könnte, als vielmehr soziale Fragen, ökonomische Auswirkungen, juristische Konsequenzen sowie linguistische Probleme.

Die Analyse sprachlich-bedingter Probleme und - wenn möglich - deren Lösung wird mindestens ebenso entscheidend für die Realisierung und Verbreitung des integrierten Büros und BIKOS sein, wie die technische Verwirklichung dieser Idee.

BIBLIOGRAPHIE

Chien Yi-tzuu, Interactive pattern recognition, Electrical Engineering and Electronics
    No 3, New York 1978
Churchman/Schainblatt, The Researcher and the Manager: A Dialectic of Implementation,
    in: MS 1966, B-69 - B-87
Dodwell P.C., Visual Pattern Recognition, New York 197o
Drumm H.J., Elemente und Strukturdeterminanten des informatorischen Kommunikations-
    systems industrieller Unternehmungen, Berlin 1969
Duncan W.J., The Researcher and the Manager: A Comparative View of the Need for
    Mutual Understanding, in: MS 1974, 4, 1157 ff
Dyckman T.R., Management Implementation of Scientific Research: An Attitudinal Study
    in: MS 1967, 6, B-612 ff
Festinger L., Informal social communication, Psychol. Rev. 195o, 57, 271-282
Festinger L., A theory of social comparison process, Hum. Rel. 1954, 7, 117-14o
Herkner W., Einführung in die Sozialpsychologie, 2. Auflage, Bern-Stuttgart-Wien
    1981
Klaus G., Die Macht des Wortes - Ein erkenntnistheoretisch-pragmatisches Traktat,
    5. Auflage, Berlin 1969
Klaus G., Semiotik und Erkenntnistheorie, 2. Auflage, Berlin 1969
Lipson/Darling/Reynolds, A Two-Phase Interaction Process for Marketing Model Con-
    struction, in: MS 197o, 4, B-466 ff
Löber W., Marktkommunikation, Wiesbaden 1973, 184: "Wenn alternative Zeichenarrange-
    ments experimentellen Kontrollen ihrer semantischen Qualitäten und pragmati-
    schen Wirkungen unterworfen werden, um das für eine bestimmte Kommunikations-
    aufgabe relativ geeignetste herauszusieben, zeigt sich, daß die Analyse syntakt.
    Variationen von Aussagen nur in übergeordneten Zusammenhängen, d.h. in semanti-
    scher und letztlich in pragmatischer Sicht sinnvoll ist. Systematische Untersu-
    chungen solcher Art liegen indessen so gut wie nicht vor und betreffen in den
    wenigen Ausnahmefällen zumeist typographische Aspekte sekundärkommunizierter
    Aussagen, etwa die Erkennbarkeit verschiedener Schrifttypen oder den Einfluß
    der Anordnung von Texten auf ihre Lesbarkeit".
    Eine Zusammenstellung solcher Ansätze der syntaktischen Kommunikationsforschung
    findet sich bei Teigeler P., Verständlichkeit und Wirksamkeit von Sprache und
    Text, Stuttgart 1968, 42 ff.
McClelland D., Macht als Motiv, Stuttgart 1978
Maser S., Numerische Ästhetik, Stuttgart/Bern 197o
Maser S., Grundlagen der allgemeinen Kommunikationstheorie, Stuttgart 1971
Moles A.A., Informationstheorie und ästhetische Wahrnehmung, Köln 1971
Möllhoff L., Unvollkommenes Informationsnachfrage-Verhalten im Mensch-Maschine-
    Dialog, Stuttgart 1978
Morris Ch., Signs, Language and Behavior, New York 1946, 345-356
Rauch W., Integrierte Büro-Informations-Systeme, COBIS-A-oo3, Arbeitspapier der Uni-
    versität Regensburg, 1978a, 1o, 12-17
Rauch W., 1. COBIS-Zwischenbericht, COBIS-Z-oo1, Arbeitspapier der Universität
    Regensburg, 1978b, 1o, 18-19
Schaff A., Einführung in die Semantik, Frankfurt/Main 1969, 163
Schiebel W., Zur Verwendung informationeller Bilder von Stelleninhabern beim Aufbau
    entscheidungsprozeßorientierter Kommunikationssysteme, in: Angewandte Informa-
    tik 1979a, 4, 151-157
Schiebel W., Die Beseitigung sprachlich-bedingter Störungsursachen in betrieblichen
    Kommunikationsvorgängen, Frankfurt/Main 1979b
Schiebel W., Zur Realisation geplanter Informationssysteme, in: Zeitschrift für Orga-
    nisation 198o, 8, 458-461
Schiebel W., Corporate Language, in: Zeitschrift für Organisation 1981, 7, 397-4o2
Schmidt S.J., Texttheorie, München 1973, 47:" Die thematische Konzentration dient als
    Bestimmung und Reduktion systemeigener Komplexität, als Prinzip der Verknappung
    zugelassener Möglichkeiten, daß dann als Voraussetzung dient für alle höheren
    Ordnungsleistungen im System". Die thematische Konzentration kann daher als eine

heuristische Auswahlvorschrift (Regel) für sollmengenrelevante Informationen der
Stelle aus dem eingebrachten Wissen des Kommunikationspartners verstanden werden.

Teigeler P., Verständlichkeit und Wirksamkeit von Sprache und Text, Stuttgart 1968
Tertilt E.A., Management und EDV, Wiesbaden 1978
Tomaszewski L.A., Decentralized Development, in: Datamation 1972, 11, 61 ff
Zimmermann H., Computergestütztes Büro-Informations-System (COBIS), COBIS-A-oo1,
    Arbeitspapier der Universität Regensburg 1978, 1o

BEURTEILUNG VON SOFTWAREGESTEUERTEN BUEROBETRIEBSMITTELN; IHRE AUSWIRKUNGEN UND
IHRE EINBETTUNG IN DIE ARBEITSORGANISATION.

Dipl. Ing. Christian Pronay
TU Wien, Schrack Elektronik AG, Wien

Inhalt:

Vorwort
1. Benutzerorientiertheit von Buerobetriebsmitteln (BBM)
2. Organisatorische Einbettung von Buerobetriebsmitteln (BBM)
3. Konstruktion eines Analyse- und Beschreibungsinstrumentariums
4. Anwendung
5. Folgerungen
   Literatur

Vorwort

Die Grundgedanken dieses Beitrags gehen auf meine Mitarbeit am Projekt S-23,
Menschengerechte Arbeitswelt (finanziert vom Fonds zur Foerderung der Wissenschaftlichen Forschung in Oesterreich) zurueck. Ich habe im Rahmen dieses Projektes die Arbeitsgruppe Buerobetriebsmittel in den Jahren 1980 und 1981 geleitet. Das hier vorgestellte Instrumentarium zur Analyse, Beschreibung und
Beurteilung von komplexen softwaregesteuerten Buerobetriebsmitteln ist zu dieser Zeit entstanden und wird seit 1982 als Werkzeug bei der Gestaltung von
Bueroarbeitssystemen eingesetzt. Ich moechte mich an dieser Stelle bei den
staendigen Mitarbeitern der Arbeitsgruppe, Herrn Dipl. Ing. Graf, Herrn Cand.
Ing. Hemmelmeier und Herrn Doz. Krupka bedanken, die an der Entstehung des ob-
genannten Instrumentariums wesentlich mitgewirkt haben.

1. Benutzerorientiertheit von Buerobetriebsmitteln (BBM)

Bei genauerer Analyse im Rahmen der Arbeitsgruppe BBM und auch im Gesamtpro-
jekt S-23 geriet der Begriff Benutzerfreundlichkeit in ein etwas schiefes
Licht. Waren doch oft mit der Erfuellung des "humanen Aspekts" nur gewisse Re-
tuschen an bestehenden BBM gemeint, die in der Regel bestenfalls die aergsten
Maengel bei einer organisatorisch und bezogen auf den zukuenftigen Benutzer
misslungenen Einfuehrung eines solchen BBM ein wenig mildern koennen.

Wir wuerden daher vorschlagen, von der Benutzerorientiertheit eines BBM zu
oder von benutzerorientierten BBM zu sprechen. Benutzerorientiertheit eines
BBM heisst in diesem Zusammenhang, dass das BBM und das gesamte Arbeitssystem,
d.h. auch die organisatorische Einbettung des BBM vom zukuenftigen Benutzer
mitentworfen und -gestaltet wurde, oder zumindest dessen Beduerfnisse bei Entwurf und Gestaltung (z.B. Anforderungserhebung, Organisationsstudie, Pflichtenheft, Anschaffung, Installation, Schulung) wesentlich beruecksichtigt
wurden.

Die traditionelle Bueroraumergonomie versteht sich hier nur als unterste
Sprosse der Leiter, zudem bewirken arbeitsorganisatorische Massnahmen oft wesentlich mehr im Sinne des Benutzers als die genaue Anwendung ergonomischer Erkenntnisse. Damit soll aber nicht die Relevanz ergonomischer Vorschriften fuer
Bueroumgebungen bestritten werden.

2. Organisatorische Einbettung von Buerobetriebsmitteln (BBM)

Die Einbettung von BBM in die Arbeitsorganisation und die Sicherstellung der
Aufgabenerfuellung mit diesen Werkzeugen ist kaum von deren Beziehung zum Benutzer, d.h. von der Benutzerorientiertheit zu trennen. Wir haben trotzdem
bei der Konstruktion des Analyseinstrumentariums den Versuch unternommen, die
Beziehungen eines BBM zu Mensch, Organisation und Aufgabe getrennt zu betrachten, da sonst nur sehr allgemeine Aussagen moeglich gewesen waeren.

Wahrscheinlich sind die fuer die Anschaffung komplexer softwaregesteuerter BBM
Verantwortlichen der mittleren und unteren Managementebenen von dem sich
dauernd veraendernden und erweiternden Angebot ein wenig ueberfordert. Jedoch:
Werkzeuge, die eine derartige organisatorische Umwaelzung voraussetzen oder
schlussendlich erzwingen, koennen nicht leicht durch die Form der freihaen-
digen Vergabe und einsamen Entscheidung eingefuehrt werden.

Es bedarf vielmehr eines Bewusstseinsbildungsprozesses zuallererst auf der

Ebene der betroffenen und beteiligten Sachbearbeiter. Erst wenn diese gelernt
haben, ihre Beduerfnisse zu formulieren, und dann ihre Beduerfnisse und An-
sprueche an ein derartiges Werkzeug zufriedenstellend erhoben und von den da-
rueberliegenden Management-Ebenen erkannt worden sind, ist eine Entscheidung
moeglich, die vom tatsaechlichen Bedarf an Werkzeugen fuer die Aufgabenerfuellung ausgeht und nicht so sehr vom Prestigewert der Neuanschaffung oder
von phantastischen Performance-Zahlen.

Die Kosten dieses innerbetrieblichen Bewusstwerdungsprozesses vor einer An-
schaffungsentscheidung liegen allemal unter den Folgekosten einer organisatorisch nicht vorbereiteten und auch nicht verkrafteten Einfuehrung eines komplexen Werkzeugs. Die Hoehe dieser Kosten wurde in einzelnen Fallstudien, etwa fuer Textautomaten mit bis zu 300% des Anlagenpreises ermittelt (siehe dazu Bierhals 1980). Einem Anschaffungspreis von oeS 300.000.- stehen dann Or-
ganisationskosten von oeS 900.000.- gegenueber (inkl. Schriftgutanalyse, Plan-
ungs- und Entscheidungsprozess in Arbeitskreisen, Schulung, Einfuehrung). Daneben entstehen noch in Kosten schwer bewertbare Organisationsprobleme (z.B.
Warteschlangen fuer Diktanden, Konflikte, Verweigerung), eben weil nicht erkannt wird, dass die Einfuehrung eines solchen Werkzeugs eine Systeminnovation
des Arbeitssystems ist und daher spuerbare Auswirkungen auf alle Bereiche desselben hat.

3. Konstruktion eines Analyse- und Beschreibungsinstrumentariums

Aufgabe der bereits erwaehnten Arbeitsgruppe Buerobetriebsmittel (BBM) war es,
ein Analyse- und Beschreibungsinstrumentarium zur Beurteilung von komplexen
softwaregesteuerten BBM zu entwickeln. Die darin enthaltenen Instrumente sollten dann in Gestaltungsprojekten zur Erhebung und Beschreibung des status quo
dienen und so Voraussetzungen fuer gestalterische Massnahmen schaffen. Bereits
in der vorliegenden Ausbaustufe der Instrumente sind Abschaetzungen bezueglich
Gestaltungsalternativen moeglich, jedoch soll eine weitere Ausbaustufe genau-
ere und, wo es moeglich ist, quantifizierbare Aussagen zulassen.

Die Fuelle von einfachen und komplexen Buerobetriebsmitteln wurde nach der damit zu erfuellenden Aufgabe gegliedert, eine Entscheidung, welche die spaet-
ere Arbeit wesentlich erleichtert hat.

Weiters existierte bereits in Ansaetzen je eine Beschreibungsinstrument fuer
die Bereiche Mensch, Organisation und Aufgabe mit der Bezeichnung Merkmalsystematik (Mensch, Organisation, Aufgabe). Die Merkmalsystematik BBM wurde von
der Arbeitsgruppe nach eingehendem Literaturstudium (Klassifizierung, Zerlegung) aus der vorhandenen Marktuebersicht konstruiert.

Gleichzeitig trat eine wesentliche Schwierigkeit bei der Analyse von BBM, besonders aber bei der Ableitung von gestaltungsrelevanten Aussagen auf:
Die Relevanz von spezifischen BBM-Merkmalen ergibt sich nicht allein aus der Betrachtung des BBM, sondern muss aus Mensch-, Aufgabe- und Organisationsmerkmalen hergeleitet werden.

Als Ausweg wurde von uns je eine Schnittstelle zwischen BBM und den anderen drei Bereichen, bestehend aus eigenen Schnittstellenmerkmalen, konzipiert. Diese "Schnittstellenmerkmale" erwiesen sich allerdings als ungeeignet zur Analyse und Gestaltung von Arbeitssystemen, sie waren von stark unterschiedlichem Abstraktionsgrad und verloren bzw. veraenderten ihre Bedeutung, wenn sie auf eine Merkmalsystematik bezogen wurden.

Die "Schnittstellenmerkmale" wurden nun durch die Konzeption eines Beziehungsgefueges ersetzt, welches jeweils die Zuordnung von Merkmalen einer der beiden Merkmalkomplexe (z.B. Merkmalsystematik BBM zu Merkmalsystematik Mensch) in Form von Verweislisten enthaelt. Die durch Brainstormings der Beteiligten und durch Anwendung einer modifizierten Delphi-Methode gewonnenen Beziehungen wurden analysiert und klassifiziert (etwa nach Reflexivitaet und Transitivitaet von Beziehungen wie "erfordert", "beansprucht", "foerdert", "beeintraechtigt" usw.) und das so gewonnene Beziehungsgefuege zuerst fuer die Schnittstelle BBM-Mensch genau dargestellt. Die Schnittstellen BBM-Organisation und BBM-Aufgabe sind konzipiert und in Arbeit.

4. Anwendung

Die Anwendung des Instrumentariums soll hier an der Schnittstelle BBM-Mensch erlaeutert werden, da sie am besten ausgearbeitet und erprobt ist. Jedoch sind die beiden anderen Schnittstellen bereits bei ihrer Konzeption von am Projekt S-23 beteiligten Mitarbeitern in Gestaltungsaufgaben mitgedacht und angewendet worden.

Die Schnittstelle BBM-Mensch ist als strukturiertes Werkzeug mit vielfaeltigen Zugangsmoeglichkeiten konstruiert worden. Sie soll sowohl bei der Beschreibung von BBM als auch bei der Erklaerung und Gestaltung von Wechselbeziehungen zwischen Mensch und BBM und bei der Gestaltung von BBM Verwendung finden.

4.1 Einstiegsmoeglichkeiten

Entsprechend der Konstruktion der Schnittstelle ist der Zugang auf zwei Ebenen von jeweils zwei Seiten aus moeglich (siehe Bild 1). die in Klammern angefuehrten Punkte beziehen sich auf die hier nicht wiedergegebene vollstaendige Schnittstellenbeschreibung.

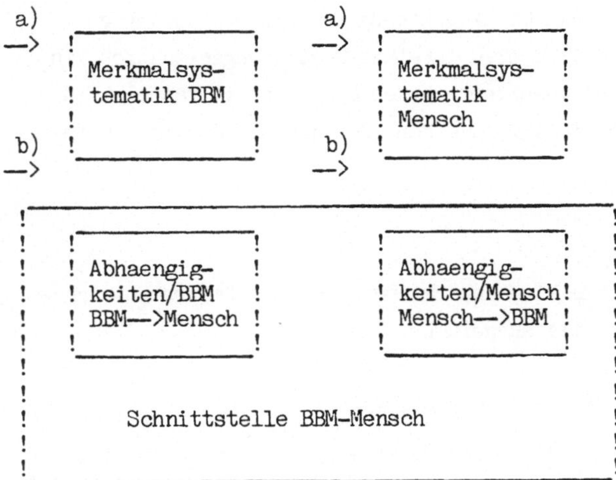

Bild 1: Einstiegsmoeglichkeiten in die Schnittstelle BBM-Mensch.

a) ueber die BBM-Merkmale direkt in die Merkmalsystematik BBM (Pkt. 7 der
   Schnittstelle);

Das jeweilige BBM-Merkmal ist weiter gegliedert, die Auspraegungen sind
aufgezaehlt. Weitere Informationen zum Merkmal, Definition, Form der Messung,
Herkunft usw. finden sich im Anhang (BBM: Anhang A, Mensch: Anhang B). An
dieser Stelle ist auch ein Einstieg in die Merkmalsystematik Mensch moeglich.

b) ueber BBM-Merkmale in die Abhengigkeiten/BBM (Pkt. 5 der Schnittstelle)
   ueber Mensch-Merkmale in die Abhaengigkeiten/Mensch (Pkt. 6)

Der Zugang zur Schnittstelle erfolgt jeweils von konkreten Merkmalen aus und
zwar bei BBM-Merkmalen ueber die Abhaengigkeitenliste/BBM (Pkt. 5) und bei
Mensch-Merkmalen ueber die Abhaengigkeitenliste/Mensch (Pkt. 6). Wird ein kon-
kretes Merkmal in der Abhaengigkeitenliste nicht gefunden, so ist es dort entweder nach Submerkmalen zerlegt oder in einem Obermerkmal aggregiert (aus Re-
levanzgruenden) zu finden. Die jeweiligen Sub- bzw. Obermerkmale finden sich
in der entsprechenden Merkmalsystematik.

Auf der jeweils anderen Seite der Abhaengigkeitenliste stehen jene Merkmale,
die mit dem Ausgangsmerkmal in wechselseitiger Beeinflussung stehen. Dabei
sind, entsprechend dem Gedanken einer Schnittstelle BBM-Mensch bis auf Ausnahmen nur die wechselseitigen Beeinflussungen von Mensch- und BBM-Merkmalen
eingetragen, nicht jedoch Beeinflussungen innerhalb ein und derselben Mermal-

systematik. Diesen ist ja durch die Strukturierung derselben Rechnung getragen. Auf diese Weise laesst sich, etwa in einer Gestaltungssituation, in der ein spezifisches BBM-Merkmal geaendert werden soll, sofort feststellen, welche Mensch-Merkmale davon beeinflusst werden oder das BBM-Merkmal beeinflussen.

4.2 Beispiele

Die hier angefuehrten Beispiele sind zur Erlaeuterung des Instruments ausgewaehlt und nicht in allen Details ausgefuehrt.

a) Aenderung eines BBM-Merkmales wird vorgeschlagen

Aus Performance-Gruenden sollen die bisher fest eingestellten Parameter der Softwaremoduln durch die Benutzer eingestellt werden, um den sich haeufig aendernden Anforderungen gerecht zu werden. Der Einstieg erfolgt bei Abhaengigkeiten/BBM unter: "Aenderbarkeit durch den Benutzer". Dieses Merkmal zeigt Wechselbeziehungen zu den Mensch-Merkmalen:
- Faehigkeit zum Analysieren
- Verantwortungsbewusstsein
- Initiative und Entschlusskraft
- Sorgfalt
- Interesse
- Selbststaendigkeit.

Daraus geht hervor, welche Faehigkeiten die Benutzer haben sollten, damit nach der oben dargestellten Aenderung des BBM-Merkmales ein gewissermassen im Gleichgewicht befindliches Arbeitssystem zurueckbleibt, d.h. der jeweilige Benutzer weder unter- noch ueberfordert wird. Umgekehrt wuerde eine Fixierung der vorher von den Benutzern frei einstellbaren Parameter die vorhin erwaehnten Faehigkeiten der Benutzer zumindest in diesem Arbeitszusammenhang verkuemmern lassen.

b) Auswahl eines Buerobetriebsmittels

Von den Faehigkeiten und Vorstellungen der beteiligten Mitarbeiter und von der zu erfuellenden Aufgabe ausgehend soll ein geeignetes BBM ausgewaehlt werden. Die zukuenftigen Benutzer seien Sachbearbeiter mit eigenem Entscheidungsbereich, die gewohnt sind, bei gestellter Aufgabe die Art der Erledigung selbst festzulegen und ueber die dabei verwendeten Mittel zu disponieren. Der Einstieg erfolgt bei Abhaengigkeiten/Mensch unter: "Organisations- und Dispositionsfaehigkeit" (Dies ist natuerlich nur ein heerausgegriffenes Merkmal dieses Benutzerprofils). Dieses Merkmal zeigt Wechselbeziehungen zu den BBM-Merkmalen:
- Speicherung

- ergaenzende Peripherie
- Informationsstruktur
- Werkzeugcharakter der Dienstprogramme
- Benutzerfuehrung/Benutzerdefinierte Programmfolgen
- Zuverlaessigkeit der Dienstprogramme

Verfolgt man alle Mensch-Merkmale dieses Benutzerprofils ueber die Schnittstelle, so hat man die aus der Sicht des Benutzers relevanten BBM-Merkmale
gefunden. Nachdem dieselbe Prozedur mit der Schnittstelle BBM-Aufgabe durchgefuehrt ist, ist man im Besitz der Basisdaten fuer ein Pflichtenheft, das von
den Benutzerbeduerfnissen und der Aufgabenstellung ausgehend technische Kriterien definiert und nicht umgekehrt.

c) Beschreibung eines Buerobetriebsmittels

Ein BBM, etwa ein Textautomat, soll moeglichst vollstaendig beschrieben
werden. Hier wird die Merkmalsystematik BBM als Checkliste verwendet. Je
Merkmal ist zu fragen, ob es an dem BBM auftritt und welche Auspraegung es
hat. Dies gewaehrleistet, dass kein Merkmal vergessen wurde, welches aus
der Sicht des Benutzers, der Aufgabe und der Organisation relevant waere. Die
technischen Merkmale sind in der Merkmalsystematik BBM natuerlich auch enthalten.

Zusaetzlich zu den erwaehnten Beispielen kann die Schnittstelle auch in Form
mehrstufiger Verfahren verwendet werden. So koennen etwa nach Einstieg in die
Abhaengigkeiten/BBM auch saemtliche Verweise in den Abhaengigkeiten/Mensch
rueckverfolgt werden, um alternative Aenderungs- und Anschaffungsvorschlaege
fuer das BBM auszuarbeiten.

5. Folgerungen

Das Angebot an intelligenten Schreibmaschinen, Textsystemen, Buerocomputern,
Kopiersystemen und dergleichen steigt staendig, die Systeme werden mit immer
imposanteren Leistungdaten angeboten, das Preis/Leistungs-Verhaeltnis wird
staendig verbessert.

Dem steht eine wachsende Zahl von im Hinblick auf die Arbeitsorganisation
missglueckten Installationen gegenueber. Die installierten Systeme werden zu
einem Bruchteil genutzt, die Schnelligkeit der Aufgabenbewaeltigung sinkt, die
betroffenen Mitarbeiter sind unzufrieden.

Ein Ausweg aus dieser Situation, oder besser noch, ein Weg, diese Situation
ueberhaupt zu vermeiden, ist es, die Anforderungen an solche Buerobetriebs-

mittel (Pflichtenheft, Spezifikation) aus einer Untersuchung der organisatorischen Gegebenheiten, der zu bewaeltigenden Aufgabe und der erhobenen Be-
nutzerbeduerfnisse abzuleiten. Nach einem Vergleich mit dem Marktangebot
koennen Organisationsalternativen entwickelt und im Betrieb bewusst gemacht
werden. Jene Organisationsalternativen koennen (und sollen auch) in Zusammenarbeit mit den davon betroffenen Mitarbeitern entwickelt werden. Solche
Loesungen haben die groesste Aussicht, von den zukuenftigen Benutzern akzeptiert zu werden.

Bei diesem Vorgehen gelangt man in den Besitz von Basisdaten fuer ein Pflichtenheft (und fuer ein Beschaffungsgespraech), welches von der Arbeitsorganisation, der Aufgabenstellung und den Benutzerbeduerfnissen ausgehend technische Kriterien definiert und nicht umgekehrt. Das hier vorgestellte Analyse-
und Gestaltungsinstrumentarium stellt einige der dafuer benoetigten Werkzeuge
zur Verfuegung.

Literatur (Auszug):

BIERHALS Rainer, 'Textverarbeitung, technischer Fortschritt mit Akzeptanz-
    problemen' in Technik Kontrovers 3-4/Okt 1980, S. 46-51.

DZIDA Wolfgang, 'Kognitive Ergonomie fuer Bildschirmarbeitsplaetze' in
    HP 10/80, S. 006.
—, 'Das Datensichtgeraet als Arbeitsmittel, eine Uebersicht' in Ergonomic-
    Tagungsband, Berlin 1980.

FROEHNER Klaus-Dieter, 'Personenbezogene Aspekte bei der Gestaltung von
    dialogorientierten EDV-Systemen', in Informatik-Fachberichte 28, Online-
    Systeme im Finanz- und Rechnungswesen, P. Stahlknecht (Hrsg.), Springer
    Berlin 1980.

GROCHLA u.a., Handbuch der Textverarbeitung, Verlag Moderne Industrie 1981.

HACKER W., Allgemeine Arbeits- und Ingenieurpsychologie, Huber Bern 1978,
    2. Auflage.

SYDOW Joerg, HATTKE Wilfried, STAEHLE Wolfgang, 'Situative Analyse der Bild-
    schirmarbeit, ein empirischer Test der Thesen der Gesellschaft fuer
    Organisation', in ZO, Heft 4/81, S. 215-223.

TIEZE Barbara, 'Ergonomie in Buero und Verwaltung, eine historische Unter-
    suchung', in Bauwelt Nr. 31, Jg. 72, S. 1322-1325.

VOLPERT W., Handlungsstrukturanalyse, Pahl-Rugenstein, Koeln 1974.

Konzeption betrieblicher Kommunikationssysteme bei SKF

Ulrich Busch

SKF Kugellagerfabriken GmbH, D-8720 Schweinfurt

1   Ziel der Konzeption

Entwicklung eines integrierten Informations- und Kommunikationssystems unter Verwendung des jeweils auf dem Markt verfügbaren Office-Equipments in Kombination mit den bereits installierten Mainframe-Teilsystemen.

2   Scope des Konzeptes

Der Gesamtscope besteht aus drei Hauptbereichen:

- Konzept für die Anwendungsverfahren auf der administrativen Ebene der betrieblichen Hauptfunktionen

- Konzept zur Bestimmung und Auswahl des Kommunikations- und Verarbeitungsequipments einschließlich der erforderlichen Netzwerke

- Konzept zur Sicherung des Kommunikations- und Informationssystems

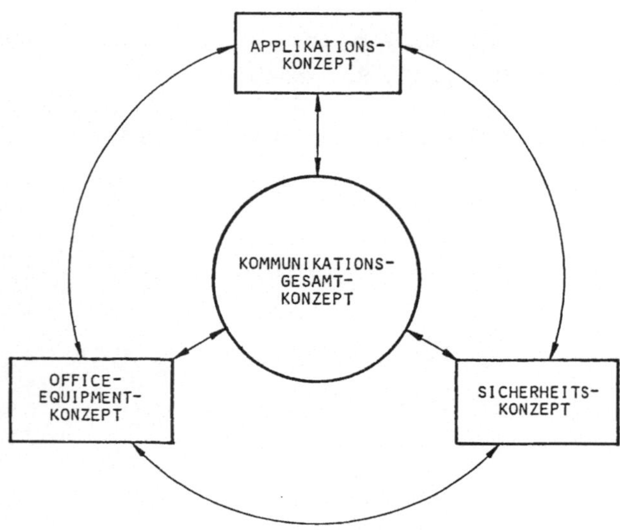

Abb. 1:   Scope des Kommunikationskonzeptes

Da alle Teilkonzepte erhebliche Interdependenzen untereinander aufweisen, werden sie zu einem Gesamtkonzept-Projekt zusammengeführt
(siehe Abb. 1).

3   Vorgehensweise und inhaltliche Ausprägung

Die Schwierigkeit bei der Entwicklung von Gesamtkonzepten besteht
darin, daß

- die künftigen neuen Anwendungen in das bestehende Environment integriert werden müssen

- die neuen Verfahren in einem stufenweisen Entwicklungsprozeß die
  jeweils auf dem Markt verfügbaren Verarbeitungs- und Kommunika-
  tions-Technologien nutzen soll und darüber hinaus künftigen Orga-
  nisationsveränderungen der Gesamtunternehmung durch eine hohe Flexibilität gewachsen sein müssen.

Häufig scheitern die Anstrengungen zur Erreichung einer integrierten
Konzeptentwicklung auch daran, daß der relativ hohe Entwicklungsauf-
wand für das Konzept selbst aus Gründen der Ressourcen-Knappheit vom
Management nicht akzeptiert wird. So manche vom jeweiligen Unternehmen teuer bezahlte Konzeptstudie konnte für die daraus abzuleitenden
Folgeprojekte zur stufenweisen Realisierung eines integrierten Systems
nicht unmittelbar genutzt werden. Die verwendeten Methoden, der Approach und die Dokumentation entsprachen meist nicht den Erfordernissen. An die Entwicklung eines Gesamtkonzeptes für ein integriertes In-
formations- und Kommunikations-System sind daher folgende Forderungen
zu stellen:

- Das erarbeitete Konzeptergebnis muß als ein Bestandteil der integrierten Gesamtaktivitäten zur Anpassung der Unternehmensorganisa-
  tion an die jeweiligen Markterfordernisse fungieren (siehe Abb. 2).

- Die im Gesamtkonzeptentwicklu.gsprozeß verwendeten Methoden und
  Werkzeuge müssen innerhalb eines integrierten Methoden- und Werk-
  zeugkonzeptes, das für alle folgenden Projektphasen zur Anwendung
  gelangt, eingesetzt werden.

- Das Ergebnis der Konzeptentwicklung muß eine stufenweise arbeitsteilige Realisierung innerhalb eines langen Entwicklungszeitraumes
  in Form einer Vielzahl von Teilprojekten ermöglichen und unterstützen.

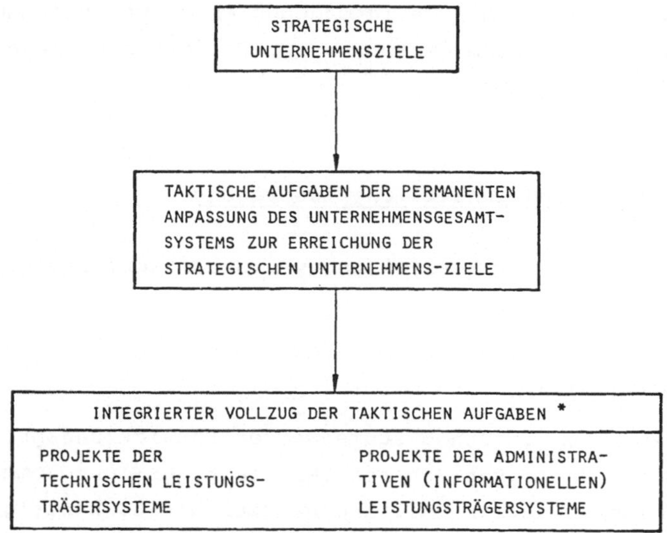

* Die Übergänge zwischen technischen und administrativen Systemen sind fließend, da die Träger informationeller Systeme ebenfalls technische Systeme darstellen.

Abb. 2:   Integrierte, abgeleitete Projektorganisation

- Die angestrebte arbeitsteilige schrittweise Realisierung des Gesamt-systems darf nicht zu Lasten des Integrationsgrades gehen.

- Das Gesamtkonzeptergebnis muß der Ermittlung der Endbenutzeranfor-derungen in Form geschäftsvorgangsorientierter ressortunabhängiger Ablaufanalysen dienen.

- Das Gesamtkonzept muß die Ableitung eines integrierten Hardware-und Kommunikations-Konzeptes für das Büro der Zukunft ermöglichen und unterstützen.

- Das Gesamtkonzept muß ohne Zerstörung des Grundmusters an die je-weiligen Veränderungen der Geschäftslage des Unternehmens (verän-derte Zielsetzungen) einerseits und die veränderten Möglichkeiten und Bedingungen der Informations- und Kommunikationstechnologien ohne aufwendige Entwicklungsaktivitäten andererseits anpaßbar sein.

- Das Gesamtkonzept muß über die daraus abgeleiteten Folgeprojektak-tivitäten automatisch erweitert und aktualisiert werden. Die Doku-mentation der aus dem Gesamtkonzept abgeleiteten realisierten Fol-geprojekte (realisierte Teilsysteme) muß integrierter Bestandteil der erweiterten Gesamtkonzeptdokumentation sein.

- Das Gesamtkonzeptergebnis muß als Grundlage für eine mittel- und
  langfristige Planung der zu entwickelnden Informations- und Kommu-
  nikations-Teil-Projekte dienen.

Zur Erreichung der genannten Ziele bedarf es des Einsatzes spezifischer Methoden und Werkzeuge. Das Gesamtkonzept selbst ist als ein
Beschreibungssystem oder auch Modell der administrativen Prozesse
im Unternehmen zu verstehen. Daraus leitet sich ab, daß im ersten
Schritt der Konzeptentwicklung die wichtigsten Geschäftsvorgangsarten (wie beispielsweise die Bearbeitung einer Kundenanfrage) dahingehend untersucht werden, welche administrativen Aufgaben in welcher
Reihenfolge sich daraus ableiten lassen und welcher Informationsbedarf abhängig von der zur Aufgabenerfüllung erforderlichen Methode vorliegt (siehe Abb 4, 4a). Das Ergebnis dieser Analyse führt zur computergestützten Dokumentation der ermittelten administrativen Aufgaben,
des Informationsbedarfs, der Verarbeitungsmethoden und der Verarbei-
tungsreihenfolge (siehe Abb. 4).

Als Werkzeug für die computergestützte Dokumentation kommt ein auf
dem Markt verfügbares "DATA-Dictionary" (Datenbeschreibungs- und Dokumentationssystem) zum Einsatz. Das DATA-Dictionary stellt sicher,
daß die einmal definierten Aufgaben und die zur Aufgabenerfüllung erforderlichen Informationen (Datenelemente) miteinander verknüpft werden, so daß im späteren aus dem Konzept abgeleiteten Realisierungspro-
zeß für das Informationssystem jederzeit ein Datenelementverwendungs-
nachweis maschinell erzeugt werden kann. Diese Datenverwendungsstruk-
tur stellt die datentechnische Integration aller aus dem Gesamtkonzept abgeleiteten Informations- und Kommunikationssysteme dar. Da
das in der Konzeptphase entwickelte Beschreibungssystem in den späteren Projektphasen weiter detailliert werden muß, wächst mit fortschreitender Entwicklung der aus dem Gesamtkonzept abgeleiteten Teilsystementwicklungen das Konzeptbeschreibungssystem ständig automatisch (siehe Abb. 3).

Die Dokumentation der Teilsystementwicklungen zur schrittweisen Erreichung eines integrierten Informations- und Kommunikationssystems erfolgt als eine permanente projektbegleitende Aktivität mit Hilfe des
eingesetzten DATA-Dictionary und wird damit zum Bestandteil des Gesamtkonzeptes. Später erforderliche Teilsystemänderungen oder -Erwei-
terungen erfolgen stets über die Konzeptebene. Dadurch wird sichergestellt, daß das Gesamtkonzept stets aktualisiert ist und als Dokumentation der eingesetzten Teilsysteme fungiert.

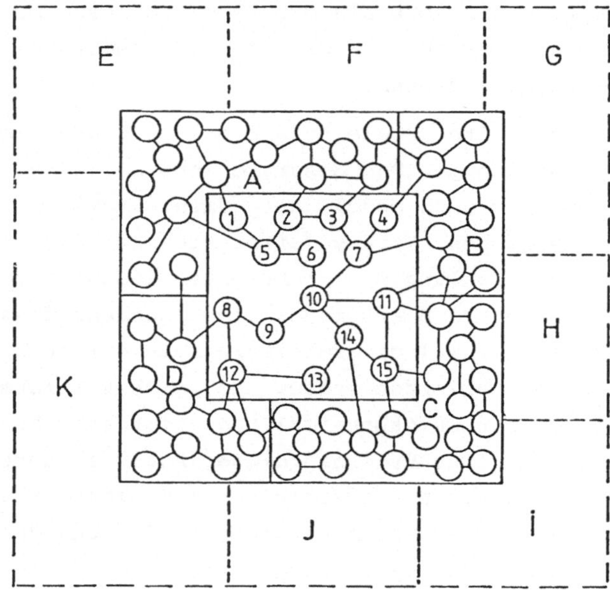

Integrationszusammenhang ist mehrdimensional
zu sehen!

○ = Element/Aufgabe

___ = Projekt

----- = Geplante Projekte

Abb. 3:   Entwicklung des Modellkerns

Die datentechnische Verknüpfung der administrativen Aufgaben alleine
führt jedoch noch nicht zu den Anforderungen für das Kommunikationssystem. Hierzu ist es zusätzlich erforderlich, eine entsprechende
Analyse der jeweiligen Aufgabenabfolge vorzunehmen und das Ergebnis
ebenfalls computergestützt zu dokumentieren. Die Aufgabensequenz ergibt sich, wie aus Abb. 4 und 4a ersichtlich, aus den unterschiedlichen Geschäftsvorgangsarten. Für die Dokumentation bedeutet dies,
daß pro Geschäftsvorgangsart ein sogenannter Administrationsaufgaben-
Verwendungsnachweis mit der Abbildung der jeweiligen Aufgabenreihen-
folge hinterlegt bzw. generiert werden muß. Die gleichzeitige Abbildung aller wesentliche betrieblichen Geschäftsvorgangsarten, gekoppelt
mit den durch sie ausgelösten Administrationsaufgaben ergibt ein sehr
komplexes Netzwerk (entsprechend einem Netzplan). Die Struktur des
Netzwerkes (die Verknüpfungen der Aufgaben untereinander) stellen die

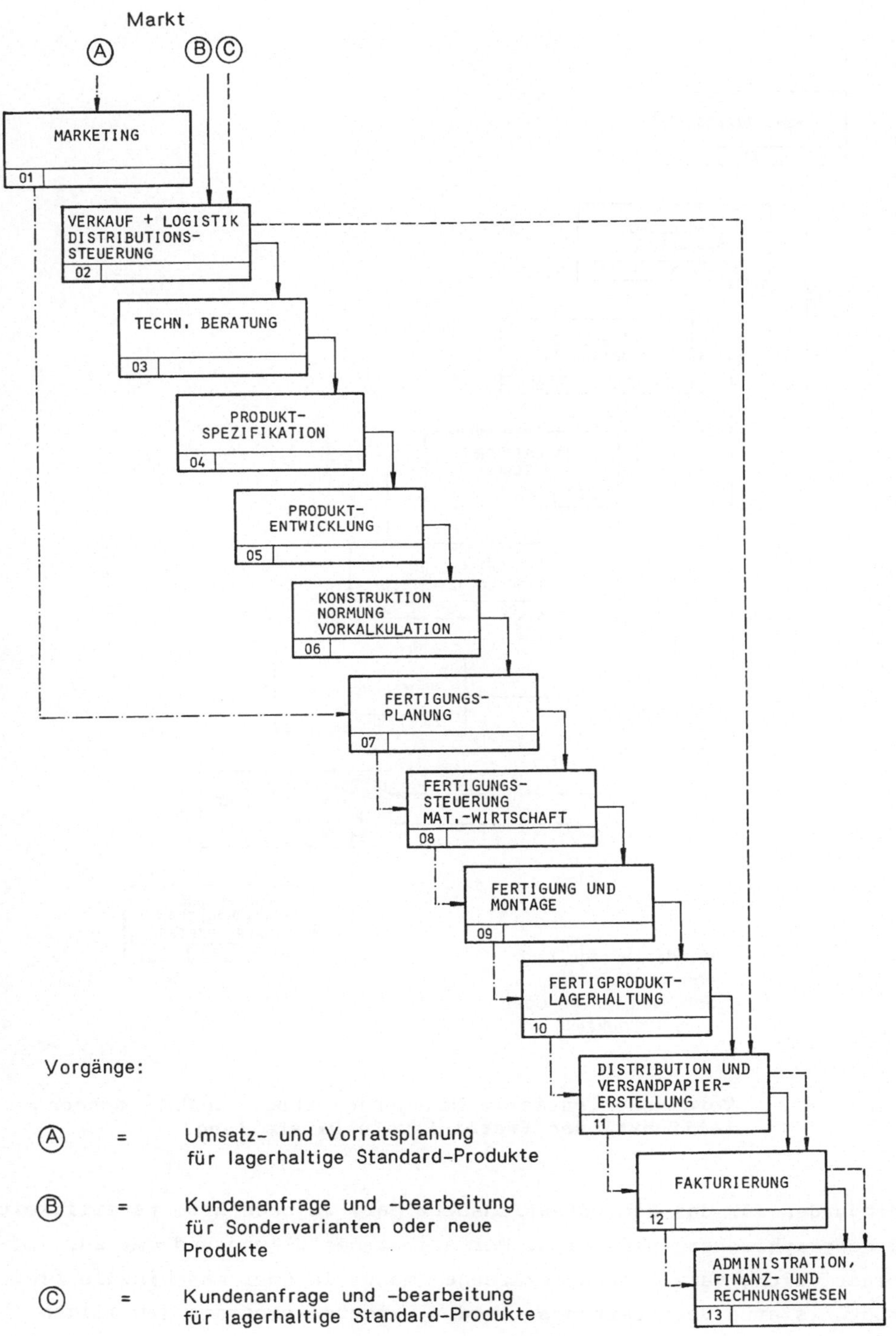

Abb. 4: **Vorgangsorientierte Teilfunktionsdarstellung (vereinfachte Darstellung)**

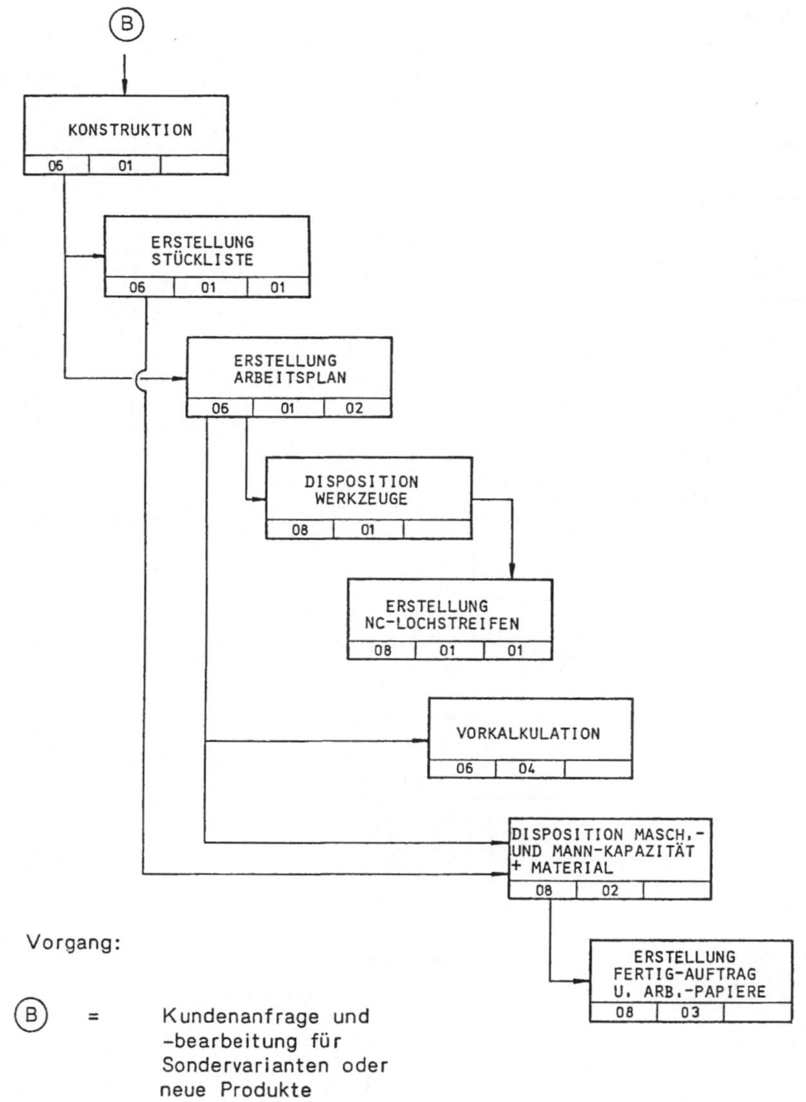

Abb. 4a: **Vorgangsorientierte Disaggregierung von Unternehmens-teilfunktionen (vereinfachte Darstellung)**

Bedingungen für das Kommunikationsnetz dar. Je nach Arbeitsteiligkeit und geographischer Ansiedelung der Aufgabenerfüllung und der zur Auf-.gabenerfüllung verwendeten Werkzeuge (manuelle oder maschinelle bzw. computerisierte Verarbeitungsmethoden) ergeben sich die jeweiligen Auswahlkriterien für das Verarbeitungs- und Kommunikations-Equipment. Freilich werden diese Anforderungskriterien angereichert durch die

jeweiligen Kompatibilitätserfordernisse der Equipmenthersteller, die
durch eine entsprechende Marktstudie erhoben werden müssen.

Darüber hinaus sind an die Aufrechterhaltung und die Verfügbarkeit
des geplanten Kommunikationssystems zusätzliche Anforderungen zu
stellen, die in einem "Sicherheitskonzept" ihren Niederschlag finden.

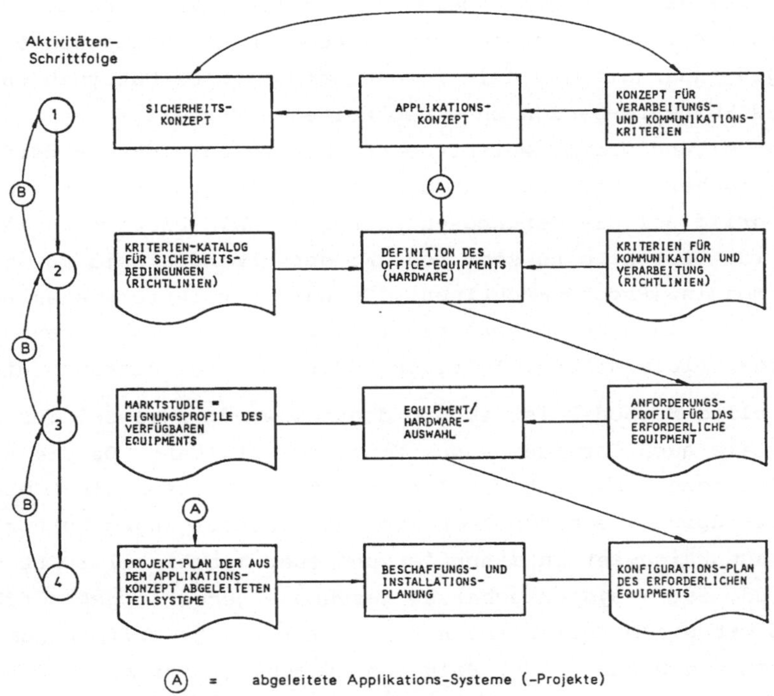

Abb. 5:   Prozeß der Office-Equipment-Auswahl

Abbildung 5 verdeutlicht, wie der Prozeß der Office-Equipment-Auswahl
abläuft, sofern die drei genannten Teilkonzepte vorliegen.
Die dargelegte Vorgehensweise stellt sicher, daß unter Verwendung der
entwickelten Kriterien-Kataloge, abgeleitet aus dem integrierten An-
wendungskonzept die jeweils auf dem Markt angebotenen Informationsver-
arbeitungs- und Kommunikationstechnologien entsprechend den jeweiligen Projekterfordernissen und -Zeitpunkten ohne Zerstörung der Kompatibilität zum Einsatz gelangen können.

Die eingangs genannte Forderung der Flexibilität der realisierten
Verarbeitungssysteme wird dadurch erreicht, daß die Verarbeitungsmo-

duln datenunabhängig (semantikunabhängig) entwickelt werden. Die Interpretation des Dateninhaltes erfolgt stets an der Mensch-Maschine-Schnittstelle, während verarbeitungsintern mit Symbolsprachen gearbeitet wird. Die Interpretation des Daten-In- und Outputs an der Mensch-Maschine-Schnittstelle (Bildschirm- und Printoutputs) erfolgt über die im DATA-Dictionary hinterlegten Datenbeschreibungen.
Neben der Erreichbarkeit einer hohen Felxibilität in bezug auf die Anpassungsfähigkeit der Verarbeitungssysteme auf organisatorische Veränderungen innerhalb der Ablauforganisation eines Unternehmens führt dieses Software-Design zu einem weiteren Vorteil.
Da die Verarbeitungsmoduln weitestgehend mit Datenfeldern arbeiten, deren semantischer Inhalt erst an der Eingabe-Ausgabe-Schnittstelle über den Zugriff auf die Datenbeschreibung im DATA-Dictionary interpretiert wird, besteht eine sehr hohe Wiederverwendbarkeit von Transformations-Moduln (Programmroutinen). So werden beispielsweise Bestandspflege-Routinen nur einmal programmiert, da es maschinenintern weder Kunden-, Lieferanten-, Auftrags- oder sonstige Bestände gibt.

Die vorgestellte Methodik ist im Grundsatz anwendbar sowohl für die Daten/Text- als auch für Audio- und Video-Verarbeitung. Da die Aufgabenverknüpfungen innerhalb des Kommunikations-Systems nicht über die Datenverknüpfung, sondern über die Geschäftsvorgangsstruktur in Form von Transaktionsketten manueller und/oder maschineller Art hergestellt wird, ist - systemtechnisch gesehen - jeder Aufgabenerfüllungsprozeß mit einem logistischen System für die jeweiligen Kommunikationsmedien wie Daten, Text, Bild und Sprache zu verknüpfen. Auf die Unternehmensaufbauorganisation übertragen, bedeutet dies, daß jeder Arbeitsplatz neben den spezifischen von ihm genutzten Anwendungssystemen auch über seine jeweils eigenen Bestände für Daten-, Text-, Bild- und/oder Audio verfügt, die je nach Wiederverwendbarkeit in Abhängigkeit der vorgangsbedingten Sequenz von mehreren Arbeitsplätzen genutzt werden können, wie dies bei den heutigen Datenbankenkonzepten der Fall ist (siehe Abb. 6).

Ein spezifisch zu entwickelndes Kommunikationssteuerungssystem (Monitoring) stellt sicher, in welcher Reihenfolge die jeweiligen Aufgabenerfüllungsprozesse zur Vorgangsbearbeitung abzulaufen haben und wer mit den jeweils generierten Informationen über welche Kommunikationsbeziehungen zu versorgen ist. Abbildung 7 zeigt das Beispiel eines daraus abgeleiteten möglichen Hardware-(Equipment-)Verbundes in der Zukunft.

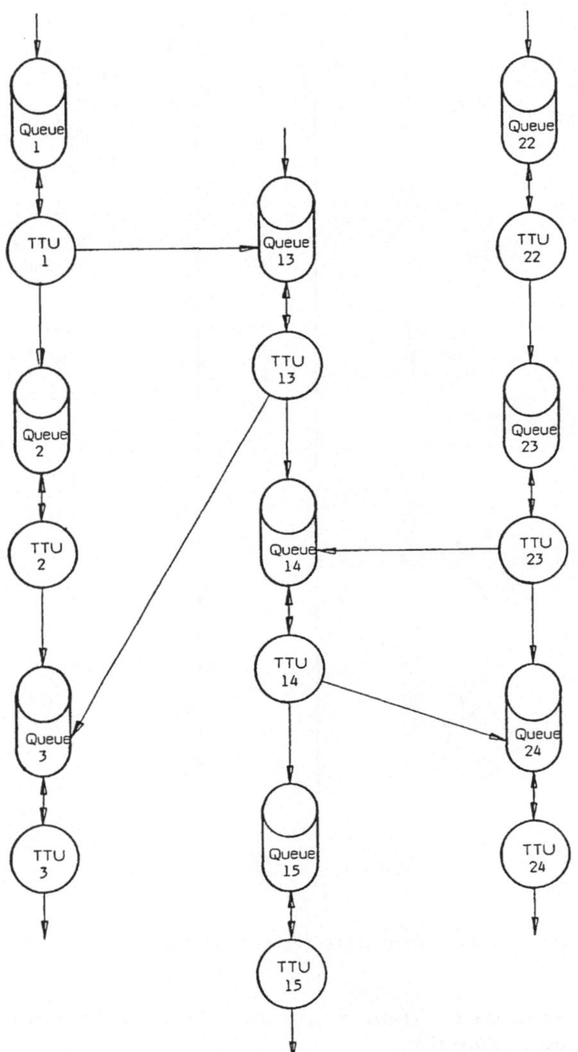

Queue = Puffer für Informationsmedien: Daten, Text, Bild, Sprache

TTU   = Transaction Transformation Unit (Einzelanwendung am Arbeitsplatz)

——— = Kommunikationsnetz

Abb. 6:   Symbolische Darstellung einer vorgangs-abhängigen Kommunikationssteuerung zur Versorgung der Arbeitsplätze

230

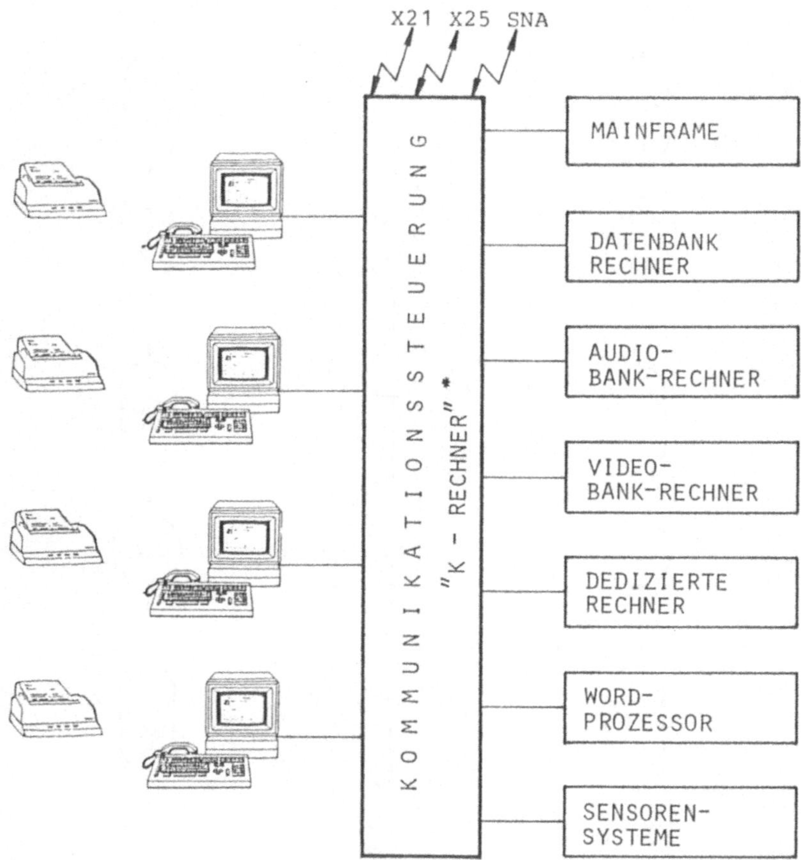

* stellt Kommunikation über alle Medien und sämtliche Equipments her

Abb. 7:   Beispiel eines möglichen Equipment-Verbundes in der Zukunft

<u>Die Anwendung der Informationstechnik in Büro und Verwaltung und die Auswirkungen auf</u>
<u>die Arbeitsorganisation und Arbeitsanforderungen in kaufmännisch-verwaltenden Berufen</u>

R. Koch
Bundesinstitut für Berufsbildung (BIBB)
Fehrbelliner Platz 3
D-1000 Berlin 31

1. <u>Einleitung</u>

Die Informationsverarbeitung in Büro und Verwaltung wird gegenwärtig noch in erheblichem
Umfang mit konventionellen Geräten abgewickelt. Dennoch wird die Informationstechnik
den kaufmännischen und verwaltenden Bereich auf längere Sicht immer umfassender
durchdringen. Maßgebende Trends werden dabei die Einführung arbeitsplatzorientierter
und (teil-)integrierter Informationssysteme sowie neuer Systeme der Informationsübertragung
sein.

Über die Auswirkungen der Informationstechnik auf die Arbeitsorganisation und Arbeitsanforderungen wird gegenwärtig eine kontroverse Diskussion geführt. Dabei steht auf der
einen Seite eine positive Bewertung der Informationstechnik. Die Vertreter dieser Position
meinen, die Informationstechnik werde dem im Büro Beschäftigten Routinearbeit abnehmen
und ihm mehr Zeit geben, seine intellektuellen und kreativen Fähigkeiten zu nutzen und
damit zu einer generellen Höherqualifizierung der Büroarbeit führen. Dem steht eine
pessimistische Einschätzung gegenüber, die davon ausgeht, daß sich mit dem Einsatz
der Informationstechnik eine tayloristische Organisation der Arbeit durchsetzt und der
Mensch, soweit er überhaupt noch im Büro Arbeit finden kann, zum dequalifizierten Anhäng-
sel der Technik wird.

Die empirische Wirkungsforschung kann bislang nur bedingt zur Klärung beitragen, da
sie über kein hinreichend gesichertes repräsentatives Datenmaterial verfügt. Hinzu kommt,
daß es sich bei der Entwicklung und Anwendung der Informationstechnik um einen laufenden,
von vielfältigen technischen, wirtschaftlichen und sozialen Bedingungen abhängigen Prozeß
handelt. Es ist deshalb nur schwer einschätzbar, inwieweit und mit welchem Zeithorizont
der zu einem bestimmten Zeitpunkt beobachtete Zustand als stabil bezeichnet werden
kann und in welche Richtung die weitere Entwicklung verlaufen wird. Hinzu kommt das
Problem, daß Veränderungen der Arbeitsorganisation und der Arbeitsanforderungen nicht
unmittelbar durch die Informationstechnik bewirkt werden und demnach auch nicht ausschließlich der Technik zugerechnet werden können, sondern Folgen von Anwenderentscheidungen

sind. Die organisatorischen und personellen Folgewirkungen des Technikeinsatzes können
je nach den besonderen Rahmenbedingungen der Anwenderbetriebe (z. B. Marktsituation,
Personalstruktur) bzw. spezifischen betrieblichen Problemlagen (z. B. Ertragssituation,
Personalrekrutierung) prinzipiell recht unterschiedlich sein. Die folgenden Ausführungen
zu den Auswirkungen der Informationstechnik auf Arbeitsorganisation und Arbeitsanforderungen stützen sich auf neuere empirische Studien, die sich überwiegend mit Einzelfällen
technisch-organisatorischer Umstellungen in mittleren und größeren Betrieben des Kredit-
gewerbes, des Versicherungsgewerbes und der Industrie befassen (2/3/4/5/8/9/10/12/13).
Insofern kann hier nur auf sich gegenwärtig in diesen Bereichen abzeichnende Tendenzen
der System- und Arbeitsgestaltung sowie der darauf bezogenen Personalpolitik hingewiesen
werden. Werden die vorfindbaren Formen des Technikeinsatzes und der Arbeitsorganisation
unter den Gesichtspunkten, inwieweit diese den zukünftig zu erwartenden Anforderungen
an die Dienstleistungsfunktionen des kaufmännisch-verwaltenden Bereichs und den Ansprüchen der Beschäftigten an die Qualität ihrer Arbeitsbedingungen genügen können, einer
kritischen Beurteilung unterzogen, könnten sich daraus Anhaltspunkte für die zukünftige
Gestaltung von Büroinformations- und -kommunikationssystemen sowie für eine vorausschau-
ende Personal- und Ausbildungspolitik ergeben.

2. Die gegenwärtige Verbreitung von Geräten der Informationstechnik

Der gegenwärtige Anwendungsstand der Informationstechnik (Daten-, Text- und Telekommuni-
kationstechnik) in der Bundesrepublik wird sowohl hinsichtlich der tatsächlichen Verbreitung
informationstechnischer Geräte als auch hinsichtlich des Entwicklungsniveaus der in den
Betrieben realisierten informationstechnischen Lösungen vielfach überschätzt. Nach
den Ergebnissen einer vom BIBB durchgeführten schriftlichen Befragung von Betriebsstätten
mit über 10 Beschäftigten (7) ergibt sich folgendes Bild:

Eigene EDV-Geräte setzt durchschnittlich fast jeder zweite Betrieb ein. Die Betriebe
ohne eigene EDV-Geräte verarbeiten ihre Daten zu etwa gleichen Anteilen "außer Haus"
oder noch rein "manuell". Der Anteil der Anwender-Betriebe nimmt mit der Betriebsgröße
rasch zu. Dieser Anteil liegt bei kleineren Betrieben mit 10 bis 19 Beschäftigten noch
unter 30 %, bei größeren Betriebsstätten mit 100 und mehr Beschäftigten aber bereits
über 80 %. Der Anwenderanteil differiert auch zwischen Wirtschaftszweigen beträchtlich.
Kreditgewerbe, Bergbau, Reisebüro, chemische Industrie, Großhandel und Versicherungen
setzen die EDV überdurchschnittlich häufig ein.Die niedrigsten Anwenderanteile haben
das Hotel und Gaststättengewerbe, das Speditionsgewerbe, die Eisen- und Metallindustrie,
die Holz-, Papier- und Druckindustrie, das Baugewerbe, das Straßenverkehrsgewerbe
und der Einzelhandel.

Die Zahl der Anwender-Betriebe wird zwar in den kommenden Jahren weiter ansteigen,
aber auch nach 1985 wird noch ein erheblicher Teil der heutigen Nichtanwender-Betriebe
keine eigenen EDV-Geräte einsetzen. Nur etwa jeder sechste Nichtanwender-Betrieb
zeigt sich nach eigenen Angaben entschlossen, in den kommenden fünf Jahren eigene
EDV-Geräte einzuführen.

Arbeitsplatzorientierte (dezentrale) Formen der Datenverarbeitung, bei denen am Arbeitsplatz ein direkter Zugriff zu Computerleistungen besteht, haben zwar an Bedeutung gewonnen, nach wie vor dominiert jedoch die zentralisierte Form der EDV. Von den EDV-Anwender-
Betrieben hat etwa jeweils jeder fünfte in Fachabteilungen Datenerfassungsgeräte und
Bürocomputer und etwa jeder dritte Bildschirmgeräte zur Bearbeitung von Geschäftsvorfällen
installiert. Bezogen auf die Gesamtzahl der Arbeitsplätze im kaufmännischen und verwaltenden Bereich dürfte nach vorliegenden Schätzungen und Prognosen der Anteil der Arbeitsplätze mit direktem Computerzugriff gegenwärtig etwa zwischen 6 und 7 % liegen und
bis 1985 voraussichtlich rd. 10 % erreichen.

Neu- und Erweiterungsinvestitionen auf dem Gebiet der Datentechnik werden sich vor
allem auf Geräte der dezentralen Datenverarbeitung richten. In einem für das BIBB erstellten
Gutachten prognostiziert die Fa. Diebold, daß sich die Zahl der installierten Bürocomputer
bis 1985 im Vergleich zu 1980 verdoppeln und der Terminalbestand im gleichen Zeitraum
etwa verdreifachen wird (6).

Die Anwendungsfelder der Datentechnik werden sich weiter von Massen- und Routineprozessen
hin zu komplexeren Datenverarbeitungsprozessen verlagern. Gegenwärtig wird die Datentechnik allerdings noch kaum zur Unterstützung nur gering strukturierbarer Entscheidungsaufgaben eingesetzt.

<u>Geräte der elektronischen Textverarbeitung</u> (Speicherschreibmaschinen, Textsysteme
mit und ohne Bildschirm) haben bislang erst eine weitaus geringere Verbreitung als Geräte
der elektronischen Datenverarbeitung gefunden. Nur etwa jeder zehnte der vom BIBB
befragten Betriebe setzt die neuen Textverarbeitungstechniken ein. Auch bei Betrieben
mit 100 und mehr Beschäftigten ist nur etwa jeder vierte Betrieb Anwender von Textverarbei-
tungsgeräten/-systemen. Aufgeschlüsselt nach Branchen ergibt sich für den Bereich von
Banken und Versicherungen ein überdurchschnittlicher, für den Handel und das Baugewerbe
ein unterdurchschnittlicher Anwenderanteil. Dies weist auf branchenspezifische Unterschiede
im Umfang, aber auch in der Art des anfallenden Schriftguts hin.

39 % der befragten Anwender-Betriebe setzen die Textverarbeitungstechnik nur für die
Textbearbeitung, d. h. Schreiben und Korrigieren von individuellem Schriftgut und 20 %
nur für die (programmierte) Textverarbeitung ein; 41 % geben beide Anwendungsarten
an. Organisatorisch werden die Textverarbeitungsgeräte/-systeme am häufigsten ausschließlich dezentral in Sekretariaten und Fachabteilungen (56 %), weniger häufig in zentralen

Schreibbüros (32 %) eingesetzt. 12 % der befragten Anwender-Betriebe setzen Textverarbeitungsgeräte/-systeme sowohl dezentral als auch zentral ein.

Zukünftig wird sich die Textverarbeitungstechnik vorwiegend in den Produktlinien Speicherschreibmaschinen, Bildschirm-Textsysteme und computergestützte Textverarbeitung weiterentwickeln. Nach einer Prognose der Fa. Diebold werden in den kommenden Jahren zunächst insbesondere die Installationen einfacher und preiswerter Systeme zunehmen. Die computergestützte Textverarbeitung wird wegen bislang nicht gelöster Software-Probleme vermutlich erst in der zweiten Hälfte der 80er Jahre eine größere Bedeutung gewinnen (6). Eine schnellere Verbreitung dürften Systeme auf Minicomputerbasis finden, die sich sowohl für Text- als auch für Datenverarbeitungsaufgaben eignen (14).

Geschäftliche Informationen werden heute immer noch meist mit den klassischen Kommunikationsmitteln Telefon und Brief übertragen. Daten- und Textsysteme werden jedoch zunehmend mit Fernübertragungsmöglichkeiten ausgestattet.

Bereits heute verfügt etwa jeder sechste Betrieb, der Teil eines gegliederten Unternehmens ist, über Einrichtungen zur <u>Datenfernübertragung</u>. Dagegen sind nur etwa 4 % der Einzelbetriebe mit derartigen Einrichtungen ausgestattet, die wohl in erster Linie zur Datenübermittlung an Service-Rechenzentren eingesetzt werden. Besonders häufig wird die Datenfernübertragung im Kreditgewerbe angewendet. Die Datenübertragung zwischen beliebigen Unternehmen wird auf absehbare Zeit durch herstellerspezifische Übertragungsverfahren bzw. Probleme der Normung behindert bleiben.

Die elektronische <u>Übertragung von Texten</u> (Teletex) wird nach ersten Potentialschätzungen eine erhebliche Verbreitung finden. Danach sind etwa 50 % aller Geschäftsbriefe durch Teletex technisch grundsätzlich substituierbar (1).

3. <u>Informationstechnik und Arbeitsorganisation</u>

Die Grundfrage der betrieblichen Arbeitsorganisation besteht darin, welche Tätigkeiten (Arbeitsteilung) von wem (Personaleinsatz), wie (Verfahren), in Zusammenarbeit/Abstimmung mit wem (Kooperation) ausgeführt werden sollen. Gegenwärtig scheint noch offen zu sein, ob diese Frage bei der Einführung moderner Informationstechniken eher im Sinne einer tayloristischen Anpassung des Menschen an die Technik oder eher im Sinne einer Arbeitsgestaltung entschieden wird, bei der die Technik Hilfsmittel des Menschen bleibt. Im Vordergrund steht dabei der Aspekt der Arbeitsteilung. In der Geschichte der Büroarbeit seit Anfang dieses Jahrhunderts verbanden sich mit dem Einsatz neuer Büromaschinen

(Schreibmaschine, Buchungsmaschine, Lochkartenanlage) durchgreifende Veränderungen der Arbeitsteilung. Eine Ausnahme bildete die Rechenmaschine, die ein Hilfsmittel an Sachbearbeiterplätzen blieb. Die konventionelle Bürotechnik hat die Arbeitszerlegung im Büro zwar nicht erzwungen, aber dennoch gefördert (10). Die Frage ist nun, ob sich diese Tendenz mit dem Einsatz moderner Daten und Texttechniken fortsetzt oder umkehrt.

Die organisatorische Form der Schriftguterstellung wird durch die Texttechnik nur sehr bedingt (etwa durch den Aspekt der wirtschaftlichen Maschinenauslastung) bestimmt. Allenfalls besteht ein gewisser, wenn auch keineswegs zwingender Zusammenhang zwischen den Aufgaben eines Schreib- und Sekretariatsdienstes und seiner Organisationsform. Daß in einem Betrieb schreibende, sachbearbeitende und sekretarielle Tätigkeiten abgegrenzt sind, ist demnach nicht in erster Linie eine Frage der eingesetzten Textverarbeitungstechnik, sondern abhängig von der betrieblichen Arbeitsorganisation. Zunehmend in den Mittelpunkt arbeitsorganisatorischer Gestaltungsentscheidungen wird insbesondere die Frage rücken, wie Textverarbeitungsaufgaben zwischen Sachbearbeitern und Schreibkräften verteilt werden sollen, da sich der Schreibdienst je nach Art der verwirklichten Arbeitsteilung entweder weitgehend auflösen, zur Datenerfassungsabteilung degenerieren oder zu einem qualifizierten Dienstleistungszentrum entwickeln kann (15).

Bei nicht standardisierbarem Schriftgut ist, unabhängig von der die Textbearbeitung unterstützenden Technik entscheidend, wo die Verantwortung für die Qualität des Endmanuskriptes liegt. Bei standardisierbarem Massenschriftgut und der Formularbearbeitung dürfte sich langfristig die Form der computerunterstützten und damit der programierten Textverarbeitung durchsetzen. Bei strikter Arbeitsteilung erstellt der Sachbearbeiter den Brief mit Hilfe von Textbausteinen; die Tätigkeit der Schreibkraft besteht nur noch darin, die Baustein-Nummern und ggf. Textergänzungen in das Textsystem einzugeben. Übernimmt der Sachbearbeiter die Dateneingabe selbst, wird die Arbeit der herkömmlichen Schreibkraft völlig überflüssig. Denkbar wäre aber auch eine Organisationsform, bei der der Schreibdienst nicht nur Daten eingibt, sondern auch bestimmte vorgeschaltete sachbearbeitende Funktionen mit übernimmt. Für die Qualifikationsstruktur im Schreibdienst ist ferner entscheidend, wie die Grenze zwischen dem Bereich, in dem "individuelles" Schriftgut geschrieben und dem Bereich, in dem standardisiertes Schriftgut über Maschinenbedienung bearbeitet wird, gezogen wird. Weltz u. a. ist zuzustimmen, wenn sie resümieren, daß für die zukünftige Organisation der Schreibarbeit weniger die verfügbare Technik als vielmehr der Stellenwert, der der Qualifikation und der Eigeninitiative der Schreibkräfte zugemessen wird, entscheidend ist. Dementsprechend wird durch die gegenwärtig betriebene Ausbildungs und Rekrutierungs-politk die zukünftige Organisation des Schreibdienstes bereits vorgeprägt (15).

Die technische Ausstattung und das damit verbundene Leistungsvermögen elektronischer Datenverarbeitungsanlagen hat sich "generationsweise" entwickelt. In den ersten "Generationen" stehen einer leistungsfähigen Zentraleinheit nur wenig entwickelte Ein- und Aus-

gabegeräte gegenüber. Die Organisation der Arbeit und die Informationsflüsse werden
an der unter Wirtschaftlichkeitsgesichtspunkten zentralisiert eingesetzten EDV-Anlage
ausgerichtet. Die Fachabteilungen übergeben die Daten für den maschinellen Verarbeitungs-
ablauf an das Rechenzentrum. Der Arbeitsrhythmus der Fachabteilungen wird von einem
an der Auslastung der EDV-Anlage orientierten Zeitplan bestimmt. Durch die zentrale
EDV wird nicht nur die Flexibilität und Aktualität der Datenverarbeitung in den Fachabteilungen eingeschränkt, sondern zugleich die Arbeitsteilung vertieft und die zeitlichen
und sachlichen Dispositionsmöglichkeiten der Beschäftigten eingeengt.

Die heute verfügbare EDV-Technik ermöglicht einen direkten Mensch-Maschine-Dialog
auch über räumliche Distanz und eine über Datenbanken vermittelte Integration der betrieblichen Datenverarbeitung. Der wirtschaftliche Einsatz der EDV-Technik ist nicht mehr
länger an bestimmte Formen der Arbeitsorganisation gebunden. Die in der betrieblichen
Praxis realisierten arbeitsorganisatorischen Lösungen sind demnach nicht notwendige
Implikationen der Computertechnik, sondern Folge betrieblicher Strategien des Technikeinsatzes und der Organisation von Arbeits- und Informationsflüssen in bestimmten Anwendungsbereichen. In vergleichbaren Anwendungsfällen der Dialog- Datenverarbeitung kann es
von daher zu entgegengesetzten arbeitsorganisatorischen Lösungen kommen. Ob stark
arbeitsteilige Modelle mit einer klaren Trennung zwischen Routinearbeiten und dispositiven
Arbeiten gewählt werden oder an einer ganzheitlichen Vorgangssachbearbeitung orientierte
Mischarbeitsplätze eingerichtet werden, hängt wesentlich von der Qualifikationsstruktur
des verfügbaren Personals bzw. den jeweiligen Rekrutierungs- und Qualifizierungsproblemen
der Betriebe ab (2/5). Die durch den dezentralen Einsatz der EDV gegebene Möglichkeit,
bis dahin stark arbeitsteilig organisierte Tätigkeiten zusammenzuführen, wird bislang
von den Betrieben offensichtlich kaum genutzt. In einer strikten Trennung der maschinellen
Datenverarbeitung vor- und nachgelagerter Routinetätigkeiten von den fachlich anspruchsvol-
leren Auswertungs- und Dispositionstätigkeiten scheinen die Betriebe nach wie vor eine
vorteilhafte Möglichkeit zu sehen, die Personalkosten und den Bedarf an fachlich
qualifiziertem Personal zu senken.

Aus den vorliegenden Studien geht ferner deutlich hervor, daß sich auch beim Einsatz
arbeitsplatzorientierter Computersysteme die Tendenz, das Arbeitshandeln stärker zu
standardisieren und zu kontrollieren, fortsetzt. Die Arbeitsbeziehungen werden durch
das integrierte Datensystem ebenfalls stärker formalisiert, wobei zugleich die Notwendigkeit
direkter Arbeitskontakte zurückgeht.

Handlungs- und Entscheidungsspielräume sowie personale Koordinationsfunktionen verbleiben
immer dort, wo Unwägbarkeiten des Arbeitsanfalls und Störungen im Arbeitsablauf zu
erwarten sind und auf kurzfristig auftretende, nicht vorhersehbare Situationen mit schnellen
und flexiblen Entscheidungen reagiert werden muß.

4. Informationstechnik und Arbeitsanforderungen

Globale Thesen, die davon ausgehen, daß die Informationstechnik zu einer allgemeinen
Höherqualifizierung oder einer allgemeinen Dequalifizierung des Personals führt, sind
wenig geeignet, die tatsächliche Qualifikationsentwicklung zu beschreiben. Der technisch-
organisatorische Wandel im Büro ist durch zwei Tendenzen gekennzeichnet. Auf der
einen Seite fallen wirtschaftlich automatisierbare Routinearbeiten weg, und es verbleiben
die eher komplexeren Tätigkeiten. Auf der anderen Seite werden durch organisatorische
Maßnahmen Arbeitsabläufe standardisiert und routinisiert. Die Möglichkeiten und Grenzen
der Automatisierung und der Standardisierung hängen von der Struktur der jeweiligen
Informationsverarbeitsprozesse ab.

Nicht automatisierbare und nur wenig standardisierbare qualifizierte kaufmännische Tätigkeiten sind auch in Zukunft insbesondere bei den auf den Markt ausgerichteten Vermittlungs-
tätigkeiten zu erwarten.

Übersehen wird vielfach, daß die Qualifikationsanforderungen nicht allein durch technisch-
organisatorische Maßnahmen, sondern wesentlich auch durch veränderte Anforderungen
an kaufmännische Dienstleistungen (z. B. vermehrte Beratungsaufgaben oder komplexer
werdende Märkte) beeinflußt werden.

Über die inhaltlichen Veränderungen der Qualifikationsanforderungen liegen gegenwärtig
kaum abgesicherte empirische Erkenntnisse vor, so daß nur thesenartig Aussagen auf
einer schmalen empirischen Basis und im wesentlichen begrenzt auf die Ebene qualifizierter
kaufmännischer Sachbearbeiter (ohne EDV-Spezialberufe) gemacht werden können. Hierzu
werden aus Darstellungsgründen analytisch die Ebenen Kenntnisanforderungen, Denkanforderungen und Belastungsanforderungen unterschieden.

Branchen- und funktionsbezogene kaufmännische Fachkenntnisse werden durch die Informationstechnik nicht überflüssig bzw. durch Kenntnisse des technischen Verfahrens abgelöst.
Weiterhin bedeutsam ist außerdem berufliches Erfahrungswissen, das sich auf nicht formalisierbare Bereiche fachlicher Aufgaben richtet (z. B. Kenntnisse der Führung von Verhand-
lungs- und Beratungsgesprächen). Demgegenüber wird durch computergestützte Informationssysteme jenes tradionell bedeutsame Detailwissen überflüssig, das sich aus dem individuellen
(d. h. isoliert auf den einzelnen Arbeitsplatz bezogenen) Charakter und dem geringen
Standardisierungsgrad des Informationswesens ergab.

Organisationskenntnisse und die Kenntnis der Funktionsweise aufgabenspezifischer Anwendungsprogramme gewinnen mit zunehmender Integration der Datenverarbeitung an Bedeutung,
da sich das Arbeitshandeln Einzelner auf den integrierten Gesamtzusammenhang auswirkt.
An Dialogarbeitsplätzen werden Kenntnisse der Terminal-Bedienung benötigt. Sollen

Sachbearbeiter nicht nur das Terminal rein technisch bedienen, sondern darüber hinaus das EDV-System als Hilfsmittel aktiv nutzen können, müssen allerdings Kenntnisse über die grundlegende Arbeitsweise des technischen Systems, dessen Nutzungsvoraussetzungen und Kenntnisse der Wirkungsweise der Hintergrundsysteme (Datenbanken, Dialogsysteme) hinzukommen. Spezielle Programmierkenntnisse sind für den Sachbearbeiter nicht erforderlich. Neben den Bediener- und Nutzerkenntnissen sollten Sachbearbeiter über Kenntnisse der Gestaltung technisch-organisatorischer Systeme zumindest soweit verfügen, daß sie bei der Konzipierung neuer Systeme ihre Ansprüche im Hinblick auf Systemleistungen und zukünftige Arbeitsbedingungen einbringen können.

Werden kaufmännische Tätigkeiten durch standardisierte Arbeitsverfahren stärker normiert, verringern sich die Spielräume der Sachbearbeiter, die Arbeit in zeitlicher und methodischer Hinsicht selbst zu organisieren und die Möglichkeiten, Entscheidungen nach eigenem Ermessen zu treffen. Entsprechend gehen auch auch die geforderten Denkleistungen zurück. Dies kann zur Folge haben, daß sich Sachbearbeiter intellektuell unterfordert fühlen und ihre beruflichen Qualifikationen entwertet sehen. Betroffen sind in erster Linie Sachbearbeiter, zu deren Aufgaben routinehafte Ermessensentscheidungen gehören. Solche Entscheidungsvorgänge werden entweder automatisiert oder durch Entscheidungsregeln weitgehend normiert. Dagegen treten an Sachbearbeiterplätzen mit komplexeren Entscheidungsaufgaben weiterhin die für die dispositiven Tätigkeiten typischen Denkanforderungen auf. Zwar werden auch diese Entscheidungsvorgänge durch Informationsvorgaben und Entscheidungsregeln stärker vorstrukturiert, vielfältige und variierende Entscheidungskonstellationen begrenzen jedoch die Standardisierungsmöglichkeiten. Durch die EDV wird die Informationsbasis von Entscheidungen verbessert; es bleibt jedoch die Aufgabe fachlich qualifizierter und erfahrener Angestellter die von der EDV aufbereiteten Entscheidungsinformationen bzw. -vorschläge ökonomisch zu bewerten und situationsadäquat umzusetzen.

Die bei kaufmännischen Tätigkeiten in integrierten Informationsverarbeitungssystemen notwendigen Denkprozesse stützen sich nach wie vor auf die jeweils maßgebenden Fachkenntnisse und Berufserfahrungen. Es verändert sich nicht der fachliche Bezugspunkt, wohl aber die Art des Denkens. Da die einzelnen Arbeitsabläufe weniger anschaulich geworden sind und der Gesamtprozeß zum Orientierungspunkt einzelnen Tätigkeiten wird, nehmen die Anforderungen an abstraktes Denken und Denken in Zusammenhängen zu.

Die sozial-kommunikativen Anforderungen bei Verhandlungs- und Beratungstätigkeiten werden durch die Informationstechnik in ihrem Kern nicht verändert. Durch die programmierte Textverarbeitung verringern sich jedoch die Anforderungen, Sachverhalte in verständlicher Form und der Situation angemessen schriftlich auszudrücken. Hiervon betroffen sind Sachbearbeiter, bei denen mehrheitlich Routinekorrespondenz anfällt.

Wenn auch durch die Informationstechnik der inhaltliche Kern qualifizierter kaufmännischer Fachberufe weitgehend unverändert bleibt, scheinen gleichzeitig die Belastungsanforderungen deutlich zuzunehmen. Beschäftigte, die an ihrem Arbeitsplatz EDV-bezogene Arbeitsmittel

einsetzen, sehen sich nach den Ergebnissen einer vom BIBB und IAB durchgeführten repräsen-
tativen Befragung von Erwerbstätigen deutlich höheren Belastungen durch betriebliche
Leistungsansprüche und restriktive Formen der Arbeitsorganisation ausgesetzt als von
der EDV nicht betroffene Beschäftigte. Im Vordergrund stehen dabei Anforderungen aus
Termindruck, fehlerfreiem Arbeiten, Konzentration und engen sachlichen Arbeitsvorgaben
(11).

Die Ergebnisse der empirischen Wirkungsforschung kann man dahingehend zusammenfassen,
daß trotz deutlicher Tendenzen der Arbeitszerlegung und Standardisierung der qualifizierte
Sachbearbeiter nicht zum Bürohilfsarbeiter absteigt; gleichzeitig aber die psychischen
Belastungen der Beschäftigten bei den vorherrschenden Formen des Technikeinsatzes
und der Arbeitsorganisation zunehmen.

Bei der Planung zukünftiger Büroinformations- und -kommunikationssysteme werden
Gesichtspunkte einer humanen Arbeitsgestaltung stärker als bisher in den Vordergrund
gestellt werden müssen, denn nur dann werden letztlich auch die wirtschaftlich bedeutsamen
Leistungspotentiale der neuen Techniken voll ausgeschöpft werden können. Dies ist allerdings
nicht nur eine Frage der Arbeitszufriedenheit der Mitarbeiter, sondern auch eine Frage
der Mitarbeiterqualifikationen und damit der Personal- und Ausbildungspolitik.

5. Strukturwandel kaufmännischer Tätigkeiten und Personalentwicklungspolitik

Der betrieblichen Qualifizierungs- und Personalpolitik stellen sich im Zusammenhang
mit der gegenwärtigen und zukünftigen Nutzung der Informationstechnik vor allem zwei
Aufgaben, von denen die eine eher gegenwartsorientiert und die andere eher zukunftsorien-
tiert ist.

Wenn neue informationstechnische Geräte/Systeme eingeführt werden, müssen die betroffenen Mitarbeiter kurzfristig mit den technischen Neuerungen vertraut gemacht werden.
Dies geschieht in den Betrieben bislang meist in Form von auf die unmittelbaren Bedienungs-
modalitäten ausgerichteten Kurzlehrgängen oder Einweisungen am Arbeitsplatz. Weniger
häufig sind umfassende Weiterbildungskonzeptionen, die auf ein grundlegendes Verständnis
der Funktionsweise der modernen Informationstechnik abzielen und die Mitarbeiter in
die Lage versetzen wollen, nicht nur Maschinenbediener, sondern Nutzer von informationstechnischen Arbeitsmitteln zu sein. Werden Sachbearbeiter nur unzureichend qualifiziert,
kann dies nicht nur zu Problemen der "Akzeptanz" einer nicht begriffenen Technik, sondern
auch dazu führen, daß Sachbearbeiter bei Störungen und Ausnahmefällen nicht mehr hand-
lungsfähig und deshalb auf die Hilfe von kompetenten Fachleuten angewiesen sind. Dies
löst bei den Sachbearbeitern häufig demotivierende Ohmachts- und Abhängigskeitsgefühle
aus und kann den Betriebsablauf erheblich verzögern.

Die zukünftigen Nutzer werden bislang nur selten bei der Gestaltung der technischen Systeme und der Arbeitsorganisation einbezogen. Dies liegt sicherlich auch daran, daß viele Betriebe bzw. Systemdesigner von der Fiktion einer unter technischen und ökonomischen Gesichtspunkten "optimalen" System- und Arbeitsgestaltung ausgehen, an die sich der Mensch anzupassen hat. Hinzu kommt aber, daß in den meisten Fällen die Mitarbeiter und Mitglieder des Betriebsrats durch entsprechende Weiterbildungsmaßnahmen überhaupt erst in die Lage versetzt werden müßten, eigene Vorstellungen in die Gestaltungsprozesse einbringen zu können.

Eine derart umfassende Mitarbeiterqualifizierung könnte wesentlich dazu beitragen, daß die Informationstechnik in den Betrieben in einer wirtschaftlich vorteilhaften und sozial akzeptierten Weise genutzt wird.

Die gegenwärtige Ausbildungs- und Rekrutierungspolitik bestimmt maßgebend das zukünftig im Betrieb verfügbare Qualifikationspotential und ist damit vorentscheidend für die zukünftigen Möglichkeiten arbeitsorganisatorischer Gestaltung und der Nutzung der informationstechnischen Systeme. Nur bei einem Potential an Fachkräften können stark arbeitsteilige Arbeitsstrukturen abgebaut und auf flexible, dezentrale Entscheidungsprozesse, eine ganzheitliche Vorgangssachbearbeitung und Mischarbeitsplätze ausgerichtete Arbeitsstrukturen realisiert werden. Umgekehrt sind entsprechende Arbeitsstrukturen die Voraussetzung dafür, daß ein verbessertes Qualifikationspotential optimal genutzt und zugleich die Mitarbeiter entsprechend ihrer Ansprüche und Fähigkeiten eingesetzt werden können. Deshalb muß die Personalpolitik mit Konzeptionen der Arbeitsgestaltung und Technikanwendung abgestimmt werden.

Da die Ausbildungs- und Personalpolitik auf zukünftige Anforderungen an das kaufmännische Personal ausgerichtet ist, wird sie erheblich von den jeweiligen Zukunftseinschätzungen beeinflußt. Die einzelnen Betriebe scheinen ihre Personalentwicklungsplanung an recht unterschiedliche Erwartungen über den zukünftigen Strukturwandel kaufmännische Tätigkeiten auszurichten.

So gibt es Betriebe, die offensichtlich mit einem geringeren Nachwuchsbedarf an qualifizierten Fachkräften rechnen und auf der Grundlage stark arbeitsteilig organisierter Informationsverarbeitungsprozesse vermehrt Arbeitskräfte für den Schreib- und Hilfssachbearbeiterbereich ausbilden bzw. rekrutieren. Auf der anderen Seite gibt es Betriebe, die verstärkt qualifizierte Fachkräfte ausbilden, da sie mit einem Rückgang einfacher Routinetätigkeiten und einer Zunahme anspruchsvollerer Fachtätigkeiten rechnen (2).

Die auf eine Höherqualifizierung des Personals ausgerichtete Ausbildungspolitik dürfte dem längerfristig zu erwartende Strukturwandel kaufmännischer Tätigkeiten eher angemessen sein. So entsteht durch das Zusammenwachsen der Daten-, Text- und Nachrichtentechnik ein Automatisierungspotential, dessen Nutzung dazu führen wird, daß gerade in den Bereichen, wo Daten und Texte erfaßt und übermittelt werden und in denen heute der größte Teil der Bürohilfskräfte beschäftigt ist, in erheblichem Umfang Routinetätigkeiten wegfallen

werden. Das gleiche gilt für routinehafte, sich oft wiederholende dispositive Aufgaben.
Gleichzeitig dürfte der Bedarf an fachlich qualifiziertem Personal steigen, da entsprechendes
Fachpersonal notwendig sein wird, um den unter Konkurrenzbedingungen zunehmenden
Anforderungen an kaufmännische Dienstleistungen, gestützt auf eine durch die moderne
Informationstechnik verbesserte Informationsgrundlage, begegnen zu können. Dabei ist
auch zu erwarten, daß zukünftig in den kundenorientierten Bereichen der Kreditinstitute,
Versicherungen und Industriebetriebe wieder mehr Kompetenzen dem Bearbeiter vor
Ort übertragen werden müssen, damit der Betrieb - gerade bei weniger expandierenden
oder gar schrumpfenden Märkten - flexibel auf Kundenanforderungen reagieren kann.

Um zukünftig benötigtes Fachpersonal zu gewinnen, sollte nicht nur eine entsprechende
Ausbildungspolitik betrieben, sondern durch geeignete Weiterbildungsmaßnahmen
auch die Qualifikationsreserven im Bereich angelernter Arbeitskräfte genutzt werden.
Auch wenn das durchschnittliche Anforderungsniveau kaufmännischer Sachbearbeitertätigkei-
ten vermutlich ansteigen wird, bedeutet dies nicht, daß diese Tätigkeiten nur noch von
formal hochqualifizierten Arbeitskräften (Abiturienten, Akademikern) ausgeführt werden
können. Voraussetzung ist allerdings eine qualifizierte kaufmännische Berufsausbildung,
die eine solide Grundlage für aufbauende Weiterbildungsgänge (z. B. Fachwirt) legt. Werden
in erhöhtem Maße Absolventen weiterführender Schulen und Akademiker eingesetzt,
führt dies nach vorliegenden Erfahrungen dazu, daß der mittlere Bereich stärker hierarchi-
siert wird, also Aufgaben und Kompetenzen entsprechend dem Vorbildungsniveau der
Angestellten verteilt und damit Kompetenzen von den Fachkräften mit mittlerem Schulab-
schluß und Berufserfahrung abgezogen werden. Gleichzeitig verschlechtern sich deren
Aufstiegschancen. Es hat sich ferner gezeigt, daß sich die Erwartungen von Abiturienten
an das Anspruchsniveau ihrer Tätigkeit vielfach nicht - oder zumindest nur für eine begrenzte
Zeit - mit dem Anforderungsniveau und den Karriereperspektiven der verfügbaren Positionen
decken (2).

Literaturhinweise

(1)   Anders, W., u. a.:   Einsatzmöglichkeiten und -probleme neuer technischer
                                  Kommunikationsmittel in Klein- und Mittelbetrieben,
                                  in: Office Management 1/82.

(2)   Baethge, M., u. a.:   Bildungsexpansion und Beschäftigungslage von
                                  Angestellten, unveröffentlichter Forschungsbericht,
                                  Göttingen 1982.

(3)   Brandt, G., u. a.:   Computer- und Arbeitsprozeß, Frankfurt/New York
                                  1978.

(4)   Dieckhoff, J.; Roth, V.:   Soziale Folgen des zunehmenden Einsatzes der
Datentechnik bei Bürotätigkeiten in Hessen, unveröf-
fentlichter Forschungsbericht, Marburg 1982.

(5)   Gottschall, K., u. a.:   Entwicklung routinisierter Angestelltentätigkeiten
in den Verwaltungen der Privatwirtschaft, SOFI-Mittei-
lungen, Sept. 1981.

(6)   Grünewald, U.; Koch, R.:   Informationstechnik in Büro und Verwaltung, BIBB
(Hrsg.), Berichte zur beruflichen Bildung, Heft
32, Berlin 1981.

(7)   Grünewald, U.; Koch, R.:   Die Anwendung der Informationstechnik und Auswirkungen auf Personal und Ausbildung in kaufmännischen
Berufen. Veröffentlichung durch das BIBB für
1982 geplant.

(8)   Hoerning, K.H.;   Loyalität und Kontrolle. Angestellte im technisierten
       Bücker-Gärtner, A.:   Großbetrieb, unveröffentlichter Forschungsbericht,
Aachen 1980.

(9)   IFO, ISI, Infratest: Technischer Fortschritt, München 1979.

(10)   Koch, R.:   Elektronische Datenverarbeitung und kaufmännische
Angestellte, Frankfurt/New York 1978.

(11)   Koch, R.:   Arbeitsanforderungen und EDV, unveröffentlichtes
Manuskript, Berlin 1982.

(12)   Kudera, W., u. a.:   Betriebliche Rationalisierung und Angestellte,
Köln 1979.

(13)   Littek, W.; Heisig, U.:   Kaufmännische Berufstätigkeit und Bürorationalisierung, in: ZBW 7/81.

(14)   RKW (Hg.)   Arbeitswirtschaftliche und soziale Folgewirkungen
neuerer Technologien im Bereich Text-verarbeitung,
Kurzfassung der Untersuchungsergebnisse, in:
ASW-Informationen Feb. 1982.

(15)   Weltz, F., u. a.:   Menschengerechte Arbeitsgestaltung in der Textverarbeitung, München 1979.

<u>ORGANISATORISCHE GESTALTUNG VON INFORMATIONSTECHNISCH GESTÜTZEN</u>
<u>HEIMARBEITSPLÄTZEN FÜR PROGRAMMIERER (TELEPROGRAMMIERUNG)</u>

Dr. W. Heilmann
INTEGRATA GmbH
Unternehmensberatung, BDU
Biesingerstr. 10

7400 Tübingen

1. Begriff und Bedeutung der Telearbeit

Die moderne Informationstechnologie bewirkt erhebliche Veränderungen
der Arbeitsinhalte und Organisationsstrukturen in den Unternehmungen.
Eine besonders schwerwiegende Änderung bahnt sich durch die Entwicklung solcher Informations- und Kommunikationssysteme an, die die technischen Voraussetzungen für die Verlagerung von Arbeitsprozessen an
weitentfernte Arbeitsplätze, z.B. in die Wohnung des Mitarbeiters,
schaffen. Die "Heimarbeit" gewinnt damit eine neue Aktualität und Qualität. Während Heimarbeit bisher eine sich "in regelmäßigen Arbeitsvorgängen wiederholende Tätigkeit war" - so der Gesetzgeber im Heim-
arbeitsgesetz vom 14.3.51 (§ 1.a), - erlaubt der informationstechnisch
gestützte Heimarbeitsplatz auch die Ausführung solcher Tätigkeiten,
die ein höheres Qualitäts- und Qualifikationsprofil aufweisen, z.B.:
- Textverarbeitung (i.S. der Zusammensetzung von Schriftsätzen aus
  Textbausteinen)
- Sachbearbeitung (z.B. die Bearbeitung von Versicherungsfällen und
  Anträgen)
- Entwicklung und Konstruktion von Maschinen und Geräten
- Systemplanung und Systementwicklung, insbesondere Programmierung
  technischer und administrativer Aufgabenstellungen.
Aus diesem Grund empfiehlt es sich, den durch bestimmte Bedeutungsin-
halte belasteten Begriff Heimarbeit durch den neuen der "Telearbeit"
zu ersetzen, der den Gesichtspunkt der vom Büro entfernten Arbeits-
stätte ausdrückt. Er soll neben der Arbeit in der Wohnung des Mitarbeiters auch die informationstechnisch unterstützte Arbeit in Satel-
liten- und Nachbarschaftsbüros, also die gesamte "remote office work"
(1) einschließen.

Die Telearbeit als informationstechnisch gestützte Arbeit in oder in
der Nähe der Wohnung des Arbeitnehmers kann erhebliche Auswirkungen
organisatorischer, wirtschaftlicher, rechtlicher, sozialer und poli-
tischer Art haben. Besonders augenfällig ist die verkehrstechnische
Wirkungskomponente. Wenn durch Einrichtung informationstechnisch gestützter Telearbeitsplätze ein gewisser Prozentsatz der Büroarbeitsplätze abgelöst würde, hätte das u.U. erhebliche Auswirkungen auf den
innerstädtischen Verkehr. Vor dem Hintergrund der wachsenden Trans-
portprobleme im öffentlichen und nichtöffentlichen Personennahverkehr
erhält diese Frage also volkswirtschaftliches Gewicht und die mit der
Telearbeit steigenden Möglichkeiten der Beschäftigung in struktur-
schwachen Gebieten sowie von Behinderten und an das Haus gebundenen
Arbeitsuchenden sind auch sozialpolitisch so interessant, daß das Bundesministerium für Forschung und Technologie 1981 eine "Studie über
Auswahl, Eignung und Auswirkungen von informationstechnisch ausgestalteten Heimarbeitsplätzen" in Auftrag gegeben hat, die inzwischen abgeschlossen werden konnte.
Auftragnehmer war das Battelle-Institut, Frankfurt/Main, das der INTE-
GRATA GmbH, Tübingen, einen Unterauftrag für den Bereich der Program-
mierarbeitsplätze erteilt hatte. Im vorliegenden Beitrag soll das Ergebnis dieser Teilstudie vorgestellt werden (2).

2. Studie über Auswahl, Eignung und Auswirkungen von informations-
technisch ausgestalteten Heimarbeitsplätzen für Programmierer

2.1 Erfahrungen mit Teleprogrammierung

Ein erstes Ergebnis der Studie ist die Feststellung, daß es derzeit
in der BRD so gut wie keine Telearbeitsplätze für Programmierer gibt.
Zwar ist es seit langem bekannt, daß viele freiberuflich tätige Programmierer zu Hause arbeiten. Das geschieht jedoch fast ausnahmslos
ohne Einsatz von Hardware (Terminals oder Mikrocomputer). In England
besteht seit 1963 die Firma F.I.Ltd., die Arbeiten an Heimprogrammie-
rer vergibt. Sie beschäftigt derzeit über 600 Mitarbeiterinnen. Auch
sie arbeiten noch ohne Hardware. Lediglich in den USA sehen die Verhältnisse schon anders aus; dort gibt es inzwischen einige Hundert
Telearbeitsplätze für Programmierer (so z.B. bei der Firma Heights
Information Technology Service, einem Software-Haus mit Sitz in New
York und Kalifornien).

Die Vorstudie konnte sich also nur auf wenige praktische Erfahrungen
mit informationstechnisch gestützten Heimarbeitsplätzen stützen. Die
Aufgabe bestand vielmehr darin, die Möglichkeiten der organisatorischen Gestaltung und die voraussehbaren Folgen wissenschaftlich zu
untersuchen und durch Befragung von Experten abzusichern.

2.2 Eingrenzung des Untersuchungsobjektes

Zunächst war die genaue Aufgabenstellung für Teleprogrammierung zu
klären; denn der Vorgang des Programmierens umfaßt mehrere Objektbe-
reiche und unterschiedlich zu beurteilende Arbeitsphasen. Von den Ob-
jektbereichen (technisch-wissenschaftliche und betriebswirtschaftlich-
organisatorische Aufgaben) wurde nur der letztere näher untersucht,
d.h. die Programmierung von sog. Anwendungssoftware für den administrativen Bereich. Eine weitere Einschränkung kann darin gesehen werden, daß in der Studie nur Aufgaben für große Computer, nicht jedoch
für Klein- und Mikrocomputer berücksichtigt wurden. Das Untersuchungs-
feld umfaßt trotz dieser Einschränkungen den überwiegenden Teil der
Software-Produktion (3).

Die Programmierung selbst ist ein komplexer Arbeitsvorgang, der strukturiert und dadurch in seiner Komplexität reduziert wird. Die einzelnen Strukturelemente werden Phasen genannt und durch ein Phasenschema
beschrieben und gegenseitig abgegrenzt (4), vgl. Abbildung 1.

- In den Phasen 1 und 2 muß ein großer Teil der Arbeitszeit im Betrieb verbracht werden. Die Vergabe von Arbeiten aus diesen Phasen
  erscheint also höchstens in Kombination mit den Phasen 3 und 4
  sinnvoll.
- Die Phasen 3 und 4 erlauben eher eine Durchführung zu Hause. Etwa
  25 % des Gesamtumfangs eines EDV-Projektes entfallen im allgemeinen
  auf diese Phasen. An den Telearbeiter müssen allerdings die Forderungen gestellt werden, daß er einen gewissen, sporadisch auftretenden Anteil seiner Arbeitszeit im Betrieb verbringen kann und bereits über ausreichende Erfahrung mit der Arbeit in diesen beiden
  Phasen verfügt.
- Die Phasen 5 und 6 nehmen erfahrungsgemäß etwa 50 % des Gesamtumfangs eines EDV-Projektes ein; wenn der Abnahmetest abgezogen und
  der Phase 7 (Systemeinführung) hinzugerechnet wird, sind es immer-

ABB. 1:

PHASENGLIEDERUNGEN IM VERGLEICH

(A-E SIEHE LIETERATURANGABEN 4))

SIEMENS A)	(PROZENT-ANGABEN) B)	DIN 66231 C)	GMD D)	MENTOR E)
VORSTUDIE (ENTWICK-LUNGSANTRAG)	5 %	STUDIE	STUDIE	VORSTUDIE (1)
FACHLICHES GROBKONZEPT (ISTAUFN./ -ANALYSE)	10 %	GROBKONZEPT	DEFINITION (GROBKON-ZEPT)	GROBKON-ZEPTION (2)
FACHLICHES FEINKONZEPT	20 %	DETAILLIER-TES KONZEPT	SYSTEMENT-WURF (SACH-LOGISCHES TEILKONZEPT)	FEINKON-ZEPTION (3)
DV-GROBKON-ZEPT	5 %		KOMPONENTEN-ENTWURF (TECHNISCHES DETAILKON-ZEPT)	PROGRAMM-VORGABE (4)
DV-FEINKON-ZEPT	15 %			PROGRAMM-ENTWURF (5)
PROGRAM-MIERUNG	10 %	PROGRAM-MIERUNG	PROGRAM-MIERUNG	CODIERUNG UND TEST (6)
TEST	25 %		VALIDATION	
ANWENDER-SCHULUNG PROBEBETRIEB	10 %	PROGRAMM-INBETRIEB-NAHME	ÜBERGABE	SYSTEMEIN-FÜHRUNG (7)
		PROGRAMM-NUTZUNG PROGRAMM-WARTUNG	NUTZUNG	SYSTEM-NUTZUNG (8)

hin noch ca. 40-45 %. Aufgaben aus diesen Abschnitten eignen sich
besonders gut zur Vergabe in Heimarbeit, denn

   . sie benötigen kaum die Anwesenheit im Betrieb, sind daher im
     Bezug auf die Zeitplanung einfacher zu handhaben,

   . für sie lassen sich eher als für die anderen Phasen Standards
     und Normen entwickeln,

   . sie stellen weniger Anforderungen an die Erfahrung des Tele-
     arbeiters.

- Die Aufgaben der Phase 8 (Systembetrieb) durchlaufen einen Teil der
  Phasen 1-7. Ihre Eignung für die Vergabe in Telearbeit hängt davon
  ab, in welcher dieser Phasen die Aufgaben beginnen.

Insgesamt erscheint es also empfehlenswert, sich zunächst auf die beiden Phasen 5 und 6 (ohne Abnahmetest) zu konzentrieren.

2.3 Organisatorische Aktionsparameter

Gegenüber der Programmierung im Büro ergeben sich bei Teleprogrammierung besondere Anforderungen im Hinblick auf die Formalisierung der
Arbeit (5). Zwar müssen auch bei zentraler Programmierung gewisse Standards und Richtlinien des Software-Engineerings, der Qualitätssicherung und der Dokumentation eingehalten werden. Bei Vergabe der Programme in Telearbeit ist dies jedoch noch wesentlich wichtiger; sie muß unbedingt schriftlich erfolgen, da die Aufgabenstellung nicht so ausführlich erläutert werden kann und die ständige Dienstaufsicht wegfällt.

Es müssen also Regeln gezielt festgelegt und hinsichtlich der Art ihrer Festlegung objektiv, d.h. vorzeigbar und unabhängig von einzelnen
Personen übertragbar" (6) sein. Solche Regeln werden im folgenden dargelegt, wobei sich hinsichtlich der   A u f t r a g s e r t e i l u n g
zwei Alternativen ergeben:
A : Teleprogrammierung in den Phasen Programmdetaillierung und Codie-
     rung/Test sowie
B : Teleprogrammierung nur in der Phase Codierung/Test.
Im Falle A sollte die Aufgabenstellung schriftlich in Form einer Programmvorgabe mit Programmierauftrag erfolgen, also neben der Beschreibung der Aufgabe auch Termin- und Zeitvorgaben enthalten (vgl. Abbildung 2): (7)

Abb.: 2

<table>
<tr><td colspan="2">

integrata

</td><td colspan="2">

~~Planungs-~~ ~~Entwicklungs-~~

AUFTRAG

Programmier- ~~Änderungs-~~

</td><td>

Dok-Nr.: SOP-100
Sachgeb.: PA-110
Datum : 15.7.78
Bearb. : HH

</td></tr>
<tr><td colspan="2">

System/~~Programm~~
Untersystem
Hauptfunktion
Gegenstand

</td><td colspan="2">

Personalabrechnung
Stammdatenpflege
Personaldatenpflege
Programmierauftrag

</td><td>

Verteiler:
ODV, REV, LOG,
DSB

</td></tr>
</table>

Aufgabenstellung :   Termin: 1.11.78

Das Programm PA 110 baut erstmalig eine Personal-
stammdatei auf und übernimmt die Proüfung und Durchführung von Personalstammdatenänderungen, -löschun-
gen und -neuaufnahmen für neu eingetretene Mitarbeiter.

Pro Monat ist mit Änderungen zu rund 500 Mitarbeitern
zu rechnen. Davon sind erfahrungsgemäß 5-7% Neuein-
tritte.

Das Programm soll abhängig vom Änderungsfall mehrmals
monatlich im Batchbetrieb laufen.

Anlagen   Genehmigungs- und Prüfvermerke

Dok.-Nr.	Blatt von-bis	Gegenstand
PA110-SOF	401	Funktionsbeschreibung Personaldatenpflege
PA110-SOF	405	Übersichtsdiagramm Personaldatenpflege
PA-SOF	205	Schnittstellendiagramm Personalabrechnung
PA110-SOP	200	Schnittstellendiagramm Stammdatenpflege
PA110-SOF	410	Strukturdiagramm Personaldatenpflege
PA112-SOF	415-416	Arbeitsfluß: Prüfung der Eingabedaten
PA110-SOP	300	Satzbeschreibung Personaldatenänderungen
PA110-SOF	300	Erfassungsbeleg 1 Personalstammdaten
PA112-SOF	420	Eingangsprüfungen
PA112-SOF	430-431	Abhängigkeitsprüfungen
PA112-SOP	410	Allgemeine Prüfvorschriften
PA112-SOP	415	Spezielle Prüfvorschriften
PA112-SOF	435	Inaktivierung neuer Personaldatensätze
PA110-SOF	520	Listbild Personalstammblatt
PA110-SOF	530	Listbild Fehlerprotokoll
PA110-SOF	525	Satzbeschreibung Fehlerprotokoll
PA110-SOP	510	Listbildbeschreibungen
PA-SOP	600	Physisches Datenstrukturdiagramm
PA110-SOP	610	Dateibeschreibung Personaldatei
.	.	.
.	.	.
.	.	.

Auftraggeber:

Mosig

Organisation:

Ott

Aufwand	Soll	Ist
Personalzeit	115 Manntage	
Maschinenzeit	-	
Personalkosten	53.000.-- DM	
Maschinenkosten	-	
Sonstige Vorgaben	PL/1	

Programmierung:

Krügmann

Im Falle B, d.h. wenn die Programmdetaillierung noch zentral erfolgt, sollte dem Teleprogrammierer ein Struktogramm oder der Pseudocode mit einem Codierauftrag vorgegeben werden. Unter Pseudocode versteht man eine Liste, unter Struktogramm eine Grafik von (wenigen) Steueranweisungen, die vom Programmierer noch in (viele) Einzelbefehle umgesetzt werden müssen (8). Dem Codierauftrag ist wie dem Programmierauftrag die Programmvorgabe beizugeben, um dem Teleprogrammierer die Aufgabenstellung plausibel zu machen.

Ähnlich wie die Auftragserteilung ist auch die f a c h l i c h e K o n t r o l l e strenger und formalisierter zu handhaben. Das Phasenschema liefert hierzu geeignete Kontrollpunkte in Gestalt der Phasenergebnisse Pseudocode und Code. Beide sollten durch Walkthroughs, d.h. durch intensives Durchsprechen der Ergebnisse mit Fachkollegen (9) sachlich-inhaltlich abgesichert werden, bevor die jeweils nächste Phase in Angriff genommen wird. Am Schluß der Phase 6 erfolgt der Test und zwar zunächst der Modultest, in dem sich der Teleprogrammierer gewissermaßen selbst prüft. Integrations- und Abnahmetest hingegen werden in der Zentrale vorgenommen und stellen die strengste Form der Arbeitskontrolle dar, die bei Teleprogrammierung prinzipiell in derselben Weise erfolgen kann wie bei Büroarbeit.

Die T e r m i n p l a n u n g und - ü b e r w a c h u n g weist ebenfalls Besonderheiten auf. Da Teleprogrammierer nicht an die betriebliche Arbeitszeit gebunden sind, ist es wichtig, die Voraussetzungen für eine weitgehende Eigensteuerung zu schaffen, nämlich: realistische Zeitbedarfsschätzungen und Terminvorgaben, die im Einklang mit der durchschnittlichen Arbeitszeit des Teleprogrammierers stehen. In diesem Zusammenhang könnten Methoden des Management by Objectives stärkere Bedeutung erlangen; denn "payment by output is the only appropriate mechanism for controlling remote work" (10).

Über die genannten arbeitsorganisatorischen Maßnahmen hinaus ist für eine ausreichende I n f o r m a t i o n und K o m m u n i k a t i o n zu sorgen. Informationen sind für den beruflichen Erfolg von ausschlaggebender Bedeutung. Dabei ist nicht nur an sachbezogene Ausweitungen, Anregungen, Empfehlungen, Beschwerden oder Vorschläge zu denken, sondern auch an Mitteilungen mehr privaten Charakters. Die offizielle Kommunikation kann durch den Projektleiter oder einen speziell eingesetzen Betreuer wahrgenommen werden und in schriftlicher oder telefonischer Form sowie durch Besuche in der Wohnung des Telearbeiters erfolgen. Auch das Terminal ist geeignet, Informationen in beiden Richtungen zu

transportieren. Darüber hinaus sind Besuche des Telearbeiters in der
Zentrale vorgesehen. Sie erscheinen geeignet, neben dem sachlichen Erfahrungsaustausch die persönlichen Kontakte zu vertiefen und die in-
formellen Bindungen zu stärken (11).

2.4 Informationstechnischer Kontext

Informationstechnisch gestützte Telearbeitsplätze setzen Datenfernübertragung voraus. Die Hardware-Konfiguration umfaßt also drei Komponenten:

- die Datenstation am Telearbeitsplatz (das Terminal)
- die EDV-Anlage in der Zentrale und
- die Übertragungswege zwischen Datenstation und Zentrale.

Zur zentralen E D V - A n l a g e ist anzumerken, daß sie über eine
genügende Leistungsfähigkeit verfügen muß, um die Telearbeitsplätze
zügig bedienen zu können. Was das im einzelnen bedeutet, ist vom konkreten Fall abhängig. Grundsätzlich sind die technologischen Möglichkeiten gegeben (12).

Als D a t e n s t a t i o n für einen Telearbeitsplatz kommen unterschiedliche Terminals in Betracht. Die Palette reicht vom einfachen
Bildschirmterminal ohne eigenen Speicher über "intelligente" Terminals
bis hin zu Terminal-Computern, die u.U. auch ohne Datenübertragungs-
leitungen für die Zwecke der Teleprogrammierung geeignet sind. Infolge
der großen Zahl von Möglichkeiten in bezug auf Hersteller, Geräte und
Programme ist die informationstechnische Konfigurierung problematisch.
Geht man jedoch von den für Teleprogrammierung erforderlichen B e -
t r i e b s s y s t e m f u n k t i o n e n :

$$E = \text{Texteditor}$$

$$C = \text{Compiler}$$

$$I = \text{Test und Testunterstützung}$$

$$(T) = \text{eingeschränkte Testmöglichkeiten}$$

aus, dann erhält man folgende Konfigurationstypen: (siehe Abb. 3).

Jede der drei Musterkonfigurationen wirft beim heutigen Stand der Technik noch Probleme auf, die man in dem Satz zusammenfassen kann: "Soweit
der Mikrocomputer in der Systementwicklung als Editierungs- und Biblio-
theksverwaltungssystem eingesetzt wird, ist er in Verfügbarkeit und Komfort dem Terminal am Großsystem überlegen. Für Umwandlung und Tests
dagegen ist eine Verlagerung auf den Mikrocomputer nur sehr begrenzt

Abb. 3:

KONFIGURATIONSTYPEN

| KONFIGURATIONSTYP | BETRIEBSSYSTEMFUNKTION | | DATENÜBERTRAGUNG |
	LOKAL	ZENTRAL	
1 DFÜ-FÄHIGES TERMINALSYSTEM	-	E,C,T	NOTWENDIG
2 TERMINAL/ SPEICHERSYSTEM	E	C,T	NOTWENDIG
3 MIKROCOMPUTER- SYSTEM	E,C,(T)	T	BELIEBIG

und gegebenenfalls unter hohen Infrastrukturaufwendungen möglich" (12).
Auch die Ü b e r t r a g u n g s w e g e dürften - abgesehen von den
Kosten - einer problemlosen Verwirklichung der Teleprogrammierung im
Wege stehen. Unter Berücksichtigung der Fehlersicherheit, des zeitlichen
Verhaltens der Übertragung, der technologischen Ausgereiftheit, der
Übertragungsgebühren und des Konfigurationstyps kommen derzeit im Ge-
biet der Bundesrepublik Deutschland vor allem HfD-Leitungen und das
Datex-P-Netz in Betracht.
Weitere b ü r o t e c h n i s c h e E i n r i c h t u n g e n , die
am Telearbeitsplatz gebraucht werden, sind selbstverständlich das Telefon, über das ein wesentlicher Teil der offiziellen Kommunikation abgewickelt werden wird sowie vielleicht noch Telekopiereinrichtungen. Ob
die sog. "integrierten Arbeitsplätze" geeignet sind, die Telearbeit informationstechnisch zu unterstützen, muß abgewartet werden.

2.5 Wirtschaftliche Implikationen

Welche Erwartungen werden vom Standpunkt der Unternehmung an die Teleprogrammierung gestellt? Welche sind berechtigt?

Da ist zunächst die Hoffnung auf eine q u a n t i t a t i v e Steigerung der Software-Produktion durch Erschließung neuer Personalressourcen;
denn noch immer sind gute Programmierer nicht in der Zahl vorhanden, wie
sie gebraucht werden (13). Durch Schaffung von Arbeitsmöglichkeiten in
der Wohnung könnten Mütter mit Kindern, Behinderte und anderweitig an
das Haus gebundene Personen für den Arbeitsmarkt gewonnen bzw. wiedergewonnen werden. Auch strukturschwache Gebiete ließen sich dadurch
leichter erschließen, daß die Anwesenheit im Büro nur in Ausnahmefällen
erforderlich ist. Berücksichtigt man, daß die bisherigen Erfahrungen mit
Heimarbeit eine Erhöhung der Arbeitsproduktivität erwarten lassen (14),
dann kann durch Teleprogrammierung eine quantitative Steigerung der
Software-Produktion erwartet werden.
Die Wirkungen auf die Q u a l i t ä t der Software-Produktion sind
noch nicht ausreichend empirisch abgesichert, jedoch sprechen dieselben
Quellen auch hier von einer Verbesserung (14). Als Grund könnte die
stärkere Konzentrationsfähigkeit vermutet werden, die sich durch eine
Verringerung von Störungen durch Arbeitskollegen, Verdichtung der ar-
beitstechnisch erforderlichen Information und Kommunikation und durch
bessere Anpassung an die individuellen Bedürfnisse ergibt. Inwieweit
die Konzentrationsfähigkeit durch interfamiliäre Störungen wieder ge-
mindert wird, dürfte vom speziellen Fall abhängen.
Ein weiterer positiver Effekt der Teleprogrammierung könnte in der größeren F l e x i b i l i t ä t in bezug auf den Arbeitseinsatz liegen,
diese Vermutung legt jedenfalls das Beispiel von F.I.Ltd. nahe, wo einige Hundert Mitarbeiterinnen in Teilzeitarbeit engagiert sind, die seitens der Unternehmung nach Bedarf in Anspruch genommen werden, wobei der
Einzelne seine Zustimmung geben oder verweigern kann. Die dadurch für
die Unternehmung erreichbare Flexibilität ergibt sich zwar aus der besonderen Art der Vertragsgestaltung (Teilzeitarbeit ohne feste Arbeits-
zeiten), jedoch wäre diese ohne Heimarbeitsvereinbarung nicht möglich.

Negative Auswirkungen sind im Augenblick durch die höheren K o s t e n
der Einrichtung und des Betriebs von Telearbeitsplätzen für Programmierer zu erwarten. Sie ergeben sich vor allem wegen der relativ großen
Aufwendungen für Datenübertragung, für das Terminal und für die Betreuung
und Überwachung der Teleprogrammierer. Die folgende Abbildung stellt die
positiven und negativen Abweichungen zusammen ("+" = Mehrkosten bei Telearbeitsplätzen), vgl. Abbildung 4. Unter Zugrundelegung von

ABB. 4: DIFFERENZKOSTEN

DIE TABELLE FASST POSITIVE UND NEGATIVE ABWEICHUNGEN
ZUSAMMEN: ("+" = MEHRKOSTEN BEI TELEARBEITSPLÄTZEN)

	+	−
EINMALIGE KOSTEN ● HARDWARE AM TELEARBEITSPLATZ	KOSTEN FÜR ALLE DEZENTRALEN GERÄTE	---
● HARDWARE IN DER ZENTRALE	---	KOSTEN FÜR SOLCHE ZENTRALEN GERÄTE, DIE NUR BEI BÜROARBEITER-EINRICHTUNG BESCHAFFT WERDEN MÜSSEN
● DATENFERNÜBERTRA-GUNGS-EINRICH-TUNGEN	KOSTEN FÜR ALLE LO-KALEN DATENFERNÜBER-TRAGUNGS-EINRICHTUN-GEN SOWIE DIE ERWEI-TERUNG DER ZENTRALEN DATENFERNÜBERTRAGUNGS-EINRICHTUNGEN	---
● SOFTWARE	KOSTEN FÜR DEZENTRALE BETRIEBSSYSTEMFUNKTIO-NEN UND ZUSÄTZLICHE DATENFERNÜBERTRAGUNGS-SOFTWARE	---
● SYSTEMEINFÜHRUNG	AUSBILDUNGSKOSTEN FÜR TELEARBEITER-BETREUER, INSTALLATIONSVORBEREI-TUNGS-KOSTEN	---
● MATERIAL- UND SYSTEMZUBEHÖR	---	---
LAUFENDE KOSTEN ● PERSONALKOSTEN	GEHALT TELEARBEITER-BETREUER, MEHRKOSTEN FÜR LEITUNGSPERSONAL	---
● ARBEITSPLATZ-KOSTEN	TELEFONMEHRKOSTEN	FAHRT- UND VERPFLE-GUNGSZUSCHÜSSE, RAUM-KOSTEN
● MASCHINENKOSTEN		KOSTEN FÜR NUTZUNG DER ZENTRALEN GERÄTE
● ÜBERTRAGUNGS-KOSTEN	ALLE ÜBERTRAGUNGS-KOSTEN	---
● WARTUNGSKOSTEN	WARTUNGSANTEIL FÜR HARDWARE-DIFFERENZKOSTEN	

100 Arbeitsstunden pro Teleprogrammierer und Entfernungen bis zu 50 km
muß von ca. DM 1000.- Mehrkosten im Monat ausgegangen werden, wobei die
oben erwähnten Leistungssteigerungen nicht berücksichtigt sind. Bei Verlagerung der technischen Intelligenz an die Telearbeitsplätze scheint
Aussicht auf Verringerung der Mehrkosten zu bestehen. Es kann außerdem
erwartet werden, daß die weiter sinkenden Hardwarepreise sowie leistungs-
fähigeren Datenübertragungseinrichtungen auf längere Sicht zu einer Verbilligung der Telearbeit führen werden. Eine volkswirtschaftliche Kostenrechnung, in der auch die Kosten des Verkehrs von und zur Betriebsstätte
sowie die Auswirkungen auf Verkehrssysteme, Verwaltungsbauten, Mobilität
und Freizeitverhalten zu berücksichtigen wären,dürfte derzeit nicht fun-
diert möglich sein.

Hier soll aber noch ein weiterer kritischer Aspekt angesprochen werden,
der in den bisherigen Erfahrungen deutlich wurde: das M a n a g e -
m e n t v e r h a l t e n . Es scheint, daß Manager den Kontakt zu ihren
Mitarbeitern ebenso nötig haben wie umgekehrt, und es nicht ohne weiteres akzeptieren, wenn diese nicht jederzeit für sie erreichbar sind. Das
tägliche "über-die-Schulter-schauen" (15) ist derzeit noch so "einge-
fleischt", und die praktizierten arbeitsorganisatorischen Methoden sind
noch so wenig weit entwickelt, daß viele EDV-Manager sich eine Verbreitung der Teleprogrammierung über Sonderfälle hinaus nicht gut vorstellen
können. "Remote supervision may require a shift in management philosophy"
(16).

2.6 Soziale Implikationen

Die zu erwartenden Auswirkungen der Teleprogrammierung auf den Mitarbeiter, seine Familie und die Gesellschaft sind schwer abzuschätzen. Es
kann sein, daß die Telearbeit insgesamt eine nur geringe Verbreitung
finden wird und demgemäß auch ihre sozialen Implikationen begrenzt sein
werden. Wenn die Bereitschaft zur regionalen Mobilität auf Seiten der
Mitarbeiter aber weiterhin abnimmt (17), werden sowohl diese selbst als
auch die Unternehmungen immer stärker auf diesen durch die moderne Technik gebotenen Ausweg verfallen. Welche Folgen wird das für den Mitarbeiter selbst haben?

Die äußerst komplexen Wirkungszusammenhänge, die den Teleprogrammierer
betreffen, sind durch die Sozialziele Sicherheit, Selbständigkeit und
Anspruchsniveau näher zu bestimmen.

" S i c h e r h e i t der Systemmitglieder als organisatorisches Ziel
bezeichnet die Fähigkeit einer Organisation, die Arbeitssituation der
Systemmitglieder so zu strukturieren, daß sie vor Ungewißheit durch un-
erwartete Umweltreaktionen abgeschirmt sind" (18). Die dafür eingesetzten Maßnahmen der Arbeitsteilung und Koordination sowie der Mitarbeiterqualifizierung sind im einzelnen in ihrer Wirksamkeit begrenzt.
Die Sicherheit wird als Sicherheit des Arbeitsplatzes stark vom Arbeitsmarkt beeinflußt. Es besteht die Gefahr, daß Telearbeitsplätze wegen der
mit ihnen verbundenen besonderen Probleme weniger sicher sind als betriebliche Arbeitsplätze. Diese Gefahr muß sorgfältig beobachtet werden.
Die Sicherheit kann sich unter günstigen Umständen dadurch erhöhen, daß
ein Teleprogrammierer die Arbeitsplatzeinrichtung selber finanziert und
seine Dienste am freien Markt anbietet, wodurch er unabhängig von einer
einzigen Unternehmung wird. Meist dürfte diese größere Selbständigkeit
aber mit einer Verringerung der Sicherheit verbunden sein. Selbständigkeit und Sicherheit stehen in einer Konkurrenzbeziehung zueinander (19).

Andere Kriterien der S e l b s t ä n d i g k e i t neben der freien
Wahl des Auftraggebers sind die freie Arbeitszeiteinteilung und die
- wenigstens in gewissem Umfang mögliche - freie Wahl des Arbeitsortes.
Auch das Vertragsverhältnis kann die Selbständigkeit fördern. Ein freies
Mitarbeiterverhältnis (Dienstvertrag) ist gegenüber einem festen Anstel-
lungsvertrag (Arbeitsvertrag) auch für den Gesetzgeber durch ein grös-
seres Maß an Selbständigkeit gekennzeichnet (20).

Das A n s p r u c h s n i v e a u der Teleprogrammierung als drittes
Teilziel des sozialen Zielbündels ist in mehrere Merkmale zu zergliе-
dern, um zu objektiven Aussagen zu gelangen. Zunächst ist festzustellen,
ob der Anteil von Hochschul- und Fachschulabgängern in der Teleprogrammierung signifikant höher sein wird als unter den übrigen Programmie-
rern. Wegen der stärkeren Formalisierung der Arbeitsprozesse ist zwar
das Gegenteil zu vermuten. Es könnte aber sein, daß besonders viele Menschen die Chance zur größeren Selbständigkeit nutzen und dafür gewisse
Nachteile in Kauf nehmen.

Dazu gehört insbesondere die s o z i a l e I s o l a t i o n, die
mit der Arbeit in der eigenen Wohnung verbunden sein kann (21). Tatsächlich ist anzunehmen, daß die Zahl der kommunikativen Akte mit
offiziellem Charakter sinken wird. Aber auch die informelle Kommunikation mit Arbeitskollegen wird geringer sein als bei ständiger
Abwesenheit im Büro. Das muß aber nicht nachteilig empfunden werden;

denn einerseits werden Probleme, die nur durch intensives Nachdenken
gelöst werden können - wie das Programmieren - durch isoliert arbeitende Menschen oft besser gelöst als im Team (22) und andererseits ist
die Neigung vieler Programmierer zum Einzelgängertum bekannt (23). Außerdem wird die i n n e r f a m i l i ä r e K o m m u n i k a t i o n
durch Heimarbeit verstärkt und damit die subjektive Komponente der Arbeitszufriedenheit positiv erfüllt.

Interessant erscheint in diesem Zusammenhang die These von der negativen
Wirkung der industriellen Spaltung von Werkraum und Lebensraum (24);denn
diese Spaltung wird durch Teleprogrammierung wenigstens teilweise wieder
aufgehoben. Wenn sie die Ursache so vieler negativer Gegenwartstendenzen
ist, könnte die Verbreitung der Telearbeit außerordentliche Zukunftsper-
spektiven eröffnen: "The death of industrialism and the rise of a new
civilisation"? (25)

2.7 Fragenkomplexe für die weitere empirische Forschung

Die Studie hat mehr Fragen aufgeworfen als gelöst, so daß eine weitere
empirische Forschung angezeigt erscheint. Die Besonderheit des For-
schungsobjekts, die darin besteht, daß es in der Wirklichkeit noch nicht
in ausreichender Zahl und Deutlichkeit beobachtet werden kann, macht die
Durchführung von Feldexperimenten notwendig. Als geeignete Forschungs-
strategie bietet sich dazu die A k t i o n s f o r s c h u n g an, die
praktische und wissenschaftliche Absichten zugleich verfolgt, indem sie
organisatorische Gestaltungsmaßnahmen wissenschaftlich begleitet und
lenkt (26). Die beiden Fragenkomplexe, die es zunächst zu erforschen gilt,
sind der organisatorische und der informationstechnische Fragenkomplex.

1. Fragenkomplex A r b e i t s o r g a n i s a t i o n . Damit ist
   die organisatorische Gestaltung der Telearbeit im engeren Sinne des
   Wortes gemeint, d.h. vor allem die Beantwortung der folgenden Fragen:
   - Welche Phasen des Software-Entwicklungsprozesses eignen sich am
     besten für die Teleprogrammierung; soll die Arbeit überhaupt in
     Verrichtungen zerlegt oder nach dem Objektprinzip ausgeführt
     werden?
   - Reichen die derzeit bekannten Methoden und Techniken des Software-
     Engineerings und des Projektmanagements aus, um die Software-Pro-
     duktion in Heimarbeit qualitativ und quantitativ zu sichern, oder

müssen Ergänzungen und Abänderungen vorgenommen werden?
- Kann durch Änderung der Vertragsverhältnisse (z.B. Umwandlung
  von Arbeits- in Dienstverträge) die Teleprogrammierung besser
  und angemessener geregelt werden?
- Wie oft ist die persönliche Anwesenheit des Teleprogrammierers im
  Büro erforderlich?
- Welche Rolle spielt dabei das Managementverhalten?

2. Fragenkomplex : I n f o r m a t i o n s t e c h n i k. Neben den
organisatorischen Gestaltungsmaßnahmen im engeren Sinne spielen die
informationstechnischen Maßnahmen eine entscheidende Rolle für den
Erfolg der Teleprogrammierung. Hier sind vor allem folgende Fragen
zu klären:
- Welche informationstechnischen Einrichtungen sind in welchem Maße
  für eine reibungslose Information und Kommunikation zwischen Betrieb und Telearbeitsplatz notwendig?
- Welche Vor- und Nachteile bietet der Mikrocomputer als Software-
  Entwicklungssystem gegenüber dem Terminal?
- Welche besonderen Probleme treten beim Einsatz der derzeit verfügbaren Informationstechnologie im Rahmen der Teleprogrammierung auf
  und wie könnten sie behoben werden?

Für die organisatorische Gestaltung sind neben den Aktionsparametern
und den Bedingungsfaktoren vor allem die Wirkungen der vorgesehenen
Maßnahmen wichtig. Sie sind Gegenstand der W i r k u n g s f o r -
s c h u n g , die auf vier Ebenen operieren muß, auf:
- der Individualebene, auf
- der Mikroebene des Betriebes, auf
- der Makroebene der Volkswirtschaft und auf
- der Globalebene der Menschheit (27).
Da die organisatorische Gestaltung der Teleprogrammierung nur einen
Ausschnitt aus der gesamten Telearbeit verkörpert, stehen die Auswirkungen auf den Mitarbeiter und die Unternehmung im Vordergrund der Betrachtung. Sie sind mit den Zielen zu vergleichen, die der Gestaltung
der Teleprogrammierung vorgegeben werden. Es sind dies die Ziele der
Rationalisierung und der Humanisierung der Arbeit. Rationalisierung wird
dabei verstanden als Anwendung von Methoden und Techniken zur Verbesserung des Verhältnisses von Aufwand und Ertrag und Humanisierung als Forderung nach menschengerechter Gestaltung der Arbeit in Bezug auf Sicherheit, Selbständigkeit und Arbeitsqualität. Beide Forderungen stehen in
Wechselbeziehung zueinander, die sich folgendermaßen formulieren läßt(28):

258

- "Bei der Humanisierung der Arbeit ist die Humanität das Ziel, Wirtschaftlichkeit eine Nebenbedingung".
- "Bei der Rationalisierung der Arbeit ist die Verbesserung der Wirtschaftlichkeit das Ziel, Humanität die Nebenbedingung".

Humanität und Wirtschaftlichkeit sind der "gemeinsame Nenner" (29) der Ziele und Wirkungen organisatorischer Maßnahmen und stellen damit den dritten und vierten Fragenkomplex für die weitere empirische Forschung dar.

3. Fragenkomplex : W i r t s c h a f t l i c h k e i t . Die Wirtschaftlichkeit der Software-Produktion ist von vielen Faktoren abhängig, insbesondere jedoch von der Produktivität der Mitarbeiter und dem erreichten Qualitätsstandard.
   - Welche Auswirkungen hat die Teleprogrammierung auf die Produktivität und die Qualität der Software-Produktion?
     Wie kann die Leistung der Teleprogrammierer gemessen werden?
   - Welche zusätzlichen Kosten- und Nutzenfaktoren sind bei Teleprogrammierung gegenüber der Programmierung im Büro auf der betrieblichen Ebene zu erwarten, welche beim Teleprogrammierer?

4. Fragenkomplex : H u m a n i t ä t, d.h. welchen Beitrag liefert die Teleprogrammierung zur Humanisierung der Arbeit? Im einzelnen:
   - Welche Auswirkungen hat die Teleprogrammierung auf Sicherheit, Selbständigkeit und Arbeitsqualität und damit auf die Arbeitszufriedenheit des Mitarbeiters?
   - In welcher Weise kann der Teleprogrammierer an den innerbetrieblichen Prozessen der Meinungsbildung und Qualifizierung teilnehmen; hat er echte Aufstiegschancen?
   - Ist die Heimarbeit mit sozialer Isolation verbunden oder stellt sie eine Möglichkeit der Verbindung von Arbeit und Familie dar, die die Lebensqualität erhöht?
   - Muß das Büro als "Ort der Kommunikation" erhalten bleiben?

Die intensive Erforschung der möglichen Folgen der Entwicklung und des Einsatzes der Informationstechnologie sollte zu einem Zeitpunkt erfolgen, zu dem die Entwicklung noch steuerbar ist (30). Beim Bundesministerium für Forschung und Technologie ist deshalb ein Antrag zur Durchführung eines Pilotprojektes gestellt worden, über den abschließend kurz berichtet werden soll.

3. Pilotprojekt zur Erprobung von informationstechnisch gestützten Telearbeitsplätzen für Programmierer

Die Aufgabe des Pilotprojektes ist die Einrichtung von Telearbeitsplätzen und ihre qualitative und quantitative Analyse in technischer, organisatorischer, wirtschaftlicher und sozialer Hinsicht. Als Telearbeitsplätze gelten einmal Heimarbeitsplätze, aber auch Arbeitsplätze in Nachbarschafts- oder Satellitenbüros.

Geplant ist die Implementierung und Untersuchung von drei unterschiedlichen Konfigurationen:
- Programmierung mit zentraler Speicherung und zentraler Verarbeitung (lokal: Einsatz eines DFÜ-fähigen Terminals)
- Programmierung mit lokaler Speicherung und zentraler Verarbeitung (lokal: Einsatz eines Terminal/Speichersystems mit Editorfunktionen)
- Programmierung mit lokaler Speicherung und lokaler Verarbeitung (lokal: Einsatz eines Mikrocomputers).

Es wird angestrebt, jede dieser Konfigurationen einmal im zentralen Büro, einmal als Heimarbeitsplatz und einmal als Arbeitsplatz in einem Satellitenbüro einzurichten. Bei den beiden ersten Konfigurationen ist Datenfernübertragung notwendig. Um die Vergleiche zwischen den Telearbeitsplätzen nicht unnötig zu erschweren, wird dabei ein HfD-Anschluß vorausgesetzt. Die Mitarbeit der Unternehmungen erstreckt sich über zwei Abschnitte:
- die Installation der Telearbeitsplätze. Sie soll am 1.1.83 beginnen und nach spätestens drei Monaten abgeschlossen sein
- die begleitende Felduntersuchung. Sie wird sich über mindestens 6 Monate erstrecken. Insgesamt soll sie der Erprobung der vorgeschlagenen Verfahren und der Gewinnung eines möglichst ausführlichen Datenmaterials dienen. Die Methoden, Ansprechpartner und Häufigkeiten der Erhebung variieren je nach Themenbereich.

So werden z.B. zur Untersuchung der Arbeitsorganisation sowohl Telemitarbeiter als auch Vertreter der Unternehmungen regelmäßig befragt (Interviews, Selbstaufschreibungen) und "Prozeß"-Daten (insbesondere zur Analyse der Kommunikation) gesammelt.

In der anschließenden Auswertung geht es vor allem um die Herleitung von Empfehlungen. Sie werden gewonnen aus der Schwachstellenanalyse bei Technik und Arbeitsorganisation sowie durch Herausarbeitung der Unterschiede zwischen Büroarbeit und Telearbeit bei verschiedenen Konfigurationen. Sie richten sich an Hersteller, Post und die öffentliche Hand

sowie an die Unternehmungen und die Telemitarbeiter selbst und können
z.B. in Form von Entscheidungstabellen, Checklisten und Anforderungs-
katalogen übersichtlich dargestellt werden. Insbesondere kann erwartet
werden:

- Für die H e r s t e l l e r der informationstechnischen Geräte
  werden konkrete Schwachstellen der Geräte aufgezeigt und Anregungen
  sowohl für weitere Entwicklungen ihrer Produkte als auch für ver-
  besserten Arbeitseinsatz der eigenen Mitarbeiter gegeben.
- Für die U n t e r n e h m u n g e n werden Kriterien für eine
  optimale technische Einrichtung der Telearbeitsplätze hergeleitet,
  die verschiedene arbeitsorganisatorische Verfahren bewertet, sowie
  Hinweise auf zu erwartende organisatorische Probleme und Lösungs-
  ansätze formuliert. Weiterhin können betriebswirtschaftliche Entscheidungsprozesse erleichtert und so die Einführung von Telearbeitsplätzen eventuell erst ermöglicht werden.
- Der G e s e t z g e b e r kann Hinweise zu rechtlichen Problemen
  der Telearbeiter erhalten, für die Arbeitsämter lassen sich Anregungen zur Vermittlung von Telearbeitern sowie zur Entwicklung spezifischer beruflicher Weiterbildungsprogramme formulieren.
- Für die T e l e m i t a r b e i t e r kann ein telearbeitsspezi-
  fisches Anforderungsprofil hergeleitet werden. Durch einen Problem-
  katalog können sich potentielle Telemitarbeiter auf zu erwartende
  Schwierigkeiten besser vorbereiten.

Insgesamt ist zu erwarten, daß sich die Möglichkeiten und Probleme der
Telearbeit am Beispiel der Teleprogrammierung nach dem Feldexperiment
klarer abzeichnen werden als bisher. "Aber es wäre sicher eine Illusion
zu glauben, solche Analysen könnten alles an Erkenntnissen vorwegnehmen,
was Entwicklungen und Anwendungen wirklich an Neben- und Seiteneffekten
- teilweise auch von gravierender Bedeutung - mit sich bringen werden .
Es wäre aber auch nach aller menschlichen Erfahrung unbegründeter Opti-
mismus zu glauben, alle Nachteile, würden sie nur frühzeitig erkannt,
könnten gebannt werden. Es erscheint mir daher nüchtern und realistisch,
davon auszugehen, daß die Gesellschaft die Vorteile der Informationstechnik nicht wird nutzen können, ohne Nachteile und Restriktionen in
Kauf zu nehmen" (31).

<u>LITERATURANGABEN</u>

1) Vgl. dazu insbes.: Margarethe H. Olson, Remote Office Work: Implications for Individuals and Organizations, New York University, Working Paper Series CRIS # 25 GBA # 81-56 (CR)

2) Der Schlußbericht der Studie ist unter Ballerstedt, Eike u.a., "Informationstechnisch gestützte Heimarbeit-Studie über Auswahl, Eignung und Auswirkungen - im März 1982 der GMD (Gesellschaft für Mathematik und Datenverarbeitung m.b.H.) - Abteilung Projektmanagement, Bonn-Birlinghoven, vorgelegt worden und erscheint in der sog. "grünen Reihe" des Bundesministeriums für Forschung und Technologie, Bonn 1982, hier zitiert als "Studie". Sie liegt diesen Anführungen generell zu Grunde und wird deshalb im einzelnen nicht zitiert.

3) Vgl. dazu: Ursula Neugebauer, Detlev Dehn, Mathias Thomae, Untersuchung über Maßnahmen zur Verbesserung der Software-Produktion - Teil 5 - Der Markt für Anwendungssoftware in der Bundesrepublik Deutschland, München, Wien 1980

4) Quellen zum Phasenschema:
a) End W., Gotthardt R., Winkelmann R.: Softwareentwicklung, Leitfaden für Planung, Realisierung und Einführung von DV-Verfahren, München (SIEMENS AG), 2. Aufl. 1979, S. 149 ff.
b) ebenda, S. 292
c) DIN 66231, Programmentwicklungsdokumentation, Entwurf vom Januar 1981, insbesondere Anhang A
d) Budde, R., Schnupp P., Schwald, A.: Untersuchungen über Maßnahmen zur Verbesserung der Software-Produktion, Teil 1, Theoretische Ansätze auf dem Gebiet der Software-Technologie, Hg.: Gesellschaft für Mathematik und Datenverarbeitung, Bericht 130, München-Wien 1980, S. 14 ff.
e) INTEGRATA GmbH (Hg.): MENTOR-Handbuch Teil 10: EDV-Projektmanagement, M 100, Blatt 4, Tübingen 1979

5) Nach Grochla ist Formalisierung die Festlegung von Aufgabenerfüllungsprozessen durch nicht die Kompetenzverteilung betreffende, koordinative Regeln. Siehe: Erwin Grochla, Einführung in die Organisationstheorie, Stuttgart 1978, S. 42

6) ebenda

7) Das Beispiel des Programmierauftrags (Abb. 1) ist entnommen aus: Heidi und Wolfgang Heilmann, Strukturierte Systemplanung und Systementwicklung, Stuttgart und Wiesbaden 1979, Anhang 4.1. Nähere Ausführungen dazu und zur Programmvorgabe enthält der 5. Abschnitt dieses Buches, S. 205 ff.

8) Zum Pseudocode siehe insbes. Melekian, Norayr: Neue Methoden und Techniken der Programmierung, Teil 7: Methodische Programmentwicklung (1) in: IBM-Nachrichten, 26. Jg. (1976) Heft 229, S. 51 ff; zum Struktogramm End u.a., a.a.O. S. 182 ff.

9) Zum Walkthrough siehe: Melekian, a.a.O., Heft 230, S. 154 sowie Diekow, Siegfried: DV-Anwendungsprojekte, München/Wien 1981, S.91 ff. End, W., H. Gotthardt, R. Winkelmann: Softwareentwicklung, 2. Auflage München 1979, S. 403 ff. Sneed, Harry, M.: Software-Projektmanagement am Beispiel des Siemens IOS-Projektes, in H. Heilmann (Hg.),7. Jahrbuch der EDV, Stuttgart 1978, S. 355 ff.

10)   Olson, S. 33

11)   So die Erfahrungen bei F.I. Ltd., vgl. Studie, S. 67

12)   Dieter Heyde im Thema der Woche: "Der Mikro mausert sich zum
      Favoriten der Softwareentwickler", in: Computerwoche, 4. Juli 1982,
      S. 5

13)   Der Bundesminister für Forschung und Technologie geht zwar davon
      aus, daß sich der Bedarf an Operateuren und Programmierern lang-
      fristig verringern wird, beziffert den Fehlbestand an Datenver-
      arbeitungsfachkräften für 1978 aber mit 160 000 Personen. Da etwa
      25 % der DV-Fachkräfte Programmierer sind, entspricht das etwa
      40 000 freien Plätzen im Jahr 1978. Inzwischen dürfte der Bedarf
      noch gestiegen sein. Vgl. "Drittes Datenverarbeitungsprogramm der
      Bundesregierung 1976-1979, Hg. Der Bundesminister für Forschung
      und Technologie - Referat: Presse und Öffentlichkeitsarbeit -
      Bonn 1976, S. 113-122. Der Bundesminister für Forschung und Tech-
      nologie stützt sich auf Ergebnisse der Arbeiten des ad-hoc-Aus-
      schusses, Ausbildung von Datenverarbeitungsfachkräften, veröffent-
      licht als Forschungsbericht Datenverarbeitung 75-07 des Bundes-
      ministers für Forschung und Technologie.
      "Wachstumsmöglichkeiten für die Volkswirtschaft" sieht auch
      Dostal, W.: Volkswirtschaftliche Überlegungen zum Thema Bildschirm
      am Arbeitsplatz - unter besonderer Berücksichtigung des Arbeits-
      marktes. In: Bildschirm am Arbeitsplatz, hg. von Nagel, K.,
      München und Wien 1981, S. 36

14)   So berichtet z.B. Olson, S. 21 von einer Steigerung der Produkti-
      vität zwischen 50 und 150 % bei Mountain Bell sowie von einer
      Qualitätsverbesserung der Arbeit. Ähnliche Aussagen macht das
      Management von F.I.Ltd., das immerhin auf fast 20 Jahre Er-
      fahrung mit Heimarbeit zurückblicken kann, vgl. Studie S. 59

15)   Olson, S. 30

16)   ebenda, S. 34

17)   Den Mangel an Mobilität sieht auch F.R. Güntsch als möglichen
      Begrenzungsfaktor für die "rasante Dynamik der informationstech-
      nischen Entwicklung", vgl. F.R. Güntsch, Informationstechnik und
      Gesellschaft, in: IBM-Nachrichten 32 (1982) Heft 259, Stuttgart
      1982, S. 9

18)   Hill, W., Fehlbaum, R., Ulrich, P.: Organisationslehre. Ziele,
      Instrumente und Bedingungen der Organisation sozialer Systeme,
      3. Auflage, Bern und Stuttgart 1981, S. 167

19)   ebenda, S. 168 ff.

20)   "Das Bundesarbeitsgericht sieht den grundlegenden Unterschied
      zwischen einem durch Dienstvertrag begründeten freien Mitarbeits-
      verhältnis und einem durch Arbeitsvertrag begründeten Arbeitsver-
      hältnis darin, daß der freie Mitarbeiter in größerem Maß selbst-
      bestimmte Arbeit unter Wahrung persönlicher Selbständigkeit lei-
      stet, während der Arbeitnehmer fremdbestimmte Arbeit in persön-
      licher Abhängigkeit erbringt". Vgl. Grundsatzurteil vom 15.3.78-
      5AZR 819/76, zitiert nach Falkenberg, R.D.: Abgrenzung zwischen

Arbeitnehmern, arbeitnehmerähnlichen Personen und freien Mitarbeitern. In: DP - Das Personalbüro in Recht und Praxis,
Heft Nr. 8 vom 14.8.79, S. 216/217

21) Olson, S. 22

22) Hill/Fehlbaum/Ulrich, a.a.O., S. 357

23) Couger, J.D., Zawacki, R.A.: Was motiviert EDV-Fachleute, in:
Büro und EDV, Dezember 1976, S. 23-30

24) Jürgen Habermas, Die Dialektik der Rationalisierung, In: Merkur
1954, S. 701 ff.

25) Toffler, Alvin, The Third Wave, Introduction, New York,
Bantam Books, S. 2

26) Kirsch, W., Gabele, E.: Aktionsforschung und Echtzeitwissenschaft.
In: Handwörterbuch des öffentlichen Dienstes. Das Personalwesen.
Hg. W. Bierfelder, Berlin 1976, Sp. 9 ff.

27) Mertens, P., Anselstetter, R., Eckardt, Th.: Wirkungen von DV-
Anwendungen, in: IBM-Nachrichten 31 (1981), Heft 256, Stuttgart
1981, S. 33 ff.

28) Gaugler, E. u.a., Rationalisierung und Humanisierung von Büroarbeiten, 2. Aufl., Ludwigshafen (Rhein) 1980, S. 12

29) ebenda, S. 12

30) Langenheder, W.: Wirkungsforschung. Modethema oder Forschungs-
gegenstand mit Zukunft? Zur Wirkungsforschung in der GMD. In:
Der GMD-Spiegel 1/80, S. 23

31) Güntsch, a.a.O., S. 10

<u>GEWERKSCHAFTLICHE ERFAHRUNGEN MIT BÜROINFORMATIONS-
UND KOMMUNIKATIONSTECHNOLOGIEN
TECHNISCH-ORGANISATORISCHE ENTWICKLUNG UND ANGESTELLTE</u>

Michaela Moritz
Gewerkschaft der Privatangestellten, Wien

Die technische und organisatorische Entwicklung führte im letzten Jahrhundert zu einem starken Ansteigen der Zahl der Beschäftigten, die
Bürotätigkeiten ausüben. Ihr Arbeitsgegenstand ist im weitesten Sinne
Information – ihre Erfassung, Speicherung, Verarbeitung und Übermittlung.

Die Zahl der Angestellten hat im letzten Jahrhundert zu bedeutenden
Verschiebungen auf dem Arbeitsmarkt geführt:

Österreich: unselbständig Erwerbstätige		
Jahr	Arbeiter in %	Angestellte in %
188o	9o	1o
1934	86	14
195o	69	31
1981	48,5	51,5
		(davon 53 % Frauen)

Während in österreichischen Berufsstatistiken die Beschäftigten im
Büro nicht spezifisch ausgewiesen sind, nennt das ILO-Jahrbuch 1979
ca. 46o.ooo unselbständig Erwerbstätige in Bürotätigkeiten.

Im Produktionsbereich konnten sich die Grundsätze der von Taylor entwickelten "wissenschaftlichen Betriebsführung", die auch heute noch im
wesentlichen der Arbeitsplanung und Betriebstechnik zugrundeliegen,
bereits seit dem Ende des letzten Jahrhunderts durchsetzen. Die Prinzipien Objektivieren, Formalisieren und Kontrollieren der Arbeit
führten dazu, daß Arbeiter zu Ausführenden der operationalisierten Tätigkeiten wurden.

Die wachsende neue Gruppe von Angestellten konzipierte, plante und beur-
teilte die Arbeit der anderen. Die an sich willkürliche Trennung

produktiver und unproduktiver Tätigkeit war vollzogen. Personalinten-
sive Büro-, Verwaltungs- und Dienstleistungsbereiche entstanden. Die
Funktion der Arbeitsaufsicht und der Einblick in die Betriebsabläufe
führten zu einer besonderen gesellschaftlichen Situation der Angestellten, die sich in ihrem Bewußtsein einerseits und in einer spezifischen
arbeits- und sozialrechtlichen Entwicklung anderseits manifestierte.

Auch in Teilen der Angestelltentätigkeit entstanden Arbeitsteilung,
Fremdbestimmung und Hierarchie. Sie waren stark verbunden mit der ersten
Mechanisierungswelle durch den Einsatz von Schreib- und Rechenmaschinen
und damit dem Eindringen von Frauen in diese Tätigkeiten. Im Bewußtsein
der Angestellten schlug sich diese Entwicklung jedoch kaum nieder. Es
orientierte sich im wesentlichen an der Arbeit der Männer, die mit höheren Einkommen, umfassenderen Arbeitsinhalten, mehr Prestige und besseren Aufstiegsmöglichkeiten verbunden war. Im Vergleich zur Produktion
fanden hier auch keine weiteren wesentlichen technischen und organisatorische Rationalisierungsmaßnahmen statt.

Beim Stand dieser sozioökonomischen Entwicklung wird es nun ermöglicht,
universell anwendbare Informationstechnologien einzusetzen. Diese Technologien können zur Automatisierung jener Arbeitsprozesse - und zwar manueller und geistiger -,die objektivierbar und formalisierbar sind, eingesetzt werden.

So kann in einem fortschreitenden Prozeß menschliche Informationsverarbeitung ersetzt und neu ersetzt werden mit dem Ziel höchstmöglicher
Rationalisierung. Technologieeinsatz und die Veränderung der Arbeitsorganisation deuten darauf hin, daß sich Büroberufe in einem der Taylori-
sierung der Produktion vergleichbaren Prozeß befinden.

Der Einsatz der Informationstechnologie im Büro

Daß vor allem der Büro-, Verwaltungs- und Dienstleistungsbereich im Zentrum umfassender Rationalisierungsmaßnahmen steht, zeigen Studien und
Prognosen:
Die im November 1976 von der Siemens AG erstellte Studie über Möglichkeiten der Bürorationalisierung in der Bundesrepublik mit dem Titel

"Büro 199o" geht davon aus, daß von den 2,7 Mio. Büroarbeitsplätzen -
deren Daten untersucht wurden - (das sind 27 % aller Büroarbeitsplätze)
die Tätigkeit von über 4o % "formalisierbar" (d.h. starke Vereinfachung
und Zerlegung der Arbeitsabläufe) und die Tätigkeit von ca. 25 bis 3o %
der Arbeitsplätze "automatisierbar" (d.h. Abbau der Arbeitsplätze durch
Einsatz von Technik) sind. Im öffentlichen Bereich ist dieses Potential
noch höher. 75 % der Arbeitsplätze sind standardisierbar und 38 % automatisierbar, was einem jährlichen Produktivitätszuwachs von ca. 3,5 % entspricht (EGI, 1979, S 122). Nach Siemens können die Ergebnisse dieser
Studie praktisch auf alle Büroarbeitsplätze übertragen werden.

Der Einsatz von Bildschirmarbeit ist immer häufiger Teil, aber auch Voraussetzung des Rationalisierungsprozesses im Büro. Bildschirmarbeit ist
ein äußeres Merkmal dafür, daß sich in den Unternehmen und Verwaltungen
tiefgreifende Veränderungen in den Arbeitsabläufen, den Organisationsstrukturen und Arbeitsbedingungen vollziehen.

In der Bundesrepublik dürften schon heute über 5oo.ooo Bildschirmgeräte
im Einsatz sein. Schätzungen über die Zunahme von Bildschirmarbeitsplätzen gehen davon aus, daß in den nächsten 1o Jahren - also bis Ende
der 8oer Jahre - in der Bundesrepublik weitere 1,7 Mio. Bildschirmgeräte eingesetzt sein werden. Wenn diese Tendenzen auch nur annähernd
stimmen, ist bis 199o etwa jeder 1o. Arbeitsplatz ein Bildschirmarbeitsplatz.

Eine Untersuchung des Wirtschaftsforschungsinstituts gibt die Möglichkeit, die Verbreitung von Bildschirmgeräten in der österreichischen Industrie abzuschätzen (Mikroelektronik, S 44f.). Es waren in der Industrie
(außer Stahl und Bergbau)
        1979 2.9oo Bildschirme = 2o9 Besch./Bildschirm
vorhanden. Bis 1985 schätzen die 3o4 befragten Firmen mit einem durchschnittlichen Zuwachs von ca. 2o % pro Jahr. Das bedeutet
        1985 ca. 8.5oo Bildschirme = 7o Besch./Bildschirm
Die größte Bildschirmgerätedichte ist in den Branchen Chemie-, Papier-,
Maschinen-, Elektroindustrie und im grafischen Gewerbe festzustellen. In
diesen Branchen kommen 198o bereits weniger als 1oo Beschäftigte auf ein
Bildschirmgerät. Die Befragung ergab eine Produktivitätssteigerung im

industriellen Bürobereich von ca 25 % bis 1985.

Der Trend zum "papierlosen" Büro, also zum Bildschirmtextautomaten, hat
in Österreich vor fünf Jahren eingesetzt und hat jährlich Zuwachsraten
um die 5o %. Das Marktpotential für Textverarbeitungsanlagen wird von
einem Hersteller auf 2o Mrd. Schilling geschätzt. Insgesamt könnten
95.ooo Textverarbeitungsplätze installiert werden.

Für 1985 wird erwartet, daß 5o % der Betriebe mit über 5o Arbeitnehmern
Textsysteme einsetzen werden.

Kontrolle am Beispiel Telefonsystem

Seit März 1981 läuft ein Pilotversuch der österreichischen Post zum Bildschirmtext. Mit Ende April 1982 waren insgesamt 236 Teilnehmer an das
System geschaltet, von denen 111 Informationsanbieter waren. Da die Zuwachsraten hinter den Erwartungen der Post liegen, wird erst ab etwa
199o mit einer größeren Verbreitung von Bildschirmtext zu rechnen sein.
Dennoch sind längerfristig Auswirkungen auf die Arbeitswelt vor allem
im Dienstleistungsbereich zu erwarten: Den höchsten Anteil z.B. an den
Informationsanbietern haben in Österreich derzeit die Banken mit 28,8 %.
Der internationale Trend zu Home-Banking zeichnet sich hier ab.

Andere Textkommunikationsmittel wie Telepost, Teletex, Telefax, Datex
sind in Österreich in der Einführungsphase. Erfahrungen über Auswirkungen
sind hier kaum vorhanden, eine rasante Einführung wird auch nicht erwartet ganz im Unterschied zum mündlichen Kommunikationsmittel Telefon
(Picot, S. 24o f.). Ca. 2,2 Millionen Telefonanschlüsse verbinden Österreich mit den 45o Millionen Telefonen des Welttelefonnetzes.

Eine neue mikroprozessorgesteuerte Generation von Telefonsystemen findet
ihren Weg in die Betriebe. In den Werbebroschüren der Hersteller von
neuen Telefonsystemen wird für alle beim Telefonieren auftretenden zeit-
raubenden Probleme eine rationelle Lösung angeboten. Mehr Komfort ist die
Devise.

Ist der angewählte Anschluß besetzt,besitzen diese Systeme die Annehm-

lichkeit der automatischen Wahlwiederholung, des selbsttätigen Rückrufes
oder der Rufweiterleitung. Lange Telefonnummern können eingespeichert
und durch einen Kurzcode abgerufen werden. Anrufübernahme, Anrufschutz,
wenn ankommende Telefonate störend wären und Telefonkonferenzen sind weitere Möglichkeiten elektronischer Anlagen.

Doch mikroprozessorgesteuerte Telefonsysteme können noch mehr, als die
bunten Prospekte zeigen. Sie sind nicht nur einfach deshalb ein Organi-
sations- und Rationalisierungsmittel, weil sie die Arbeit erleichtern
und dabei Zeit sparen, sondern auch weil sie hochentwickelte Kontroll-
funktionen enthalten. Die Technik kann jetzt einen "Mangel" beseitigen,
der vielen Arbeitgebern immer schon ein Dorn im Auge war: Fehlende Überwachungsmöglichkeiten der Arbeitnehmer beim Telefonieren.

Das moderne Telefonsystem registriert vollautomatisch jedes Gespräch.
Von welchem Apparat (Klappe) telefoniert, welche Rufnummer gewählt wurde,
die Dauer des Gesprächs sowie Datum und Uhrzeit werden erfaßt. Mit dem
Argument der Kostenstellenrechnung kontrolliert der Vorgesetzte am Bildschirm oder aus dem Computerausdruck, ob "rationell" telefoniert und ob
die Termine eingehalten wurden. Er ist durch die Analyse "wer mit wem"
in der Lage, Rückschlüsse auf die Kontakte der Arbeitnehmer, nicht zuletzt mit seinen Interessenvertretern, zu ziehen (AK-ÖGB S 19f.).

Probleme des Einsatzes für die Betroffenen

Während von seiten der Arbeitgeber immer wieder darauf hingewiesen wird,
daß Informationstechnologien Arbeitsplätze schaffen (Pressedienst der
Industrie, S 1), führten schnellere Abwicklung und höhere Produktivität
international bereits zum Wegfall zahlreicher Arbeitsplätze.

In Österreich konnten quantitative Personalprobleme längere Zeit im wesentlichen durch natürlichen Abgang, innerbetriebliche Umsetzungen und
freiwillige Kündigungen gelöst werden. Im Bereich der österreichischen
Industrie läßt der Rückgang der Beschäftigung weiblicher Angestellter
von 1977 bis 1981 von 35,1 % auf 32,2 % durchaus Rückschlüsse auf Bürorationalisierung ziehen (Sektion Industrie, Bericht).Steigende Beschäfti-
gungsunsicherheit und reale Angst vor Arbeitsplatzverlust werden zu Pro-

blemen des Einsatzes von Bürotechnologien.

Die sehr oft vor der Einführung neuer Technologien durchgeführten Organisationsanalysen sollen dazu führen, den rationellsten Einsatz der Geräte zu ermitteln. Diese Analysen führen dann sehr oft zu zentralisierten Organisationsformen mit hoher Arbeitsteilung. Formalisierte, in kurzen Abständen sich ständig wiederholende Arbeitsabläufe führen zu Repetitivität und Monotonie.

Um die Auslastung der Anlagen zu erhöhen, wird mit dem Argument der "technischen Notwendigkeit" oft Schicht- und Nachtarbeit eingeführt. Zahlreiche Überstunden müssen vor allem bei Umstellungen gemacht werden. Die hinlänglich bekannten Belastungen der Schichtarbeit treten hier noch dazu.

Die Möglichkeit, Leistung im Computer mitzuspeichern, bringt zunehmende Überwachung, Leistungs- und Verhaltenskontrolle mit sich. Die Arbeitnehmer werden damit in eine technologiegestützte Kontrolle des gesamten betrieblichen Ablaufs eingebaut. Leistungsdruck durch Leistungsvorgaben und Leistungsentlohnung sind oft die Folge.

<u>Neue Belastungen mit neuen Technologien ?</u>

Belastung und Beanspruchung sind sehr eng mit Bildschirmarbeit verbunden und sollen in der Folge beispielhaft in diesem Zusammenhang dargestellt werden. Dies vor allem auch, weil die GPA in diesem Zusammenhang bereits auf zwei in ihrem Auftrag durchgeführte Studien zurückgreifen kann (Haider 1975 und 1981).

So konnten in den Untersuchungen körperliche Beschwerden festgestellt werden, die mit der konstanten Sehdistanz und der gleichbleibenden Haltung von Kopf, Arm und Händen zusammenhängen. Es kommt zu Zwangshaltungen, die mit statischer Haltearbeit in den betroffenen Körperpartien verbunden sind. Langdauernde, kontinuierliche Bildschirmarbeit führt demnach zu langdauernden Zwangshaltungen.

Subjektiv empfundene Augenbeschwerden treten bei dreiviertel und mehr der am Bildschirm Beschäftigten auf. Genannt wurden allgemeine Augenbe-

schwerden, Brennen, Rötung, unscharfes Sehen und Änderungen in der Farb-
wahrnehmung.

Objektiv konnten tatsächlich Nachwirkungen im Akkomodationssystem festgestellt werden. Es tritt temporäre Myopisierung ein, da.h. die langdauernde Akkomodationsleistung führt dazu, daß es einige Zeit dauert, bis
das Auge wieder voll funktiontüchtig für den Fernvisus ist. Die Regene-
rationszeit ist dabei abhängig von der Dauer der Bildschirmarbeit.Weiters
kommt es nach Bildschirmarbeit zu deutlichen und signifikanten Farbumstim-
mungen, die sich ebenfalls allmählich wieder rückbilden.

Mehr Stress ?

Die sehr oft angewandten Formen der Arbeitsgestaltung mit Informationstechnologien zeigen Beanspruchungen, die offensichtlich zu erhöhtem psychischen Streß führen. Wichtige Faktoren sind hier Zeitdruck, Repetitivität und Monotonie. Unterschiedliche Untersuchungen kamen zu gleichen
Symptomen (Haider, M et al, 1981, Frese, M Hrsg. 1981, S. 62 ff.) "Er-
müdung", "Nervosität", "Angst", "Depression", "Eintönigkeit". Hier liegen sicherlich auch allgemeine psychologische Probleme neuer Arbeitsfor-
men. Es wird dabei oft der persönliche Handlungsspielraum eingeschränkt
und die Arbeit weniger abwechslungsreich. Dies trägt oft zu einer ab-
neigenden Haltung dieser Technologien bei, die sich in Störungen des Wohl-
befindens, ja sogar in psychosomatisch bedingten Beschwerden äußern kann.
Festgestellt wurde auch erhöhte Zukunftsunsicherheit. Auch dies signalisiert die Angst vor den noch nicht klar erfaßbaren Auswirkungen neuer Ar-
beitsformen auf den einzelnen. Angst vor der neuen Aufgabe gibt es bei
älteren Arbeitnehmern sehr ausgeprägt. Angst vor Leistungsanforderung in
den Ausnahmssituationen "Störung" hängt mit der oft nur minimal auf die
Bedienung des speziellen Gerätes abgestimmte Einschulung zusammen.

Der Mikrozensus 1980 zeigt bereits spezifische Tendenzen auf: Jeder vierte Angestellte fühlt sich belastet durch Arbeit unter starkem Zeitdruck
und Lärm. Einseitige Dauerbelastungen und Fremdkontrolle wurden ebenfalls
angegeben, Krankheitssymptome der Angestellten sind hoher Blutdruck,
Schlafstörungen, häufige starke Kopfschmerzen, Nervosität und Verdauungs-
störungen.

Gewerkschaftliche Ansatzpunkte

Maßnahmen der Arbeitszeitverkürzung, die als arbeitsmarktpolitisches Instrument derzeit diskutiert wird, sollten diesen Belastungsaspekten Rechnung tragen. Tägliche Arbeitszeitverkürzung, Beschränkung von Überstunden und von Nacht- und Schichtarbeit und die Verankerung von zusätzlichen Pausen im Arbeitszeitgesetz wären sinnvolle Maßnahmen in diesem Zusammenhang.

Was die betriebliche Mitbestimmung betrifft, so muß eine ausreichend frühe Information der Betriebsräte und der Betroffenen gesetzlich verankert werden und bei Nichteinhalten auch sanktionierbar sein. Damit sollen Betroffene und ihre Vertreter möglichst früh in den Planungsprozeß einbezogen werden und eine weitere Arbeitsteilung und Zentralisation vermieden werden.

Arbeitsorganisationsformen mit Mischarbeit sollen erreicht werden, um vorhandene Qualifikationen zu erhalten und neue durch die Arbeit zu erlangen, um einseitige Belastungen zu verringern und um menschenunwürdige maschinelle Kontrollen sinnlos zu machen.

Ein zielbewußter Einfluß auf Ein- und Umschulung im Betrieb soll das Minimalanlernen auf das Arbeitsgerät vermeiden und umfassende Kenntnisse anstreben.

Die formale Qualifikation in Schul- und Berufsausbildung muß den neuen Anforderungen angepaßt werden. Auch die sozialen Folgen neuer Technologien für Arbeit und Freizeit müssen vermittelt werden.

Um die Prävention beruflich bedingter Erkrankungen zu verbessern, muß eine quantitativ und qualitativ effektivere betriebs- und arbeitsmedizinische Versorung erreicht werden.

Der vorherrschende Krankheitsbegriff ist ein biomedizinischer. Psychische, soziale und verhaltensmäßige Anteile von Krankheit bleiben weitgehend unberücksichtigt. Eine Erweiterung dieses traditionellen Gesundheits-/Krankheitsbegriffes um die psychosozialen Komponenten wäre gerade im Zusammen-

hang mit den neuen Belastungen durch neue Technologien von grundlegender
Bedeutung.

Die Berücksichtigung der erwähnten Aspekte müßte dazu führen, daß auch
für die große Zahl von Angestellten, die mit neuen Technologien arbeiten
müssen,gilt, was allgemein als das höchste Ziel der Humanisierung der Arbeit vertreten wird: nämlich, daß die Arbeitsbedingungen der Persönlich-
keitsförderlichkeit dienen.

<u>Literaturnachweis</u>

Europäisches Gewerkschaftsinstitut (EGI): Die Auswirkungen der Mikroelektronik auf die Beschäftigung in Westeuropa während der 8oer Jahre,
Brüssel 1979

Frese, Michael, Hrsg.: Streß im Büro, Bern 1981

Haider, Manfred et al: Arbeitsbeanspruchung und Augenbelastung an Bildschirmgeräten, Wien 1975
Haider, et al: Beanspruchung bei Bildschirmarbeit; Richtlinien zur Gestaltung von Bildschirmarbeit; Wien 1981

International Labour Office (ILO): Yearbook, Genf 1979

Karmaus, W. et al: Streß in der Arbeitswelt, Köln 1979

Mende, J. und Ofner, F.: Automation und Ausbildung, Folgen der Mikroelektronik in Arbeitswelt und Schule, Wien 1981

Mikrolektronik, Anwendung, Verbreitung und Auswirkungen am Beispiel
Österreichs, Wien 1981

Österreichischer Arbeiterkammertag - Österreichischer Gewerkschaftsbund
(AK-ÖGB): Neue Kontrollen mit neuen Technologien, Entwurf für eine Broschüre, Wien 1982

Picot, Arnold: Bürokommunikation und technologische Entwicklung, in
Office Management, 3/82

Die Post informiert: Bildschirmtext, neues Kommunikationsmittel mit Telefon und Fernsehgerät

Pressedienst der Industrie: Mikroelektronik verbessert Arbeitsbedingungen,
(Wien, 18.6.82)

Rosenberger, Werner: Zielfahrt in die Elektronik; Wirtschaft in Form,4/82
Wien

Siemens aktuell; Information der Siemens AG Österreich, Wien, Mai 1982

Sektion Industrie und Gewerbe der GPA: Bericht zur 9. Hauptversammlung,
(Sekt.Ind.Bericht), Wien, 1982

Wiesner, Herbert: Rationalisierung: Problem- und Konfliktfeld unserer
Zeit, Köln 1979

Wirtschafts- und sozialstatistisches Taschenbuch des österr.Arbeiter-
kammertages, erscheint jährlich

H. Mildt
Siemens AG, München

Anforderungen an Bürosysteme aus der Sicht des Anwenders
(Ein Erfahrungsbericht aus dem Siemens-Projekt COS)

Veränderungen in der Situation des Unternehmens als Ausgangspunkt für Veränderungen im Büro

Zur Steigerung der Wettbewerbsfähigkeit waren Unternehmen schon immer gezwungen, ihre Produktivität zu erhöhen.

Im Fertigungsbereich werden durch Einsatz wirtschaftlicherer Fertigungsmethoden permanent die Werkstückkosten gesenkt und die Qualität des Produktes erhöht. Für die Umwelt sichtbar schlägt sich dieses Bemühen letzlich auch in Investitionen nieder.

Im Büro trachtet man ebenfalls danach, die Produktivität je Arbeitsplatz zu erhöhen. Da dieses früher ausschließlich durch Revision der Arbeitsinhalte und Verbesserung der Arbeitsabläufe erreicht wurde, fielen diese Bemühungen nicht so sehr ins Auge wie Investitionen im Fertigungsbereich.

Erst seit dem Einsatz der Datenverarbeitung für einen Teil der Büroaufgaben lassen sich auch im Bürobereich Automatisierungsinvestitionen, Rationalisierungserfolge und zugehörige Arbeitsmengenänderungen objektiv ausweisen.

Mit der Verfügbarkeit moderner, speichernder und kommunizierender Bürotechniken wird es nunmehr möglich, mit weiteren Investitionen die Büroarbeit wirksam, aber auch kostenmäßig sichtbar zu unterstützen.

Den Produktivitätsreserven im Büro muß in Zukunft immer mehr Beachtung geschenkt werden, denn aufgrund des technologischen Wandels hat sich im Unternehmen die Kostenrelation im Fertigungsbereich und in den Angestelltenbereichen stark in Richtung des Gemeinkostenbereichs verschoben. Produktivitätserhöhungen müssen deshalb in dem nun sehr großen Bürobereich erzielt werden.

Diese Zielsetzung wird noch unterstrichen durch die Tatsache, daß der Markt vom Unternehmen immer mehr Engineering-, Projektierungs-, und Planungsleistung verlangt. Aus dem Geschäft mit vielen einzelnen Geräten und Produkten ist zunehmend ein Systemgeschäft geworden.
Dies bedeutet, daß das im Bürobereich zu leistende Arbeitsvolumen in Zukunft weiter zunimmt. Die dadurch auch absolut wachsenden Kosten im Bürobereich müssen erst recht Anlaß sein, die Produktivität dieses Bereichs durch Einsatz von technischen Mitteln zu erhöhen.

Die Tätigkeiten und Abläufe im Büro

Sachbearbeiter und Fachkräfte stellen mit 73% den größten Anteil
der im Büro Beschäftigten. Führungskräfte stellen einen Anteil von
20%, Sekretärinnen und Schreibkräfte einen Anteil von 7%.
Will man die Produktivität des Bürobereichs steigern, muß demzufolge
in erster Linie die Gruppe der Sachbearbeiter verstärkt unterstützt
werden.

Betrachtet man die verschiedenen Büroarbeitsplätze, so erkennt man,
daß sich doch alle Aktivitäten der Mitarbeiter immer wieder auf
wenige Tätigkeitskomplexe zurückführen lassen.

Etwas abstrakt formuliert heißt das:

- Informationen werden empfangen, interpretiert und
  möglicherweise zuerst einmal zwischengespeichert.

- Informationen werden - unter Zuhilfenahme des
  Fachwissens des Sachbearbeiters - bearbeitet, wobei
  oftmals einerseits ein Rückgriff auf archivierte
  Arbeitsinformationen, andererseits eine arbeitergän-
  zende Kommunikation (z.B. Auskunft einholen) erfolgen
  muß.

- Informationen werden weitergeleitet, die ihrerseits
  in einem arbeitsteiligen Ablauf bestimmten Dienststellen oder externen Empfängern als Eingangs-
  information dienen.

Gegenstand der Büroarbeit ist also die Information. Sie manifestiert
sich in sog. Dokumenten und in sprachlichen Mitteilungen.

Innerhalb der Aufgabenerfüllung des Sachbearbeiters werden verschiedenartige Dokumente, z.B. Brief, Notiz, Bericht, EDV-Liste, Bestell-
zettel, Stückliste, Zeichnung etc., erstellt und weitergeleitet,
sei es zur Information anderer Stellen, als Anstoß für ein EDV-Verfahren, als Grundlage für eine Datenerfassung u.ä.

In Bandbreiten betrachtet beträgt

- die sprachliche Information   10% - 40%
- die dokumentierte Information 60% - 90%

Abgesehen von einigen spezialisierten Arbeitsplätzen ist der Anteil
der Grafiken und Halbtonbilder an der dokumentierten Information
gering (5% - 10%). Dominant ist dagegen die strukturierte Information
in Form von Texten und Daten.

Technische Unterstützung des Bürobereichs

Die heutige Büroarbeit ist ein arbeitsteiliger Prozeß, bei dem bestimmte Teilaufgaben oder Tätigkeiten nicht nur auf mehrere Mitarbeiter verteilt sein können, sondern auch von speziellen Geräten/Syste-
men unterstützt oder ausgeführt werden. Da nun aber von Abteilung
zu Abteilung, von Arbeitsplatz zu Arbeitsplatz oft unterschiedliche
technische Ausstattungen vorliegen und auch die Mitarbeiter verschiedene Kenntnisse und Fertigkeiten bezüglich der Nutzung von Bürogeräten
und -systemen haben, zeigen sich im Umfeld der Bearbeitung vielerlei
Schwachstellen an den Schnittstellen der Büroprozesse.
Beispiele für solche, die Büroproduktivität beeinträchtigende
Situationen:

- Die auf einer Fernkopie eingegangene Information
  wird mittels Textsystem in einen Bericht übernommen.

- Daten aus EDV-Listen des Rechenzentrums werden über
  Tastatur erneut eingegeben, um ein anderes EDV-Verfahren anzustoßen

- Ein mündlich abgesprochener Text wird schriftlich
  nachgereicht.

- Datenbankinformationen werden auf Anfrage telefo-
  nisch übermittelt.

- Auf einem Textsystem geschriebene Einladungen werden
  über Fax verteilt.

- Ergebnisse aus EDV-Verfahren werden mittels Telex
  weitergegeben.

Neben den genannten Mängeln im Informationsfluß (Medienbrüche) treten
auch eine Reihe von Schwachstellen innerhalb der Bearbeitungsvorgänge
auf. Hierbei handelt es sich um Bearbeitungsbrüche, die
Informationsumsetzungen (Abschreibvorgänge) notwendig machen.
Beispiele dafür sind:

- Der Wechsel von einer Tätigkeit zur anderen.
  (Mit einem Personal-Computer ermittelte Daten
  werden mit einer Speicherschreibmaschine in einen
  Bericht formuliert.)

- Der Übergang von einem Vorgang zum nächsten.
  (Durch Recherche am Sichtgerät ermittelte Informationen werden am Textsystem in einen Brief ein-
  gearbeitet.)

- Das Notieren von Informationen an einem spezialisierten, abgesetzten Arbeitsplatz (EDV-, Mikrofilm-,
  Grafik-, Textarchiv-Arbeitsplatz) und Rückkehr an
  den eigenen Arbeitsplatz zur Informationsweiterbe-
  arbeitung.

Die aufgezeigten Beispiele zeigen, daß uns die heute eingesetzte
Bürotechnik keine durchgängige Informationsbearbeitung und keine
problemlose Informationsverknüpfung auf elektronischer Ebene ermöglicht. Immer wieder müssen bei Bearbeitungsvorgängen die Vorgangsin-
formationen um weitere Arbeitsinformationen ergänzt werden, die selbst
schon als Datei- oder Archivinformation vorliegen.

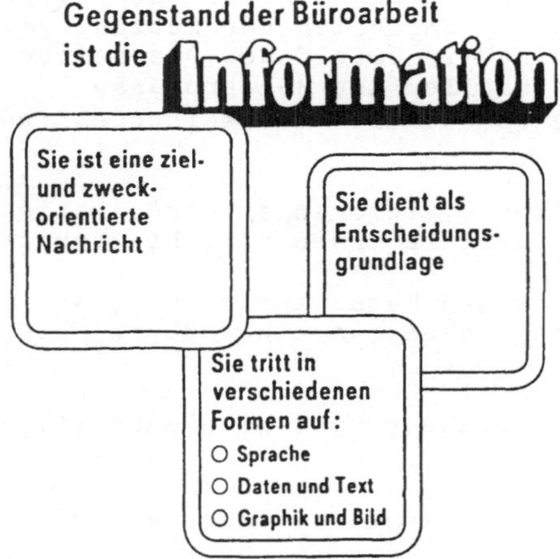

Untersuchungen haben gezeigt, daß

- 40% der in den Vorgang eingebrachten Informationen identisch übernommen wird, also ein 1:1-über-
  spielen auf elektonischer Basis möglich wäre und

- 60% noch nicht unmittelbar zur Verarbeitung geeignet
  sind, weshalb vor der Verknüpfung eine Art Vorprüfung
  ("anschauen") stattfindet.

Für diese manuellen Informationsumsetzungen errechnet sich durchschnittlich ein Arbeitsanteil an nicht schöpferischer Arbeitszeit
- durch Abschreiben - von 2 - 3 Stunden pro Tag und Arbeitsplatz.

Dieses Ratiopotential gilt es in Zukunft zu erschließen.

Projekt Computer Service (COS)

Die geschilderte Ausgangssituation und die Erkenntnisse aus durchgeführten Untersuchungen gaben den Anlaß zur Installation des Projektes COS.

Das System COS wird die Erstellung, Archivierung und Ausgabe von
Dokumenten ermöglichen. Dokumente sind Texte, Daten, Formulare und
Vorschriften zur Bearbeitung. Die Text- und Datenkommunikation zwischen Benutzern des Systems wird durch Senden und Empfangen von Dokumenten unterstützt. Dienste zur Kommunikation und Sekretariatsdienste sollen dem Benutzer zur Verfügung stehen. Der Anschluß an Verfahren und Datenbanken der Rechenzentren wird ermöglicht.

Folgende Funktionskreise werden durch das System COS bedient:

- Textbearbeitung
- Textverarbeitung
- Dokumentarchiv
- Druckausgabe
- Electronic Mail
- Sekretariatsdienste
- Vernetzung mit Groß-EDV

Die einzelnen Funktionskreise sind voll intergriert und stehen mit
einer einheitlichen Benutzeroberfläche zur Verfügung. Das System
ist laienbenutzbar. Datenschutz und Datensicherheit werden gewährleistet.

Die Textbearbeitung ermöglicht das interaktive Erstellen, Lesen,
Redigieren und Gestalten von Dokumenten.

Die Textverarbeitung unterstützt das interaktive Definieren und Verarbeiten von Textbausteinen, Serienbriefen, Tabellen und Formularen.
Die arithmetische Verknüpfung von Variablen wird durch Rechenbausteine
ermöglicht. Variable können mit Daten aus Dateien auf demselben System
programmgesteuert versorgt werden.

Mit der Textbearbeitung erstellte Dokumente werden in einem hierarchisch organisierten Archiv gespeichert und über verschiedene Zugriffsverfahren wiedergewonnen.

Die zentrale und dezentrale Druckausgabe von Dokumenten ist möglich.

Der Funktionskreis Electronic Mail bedient alle Funktionen, die zum
Senden und Empfangen von Dokumenten nötig sind. Zusätzliche Dienste,
wie z.B. Führen eines Postbuches, werden vom System geleistet. Teilnehmer an Electronic Mail können COS-Benutzer am selben oder an entfernten Standorten sowie Teletexteilnehmer sein.

Die Sekretariatsdienste unterstützen Funktionen wie Terminierung
(z.B. Wiedervorlage), Listenverwaltung (z.B. Verteilerlisten) oder
Führen eines Notizbuches.

Die Vernetzung mit Verfahren der Groß-EDV soll den Anschluss an andere EDV-Verfahren, wie z.B. Planungs-, Steuerungs-, Abrechnungs-
und Datenbanksysteme, unterstützen. Um Bearbeitungsbrüche und Medienbrüche (z.B. Elektronik, Papier, Elektronik) zu vermeiden, soll der
Informationsaustausch zwischen Dokumenten und EDV-Verfahren auf Groß-
Systemen möglich sein.

Das Erstellen von einfacher Bürografik soll unterstützt werden.

Die Benutzer- und Systemoberfläche muß bürogeeignet und laienbenutzbar sein. Nur die Generierung des Systems darf Spezialisten erfordern.

Der Computer Service wird auf Systemen 6.660-50 oder 6.660-70 ablaufen. Er wird durch Erweiterung des Softwarepaketes TEXT6000 unter
Verwendung der Netzsoftware SINEC realisiert. Mehrere Arbeitsplätze
(bis zu 16 Plätze) werden von einem System unterstützt. Die Systeme
innerhalb eines Standortes sind direkt miteinander verbindbar.
Standorte verschiedener Regionen können an das Datex-P Netz angeschlossen werden. Um Informationen mit der Groß-EDV austauschen zu
können, werden einige Systeme über TRANSDATA mit Rechnern des Typs
7.000 verbunden. Anschlüsse an das Teletex-Netz sollen über Teletex-
Nebenstellen oder Teletex-Converter erfolgen.

**Auswirkungen des Computer Service auf den Büroprozeß und
Arbeitsplatz**

Durch COS zu erwartende Vorteile sind eine Produktivitätssteigerung
und Gemeinkostenreduzierung über:

-    Aktuelle Information durch schnelle und wirtschaftliche
     Aufbereitung

-    Verkürzung der Durchlaufzeiten durch Beschleunigung der
     Büroprozesse

-    Reduzierung der Gerätevielfalt am Arbeitsplatz und Vermei-
     dung von Medien- und Bearbeitungsbrüchen

-    Zeiteinsparung durch Entfallen von nicht schöpferischer
     Routinearbeit.

Am typischen Tätigkeitsprofil eines Sachbearbeiters läßt sich ver-
deutlichen, bei welchen Tätigkeiten die Unterstützung durch ein
Arbeitsplatzsystem wirksam wird (schraffierter Anteil).

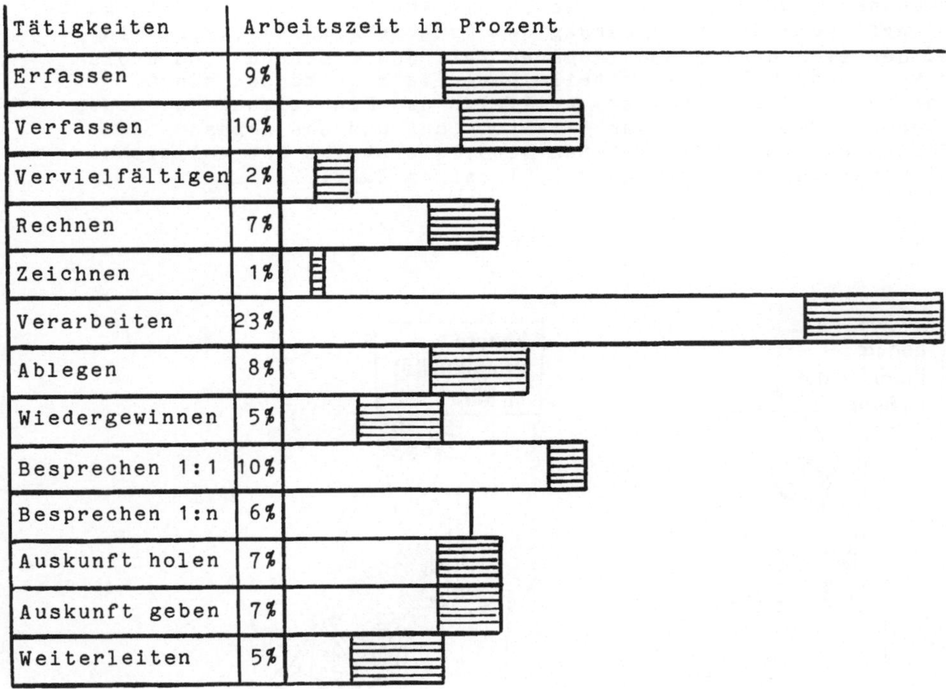

Tätigkeiten	Arbeitszeit in Prozent
Erfassen	9%
Verfassen	10%
Vervielfältigen	2%
Rechnen	7%
Zeichnen	1%
Verarbeiten	23%
Ablegen	8%
Wiedergewinnen	5%
Besprechen 1:1	10%
Besprechen 1:n	6%
Auskunft holen	7%
Auskunft geben	7%
Weiterleiten	5%

Aus der Notwendigkeit, Büroprozesse durchgängig zu gestalten ergibt
sich selbstverständlich, daß mit demselben System neben dem Sachbearbeiter auch Sekretariate, Schreibbüros und die Arbeitplätze der Führungskräfte unterstützt werden.

**Rechtzeitig und stufenweise mit elektronisch unterstützter
Büroorganisation beginnen**

Der Einsatz eines einzelnen Kopiergerätes oder einer Schreibmaschine
verändern die Arbeitsweise der Sachbearbeiter sowie das Zusammenspiel
von Sachbearbeiter und Sekretariats- bzw Schreibkräften nur sehr
gering. Zur Einführung dieser Geräte sind weder umfangreiche organisatorische Vorbereitungen noch das Zusammenwirken mit anderen Abteilungen und die sich daraus ergebenden Randbedingungen zu beachten.

Im Gegensatz dazu können elektronisch speichernde und übertragende
Systeme nicht mehr einfach "über den Ladentisch" gekauft und ohne
weitere Vorbereitungen eingesetzt werden. Sachbearbeiter und Assis-
tenzkräfte müssen Leistungsumfang und Umgang mit diesen Systemen
erlernen. Sie müssen die Leistungen bei ihrer Arbeit berücksichtigen.

Das Umgewöhnen der Mitarbeiter sowie die Anpassung der Ablauforganisation, ggf. auch die Veränderung der Raumverhältnisse, sind ein
Prozeß, der sich über einen längeren Zeitraum erstreckt und evolutionär verläuft. D.h. die Vorteile neuer Technik können nicht
schlagartig zum Erfolg führen, weil sich das Einbeziehen der neuen
technischen Funktionen in den Arbeitsablauf und das Anpassen der
Ablauforganisation in den letzten Details erst vor Ort vollzieht
und auf Erkenntnissen während des Einsatzes fußt.

Aus diesem Grunde ist es notwendig, mit der heute wirtschaftlich
einsetzbaren Technik den Weg zum produktiveren Büro in ausgewählten
Projekten aktiv zu beschreiten. Mit dem Warten auf noch leistungsfähigere, noch umfassendere Techniken kann leicht der Fall eintreten,
daß der Schritt vom altväterlichen zum modernen Büro nur noch mit
ungeheuren Schwierigkeiten stattfinden kann.

ERFAHRUNGEN UND ANFORDERUNGEN

BEIM EINSATZ VON BUEROINFORMATIONS- UND -KOMMUNIKATIONSSYSTEMEN

IN DER SCHWEIZERISCHEN BANKGESELLSCHAFT

W.U. Vonrufs, Direktor
Organisations- und EDV-Entwicklung
CH-8021 Zürich

1. Ausgangssituation

Die Schweizerische Bankgesellschaft ist eine der fünf Grossbanken und zur Zeit,
gemessen an der Bilanzsumme (31.12.81: 93,7 Mia sFr.) das grösste Institut. Die
eigenen Mittel betrugen am gleichen Stichtag rund 5,3 Mia Schweizerfranken, der
ausgewiesene Reingewinn betrug für 1981 381 Mio sFr. Mit über 220 Geschäftsstellen im Inland und rund einem Dutzend im Ausland werden alle Geschäftssparten
einer Universalbank den Kunden zur Verfügung gestellt. Bei der Beurteilung der
Büroinformations- und -Kommunikationssysteme ist dieser Aspekt der breit
gefächerten Geschäftssparten und des weit verzweigten Geschäftsstellennetzes
von wesentlicher Bedeutung. Der Personalbestand beträgt in der Schweiz über
16'000, im Ausland gegen 600 Mitarbeiter.

Im EDV-Sektor, den wir als wichtige Randbedingung zu betrachten haben, ist die
SBG mit Univac-Computern in den Grossrechenzentren ausgerüstet. In den zwei
Betriebszentren Zürich und Lausanne ist die Kapazität von insgesamt 20 Univac
1181-Computern installiert. 2500 Terminals verschiedener Herkunft und für
eine Reihe von Anwendungen waren Ende 1981 im Einsatz. Diese Zahl erhöht
sich im Laufe 1982 und in den folgenden Jahren massiv, in erster Linie durch
unsere Nixdorf-8864-Systeme, die den vorerwähnten EDV-Anlagen on-line angeschlossen sind, in zweiter Linie durch die Textautomation. Zu erwähnen ist,
dass für eine Reihe von Anwendungsgebieten freistehende EDV- und/oder Büro-Kom-
munikationssysteme eingesetzt werden. Produkte verschiedener Hersteller werden
dabei zielgerichtet eingesetzt, d.h. wir versuchen die jeweils am besten
geeignete Lösung zu realisieren, ohne aber ein zu breites Sortiment aufzubauen.
In bezug auf den Stand der Anwendung ist festzuhalten, dass wir zur Zeit ein
integriertes EDV-System in den Basisapplikationen auf alle Geschäftsstellen
ausbreiten. Die Entwicklung und Einführung einer beträchtlichen Zahl von kom-

plexen Anwendungsgebieten ist in vollem Gange.

Im Sektor der Kommunikationssysteme verfügen wir über ein weit verzweigtes Datenübermittlungsnetz im Inland, unterstützt durch ein internationales Fernmeldenetz, das praktisch alle unsere Geschäftsstellen verbindet. Wir verwenden zur besseren Leitungsausnützung Sprachmultiplexer, anwendungsmässig ist neben Sprache und Text der Anteil an Bildübermittlung (Faksimile) nicht unerheblich.

Im Gebiet der Textautomation sind unsere Aktivitäten im Laufe der letzten 10 Jahre Schritt für Schritt gewachsen, mit deutlich zunehmender Intensität seit fünf Jahren. Wir verfügen über rund 200 Bildschirmarbeitsplätze, daneben sind eine grössere Zahl älterer Geräte sowie die neuere Entwicklung von elektronischen Schreibmaschinen im Einsatz.

Gesamthaft lässt sich aufgrund dieser summarischen Darstellung festhalten, dass sich die SBG mitten in einer technisch-/organisatorischen Expansionsphase befindet, bei der wesentliche Weichenstellungen bereits erfolgt sind. Es geht nun darum, darzulegen, wie in dieser Situation der Einsatz von Büroinformations- und -Kommunikationssystemen realisiert wird und was es zu beachten gilt.

2. Problemstellung für Planung und Realisierung

Welches sind nun in der Bankpraxis die zu beachtenden Problemkreise?

Als erstes haben die Projekte den Erfordernissen eines möglichst hohen Wirtschaftlichkeitsgrades zu genügen. So wird für jedes Projekt eine Investitionsrechnung erarbeitet, die uns die Kapitalrückzahlfrist aufzeigt. Bei Projekten der Textautomation sind die Verhältnisse im allgemeinen recht klar, indem der Anschaffung neuer Geräte, der entsprechenden Programme und den Einführungskosten die Einsparungen durch Leistungssteigerungen an den Arbeitsplätzen gegenüberstehen. Allerdings teilen wir die Erfahrungen vieler Anwender, dass die Durchsetzung der Rationalisierungsmöglichkeiten nicht so einfach gelingt. Es gilt ja, den Umstand zu berücksichtigen, dass an einem bestimmten Arbeitsplatz mögliche Einsparungen von ein oder zwei Stunden pro Tag nicht zu Personalreduktionen führen. Dies verlangt den Einbezug grösserer Organisationseinheiten, bei denen durch Pool-Bildung, unterstützt durch rationellere Arbeitsabläufe und Sachmittel, eine effektive Wirtschaftlichkeit durchaus erreichbar ist.

In zweiter Linie liegt die Problemstellung in unserem Unternehmen darin, dass
EDV-, Textautomations- und Kommunikationssysteme als Einzelteile bestehen. Es
geht ja nicht zuletzt um den Investitionsschutz, somit versuchen wir, diese Einzelsysteme sinnvoll zu verbinden. In unserem Fall heisst das, die für die Datenerfassung und Auskunftsbereitschaft installierten Nixdorf-8864-Systeme textauto-
mationsfähig und kommunikationsfähig zu machen. Wir gehen davon aus, dass
rund ein Drittel aller Arbeitsplätze in einigen Jahren ein Bildschirmterminal
haben werden. Diese Arbeitsplätze sind selbstverständlich im Anwendungsspektrum
der Terminalapplikationen sehr verschieden. Ein beträchtlicher Teil wird mit dem
bestehenden Angebot an EDV-Applikationen genügend unterstützt sein, doch nimmt
die Zahl derjenigen Mitarbeiter zu, die für ihre Tätigkeit auch auf Funktionen
der Textautomation, der elektronischen Post (electronic mail) sowie auf einer
Reihe weiterer führungsbezogener Anwendungsgebiete angewiesen sind. Es geht somit darum, die integrativen Beziehungen der verschiedenen Teilsysteme zu berücksichtigen und - in unserem Falle - in Ausbaustufen des Systems einzugliedern.

Wie haben wir dieses Kernproblem der Verbundlösungen angepackt?

Als ersten Schritt haben wir vor bald zwei Jahren mit der Firma Nixdorf einen
Zusammenarbeitsvertrag abgeschlossen, mit dem Ziel, auf den 8864-Systemen die
volle Palette an Textautomation und weiterer Anwendungen zur Verfügung zu
haben. Als Leitlinie galt und gilt weiterhin, dass konkurrenzfähige - z.B. mit
WANG-Systemen vergleichbare - Dienstleistungen zur Verfügung stehen müssen.

Gleichzeitig haben wir beschlossen, diesen Fall in einem Projekt "Büro der Zukunft" zu realisieren, mit Versuchsstadien in einer Geschäftsstelle. Die Ueber-
nahme der Anwendungen in das Gesamtsystem erfolgt nach diesen ausgedehnten Tests
im Rahmen der üblichen Planungsschritte. Der Versuchsbetrieb läuft seit ungefähr
einem Jahr und hat sich als unbedingt notwendiger Schritt erwiesen. Ich komme
auf die konkreten Erfahrungen noch zurück.

Als dritte, wichtige Problemstellung sehen wir die Notwendigkeit, dem Anwender
gerecht zu werden. Es ist nicht damit getan, dem Anwender ein Sachmittel mit
etwas Software garniert und durch einen zweitägigen Einführungskurs gestützt,
ins Büro zu stellen. Wir versuchen in erster Linie, durch Verbesserung der betrieblichen Abläufe und dem frühzeitigen Einbezug der späteren Benützer den Erfolg sicherzustellen. Es ist in unserem Unternehmen auch schon vorgekommen,

dass Textautomaten in einer Ecke verstaubt sind, nur weil es an der richtigen
Vorbereitung und Einführung gefehlt hat. (Ich habe mir sagen lassen, dass
wir mit solchen Extremfällen nicht ganz allein auf weiter Flur stehen sollen....)

3. Erfahrungen in der Praxis

Welches sind nun die konkreten Erfahrungen in der Praxis?

Im Grunde genommen sind es die allen Organisatoren, Projektleitern und EDV-Fach-
leuten vertrauten, fast schon abgegriffenen Lehren. Es soll aber gerade nicht
auf diese allgemeinen Erfahrungen eingegangen werden, sondern auf die Besonderheiten. Wir haben festgestellt, dass die Einstellung zu Sachmitteln und Verfahren der Büro-Information sich in unserem Unternehmen innert weniger Jahre
sehr positiv verändert hat. War es noch bis gegen Ende der 70er-Jahre recht
schwierig, Bankkader vom Nutzen dieser Lösungen zu überzeugen, hat eine eigentliche Trendumkehr eingesetzt. Es gilt heute nicht mehr die Fragestellung,
brauchen wir diese Hilfsmittel, sondern, wie rasch kann eingeführt werden? Die
damit verbundenen Gefahren sind nicht zu übersehen. Einmal ist das Kostenbewusst-
sein nicht unbedingt im gleichen Ausmass gestiegen und somit ist die früher erwähnte Durchsetzung der Produktivitätssteigerung nicht immer einfach. Zum
anderen ist relativ viel Fachunterstützung notwendig, um die Arbeitsabläufe,
die Rahmenorganisation und Installationsplanung angemessen zu berücksichtigen.
Wichtig ist ebenfalls die Einstellung, dass derartige Projekte - so vergleichsweise einfach sie auch scheinen mögen - eine gute, kontinuierliche Betreuung
nach der Einführung benötigen. In einer ersten Phase der Begeisterung kann
der trügerische Eindruck entstehen, die Arbeit sei getan, das Projekt gesichert.
Wir stellen immer wieder fest, dass mehr oder weniger rasch auch eine Phase der
Ernüchterung oder der Gleichgültigkeit folgt. Diese gilt es zu überbrücken,
um den dauerhaften Erfolg zu sichern. Dazu gehört unter anderem eine Nachkontrolle, die die gegenseitig vereinbarten Ziele zur Grundlage nimmt, um festzustellen, welche zusätzlichen Massnahmen noch nötig sind.

Aus Sicht der Anwender sind die nicht quantifizierbaren Vorteile der neuen Lösungen bedeutsam. Sie interessiert häufig in erster Linie der verbesserte
Komfort, die kundenwirksamere Darstellung und Qualität des Schriftbildes, der

mit den Sachmitteln verbundene Prestigewert. Auf der anderen Seite gewinnt das
häufig zu oberflächlich behandelte Thema "Gefahren, Nachteile des Bildschirmar-
beitsplatzes" an Bedeutung. Wir haben als sachbezogene Information und Anleitung
für unsere Mitarbeiter eine Broschüre erarbeitet, in der die häufigsten Fehler,
aber auch viele Tips zur Selbsthilfe zusammengestellt sind. Insgesamt ist
in unserem Unternehmen die Akzeptanz von Bildschirmarbeitsplätzen recht gut.
Wir führen dies nicht zuletzt darauf zurück, dass die Mitarbeiter auch die Vorteile selbst erkennen, die durchaus bei richtiger Anwendung in der modernen Technik vorhanden sind.

4. <u>Konsequenzen für die Zukunft</u>

Was sind nun aus der Praxiserfahrung die Konsequenzen?

Aus Anwendersicht ist die Forderung nach menschengerechten Lösungen zu stellen.
Dies beinhaltet eine Reihe von technisch/organisatorischen Voraussetzungen und
Massnahmen rund um den Arbeitsplatz, die Einsatzplanung, die Auswahl von Geräten usw., bei denen die Anwender mitberücksichtigt werden. Begleitend ist eine
klare Leitlinie der Unternehmensführung nötig, die auf die personalpolitischen
und geschäftspolitischen Vorstellungen eingeht. Schliesslich gehört dazu,
dass bei Mitarbeitern, Organisationsfachleuten und Führung die Einsicht besteht,
dass die Büro-Automation an sich weder gut noch böse ist, sondern, dass wir gemeinsam daraus das Bestmögliche machen müssen.

An Hersteller und Lieferanten sind aus meiner Sicht drei Forderungen zu stellen:

1. Die zukünftigen Produkte im Sektor BIKOS müssen noch vermehrt den Aspekt
   <u>Verbundsysteme</u> berücksichtigen. Dies bedeutet, dass vermehrt technische Kompatibilität und Standards geschaffen werden müssen, um dem Anwender die
   Auswahl und Flexibilität zu ermöglichen.

2. Die menschengerechte Gestaltung der Produkte darf sich nicht in ergonomischen
   Schlagwörtern erschöpfen. Es wird in Zukunft nicht nur um die langsam bekannten Grundsätze der Hardware-Gestaltung gehen, sondern ebensosehr um praxis-
   gerechte Bediener-Software mit entsprechender Bedienungsfreundlichkeit.

3. Die Unterstützung der Kunden durch erstklassige Schulung und Dokumentation
   sowie eine entsprechende Wartungsorganisation. Mit der zunehmenden Verflech-

tung der Anwendung gewinnen diese Aspekte an Bedeutung.

Die für die Projektentwicklung selbst Verantwortlichen schliesslich haben
die Herausforderung zu bestehen, Neuland zu betreten, auf dem interdisziplinäres
Denken und Handeln an Bedeutung gewinnt. Die Fachgebiete der EDV und Büro-Automation sind noch nicht eng genug verbunden, was aus der Entwicklung heraus
verständlich ist. In Zukunft sind isolierte Lösungen oder solche, die nur
die Betrachtungs- und Vorgehensweise der einen Seite berücksichtigen, fehl
am Platz.

5. Schlussfolgerungen

Das Thema der Büro-Information und -Kommunikation ist für jedes Unternehmen
von wachsender Bedeutung. Bei Banken mit ihrem ausgeprägten Schwergewicht
an Investitionen im Bürobereich, ist diese Bedeutung so gross, dass sie mass-
geblichen Einfluss gewinnt für den Erfolg oder Misserfolg des Unternehmens.
Entsprechend bedeutungsvoll ist damit der Stellenwert, den Unternehmensleitung
und Organisationsbereich diesem Gebiet zumessen und insbesondere, wie es gelingt,
das Rationalisierungspotential zu nutzen.

****

<u>**B I K O S BEI DER E R S T E N ÖSTERREICHISCHEN SPAR-CASSE**</u>

W. Konvicka
DIE ERSTE österreichische Spar-Casse

1. EINLEITUNG

Der Ursprung sämtlicher Überlegungen ist die gegenläufige Kosten-
entwicklung von Hardware und Büroarbeiten. Den immer kostengünsti-
geren Hardware-Komponenten wie CPU, Speicher und Übertragungseinrichtungen stehen die steigenden Kosten auf dem Personal- und Sach-
aufwandssektor gegenüber. Diese Entwicklung zwingt uns, durch Einsatz neuer Technologien und neuer Verfahren, Produktivitätssteigerung bei den Büroarbeiten zu erreichen, um die von Jahr zu Jahr
steigenden Kosten beeinflußen zu können. Dazu müssen sogenannte Bü-
ro-Informations- und Kommunikations-Systeme geschaffen werden.Schon
die Bezeichnung zeigt uns, daß es sich dabei um komplexe Lösungen
handelt, die noch dazu nicht isoliert betrachtet werden dürfen. Zusätzlich befinden sich diese Systeme in starker Abhängigkeit von
einer Vielzahl betrieblicher Faktoren und Umwelt-Einflüsse, die bei
der Realisierung berücksichtigt werden müssen.

Für den Büroinformatik-Manager bieten sich im ersten Moment Lösungen von einigen Herstellern an, die sich bei erster Betrachtung
recht schillernd präsentieren. Bei näherem Hinsehen stellt sich jedoch heraus, daß

a) die meisten Produkte gerade in Entwicklung sind (die Hardware
   gibt's bereits zum Anfassen, die Software dauert wieder einmal
   etwas länger, ...),
b) die Investitionskosten in Größenordnungen liegen, wie sie bereits für die Erstausstattung an einfachen Bürofunktionen wie
   z. B. Textverarbeitung getätigt wurden und
c) der Anwenderwunsch nach Integration mit bereits existierender
   Datenverarbeitung je nach Verkäufer-Mentalität Stirnrunzeln, Be-
   troffenheit oder schlicht Ablehnung hervorruft.

Der so verunsicherte Büroinformatik-Manager erkennt spätestens zu
diesem Zeitpunkt, daß er das Problem aus der eigenen Firma heraus-
lösen muß.

Die Zeiten, in denen eine geringe Anzahl von Büroorganisatoren
(meistens sogar nur einer) sich ausschließlich mit der Produktivitätssteigerung in isolierten Einzelbereichen beschäftigte - typisch
dafür war der Einsatz von Textautomaten - ist vorbei.Jetzt gilt es,
einen wesentlich schwierigeren kombinatorischen Prozeß zu bewerkstelligen.

Zu kombinieren sind vor allem die

* anwendungsorientierten Elemente
  . Textbe- und verarbeitung (zentral/dezentral)
  . Kommunikation
  . Managementunterstützung
  . Ablage/Abruf
  . DV-Anwendungen

mit den

* Hardware- und Datenbank-Elementen
  . Zentrale GENERAL PURPOSE COMPUTER und
    SPECIAL PURPOSE COMPUTER
  . Netzwerk
    (Local Area Networks, ÖPT-Dienste)
  . Datenbanken
  . Terminals/Endplätze

unter Berücksichtigung der

* Infologischen Struktur-Elemente
  . Eingabe
  . Verarbeitung
  . Speicherung/Abruf
  . Ausgabe
  . Transport
  . Steuerung

Doch nun nach diesen grundsätzlichen Überlegungen ist es an der Zeit, über die praktische Realisierung an Hand des Beispiels der ERSTEN österreichischen Spar-Casse zu berichten.

2. KONFIGURATION und GERÄTEAUSSTATTUNG

Als Ausgangsbasis, damit unsere Überlegungen im richtigen Zusammenhang und unter den wichtigsten Voraussetzungen gesehen werden können, folgen nun einige Daten über die Ausstattung an zentralen EDV-Anlagen, Endplatzgeräten und ein grobes Mengengerüst der Geschäftsfälle.

DIE ERSTE verfügt über

* 3 Groß-Rechenanlagen
  (3,5 MIPS, 10 MB CORE, 12 GB-Daten-Speicher)
* 600 RT-Endplatzgeräte in sämtlichen der 96 ERSTE-Filialen
  in Österreich
  (105 Terminalzentraleinheiten, 350 Bildschirme,
  380 Berater- und Kassendrucker, 34 Indoor- und 12 Outdoor-Geld-
  ausgabe-Geräte)
* 20 RT-Endplatzgeräte in Zentralbereichen
  (20 Bildschirme, 5 Drucker)
* 70 Time-Sharing-Terminals
  (70 Bildschirme, 35 Drucker)
* 2 Telefon-Vermittlungsanlagen
  (650 Klappen, 110 Amtsleitungen)
* 40 Textverarbeitungsgeräte/-systeme
  (ohne Schreibmaschinen)
* diverse Offline-Geräte wie z. B. COM-Anlagen, optischer
  Belegleser, Codiersysteme.

Zur Durchführung auf diesen Anlagen gelangen pro Jahr ungefähr 0,5 Mio. Batch-Jobs (inklusive Test) und 160.000 Time-Sharing-Sessions.

Mit diesem Maschinenpark wurden 1981 ungefähr 64 Mio Geschäftsfälle
bearbeitet, unterteilt in

* 11   % zentrale händische Datenerfassung
* 14   % Nachcodierung
* 17   % optische Beleglesung
* 0,4 % Geldausgabegeräte (Indoor)
* 11   % EDV-Datenträgeraustausch
* 12   % automatische Durchführung
             (Daueraufträge, Einzüge)
* 35   % Realtime

Die über das zentrale Realtime-System abgewickelten Transaktionen
unterteilen sich wieder in folgende Kategorien:

* 20 Mio bestandsverändernde Transaktionen
             (Spar, Valuten, Giro, Dauerauftrag, -einzug)
* 2 Mio Abfragen
             (zusätzlich zu oben angeführten Sparten:
             Darlehen, Wechsel, Wertpapier)
             (zusätzlich ab 1982 ca. 1,5 Mio. Kundeninforma-
             tionen)
* 1 Mio Nachrichten

Aus dieser kurzen Auflistung läßt sich zumindest ungefähr erkennen,
in welche Umgebung ein Büro-Informations- und Kommunikations-System
einzufügen war. Um diesen Prozeß der Integration in der ERSTEN systematisch voranzutreiben, wurde Ende 1981 ein Projekt mit der Bezeichnung EBS - als Akronym für "EDV-unterstützte Büro-Systeme" -
gegründet.

3. PROJEKT EBS

Im ersten Halbjahr 1982 war es das Ziel dieses Projektes, die Gene-
rallinie der Büro-Automatisierung innerhalb der ERSTEN für die
nächsten Jahre festzulegen. Die Richtung, die sich im Laufe der Untersuchung und in der Konzeptionsphase herauskristallisierte, kann
ungefähr wie folgt mit einigen Schlagworten beschrieben werden:

* Entwerfen von möglichst modularen, ausbaubaren Büroarbeits-
  plätzen sowohl für Filialen als auch für Zentralbereiche.
* Berücksichtigung von Entwicklungen auf dem Gebiet der Kunden-
  Selbstbedienung (BTX, POS).
* Einführung dezentraler Intelligenz durch Einsatz von Personal
  Computern mit Anschlußmöglichkeit an das ERSTE-Netz.
* Ausbau und Verbesserung der Textverarbeitungs-Funktionen
  durch Anschluß der Offline-Geräte an das ERSTE-Netz und durch
  Einsatz von einfachen Office-Automation-Funktionen.
* Nutzung von ÖPT-Diensten, soweit sie für die ERSTE sinnvoll
  einsetzbar und wirtschaftlich sind.
* Auswahl und Festlegen von Protokollen zum Anschluß von End-
  platzgeräten an das ERSTE-Netz.
* Entwurf des Gesamt-Büro-Informations-System in Form eines
  Funktions-Schichtenmodells (siehe Abbildung 1).
* Ausbau des Angebotes an Time-Sharing-Programmen.
* Verstärkte Nutzung der zentralen Systeme durch Zusammenschluß
  der vorhandenen Rechner über ein Netzwerk unter Berücksichtigung der Entwicklungen auf dem Gebiet der Local Area Networks
  und der Integration von Sprach- und Datenkommunikation.
* Entwicklung einer Strategie der Speicherungshierarchie von
  dezentraler Datenspeicherung und Einsatz von dezentralen Datenbanksystemen und Abfragesprachen.

Zur besseren Illustration sollen jetzt noch zwei Hauptpunkte, nämlich der Entwurf des Gesamt-Büro-Informations-Systems und die Textverarbeitung im weitesten Sinn herausgegriffen und näher abgehan-
delt werden.

4. BÜRO-INFORMATIONS-SYSTEM

Aus Gründen der Wirtschaftlichkeit hat man sich in der ERSTEN entschlossen, das Gesamt-Büroinformations-System in Form eines Funktions-Schichtenmodells zu konzipieren. Unter diesem Begriff versteht man - so wie in Abbildung 1 grafisch dargestellt - die Zuordnung von Büro-Automatisierungs-Funktionen zu verschiedenen Stufen
der Anwendergeräte.

Zentrales Stück dieses Systems ist die sogenannte Ebene 2, die die
höchste funktionale Ausstattungsstufe des gesamten Systems darstellt. Hier stehen allen an diesen SPECIAL PURPOSE COMPUTER angeschlossenen Endplatzgeräten sämtliche Funktionen zur Verfügung.
Diese Funktionen sollten sein:

EBS-FUNKTIONSMODELL

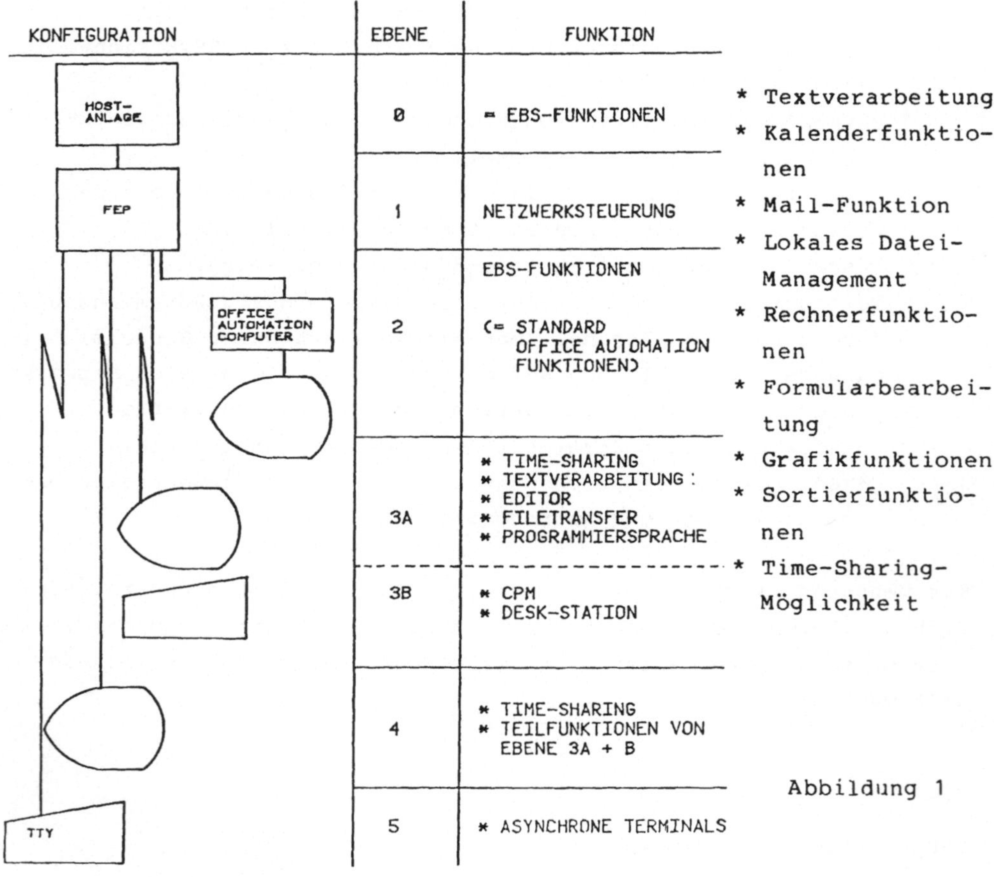

Abbildung 1

Die wesentliche Erweiterung dieser Ebene 2, die von einigen Herstellern schon angeboten wird, liegt in der Ausweitung der oben
aufgezählten Funktionen Richtung Ebene 0, d. h. auf einem zentralen
Rechner. Der Vorteil dieser Funktions-Ausbreitung ist dadurch gegeben, daß man über den Netzwerksteuerungsrechner verschiedenartige
Endplatzgeräte anschließen kann. Diese Geräte können dann auch über
Funktionen der Ebene 2 über den zentralen Rechner (Ebene 0) verfügen (meist in einer etwas eingeschränkten Form).

Die Geräte können vom einfachen TTY-Terminal bis über komfortable
synchrone Bildschirmgeräte mit Speichermöglichkeit reichen - Voraussetzung dafür ist die Kommunikationsfähigkeit der Geräte und das
Vorhandensein eines Frontend-Rechners, der mehrere gängige Protokolle behandeln kann. Das garantiert eine möglichst hohe Herstel-
lerunabhängigkeit sowohl in Richtung Hostcomputer als auch in Richtung der Terminals.

Eine weitere wichtige Ausweitung in diesem Büro-Informations-System
ist die Verfügbarkeit der auf Ebene 2 vorhandenen Hauptfunktionen
auch auf Ebene 3 A, d. h. ohne eigenem Büro-Rechner.

Aufgrund der technologischen Entwicklung kann man bereits die Forderung stellen, daß es möglich sein muß, die Endplatzgeräte der
Ebene 3 A durch geringfügige Hardware-Zubauten zu Personal-Compu-
tern auszubauen und damit über das breite Spektrum an Personal
Computer-Software zu verfügen. Dadurch können alle über den Front-
end-Rechner an das Büro-Informations-System angeschlossenen Endplatzgeräte über Funktionen verfügen, die annähernd gleich sind.
Sie stellen dem Anwender zusätzlich die speziellen dezentralen
Fähigkeiten des jeweiligen Endplatzgerätes zur Verfügung.

Dieses Büro-Informations-System erlaubt der ERSTEN darüberhinaus,
auch die bestehenden Terminals noch vor der kompletten Fertigstel-
lung des Gesamtsystems anzuschließen und somit können bereits möglichst frühzeitig Teile daraus realisiert und angewendet werden.

5. REALISIERUNG 1982

5.1 Nachrichtenübermittlung

Die ERSTE hat auf dem Gebiet der elektronischen schriftlichen
Nachrichtenübermittlung bereits einige Jahre Erfahrung durch die
Abwicklung von

* Kurznachrichten und
* Nachrichten mit Maskierungen komplexeren Inhalts
  (z. B. Valutenbestellungen)

über das Realtime-System. Diese Nachrichtenübermittlung erlaubt
Einzel- und Gruppenadressierung und ist für Rundschreiben ausgestattet.

Dieses Filialservice wurde mit Ausbau des ERSTE-Filialnetzes in
den Bundesländern durch eine Mail-box-Funktion, d. i. Senden von
Schriftstücken zwischen den Filialen auf elektronischem Weg mit
Signalisierung bei einlangender Post, erweitert.

5.2 Electronic Mail

Im ersten Halbjahr 1982 wurde als erste Büro-Automatisierungsfunk-
tion innerhalb des EDV- und Organisationsbereichs ein Probebetrieb
eines einfachen Electronic-Mail-Systems implementiert.

Dieses System erlaubt

* das bedienergeführte Erstellen von Schriftstücken (mit zusätzlicher Maskierung für den internen standardisierten Schriftverkehr).
* Das Versenden der Schriftstücke an die jeweiligen Empfänger mit
  spezieller Ausgabe von Absender, Datum, Dokumentnummer und Be-
  trifft-Vermerk in der Empfänger-Mail-box (Abbildung 2).

```
AKTENVERMERK                              421-080682/161910
Von  Dkfm. Schwabe / VZ Kl. 260
Betrifft: AG4032/BOE-Zuordnung fuer Wechsel
===========> erledigt:Zur Kenntnis genommen - keine Aktion meinerseits
-----------------------------------------------------------------------
AKTENVERMERK                              420-110682/132337
Von  Dkfm. Schwabe / VZ Kl.260
Betrifft: AG4001/Stellungnahme zu Themenkreis Test und Abnahme
===========> erledigt:Wurde in meinem Auftrag ergänzt und erledigt -
             keine Aktion meinerseits mehr erforderlich
-----------------------------------------------------------------------
AKTENVERMERK                              420-140682/141900
Von  420/KONVICKA/tsch       VZ/Kl. 259
Betrifft: AG0000/EBS-Klausur / 3. Teil / 9.6.1982
===========> erledigt:Vom Schreibzimmer in meinem Auftrag erstellt und
             an alle Teilnehmer versendet
             wird zusätzlich zur Projektdokumentation abgelegt
-----------------------------------------------------------------------
ENDE
```

Abbildung 2

* Zugriffssicherung für die erstellten Schriftstücke.
* Zentrale Speicherung aller in diesem System erstellten Schrift-
  stücke (inkl. der Erfassung von Ersteller, Datum und Betrifft-
  Vermerk eingehender Papier-Post) mit einfachen Abfrage- und
  Suchmöglichkeiten.
* Zusätzlich wird dieses System noch von Nachrichtenübermittlungs-
  möglichkeiten unterstützt, die es erlauben, den jeweiligen
  Adressaten für dringende Mitteilungen über ein Time-Sharing-
  Gerät zu erreichen.

Nach einigen Ergänzungen wie z. B. Stichwortvergabe wird dieses
System im zweiten Halbjahr 1982 in anderen Bereichen der ERSTEN
eingesetzt werden.

5.3 Ausweitung der Office-Automation-Teilnehmer

Ganz offensichtlich ist es, daß das oben skizzierte System nur
funktionieren kann, wenn alle Anwender bzw. Teilnehmer entweder
selbst über ein Gerät verfügen oder zumindest an einem nicht per-
sönlich zugeordneten Gerät teilhaben können.
Daher wird in der ERSTEN die Strategie verfolgt,

* bestehende Geräte (z. B. TV-Geräte) soweit technisch möglich an
  das ERSTE-Netz anzuschließen,
* bestehende Geräte, die nicht anschließbar sind, auszubauen bzw.
  wenn auch das nicht möglich ist, durch anschließbare Geräte zu
  ersetzen,
* nur neue Geräte anschaffen, die einen Anschluß an das ERSTE-Netz
  erlauben oder ausbaubar in dieser Richtung sind, auch wenn im
  Moment noch keine fachliche Notwendigkeit besteht, sie an das
  Electronic-Mail-System anzuschließen.

Bis jetzt wurden eigentlich nur die organisatorisch-technischen
Aspekte von Büro-Informations-Systemen beleuchtet, die personenbe-
zogenen Komponenten sind aber auch hier - oder vielleicht sogar
noch stärker als bei anderen Anwendungen - zu berücksichtigen. Bei
Änderungen im Bereich der Büroarbeiten, d. s. Schreiben, Verteilen, Wiederauffinden, etc., wären in der ERSTEN mehr als die Hälfte der gesamten Mitarbeiter betroffen. Der durchschnittliche Aufwand dafür beträgt derzeit 5% ihrer Gesamtarbeitszeit.

Es wären somit bei breitest gestreutem Einsatz

* 50 Vollschreibkräfte
* 25 Assistentinnen
* 925 Sachbearbeiter und
* 150 Führungskräfte

von den Veränderungen betroffen. Anhand dieser Zahlen ist sofort
zu erkennen, daß nur ein schrittweiser, sukzessiver Einsatz, was
sowohl den Personenkreis, als auch den Funktionsumfang betrifft,
sinnvoll ist. Deswegen ist es sehr wichtig, den richtigen Einsatz-
bereich für die ersten Anwendungen zu finden. Hier empfiehlt es
sich, Mitarbeiter auszuwählen, die schon früher Kontakt mit EDV-
Applikationen hatten. Der Funktionsumfang sollte so gewählt werden, daß das neue Aufgabengebiet für die Anwender überschaubar
bleibt, sonst tritt bereits von Anfang an eine Überforderung ein,
die den Start sehr erschwert und den Erfolg gefährdet. Als günstig
erweist sich auch hier das möglichst frühzeitige Einschalten und
Informieren der Anwender und die laufende Mitarbeit in den Ent-
wicklungs-, Installations-, Test- und Abnahmephasen.

Eine zusätzliche, stark zu berücksichtigende Einflußgröße, ist der
zeitliche Abstand der Einsätze neuer Funktionen. Damit ist gemeint, daß dem Anwender gerade hier, bei Büro-Informations-Systemen, ausreichend Möglichkeit gegeben werden muß, mit den neuen
Funktionen vertraut zu werden. Dadurch, daß Funktionen von Büro-
Informations-Systemen direkten Einfluß auf die sehr stark persön-
lich gestalteten Arbeitsplätze der Mitarbeiter haben, ist es unbedingt notwendig, den Mitarbeitern die Möglichkeit zu geben, ihren Arbeitsplatz mit den zur Verfügung stehenden Werkzeugen und
Verfahren selbst gestalten zu können. Dazu ist Zeit notwendig,
aber auch eine entsprechende Unterstützung in Sachen Weiterbildung. Dieser Punkt, nämlich die Aus- und Weiterbildung zur Bewältigung der Büroarbeiten, wird noch immer stiefmütterlich behandelt. Wenn man bedenkt, daß ungefähr 20% der Büroarbeitszeit für
Dokumentation, Ablage, Suchen und Abrufen von Schriftstücken verwendet wird, sollte man sich doch auch über Schulungsmaßnahmen für
diese Aufgaben Gedanken machen.

Die Akzeptanz hängt aber auch von der Motivation der einzelnen
Mitarbeiter ab, d. h. ob die Einführung eines Büro-Informations-
Systems für seinen Arbeitsplatz und somit für seine Arbeit einen
Vorteil bringt. Diese motivationsbedingte Akzeptanz ist natürlich
auch abhängig von der Hierarchiestufe, auf der sich - speziell bei
Führungskräften - der Mitarbeiter befindet. So wird das entsprechende Endplatzgerät eines Büro-Informations-Systems sicher bei
der Sekretärin und nicht beim Top-Manager stehen, denn den Vorteil
der rascheren, einfacheren Informationsbeschaffung hat gewiß die
Sekretärin. Ein ganz anderes Bild ergibt sich auf der Ebene der
mittleren und unteren Führungskräfte. Sie werden sich sehr viel
ihrer persönlichen Arbeitszeit sparen, da sie bisher ja auch nicht
gerade stark verwöhnt waren, speziell was die Archivierung und das
Suchen von Schriftstücken betraf.

Die Sachbearbeiter werden wohl diejenigen sein, die am meisten von
den Vorteilen der Büro-Informations-Systeme profitieren werden -
hauptsächlich durch die EDV-unterstützte Sachbearbeitung, auch für
kleine Notizen, Nachrichten und kurze Texte. Für längere und komplexere Text- bzw. Schriftstücke wird es auch in Zukunft Schreibkräfte geben, die diese speziellen Anforderungen wirtschaftlich
abdecken werden.

Zusammenfassend zu den zitierten Einflußgrößen sei noch ganz kurz
auf Fragen der Wirtschaftlichkeit eingegangen. Neben den bekannten
Effekten der erhöhten Wirtschaftlichkeit, z. B. beim Einsatz von
Textverarbeitungsgeräten durch schnellere Eingabe und wenig Kor-
rekturaufwand, ergibt sich noch eine erweiterte Wirtschaftlichkeit. Sie ist gekennzeichnet durch

* erhöhte Produktivität in der Sachbearbeitung,
* Verkürzung der Durchlaufzeiten von Geschäftsfällen,
* die Reduktion an Transportaufwendungen,
* verbesserte Qualität in Abstimmungs- und Koordinierungsfragen,
* geringe Reaktionszeiten und durch
* die Verbesserung der Arbeitszufriedenheit.

6. REALISIERUNGSSTRATEGIE

Die Entwicklung und die Realisierung eines Büro-Informations-Systems ist ein mehrjähriger Prozeß. Es drängen sich hier sofort der Gedanke und die Begriffe des Projektmanagements auf. Die Notwendigkeit der Abstimmungs- und Kommunikationsaufgaben, die es auch bei den "klassischen" EDV-Projekten zu lösen galt, werden bei der Entwicklung von Büro-Informations-Systemen noch durch die Tatsache verstärkt, daß es eine Vielfalt an Zuständigkeit gibt. So ist normalerweise aus historischen Gründen die Verantwortung für Telefon, Telefonleitungen, Fernschreiber von den Funktionen der Beschaffungen konventioneller Bürogeräte (Schreib- und Rechenmaschinen) getrennt. Daneben gibt es meistens noch die getrennte Zuständigkeit für COM, Kopier- und Druckereieinrichtungen und neuerdings auch die Kompetenz für Datenübertragungseinrichtungen. Eine stark in der BRD forcierte Richtung ist die Zusammenlegung dieser Aufgaben zur zentralen Funktion des "Communication-Managers". Dieser Tendenz ist mit Vorsicht zu begegnen, da daraus eine vorschnell und nicht immer gesamtzielorientierte Machtstellung abgeleitet werden kann - wiewohl für eine vernünftige Restrukturierung dieser Funktionen votiert werden muß.

Durch die Tatsache, daß die Realisierung ein mehrjähriger Vorgang ist, ist es empfehlenswert, die Vorhaben in einigen Phasen duchzuführen. Die erste Phase der Anwendung von Lösungen in isolierten Teilbereichen, z. B. Textverarbeitung, Formularwesen, Kopieren und COM ist in den meisten Firmen wenn nicht schon gelöst, so doch schon in Bearbeitung. Wir müssen daher weiter Phasen formulieren und realisieren. Diese Phasen können sein:

* Experimentieren und Kombinieren durch
  . bessere Nutzung bestehender Hardware, z. B. durch Rechnerverbund, Zusammenschluß von Frontendprozessoren, Schaffung von Netzwerken, etc.
  . Ausbau der vorhandenen Software unter Nutzung der bestehenden Hardware, z. B. Nachrichtenübermittlung, Abspeicherung und Katalogisierung des Schriftgutes
  . Einkauf und Adaptierung von Software unter weiterer Verwendung bestehender Hardware, z. B. Mailbox-Systeme, Textverarbeitungs-Software

. Pilot-Einsatz von Mikroprozessoren zum Anschluß verschiedenar-
  tiger Terminals, d. h. Schaffung von normierten Eingangsstellen
  für nicht oder verschieden normierte Terminals
. Pilot-Einsatz von kostengünstigen, leistungsstarken Desk-Top-
  Computern anstelle von teuren Time-Sharing-Terminals inklusive
  Anschluß an bestehende Netzwerke
. Schaffung von Muster-Büroarbeitsplätzen.
* Steuerung der Büroarbeiten durch
. Erhebung und Klassifizierung der Bürofunktionen
. Integration von Daten- und Textverarbeitung durch Anschluß der
  bestehenden Offline-Systeme und Schaffung von Datenübertra-
  gungsmöglichkeiten
. Entwicklung von Verfahren/Methoden zur Kombination zentraler
  Datenverarbeitung und dezentraler Textver- und bearbeitung.
* Integration der EDV-unterstützten Geschäftsfallbearbeitung mit
  den Elementen des Büro-Informations-Systems
. Zugriffsmöglichkeit aller Mitarbeiter zu diesem System unter
  gleichzeitiger Verstärkung der Datenschutz- und Sicherungsmaß-
  nahmen
. Verteilte Datenspeicherung mit zentraler Steuerung
. Weitgehend selbständige Lösungen durch verbesserte Entwick-
  lungsmethoden für die Anwender.

Diese skizzierte phasenweise Vorgangsweise erfordert ein phasenan-
gepaßtes Managementverhalten, ermöglicht es aber, neue Technologien zur wirtschaftlichen Erreichung der Unternehmensziele einzusetzen und erlaubt den Mitarbeitern, ihre Arbeiten durch "job enlargement" interessanter und erfüllender zu gestalten.

Informatik als Instrument der Unternehmensführung
bei der Hilti-Gruppe

Heinz C. Höfer
Vorstandsressort Informatik
Hilti AG, Schaan
Fürstentum Liechtenstein

UEBERBLICK

Im folgenden Beitrag steht die Informationswirtschaft im logistischen
Sinne im Mittelpunkt. Auf die Verantwortung und Funktion der Sozial-
partner bei der Bewältigung des technologischen Fortschritts soll dabei
nicht eingegangen werden.
Ausgangspunkt der Betrachtung ist der ständig steigende Fortschritt
der Technik für Informationsverarbeitung und -entwicklung.
Telekommunikation, Teleinformation, CAD, etc. dringen in den "white
collar" Bereich des Büros vor.
Diese dynamischen Innovationen bedingen ein dauerndes Infragestellen
von bestehenden Systemen und Lösungen, ein Anpassen von Qualifikationen und Berufsbildern. Um einen möglichst grossen Nutzen aus dieser
Entwicklung zu ziehen, bedarf es eines anderen Denkens, Handelns und
eines Informationsbewusstseins. INFORMATION muss als Instrument der
Unternehmensführung erkannt und genutzt werden. Die Gestaltung von
Informationssystemen rückt mehr in den Vordergrund. Gleichzeitig bieten sich neue Möglichkeiten der Systemgestaltung durch Anschluss an
externe Netze und Informationsquellen sowie indirekte Kommunikation.
So werden neue Management- und Führungstechniken erforderlich.
Die Führungskräfte verlieren ihre zentrale psychologische Bedeutung
für den Mitarbeiter. Dafür können sie sich stärker der sich ihnen
stellenden Herausforderung durch Systemdenken und Strukturwandel stellen. Für die Bewältigung der steigenden Komplexität und neuer Probleme bedarf es dabei eines strategischen Informationsmanagements sowie
einer Informatikplanung als festem Bestandteil des Unternehmenspla-
nungsprozesses. Konzepte wie Management by Systems und Management by
Information werden Einzug in die Unternehmen halten.

INHALTSVERZEICHNIS

- Informatik - Sachzwänge

- Technologische Innovation - Permanente Infragestellung bestehender Systeme und Lösungen

- Stellenwert der Information im Unternehmen

- Willensbildung von der Unternehmensführung über alle Stufen des Managements

- Informationstechnik erfordert anderes Denken und Handeln

- Konsequenzen für den Führungsprozess (Thesen)

- Veränderung des Tätigkeitsprofils - Offene Organisationsstrukturen

- Partizipative Systemgestaltung (PSG)

- Lösungsweg: Strategisches "Information-Management"

- Informatik - Leitbild und Strategie (Beispiel)

- Zielsetzung der Informatik (Beispiel)

- Umweltanalysen und Stärken- und Schwächenprofil

- Informatikplanung

- Zusammenfassung

INFORMATIK - SACHZWAENGE

Wenn man das Thema "Informatik - Instrument der Unternehmensführung"
wählt, ist nicht Automation und Datenverarbeitung sondern die Informationswirtschaft im logistischen Sinne in den Mittelpunkt der Betrachtungen zu stellen.

Besonders Wien scheint dafür der geeignete Ort zu sein, denn wo anders als in Wien, dazu noch von einem Wiener, wurde eine der Grundlagen geschaffen, die es überhaupt erst ermöglichten, zusammen mit dem
Einsatz der "Technologie unseres Jahrhunderts", dem Computer, von der
"Information als einem der drei Grundelemente des Unternehmens" zu
sprechen:

| MATERIE | ENERGIE | INFORMATION |

Neben wissenschaftlichen Arbeiten von Ashby, Shannon, etc. war es doch
Wieners Grundkonzept der Kybernetik - wonach ein System durch Rückkop-
pelung von einer Stelle im System gesteuert wird - das die Basis für
das Verständnis komplexer dynamischer Systeme schuf.
Durch die zunehmenden Möglichkeiten der Elektronik spielt dieses Denken eine immer bedeutendere Rolle in unserem Leben.

Nun sind mehrere Jahrzehnte vergangen, seit diese Erkenntnisse von Norbert Wiener geprägt wurden, ohne dass man sich im Unternehmen dieser
drei   "ELEMENTAR-ELEMENTE"   im vollen Umfang bewusst wurde, und es
hat bis in die 70er Jahre gedauert (Oelkrise), ehe man die Wichtigkeit
der Energie und deren Abhängigkeit davon voll erkannte.

Die Information in ihrer Bedeutung hingegen schlummerte im Unterbewusst-
sein dahin.
Erkannt hat man in unserer Zeit das Problem erst, als Maschinen auf den
Markt kamen, die eine prozessorientierte Verarbeitung der Daten zulies-
sen.

Die Einschränkungen einer umfassenden und auch wirtschaftlichen Verarbeitung von Informationen mittels EDV wurden jedoch erst dann wesentlich reduziert, als die Computertechnik mit der Erfindung der integrierten Schaltkreistechnik auf Siliziumbasis, die sich maschinell

in Gross-Serien herstellen liessen, das Kosten-/Leistungsverhältnis um
ein multifaches verbesserte.

TECHNOLOGISCHE INNOVATION - PERMANENTE INFRAGESTELLUNG BESTEHEN-
DER SYSTEME UND LOESUNGEN

Betrachtet man als Ausgangspunkt der Nutzung dieser Entwicklung für
das Unternehmen die Hollerithmaschine und die heute vorhandenen Mittel
und Möglichkeiten, die die Elektronik für Informationsverarbeitung und
Uebertragung - vom Grosscomputer bis zum "Handcomputer" - von der zeich-
nerischen Darstellung bis zur farbigen Grafik bietet, so hat sich in
den letzten zwei Jahrzehnten ein Gebiet entwickelt, das sich durch eine
aussergewöhnliche Dynamik bemerkbar gemacht hat und deren Auswirkungen
noch stärker sein werden als die Entwicklung mechanisierter und auto-
matisierter Produktionsprozesse und deren entsprechenden Verfahren, die
zu der industriellen Revolution und den damit verbundenen gesellschaftlichen Auswirkungen geführt haben.

Im Vergleich zum sogenannten industriellen Zeitalter vergangener Jahrzehnte ist diese Entwicklung von einer unerhört hohen technologischen
Innovation geprägt, so dass in relativ kurzen Zeitabständen neue Mittel
verfügbar sind, die wiederum eine Veränderung der Gestaltungsformen und
Anforderungen an Systeme bedingen, wodurch eine permanente Infragestellung bestehender Systeme und Lösungen entsteht.

STELLENWERT DER INFORMATION IM UNTERNEHMEN

Es ist nun nicht möglich, all diesen Entwicklungen in der eben geschilderten Dynamik zu folgen, selbst wenn die wirtschaftliche Nutzungsdauer
einer Anlage oder eines Systems in den Grenzbereich der Zweckmässigkeit
gerät.

Wir haben nun die Technik als Mittel, das eine anforderungsgerechte und
wirtschaftliche Informationsbewirtschaftung und somit Nutzung erlaubt.
Wir haben Erkenntnisse der Kybernetik und Systemtheorie, - aber haben
wir ein Informationsbewusstsein?

Haben wir erkannt, welchen Wert die Information hat bzw. welche Verluste
durch falsche oder fehlende Informationen entstehen können oder bereits
entstanden sind?

Es ist uns aus der Geschichte hinreichend bekannt, wie durch die richtige und rechtzeitige Information am richtigen Ort Vermögen verdient
und Katastrophen verhindert werden konnten.

Wir sprechen von einer Informationsgesellschaft, als wäre sie etwas
Fremdes, und <u>wir sind sie.</u>

Haben wir die Vergangenheit bewältigen können, und können wir die Zukunft meistern?
Erkenntnisse, aber noch mehr schlechte Beispiele, finden häufige und
viel zitierte Beachtung.
1984 von Orwell oder "der Roboter, der den Menschen verdrängt", ist ein
Fundus für die Presse, vor allem für Zeitungen, deren Aussagen sich in
Schlagzeilen auf vier oder sechs Seiten darbieten lassen.

<u>Das Problem ist jedoch ernsthafterer Natur und erfordert qualifizierte
Auseinandersetzung mit dieser Technologie - mit dem elektronischen Zeitalter.</u>
Erst diese Auseinandersetzung, an der sich in gleicher Weise der Infor-
matiker, Organisator, Soziologe, der Personalfachmann wie auch Mitarbeiter und Management auf allen Stufen beteiligen müssen, wird die Bewältigung dieser Herausforderung bringen, und es uns ermöglichen, neue Wege
zu finden, neue Formen zu gestalten und einen optimalen Nutzen aus dieser Technologie und Entwicklung zu ziehen.

Wo steht die Information im Unternehmen? Welchen Stellenwert hat die
Funktion, Abteilung oder Hauptabteilung, die sich mit der Gestaltung
von Informationssystemen, mit der Verarbeitung von Informationen beschäftigt?

Die sogenannte EDV-Abteilung, neben Fuhrpark, Reinigungsdienst und
Pförtner vielerorts als Problem und notwendiges Uebel betrachtet, ist
zB der Personal- und Verwaltungsabteilung zugeordnet, oder dem Einkauf,
weil man dort einmal mit der Automatisierung der Datenverarbeitung ange-
fangen hat, oder wenn es gut geht, beim Finanzdirektor, weil man ja dort
mit Lohn und Gehalt begann und heute erfolgreich die Buchhaltung mittels
EDV betreibt.

Ist es damit im Sinne der Information als Element der Unternehmensführung getan?

WILLENSBILDUNG VON DER UNTERNEHMENSFUEHRUNG UEBER ALLE STUFEN DES MANAGEMENTS

Ist es nicht bereits eine falsche Bewusstseinsprägung und somit Willensbildung, eine der wesentlichsten Aufgaben im Unternehmen, nämlich die Informationsgestaltung und -verarbeitung nach dem Mittel zu benennen, mit dem sie bewältigt wird? EDV - Computerabteilung?

Die Zeiten der Automatisierung von einzelnen Vorgängen mittels Computer sind längst vorbei. Die Informationsverarbeitung wird als Prozess im technischen Sinne verstanden, womit auch das Gedankengut des industriellen Zeitalters zur Anwendung kommt (Taylor), welches auf der Grundlage von Arbeitsteilung, Mechanisierung und Automatisierung zur Entwicklung der industriellen Produktion geführt hat.

Es wird zu einer weiteren Arbeitsteilung, -verteilung durch die Informationsverarbeitung kommen und bei Nichtbeachtung soziotechnischer Aspekte zu einer weitgehenden Entfremdung des Mitarbeiters von der Arbeit bzw. des Ergebnisses.

Im Sinne dieser umfassenden Betrachtung der Informationsverarbeitung im Unternehmen müssen deshalb Ueberlegungen angestellt werden, die mehr in Richtung Gestaltung der Arbeit, von Systemen und Informationen gehen, wobei die Informationssystemgestaltung nur als ein Teil eines vielfältigen organisatorischen Gestaltungsprozesses gesehen werden darf.

Es muss im Bewusstsein aller am Unternehmensprozess Beteiligten geprägt werden, dass es nicht damit getan ist, "Daten in eine Maschine zu werfen und zu verändern und wieder zurückzubekommen".

Es bedarf einer klaren Willensbildung von der obersten Unternehmensführung über alle Stufen des Managements hinweg bis zur operativen Ebene, die Information und Informationsverarbeitung in jeder Form und Darstellung, die Informationsbewirtschaftung in ihrer Bedeutung und in ihren Auswirkungen, als Summe aller Tätigkeiten in das Unternehmensgeschehen zu verankern und deren Interdependenz und Wechselwirkung in Organisationsstruktur und Ablauf zu berücksichtigen.

Es bieten sich neue Möglichkeiten einer offenen, dynamischen Systemgestaltung durch Kommunikation und Anschluss an externe Netze und Informationsquellen.
Es werden somit die Grenzen innerbetrieblichen Denkens gesprengt und
geschlossene Unternehmensinformationssysteme können erweitert und optimiert werden.

Durch direkten Computeranschluss an externe Informations-Datenbanken
kann fremdes Wissen genutzt und in das Unternehmens-Informationssystem
einbezogen werden.
Diese Möglichkeit der offenen Systemgestaltung, die im allgemeinen
noch zu wünschen übrig lässt, stellt das Unternehmen deutlich in die
ökologische, ökonomische und technologische Umweltsphäre und gibt eine
neue Wissensquelle zur Nutzung für die Gestaltung des Unternehmensgeschehens.

INFORMATIONSTECHNIK ERFORDERT ANDERES DENKEN UND HANDELN

Der durch Informationstechnik eingeleitete Veränderungsprozess, der
sich auf Produktions- und Verfahrensweisen, auf neue Kommunikations-
und Informationsprozesse wie auch auf bestehende Strukturen auswirkt,
erfordert ein anderes Denken und Handeln.

Die Uebermittlung von Informationen zur Planung, Steuerung und Kontrolle
von Prozessen, die Verarbeitung dieser Informationen als Impuls zur
Veränderung einer Situation bekommt eine andere Dimension. Zeit, Raum
und Menge können optimal überbrückt bzw. bewältigt werden. Die Standorte des Informationsgebers und des Informationsempfängers spielen
eine unwesentliche Rolle. Die Laufzeit einer Anordnung dauert im hausinternen Postverkehr länger als die Kommunikation zwischen Kontinenten.

Als Beispiel wäre hier die von Grossunternehmen praktizierte Konferenzschaltung zu erwähnen, die es ermöglicht, im Rahmen einer Konferenz, unabhängig vom Standort des Teilnehmers, unmittelbaren Dialog zu führen.

Ein weiteres Beispiel ist die von der NTH (Northern Technical High
School in Trondheim) entwickelte Konzeption der Fabrikationszellen, die
in sich geschlossene Produktionseinheiten darstellen, die mit Robotern
ausgerüstet und elektronisch gesteuert über das ganze Land verteilt von

einer Stelle aus geplant, gesteuert und kontrolliert werden können.

Es zeigt sich, dass die Informationssysteme tief in Prozesse, Strukturen
und Abläufe der Organisation eingreifen, so dass sich hier eine starke
Veränderung der Berufsbilder und somit auch der Qualifikationen abzeich-
net.

> Mit der Eliminierung der Notwendigkeit der direkten Kommunika-
> tion tritt eine Veränderung des Management- und Führungsstils
> im Unternehmen auf, Systembetrachtung tritt in den Vordergrund.

Die Informationstechnik ist eine der wichtigsten Quellen der Innovation
in unserer Zeit geworden. Sie erfordert in starkem Masse, in der Entwicklung wie auch in der Anwendung der Informationstechnik, eine hohe
Bereitschaft zur Mobilität aller am Unternehmensprozess Beteiligten.

Die Dynamik der informationstechnischen Entwicklung stellt besonders in
diesem Punkt die grösste Anforderung an das Management auf allen Stufen.

Es erfordert in vielen Punkten ein Umdenken, ein Weggehen von konserva-
tiven Denkstrukturen, es erfordert eine Bewusstseinsbildung, in der die
Information als wertvolles Gut und die Informationstechnik als Instrument stehen.

Mit diesem Weltbild der elektronischen Revolution sind viele überfordert.
Es entsteht ein neues Anforderungsprofil, das aber nur durch eine gezielte Aus- und Weiterbildung abgedeckt werden kann.

> "Wir werden in Zukunft nicht mehr allein von einem "Menschen-
> bild"ausgehen können, auf das wir uns notgedrungen ausrichten
> müssen" 1)

> KONSEQUENZEN FUER DEN FUEHRUNGSPROZESS (THESEN)

- "Die erwähnte "Mutter-Organisation-Konstellation" enthebt den Vorge-
  setzten immer mehr seiner psychologisch zentralen Bedeutung, von der
  her zum Beispiel gerade SEIN Lob ein so starkes Motivationsmittel war.
  Es ist die ORGANISATION, die Geborgenheit und Strukturhilfe gibt und
  die das primäre Identifikationsobjekt darstellt.

---

1)Forster, Werner, Dr. ETH, in Alternative Führungs- und Motivationsstruk-
  tur, Bossard-Seminar 2, Rigi-Kaltbad, 1981

> Ein 'INTERNALISIERTES' SYSTEM VON REGELN, NORMEN, WERTVORSTELLUNGEN
> ersetzt Befehl, Anweisung, Kontrolle.

- Daraus folgt, dass die Führungskräfte für sich neue Funktionen definieren müssen.

-
> Die Aktivitäten der Führungskräfte müssen deshalb in Zukunft viel
> stärker auf die SYSTEMENTWICKLUNG, auf den STRUKTURWANDEL ausge-
> richtet sein.

(Siehe Abb. 1)

- Alle diese Vorstellungen entsprechen (wohlverstandenen) Konzepten
  der PERMANENTEN ORGANISATIONSENTWICKLUNG: Als notwendig erachtete
  Prozesse sollen in Gang gesetzt und durchgehalten werden; was als
  fragwürdig erkannt wird, soll auch in Frage gestellt werden.
  Die Führungskraft soll nicht mehr nur der Aufrechterhaltung von
  Prozessabläufen dienen, die ohnehin schon ablaufen - genauso, wie
  auf gesellschaftlicher Ebene nicht mehr alles dahin laufen darf,
  wohin es "ohnehin" läuft."

- Es drängen sich damit systemorientierte Organisationsstrukturen und
  Abläufe, und durch die Auswirkungen und Veränderungen der Arbeitsprozesse neue Berufsbilder und somit neue Anforderungsprofile auf.

> VERAENDERUNG DES TAETIGKEITSPROFILS - OFFENE ORGANISATIONSSTRUKTUREN

Die Geschwindigkeit der technologischen Entwicklung lässt befürchten,
dass der Mensch Schwierigkeiten haben wird mitzuhalten. Dieses Problem
wird durch das Eindringen in den "white collar" Bereich des Büros oder
zB der Konstruktion (CAD) immer aktueller. (Siehe Abb. 2)
Das Eindringen in den persönlichen Verrichtungsbereich ist jedoch bereits voll realisiert. Durch Telekommunikation, Teleinformatik (Teletex,
Telefax, etc.) oder CAD, ist der Arbeitsplatz fester Bestandteil eines
elektronisch gestützten Systems geworden.

> Die Grenzen unserer Systeme dehnen sich in den Bereich von nicht
> in unserer Kontrolle stehenden Fremdsystemen aus.

- TREND = OFFENE ORGANISATIONSSTRUKTUREN

STUFEN DER MANAGEMENTENTWICKLUNG
Hauptmerkmale
Zeit
AUFGABE
LÖSUNGSWEG
LÖSUNG
VERGANGENHEIT MENSCH
ÜBERSCHAUBARE PROBLEME
PRAGMATISCHE EINZELLÖSUNGEN
STATISCHES VERHALTEN
GRÖSSERE KOMPLEXITÄT DER PROBLEME
VARIANTENMETHODE ANSÄTZE ZU INTERDISZIPLINÄREM ARBEITEN
ÜBERGANGSLÖSUNGEN TEILLÖSUNGEN
GEGENWART MENSCH MASCHINE
SYSTEMTECHNIK
KYBERNETIK
PROBLEMLÖSUNGSTECHNIK
KREATIVITÄTSMETHODEN
GRÖSSTE PROBLEMKOMPLEXITÄT
SYSTEMLÖSUNGEN MIT DYNAMISCHER ANPASSUNGSMÖGLICHKEIT
ZUKUNFT MENSCH MODELL MASCHINE
SYSTEMTECHNIK
KYBERNETIK
VERSTEHEN DES DYNAMISCHEN VERHALTENS
INTERDISZIPLINÄRE ARBEITSTECHNIK
MANAGEMENT HEUTE
PROBLEMLÖSUNGSTECHNIK ERKENNTNISVORGEHENS-ENTSCHEIDUNGSTECHNIK
KREATIVITÄT MORPHOLOGIE, BRAINSTORMING SYNEKTIK ETC.
PROBLEMLÖSUNGSVERHALTEN
PROGRAMMIERBARE ENTSCHEIDUNG (COMPUTER)

Abb. 1

STUFENPROZESS DER SUBSTITUTION DER MENSCHLICHEN LEISTUNG UND FÄHIGKEITEN DURCH TECHNISCHE / ELEKTRONISCHE MITTEL UND MÖGLICHKEITEN
INDUSTRIELLE REVOLUTION=EVOLUTION
3. Stufe
KYBERNETIK
INFORMATIK
SYSTEMDENKEN
ELEKTRONIK
2. Stufe
FLIESSBAND
1. Stufe
MECHANIK
WERKZEUG

Abb. 2

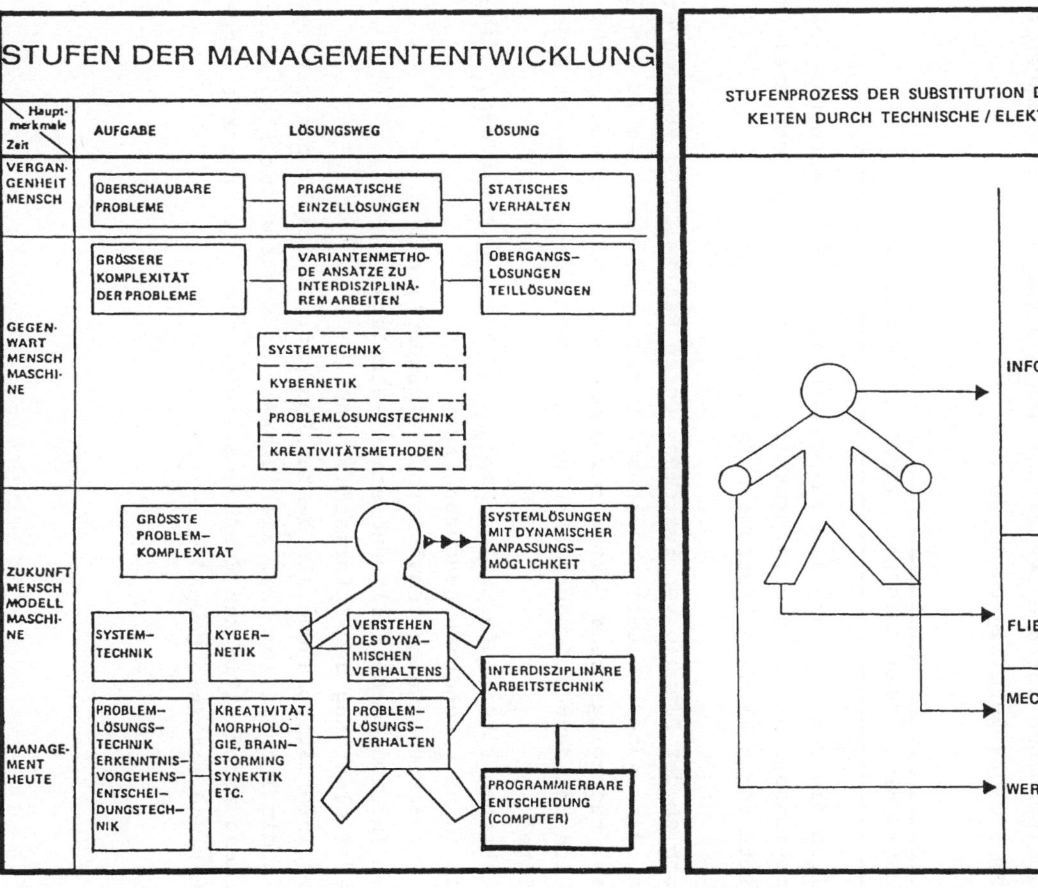

PARTIZIPATIVE SYSTEMGESTALTUNG (PSG)

Der Gestaltungsraum organisatorischer Strukturen nimmt mit der technologischen Entwicklung zu.
So schafft die mittlere Datentechnik durch die Möglichkeit von Verbund-
systemen Alternativen der Zentralisierung und Dezentralisierung.
Durch Ausweitung der Systemgrenzen in "Fremdsysteme" steigt jedoch der
Mangel an Durchschaubarkeit, Vorhersehbarkeit der Systeme, Arbeitsbedingungen, der organisatorischen Strukturen und deren Verhaltensweisen.
Die Lösung dieses Problems kann nur in der individuellen oder kollekti-
ven Einflussnahme auf die Gestaltung der Systeme und Bedingungen durch
alle am Prozess Beteiligten liegen.

LOESUNGSWEG: STRATEGISCHES "INFORMATION-MANAGEMENT"

Vor allem die Vorkoppelung ist von ausschlaggebender Bedeutung, da das
Informationssystem und die Information ja zum Zeitpunkt des Ereignis-
eintritts von relevanter Aussage sein muss.

Das Problem der Planung von Systemen, deren Realisierung zB sich erst
in fünf Jahren bewerkstelligen lässt, wirkt sich vor allem in dem dynamischen, technologischen Sektor der Computertechnik aus und erschwert
erheblich den dann erforderlichen und zur Verfügung stehenden Einsatz
der Mittel.
Einem strategischen Information-Management kommt deshalb eine bisher
sehr stark unterschätzte Bedeutung zu.
Diese Betrachtungsweise resultiert schlussendlich in:
- einem Informatik-Leitbild und einer -Strategie,
- einer Zielsetzung der Informatik, und
- einer Informatikplanung als festem Bestandteil des Planungsprozesses,
  damit die Information bzw. die Informationssysteme zur Plan-/Zieler-
  reichung rechtzeitig zur Verfügung stehen oder als Projekte einge-
  leitet und realisiert werden.

INFORMATIK - LEITBILD UND STRATEGIE BEISPIEL

- Information wird neben Kapital, Material, Energie und Personal als entscheidender Unternehmensfaktor erkannt.
- Die Informatik stellt die Verfügbarkeit zweckorientierter Informationen
  zur Führung, Planung und Steuerung der Unternehmensfunktionen auf allen
  Stufen der HILTI-Gruppe sicher. Darüber hinaus gewährleistet die Informatik die rationelle Abwicklung von Verwaltungsaufgaben.
- Bei der Gestaltung von Organisationsstrukturen, -abläufen und Funktionen ist den Möglichkeiten der Informatik optimal Rechnung zu tragen.
- Informatik muss Mitarbeitern auf allen Stufen durch Befreiung von Massendatenverarbeitung und repetiven Arbeitsprozessen Spielraum für in-
  novatives Denken und Handeln ermöglichen.
- Der Bedeutung sowie dem Durchdringungsgrad der Informatik entsprechend
  wird eine bewusst offensive Strategie zur Innovation und Nutzung der
  durch die Informatik zur Verfügung stehenden Mittel und Methoden gewählt.
- Zu diesem Zweck werden die theoretischen und praktischen Erkenntnisse
  der Informatik voll genutzt und ein internationaler Erfahrungsaustausch
  innerhalb der HILTI-Gruppe und mit Dritten (Unternehmen, Hochschulen,
  Herstellern, Institutionen) betrieben.   (Siehe Abb. 3)

ZIELSETZUNGEN DER INFORMATIK BEISPIEL

Die Informatik sichert das Erreichen der Unternehmensziele der HILTI-
Gruppe durch

      Planung, Gestaltung, Realisierung und Bewirtschaftung

der zur Unternehmensführung erforderlichen Kommunikations-, Informations-,
Organisations- und Führungssysteme.

Die Systeme sollen nicht ausschliesslich für die Reduktion von Kosten
sondern vor allem zur Gestaltung und Verbesserung der Informations-, Kom-
munikations- und Entscheidungsprozesse und damit deren Ergebnisse entwickelt werden. Die Systeme sind dabei in folgender Rangfolge zu entwickeln und einzuführen:

1. Das, was dem Unternehmen in Relation zum Einsatz am meisten bringt
    bzw. am besten zur Vermeidung von Verlust an Unternehmenssubstanz
    beiträgt.
2. Die Regelung und Ordnung der Funktionen und Abläufe gewährleistet,
    wobei Integration und Interdependenz der Daten, Funktionen und Ab-
    läufe nach Zweckmässigkeit und Notwendigkeit zu beurteilen sind.
3. Das, was unter Berücksichtigung von 1. und 2. Rationalisierung und
    Kostensenkung ermöglicht.

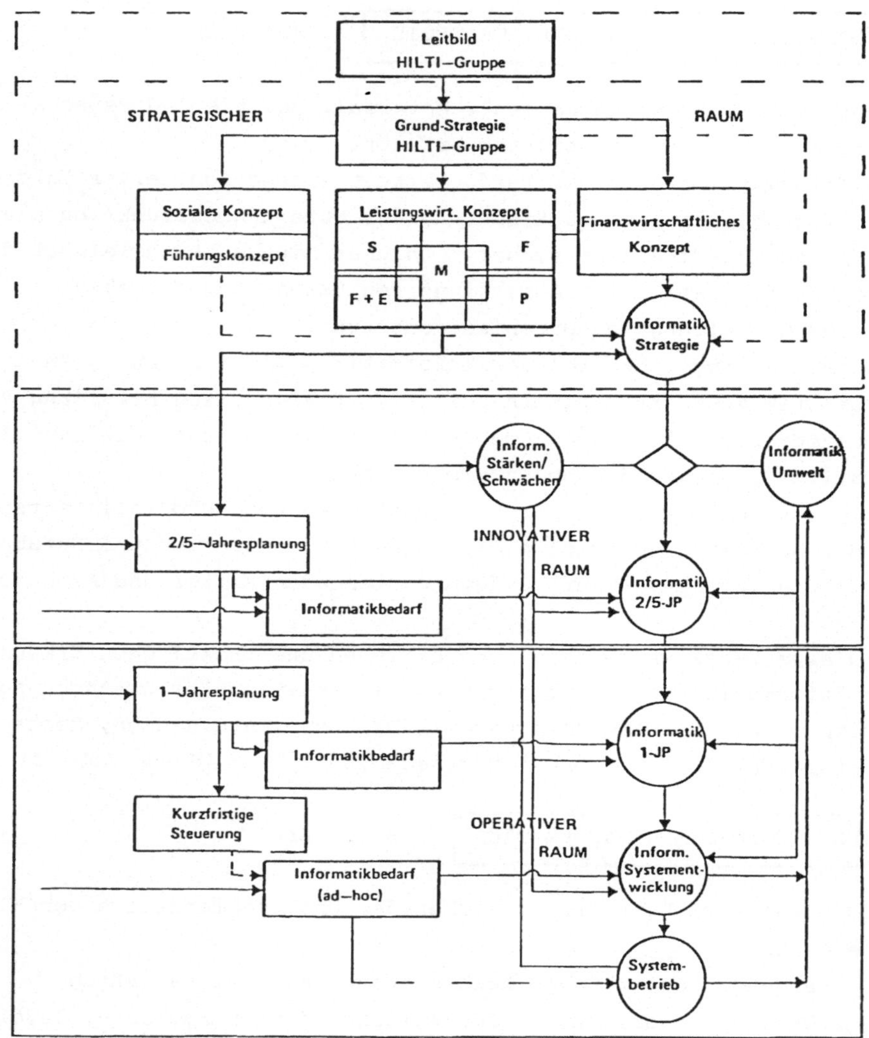

Abb. 3:   STUFEN des "INFORMATION-MANAGEMENT" PROZESSES

UMWELTANALYSEN UND STAERKEN- UND SCHWAECHENPROFIL

Umweltanalysen und ein Stärken- und Schwächenprofil des eigenen Unternehmens einerseits und des Informationsbereiches andererseits muss am
Ausgangspunkt aller Betrachtungen stehen. Ein Problem, das man nur
durch eine seriöse und sorgfältige Beschäftigung und Auseinandersetzung
mit den mittelfristigen Plänen und strategischen Ueberlegungen einiger-
massen in den Griff bekommen kann.

Als nächster Schritt sind dann die Umweltbedingungen und Erkenntnisse
einerseits sowie die Ergebnisse eines Stärken- und Schwächenprofils andererseits bei der Beurteilung der Pläne der einzelnen Bereiche bzw.
Ableitung erforderlicher Massnahmen zur Bereitstellung von Informationen
und Erstellung von Informationssystemen abzuwägen.

INFORMATIKPLANUNG

Die Informatikplanung ist in ihrer Bedeutung als flankierende Massnahme
zu sehen, um die Ziele anderer Funktionsbereiche wie Produktion, Markt
und Finanzen optimal zu erreichen und um den Prozess effizient und
sicher zu beherrschen.
Die daraus abzuleitenden Projekte sowie Aufgaben für den Informatikbe-
reich, gemeinsam mit anderen Funktionsträgern verabschiedet, sind dann
die Basis eines systematischen Vorgehens und Realisierung der Aufgaben
gemäss den aus den Zielen abgeleiteten und von dem Unternehmen gesetzten
Prioritäten.

Wesentlich und erfolgversprechend ist und bleibt jedoch die kritische Auseinandersetzung Aller mit den Mitteln und Möglichkeiten, die die Computertechnik und Elektronik heute zu bieten ver-
mag und der wirtschaftliche Einsatz dieser damit verbundenen
Mittel, Methoden und Verfahren.

Die in der letzten Zeit viel zitierte und strapazierte Methode der Organisationsentwicklung wird dem systemorientierten Gedanken weichen
müssen und eine Veränderung in das Management- und Führungsgebaren im
Unternehmen bringen. Management by Systems und Management by Information wird unser Zeitalter prägen, ein Zeitalter, in dem der Mensch zwar

als wertvollste, jedoch neben Mittel und Methoden gleichwertige Komponente im System steht.

Interessant ist in diesem Zusammenhang ein bereits 1969 in der Hilti "Management Information", Nr. 22, erschienener Artikel über die Einführung des integrierten Informations-, Kontroll- und Steuerungssystems, in dem es heisst:

> "Eine weitere Voraussetzung eines gut funktionierenden Systems ist die Berücksichtigung und Einbeziehung des Menschen als Bestandteil des Systems, da die Kommunikation im System sich zwischen Manager und System abspielt. Information und Kommunikation sind wegen der Breite der Verantwortung eines Managers um so komplexer und höherwertiger, je höher er in der Unternehmenshierarchie steht." ———
> Dipl.Ing.Prof.M.Hilti, Vorstandsvorsitzender der Hilti-Gruppe

ZUSAMMENFASSUNG

1. Informatik ist die Quelle (zumindest eine wesentliche) der Veränderungen unserer Zeit - in Wirtschaft, Gesellschaft und Staat.

2. Informatik bedingt die permanente qualifizierte Auseinandersetzung mit den Möglichkeiten zukünftigen Geschehens.

3. Die Informatik im Unternehmen als Summe aller Aktivitäten zur Planung, Gestaltung, Realisierung und Bewirtschaftung effizienter und zukunftsorientierter Informationssysteme und -prozesse muss in ihrer Bedeutung erkannt und einen entsprechenden Stellenwert im Unternehmensgeschehen haben.

4. Informatik ermöglicht bessere Gestaltungsformen der Unternehmensprozesse und bedingt eine Veränderung der Management- und Führungsstrukturen.

5. Informatik bringt eine Veränderung der Berufsbilder und erfordert ein neues Anforderungsprofil.

6. Informatik ist das Instrument moderner Managementtechnik und Unternehmensführung.

<u>GESTALTUNG VON BÜROINFORMATIONSSYSTEMEN MIT
MIKROCOMPUTERN DER CP/M-FAMILIE</u>

von

Wolfgang F. Finke

Universität-Gesamthochschule Paderborn
Wirtschaftsinformatik & Operations Research
D-4790 Paderborn, Warburger Straße 100

<u>Gliederung</u>

0 Einleitung und Problemstellung

1 CP/M-Mikrocomputer in Büroinformationssystemen

   1.1 Dezentralisierung in Büroinformationssystemen
   1.2 Mikrocomputer in dezentralen ADV-Konzepten
   1.3 CP/M-Betriebssystem

2 Design von Anwendungssystemen mit CP/M-Standardsoftware

   2.1 CP/M-Softwareprodukte für Büroinformationssysteme
   2.2 Design einer arbeitsplatzbezogenen Anwendungsumgebung

3 Zusammenfassung

4 Literaturverzeichnis

0 Einleitung und Problemstellung

Mikrocomputer bieten vielfältige Einsatzmöglichkeiten in Büroinformationssystemen. Sie revolutionieren sowohl Gestaltungskonzepte für
computergestützte Informationssysteme als auch den Markt für Hard- und
Software. Ihre technische Entwicklung verläuft so rasant, daß man
geneigt ist, von einer Explosion der Leistungsfähigkeit von Mikrocomputern zu sprechen. Der Mikrocomputer-Markt ist breit und dynamisch;
neben einer kaum zu überblickenden Anzahl kleiner Anbieter dringen
zunehmend größere EDV-Hersteller in das Marktsegment "CP/M-Mikrocompu-
ter" ein (z.B. Digital Equipment, HP, IBM, Rank Xerox, Wang).

Der vorliegende Beitrag beschränkt sich auf den Bereich der CP/M-
Mikrocomputer, der nur ein Segment des gesamten Mikrocomputermarktes
darstellt. Der Grund hierfür ist, daß es sich um einen Markt handelt,
dessen Produkte für den Einsatz in Büroinformationssystemen besonders
interessant erscheinen. Im einzelnen sind folgende Aspekte zu nennen
(vgl. NASTANSKY, S. 9):

- im Vergleich mit Mini- und Makrocomputern geringe Hard- und
  Softwarepreise,
- umfangreiches Angebot an Zentral- und Peripheriegeräten,
- Verfügbarkeit von Netzwerkkonzepten,
- umfangreiches Angebot an höheren Programmsprachen und an Anwen-
  dungssoftware,
- Unabhängigkeit des Anwenders von einzelnen Hard- und Software-
  Lieferanten durch: Standardisierung der Schnittstellen von Hard-
  ware-Modulen und dadurch die problemfreie Realisierung von Mixed-
  Hardware-Konzepten, hohe Portabilität der Software durch die
  Verwendung des gleichen Betriebssystems (CP/M) auf der Hardware
  unterschiedlicher Hersteller.

Zielsetzung dieses Beitrages ist es, einen groben Eindruck der Einsatzmöglichkeiten von CP/M-Mikrocomputern in Büroinformationssystemen
zu vermitteln. Hierzu werden im ersten Kapitel, anschließend an eine
kurze Erörterung der Basisstrukturen dieser Systeme, Leistungs- und
Designcharakteristiken arbeitsplatznah einsetzbarer CP/M-Hardware dargestellt. Eine Beschreibung des CP/M-Betriebssystems aus Anwendersicht
schließt dieses Kapitel ab. Das zweite Kapitel befaßt sich mit CP/M-
Anwendungssoftware für den Bürobereich sowie mit dem Design arbeitsplatzbezogener Anwendungsumgebungen auf der Basis von CP/M-Standard-

software. Im Vordergrund steht die Konkretisierung der Leistungsfähigkeit und Arbeitsweise von CP/M-Anwendungssoftware anhand von drei beispielhaft ausgewählten Programmpaketen. Ein weiteres CP/M-Softwaresystem dient der Demonstration des arbeitsplatzbezogenen Designs von Anwendungslösungen auf der Basis von CP/M-Bausteinen.

Es wird darauf hingewiesen, daß die vorgestellten Programmsysteme nur eine willkürliche Auswahl aus der am Markt verfügbaren CP/M-Software darstellen. Dieser Markt ist in seiner vollen Breite und Vielfalt nicht mehr überschaubar und bietet in der Regel eine Auswahl von Systemen mit vergleichbarem Funktions- und Einsatzprofil. Des weiteren rückt der Beitrag die technischen Möglichkeiten zur Konzeption arbeitsplatzbezogener CP/M-Anwendungssysteme in Büroinformationssystemen in den Vordergrund. Eine Diskussion von Humanaspekten oder allgemeinen Organisationsfragen, die bei dem Einsatz von Computersystemen in einer Büroumgebung neben den technischen Aspekten ebenfalls von hoher Bedeutung sind, ist nicht beabsichtigt.

1 CP/M-Mikrocomputer in Büroinformationssystemen
1.1 Dezentralisierung in Büroinformationssystemen

Die Diskussion Zentralisierung vs. Dezentralisierung computergestützter Informationssysteme dauert seit einigen Jahren an. Häufig liegt ein wesentlicher Grund für die oft scharf geführte Auseinandersetzung darin, daß bei den Kontrahenten keine gemeinsame Auffassung über die diskutierten Inhalte von Zentralisierung oder Dezentralisierung herrscht. Es erscheint deshalb notwendig zu betonen, daß diese Begriffe sich sinnvoll immer nur auf einzelne Kriterien beziehen können. Ein computergestütztes Informationssystem kann folglich in seinen Teilbereichen und -funktionen nach unterschiedlichen Prinzipien gestaltet werden. So kann das EDV-System beispielsweise aus dezentral aufgestellten CP/M-Mikrocomputern bestehen und gleichzeitig können Funktionen wie Systemplanung und -management zentralisiert sein.

Wenn im Rahmen dieses Beitrages das Begriffspaar Zentralisation/Dezentralisation angesprochen wird, sind damit vorrangig räumliche und organisatorische Dimensionen von Hard- und Softwarekomponenten computergestützter Informationssysteme gemeint. Diese Dimensionen weisen in Bürokommunikationssystemen in der Regel eindeutig dezentrale Strukturen auf, da Arbeitsplätze räumlich verteilt angeordnet sind und davon ausgegangen werden kann, daß derartige Systeme mehrere Organisationseinheiten und arbeitsteilig zusammenwirkende Abteilungen umfassen.

Die Anfangsjahre des kommerziellen EDV-Einsatzes waren, vornehmlich aufgrund technischer und wirtschaftlicher Zwänge, durch eine starke Zentralisierung von EDV-Sachmitteln gekennzeichnet (vgl. FINKE, S. 15 f.). Hierdurch bedingt war es erforderlich, automatisiert erfüllte Teile von Informationsverarbeitungsaufgaben aus ihrem sachlichen und inhaltlichen Zusammenhang herauszulösen und zu zentralisieren. Eine Folge dieser Vorgehensweise waren u.a. schwerfällige Datenströme zwischen den räumlich dezentralen Arbeitsplätzen bzw. Abteilungen und der zentralen EDV-Abteilung. Auf eine Diskussion der vielfältigen Probleme, die eine derartige Strukturierung computergestützter Informationssysteme mit sich bringt, soll an dieser Stelle jedoch verzichtet werden (vgl. FINKE, S. 79-83).

Durch die Entwicklung der ADV-Technologie, insbesondere auch im Bereich der Mikrocomputer-Technik, wird eine organisationsbezogene Gestaltung computergestützter Büroinformationssysteme nicht nur technisch realisierbar, sondern sie erscheint auch aus wirtschaftlichen und organisatorischen Gründen attraktiv. Ein derartiger Design-Ansatz für Informationssysteme bezieht vorhandene oder geplante Basisdimensionen, wie beispielsweise die räumliche Gliederung der Organisation und die bestehende oder geplante Aufgabenteilung, explizit in die Gestaltungsüberlegungen ein (vgl. FINKE, S. 119-127). Er führt zur Abkehr von strukturfremden, zentralisierten EDV-Sachmittelkonzepten.

Die in diesem Beitrag vorgestellten CP/M-Mikrocomputersysteme sind in hervorragender Weise zur Realisierung dezentraler und arbeitsplatznaher ADV-Konzeptionen geeignet. Sie ermöglichen eine Anpassung der Informationsverarbeitungstechnik an Organisationsstrukturen und erlauben ein Systemdesign, welches strukturelle Inkompatibilitäten und Strukturbrüche zwischen dem konventionellen und automatisierten Teilbereich von Büroinformationssystemen vermeidet.

1.2 Mikrocomputer in dezentralen ADV-Konzepten

Ein Blick in aktuelle Ausgaben von Mikrocomputer-Magazinen zeigt, daß kaum eine Woche vergeht, in der nicht von Fortschritten und Neuerungen berichtet wird. Neben Neuerungen im Bereich der Betriebssystem-Software, neuen Anwendungspaketen oder Netzwerkkonzepten erfährt man über die Steigerung der Leistungsfähigkeit von Hardwaremodulen sowie über die Konzeption neuartiger Komponenten. In diesem Abschnitt werden insbesondere anwendungsbezogene Leistungs- und Designcharakteristiken von Mikrocomputer-Hardware dargestellt. Im Vordergrund steht dabei die

Zielsetzung, potentiellen Anwendern und Systemdesignern einen groben Eindruck von der Leistungsfähigkeit sowie von den Konzeptionsmöglichkeiten zu geben, die diese Systeme bieten. Zusätzlich werden Konfigurationen vorgestellt, die sich für den Einsatz in einer Büroumgebung eignen. Im Hinblick auf den Einsatz von Mikrocomputer-Hardware und auf die Konzeption dezentraler Büroinformationssysteme erscheinen vier Aspekte aus Anwendersicht besonders wichtig:

- Leistungsfähigkeit von Mikrocomputer-Komponenten,
- Standardisierung von Mikrocomputer-Bausteinen,
- Verknüpfung arbeitsplatznah eingesetzter Mikrocmputer,
- Konfigurationen für den Büroarbeitsplatz.

Diese Punkte werden nachfolgend weiter erörtert.

Leistungsfähigkeit von Mikrocomputer-Komponenten

Der Vergleich und die Einschätzung der Leistungsfähigkeit von Computersystemen sind nicht leicht durchzuführen. Generell lassen sich die Bereiche der qualitativen und der quantitativen Systemleistungen unterscheiden. Unter qualitativer Leistungsfähigkeit ist dabei die Differenziertheit der auf Benutzerebene verfügbaren Hard- und Softwarefunktionen (z.B. Output über Drucker oder über Plotter) zu verstehen. Die quantitative Leistungsfähigkeit wird durch Mengen- und Zeitgrößen erfaßt und definiert den Umfang, in dem einzelne Funktionen auf Anwendungsebene zur Verfügung stehen (z.B. Druckzeilen pro Minute). Ohne auf Einzelheiten einzugehen, kann davon ausgegangen werden, daß im Hinblick auf den Einsatz in Büroinformationssystemen kein prinzipieller Unterschied zwischen der qualitativen Leistungsfähigkeit von Mikro- und Makrocomputern besteht, d.h. Aufgabenstellungen aus dem Bürobereich können in gleicher Weise auf beiden Typen gelöst werden.

Unterschiede bestehen jedoch bei der quantitativen Leistungsfähigkeit; Mikrocomputer und ihre Peripheriegeräte sind in der Regel im Hinblick auf das Volumen der zu bearbeitenden Aufgaben Großcomputersystemen unterlegen. Hinsichtlich praxisrelevanter Größenordnungen beim arbeitsplatzbezogenen Einsatz in Büroinformationssystemen liegen hier jedoch wohl wenige Restriktionen für den Einsatz von Mikrocomputern vor, die zudem bei dem momentan stattfindenden Übergang von der 8-Bit- zur 16-Bit-Technologie bis auf Ausnahmen abgebaut werden dürften.

Nachfolgend werden einige Mikrocomputer-Module vorgestellt, um einen groben Eindruck von ihrer quantitativen Leistungsfähigkeit zu geben. Es wird darauf hingewiesen, daß es sich bei den Leistungsangaben um

Werte handelt, von denen der Verfasser meint, daß Geräte mit diesen
Merkmalen im Moment in Büroumgebungen eingesetzt werden können. Dies
schließt nicht aus, das bereits Geräte verfügbar sind, die eine höhere
Leistungsfähigkeit besitzen. Erfahrungsgemäß garantieren diese neuen
Geräte jedoch häufig noch keine ausreichende Stabilität im Anwendungs-
betrieb.

- **Prozessor-/Arbeitsspeicher-Module:** In der Regel wird bei CP/M-
  Computern dieses Basismodul in 8-Bit-Technologie ausgeführt. Der
  Prozessor bildet zusammen mit dem Arbeitsspeicher eine Baugruppe.
  Häufig handelt es sich um die Kombination eines Mikro-Prozessors
  (z.B. des Typs Z80) mit 64kB Arbeitsspeicher. Der Arbeitsspeicher
  kann vielfach durch Hinzufügen weiterer Speichermodule erweitert
  werden (Kapazität je Modul bis 256kB).

- **Module für Massendatenhaltung:** Standardmäßig werden Floppy-Disks
  neben vereinzelt eingesetzten Datenkassetten als externe Speichermedien benutzt. Je nach Ausstattung der Disketten-Laufwerke
  kann eine Aufzeichnung der Daten mit unterschiedlicher Schreib-
  dichte, ein- oder zweiseitig erfolgen (Kapazität je Diskette:
  60kB - 1,2MB). Für größere Datenmengen stehen Hard-Disks mit
  einem Speichervolumen von etwa 5MB bis 100MB zur Verfügung.

- **CRT-Terminals und Hardcopy-Module:** Bildschirmgeräte verfügen in
  der Regel über Leistungsmerkmale wie 24x80-Zeichen-Bildschirm,
  Zeichendarstellung normal und revers, Blinken, deutscher/interna-
  tionaler Zeichensatz. Sie genügen ergonomischen Qualitätsstan-
  dards und besitzen häufig eine vom Bildschirm abgesetzte Tastatur
  mit Funktionstasten und Numerik-Block. Als Hardcopy-Einrichtungen
  werden Nadeldrucker mit einer Leistungsfähigkeit von etwa 60-250
  Zeichen/sec oder, wenn besonders hohe Anforderungen an die
  Schriftqualität dies erfordern, Typenraddrucker (Kapazität: ca.
  50 Zeichen/sec) eingesetzt.

Standardisierung von Mikrocomputer-Bausteinen

Bei Mikrocomputern handelt es sich - anders als bei Mini- oder Makro-
computern - um Geräte, die in der Regel aus standardisierten und am
Weltmarkt gehandelten Bauteilen oder Baugruppen zusammengestellt sind.
Dieser Tatbestand ermöglicht es Herstellerfirmen, Händlern und Anwen-
dern von Mikrocomputer-Anlagen, diese aus Modulen unterschiedlicher
Fabrikate zusammenzustellen. Interessante technische Neuerungen im
Bereich einzelner Module, wie beispielsweise die Entwicklung von Hard-
disks, finden auf diese Weise eine schnelle Verbreitung.

Nach der Art ihrer technischen Konzeption lassen sich zwei Gruppen von
Mikrocomputersystemen unterscheiden: Einplatinen- und Mehrplatinen-
Systeme. Der konzeptionelle Unterschied zwischen den genannten Geräteklassen hat Auswirkungen auf die Flexibilität bei der Konfiguration
oder Umgestaltung von Mikrocomputeranlagen. Einplatinen-Systeme zeichnen sich dadurch aus, daß alle elektronischen Bauteile zusammengefaßt
auf einem Träger angeordnet sind. Modifizierungen, beispielsweise die
Nachrüstung einer Schnittstelle zum Anschluß zusätzlicher Peripheriegeräte, sind bei diesem Typ nur mit hohem Aufwand oder gar nicht
realisierbar. Vorteile liegen in der Regel in einem - verglichen mit
Mehrplatinen-Computern - günstigeren Preis/Leistungs-Verhältnis und in
einer kompakteren Bauweise.

Mehrplatinen-Computer sind im Hinblick auf ihre Konfigurierbarkeit
flexibler; sie bestehen aus einer Basisplatine mit einer Anzahl von
Steckplätzen für die Systemmodule, dem sog. Bus. Nach- und Aufrüstun-
gen sind hier einfach durch den Einschub zusätzlicher Bausteine (z.B.
Speicher- oder Schnittstellenmodule) möglich, die dann allerdings dem
einmal gewählten Standard der Basisplatine (z.B. S100-Bus) genügen
müssen. Eine Mittelstellung zwischen den beschrieben Gruppen nehmen
Einplatinen-Systeme mit einer geringen Anzahl freier Modul-Steckplätze
ein, die Herstellerstandards entsprechen.

Verknüpfung arbeitsplatznah eingesetzter Mikrocomputer

In Büroinformationssystemen fließen Datenströme zwischen Aufgabenstellungen, Arbeitsplätzen und organisatorischen Teilbereichen. Für Mikrocomputer stehen unterschiedliche Konzepte zur Verfügung, dezentral
und arbeitsplatzbezogen installierte Mikrocomputeranlagen zu verbinden
und einen Datenaustausch durchzuführen. Eine Möglichkeit bietet der
Austausch kompatibler Datenträger zwischen den Anlagen. Vorteil hierbei ist, daß die Schaffung oder Benutzung von Datenübertragungswegen
nicht erforderlich ist. Soll der Datenaustausch durch die direkte
Kopplung von Computeranlagen durchgeführt werden, kann hierzu das
Telefon-Netz oder ein speziell installiertes Computer-Netzwerk benutzt
werden. Im Bereich der lokalen Computer-Netzwerke ist im Moment eine
starke Entwicklung zu verzeichnen, im Rahmen derer unterschiedliche
Konzepte entwickelt und implementiert werden (z.B. Ethernet, Wang-Net,
CP-Net, C-Net). Die konfortable Vernetzung dezentral eingesetzter
Mikrocomputer-Anlagen steht jedoch noch am Anfang. Obwohl bereits
funktionsfähige Netzwerkkonzepte angeboten werden, erscheint die Problematik noch nicht befriedigend gelöst; insbesondere wird von einem
teilweise recht hohen Implementationsaufwand berichtet.

Konfigurationen für den Büroarbeitsplatz

Die Vielfalt und unterschiedliche Leistungsfähigkeit von Mikrocompu-
ter-Modulen ermöglicht eine gute Abstimmung der Leistung von Konfigurationen auf konkrete Erfordernisse einzelner Arbeitsplätze sowie auf
Art und Umfang der von ihnen wahrgenommenen Informationsverarbeitungsaufgaben. Es lassen sich grob zwei Klassen von Gerätekonfigurationen
bilden: Zum einen stehen Kompaktgeräte zur Verfügung. Bei diesen
Geräten sind alle zur Konfiguration gehörigen Komponenten, ausschließlich des Druckers, in einem Gehäuse untergebracht. Anschaulich formuliert handelt es sich um Bildschirm-Terminals, in deren Gehäuse zusätzlich die Prozessor- und Arbeitsspeicher-Module sowie Disketten-
laufwerke integriert wurden; sie stellen die platzsparendste Alternative dar. Die Leistungsfähigkeit der einzelnen Module ist jedoch
häufig im unteren Bereich des vorhandenen Leistungsspektrums angesiedelt.

Die zweite Gruppe von Bürokonfigurationen setzt sich in der Regel aus
drei separaten Bausteinen zusammen: CRT-Terminal, Mikroprozessor mit
Arbeitsspeicher, Schnittstellen-Modulen und Diskettenlaufwerken/Hard-
Disk als zweites und einem Drucker als drittes Element. Die Bausteine
dieser Konfiguration werden über Standardschnittstellen (regelmäßig
RS232C/V24) verbunden. Der Aufwand für die tägliche Inbetriebnahme der
arbeitsplatznah installierten Hardware beschränkt sich - ganz im Gegensatz zu Systemstarts der Groß-EDV - auf das Einschalten der Strom-
zufuhr. Das CP/M-Betriebssystem wird anschließend, ohne weiteren Ein-
griff des Benutzers, automatisch geladen.

1.3 CP/M-Betriebssystem

Das Mikrocomputer-Betriebssystem CP/M (Control Program for Mikropro-
cessors) hat die Aufgabe, die internen Abläufe im Computersystem, wie
die Ansteuerung der Peripherieeinheiten und die Abwicklung der Verar-
beitungsaufträge, sowie die Kommunikation mit dem Benutzer über die
Bildschirm/Tastatur-Schnittstelle abzuwickeln. CP/M ermöglicht einen
Ein-Benutzer-Betrieb und eine sequentielle Programmfolge. Betriebssystemfunktionen arbeiten jedoch teilweise auch überlappt (z.B. gleichzeitige Ausgabe einer Datei auf Bildschirm und Drucker). Für einen
Mehr-Benutzer-Betrieb steht MP/M, die Multi-User-Version des CP/M, zur
Verfügung. Sie ist u.a. auch auf den Netzwerkbetrieb mit CP/NET ausgerichtet. CP/M stellt folgende Mindestvoraussetzungen an die Mikrocomputer-Hardware: Z80-Mikroprozessor (bzw. kompatible Prozessoren wie

Z80A, 8080, 8085), 16kB-RAM-Arbeitsspeicher, Diskettenlaufwerk (vgl.
LASKA, S. 10). Computerprogramme, die für eine derartige Konfiguration
unter CP/M erstellt wurden, sind auf jedem anderen CP/M-Mikrocomputer
ohne Anpassung lauffähig. Dies bedeutet u.a. eine vollständige Loslö-
sung der Anwendungssoftware von der Hardware bestimmter Hersteller und
folglich ein bisher nicht erreichtes Maß an Portabilität.

CP/M wurde von dem US-Unternehmen Digital Research geschaffen. Der
breite Einsatz dieses Systems seit Mitte der 70er Jahre sowie die
Akzeptierung wichtiger Merkmale der Systemarchitektur durch andere
Hersteller von Betriebssystemsoftware führte zur Entstehung einer
ganzen Familie von CP/M-verträglichen Systemen (vgl. NASTANSKY, S. 6
f.). CP/M als Kernmodul stellt dem Benutzer einige einfache Funktionen
zur Verfügung (Inhaltsverzeichnis einer Diskette, Dateien anlegen,
löschen und umbenennen, Ausgabe von Dateien auf den Bildschirm).
Dieser Kern wird durch Utilities ergänzt, die je nach Bedarf aus einem
großen Angebot beschafft werden können. Für das CP/M-Betriebssystem
stehen Compiler und Interpreter vieler höherer Programmsprachen (z.B.
BASIC, COBOL, FORTRAN, PASCAL) zur Verfügung - sogar ein Subset von
ADA wird bereits angeboten.

2 Design von Anwendungssystemen mit CP/M-Standardsoftware

Nachdem im vorangegangenen Kapitel die Bereiche Mikrocomputer-Hardware
und CP/M-Betriebssystem im Vordergrund standen, werden in diesem Kapitel CP/M-Anwendungskonzepte und ihre Verknüpfung zu individuellen,
arbeitsplatzbezogenen Anwendungslösungen erörtert. Im Mittelpunkt
steht dabei das Design von arbeitsplatzbezogenen Lösungen auf der
Basis fertiger, am Markt verfügbarer CP/M-Anwendungssysteme.

Bei einer derartigen Designstrategie verlagert sich das Schwergewicht
von Aktivitäten zur Erstellung computergestützter Anwendungssysteme
auf die Analyse arbeitsplatzbezogen bereitzustellender Informationsverarbeitungsfunktionen und auf das Design der jeweiligen Anwendungsumgebung. Geplante Verarbeitungsfunktionen werden dabei - in der Regel
unter einem Menükonzept verbunden - mit am CP/M-Softwaremarkt verfügbare Anwendungssysteme realisiert. Ein derartiges Design-Konzept ermöglicht die wirtschaftliche Gestaltung computergestützter Büroinformationssysteme auf der Basis hochentwickelter Software-Bausteine.

Im weiteren werden drei Mikrocomputer-Anwendungssysteme vorgestellt,
die sich jeweils für die Computerunterstützung bzw. Automatisierung

eines Anwendungsfeldes in Büroinformationssystemen eignen: Erfassen
und Verwalten von Datenbeständen mit DataStar, Manipulation formatierter Daten mit SuperSort, Text- und Dokumentenverarbeitung mit Word-
Star.

Zielsetzung ist es, anhand konkreter Beispiele wesentliche Aspekte des
Leistungsumfangs und der Bedieneroberfläche von CP/M-Systemen darzustellen, um eine grobe Beurteilung ihrer Eignung für den arbeitsplatzbezogenen Einsatz in Büroinformationssystemen zu ermöglichen. Alle
Systeme sind am CP/M-Softwaremarkt in der vorgestellten Form verfügbar
und können mit Hilfe mitgelieferter, interaktiver Installationsrouti-
nen an unterschiedliche Hardwareumgebungen von CP/M-Mikrocomputern
angepaßt werden. Im zweiten Abschnitt des Kapitels wird ein Konzept
vorgestellt, welches das Zusammenbinden einzelner Funktionen oder
Funktionsgruppen unterschiedlicher CP/M-Anwendungssysteme zu einer arbeitsplatzbezogenen, individuellen Anwendungs- und Benutzerumgebung
ermöglicht.

2.1 CP/M-Softwareprodukte für Büroinformationssysteme

DataStar - Datenerfassung und Datenverwaltung

Das CP/M-Anwendungsprogramm DataStar unterstützt das Erfassen sowie
das Wiederauffinden und Verändern von Daten mit Hilfe von bildschirm-
generierten Formularen (vgl. DataStar). Formulareintragungen werden
als Datensätze von DataStar verwaltet. Diese Datensätze sind entsprechend der freien Positionen des Formulars in Felder gegliedert.
Das System verfügt über die beiden Module FormGen und DataStar.

FormGen unterstützt den Benutzer bei der Erstellung und Veränderung
von Bildschirm-Formularen. Alle Datenerfassungs- und -verwaltungsar-
beiten werden über diese Formulare abgewickelt. Ihre Gestaltung erfolgt interaktiv am Bildschirmterminal und ist in etwa analog zur
Erstellung eines Formulars mit einer Schreibmaschine zu verstehen.
Hintergrundtext (Beschreibung der Datenfelder) und die Datenfelder
selbst können beliebig, unterstützt durch Editorfunktionen, auf dem
Bildschirm angeordnet werden; Datenfelder werden in dieser Phase als
Linien dargestellt.

Im Verlauf der Formulargenerierung mit FormGen können vielfältige
Attribute für Datenfelder zu spezifiziert werden (z.B. Feldinhalte aus
verketteten Dateien ableiten, Prüfkriterien für Feldinhalte). Daten-

eingabe und Manipulationsfunktionen werden im Systemteil DataStar zur Verfügung gestellt. Alle Funktionen werden auf der Basis des in Form-Gen erstellten Formulars durchgeführt. Im Dateneingabemodus werden beispielsweise die auf dem Bildschirm gekennzeichneten Felder eines Formulars in der vorher bestimmten Reihenfolge durchlaufen und ausgefüllt. Nach Beendigung dieses Vorgangs wird der durch die Eingaben erzeugte Datensatz abgespeichert, falls die ggf. in FormGen spezifizierten Verifikationsvorgänge erfolgreich verlaufen, andernfalls wird der Benutzer auf als fehlerhaft erkannte Felder hingewiesen.

Im Verlauf der Dateneingabe ermöglicht DataStar das automatische Einblenden von Daten aus verketteten Dateien. Beispielsweise kann nach Eingabe einer Kundennummer in ein Bildschirm-Bestellformular die zugehörige Kundenadresse aus einer Kundenadressen-Datei in die dafür vorgesehenen Formularfelder eingeblendet werden. Weiterhin können Felder im Rückgriff auf vorangegangene Eintragungen und Rechenvorschriften ausgefüllt werden; das automatische Errechnen der Mehrwertsteuer nach der Eingabe eines Nettobetrages ist hier beispielhaft zu nennen.

DataStar bietet neben der Dateneingabefunktion verschiedene Möglichkeiten des Datenretrievals im Dialog. Diese Möglichkeit reicht vom einfachen Durchblättern nach Schlüssel- oder Erfassungsreihenfolge bis zum gezielten Ansteuern von Datensätzen durch die inhaltliche Spezifikation von Datenfeldern im DataStar-Formular. Der Änderungsdienst an den so aufgesuchten Datensätzen wird durch einfaches Überschreiben der alten mit neuen Feldinhalten durchgeführt. Vor der Übernahme der Änderungen in die Datei erfolgt eine Überprüfung der Eingabe analog der Prüfungen bei Datenneueingabe.

Einsatzmöglichkeiten für das DataStar-System ergeben sich in Büroinformationssystemen an vielen Arbeitsplätzen. Inhaltlich reicht das Einsatzfeld von der computerunterstützten Bestellannahme bis zum Führen der Urlaubskartei, von der Verwaltung der Kunden-, Klienten- oder Patientenadressen bis zur Erfassung von Zahlungseingängen.

<u>SuperSort - Manipulation formatierter Daten</u>

Einsatzgebiet für das CP/M-Anwendungssystem SuperSort ist das Zusammenfügen und Sortieren von Datenbeständen sowie die Selektion von Datensätzen oder Feldinhalten (vgl. SuperSort). Zum einen arbeitet das System interaktiv, d.h. im Dialog wird die Spezifikation der Input- und Output-Dateien mit ihren Attributen sowie die Spezifikation von Schlüsselfeldern für die Sortierfolge oder die Formulierung von Selektionskriterien vorgenommen (vgl. NASTANSKY, S. 17 f.). Zum anderen

eignen sich SuperSort-Module zum Einbinden in Anwendungsprogramme, die
in höheren Programmsprachen geschrieben sind.

Das System ermöglicht zusätzlich die Formulierung von Kommandodateien,
was eine einfache Durchführung sich wiederholender Arbeiten ermöglicht. Als konkrete Einsatzbereiche für SuperSort in Büroinformationssystemen sind beispielhaft zu nennen: Selektion von Kunden, die in
einem bestimmten Postleitzahlenbereich wohnen, Erstellen eines Telefonverzeichnisses aus einer Kundenstammdatei.

WordStar - Text- und Dokumentenverarbeitung

WordStar ist ein CP/M-Anwendungssystem zur Text- und Dokumentenverarbeitung (vgl. WordStar). Das System verfügt über ein Kernmodul, das
einen sehr leistungsfähigen Bildschirmeditor bereitstellt. Dieser Kern
kann um die Subsysteme MailMerge, SpellStar und WordIndex erweitert
werden (vgl. MailMerge, WordIndex). Die genannten Subsysteme stellen
u.a. Funktionen bereit wie: Erstellen von Standardkorrespondenz (z.B.
Mahnungen) durch das Zusammenführen einer Brief-Textdatei und einer
Adressdatei, automatisches Erstellen von Inhalts-, Abbildungs- und
Tabellenverzeichnissen mit Anlegen eines Indexregisters, automatische
Schreibfehlerkorrektur (englischsprachiger) Texte.

Zunächst soll kurz auf die Benutzerschnittstelle des Editormoduls
eingegangen werden. Nach dem Start des Systems können über ein Haupt-
menü Funktionen des Kernmoduls sowie die Subsysteme angewählt werden.
Auf dieser Ebene ist es dem Benutzer auch möglich, das Unterstützungs-
niveau (Help-Level) des Systems individuell zu fixieren. Hierdurch
wird festgelegt, wie ausführlich die Informationen sind, mit den das
System den Benutzer am Bildschirm unterstützt.

Nach Einstieg in den Bereich der Dokumentenerstellung und -bearbeitung
stehen dem Benutzer vielfältige und leistungsfähige Editorfunktionen
zur Verfügung. Beispielhaft seien einige genannt, die über die selbst-
verständliche Leistungsfähigkeit zeitgemäßer Textverarbeitungssysteme
hinausreichen: Trennungshilfe für Zeilenumbruch, Flattersatz oder
Blocksatz, Bildschirm zeigt den aktuellen Stand des Textes mit Zeilen-
und Seitenumbruch, zeilen- oder spaltenweise Verschiebbarkeit von
Textblöcken, Tabulator, Editieren bei gleichzeitigem Drucken einer
beliebigen Datei, Starten beliebiger Programme außerhalb von WordStar
(vgl. NASTANSKY, S. 20 f.).

Das Subsystem MailMerge unterstützt die Textverarbeitung mit variablen
Daten. Standardbriefe, wie beispielsweise Mahnungen oder Angebote,

können auf einfache Weise erstellt werden. Nachdem der entsprechende Brief-Text mit Hilfe des WordStar-Editors erstellt ist, werden die von Brief zu Brief variierenden Daten (z.B. Kundenadresse) als Variablen gekennzeichnet. Zum Zeitpunkt der Druckausgabe eines entsprechenden Standardschreibens werden diese Textvariablen dann mit Daten aus einer im Kopf der Text-Datei zu benennenden Daten-Datei versorgt. Zusätzlich ist in diesem Kopfteil die Struktur der Datensätze zu beschreiben.

Das WordIndex-Modul des WordStar-Systems unterstützt das Erstellen umfangreicherer Dokumente, wie beispielsweise Bedienungsanleitungen, Handbücher oder Projektberichte. Hauptleistungsmerkmale sind: Numerierung von Textabschnitten, Tabellen und Abbildungen, Erstellen von Inhalts-, Abbildungs- und Tabellenverzeichnissen, Erstellen von Indexverzeichnissen. Die Arbeit mit WordIndex verläuft so, daß dem System eine mit dem Editor-Modul von WordStar erstellte Dokumentendatei übergeben wird. WordIndex erstellt dann die gewünschten Verzeichnisse und bereitet diese zum Ausdruck mit WordStar vor.

Für die Arbeit mit WordIndex ist es erforderlich, bei der Erstellung des Textes mit dem Editor Kommandozeilen in den Dokumententext einzufügen. Beispielsweise werden Überschriftzeilen oder Wörter, die in das Indexverzeichnis aufgenommen werden sollen, durch diese Kommandos gekennzeichnet. Ein Nachteil dieses Systems - wie auch vergleichbarer Systeme anderer Hersteller - liegt darin, daß der am Bildschirm verfügbare Text von Kommandozeilen durchsetzt ist. Bei extensiver Nutzung der von WordIndex gebotenen Leistungen führt dies zu einer erschwerten Lesbarkeit der Bildschirmausgabe. Die vielfältigen Einsatzmöglichkeiten von WordStar für die Textverarbeitung im Bürobereich sind offensichtlich.

2.2 Design einer arbeitsplatzbezogenen Anwendungsumgebung

CP/M-Anwendungssysteme zur Computerunterstützung ganzer Anwendungsfelder, wie beispielsweise der Text- und Dokumentenverarbeitung oder des Bereiches Datenerfassung und -verwaltung, stellen in der Regel ein breites und deshalb für den ungeübten Benutzer vielfach nur schwer überschaubares Leistungsbündel bereit. Zusätzlich kann die Handhabung des Betriebssystems für die Benutzer im Bürobereich Schwierigkeiten beinhalten. Insbesondere sind hier die manchen Benutzern schwer verständlichen, aus englischen Wortkürzeln bestehenden Namen für Betriebssystemfunktionen und die mit diesen Funktionen verbundenen Formulierungsvorschriften zu nennen.

Das CP/M-System Supervyz ermöglicht es dem Anwendungsdesigner auf
einfache Weise zwischen Benutzer und Systemfunktionen zu vermitteln:
In Richtung auf den Benutzer können Menüs generiert werden, die die am
Arbeitsplatz zur Verfügung stehenden Verarbeitungsleistungen definie-
ren. Im Hinblick auf die Betriebs- und Anwendungssoftware kann festge-
legt werden, welche Funktionen aktiviert werden sollen, wenn der
Benutzer eine Menüposition anwählt. Nachfolgend soll die Arbeit mit
Supervyz aus Sicht des Anwendungsdesigners skizziert werden.

Das System stellt dem Designer ein Bildschirm-Menü mit noch nicht
spezifizierten Positionen bereit. Im Verlauf des interaktiven Design-
prozesses werden diese Positionen mit Funktionsbezeichnungen ausgefüllt; diese definieren dann die individuelle, arbeitsplatzbezogene
Anwendungsumgebung. Zusätzlich ist in einem weiteren Bildschirm-Formular für jede Menüposition zu deklarieren, welche Kommandos an das
Betriebssystem abgesetzt werden sollen, wenn der Benutzer die entsprechende Menüfunktion anwählt.

Für jedes der hierarchisch verknüpften Menüs und für jede Menüfunktion
können zusätzlich Unterstützungsinformationen bereitgestellt werden,
die der ungeübte Benutzer bei Bedarf abrufen kann. Ebenfalls können
nach der Anwahl einer Funktion kurze Dialoge zu ihrer weiteren Spezifikation vorgesehen werden. Ihr Verlauf wird durch Eintragungen in dem
die betreffende Funktion spezifizierenden Bildschirm-Formular festgelegt.

Durch den Einsatz von Supervyz ist es möglich, auf einfache Weise eine
individuelle Anwendungsumgebung im Rückgriff auf komplexe, leistungsfähige CP/M-Software-Bausteine zu schaffen. Mit dem Bereitstellen von
Kommandofiles sowie von Kommandofolgen und Kurzdialogen in Supervyz
können diese Bausteine zum Teil vollkommen transparent gehalten werden. Im konkreten Anwendungsfall können sie sowohl aus am Software-
Markt verfügbaren CP/M-Anwendungssystemen wie auch aus individuellen,
unter CP/M erstellten Anwendungsprogrammen bestehen. Supervyz eröffnet
auf diese Weise interessante Perspektiven im Bereich des arbeitsplatzbezogenen Anwendungsdesigns und der Wirtschaftlichkeit von Anwen-
dungskonzepten.

3 Zusammenfassung

Zielsetzung des Beitrages war es, einen groben Eindruck der Einsatzmöglichkeiten von CP/M-Mikrocomputern in Büroinformationssystemen zu vermitteln. Im Vordergrund stand dabei insbesondere die Struktur dieser Systeme, technische Aspekte der Informationssystemgestaltung mit CP/M-Mikrocomputern und das Design arbeitsplatzbezogener Anwendungsumgebungen mit CP/M-Standardsoftware. Es wurde dargelegt, daß Büroinformationssysteme sowohl im Hinblick auf ihre räumliche Struktur als auch durch ihre Aufteilung in Aktionseinheiten dezentrale Strukturen aufweisen. Der Einsatz räumlich und organisatorisch zentralisierter EDV-Sachmittel in derartigen Systemen führt folglich zu strukturellen Inkompatibilitäten und Strukturbrüchen zwischen Subsystemen der Organisation. CP/M-Mikrocomputersysteme ermöglichen eine dezentrale, arbeitsplatznahe Unterstützung von Informationsverarbeitungsprozessen und somit eine flexible und individuelle Anpassung von Strukturen computerunterstützter Informationssysteme an bestehende oder geplante Basisstrukturen der Organisation.

Das Angebot an Hardwarekomponenten für CP/M-Mikrocomputer ist breit; die Abhängigkeit der Anwender von einzelnen Herstellern kann weitgehend abgebaut werden, wenn Hardware-Module eingesetzt werden, die breit akzeptierten Standards genügen. In bezug auf die qualitative Leistungsfähigkeit dieser Hardware sind prinzipiell keine Unterschiede zwischen CP/M- und Großcomputern festzustellen. Durch die Architektur des CP/M-Betriebssystems sowie eine weitreichende Kompatibilität der in CP/M-Mikrocomputern eingesetzten Prozessorbausteine kann CP/M-Software auf der Hardware unterschiedlicher Hersteller problemlos eingesetzt werden. Der dadurch bedingten umfangreichen Nachfrage nach CP/M-Software steht ein breites Angebot gegenüber, das eine Vielzahl von Anwendungspaketen für Büroinformationssysteme enthält. Neben den auch im Bereich von Großsystemen üblichen Verfahren des Anwendungsdesigns bietet dieses Angebot an hochwertiger CP/M-Software ganz neue Design-Perspektiven. Am Markt verfügbare Softwarepakete für bestimmte Anwendungsbereiche und -funktionen können als Bausteine für die Gestaltung arbeitsplatzbezogener, individueller Anwendungen eingesetzt werden. Die Tätigkeit des Designers verlagert sich hierdurch auf die Auswahl der Funktionen von Standard-Anwendungspaketen, die dem Benutzer am Arbeitsplatz zur Verfügung gestellt werden sollen, sowie auf ihre benutzergerechte Bereitstellung. Unter CP/M sind Konzepte verfügbar, die dem Designer komfortable Möglichkeiten hierzu bieten.

Literaturverzeichnis

DataStar - MicroPro International Corp. (1980): DataStar User´s Guide for DataStar Release 1.1 revised 09/23/80, San Rafael 1980.

FINKE, Wolfgang F. (1982): Dezentralisierung der automatisierten Datenverarbeitung als Entscheidungsproblem, Frankfurt a.M. - Bern 1982.

LASKA, Volker (1980): Das Betriebssystem CP/M, in: Micro Extra, Heft 6/1981, S. 10-14.

MailMerge - MicroPro International Corp. (1980): MailMerge - Demonstration Package for WordStar Dealers, San Rafael/ California, June 1980.

NASTANSKY, Ludwig (1982): Gestaltung von Büroinformationssystemen mit Mikrocomputern der CP/M Familie, Arbeitspapier des Studienschwerpunktes Wirtschaftsinformatik & OR der Universität - Gesamthochschule Paderborn, Paderborn 1982.

SuperSort - MicroPro International Corp. (1980): Super-Sort 1.5 - Operator´s Handbook and Programmer´s Guide, 1/24/80, San Rafael/ California 1980.

Supervyz - Epic Computer Corp. (1981): Users Guide & Reference Manual, ohne Ort 1981.

WordIndex- Lifeboat Associates (1981): WordIndex User´s Manual - Release 3.0/January 1981, New York 1981.

WordStar - MicroPro International Corp. (1981): WordStar Reference Manual, WS-3550-1 (3.0), First Issue, San Rafael/ California, May 15, 1981.

Dienstintegration in einem in Kabelfernsehtechnik ausgeführten, lokalen Kommunikationsnetz

Peter U. Schulthess,
Institut für Informatik,
Eidgenössische Technische Hochschule Zürich,

Michael Stumm,
Institut für Informatik,
Universitaet Zürich.

Inhalt:

Die Eidgenössische Technische Hochschule in Zürich hat seit Januar 1982 ein lokales Kommunikationssystem in Betrieb. Der erste Teil des Vortrages beschreibt die Möglichkeit einer umfassenden Integration aller Kommunikationsdienste auf demselben Übertragungssystem. Dazu könnten neben Computerdaten auch Text, Faksimile, Sprache und Fernsehbilder gehören. In einem zweiten Abschnitt geht es um die Integration der Datenkommunikation im Rahmen eines mittelschnellen Subsystems. Dieses Subsystem übernimmt die Übertragungsfunktion für eine Vielzahl von Computerdienstleistungen. In einem dritten Abschnitt werden einige Probleme besprochen, die beim praktischen Einsatz eines lokalen Kommunikationsnetzes zutage treten.

I: Umfassende Integration aller Kommunikationsdienste

Breitbandübertragungstechnik

Nun also zum ersten Abschnitt: Die weitgehende Integration aller Kommunikationsdienste ist auf dem von uns gewählten System technisch realisierbar. Dies entspricht der ersten Figur. Sie erkennen auf dem Bild als Basis ein Breitbandkabelnetz mit hoher Übertragungsbandbreite. Dieses Kabelnetz ist in derselben Technik aufgebaut, wie sie Herr Stumm in seinem einführenden Referat beschrieben hat. Das Kabelnetz hat eine baumartige Topologie und wird zwischen 5 und 400 MHz ausgenützt.

Der Bereich von 162 bis 400 MHz wird in der Vorwärtsrichtung benützt und derjenige zwischen 5 und 116 MHZ in der Rückwärtsrichtung. Diese Richtungstrennung im Frequenzbreich gestattet auch den Einsatz von Verstärkern in beiden Richtungen. Meldungen, die auf dem Rückwärtspfad bei der Kopfstation, das heisst an der Wurzel des Baumes eintreffen, werden im Frequenzbereich um 156 MHz nach oben verschoben und ohne Zwischenspeicherung wieder ausgesandt. Durch die Frequenzumsetzung in der Kopfstation kann jeder Netzteilnehmer mit jedem Partner kommunizieren.

Vorteile

Auf demselben Kabelnetz ist es im Prinzip möglich, eine Reihe von Diensten anzusiedeln. Zur Zeit betreiben wir ein einziges Subsystem, das eine grosse Anzahl Endgeräte mit Geschwindigkeiten bis zu 19.2 Kbaud pro Gerät verbindet. Dieses Subsystem ist ganz links eingezeichnet und kommt ebenfalls an unserer Nachbaruniversität zum Einsatz.

Ausserhalb dem durch dieses Subsystem im Frequenzband belegten Platz steht noch genügend Raum für andere Übertragungsdienste zur Verfügung, dies könnten schnelle Datenverbindungen, Fernsehprogramme oder PCM-Telefonkanäle sein. Technisch ist es möglich, diese Dienste ohne Änderungen an unserer Kabelanlage einzurichten. Wir tun dies aber erst, wenn die Zeit gekommen, die PTT einverstanden und die Technologie kostengünstig geworden ist.

Eine Dienstintegration in diesem Sinne ist vorteilhaft, weil nur ein Kabelnetz notwendig ist, eine einzige Instanz für das Netz verantwortlich zeichnen kann und der Benützer immer dieselbe Schnittstelle zum Netz sieht. Die Vorteile sind finanzieller, organisatorischer und technischer Art. Wichtig ist natürlich bei einem derart integrierten Kommunikationssystem, die grösstmögliche Sicherheit gegenüber einem totalen

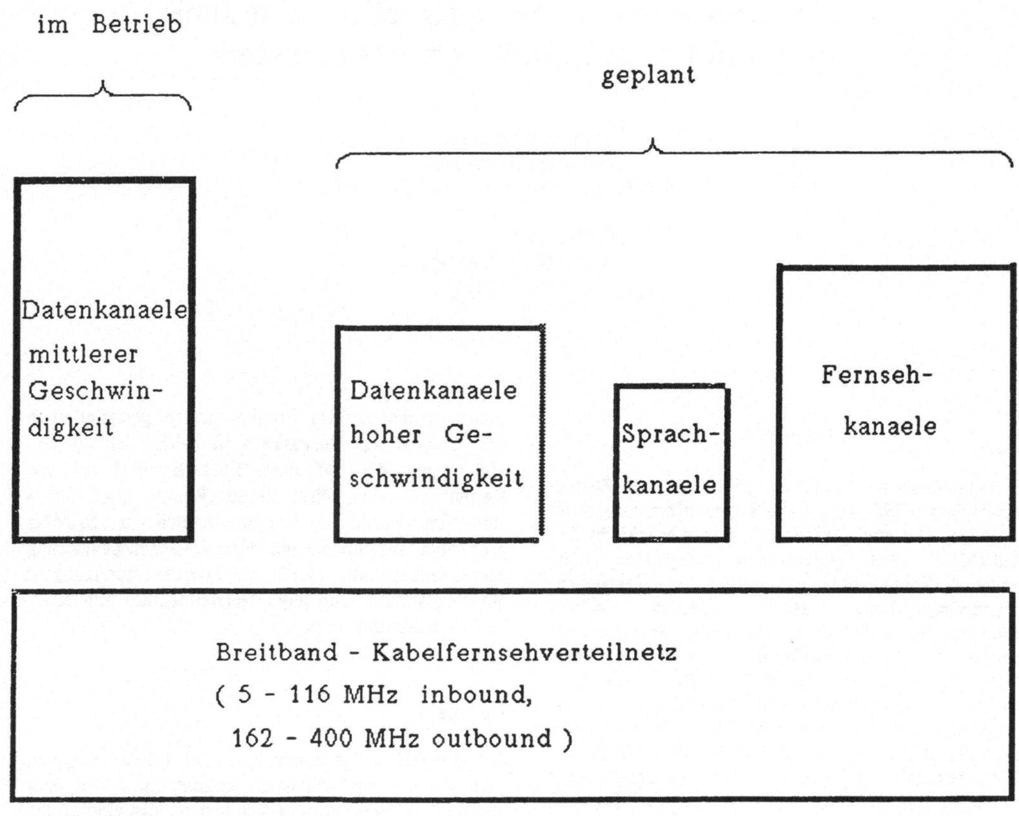

Figur 1: Verschiedene Dienste im Frequenzmultiplex auf demselben Kabel

Ausfall zu erreichen.

Unsere Kabelanlage bietet die technische Möglichkeit zur Integration aller Kommunikationsdienste inklusive Fernsehen. Zur Zeit liegt unser Augenmerk auf dem erwähnten Subsystem für mittelschnelle Verbindungen und die wichtigsten Dienste können damit abgedeckt werden.

II: Integration mittelschneller Rechnerkommunikation

Dienste

Als wichtigstes Ziel haben wir uns vorerst die Integration der Rechnerkommunikation gesetzt.

Dabei sollen die folgenden Dienste berücksichtigt werden:

- Interaktiver Zugang zu verschiedenen Grossrechnern.

- Übertragung von ganzen Dateien zwischen Grossrechnern oder Arbeitsplatzrechnern.

- Textverarbeitung.

- Benützung von dezentral aufgestellten Druckern, Plottern und zentralen Fotosatzeinrichtungen.

- Elektronische Post.

- Zentral verfügbarer Modem-Pool, mit Wähleinrichtung.

- Auskunftsdienste.

- Administrative Dienste.

- Bibliotheksauskunft.

- Datenarchivierung.

Die Datenübertragung für diese Dienste soll einheitlich über ein mittelschnelles kommerziell erhältliches Subsystem geschehen. Dieses System wurde schon gestern von Herrn Stumm vorgestellt und ich möchte nur die wesentlichen Punkte wiederholen.

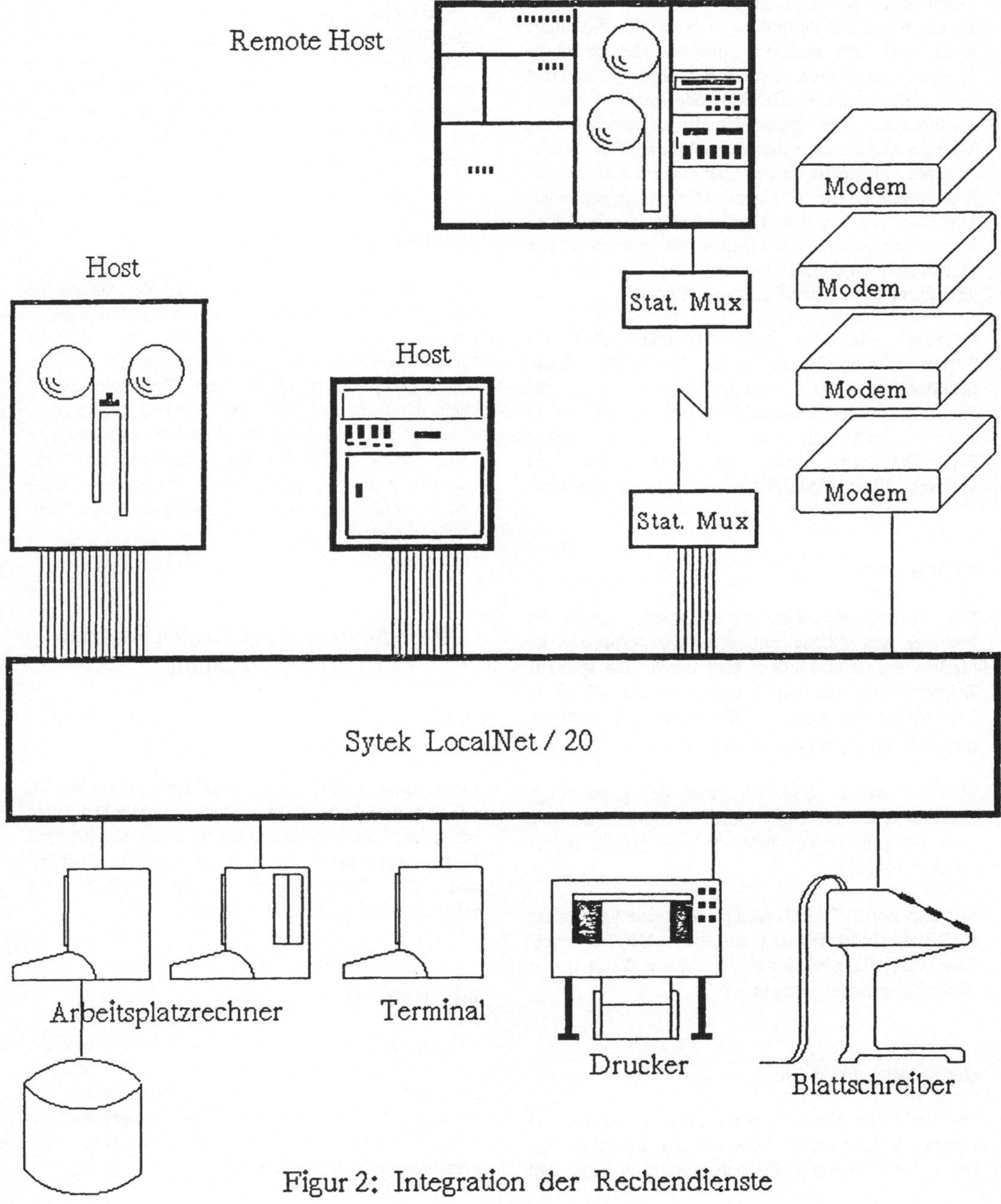

Figur 2: Integration der Rechendienste

Netzanschluss

Der Netzanschluss besteht, ausser den passiven Kabelteilen, aus einem intelligenten Modem, das neben einem Z80 Mikroprozessor einen Hochfrequenzteil mit Modulator und Demodulator enthält.

Der Modemteil wird durch den Mikroprozessor auf einen von 20 Kanälen abgestimmt, und dieser Kanal wird nun benützt, um mit 128 Kilobit pro Sekunde Datenpakete zu übertragen. Auf demselben Kanal können bis zu 200 Verbindungen aktiv sein. Konflikte, wenn zwei oder mehrere Einheiten gleichzeitig zu übertragen versuchen, werden nach der von Ethernet her bekannten CSMA/CD Methode aufgelöst. Da die einzelnen Kanäle mit kleiner Übertragungsrate arbeiten, kann der Durchmesser des Netzes bis zu 100 Kilometer betragen. Endgeräte werden über eine asynchrone V.24 Schnittstelle an das intelligente Modem angeschlossen. Die Datenrate pro Schnittstelle beträgt maximal 19.2 Kilobit pro Sekunde. Verglichen mit anderen lokalen Datennetzen ist diese Datenrate gering. Wir halten sie aber für in den meisten Fällen ausreichend.

Wichtiger als eine hohe Datenrate über die Terminalschnittstelle ist deren Flexibilität. Diese Schnittstelle ist vergleichbar mit der Packet-Assembly-Dissassembly-Einheit, wie sie an X.25 Netzen vorhanden ist. Mit Hilfe dieser PAD-Schnittstelle kann sich das Netz den unterschiedlichen Bedürfnissen des Endgeräts anpassen.

PAD-Parameter

Um die PAD-Parameter zu verändern, nimmt der Bediener den Dialog mit dem Mikroprozessor im Modem auf. Das Modem wird durch eine spezielle Zeichenfolge in den Befehlszustand versetzt. Mit einem "#" Buchstaben zeigt das Modem dem Benützer an, dass es bereit ist, Befehle entgegenzunehmen.

Mit dem Befehl "STATUS" wird der gegenwärtige Zustand abgefragt. Das Modem antwortet mit einer Liste der gültigen Parameter und der gerade aktiven Verbindungen.

Mit dem Befehl "CALL aaaa,p" wird eine Verbindung zur Netzwerkadresse aaaa,p aufgebaut. "DONE" bricht diese Verbindung wieder ab. Auf diese Weise ist der Verbindungsaufbau geregelt.

Geschwindigkeitsanpassung

Die Geschwindigkeitsanpassung zwischen Sender und Empfänger ist ebenfalls eine wichtige Funktion, die von der PAD-Schnittstelle wahrgenommen wird. Mit dem "BAUD"-Befehl kann eine Geschwindigkeit zwischen 300 und 19200 Bits pro Sekunde gewählt werden. Die PAD-Schnittstelle ist sowohl für Typenraddrucker mit nur 300 Bits pro Sekunde, als auch für Datensichtstationen mit 19.2 kbps konfigurierbar.

Voraussetzung für diese Geschwindigkeitsanpassung ist eine zuverlässige Flusskontrolle. Das heisst, der Empfänger muss den Datenfluss vom Sender her vorübergehend suspendieren können. Üblicherweise schickt der Empfänger dem Sender einen XOFF-Charakter, um ihn zu stoppen. Unsere PAD-Schnittstelle ist auch hier flexibel, und es bestehen eine Reihe von Flow-Control Optionen, die man nach Bedarf einsetzen kann. Insbesondere kann das XOFF/XON-Protokoll ein- oder ausgeschaltet werden.

Paketisierung

Zu erwähnen ist schliesslich auch die eigentliche Paketisierung der Daten. Die asynchron eintreffenden Zeichen vom Endgerät müssen zu Paketen zusammengestellt, und erst dann zusammen mit dem Meldungskopf übermittelt werden. Zu diesem Zweck kennt der PAD ein "idle-timer" Intervall, das angibt, wie lange mit dem Absenden eines Paketes zugewartet wird, wenn keine Zeichen mehr hinzukommen. Überdies kann eine obere Grenze für die Paketlänge und ein besonderes Zeichen, das ein Paket abschliesst, gewünscht werden.

III: Erfahrungen zur lokalen Rechner-kommunikation

In einem dritten Teil meiner Ausführungen möchte ich nun über praktische Erfahrungen an unserem Datennetz berichten. Die Randbedingungen dieser Erfahrungen werden durch das lokale Netz mit V.24 Schnittstellen und das Vorhandensein einer Vielfalt von verschiedenartigen Rechnern gegeben.

Bildschirmformate

Relativ wenig Probleme ergeben sich beim Anschluss von asynchronen Datensichtstationen an Hostrechern, solange diese nicht eine besondere Schirmformatierung verlangen. Unser Netzwerk führt im heutigen Zustand keine Umwandlung der Darstellungsart für verschiedene Bildschirme durch.

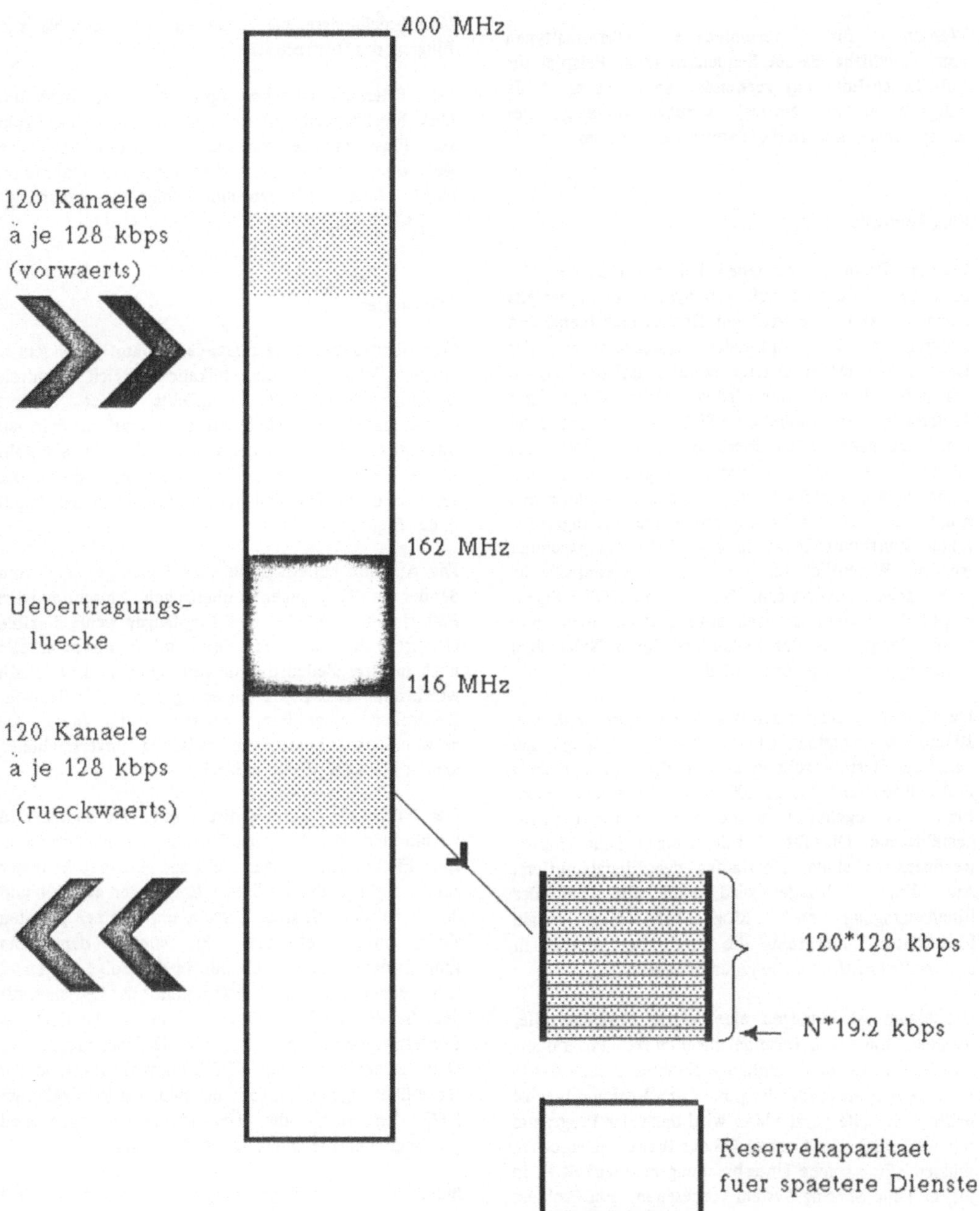

Figur 3:   Frequenzeinteilungen fuer LocalNet / 20

Werden für verschiedene Terminaltypen unterschiedliche Escape-Sequenzen (zum Beispiel für Full-Screen-Editoren) verwendet, so ist es nicht die Aufgabe unseres Netzes, sondern diejenige des Hostrechners, sich an das Terminal anzupassen.

Flusskontrolle

Gewisse Probleme entstehen bei der Flusskontrolle über das lokale Netzwerk. Ein System, das einerseits einen interaktiven Zugriff auf Hostrechner bietet und andererseits einen optimalen Durchsatz bei der Übertragung ganzer Dateien erlaubt, ist schwierig zu realisieren. Die Situation wird verdeutlicht durch Figur 4. Betrachten wir vorerst eine Situation, wo eine Datei von links nach rechts übertragen werden soll. Die Warteschlangen müssen immer gut gefüllt sein, um einen hohen Durchsatz zu erreichen. Andererseits müssen diese Warteschlangen durch eine wirkungsvolle, lokale Flusskontrolle gegen ein Überlaufen geschützt werden. Wesentlich für die lokale Flusskontrolle ist eine rasche Reaktionszeit. Nach einem XOFF Signal stoppt der Datenfluss nach etwa 3 Buchstaben, und zwar solange, bis der Datenfluss durch XON vom Empfänger wieder gestartet wird.

Da die Verzögerung durch das Netz hindurch zwischen 10 und 500 ms beträgt, ist eine mit solcher Verzögerung behaftete Flusskontrolle nicht durchführbar. In diesem Fall würden noch bis zu 100 und mehr Zeichen beim Empfänger abgeliefert, nachdem dieser schon XOFF gemeldet hat. Dies führt bei den meisten Time-Sharing Rechnern zu einem Überlaufen des Eingabepuffers. Aus diesem Grunde wird man also bei der Fileübertragung nach Möglichkeit eine lokale Flusskontrolle einsetzen, die durch die Software in unserer PAD-Schnittstelle unterstützt wird.

Ungeeignet ist hingegen eine lokale Flusskontrolle, wenn wir von einem Terminal aus interaktiv Programme entwickeln. Es kann nämlich vorkommen, dass das in Entwicklung stehende Programm im Rechner in eine endlose Schleife gerät. Man wird dann das Programm mit ESC-ESC oder Control-C oder Break unterbrechen müssen. Eine solche Unterbrechungsmöglichkeit ist in jedem Time-Sharing System vorgesehen. Ein Problem entsteht dadurch, dass bei einer lokalen Flusskontrolle das Unterbrechungssignal in einer Warteschlange im Kommunikationsnetz drin steckenbleiben kann. Wir verlieren dann die Möglichkeit, unser Programm, das in einer endlosen Schleife verweilt, zu unterbrechen.

Diese Schwierigkeit, die Endlosschleife zu unterbrechen, löst sich, wenn wir eine End-zu-End Flusskontrolle verwenden. Dann stauen sich keine Zeichen in netzeigenen Warteschlangen, sondern alle Eingabezeichen und insbesondere die Unterbrechungszeichen gelangen zumindest bis zum Eingang des Hostrechners.

Das Dilemma zwischen optimalem Durchsatz und Unterbrechbarkeit löst sich, wenn man beide Typen von Flusskontrolle vorsieht, eine lokale und eine, welche von einem zum andern Ende der Verbindung wirkt. Diese Mechanismen müssten unabhängig voneinander in Kraft sein.

Filetransfer

Der Übertragung ganzer Dateien kommt besonders in einem lokalen Kommunikationsbereich zentrale Bedeutung zu. Ich möchte hier unsere File-Transfer-Empfehlung erläutern, auf die wir uns mit einigen schweizerischen Hochschulen, die ebenfalls lokale Datennetze betreiben, geeinigt haben. Das Konzept dieser File-Transfer Empfehlung ist dargestellt in der Figur 5.

Die Aufgabe besteht darin, eine beliebige Datei vom Sender zum Empfänger zu übertragen. Im schlimmsten Fall sind hier Sender und Empfänger wenig flexible Grossrechner, die weder hinsichtlich Flusskontrolle noch in ihrer Zeilenstruktur verträglich sind. Deshalb wurde eine zusätzliche Instanz genannt File-Transfer Kontroller eingeführt. Dieser FTC führt die notwendigen Anpassungen zwischen unverträglichen Sendern und Empfängern durch.

Der FTC steht überdies direkt mit dem Bediener in Verbindung, der die ganze Fileübertragung veranlasst. Eine Fileübertragung geschieht so, dass der Bediener zuerst mithilfe des FTC den Empfänger anwählt und dort eine Time-Sharing Session unter seiner privaten Kontonummer eröffnet. Er startet dann ein Empfängerprogramm, das nun in der Folge die Datei entgegennehmen wird. Hierauf nimmt der Bediener mit dem Sender die Verbindung auf und startet dort das Senderprogramm. Nun beginnt die Übertragung der Datei direkt durch den FTC hindurch. Während die Datei übertragen wird, kann der Bediener jederzeit vom FTC den Status der Übertragung abfragen und gegebenenfalls die Übertragung abbrechen.

Beim Entwurf der Empfehlung wurde besonders darauf geachtet, dass eine Dateiübertragung auch zwischen alten und speziellen Hostrechnern möglich ist. Für Übertragungen in einer homogenen Rechnerumgebung wäre unser Protokoll wesentlich einfacher ausgefallen, unter anderem hätten wir die FTC-Instanz weggelassen.

Auch zwischen Rechnern mit unterschiedlichen Darstellung von Zeilenenden, Umlauten, etc. ist eine Übertragung von Textfiles vorgesehen. Binäre Files können auch zwischen Rechnern mit nicht kommensurabler Wortlänge übertragen werden.

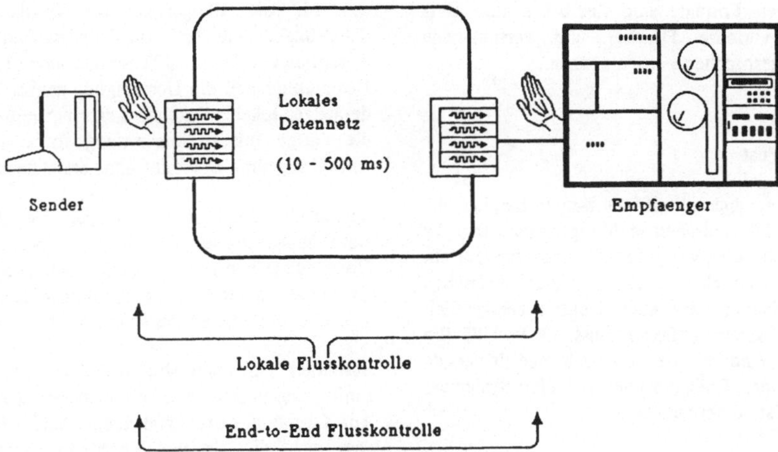

Figur 4: Lokale Flusskontrolle versus End-zu-End Flusskontrolle

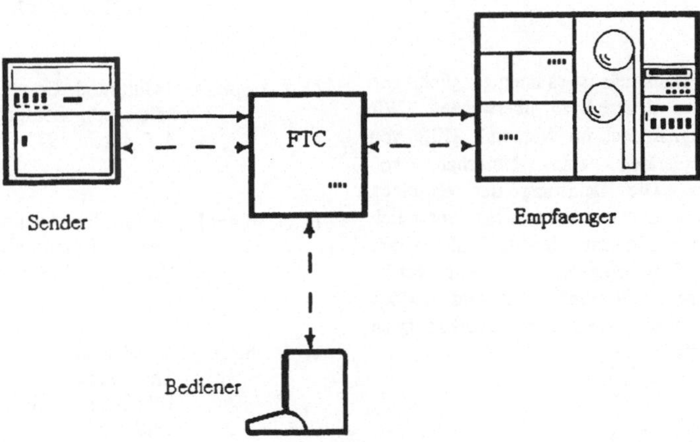

Figur 5: SICUS - Filetransferempfehlung

Die zugehörigen Formate sind flexibel genug, dass später auch verteilte Drucker und verschiedene Postdienste angesprochen werden können.

Elektronische Post

Ein Problem, das uns mittelfristig Sorgen bereitet, ist dasjenige der elektronischen Meldungsvermittlung. Es zeichnet sich ab, dass auf jedem Computersystem ein separater elektronischer Meldungsdienst entstehen wird. Das bedeutet, dass jeder Benützer gelegentlich drei oder vier Systeme anfragen muss, ob Post für ihn vorhanden ist. Andererseits werde ich eine dringende Meldung für einen Kollegen eben auf allen Systemen, wo er bekannt ist, unterbringen.

Da wir uns nicht in einer homogenen Umgebung befinden, kommen wir nicht um einen zusätzlichen Postverteildienst herum, der die Post an die vielen separaten Untersysteme verteilt. Das ist natürlich unpraktisch, aber leider sehen wir keine gangbare Alternative.

Netzüberwachung

In einem grösseren Datennetz ist es unumgänglich, den Zustand des Netzes dauernd zu überwachen. Wir überwachen die Signalpegel im Netz mit Hilfe von handelsüblichen Geräten zum Unterhalt von Kabelfernsehnetzen. Die Belastung der einzelnen Kanäle durch den Datenverkehr wird zusätzlich angezeigt durch einen Monitor, der als Diplomarbeit eines angehenden Elektroingenieurs erstellt wurde. Eine genaue Analyse des Netzverhaltens wird möglich sein, mit der vom Hersteller angekündigten Netzüberwachungsstation.

Zusammenfassung

Zum Schluss möchte ich noch kurz die Hauptpunkte wiederholen:

Unser lokales Datennetz ist auf unterster Stufe als Breitband-Koaxialkabelsystem realisiert. Diese Übertragungstechnik erlaubt später auch die Übermittlung von Fernsehbildern und Sprache. Im Frequenzspektrum ist noch genügend Platz vorhanden für mehrere logisch unabhängige Ethernets und verwandte Systeme. Allerdings warten wir hier noch auf die Entwicklung genügend leistungsfähiger Modulatoren.

Unsere dringendsten Datenkommunikationsprobleme lösen wir zur Zeit mit einem mittelschnellen Subsystem,

das für die Endgeräte eine flexible V.24/X.28 Schnittstelle anbietet. Im Vordergrund stehen der Anschluss von Terminal Datenstationen an verschiedene Hostrechner und die Übertragung ganzer Dateien. Ein derartiges lokales Datennetz erbringt mittelfristig auch die nötige Infrastrukturleistung für eine wachsende Anzahl kommunizierender Arbeitsplatzrechner.

Besondere Beachtung verlangen die Aspekte der Datenflusskontrolle im lokalen Netz. Für die Übertragung von ganzen Dateien zwischen heterogenen Computersystemen ist ein standardisiertes Format für Textfiles und binäre Files erforderlich.

Besonders zufrieden sind wir über die reibungslose Einführung unseres Netzes und dessen Zuverlässigkeit. Auf Grund unserer Erfahrungen sind wir überzeugt, dass sich die Breitbandübertragungstechnik gerade hinsichtlich Zuverlässigkeit und Flexibilität ausgezeichnet zur lokalen Kommunikation auch in einem grösseren Umkreis eignet.

Referenzen:

G. T. Hopkins: "Multimode Communications on the Mitrenet"; Computer Networks, Vol. 4, Oct/Nov 1979.

D. G. Willard: "Reliability/Availability of Wideband Local Communication Networks"; Computer Design, August 1981.

W. S. Shipp, H. H. Webber: The Brown University Network - BRUNET"; IEEE, Compcon Fall 1982.

NRC Corp.: "LocalNet System 20/80 (Tbox) Users Manual"; Sunnyvale, California, March 1982.

P. Schulthess: "Data Communication based on Cable-TV Technology"; Proc. DEC Users Group Conf., Hamburg, September 1981.

"Übertragung von Dateien in einer heterogenen Rechnerumgebung"; Institut für Informatik, ETH Zürich, Juni 1982.

<u>INTEGRATION VON TEXT UND DATEN IM DDP-PILOTPROJEKT</u>
<u>DES BUNDESMINISTERIUMS FÜR FINANZEN</u>

Dr. Alfred KASPAREK
Bundesministerium für Finanzen, Wien

1. VORBEMERKUNG

Das Bundesministerium für Finanzen arbeitet zur Zeit an der Reorganisation seiner Datenfernverarbeitung. Anstelle der bestehenden sternförmigen Netzwerkstruktur mit ausschließlich zentraler Verarbeitung und Speicherung im Bundesrechenzentrum (BRZ) soll mittelfristig ein hierarchisch vermaschtes Computernetzwerk errichtet werden. Flächendeckend über das Bundesgebiet verteilte DDP-Rechner sollen im Verbund mit an unterschiedlichen Orten lokalisierten Zentralsystemen (BRZ und zentrales Ausweichrechenzentrum des Bundes - ARZ) eine bedarfsgerechte Verarbeitung und Speicherung von Informationen ermöglichen.

Das dem Vorhaben zugrundeliegende Reorganisationskonzept wurde 1980 erarbeitet, vom Bundesminister für Finanzen genehmigt und von allen zuständigen Gremien (ADV-Subkomitee im Bundeskanzleramt und Rechnungshof) positiv beurteilt. Auf der Basis dieses Konzeptes führt das Bundesministerium für Finanzen seit Beginn des Jahres 1981 ein Pilotprojekt mit zwei EDV-Herstellern durch, das anhand unterschiedlicher Aufgabenstellungen Aufschluß über die qualitative und quantitative Leistungsfähigkeit von DDP-orientierten Netzwerken geben soll.

Aufgrund einer 1980 durchgeführten umfassenden Marktanalyse wurde IBM als einer der beiden Projektpartner ausgewählt und vor die Aufgabe gestellt, gemeinsam mit dem Bundesministerium für Finanzen eine modellmäßige Umstellung des laufenden Online-Verfahrens bei den Finanzämtern nach DDP-Grundsätzen zu bewerkstelligen, wobei

das künftige Netzwerk für Daten- und Textverarbeitung geeignet
sein sollte. Mit weitgehendem Einsatz von IBM-Standard-Software
für applikationsunabhängige Verarbeitungen wird zur Zeit versucht,
von der sternförmigen auf eine vermaschte Netzwerkarchitektur über-
zugehen, Verarbeitungsvorgänge und Speicherungen durch Einschaltung einer zusätzlichen dezentralen Rechnerhierarchie (IBM 8100)
zu dezentralisieren und die Datenerfassung anstelle über Fernschreiber mittels Bildschirmen (IBM 8775) abzuwickeln.

Ziel der Reorganisationsbemühungen ist ein an den Grundsätzen Stabilität, Zukunftssicherheit, Benutzerfreundlichkeit, Wirtschaftlichkeit und Flexibilität orientiertes Netzwerkkonzept, das allen
einbezogenen Benutzern die Inanspruchnahme zentraler und dezentraler Ressourcen im Rahmen ihrer Zugriffsberechtigung ermöglicht und
durch Rechnerhierarchien sowie durch Einbeziehung des ARZ für strategische Rechenzentren des Bundes auf der zentralen Ebene ein
Höchstmaß an Sicherheit der Datenverarbeitung gewährleisten soll.

Abbildung 1 zeigt das geplante Netzwerk der Finanzverwaltung im
hierarchischen Aufbau.

Das gegenständliche Referat setzt sich mit

- den Gründen für die Reorganisation der Datenfernverarbeitung im
  Bereich der Abgabenverwaltung

- den mit der Integration der Automatisierten Textverarbeitung
  (AT) verbundenen Zielvorstellungen,

- den möglichen integrierten AT-Anwendungen und

- dem DDP/AT-Realisierungskonzept

auseinander.

2. GRÜNDE FÜR DIE REORGANISATIONSÜBERLEGUNGEN

Den Reorganisationsbestrebungen des Bundesministeriums für Finanzen im Bereich der Abgabenautomation liegen folgende Überlegungen zugrunde:

1. Die externe Ausfallsicherheit für die ausschließlich zentrale Verarbeitung im BRZ ist für die Abgabenverwaltung derzeit unzureichend. Im Katastrophenfall wären allein in diesem Bereich 250 Datenstationen funktionsunfähig und 79 Finanzämter infolge des hohen Automationsgrades (Festsetzung, Einhebung und Verrechnung der Abgaben) außerstande, ihren Aufgaben termingerecht nachzukommen. Die Verteilung der Verarbeitungen und Speicherungen auf mehrere Rechnerhierarchien und datenfernverarbeitungsmäßig ansprechbare,unterschiedlich lokalisierte zentrale Ressourcen sollen diesbezüglich Abhilfe schaffen.

2. Bei der im Betrieb befindlichen Datenfernverarbeitungshard- und -software handelt es sich um speziell für die Aufgabenstellung bei der Abgabenautomation adaptierte IBM 3968 Vorschaltrechner mit eigenentwickelter Kommunikationssoftware zum Vollduplex-Betrieb gleichfalls besonders adaptierter SIEMENS-Fernschreiber. Das System hat die Grenze seiner Leistungsfähigkeit erreicht, ist nicht mehr erweiterbar und überdies erneuerungsbedürftig; es stehen jedoch keine aufwärtskompatiblen Hard/Softwarekomponenten standardmäßig zur Verfügung. Die Ablöse des bestehenden Systems bedingt somit einen erheblichen Umstellungsaufwand, egal welches Konzept verwirklicht wird. Eine Beibehaltung der bestehenden sternförmigen Netzstruktur bringt diesbezüglich keine Vorteile. Vielmehr läßt der technische Fortschritt der letzten zehn Jahre heute bessere Lösungen für die Bewältigung der dem Datenfernverarbeitungskonzept zugrundeliegenden organisatorischen Anforderungen erwarten. Das ungleich bessere Preis/Leistungsverhältnis bei der Hardware ermöglicht den Einsatz komplexer Standardsoftware und den wirtschaft-

342

lichen Betrieb eines aufgabenspezifisch strukturierten Rechnernetz-
werkes mit benutzerorientierten Bildschirmapplikationen, die ergonomisch und technisch-organisatorisch zweifellos eine qualitita-
tive Verbesserung der Datenverarbeitung im Finanzamtsbereich bedeuten.

3. Das laufende Verfahren setzt die Benutzer nicht in die Lage,
die ADV-Ressourcen im selben Verwaltungsbereich auch für andere
Zwecke, insbesondere zur Rationalisierung von administrativen Tätigkeiten, zu nutzen. Um kostenaufwendige Insellösungen für die
Automatisierung im Bürobereich zu vermeiden, sollten bei der Neu-
strukturierung der Datenfernverarbeitung die heute bereits bestehenden Möglichkeiten der Integration von Daten- und Textverarbeitung beachtet werden.

Der Themenstellung entsprechend setzt sich das gegenständliche
Referat in erster Linie mit dem zuletzt angeführten Reorganisa-
tionsmotiv auseinander.

Es ist heute bereits absehbar, daß der Bereich der nicht numerischen (nicht formatierten) Informationsverarbeitung an Bedeutung
ständig zunehmen wird. Einerseits sind die 'klassischen' EDV-Ein-
satzgebiete zum größten Teil bereits automatisiert, sodaß sich
weitere Rationaliserungsüberlegungen zwangsweise auf den diesbezüglich zumeist noch stiefmütterlich behandelten Bereich der Administration im engeren Sinn (Schreibstube, Sekretariat, Sachbearbeiter, Management) richten müssen, andererseits wird die traditionelle Computerleistung immer näher in Richtung Sachbearbeiter transferiert (Abfragebildschirme) und werden auch bereits automationsunterstützte Informationssysteme vom Management zur fundierten Ent-
scheidungsvorbereitung genutzt (Personal Computing u.ä.). Ein mul-
tifunktionales Informationssystem mit Daten- und Textverarbeitungs-
komponenten ist die logische Folge dieser Entwicklung, der nicht
zuletzt auch die 'reinen' Textverarbeitungsanbieter dadurch Rechnung tragen, daß ihre ursprünglich mechanischen Rationalisierungshilfen immer mehr in Richtung EDV tendieren.

3. ZIELE DER INTEGRATION DER AUTOMATISIERTEN TEXTVERARBEITUNG

Die unterschiedlichen Anforderungen aus den infolge organisatorischer Gegebenheiten traditionell getrennten Arbeitsbereichen Daten- und Textverarbeitung auf einen gemeinsamen Nenner zu bringen und hiefür eine umfassende Lösung zu finden, die für beide Bereiche akzeptable Ergebnisse bringt, ist oberstes Ziel der Integration der Automatisierten Textverarbeitung (AT) in das EDV-Environment der Finanzverwaltung, wobei die Priorität aufgrund der Aufgabenstellung zweifelsfrei dem Bereich Datenverarbeitung zukommt.
Die angestrebte Lösung setzt demnach ein EDV-Konzept voraus,das so flexibel gestaltet ist, daß die verschiedenartigen Anforderungen parallel abgedeckt werden können bzw. die Schnittstellen für spezifische AT-Funktionen vorhanden sind.

Für die Integration der AT in das EDV-Netzwerkkonzept der Abgabenverwaltung lassen sich demnach folgende globale Zielvorstellungen ableiten:

- Einheitliches Netzwerk für Daten- und Textverarbeitung geeignet für
  = 'Klassische' EDV-Applikationen der Abgabenverwaltung
  = Automatisierte Textverarbeitung
  = Informations- und Dokumentationsanwendungen
  = Kommunikationsaufgaben

- Mehrfachnutzung der ADV-Ressourcen für Daten- und Textverarbeitung
  = Hardware
  = Software
  = Netz
  = Daten

- Keine Insellösungen

- Integrationsmöglichkeit bestehender AT-Anwendungen
    = IBM MC 72/82-Magnetkartenkonversion
    = IBM 3730-Ablöse

Mit dem für das DDP-Pilotprojekt ausgewählten Informationssystem
IBM 8100 können diese Anforderungen im Verbund mit den im BRZ bzw.
ARZ installierten Zentralsystemen (IBM 370/158 und IBM 3033) bewältigt werden, da dieses System für Daten- und Textverarbeitung glei-
chermaßen geeignet und voll in das SNA-Konzept integriert ist. Die
Magnektartenkonversion kann mit einem kommunikationsfähigen IBM
6580-Schreibsystem vorgenommen werden.

Auf der Basis der technisch-organisatorischen Zielsetzungen lassen
sich folgende inhaltliche Ziele für den Einsatz automationsunter-
stützter Textverarbeitung in der Abgabenverwaltung definieren:

- Modernisierung und Rationalisierung der
    = Schreiborganisation
    = Sachbearbeitung
    = Dokumenterfassung
    = Bereitstellung von Entscheidungsgrundlagen

- Reduktion des Zeitaufwandes für die
    = Schriftguterstellung
    = Informationsgewinnung

- Qualitative Verbesserung der Schriftguterstellung
    = Korrespondenzqualität
    = Laserdrucker
    = Photosatz

- Gezieltes Information Retrieval
    = Suchparameter
    = Query Language

- Verbesserung der ressortinternen Kommunikations- und Infor-
    mationsmöglichkeiten zwischen

= den Abteilungen der Zentralstelle

= der Zentralstelle und den nach nachgeordneten Dienststellen

= den nachgeordneten Dienststellen

4. EINSATZMÖGLICHKEITEN FÜR DIE AUTOMATISIERTE TEXTVERARBEITUNG

Eine Analyse der Arbeitsbedingungen im administrativen Bereich der
Abgabenverwaltung hat schwerpunktmäßig folgende Einsatzmöglichkeiten für automationsunterstützte Verfahren ergeben:

- Schriftguterstellung
  = Entwurf
  = Korrektur
  = Ausfertigung einschließlich automatischer Reinschrif-
    tenerstellung

  = Archivierung
  = Texthandbuch

- Spezielle Ausgabeaufbereitung
  = Laserdrucker
  = Fotosatz
  = COM
  = Formularaufbereitung
  = Neue Medien

- Informations- und Dokumentationsanwendungen
  = Aktenverfolgungssystem
  = Kanzleiinformationssystem (Aktenplan, Sachgebietsindex)
  = Schriftgutdokumentation
  = Pressedokumentation
  = Steuerrechtsdokumentation
  = Bibliotheksinformationssystem
  = Schulungsinformationssystem

- Projektdokumentation
  = Organisationshandbücher
  = Benutzervorschriften
  = Programmdokumentation

- Integration von Text und Daten auf Applikationsebene
  = Adreßdateien
  = Tarifdateien
  = Bescheiderstellung

- Sachbearbeiterunterstützung
  = Standardbriefe
  = Statistiken
  = Termin- und Planungssteuerung
  = Telefonverzeichnis
  = Materialverwaltung
  = Dateiverarbeitungen (automatisierte Handkarteien)
  = Rechenoperationen
  = Präsentationsgraphik

- Informations- und Schriftgutverteilung (Postkorb, Electronic Mailing)
  = Innerhalb einer Organisationseinheit
  = Zwischen Organisationseinheiten
  = Zentralstelle - nachgeordnete Stellen
  = Zwischen nachgeordneten Stellen

5. DAS DDP/AT-KONZEPT

Die dargestellten Zielvorstellungen organisatorischer und materieller Art führten zu folgendem Realisierungskonzept:

- Mehrplatzkonzept mit weitgehend kompatibler Hard- und Software

- Integration der AT-Cluster in das Gesamtnetzwerk

- Back-Up zwischen DDP/DV-DDP/AT

- Rechnerverbund für Text- und Datentransfer

- Verteilte Textverarbeitung und -speicherung
    = Terminal (AT-Station)
    = DDP (AT-Rechner)
    = HOST (Zentralsystem)

- Zentrale Netzwerksteuerung

- Standardsoftware auf allen Ebenen

- Multifunktionale Bildschirmorganisation

- Multifunktionale Druckerorganisation

Die Abbildung 2 zeigt die Hierarchieebenen im geplanten DDP-integrierten AT-System.

Die Abbildung 3 zeigt ein Modell für eine Back-Up-Konfiguration IBM 8100 DPPX/DPCX im Finanzamtsbereich.

Im DDP-Pilotprojekt werden die in der Abbildung 4 dargestellten Aufgaben - reduziert auf die wesentlichen Funktionen und in quantitativ begrenztem Umfang - realisiert. Das Pilotprojekt soll Erkenntnisse über Funktion und Einsatzmöglichkeiten des Informationssystems IBM 8100 für Anwendungen der integrierten Textverarbeitung in einem DDP-organisierten Rechnerverbund vermitteln.

Die Projekt-Konfiguration ist aus Abbildung 5 ersichtlich, der Datenfluß und die eingesetzten AT-Software-Komponenten aus Abbildung 6 und die Funktionen der einzelnen Komponenten aus Abbildung 7.

6. VORTEILE DER INTEGRATION

Zusammenfassend sind folgende Hauptvorteile der DDP-integrierten
Textverarbeitung anzuführen:

1. Einheitlichkeit der ADV-Struktur
    - Weitgehend idente Hardware
    - Teilweise idente Software
    - Identes Netz
    - Idente Netzwerksteuerung
    - Zentrale Programmentwicklung und -wartung

2. Mehrfachnutzung der ADV-Ressourcen

    - Bildschirme IBM/8775
        = Massendatenerfassung
        = Datenbankabfrage
        = Information-Retrieval
        = Textverarbeitung

    - Drucker IBM/7436 und IBM/5210
        = Daten- und Textausgabe

    - Informationssystem IBM 8100/DPPX
        = Datensammelsystem
        = Sachbearbeiterorientierte AT-Funktionen
        = Informationsvermittlung

    - Informationssystem IBM 8100/DPCX
        = Textverarbeitung
        = Sachbearbeiterorientierte Dateiverarbeitung
        = Informationsvermittlung
        = Back-up für IBM 8100/DPPX

- Zentralsysteme
  = Hardwareressourcen (BRZ/ARZ)
  = Kommunikationssoftware
  = Netzwerksteuerung
  = Serviceprogramme (TSO, DCF, IPDT etc.)
  = Dokumentationssysteme (STAIRS)
  = Datenbestände (IMS u.ä.)

- Netz
  = DFÜ-Steuereinheiten
  = Modems
  = Leitungen

3. Wirtschaftlichkeit
   - Mehrfachnutzung von Text/Daten ohne Doppelerfassung
   - Alle AT-Bestände (einschließlich zentraler Informationsdatenbanken) sind im DPP-Environment auf jedem Terminal verfügbar
   - Wechselseitige Nutzung von AT- und EDV-Funktionen mittels weitgehend identer Ressourcen
   - Doppelter Nutzen bei unterproportionalen zusätzlichen Kosten
   - Alle IBM 8100 Informationssysteme (DPPX und DPCX) sind in ein homogenes SNA-Netzwerk integriert und wechselseitig mit Daten/Text adressierbar

Die Kosten der Pilotkonfiguration (ohne Schreibsystem) belaufen sich insgesamt auf ca. 200.000,- öS Monatsmiete. Darin eingeschlossen sind

- HOST-Ressourcen,
- 2 IBM 8130 Informationssysteme,
- 2 IBM 8101 Kommunikationsanschlüsse,
- 15 Bildschirme IBM 3732 bzw. 8775,
- 4 Drucker IBM 7436 bzw. 5218,
- Software und
- Modems

Pro Arbeitsplatz (15) ergibt das eine Monatsmiete von ca. 13.000,-
öS, was in etwa den Kosten eines komfortabel ausgestatteten Einzel-
platzsystems entspricht. Bedenkt man die größere Funktionsvielfalt
des DDP/AT-Systems (insbesondere die Kommunikationsmöglichkeiten
und das Information Retrieval), so ist dies zweifellos die wirt-
schaftlichere Lösung, zumal die Kosten pro Arbeitsplatz bei einer
durchaus möglichen Erweiterung der Pilotkonfiguration infolge des
gleichbleibenden Gemeinkostenanteils noch sinken würden.

DAS KÜNFTIGE NETZWERK DER FINANZVERWALTUNG
(IM HIERARCHISCHEN AUFBAU)
ZENTRALSYSTEME
(MIT ZENTRALER STEUERUNG UND KONTROLLE)
ZST
ZES
ZAS
ZST
1. EBENE
DDP-RECHNER
LINZ
INNS-BRUCK
LIENZ
GRAZ
2. EBENE
TERMINALSYSTEME
3. EBENE
LEITUNG
HOCHGESCHWINDIGKEITSLEITUNG
ZES   ZENTRALSYSTEM IM BRZ
ZAS   ZENTRALSYSTEM IM ARZ
ZST   ZENTRALE STEUERUNG UND KONTROLLE

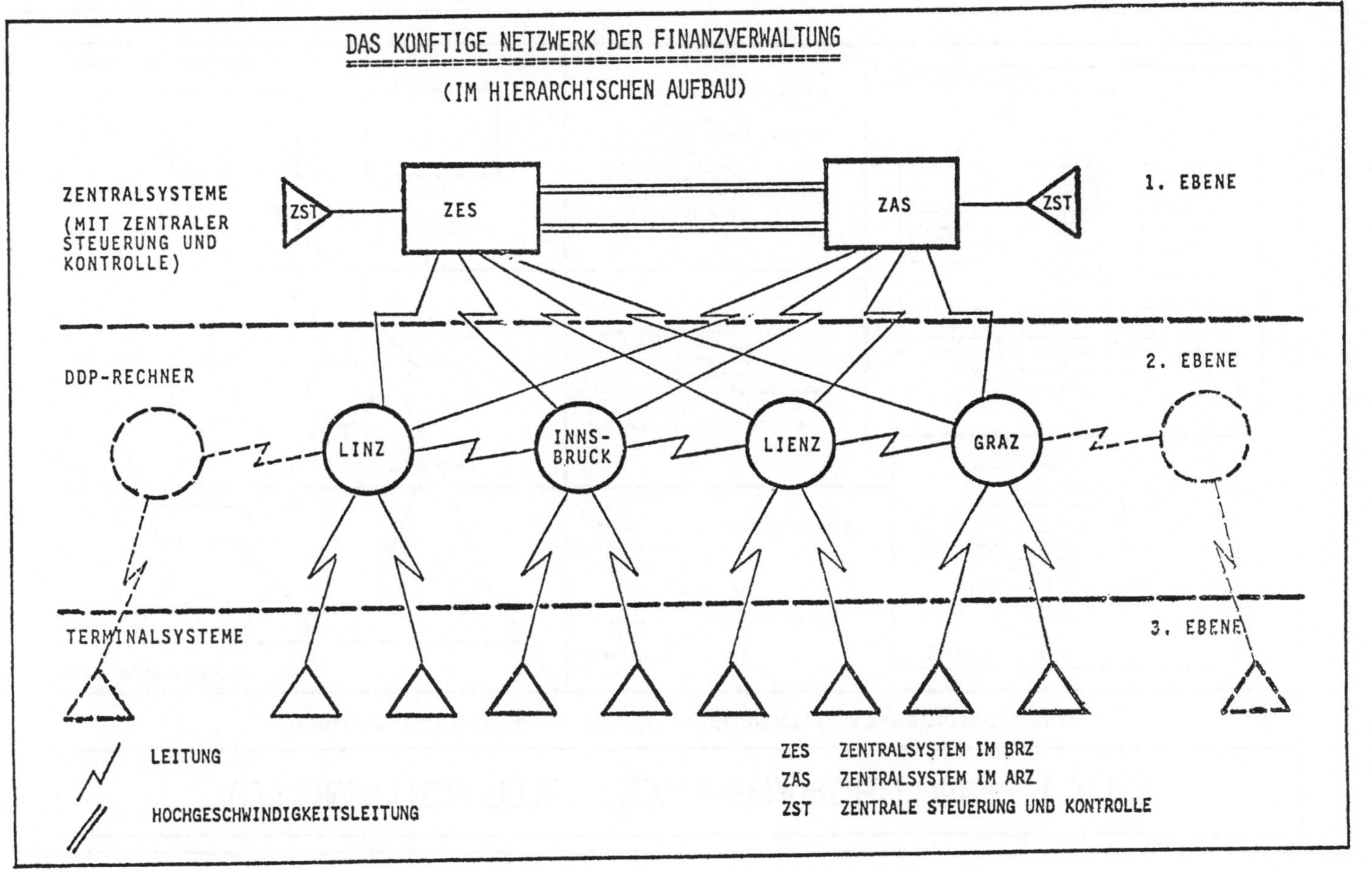

Abbildung 1

AUTOMATISIERTE TEXTVERARBEITUNG (AT)
HIERARCHIE-EBENEN IN EINEM INTEGRIERTEN AT-GESAMTSYSTEM
AT-EINGABEGERÄTE
AT-RECHNER
AT-ZENTRALSYSTEME
Dezentrale Textbearbeitung
- Formatprüfungen
- einfache Textbearbeitungsfunktionen
  · Einfügungen
  · Textumstellungen
  · Löschen
  · Überschreiben
  · Direktdruck
Abfrage zentral und dezentral gespeicherter Texte
Zentrale Textbearbeitung / dezentrale Textverarbeitung
- einfache Textverarbeitungsfunktionen
  · Formatänderungen
  · Formularschreiben
- Kommunikationssteuerung
- Zwischenspeicherung
Zentrale Textverarbeitung
- ressourcenintensive Textverarbeitung
- zentrale Abspeicherung
- IuD - Anwendungen
- Auswertungen
- Mitbenützung von ADV - Ressourcen
  · Programme
  · Dateien
  · Verarbeitung und Speichermedien
TEXTBEARBEITUNG
Konzipieren
Erfassen
Korrektur
Zwischenapprobation
Approbation
Zwischenablage
Ausgabe-
aufbereitung
Lichtsatz-
aufbereitung
Kanzlei
Kanzleiindex
Aktenlauf
Reinschrift
IuD-Anwendung
IuD-Aufbe-
reitung
DB-Aufbau
Ablage
TEXTVERARBEITUNG

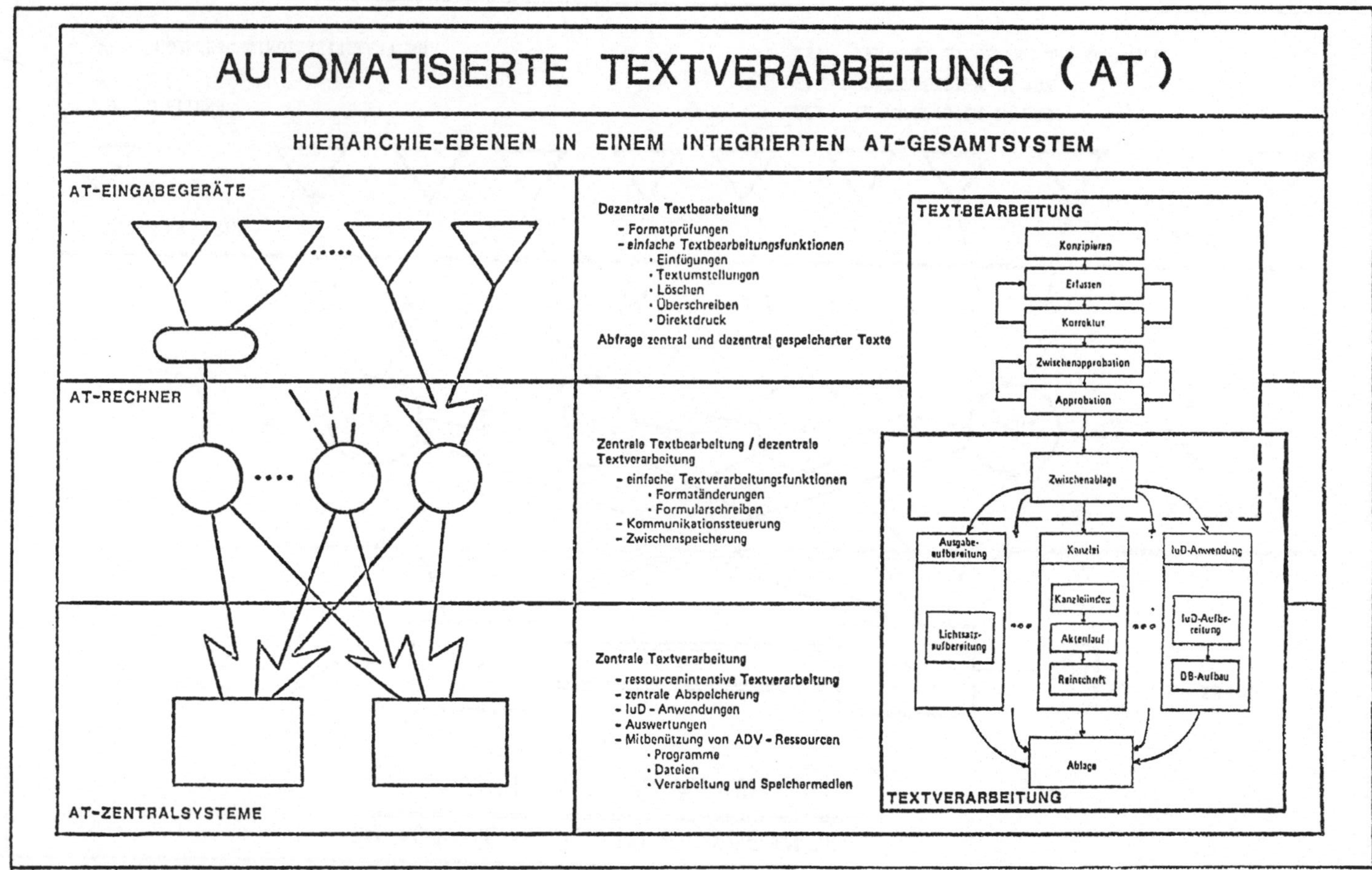

Abbildung 2

DDP-TWIN-KONFIGURATION 8100 DPPX/DPCX
"REMOTE"-FINANZÄMTER
1) "UMSCHALTUNG BEI STÖRUNG DPPX-RECHNER
1)
DPPX
DV-SOFTWARE
DPCX
AT-SOFTWARE
IBM 8140-C
IBM 8140-C
1)
IBM 8101
UMSCHALT-BARE PLATTEN-EINHEIT
RINGLEITUNG
RINGLEITUNG
IBM 3732
TEXTVERARBEITUNG
IBM 8775
IBM 3287
IBM 8775
IBM 5210
a) DDP/DV-FUNKTIONEN
b) DDP/AT-FUNKTIONEN
-TEXTVERARBEITUNGS-FUNKTIONEN FÜR SACHBEARBEITER
- lu)
DDP/DV-FUNKTIONEN
a) DDP/AT-FUNKTIONEN
b) DDP/DV-FUNKTIONEN (insbes. BACKUP)
a) ALLE DDP/AT-FUNKTIONEN
b) ALLE DDP/DV-FUNKTIONEN (insbes. ABFRAGEN)
UMSCHALTBAR AUF DPPX-RECHNER!

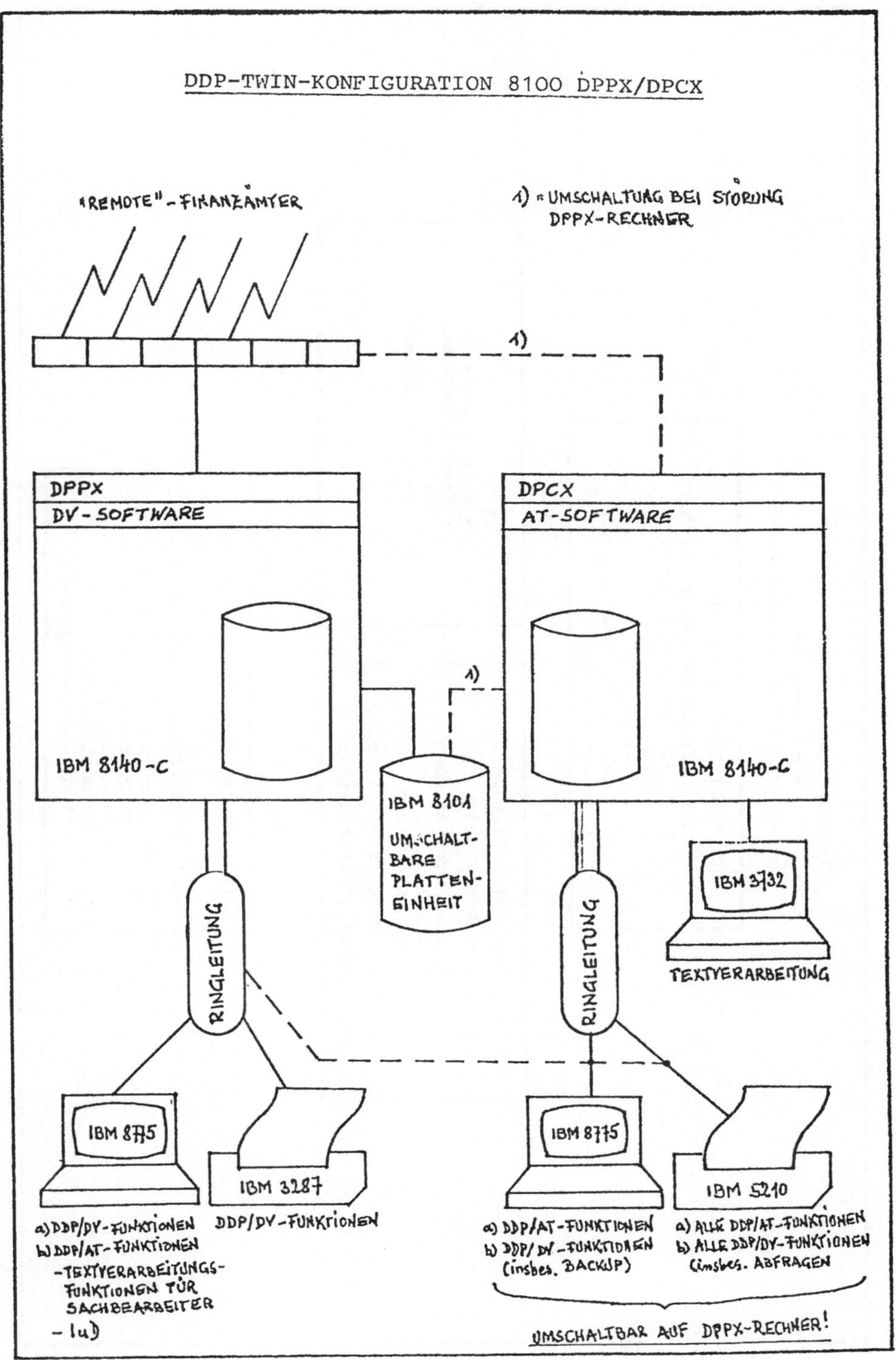

Abbildung 3

APPLIKATION AT (PROJEKT DDP/AT)
PROJEKTVERLAUF

1.1.1   SCHRIFTGUTERSTELLUNG
1. Schriftguterstellung 'freier Text'
2. Schriftguterstellung nach RTG:
- Akten
- Dienstzettel
- Vorschriften, Handbücher etc.
3. Texthandbuch (THB-BKZ)

1.1.2   AKTENINFORMATIONSSYSTEM
1.1.2.1 AKTENVERFOLGUNG
1. Aktenverfolgungssystem
2. Aktenplan
3. Sachgebietsindex
1.1.2.2 SCHRIFTGUTDOKUMENTATION
1.1.2.3 SCHRIFTGUTVERTEILUNG

1.1.4   IuD
- Pressedokumentation
- Steuerrechtsdokumen-
tation etc.
- Ressortfremde Doku-
mentationen

1.1.3   INTEGRATION TEXT/EDV-DATEN

1.1.5   SONSTIGE DATEIVERARBEITUNG
- Karteien
- Materialverwaltung
- Terminplanung
- Personalverwaltung
- Statistische Auswertungen

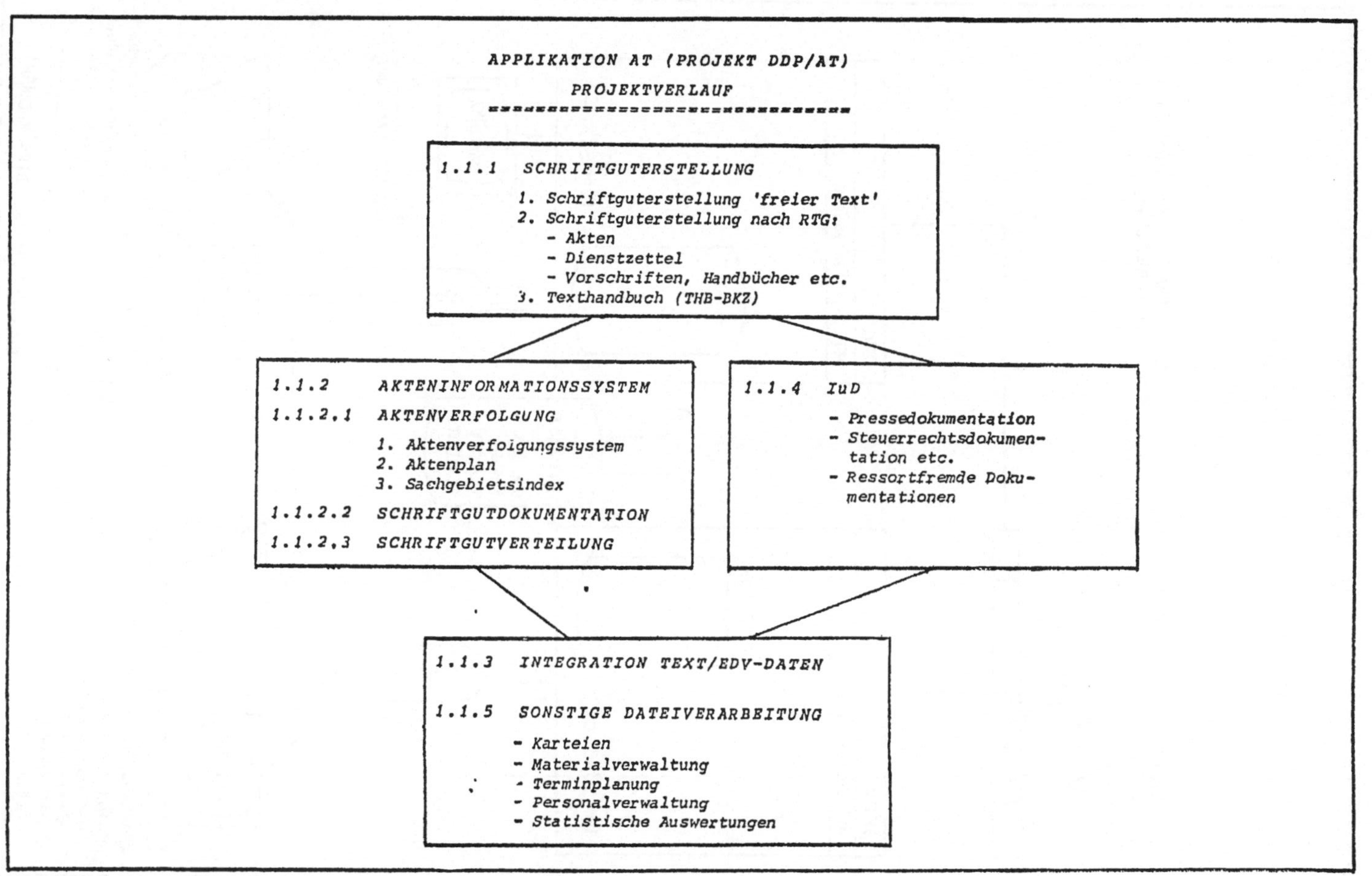

Abbildung 4

PROJEKT DDP/AT
NETZWERKKONFIGURATION
CLUSTER 1
CLUSTER 2
BRZ
BMF HIMMELPFORTGASSE
DPCX
DOSF
DISOSS
DIF
9600 bps
9600 bps
9600 bps
BRZ
158-3 AP
158-3 MP
3033
ACF/VTAM
NCCF
NPDA
DSX
HCF
HPP
3705
ACF/NCP
Netzwerk-
steuerung
3705
ACF/NCP
ARZ
158-3
ACF/VTAM
CICS/VS
STAIRS/VS
TLS
DCF
DISOSS
DIF

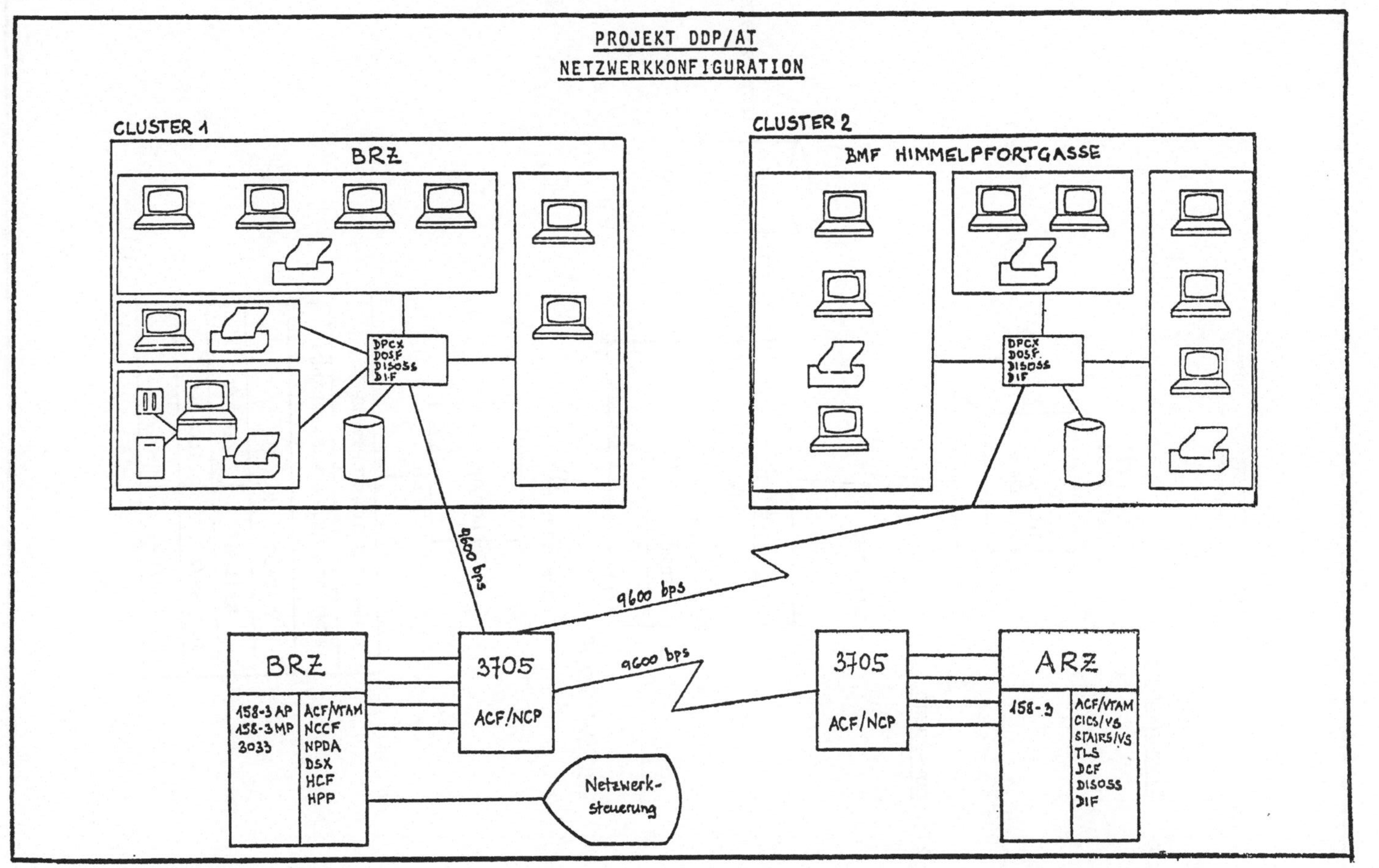

Abbildung 5

SOFTWARE-KOMPONENTEN DDP-AT
1. TERMINALEBENE
IBM 8775
IBM 3732
TEXT-
MIKRO-
PROGRAMM
2. DDP-EBENE
IBM 8130
DPCX
DOSF
DISOSS/D
DIF/D
IDTF
TEXT-DATEIE
3. ZENTRALE EBENE
IBM 3705
ACF/NCP
KOMMUNIKATIONSSOFTWARE
ZENTRALE NETZWERKSTEUERUNG
IMS-DC (CICS)
STAIRS
DIF/Z
DISOSS/Z
8100 HPP
DCF/DLF

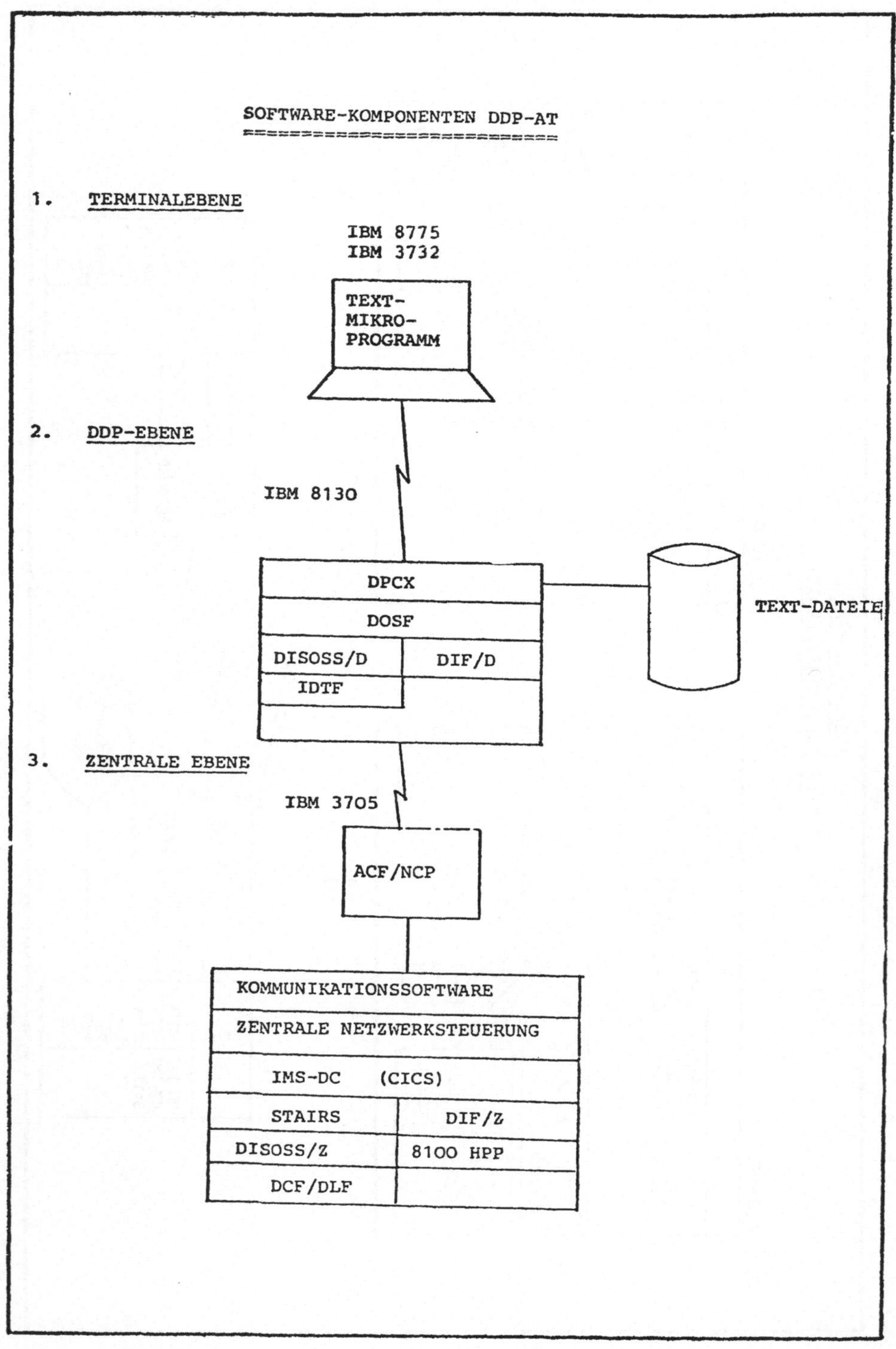

Abbildung 6

DDP-AT SOFTWARE-FUNKTIONEN

1. **TERMINALEBENE**

   TEXTMIKROPROGRAMM: z.B. WORTUMLAUF, TABULATOREN

2. **DDP-EBENE**

   a) **DPCX** = BETRIEBSSYSTEM (inkl. TP-MONITOR) für
      TEXTRECHNER IBM 8130.

   b) **DOSF** = DISTRIBUTED OFFICE SYSTEM FACILITY
      STANDARD-AT-FUNKTION für

      - ERSTELLUNG
      - KORREKTUR und
      - AUFBEREITUNG von TEXTEN;

3. **ZENTRALE EBENE**

   a) **STAIRS** = STORAGE AND INFORMATION RETRIEVAL SYSTEM
      "VOLLTEXT"-DATENBANK und RETRIEVALSYSTEM

   b) **DISOSS** = DISTRIBUTED OFFICE SUPPORT SYSTEM

      - TEXTABLAGE
      - SUCHFUNKTIONEN
      - "ELECTRONIC MAIL"

   c) **DIF** = DOCUMENT INTERCHANGE FACILITY

      ÜBERTRAGUNG VON TEXTEN ZWISCHEN "DEZENTRALEN"
      und "ZENTRALEN" TEXTFUNKTIONEN

   d) **DCF** = DOCUMENT COMPOSITION FACILITY

      - TEXTFORMATIERUNG (z.B. für LASERDRUCK, LICHT-
        SATZ etc.)

      - ERSTELLUNG INHALTSVERZEICHNIS, SACHREGISTER etc.

Abbildung 7

EINSATZ DER AUTOMATIONSUNTERSTÜTZTEN DOKUMENTATION
IN DER ÖSTERREICHISCHEN FINANZVERWALTUNG AM BEISPIEL DER
PRESSEDOKUMENTATION DES BUNDESMINISTERIUMS FÜR FINANZEN

Alexander E. WIESMAYR
Bundesministerium für Finanzen, Wien

1 DOKUMENTATION UND AUTOMATIONSUNTERSTÜTZTE DATENVERARBEITUNG

(1) Der Gedanke, die Möglichkeiten der automationsunterstützten
Datenverarbeitung (ADV) - nämlich rasche und fehlerfreie Verarbeitung großer Datenmengen - für Dokumentationszwecke (d.i. der
Bereich der elektronischen Datenverarbeitung, der sich primär
mit in Textform vorliegenden Informationen beschäftigt) nutzbar
zu machen, ist fast so alt wie die ADV selbst. Obgleich es in den
Sechzigerjahren fallweise schon gelungen war, einfache und durchaus operationelle 'Informations- und Dokumentationssysteme für
die Literatur- und Textdokumentation (IuD-Systeme)' zu entwickeln,
wurde der Einsatz von universellen IuD-Systemen außerhalb von
Forschung und Entwicklung erst durch die Leistungsfähigkeit heutiger ADV-Anlagen möglich. Die Entwicklung auf dem IuD-Gebiet
kam daher erst in jüngerer Zeit weltweit in Gang und kann noch
lange nicht als abgeschlossen angesehen werden.

(2) Da der Einsatz von ADV-Anlagen und Mikroprozessoren im IuD-
Bereich und in der Textverarbeitung beträchtliche Rationalisie-
rungseffekte erwarten ließ, hat das Bundesministerium für Finanzen bereits sehr frühzeitig mit Aktivitäten in diesem Bereich begonnen. So wurde 1976 mit der Umstellung der internen Dokumentation von Presseartikeln in der Präsidialabteilung 2, Presse,
die bis zu diesem Zeitpunkt ausschließlich händisch geführt
worden war, auf ein maschinelles Dokumentationssystem begonnen.
Noch im selben Jahr konnte die automationsunterstützte Zeitungsdokumentation, genannt 'Pressedokumentation des Bundesministeriums für Finanzen', mit einem gegenüber früher erweiterten Do-

kumentationsumfang und größerer Aktualität den Echtbetrieb aufnehmen. Die hiefür verwendeten ADV-Anlagen standen mit Ausnahme
der Ein-Ausgabegeräte zur Durchführung der verschiedensten Auto-
mationsaufgaben des Finanzressorts im Bundesrechenamt bereits
zur Verfügung.

2 AUFGABEN UND ZIELSETZUNGEN

(1) Die Zielsetzung bei der Umstellung der herkömmlichen Zeitungsdokumentation im Bundesministerium für Finanzen auf die
IuD-Anwendung 'Pressedokumentation' war - neben der Entlastung
der Bibliothek von der Tätigkeit der Zeitschriftendokumentation -
vor allem die raschere und gezieltere Befriedigung des Informa-
tionsbedürfnisses sowie die Beschleunigung des hausinternen Infor-
mationsflusses über wirtschafts- und innenpolitische Ereignisse.

(2) Darüberhinaus wird nicht nur der tägliche Informationsfluß
leichter bewältigt, sondern auch ein rascherer Zugriff auf die
historischen Ereignisse in der Tages- und Wochenpresse ermöglicht.

2.1 Informationsverteilung

(1) Die Präsidialabteilung 2, Presse, beliefert alle Sektionen
und Abteilungen im Bundesministerium für Finanzen mit den für
ihre Tätigkeit relevanten Pressemeldungen.

2.2 Dokumentaufbereitung und Datenbankerstellung

(1) Die für die Tätigkeit des Finanzressorts relevanten Litera-
turstellen werden dokumentarisch aufbereitet, in die ADV-Anlage
eingegeben und für spätere Anfragen in einem speziellen Datenbanksystem abgespeichert.

2.3 Zusammenstellung von Dokumentationen

(1) Mit dem maschinellen Dokumentationssystem wird die Möglich-
keit geboten, bei Bedarf relativ rasch Informationen in Form von
Dokumentationen über wirtschafts- und innenpolitische Ereignisse
in historischer Sicht zusammenzustellen (Recherchieren in einer
Datenbank), und die für die ad-hoc Fragestellung relevanten
Artikel direkt an die entsprechende Fachabteilung weiterzuleiten.

3 DOKUMENTATIONSGEGENSTAND

3.1 Interessensspektrum

(1) Die wichtigsten Informationen und Meldungen der Presse zu
Bereichen, die im Zusammenhang mit den Aufgaben des Finanzressorts stehen, werden in der Pressedokumentation verarbeitet.
Das aktuelle Sachgebietsverzeichnis liegt bei ('Sachgebietsindex
der Pressedokumentation', Beilage 1).

3.2 Artikel und Quellen

(1) Die Zeitungen und Zeitschriften, aus denen Artikel für die
Pressedokumentation ausgewählt werden, sind:

(1.1) in- und ausländische Tages- und Wochenpresse,

(1.2) periodische Zeitschriften und Magazine,

(1.3) allenfalls wichtige Agenturmeldungen, Presseaussendungen und
sonstige Berichte, die für das Finanzressort von Bedeutung sind
sowie

(1.4) Schriftstücke der parlamentarischen Tätigkeit (Stenographische Protokolle, Parlamentarische Anfragen u.ä.).

(2)   Die Liste der laufend ausgewerteten in- und ausländischen
Tages- und Wochenpresse liegt ebenfalls bei (Beilage 2).

4   SOFTWAREANFORDERUNGEN

(1)   Ziel aller IuD-Vorhaben ist das rasche, sichere und (möglichst) vollständige Wiederauffinden benötigter Informationen
aus einem umfangreichen Bestand von Text-Informationen. Das dabei eingesetzte automationsunterstützte Verfahren soll, zumindest bei einer Literaturdokumentationen wie der Pressedokumentation, möglichst selbstständig natürlichsprachliche Eigenheiten
(Synonyma, Flexionsformen, Komposita usw.) im Deskriptions- und
Rechercheprozess (Retrieval) berücksichtigen.

(2)   Eines der derzeit am weitesten entwickelten Programmprodukte
für die Textdokumentation ist das Softwareprodukt STAIRS/VS-TLS
(Storage And Information Retrieval System/Virtual Storage -
Thesaurus And Linguistic Integrated System) der Firma IBM, bestehend aus einem Datenbanksystem (prärelationalen Typs) mit
einer eigenen Abfragesprache (STAIRS/VS) und einer linguistischen
Erweiterung (TLS).

(3)   Der linguistische Teil des Gesamtsystems (TLS) ist die Weiterentwicklung des Programmpaketes FAIR (Full Automatic Information Retrieval System), welches Anfang der 70er Jahre anläßlich des Forschungsprojektes 'Strafrechtsdokumentation' vom
Bundeskanzleramt gemeinsam mit dem Bundesministerium für Justiz
und der Firma IBM-Österreich entwickelt worden war.

(4)   Das Dokumentationssystem STAIRS/VS-TLS (Kurzbezeichnung
STAIRS) wurde für verschiedene IuD-Anwendungen auf den elektronischen Datenverarbeitungsanlagen des Bundesrechenamtes installiert.

(5)   Der wichtigste und in STAIRS realisierte Gedanke besteht darin, die sehr zeitaufwendige und meist nur von hochqualifizier-

362

tem Personal zu bewältigende dokumentarische Auswertung der Texte
(darunter ist neben anderem auch die bibliografische Beschreibung
sowie die Zuordnung aussagefähiger Schlagworte bzw. Deskriptoren
zu verstehen) der Datenverarbeitungsanlage zu überlassen. Das
wird in der Form realisiert, daß jedes einzelne Wort des maschinenlesbar erfaßten Dokumententextes (mit Ausnahme der sogenannten "Stop-Wörter", das sind z.B. Bindewörter, Artikel usw.) als
relevantes Stichwort (Deskriptor) behandelt wird und daraus ein
systeminternes Wörterbuch mit Verweisen zu den abgespeicherten
Ausgangsdokumenten erstellt wird. Eine derartige Datenbank enthält somit den Volltext der Dokumente (Literaturzitate sowie
automatisch erstellte Register) und Indices (Stichwortverzeich-
nisse, 'invertierte Dateien' etc.).

(6) Bei einer Anfrage an die Datenbank (Retrieval) wird nun
die über Bildschirm eingegebene Suchbegriffskombination mit diesen Registern verglichen, die zutreffende(n) Literaturstelle(n)
(Dokumente) ermittelt und am Bildschirm angezeigt.

(7) Die im Datenbanksystem STAIRS/VS verfügbare Abfragesprache
nimmt nur in beschränktem Maß auf natürlichsprachliche Eigenheiten der Texte Rücksicht. Beispielsweise würden bei der Eingabe
des Suchbegriffes "Haus" diejenigen Dokumente, in denen die Begriffe "Hauses" oder "Häuser" vorkommen nicht gefunden. Der Programmzusatz 'Thesaurus and Linguistic Integrated System' (TLS),
der auf den Resultaten des erwähnten gemeinsamen Forschungsprojektes im Bundeskanzleramt und im Bundesministerium für Justiz
(Versuchsprojekt 'Strafrechtsdokumentation') basiert, ermöglicht
neben anderen linguistischen Feinheiten auch die automatische Erweiterung der Suchbegriffe auf solche mögliche Flexionsformen.
So werden z.B. bei der Eingabe des Zeitwortes "weitergehen" im
Retrieval auch alle Vorkommen der Worte "gehen ... weiter",
"ging ... weiter" u.ä. aufgefunden, was eine unbedingte Notwendigkeit für die Erreichung eines hohen Wiederauffindungsgrades
darstellt.

(8) Durch den Programmzusatz TLS wäre weiters auch die automatische Einbeziehung von Begriffspaaren, die zueinander in einer

vorgegebenen Relation stehen, in die Fragezeile möglich. Es wird
davon jedoch zur Zeit mangels eines geeigneten Thesaurus (normierter Wortschatz, dessen Einzelbegriffe miteinander in definierten Beziehungen stehen) nicht Gebrauch gemacht.

5   DOKUMENTATIONSVERFAHREN

(1)   Das eingesetzte Dokumentationssystem STAIRS ist durch die
Möglichkeit der automatischen Beschlagwortung (maschinelle Indexierung) auch für Dokumente im Volltext geeignet. Dabei wird
mit Ausnahme der benutzerindividuell definierten Stop-Worte wie
Artikel, Konjunktionen u.ä. jedes einzelne Wort eines Dokumentes
als relevant betrachtet und kann für die Suche (Retrieval) verwendet werden. Die Problematik eines solchen Volltextdokumenta-
tionssystems gegenüber einem Deskriptorsystem (jedem Dokument
werden aussagekräftige Schlagworte eines normierten Wortbestandes
intellektuell zugeordnet) besteht aber darin, daß einerseits umfangreiche Volltexte maschinenlesbar erfaßt werden müssen und
andererseits die Trefferquote im Retrieval wegen der Vielzahl
der Suchbegriffe, die im freien Text vorkommen und häufig in
einem zufälligen Zusammenhang stehen, mitunter unbefriedigend ist.

5.1   Artikelauswahl, Redaktion und Aufbereitung

(1)   Um die genannten schwerwiegenden Nachteile eines Volltext-
systems zu vermeiden und den ungeheuren Aufwand der intellektuellen Beschlagwortung trotzdem nicht in Kauf nehmen zu müssen,
wurde für die Pressedokumentation nachfolgende Vorgangsweise gewählt.

(2)   Täglich werden aus der Fülle der Zeitungsartikel, die sich
auf ein Ereignis beziehen, nur diejenigen Artikel für die Erfassung ausgewählt, die den Sachverhalt in einer komprimierten
Form - wie z.B. in einer Kurzzusammenfassung - darstellen. Beim

Redigieren dieser ausgewählten Artikel markiert der Redakteur
die den wesentlichen Inhalt repräsentierenden Passagen (Absätze,
Kernaussagen und einzelne Stichworte) des Volltextes und ergänzt
diese (im Bedarfsfall) durch ihm zweckmäßig erscheinende zusätzliche Schlagworte. Darüberhinaus ordnet er jedem Dokument Nummern
des Sachgebietsindexes zu.

(3) Bei dieser Vorgangsweise wird die Anzahl der täglich zu erfassenden Dokumente auf das unbedingt erforderliche Ausmaß reduziert und die abzuspeichernden Artikel werden weitgehend vom
Ballast befreit, was sowohl den Erfassungs- und Speicheraufwand
verringert als auch die qualitativen Kennzahlen der Retrieval-
ergebnisse (Recall: Trefferquote, Precision: Relevanz der gefundenen Dokumente) verbessert.

(4) Durch die im Volltext erhalten gebliebenen Kernaussagen
(die Semantik bleibt beim Redigieren weitgehend erhalten) wird in
der überwiegenden Anzahl der Fälle bei den im Retrieval als Antwort direkt am Bildschirm erscheinenden Dokumenten eine sofortige
Beurteilung ihrer Relevanz ermöglicht. Im Gegensatz zu einem
reinen Deskriptorsystem, in welchem die Relevanzbeurteilung immer
erst nach Einsicht in das archivierte Originaldokument erfolgen
kann, ist dies bei dem in der Pressedokumentation gewählten
Mischverfahren nur selten erforderlich.

(5) Die durch den Redakteur zugeordneten Index-Zahlen stellen,
da der Index selbst nur sehr grob gegliedert ist, lediglich ein
sekundäres Auswahlkriterium dar. Es wird erst dann zur Suche
herangezogen, wenn im Retrieval andere Frageeingrenzungsmöglich-
keiten (logische Operatoren, Verknüpfung von Fragezeilen, qualifizierte Suche o.ä.) keine Ergebnisse bringen. Außerdem könnten
sie zur Erstellung von regelmäßigen Profildiensten herangezogen
werden.

5.2 Dokumentaufbau

(1) In der Pressedokumentation werden zwei Arten von Schriftstücken
(Dokumenttypen) dokumentiert:

(1.1) Artikel aus Zeitungen, Zeitschriften, Agenturmeldungen und
Presseaussendungen,

(1.2) Artikel aus Schriftstücken der parlamentarischen Tätigkeit.

(2) Jedes Dokument ist in mehrere Abschnitte (Kategorien) untergliedert, wobei die beiden Dokumenttypen unterschiedlich aufgebaut sind.

5.2.1   Aufbau von Zeitungsdokumenten

(1) Die einzelnen Zeitungsdokumente bestehen aus folgenden
Kategorien:

Quelle: Name der Zeitung, in der der betreffende Artikel
                  abgedruckt ist
Datum: Erscheinungsdatum des Artikels
Index: zugeordneter Sachgebietsindex
Autor: Autor oder Presseagentur, soferne angegeben
Titel: Titel des Artikels
Untertitel: Unter- bzw. Zwischentitel des Artikels
Text: Klartext des Artikels oder Artikelausschnittes

(2) Einzelne Kategorien (z.B. Autor, Index und Untertitel)
können fehlen.

5.2.2   Aufbau von Parlamentsdokumenten

(1) Folgende Arten von Parlamentsdokumenten werden in der Pressedokumentation behandelt:

1.1 Stenographische Protokolle,
1.2 Parlamentskorrespondenz,
1.3 Schriftliche Anfragen.

(2) Für Parlamentsdokumente werden folgende Kategorien verwendet:

Quelle:	Art des Parlamentsdokumentes
Datum:	Datum des Ereignisses
Index:	zugeordneter Sachgebietsindex
Protokoll:	Nummer des Parlamentsprotokolles
TO-Punkt:	Wortlaut des Tagesordnungspunktes
Redner:	Name des Redners

(3) Einzelne Kategorien können fehlen bzw. mehrfach aufscheinen.

5.3 Datenbanken

(1) In der Pressedokumentation stehen zwei Datenbanken zur Verfügung, die Datenbank der Zeitungsdokumente (Zeitungs- oder
Pressedatenbank) und die Datenbank der Parlamentsdokumente (Par-
lamentsdatenbank). Jede dieser Datenbanken besteht aus einer oder
mehreren Teildatenbanken. Bei einer Abfrage ist es möglich, mehrere oder alle Teildatenbanken gleichzeitig - sowohl Presse- als
auch Parlamentsdatenbank(en) - anzusprechen.

(2) Die Erstellung einer Teildatenbank für Zeitungsdokumente erfolgt wöchentlich; die neu erstellte Teildatenbank wird logisch
mit den bereits existierenden zur Pressedatenbank verkettet und
für Abfragen zur Verfügung gestellt.

(3) Die Datenbank der Parlamentsdokumente wird (aufgrund des
vorläufig noch geringen Datenumfanges) bei jeder Erweiterung des
Dokumentenbestandes neu erstellt. Mit dem Wechsel einer Gesetz-
gebungsperiode wird jeweils eine neue Teildatenbank begonnen.

(4) Die maximale Anzahl von Teildatenbanken, die miteinander
verkettet werden kann, ist mit 16 beschränkt. Wird nun diese
vorgegebene Anzahl erreicht, werden jeweils mehrere dieser
16 Teildatenbanken zu einer neuen Teildatenbank verschmolzen.
Derselbe Vorgang erfolgt am Jahresende, sodaß die jeweils während
eines abgelaufenen Jahres erfaßten Dokumente in einer einzigen
Jahres(Teil-)datenbank zusammengefaßt sind.

6 VERFAHRENSÜBERSICHT

(1) In Beilage 3 sind die für die Aufbereitung, die Archivierung
und das Wiederauffinden der Dokumente aus der Datenbank erforderlichen Arbeitsschritte dargestellt. Diese Abbildungen stellen den
Ablauf im Bereich der Zeitungsdokumentation dar. Dieser Ablauf
gilt jedoch sinngemäß auch bei der Parlamentsdokumentation.

6.1 Ersterhebung der Quellen

(1) Vor Installation der Pressedokumentation wurde eine Liste
der Tages- und Wochenzeitungen und Zeitschriften zusammengestellt.
Die für die Tätigkeit des Finanzressorts relevantesten (ca. 30)
wurden ausgewählt und werden nun laufend dokumentiert.

6.2 Auswahl und Erfassung der Artikel

(1) Aus allen diesen Zeitungen werden sofort nach dem Einlangen
im Bundesministerium für Finanzen die interessanten Artikel ausgewählt. Der Redakteur ordnet jedem finanzpolitisch interessanten
Artikel die Kennzeichnung der zuständigen Fachabteilung(en) innerhalb des Bundesministeriums für Finanzen zu. Er legt dabei aber
noch nicht fest, welche dieser Artikel in das maschinelle Dokumentationssystem übernommen werden sollen. Dies geschieht erst
zu einem späteren Zeitpunkt.

(2) Um möglichst alle Verzögerungen bei der Informationsver-
teilung auszuschalten, werden Kopien dieses Artikels - in der
erforderlichen Anzahl - angefertigt. Dabei wird eine Kopiermaske
verwendet, aus der alle die Literaturstelle betreffenden Angaben
ersichtlich sind.

(3) Die Kopien werden hausintern verteilt. Eine dieser Kopien
(Urkopie genannt) bleibt beim Redakteur, der die weitere redak-
tionelle Aufbereitung durchführt.

(4) Bei der redaktionellen Aufbereitung werden alle Dokumente,
die nicht ADV-mäßig dokumentiert werden, sofort abgelegt. Auf
den verbleibenden 30 - 50 Zeitungsausschnitten (Urkopien) werden
die relevanten Informationen (Kernsätze, bzw. falls vorhanden,
die Kurzfassung des Artikels) gekennzeichnet, sowie der Sachgebietsindex (bzw. Sachgebietsindizes) und mögliche zusätzliche
Schlagworte beigefügt (Beilage 4, Beispiel eines redigierten
Dokumentes).

(5) Die für die maschinelle Dokumentation vorbereiteten Artikel
werden für die ADV-mäßige Erfassung abgelegt. Die Erfassung erfolgt üblicherweise am darauffolgenden Tag auf Diskette (ADV-
spezifisches, maschinenlesbares Speichermedium). Nach der Erfassung werden diese Urkopien ebenfalls abgelegt.

(6) Die Ablage der Kopien im Archiv erfolgt in Ordnern nach
einem zeitbezogenen System. Das Archiv (Ordner mit den Urkopien)
beinhaltet somit neben den in der Datenbank verfügbaren Dokumenten auch diejenigen, die nicht ADV-mäßig abgefragt werden können.
Diese Organisationsform wurde deshalb gewählt, damit die Anzahl
von für die ADV zu erfassenden Dokumenten möglichst gering ge-
halten werden kann, im Bedarfsfall trotzdem aber das gesamte
Meinungsspektrum zu einer bestimmten Angelegenheit in Form eines
Pressespiegels verfügbar ist. Das einzige Suchkriterium für das
Wiederauffinden in der Ablage ist das Erscheinungsdatum und der
Zeitungsname. Dadurch ist auch im Archiv die gesamte zeitliche
Umgebung eines Ereignisses sofort einsehbar.

6.3 Korrektur und Aufbau der Datenbank

(1) Die Erfassung der Dokumente wird unabhängig vom Betrieb der
ADV-Anlage im Bundesrechenzentrum auf einer Diskettenstation im
Bundesministerium für Finanzen durchgeführt (off-line).

(2) Einmal in der Woche werden die beschriebenen Disketten an
das Bundesrechenzentrum übersendet und dort auf ein Magnetband
übertragen.

(3) Der Inhalt dieses Magnetbandes wird vorerst verschiedenen
Prüfungen unterzogen.

(3.1) Dokumentaufbau: Vollständigkeit und Abfolge der Dokument-
abschnitte, Plausibilität der Datumsschreibung, richtige Schreib-
weise des Zeitungsnamens u.ä.;

(3.2) Erfassungsfehler: fehlerhafter Wechsel der Groß/Klein-
schreibung wird, soferne er maschinell erkannt wird, automatisch
korrigiert;

(3.3) Differenzwortliste: alle Wörter, die noch nicht in der
Datenbank vorhanden sind, werden für eine nochmalige Überprüfung
ausgewiesen;

(3.4) Formale Fehler: Sonderzeichenfolgen werden automatisch in
ein einheitliches Format verwandelt.

(4) Auf einer Liste (Korrekturliste) werden alle Fehlermeldungen,
Informationen über mögliche Fehler und automatisch durchgeführten
Korrekturen zusammengefaßt.

(5) Die Eingabekräfte überprüfen die Listen und die automatischen
Korrekturen und führen die verbleibenden Korrekturen im Dialog am
Bildschirm aus (on-line).

(6) Sind alle Korrekturen abgeschlossen, werden Teile der vor-
genannten Prüfungen wiederholt und es erfolgt die Zusammenfassung
der fehlerfreien Dokumente einer jeden Woche zu einer Teildatenbank.

(7) Findet diese nochmalige Prüfung weitere fehlerbehaftete
Dokumente, so werden diese Dokumente solange zur Korrektur vorgelegt, bis keine Fehler mehr automatisch erkannt werden; erst
dann werden auch diese Dokumente in die Datenbank aufgenommen.

(8) Der Zeitraum, der vom Einlangen der beschriebenen Disketten
im Bundesrechenzentrum bis zum Bereitstellen der Dokumente in
einer Datenbank benötigt wird, umfaßt im Normalfall wegen der

von den Erfassungskräften durchzuführenden Korrektur zwei Tage.
Da ein solcher Prüf- und Korrekturzyklus für neue Dokumente
wöchentlich stattfindet, liegt der Aktualitätsgrad der Pressedokumentation zwischen 2 und 8 Tagen. Dies ist vollkommen ausreichend, da die Ereignisse der jeweils abgelaufenen Woche aufgrund
ihrer Aktualität auch ohne Datenbank präsent sind und jederzeit
im Archiv gefunden werden können.

6.4   Datenbankabfragen

(1)   Wird seitens einer Fachabteilung des Bundesministeriums für
Finanzen eine Information aus einem bestimmten Sachgebiet benötigt, so nimmt sie mit der Präsidialabteilung 2, Presse, Kontakt auf und gibt dem Rechercheur die Fragestellung bekannt.

(2)   Dieser formuliert die Anfrage an die Datenbank im Dialog am
Bildschirm (siehe Beilage 5, Muster einer Recherche). Das Ergebnis der Anfrage (Recherche) ist die Menge der auf die Frage-
formulierung zutreffenden Dokumente, die am Bildschirm eingesehen werden können. Im Normalfall ist durch die (teilweise)
Volltexterfassung die Relevanzbeurteilung der gefundenen Artikel auf dem Bildschirm ausreichend. Die für die Fragestellung
relevanten Dokumente können sodann ausgedruckt dem Fragesteller
übergeben werden. Benötigt der Mitarbeiter in der Fachabteilung
zusätzlich den Originalartikel, so wird die im Archiv abgelegte
Urkopie noch einmal vervielfältigt und beigelegt.

(3)   Bei der Fragezeilenformulierung bestehen folgende Möglichkeiten:

(3.1)   Neben den Verknüpfungsoperanden AND und OR (sowohl für
Suchbegriffe als auch für einzelne Fragezeilen) kann bei der Formulierung einer Suchfrage zusätzlich vorgegeben werden, daß einzelne Suchbegriffe unmittelbar nebeneinander (im selben Satz, im
selben Dokument) vorkommen müssen oder in einem bestimmten Doku-
mentabschnitt stehen;

(3.2) Einzelne Anfragen (z.B. Suchprofile und -strategien) sowie deren Ergebnisse können zwischengespeichert und später jederzeit wieder aufgerufen und/oder weiter bearbeitet werden;

(3.3) Die in einem definierten Thesaurus vorgegebenen Begriffs-
paare können in die Abfrage einbezogen werden (derzeit noch
nicht realisiert);

(3.4) Die Suchbegriffe der Fragestellung am Bildschirm werden
in den Antwortdokumenten mit doppelter Helligkeit hervorgehoben,
wodurch die Relevanzbeurteilung durch den Rechercheur wesentlich erleichtert wird;

(3.5) Gefundene Dokumente können außer am Bildschirm auch am
angeschlossenen Terminaldrucker oder am Schnelldrucker im Bundesrechenzentrum ausgegeben werden.

Beilage 1

Kurzinformation Pressedokumentation

<u>SACHGEBIETSINDEX DER PRESSEDOKUMENTATION</u>

O GRUNDSATZFRAGEN

1 POLITIK

2 SACHPOLITIK

3 WIRTSCHAFT

4 VERWALTUNG,
   BUNDESMINISTERIUM FÜR FINANZEN

5 BUDGET

6 ABGABEN

7 KREDITWESEN

8 BETRIEBE, BETEILIGUNGEN

9 SONSTIGES

Die obige Gliederung stellt den Hauptindex dar, der in einer
weiteren Position tiefer untergliedert wird (z.B. 41: Bundesverwaltung, Rechnungshof).

Beilage 2

Kurzinformation Pressedokumentation

IN- UND AUSLÄNDISCHE ZEITUNGEN, ZEITSCHRIFTEN UND PERIODIKA, DIE GEGENSTAND DER PRESSEDOKUMENTATION SIND

Arbeiterzeitung	Neues Volksblatt
Börsenkurier	Neue Tiroler Zeitung
Capital	Neue Zeit
Deutsches Handelsblatt	Neue Zürcher Zeitung
Die Furche	Oberösterreichische Nachrichten
Die Industrie	Oberösterreichisches Tagblatt
Die Presse	Profil
Die Welt	Präsent
Die Zeit	Salzburger Nachrichten
Extrablatt	Spiegel
Finanznachrichten	Stern
Frankfurter Allgemeine	Süddeutsche Zeitung
Frankfurter Rundschau	Süd-Ost-Tagespost
Kärntner Tageszeitung	Tiroler Tageszeitung
Kleine Zeitung	Trend
Kronen Zeitung	Volksstimme
Kurier	Volkszeitung Kärnten
Nationalzeitung Basel	Vorarlberger Nachrichten
Neue Freie Zeitung	Wiener Zeitung
Neue Vorarlberger Tageszeitung	Wochenpresse

Es besteht jederzeit die Möglichkeit der Erweiterung um beliebige andere Quellen.

Beilage 3/1

Kurzinformation Pressedokumentation

<u>VERFAHRENSÜBERSICHT</u>

3.1   Zeitungsbearbeitung und
      Dokumentaufbereitung

3.2   Datenbankaufbau

3.3   Datenbankabfrage

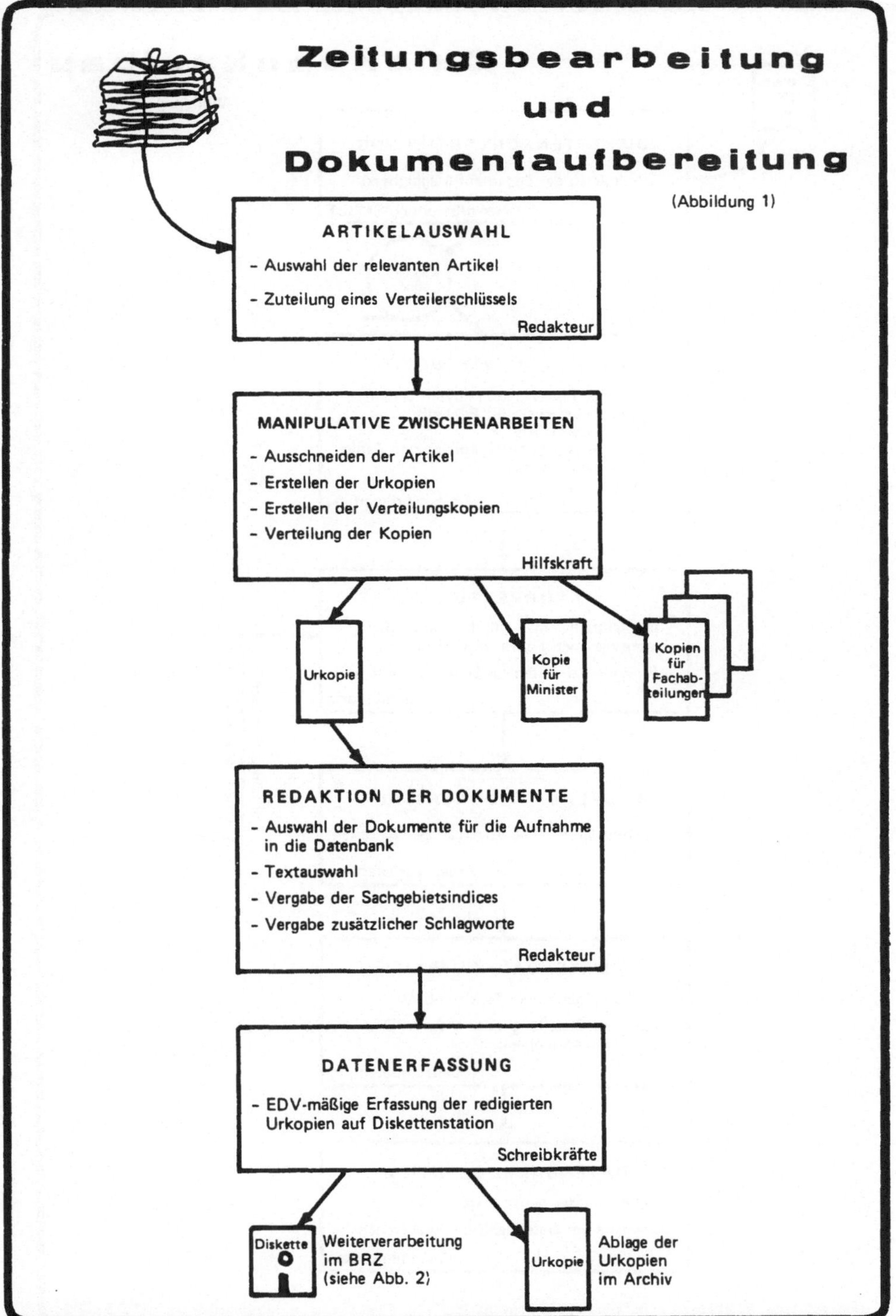

Zeitungsbearbeitung
und
Dokumentaufbereitung
(Abbildung 1)

ARTIKELAUSWAHL
- Auswahl der relevanten Artikel
- Zuteilung eines Verteilerschlüssels
Redakteur

MANIPULATIVE ZWISCHENARBEITEN
- Ausschneiden der Artikel
- Erstellen der Urkopien
- Erstellen der Verteilungskopien
- Verteilung der Kopien
Hilfskraft

Urkopie
Kopie für Minister
Kopien für Fachabteilungen

REDAKTION DER DOKUMENTE
- Auswahl der Dokumente für die Aufnahme in die Datenbank
- Textauswahl
- Vergabe der Sachgebietsindices
- Vergabe zusätzlicher Schlagworte
Redakteur

DATENERFASSUNG
- EDV-mäßige Erfassung der redigierten Urkopien auf Diskettenstation
Schreibkräfte

Diskette
Weiterverarbeitung im BRZ (siehe Abb. 2)

Urkopie
Ablage der Urkopien im Archiv

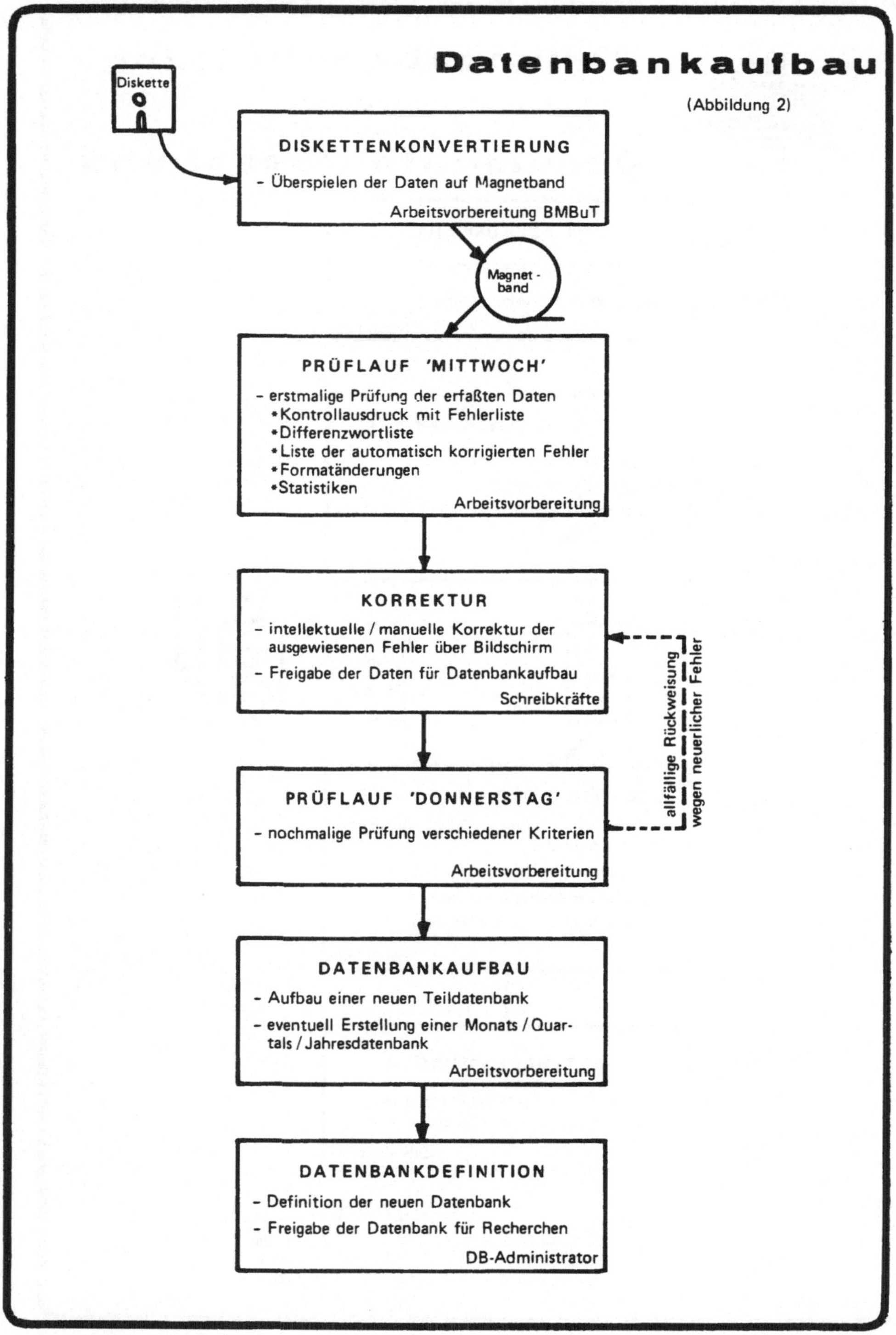

Diskette

Datenbankaufbau

(Abbildung 2)

DISKETTENKONVERTIERUNG
- Überspielen der Daten auf Magnetband
Arbeitsvorbereitung BMBuT

Magnet - band

PRÜFLAUF 'MITTWOCH'
- erstmalige Prüfung der erfaßten Daten
•Kontrollausdruck mit Fehlerliste
•Differenzwortliste
•Liste der automatisch korrigierten Fehler
•Formatänderungen
•Statistiken
Arbeitsvorbereitung

KORREKTUR
- intellektuelle / manuelle Korrektur der ausgewiesenen Fehler über Bildschirm
- Freigabe der Daten für Datenbankaufbau
Schreibkräfte

PRÜFLAUF 'DONNERSTAG'
- nochmalige Prüfung verschiedener Kriterien
Arbeitsvorbereitung

allfällige Rückweisung wegen neuerlicher Fehler

DATENBANKAUFBAU
- Aufbau einer neuen Teildatenbank
- eventuell Erstellung einer Monats / Quartals / Jahresdatenbank
Arbeitsvorbereitung

DATENBANKDEFINITION
- Definition der neuen Datenbank
- Freigabe der Datenbank für Recherchen
DB-Administrator

BMF VII/1

KI - PD/3

Datenbankabfrage

(Abbildung 3)

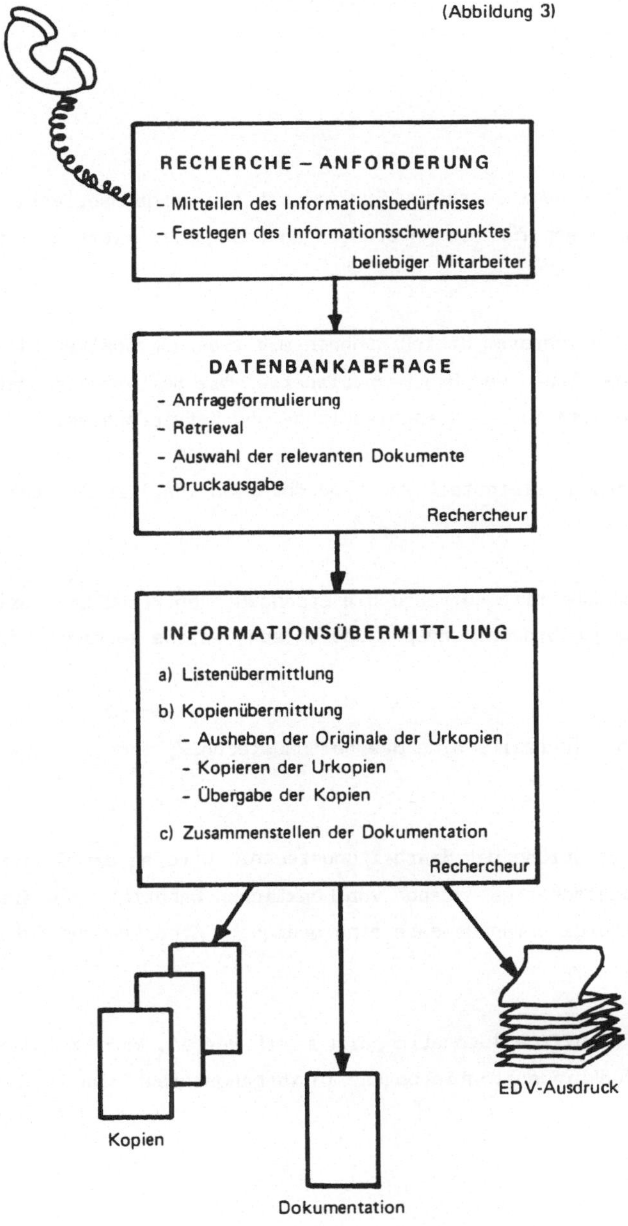

**Die computergestützte Arbeits- und Informationsumgebung
im Büro am Beispiel von COAST**

Heinz Lasta
Philips Data Systems GmbH, Wien

1. Einleitung

COAST (Computerized Office Administration SysTem) ist ein vorgangsorientiertes
Bürosystem, primär konzipiert für die Anforderungen des qualifizierten Fachspezialisten.

Es besteht aus einem oder mehreren Prozeßrechnern mit videogekoppelten Bildschirmterminals sowie Platten-, Band- und Druckerperipherie. Die Softwarekomponenten bestehen aus Arbeits-, Informations-, Kommunikations- und Servicesystem.

Die nachfolgende Einführung erleichtert das Einordnen von COAST im Angebot der
Office Automation-Systeme.

Ähnlich wie im Produktionsbetrieb Aufträge die Erzeugung von Produkten auslösen,
lösen im Büro Anforderungen Bearbeitungsprozeduren aus, welche zu einer Erledigung
führen.

Die Prozeduren erfordern einerseits eine Bearbeitungstechnik, andererseits ein
"Vorgangsmanagement".

Für die technische Unterstützung der Bearbeitungstechnik wird an der Benutzerschnittstelle ein breitgefächertes Angebot von Funktionen benötigt, für die technische Unterstützung des Vorgangsmanagements eine geeignete Arbeits- und Informationsumgebung.

Systeme, welche heute für Office Automation diskutiert werden, kann man daher von
der Konzeption her in funktionsorientierte und in vorgangsorientierte Systeme einteilen.

Funktionsorientierte Systeme bieten dem Benutzer unter einer einheitlichen Betriebssoftware mehrere spezialisierte Funktionspakete an, z. B. einen Texteditor,
elektronische Post, Zugriff auf eine Datenbank etc. Sie bieten einen multifunktionalen Arbeitsplatz, der im Prinzip als Weiterentwicklung der weit verbreiteten On-
line-Bildschirme gelten kann.

Derartige Systeme sind dann vorteilhaft, wenn auch die Arbeitsweise des Benutzers
funktionsorientiert ist und keinen allzu häufigen Wechsel zwischen den Funktionen
erfordert oder wenn er das System nur fallweise benutzt.

Typische Beispiele solcher Anwender und der von ihnen benötigten Funktionen:
    Schreibkräfte :   Texteditor, elektronische Post
    Führungskräfte: elektronische Post, Bürographik
    Schalterbeamte: Zugriff auf Dantenbanken, Personal Computing

Vorgangsorientierte Systeme unterstützen die inhaltliche Abwicklung komplexer Vorgänge quer durch die Funktionen. Typisch für die Vorgangsbearbeitung ist der simultane Bedarf an Funktionen und die Notwendigkeit, mehrere Dokumente simultan einzusehen bzw. zu bearbeiten. Als Beispiel für einen solchen Vorgang sei die Bearbeitung einer Anfrage nach einem Offert auszugsweise dargestellt:

    Über die Anforderung muß ein interner Verteiler informiert werden,
    sie muß für das spätere Wiederfinden archiviert werden,
    es müssen Preise, Konditionen, Vertragstexte eingesehen werden
    es müssen Termine definiert und überwacht werden,
    das Offert muß geschrieben und kontrolliert werden,
    Kopien des Offerts müssen intern verteilt und archiviert werden
    Nachfaßaktionen müssen vorgemerkt und überwacht werden,
    Adressbestände/Chancenlisten müssen ergänzt werden, etc., etc.

Die effiziente Bearbeitung des Vorgangs erfordert also eine Fülle von Aktion, Information, Kommunikation und Planung in raschem Wechsel. Fast jeder Bearbeitungs-
schritt erfordert die simultane Verfügbarkeit mehrerer Funktionen und Informationsquellen.

Der Benutzer eines vorgangsorientierten Systems ist in der Fachabteilung und
mittleren Führungsebene angesiedelt. Diese Mitarbeitergruppe hat in einer typischen
Verwaltung einen personalstands und -kostenmäßigen Anteil von etwa 60 %. Der
Nutzungsgrad des Systems ist hoch, d. h., es wird ein erheblicher Teil der Arbeit
darüber abgewickelt.

2. Anforderungen an ein vorgangsorientiertes System

Ein vorgangsorientiertes System muß an der Benutzerschnittstelle bestimmte Voraussetzungen erfüllen: Das System muß so rasch und einfach zu bedienen sein und es muß
so rasch auf Eingaben reagieren, daß die komplexe Vorgangsbearbeitung nicht durch
aufwendige Kommandoeingaben, Nachdenken über Bedienungskonventionen oder lange Antwortzeiten behindert wird. Ferner muß die Möglichkeit gegeben sein, mehrere Informationsquellen simultan einzusehen bzw. zu bearbeiten.

Diese Anforderungen folgen nicht nur aus den Besonderheiten der Vorgangsbearbeitung
an sich, sondern auch aus der typischen "ereignisorientierten Arbeitsweise" der
"Fachspezialisten", jene Mitarbeiter, die üblicherweise mit der Vogangsbearbeitung
befaßt sind (z. B. Sachbearbeiter, Einkäufer, Verkäufer, Disponenten, mittlere
Führungskräfte): Das Kriterium für den Beginn eines Vorgangs ist entweder, daß ein
anderer Vorgang beendet wurde oder daß eine Unterbrechung erfolgte, die einen Vorgang höherer Priorität anfordert. Solche Unterbrechungen können z. B. sein: Tele-
fonanrufe, Besucher, einlangende Post. Üblicherweise genießen Anrufe die höchste
Priorität, Besucher die zweithöchste, sonstige Unterbrechungen die dritthöchste und
die übrige Arbeit entsprechend niedrigere Priorität:

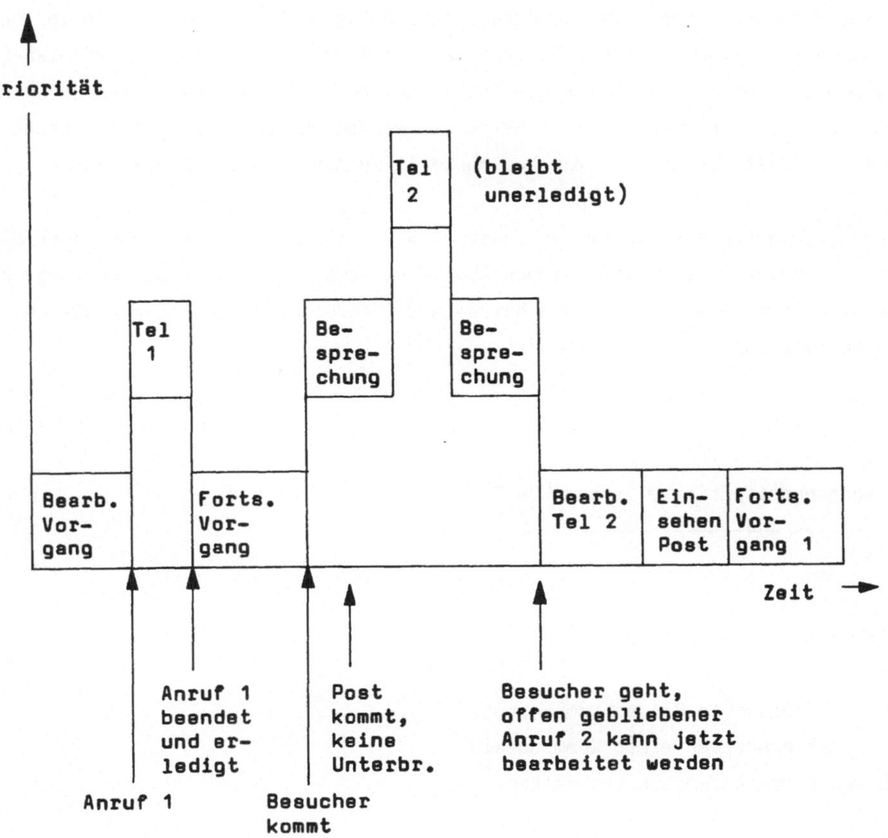

Es leuchtet unmittelbar ein, daß die Effizienz eines Bearbeiters direkt von der Zahl der Unterbrechungen und der Schnelligkeit abhängt, in der die erforderlichen Daten bereitgestellt werden können.

Der Fachspezialist versucht, sich auf den ungeplant und schlagartig auftretenden Informationsbedarf dadurch bestmöglich vorzubereiten, daß er eine Vielzahl von Unterlagen und Nachschlagewerken in seiner Arbeitsumgebung bereit hält. Aus diesen stellt er bei Bedarf das Gewünschte zusammen. Zwischenergebnisse notiert er auf Notizblätter. Dabei muß er häufig mit seiner Aufmerksamkeit fluktuierend zwischen verschiedenen Unterlagen "pendeln", und es ist für ihn wichtig, daß beim Wechseln von einer Unterlage zur anderen der Arbeitszustand in den gerade nicht bearbeiteten Unterlagen erhalten bleibt.

Listen und Handbücher haben diese wünschenswerte Eigenschaft: Sie bleiben in ihrem aufgeschlagenen Zustand, bis der Bearbeiter dies ändert. Der Schreibtisch bietet relativ mühelos den Zugriff auf viele Dokumente. Neue Hilfsmittel müssen sich an der Qualität dieser Lösung messen lassen; sie werden nur dann akzeptiert werden, wenn sie zumindest den Komfort der konventionellen Arbeitsweise bieten können.

Ein vorgangsorientiertes System muß daher v o r allen speziellen Funktionen dies bieten: Ein komfortabel zu bedienendes Abbild der aus der Vorgangsbearbeitung und aus der Arbeitsweise abgeleiteten Arbeits- und Informationsumgebung mit vielen Dokumenten im parallelen Zugriff.

3. Das vorgangsorientierte System COAST

In COAST werden diese Anforderungen erfüllt

    mit dem "logischen Bildschirmkonzept,
    mit Funktionstasten statt Kommandos,
    mit spontanem Antwortzeitverhalten.

Beim logischen Bildschirmkonzept verhält sich der physische Bildschirm so wie ein
Bilderrahmen, hinter welchem man 12 (Endlos)-Dokumente bewegen und jeweils den
durch den Rahmen gegebenen Ausschnitt anzeigen kann. Die vertikale Bewegung entspricht dem Positionieren innerhalb desselben Dokuments (Vorwärts-/Rückwärts-
blättern), die horizontale Bewegung dem Anwählen eines anderen Dokuments:

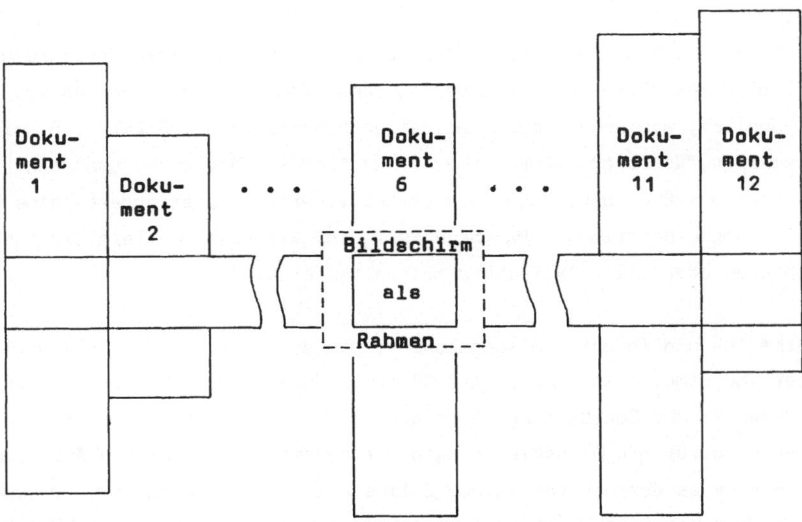

Solche "Primitivoperationen" wie das Blättern, das Anwählen eines anderen Dokumen-
tes oder das Editieren werden vom Bearbeiter ständig benötigt. Daher waren für
COAST gemäß obigen Anforderungen weiters zu erfüllen: Funktionstastenprinzip statt
Kommandos und spontanes Antwortzeitverhalten.

Dies konnte mit einer auf Zeicheninterruptprinzip arbeitenden Prozeßrechnerhardware
mit videogekoppelten Bildschirmen erreicht werden (Philips P 7000). Bei der Video-
technologie werden statt des üblichen softwaremäßigen Datentransfers zwischen Bildschirm und Hauptspeicher Videosignale mit 312.000 bps über Koaxialkabel übertragen. Der Bildschirm liest den ihm zugeordneten Hauptspeicherblock direkt aus, der
Benutzer ist mit der Plattengeschwindigkeit in seinen Datenbeständen.

Diese Voraussetzungen ermöglichen eine leistungsfähige Arbeits- und Informationsumgebung via Bildschirm und Tastatur.

4. Dienstleistungen von COAST

Unter "Arbeits- und Informationsumgebung" ist eine benutzerspezifische Anordnung von "Dokumenten" (Daten und Texten) zu verstehen, welche simultan zur Einsichtnahme und Bearbeitung bereitstehen.

Der Benutzer kann sich beliebig viele derartige Arbeits- und Informationsumgebungen in seinem System speichern und bei Bedarf automatisch bereitstellen lassen. Der Effekt ist ähnlich, wie wenn jemand zahlreiche Schreibtische hätte: z. B. einen für das Arbeitsgebiet "Werbung", einen anderen für "interne Besprechungen" einen dritten für "Kundenkontakte" usw. Jeder dieser Aktivitätskreise erfordert seine bestimmten, typischen Unterlagen. Manche Unterlagen, wie etwa der Terminkalender werden bei mehreren oder allen Aktivitätskreisen benötigt.

Jede der Arbeits- und Informationsumgebungen, die der Benutzer in COAST definieren kann, bietet ihm simultanen Zugriff auf 12 frei wählbare Datenbestände/Texte für Informationszwecke und Bearbeitung. Über eine Dialogschnittstelle zum Zentralrechner kann der Benutzer die Dienstleistungen der zentralen Software in Anspruch nehmen, so wie er es derzeit von seinem Online-Bildschirm gewöhnt ist. Darüberhinaus stehen dem Benutzer 9 weitere reine Informationsdateien zur Verfügung (z. B. für die Abspeicherung eines Telefonverzeichnisses, von Vertragstexten und anderen Unterlagen mit geringem Änderungsdienst), sowie 9 "elektronische Notizzettel".

4.1 COAST-Subsysteme

COAST besteht aus den Subsystemen

    Arbeitssystem
    Informationssystem
    Kommunikationssystem
    Servicesystem

Das Arbeitssystem unterstützt die Arbeit des qualifizierten Fachspezialisten indem
es seine Projekte, Aktivitäten, Pläne, Ideen, Termine in einem "Logbuch" verwaltet,
aus welchem durch einfachen Tastendruck von "Soft-keys" vielfältige, gruppierte
Auswertungen zur planmäßigen Steuerung der Arbeit möglich sind. Zum Arbeitssystem
gehören auch ein Terminkalender, die Möglichkeit zu programmierter Textverarbeitung
und Document Processing, Hilfen für die Abwicklung von Projekten und Tischrechnerfunktionen.

Das Kommunikationssystem enthält ein Electronic Mail Feature für den Nachrichtenaustausch innerhalb des Systems sowie Module für die Kommunikation mit anderen
Rechnern im Stapel- und/oder Dialogbetrieb. Beispielsweise kann ein 3270-kompa-
tibles Terminal eins zu eins durch ein COAST-Terminal ersetzt werden. Mit einem
aktiven Netzknoten kann ein beliebig komplexer Systemverbund erreicht werden. Ein
Teletexanschluß ist angekündigt.

Das Informationssystem stellt dem Benutzer die für seine Arbeit benötigte Informationsumgebung bereit. Es enthält hochwertige Storage- und Retrieval-Komponenten,
welche für alle einschlägigen Anwendungen, wie Adressendatei, Post- und Literaturdokumentation gute Dienste leistet. In der Wahl des Formats der zu speichernden Informationen ist der Benutzer völlig frei, ebenso in der Wahl des Zugriffspfades, da
dieser nicht vordefiniert wird. Der Zugriff kann über Schlüsselwörter oder Voll-
text-Begriffe erfolgen; es kann auch nach Teilen eines Wortes gesucht werden. Bis
zu 9 Suchbegriffe können in einem Durchlauf spezifiziert werden. Logische Verknüpfungen mit und, oder, gleich, ungleich, größer, kleiner sind möglich. Zusammen
mit einer wahlweisen Anzeigeform, welche alle Datensätze, die ein Suchkriterium erfüllen, gemeinsam auf den Bildschirm stellt, sind Fragestellungen möglich wie "was
hat heute Termin und ist noch nicht erledigt" oder "welche offenen Punkte betreffen
den Gesprächspartner, der gerade am Telefon ist und müssen diese Woche behandelt
werden".

4.1.1 Arbeitssystem

Es dient zur Unterstützung und Verwaltung der eigentlichen Arbeit des Fachspezialisten. Zentrale Applikation ist das "Logbuch". Es besteht aus einer Datei (Logbuch
im engeren Sinn), Suchmechanismus, die je nach Bedarf vielfältig gruppierte Auszüge
aus dem Logbuch erzeugen können und einem Texteditor.

Die Datei: Der Benutzer trägt im Logbuch alles ein, was ihm in irgendeiner Hinsicht wichtig oder aufbewahrenswert erscheint: Seine Aktivitäten, Pläne, Ideen, Termine, private Notizen etc. Ein Eintrag im Logbuch besteht immer aus einer formatierten Kopfzeile; bei Bedarf können beliebig viele (unformatierte) Textzeilen hinzugefügt werden.

Die Kopfzeile wird über Soft-key oder Menü-Auswahl vom System generiert und hat z. B. folgenden Aufbau:

fortlaufende Nummer

Schlagwörter

Zuordnung zu einer übergeordneten Gruppe von Aktivitäten (z. B. "Telefonate", "privat") oder Projektcode

Tagesdatum

Statuscode (z. B. "in Bearbeitung", "Probleme", "Idee", "Wiedervorlage", "privat", "erledigt" ...)

Termin

Datum und Erledigung

Prioritätscode

Das System stellt diese Zeile mit fortlaufender Nummer, Tagesdatum und Statuscode "noch nicht in Bearbeitung" bereit.

Eine individuelle Gestaltung der Kopfzeile ist möglich.

Eine einfache Aktivität könnte z. B. lauten "Müller Preisliste" mit Projektcode "Tel" und Termin heute.

Suchmechanismen:
Das Logbuch bietet dem Benutzer flexible Auswertungsmöglichkeiten:

Wenn er sich morgens an seinem Terminal anmeldet, wird er sich zunächst alles anzeigen lassen, was an diesem Tag Termin hat.
Nun gibt es "harte" Termine, die man vereinbart und "weiche", die man sich ohne Verpflichtung vorgenommen hat. Der Benutzer wird daher den "harten" Terminen das höchste Prioritätskennzeichen geben und bei Kapazitätsproblemen den anderen Terminen niedrigere Priorität oder er wird sie ändern.

Wenn nun angenommen überraschend Müller anruft, so wird er sich alles, was Müller betrifft anzeigen lassen, und somit auch nicht auf die Frage nach der Preisliste vergessen. Je nachdem, was Müller dazu sagt, wird er diese Aktivität mittels Tastendrucker als erledigt kennzeichnen (das System generiert den Statuscode auf "Wiedervorlage" ändern und als Termin 3 Tage später eintragen (beispielsweise wenn Müller versprochen hat, die Preisliste zu schicken).

Texteditor:
COAST verfügt über einen Full-Screen-Editor mit den wichtigsten Funktionen für Textbe- und -verarbeitung wie Umbruch auf Wort- und Seitenebene, Überschreiben, Einfügen, Löschen, Absätze definieren, Absätze bewegen, Änderungsprotokoll, Spaltenschreiben, Vorwärts-/Rückwärtsblättern, Kopieren, Mischen Selektieren, Generieren von Textauszügen (z. B. Inhaltsverzeichnis), Glossar, Tischrechnerfunktionen etc.

Damit können die auf den Kopfsatz ev. folgenden Eintragungen komfortabel erstellt und geändert werden. Eine lückenlöse "Historie" einer länger dauernden Aktivität steht somit jederzeit zur Verfügung.

Eine andere Applikation ist "Document Processing": Jedes einlangende oder abgehende Schriftstück löst beim Absender/Empfänger sachbezogene Aktionen und Verwaltungsarbeit aus, welche vom System unterstützt werden. Das System frägt im Dialog die Eingaben ab, welche ein Dokument und das, was mit ihm geschehen muß, definieren: Um welchen Dokumenttyp es geht (daraus erkennt das System, ob es ein Eingang oder Ausgang ist bzw. wo die einzelnen Textblöcke zu stehen kommen), wer im Falle eines Ausgangsdokuments der Empfänger ist (Zugriff auf die Adressendatei), wer intern informiert werden muß (Generieren von elektronischer oder gedruckter Post), was man wann in dieser Sache selbst tun will (Generieren eines Eintrags im eigenen Logbuch), was zu welchem Termin von anderen getan werden soll (Generieren von elektronischer oder gedruckter Post, Wiedervorlagetermin im eigenen Logbuch), unter welchen Schlagwörtern das Dokument archiviert werden soll (Generieren eines Archiveintrages).

Dieser Dialog erfordert pro Dokument etwa 2-3 Minuten. Dafür wird die gesamte aktuelle und zukünftige Verwaltung, welche das Dokument betreffen könnte, maschinell durchgeführt. Alle Aufträge für eigene und fremde Aktivitäten sowie Archiveinträge werden automatisch generiert, Wiedervorlagetermine pünktlich angezeigt, interne Verteiler per elektronischer Post oder Druck informiert.

Bei Ausgangsdokumenten wird der eigentliche Text nach dieser formalen Erfassung entweder aus Bausteinen generiert oder formatfrei als Fließtext eingegeben (die erforderliche Formatierung wird aus dem Dokumenttyp erkannt) oder diktiert. Für die Texterfassung stehen Textfunktionen im engeren Sinn zur Verfügung.

Projektmanagement:

Die geplanten Aktivitäten werden im Logbuch verwaltet. Der Vorgang w i e sie zu erledigen sind, ist bei Trivialaktivitäten wie "Müller anrufen" unmittelbar einsichtig, nicht aber bei komplexen Aktivitäten wie z. B. "Markteinführung eines neuen Produktes". Für solche komplexen Aktivitäten kann der Benutzer ein Projektmodell benützen, um mit dessen Hilfe die einfacheren Aktivitäten abzuleiten, die er im Logbuch verwaltet. Es bietet einen Rahmen für die Abwicklung umfangreicher Vorgänge, entlastet von vielen Routinearbeiten und zeigt Möglichkeiten zum Delegieren auf.

Kalender:

Da alle Termine über das Logbuch laufen, ist ein zusätzlicher Terminkalender eigentlich nicht notwendig. Es ist aber dennoch zweckmäßig einen solchen im System zu haben, weil er dem Benutzer bei Terminvereinbarungen auf raschestem Weg zeigt, welche Termine noch frei sind.

Neben der Terminleiste bietet ein einfacher Kalender dem Benutzer sieben Spalten für persönliche Codes, die er summarisch auswerten kann. (Reisetage, um die Spesenabrechnung zu vereinfachen, eigene Urlaubstage, Urlaubstage von Kollegen, Messetermine, Geburtstage etc.).

Für höhere Ansprüche kann der Kalender entsprechend den individuellen Anforderungen einer Organisation gestaltet werden, z. B. als hierarchisch gegliederter Kalender (Jahre, Monate, Wochen, Tage, Stunden) mit gezielten und summarischen Auswertungsmöglichkeiten. Der Kalender kann individuell oder für die Abteilung geführt werden, der Zugriff kann für einzelne Personen, Gruppen oder alle Mitarbeiter zugelassen werden.

Unterstützende Komponenten:

Das System bietet einen leistugsfähigen Texteditor mit allen wichtigen Grundfunktionen für Textbe- und verarbeitung.

Texte können in beliebig vielen Versionen geführt werden. Frühere Versionen können
über Versionsnummer oder Datum automatisch rekonstruiert werden. Dies ist z. B. bei
Handbüchern, Vertragstexten und Preislisten sehr wertvoll.

Für das Drucken stehen verschiedene Drucker mit Groß/Kleinschreibung und Umlauten
zur Verfügung, darunter Typenraddrucker, die direkt am Arbeitsplatz eingesetzt werden können und Korrespondenzqualität liefern.

Personal Computing (Grundrechnungsarten, Klammern, Spaltenaddition, arithmetische
Funktion) ist an jeder aktuellen Cursorposition möglich.

Ein Formulargenerator erleichtert den Aufbau von Formularen.

Ein Graphikgenerator zur Umwandlung von Zahlentabellen in Histogramme und Liniendiagramme ist in Vorbereitung.

4.1.2 Informationssystem

Das Informationssystem soll den Benutzer bei Bedarf möglichst rasch mit den aktuell
erforderlichen Informationen versorgen. Es leuchtet ein, daß dies ein sehr benut-
zerspezifisches Subsystem ist. Gewisse Informationen haben aber sicher allgemeine
Bedeutung, so etwa ein Telefon und Adressenverzeichnis. Dieses wird in der Regel
aus einem zentral verwalteten Nukleus bestehen und einem benutzerspezifischen Anhang. Das Verzeichnis braucht nicht sortiert zu sein. Man kann zu einem Namen Synonyme angeben, um die spätere Suche zu erleichtern. Das Suchen ist auch nach Teil-
schlüssel möglich, z. B. "odo" für "Wodopetz" und "Vodobec". Es sind auch Fragestellungen wie "wer gehört aller zur Abteilung 17" möglich.

Eine andere Anwendung wäre ein Dokumentationssystem für Literatur, um Artikel in
Fachzeitschriften nach Schlagwörtern, Autor, Publikation, Datum etc. wieder auffinden zu können.

Andere gespeicherte Informationen könnten z. B. Formularrahmen, Preislisten, Ver-
tragstexte, Organisationspläne oder Textbausteine für eine programmierte Baustein-
korrespondenz sein.

Ebenfalls von allgemeinem Interesse dürfte eine Help-Funktion sein, die bei Problemen mit der Systembedienung weiterhilft.

4.1.3 Kommunikationssystem

Es besteht aus drei Komponenten:

Einem Electronic-Mail-Feature für die Kommunikation innerhalb des Systems, aus einem

Dialog-Feature für die Emulation von IBM- oder Siemensterminals der Typen 3270 bzw. 8161 und

bei Bedarf aus einem oder mehreren aktiven Netzknoten, um einen beliebig komplexen Systemverbund herstellen zu können.

Das Electronic-Mail-Feature stellt sicher, daß der Adressat zum frühestmöglichen Zeitpunkt vom Vorliegen einer Nachricht informiert wird. Es kann jeder zugelassene Systemteilnehmer Nachrichten an jeden anderen senden, an Gruppen von Benutzern oder auch an alle.

Interne Notizen, Berichte etc. können schnellstmöglich verteilt werden.

Das Dialogfeature bietet die Möglichkeit, vorhandene Dialog-Bildschirme, die mit IBM- oder Siemensrechnern verbunden sind, durch einen COAST-Bildschirm zu ersetzen. Der Benutzer genießt dann die gewohnten Dienstleistungen und zusätzlich die COAST-Funktionen.

Das Umschalten in den Dialog-Modus erfolgt über eine Funktionstaste.

Über einen aktiven Netzknoten kann ein beliebig komplexer Systemverbund mit Rechnern unterschiedlicher Typen und Hersteller errreicht werden. Der Knoten übernimmt die Verteilung von Nachrichten und bei Bedarf die Wandlung von Protokollen. Eine Anschlußmöglichkeit an den Teletex-Dienst ist vorgesehen.

4.1.4 Servicesystem

Das Servicesystem ist für den Benutzer nur indirekt von Bedeutung und soll hier
nicht näher beschrieben werden. Interessant mögen aber Hinweise zu "Datenschutz"
und "Datensicherheit" sein:

Der Benutzer weist sich dem System mit einer dreistelligen Identifikation und einem
nur ihm bekannten Passwort aus. Dies kann an jedem beliebigen Terminal des Systems
erfolgen.

Alle Daten und Texte, die er eingibt und ändert, sind grundsätzlich nur ihm selbst
zur Einsichtnahme und Bearbeitung zugänglich, es sei denn, daß er an andere Benutzer gewisse Privilegien vergibt. So ist es z. B. sinnvoll, daß zum individuellen
Kalender eines Benutzers auch dessen Sekretärin oder ein Kollege Zugang bekommt. In
einem solchen Fall kann aber der Benutzer sicherstellen, daß er erkennen kann, welche Eintragungen oder Löschungen in seiner Abwesenheit getätigt wurden, und er kann
den ursprünglichen Zustand auf Wunsch automatisch wieder herstellen lassen.

Die Datensicherheit ist sehr hoch: Das System schreibt automatisch auf Zeilenebene
alles Neuerfaßte und Geänderte auf Magnetplatte zurück. Es erübrigt sich also ein
SAVE-Kommando für diesen Zweck.

4.2   Prozedursprache

COAST wird als "Turn-key-System" installiert. Im Rahmen der grundliegenden Dienstleistungen werden individuelle Benutzerwünsche auf Prozedurebene implementiert. Die
ersten Piloterfahrungen haben gezeigt, daß der Realisierungsaufwand an dieser
Schnittstelle deutlich niedriger ist als bei konventioneller Programmierung.

5. Piloterfahrungen

Die erste Pilotinstallation wurde im August 1981 durchgeführt. Die Benutzer sollten dabei insbesondere auf die generelle Eignung der Benutzerschnittstelle als "elektronischer Schreibtisch" achten.

Als Positiva konnten vermerkt werden:

* spontane Antwortzeiten
* Überlegenheit des elektronischen Schreibtisches in Bezug auf Ordnung, Schnelligkeit und Qualität der Bereitstellung von Informationen
* dadurch Streßabbau in zeitkritischen Situationen
* gute Erfahrungen mit integrierter Vorgangsbearbeitung, speziell Document Processing
* geringere Abhängigkeit von Sekretariaten, raschere Realisation
* gutes Kommunikationssystem, "Mitschneiden" von Online-Sitzungen, wesentlich raschere interne Verteilung
* bessere Planung und Koordination der Arbeit durch das Logbuch
* rasche und qualifizierte Auskunftsbereitschaft bei unverhofften Fragestellungen
* Entlastung von zahlreichen Routinetätigkeiten.

Einschränkend wurde festgestellt:

* das System sollte für Fremdgeräte geöffnet werden
* das Schnelldruckerangebot sollte durch einen schnellen Schönschreibdrucker ergänzt werden.
* im Bereich der reinen Textproduktion sind High-level-Funktionen vorhanden, manche Low-level-Funktionen, wie Unterstreichen oder breite Dokumente fehlen aber (daran wird gearbeitet).
* derzeit noch fehlende Integration mit verschiedenen Postdiensten, z. B. um eine "Call-Funktion" zu realisieren, welche den Kontakt zur gesuchten Person über eines der Medien Telefon, Haus-Rufanlage, Terminal im Haus oder außer Haus automatisch herstellt (derartige Anwendungen sind technisch realisierbar, scheitern aber derzeit an der Verfügbarkeit gewisser Postdienste und an der Zulassung bestimmter Funktionen seitens der Post).

6. Zusammenfassung

COAST unterstützt die Arbeit des qualifizierten Fachspezialisten im Büro, indem es
seine Projekte, Aktivitäten, Pläne, Ideen, Termine in einem "Logbuch" verwaltet,
aus welchem durch einfachen Tastendruck von "Soft-keys" in Sekundenschnelle vielfältige, gruppierte Auswertungen zur planmäßigen Steuerung der Arbeit möglich
sind. Ein umfassendes allgemeines sowie persönliches Informationssystem und ein
Electronic Mail-Feature ergänzen das Angebot.

Die Kommunikation mit andern Systemen kann im Dialog und/oder Stapelbetrieb auf
vielfältige Weise hergestellt werden.

COAST ist speziell geeignet als "Abteilungscomputer" für 10-24 Personen. Zielgruppe
sind daher Organisationen mit Abteilungen in dieser Größe.

Es beschleunigt die Arbeit durch
  verzögerungsfreien Parallelzugriff auf viele Dokumente
  leistungsfähige Suchmechanismen
  funktionstastenorientierte Schnittstelle.

Es verbessert die Qualität der Ergebnisse durch
  Aktivitätenverwaltung
  Terminplanung und -überwachung
  Projektführung f. komplexere Aufgaben
  Document Processing
  Änderungsprotokolle/Versionsführung

Es beschleunigt und verbessert die Kommunikation.

Es bietet umfassende Informationsquellen wie z. B.
  Hierarchisch strukturierte Textbausteine
  Adressendatei mit Stamm- und Bewegungsteil
  Literaturdokumentation
  Archivverwaltung
  Checklisten, Formulare
  Preislisten
  Offerte, Verträge usw.

Es läßt sich in vorh. Dialogsysteme integrieren (3270, 8161)

Diese Leistungen werden über eine einheitliche, funktionstasten-/ menüorientierte Benutzerschnittstelle mit sekundenschneller Systemreaktion geboten. Auf die Qualität dieser Schnittstelle wurde besonderer Wert gelegt; denn davon hängen Akzeptanz und Brauchbarkeit jedes derartigen Systems entscheidend ab. Sie wurde speziell für die typische Arbeitsweise des Fachspezialisten und seine besonderen Anforderungen konzipiert.

Zur Architektur von Bürokommunikationssystemen

Von

Thomas Kreifelts und Peter Wißkirchen

Gesellschaft für Mathematik
und Datenverarbeitung
Schloß Birlinghoven
Postfach 1240
D-5205 St. Augustin 1

1. Einleitung

Im Rahmen dieser Tagung, die ein Anwendergespräch ist, wollen wir auf einige Fragen hinweisen, die mit der Architektur, den Leistungen und den Entwicklungstrends von Bürokommunikationssystemen zusammenhängen. Diese Fragen muß sich der Anwender (hier im Sinne einer Anwendungsorganisation, die moderne Bürotechnik einsetzen will) zunächst selbst stellen, um sie dann dem Anbieter gegenüber artikulieren zu können. Wir wollen uns hierbei auf Fragen konzentrieren, die die Integration betreffen, und zwar im Sinne der Medienintegration und der Funktionsintegration, jedoch nicht auf Einzelkomponenten von Bürokommunikationssystemen eingehen.

2. Einordnung

Aus der Sicht von Unternehmen ist die Thematik Büro hochaktuell, weil die Produktivität in Büro- und Verwaltungsbereich als gering angesehen wird, obwohl in diesem Zusammenhang Datenverarbeitung seit geraumer Zeit eingesetzt wird. Nach Erhebungen einer amerikanischen Studie bedarf es insbesondere einer Unterstützung von Fach- und Führungskräften im Bürobereich, wobei durch moderne Informationstechnik insbesondere Tätigkeiten wie: Arbeit vorbereiten, Termine planen, Personen suchen, Informationen suchen, ablegen, kopieren, Vorgänge kontrollieren, unterstützt werden sollten. Diese Aktivitäten werden nach einer Selbstbeurteilung von Fach- und Führungskräften als "weniger produktiv" eingestuft [SCHW80, UHLI79].

Unter Bürokommunikationssysteme werden in diesem Beitrag informationstechnische Systeme zur Unterstützung der Büroarbeit verstanden, die folgende Kriterien erfüllen sollen:

- Lokale Verarbeitungfunktionen am Arbeitsplatz wie Texterstellung und Ablage.

- Unterstützung von Kommunikationsprozessen bei der kooperativen Aufgabenerledigung durch eine Gruppe von Personen.

- Informationszugang zu externen Datenbeständen.

- Anpaßbarkeit an die organisatorischen Strukturen und den Arbeitstil der Bürowelt.

- Verarbeitung und Austausch von Informationen in unterschiedlicher Darstellung: (formatierte) Daten, Text, Grafik, Bild und Sprache.

Die Aufgaben, deren Erledigung durch ein Bürokommunikationssystem unterstützt werden
sollen, sind relativ schlecht strukturiert, es existieren keine globalen algorithmi-
schen Lösungen; während mit einem DV-Anwendungssystem eher ein bestimmter massenhaft
auftretender Aufgabentyp bearbeitet wird, dient ein Bürokommunikationssystem der Bearbeitung vieler verschiedener Aufgabentypen in integrierter Form, dies unterscheidet auch Bürokommunikationssysteme auch vom "isolierten" Einsatz von Einzelkomponenten wie Textautomaten und Fernkopierern; Büroarbeit ist Gruppenarbeit: Bürokommunikationssysteme müssen Kommunikation und Kooperation zwischen verschiedenen
Personen unterstutzen; die Benutzer eines Bürokommunikationssystems sind bei Einführ-
rung des Systems häufig DV-Laien, dies stellt sehr viel höhere Anforderungen an die
Benutzerschnittstelle als bei normalen DV-Systemen.

3. Ausgangslage und Entwicklungstrends

Der technische Fortschritt auf dem Gebiet der Informationstechnik - gekennzeichnet
durch ein Zusammenwachsen von Datenverarbeitung, Textverarbeitung und Nachrichtentechnik und hiermit einhergehende Dezentralisierungstendenzen - begünstigt den Aufbau von Bürokommunikationssystemen, die die Verarbeitung und Übermittlung von Informationen in Form von Text, Daten, Grafik, Bild und Akustik unterstützen (Multimedia-
lität). Eine Analyse von Büroaufgaben ergibt, daß bei ihrer Erledigung verschiedene
Medien im Anwendungszusammenhang benutzt werden (Medienintegration). Hier sind beim
gegenwärtigen industriellen Angebot noch Lücken festzustellen, die Anlaß zu Fragen
geben; andererseits ist die Medienintegration eine zentrale Forschungs- und Entwick-
lungsaufgabe der Industrie, so daß in den nächsten Jahren auf diesen Problembereich
Fortschritte zu erwarten sind.

Verfolgt man die Entwicklungstendenzen auf dem Büromarkt, so stellt man interessanterweise fest, daß die Hersteller sich aus verschiedenen Richtungen im wesentlichen auf das gleiche Ziel hinbewegen. Dieses Ziel kann man etwas salopp so beschreiben:

- Realisierung von Systemen, mit denen man am Arbeitsplatz auch unter Nutzung
  von Informationstechnik die im Bürobereich seit langen Zeiten vertrauten
  Medien Text, Grafik , Bild und Akustik nutzen kann.

- Ausschöpfung der durch moderne Informationstechnik sich anbietenden Rationa-
  lisierungseffekte (leichte Erstellung und Aufbereitung von Informationen,
  schneller Zugang zu Informationen, leichtere Übermittlung von Informationen,
  bessere Nutzung wichtiger Datenbestände).

- Zurverfügungstellung von Dienstleistungen für neue Kommunikationsformen
  (Überwindung raumzeitlicher Barrieren durch elektronische Informationsübermittlung, zeitversetztes Computer Conferencing, rechnergestützte Vorgangsbearbeitung) [HILT78].

Die verschiedenen Ausgangspositionen sind im gegenwärtigen Marktangebot begründet.
Man kann diese Ausgangspositionen grob charakterisieren als "dezentrale Textverarbeitung", "großrechnerorientierte Datenverarbeitung", "Telefonsysteme". Sie sind von
Bedeutung, weil die Entwicklung von Bürokommunikationssystemen eine evolutionäre
Entwicklung ist und die bedeutenden Hersteller sich schrittweise von ihrem gegenwärtigen Angebot her auf Bürokommunikationssysteme zubewegen werden. Analoges gilt für
die größte Zahl der Anwendungsorganisationen (Unternehmungen, Verwaltungen), da diese über einen Ausbau bzw. ein schrittweises Auswechseln existierender informationstechnischer Produkte und Verfahren zu Bürokommunikationssystemen der oben genannten
Art gelangen wollen.

Bevor wir auf einige sich aus den verschiedenen Ausgangspositionen abzeichnende
Entwicklungstrends und auf damit verbundene Fragen eingehen, sollen zunächst einige
wünschenswerte Funktionen eines künftigen Bürokommunikationssystems aufgeführt werden.

4. Wünschenswerte Funktionen eines Bürokommunikationssystems

Die funktionalen Komponenten eines Bürokommunikationssystems aus Anwendersicht sind
in [KREI82] ausführlich beschrieben. Wir greifen die wesentlichen Funktionen heraus
und beleuchten sie unter dem Aspekt der Medien- und Funktionsintegration. Eine ähnliche Gruppierung wurde auch in [EIBL82] vorgenommen.

4.1 Informationserstellung

Informationen im Büro kommen in verschiedenen Darstellungsarten vor (Text, Daten,
Grafik, Bild, Sprache) und haben unterschiedliche Strukturen (Fließtext, Formular,
Tabelle); Mischformen sind durchaus üblich.

Ein Bürokommunikationssystem sollte die Erstellung (Erfassung und Editierung) aller dieser Darstellungsarten unterstützen. Dabei ist es besonders wichtig, Editiersysteme zur Verfügung zu haben, die dies auch für Mischformen leisten. Beispiele
sind eine Kombination von Text und Daten, Text und Grafik oder die Verknüpfung von
Text und Sprache, wie sie bei Sprachannotationssystemen [BUSC82] erforderlich ist.

4.2 Informationsverwaltung

In einem Bürokommunikationssystem sind nicht nur fest formatierte Datensätze zu verwalten, sondern auch ein hoher Anteil an inhaltlich schlecht strukturiertem Material
wie Text, Sprache und Bild. Ein Bürokommunikationssystem muß daher über gute
"browsing"-Techniken verfügen, für Text etwa durch Verfügbarkeit eines Voll-
textretrievals. Außerdem sollte es so angelegt sein, daß es die "unkodierten" und
deshalb speicheraufwendigen Sprach- und Bildinformationen verwalten kann.

4.3 Gestaltung der persönlichen Umgebung

Der Benutzer eines Bürokommunikationssystems muß über Möglichkeiten verfügen, verschiedene Aufgaben in integrierter Form durchzuführen (Aufgabenintegration). Hierzu
muß es möglich sein, zur Erledigung dieser Aufgaben angebotene Werkzeuge zu koppeln.
So sollte der Benutzer z.B. nicht gezwungen sein, für eine häufig wiederkehrende Aktivität, die sich ihm als Einheit darstellt, zwei verschiedene Werkzeuge eines Bürokommunikationssystems zu nutzen und dabei die Koordinierung dieser Werkzeuge von
Hand vornehmen zu müssen, indem er sich z.B. das Ergebnis eines Werkzeugs merkt und
es dann als Eingabe für ein anderes Werkzeug wieder eintippt. So stellen zwar manche
gegenwärtig angebotene Systeme Text- und Datenverarbeitungsfunktionen zur Verfügung,
ohne jedoch eine Kopplung, etwa das automatische Einspielen von Daten in Texte, zu
gestatten. Ähnliche Forderungen sind an die Integration von Kommunikationsfunktionen
(Informationsübermittlung bei der elektronischen Post) mit lokalen Funktionen (Editierung, Datenverwaltung) zu stellen, z.B. die am Arbeitsplatz gestaltbare Art der
Ablage bzw. Wiedervorlage der über ein elektronisches Postsystem hereinkommenden
Nachricht.

4.4 Elektronische Post, Computer Conferencing

Die wesentlichen Leistungen von elektronischen Postsystemen bestehen in der Nachrichtenübermittlung, der Nachrichtenverteilung, der Nachrichtenkopplung (Rückantwort
auf Nachrichten, Bezugnahme auf andere Nachrichten) und damit verbundenen Zusatzlei-
stungen wie der Erzeugung, Abspeicherung und Wiedergewinnung von Nachrichten. Computerkonferenzsysteme bieten darüberhinaus die Möglichkeit zu einer stärkeren orga-
nisationsbezogenen Strukturierung der Informationsübermittlung und der Zugriffsrechte auf Informationen durch die Einführung spezieller Benutzergruppen, sogenannter
Konferenzen.

Unter dem Gesichtspunkt der Funktionsintegration wäre es von Interesse, wenn bei
der organisationsinternen Nutzung von Postdiensten gewisse Standardisierungen der
auszutauschenden Information (etwa spezielle Formulartypen) vorgenommen werden könnten, die beim Empfänger durch Programme automatisch weiterverarbeitet werden könnten.

Eine Frage der Medienintegration ist es, inwieweit die Übermittlung und Abspeicherung von Text und Sprache kombiniert werden kann. So erschließen sogenannte speech filing-Systeme Möglichkeiten der zeitversetzten akustischen Kommunikation: Die Eingabe einer Sprachnachricht wird etwa durch ein per Tastatur eingegebenes Betreff ergänzt; dem Empfänger werden die für ihn eigegangenen akustischen Mitteilungen durch die entsprechenden Betreffs auf einem kleinen Bildschirm angezeigt. Eine Erweiterung solcher Sprachnachrichtensysteme ist die Möglichkeit der <u>Sprachannotation</u> von Textnachrichten. Hier geht man von textlichen Darstellungen aus, die man an frei wählbaren Stellen mit Sprachkommentaren versehen kann. Anwendungen sind denkbar bei Abstimmungsprozessen durch eine Personengruppe (Kommentierung eines Referentenentwurfs in einem Ministerium, Vorstandskommentar zu einem Antragsentwurf). Interessant bei dieser Technik ist, daß Führungskräfte hier auf die Benutzung einer Schreibmaschinentastatur verzichten können, Sprachkommentare ebenso wie textliche Informationen abgespeichert werden und die Autorenschaft eines Sprechers eindeutig nachweisbar ist.

4.5 Kooperationsunterstützung

Kommunikation im Büro dient der arbeitsteiligen Erledigung von Aufgaben. Für wiederkehrende Aufgaben gleichen Typs, an denen mehrere Personen beteiligt sind und die wir Bürovorgänge nennen, bieten sich technische Unterstützungsmöglichkeiten an, die über die in 4.4 genannten hinausgehen. Künftige Bürokommunikationssysteme sollten daher über Mechanismen zur Gestaltung und Abwicklung von Vorgängen verfügen, so daß ganze Arbeitsabläufe vom Bürokommunikationssystem unterstützt werden können. Dabei geht es nicht darum, eine Vorgangsbearbeitung von Massenproblemen mit festen und länger gültigen Strukturen durch aufwendige programmtechnische Maßnahmen zu realisieren, sondern um geeignete Werkzeuge zur Unterstützung von Aufgaben, die sich eher ad hoc ergeben [WISS82].

4.6 Zugang zu externen Diensten

Nicht alle für den Benutzer eines Bürokommunikationssystems interessanten Kommunikations- und Informationsdienste werden innerhalb des Bürokommunikationssystems angeboten. Aus diesem Grunde besteht das Bedürfnis, öffentlich oder privat angebotene Kommunikations- oder Informationsdienste in Anspruch zu nehmen, wie z.B. Teletex, Bildschirmtext, private Informations- und Dokumentationsdienste oder Kommunikation mit Benutzern anderer Computersysteme über öffentliche Netze. Bei der Verbindung des Bürokommunikationssystems mit einem Fremdsystem müssen Protokollwandlungen geleistet werden. Von Benutzerseite ist zu fordern, daß die externen Protokolle den internen Protokollen des Bürokommunikationssystems soweit wie möglich angepaßt werden, daß also im Idealfall der Zugriff auf eine externe Datenbank für den Benutzer ähnlich abläuft wie der Zugriff auf eine Datenbasis eines anderen Benutzers im Büro-

kommunikationssystem. Es geht also längerfristig nicht darum, über eine Terminalemulation Zugang zu Fremdsystemen zu haben, sondern vom Fremdsystem gelieferte Daten
automatisch in das eigene System einzuspielen, dort zu verwalten und den vorhandenen Benutzerschnittstellen anzupassen.

5. Entwicklungstrends und Fragen

Es ist wichtig festzustellen, daß gegenwärtig keine Bürokommunikationssysteme
existieren, die alle genannten Anforderungen perfekt erfüllen. Auch zur Zeit bestehende gesetzliche Regelungen stehen dem entgegen: So ist es gegenwärtig nicht möglich, eine unmittelbare Verbindung zwischen dem Teletexdienst der Post und groß-
rechnerorientierter Datenverarbeitung herzustellen; auch gibt es rechtliche Probleme, wenn man eine digitale Nebenstellenanlage ans öffentliche Telefonnetz anschließen will und diese Anlage gleichzeitig für die hausinterne Text- und Datenkommunikation bzw. Sprachspeicherung nutzen will.

Wir wollen im folgenden einige aus den verschiedenen Ausgangspositionen sich ab-
zeichnenden Entwicklungstrends skizzieren und einige typische Fragen auflisten.

5.1 Ausgangsposition "Dezentrale Textverarbeitung"

Geht man von dezentraler Textverarbeitung aus, so können durch Zusatzeinrichtungen
(Kommunikationszusätze) bzw. Übergang zu einem Nachfolgemodell existierende Funktionen zur Textverarbeitung und Textverwaltung um kommunikative Systemleistungen ergänzt werden, so daß eine hausinterne Informationsvermittlung realisiert werden
kann. Über den Anschluß an Großrechner ergeben sich Möglichkeiten zur Einbeziehung
großer zentral gehaltener Datenbestände. Auf diese Weise entsteht ein System mit
"Intelligenz vor Ort" und der Möglichkeit, Informationen sowohl lokal (am Arbeitsplatzsystem) als auch zentral (im angeschlossenen Großrechner) zu halten.

Fragen in diesem Zusammenhang:

- Informationserstellung
  Zu erwarten sind Systeme mit hochqualitativer Textverarbeitung, Grafik und
  benutzerfreundlichen Editiertechniken: Es stellt sich die Frage, wie akustische Informationsverarbeitung einbezogen wird.

- Informationsverwaltung
  Welche Formen der Funktionsintegration zwischen Verwaltung vor Ort und Verwaltung an zentraler Stelle gibt es?

- Persönliche Umgebung
  Welche Formen der Gestaltung der persönlichen Arbeitsumgebung gibt es (hier
  vor allem Programmierbarkeit)?

- Elektronische Post, Computer Conferencing
  Analog zur Informationserstellung: Einbeziehung von Akustik? Welche Zugriffs-
  und Verteilmechanismen (Gruppenverteiler, Konferenzfunktionen) gibt es? Welches Zusammenspiel der Kommunikationsdienste mit der lokalen Ablage gibt es
  bzw. läßt sich gestalten?

- Kooperationsunterstützung
  Können Ablaufstrukturen (Bürovorgänge) programmiert werden?

- Externe Dienste
  Auf welche externen Informationsdienste kann zugegriffen werden? Wie ist die
  Art der Verbindung (Terminalemulation, Möglichkeiten zur Integration in die
  lokale Informationsverwaltung?

5.2 Ausgangsposition "Großrechnerorientierte Datenverarbeitung"

Geht man von großrechnerorientierten Mehrbenutzersystemen aus, so bietet sich die
Einführung von elektronischen Post- und Konferenzfunktionen an. Da großrechnerorientierte Mehrbenutzersysteme über Funktionen zur Datenverwaltung und zur Textverarbeitung verfügen, sind somit einige Grundkomponenten für Bürokommunikationssysteme verfügbar.

Fragen in diesem Zusammenhang:

- Informationserstellung
  Wie kann Grafik einbezogen werden? Welche Möglichkeiten zur Einbeziehung von
  Akustik gibt es? Sind die (zunächst im Rahmen der Datenverarbeitung einge-
  setzten) Editiersysteme aus der Sicht der Benutzerfreundlichkeit auch für
  Büroarbeit geeignet?

- Informationsverwaltung
  Gibt es Zugriffsformen zu Datenbeständen, die bürotypischen Zugriffsformen
  (Aktenverwaltung im Aktenordner) nachempfunden sind?

- Persönliche Umgebung
  Da bei diesen Systemen die Programmierbarkeit vor Ort gewährleistet ist, lautet hier die Frage: Ist die vorhandene Programmierumgebung geeignet, um eine
  Funktionsintegration zu erreichen (etwa Kombination von Text- und Datenverarbeitung)?

- Elektronische Post, Computer Conferencing
  Fast alle größeren elektronischen Postsysteme und Computerkonferenzsysteme
  wurden auf Großrechnern realisiert; zu fragen ist: Werden diese Möglichkeiten
  vom Hersteller angeboten? Welches Zusammenspiel mit der auf dem Großrechner
  existierenden Informationsverwaltung gibt es?

- Kooperationsunterstützung

  Da bei Großrechnern durch Programmierung ablauforientierte Prozeduren realisiert werden können, muß hier präziser gefragt werden: Wie hoch ist der Pro-
  grammieraufwand? Gibt es Werkzeuge, die ihn vermindern?

- Externe Dienste
  Analog 5.1.

5.3 Ausgangsposition "Telefonsystem"

Das Telefon ist heute das wichtigste informationstechnische Kommunikationsmittel im
Büro. Für jede Organisation stellt sich die Frage nach einem Nachfolgemodell für die
existierende Telefonanlage. Durch die Einführung einer digitalen Nebenstellenanlage
eröffnen sich vielfältige Möglichkeiten zur Unterstützung der Bürokommunikation.
Insbesondere ist damit die Möglichkeit gegeben, durch entsprechenden Ausbau des Endgerätes Telefon ein breites, prinzipiell allen Mitarbeitern einer Organisation gemeinsam verfügbares Angebot zu schaffen. Man könnte so an jedem Arbeitsplatz Dienstleistungen wie zeitversetzte Sprachübermittlung, elektronische Post, schriftliche
und akustische Konferenzfunktionen, Informationssystemzugang und Zugang zu Rechner-
leistungen anbieten.

  Fragen in diesem Zusammenhang:

- Informationserstellung

  Da die Ein- und Ausgabe von Sprache unter den obigen Voraussetzungen gesichert ist, muß hier gefragt werden, ob das dem Telefon zugeordnete Terminal
  hinreichende Textverarbeitungs- und Datenverarbeitungsqualitäten besitzt und
  ob einige der Arbeitsplätze unter Wahrung der Kompatibilität mit den anderen
  Endgeräten "aufgebohrt" werden können (Terminal mit Grafik, Arbeitsplatz mit
  lokaler Datenhaltung).

- Informationsverwaltung
  Analog 5.1.

- Persönliche Umgebung

  Welche Formen der Gestaltung der persönlichen Arbeitsumgebung gibt es? (Es
  ist zu vermuten, daß Bürokommunikationssysteme auf der Basis "Ausbau des
  Telefonapparates" über relativ fixierte Dienste verfügen und die Möglichkeiten der persönlichen Gestaltung, etwa der Interaktionsschnittstelle, begrenzt
  sein wird).

- Elektronische Post, Computer Conferencing

  Erste Systeme, die auf Akustik und Text basieren (einschließlich der Misch-
  form Sprachannotation) zeichnen sich ab. Daher stellt sich hier hauptsächlich
  die Frage der Funktionsintegration (Zusammenspiel mit der lokalen Ablage).

- Kooperationsunterstützung und Externe Dienste
  Analog 5.1

6. Zusammenfassung

Verfolgt man die Entwicklungstendenzen auf dem Büromarkt, so stellt man fest, daß sich die Hersteller aus verschiedenen Richtungen auf das Ziel zu integrierten Bürokommunikationssystemen hinbewegen. Die verschiedenen Ausgangspositionen sind im gegenwärtigen Marktangebot (Dezentrale Textverarbeitung, großrechnerorientierte Datenverarbeitung, Telefonsysteme) begründet. Aus den verschiedenen Positionen heraus ergeben sich für den Anwender spezielle Fragen zur Architektur und Leistung von Bürokommunikationssystemen. Diese haben wir ausschnittsweise aufgelistet und uns dabei auf die Fragen konzentriert, die die Integration betreffen und zwar im Sinne der Medienintegration und der Funktionsintegration.

7. Literatur

BUSC82   M. Busch, K. Kansy, B.S. Müller und K. Wachter "Einsatzmöglichkeiten der akustischen Datenverarbeitung in Bürokommunikationssystemen," Interner Bericht, IIG, Gesellschaft für Mathematik und Datenverarbeitung mbH, St.Augustin, 1982.

EIBL82   G. Eibl und K. Wimmer "Architekturkonzept eines computergestützten Bürosystems," in R. Reichwald (Hrsg.) Neue Systeme der Bürotechnik, Erich Schmidt Verlag, Berlin, 1982.

HILT78   S.R. Hiltz und M. Turoff The network nation, Addison-Wesley, London, 1978.

KREI82   Th. Kreifelts "Anforderungen an ein Bürokommunikationssystem", Arbeitsbericht IIG, Gesellschaft für Mathematik und Datenverarbeitung mbH, St.Augustin, 1982.

SCHW80   H.G. Schwiman, A.A. Stoehr "Erhöhte Produktivität der Führungskräfte durch Einsatz neuer Technologien," Fachtagung Bürosysteme der Zukunft, BIFOA, Universität Köln, 1980.

UHLI79   R.P. Uhlig, D.J. Farber und J.H. Bair The office of the future, North Holland Amsterdam, 1979.

404

WISS82   P. Wißkirchen "Was sind eigentlich Bürovorgänge – ohne Modellvorstellung
         keine sinnvolle rechnergestützte Lösung," Öffentliche Verwaltung und Daten-
         verarbeitung, (1982), 78-80.

TWELVE CONCEPTS OF OFFICE AUTOMATION DEVELOPMENT

PURSUED BY XEROX

Paul A. Strassmann
Information Products Group
Xerox Corporation
Stamford, Connecticut, 06904, USA

ABSTRACT

The broad topic of "office automation" deals with the augmentation of labor involved in information processing by means of capital investments. Such investments are made in the form of electronic or non-electronic equipment together with training, education, software expenditures in order to make changes in the work environment. No single vendor in the "office automation" field can possibly support the full spectrum of customer needs. Therefore, it is important to understand the point of view which governs the product development and marketing approaches of a particular firm. This paper will outline a dozen principal concepts that steer the developments pursued by the Xerox Corporation and by its world-wide affiliates, which includes Rank-Xerox.

Keywords: Paperwork; "Knowledge Workers"; Office Productivity; Office Networks; Work Enlargement; Computer Augmented Training; Icons; Metaphors;

Concept # 1: Presence of Unstructured, Unprogrammable Information Flows which are Paperwork Oriented

If one surveys the activites in which office workers engage one finds enormous amounts of paper occupying individual desks, attache cases, shelves and file cabinets. This ubiqutous presence of papers, forms, memoranda, drawings, files and publications is especialy conspicuous as one observes the work activities of non-clerical employees- especially the work of managers, experts, administrators and technicians. If one has been accustomed to approach the problems of the office through rationalization of workflow, the first step would begin with an attempt to flow-chart the sequence of every activity. After expending enormous amounts of effort we will most likely discover that only a small fraction of all office activities - perhaps as little as 25% - may be tracked thorough routine procedures. The large majority of the transactions will evade a disciplined, describable and prog-rammable sequence! This is true especially in service oriented organizations, such as in banking, finance, foreign trade, legal offices, travel organizations, engineering enterprises, computer programming departments, executive offices of manufacturing companies and in government agencies, at the policy levels. The nature of information flows in such organizations reveals their high degree of complexity. The individuals engaged in communication can be characterized as "problem solvers"- people who use discretionary judgment in order to arrive at a decision. In this process they may use routines which are describable by flow charting. The key element of the work of such people is not, however, completion of a prescribed job sequence. The principal value of such individuals arises from their exercise of discretionary choices among facts which may not all appear in a standartized form.

It is the essence of unstructured, unprogrammable office work that it relies on paperwork, folders, documents, slips of papers, messages, etc. to bring before a decision-maker a wide range of data, text, records, pictures and reference sources. This domain of office activites - ranging from 20 - 75% of all office work - is different in many respects from structured, programmable activities that characterizes much of "data processing".

We believe that the behavioral, workflow, job contents and complexity attributes of activities generally labelled as "paperwork" are significantly different from the activities recognizeable under the discipline of "data processing". Therefore, we find the current distinctions between "data processing automation" and "office automation" inadequate.

A more appropriate distinction between the two computer based disciplines should be based on the recognition how a worker relates to the machine in each case. We see conventional "data processing" defined as that work situation where the machine programs the worker. In other words, data processing operates in a pre-programmed work environment where the routines and options are predetermined by means of programs set up by others. We see "office automation" more aptly defined as that work situation where the worker programs the machine. In other words, automation of office work operates in an environment where a large measure of choice still remains with the workstation operator. The machine, even though it may contain large amount of software programmed by others, is nevertheless a device through which the individual exercises non-standard choices.

The underlying first concept of office automation, as pursued by Xerox, is therefore rooted in a vision of the human operator who controls the electronic medium to perform unstructured intellectual tasks. Since most of the intellectual tasks nowadays have their origin and ultimate destination on paper, the primary concern of Xerox has always been the question how to successfully manipulate paper-recorded ideas by electronic means.

Concept #2: High Costs of Information Flows not as yet Automated

When one examines the distribution of technology expenses in an organization (as defined by data processing expenses, telecommunications expenses and office equipment expenses) one cannot fail to notice the heavy allocation of such expenditures in support of personnel which accounts only for a small fraction of total payroll expenses. We find that one of the most revealing economic indicators for judging the effects of technology on organizations is the traditional capital/labor ratio. As it applies to white collar labor, this ratio would include all current expenses and depreciation for electronic equipment as well as all associated labor charges such as programmers and data center management. This is then defined as current cost of information capital. Labor cost of information handling personnel would include not only salaries and benefits, but all of the expenses associated with white collar labor, such as perquisites, retirement benefits, office space and other indirect costs. It is therefore interesting to note that in the USA we can frequently observe a capital/labor ratio for clerical personnel exceeding 40% while in the same organizations managerial, executive and technical staffs would show a ratio of only 4-6%.

It is our belief that major profit improvement opportunities derived from investments in information technology will come from those areas that are seriously undercapitalized at present. As a matter of fact, we have demonstrated, by means of controlled experiments, that the marginal returns on investment for supporting white collar management and professional staffs are incredibly high- averaging 86% Return-on-Investment!

We have, therefore, concentrated on understanding the work patterns, the behavioral needs and the man-machine relationships of that segment of personnel that represents a disproportionately high cost element in the total wage bill of an enterprise. This has been one of the important driving concepts behind our formulation of product development strategies.

Concept #3: Concentration of Inefficiencies in Paper-based Communications among Professional and Technical Workers

We started our planning efforts by concentrating on an understanding of the existing inefficiencies in paperwork handling. It was amazing to observe what small fraction of total costs was absorbed in the conventional copying and duplicating processes. Creation of an original page of text can easily amount to $20 -$ 150 per page, if author's expenses are included in addition to all of the other costs to fully complete a page of text from its inception until it is ready for distribution. We have also measured the full cost of distribution of text from the point of its origin until it arrives into the hands of the ultimate user or until it finally resides either in some sort of file or is discarded. Depending on usage patterns, the costs of distribution of documents may vary anywhere from $1 to $5 per page. Considering the billions of pages of office pages created and distributed each year it is not surprising that the total labor and technology cost for handling written communications in the US economy is about 20% of its total information handling expense of $1,100 billion in 1981. In the area of total paperwork costs we therefore estimate that an excess of $200 billion of labor expense is aided by perhaps not more than $10 billion of technology purchases.

If we examine experiments which have been used to determine how technology can be applied to these labor expenses we discover that large amounts of redundant labor can be removed from the activities which accompany the creation, manipulation, distribution and filing of written communications. This is why Xerox has concentrated on opportunities which can materialy alter the overall economics of text creation and distribution. When we examine the history of our Corporation we can summarize it by saying that during the last 25 years we have delivered to our customers enormous savings which arise from their use of the relatively simple copying and duplicating process. It is only fitting that now we begin paying attention to those costly and labor intensive activities which surround the copier and the duplicating machine because economically rewarding technologies are now emerging that make the total "electronification" of paper finally practical.

Concept #4: Opportunities for Investing Information Technology

To achieve substantial labor cost reductions which not only compensate for the risky projects but which also defray the expense for costly equipment and large start-up expense we had to search for some sort of a general principle that would guide us to very large savings. We have ultimately identified the greatest potential in those activites that can benefit from a significant elimination of job steps. We have found that much of the large cost of generating an original page of text does not come so much from the direct labor of creating the text as from subsequent handling and rehandling through the hands of many individuals. The key to a profitable use of technology seems to be an author's direct access to a wide range of software capabilities that would help in the creation, editing, composition and finishing of the text, especially if there is any use of graphics. Savings also arise from speeding up the entire process trough collapsing the need for rehandling of the identical information.

These empiric observations have lead us to consider the developoment of an architecture that is based on the concept of an individual workstation, which can then uniquely incorporate in it features and software capabilities which are particularly suited to the needs of individual information workers. The fundamental idea here is to incorporate into the workstation all of the necessary capabilities that would eliminate the need for separate job steps, processed by the labor of others. The technology then provides the author - the only essential originator- and the recipient - the only essential consumer of information- with direct means of communicating in ways that requires no additional intervention except what know-how may be built into the electronic processing system in the form of software or hardware capital.

<u>Concept #5</u>: <u>Productivity</u> <u>Improvements</u> <u>through</u> "<u>Value</u> <u>Added</u>"

Eliminating job steps is not necessarily the only criterion for judging the effectiveness of investments in electronic equipment. One of the most important concepts we have developed in the last few years deals with the idea of examining the contributions of "overhead" personnel to the "value added" of the entire enterprise. It is quite possible that an organization may not get its benefits from the information technology if it uses the new equipment to support the work of its unproductive bureaucratic segment. In such situations the investment may aid in the reduction of the firm's "overhead" expense, and thus indirectly contribute to increasing profits. We find that in order to offset the large initial costs of support, technology, training and job restructuring for professional, managerial and technical personnel it is essential that the payoff comes not only from cost reduction but also from profit creation, such as: increasing revenue, increasing market share, improving product quality, reducing the costs of materials and enhancing competitive capabilities. This is why we have been influenced to conceive our designs to lend themselves to applications development which would make it possible for a set of customers to use the equipment in innovative ways and to perform functions that would materially alter their approach to conducting business. This is what separates the Xerox approach from a more simplistic text processing, records processing and word processing approach even though these applications are embedded into the software repertoire as specific functions to be applied as needed. The general ability of the Xerox "workstation" to deal with other

computing facilities, to perform customized programming routines
and to act as a general purpose "electronic" window into multiple
communications networks becomes one of the primary design requirements for sucessful performance in specialized applications or
in particular "vertical markets".

Concept #6: Productivity through Networking

When we analyze the results of productivity improvement
experiments it is possible to separate those gains which can be
attributed to automation arising from the functions of a "stand-
alone" workstation from those gains that can be attributed to the
ability of information workers to communicate. We have observed
that even though productivity gains from narrowly defined jobs,
such as those of secretaries and typists, can be obtained simply
through straightforward mechanization by means of a fully
dedicated word processor, the gains realizeable by professionals,
managers and technical workers are derived from their ability to
communicate electronically with their peer group. The largest
gains we have observed so far, in a number of instances showing
100 - 200% improvement, arise from the interconnection of most
information workers within an inter-dependent organization. We
have also observed that the benefits rise exponentially with the
number of participating workstations that are interconnected.
This has let us to conclude that one of the principal objectives
of office automation should be the installation of communications
that would allow rapid, easy and inexpensive interchanges of
text, graphic and data records among all office workers.

These insights have led us to experiment, since 1972, with
a variety of communications technologies and a variety of methods
for message handling. The ultimate outcome of this research is
now well known as the ETHERNET approach to local networking. In
order to fully understand the rationale for the technical and
economic tradeoffs that were made one has to appreciate the fact
that the design choices were driven by economic and
implementation considerations. The first objective that was
pursued was one of "simple interconnection" which would not
require any central power supply or central priority assignment
facility. If productivity in the office envirnment is derived
from interconnection of all office workers, the most important
attribute of the local network would be the ability to accomodate
a very densely populated office space, predominantly over short
distances. The second objective had to recognize that one of the
largest short term benefits from office automation would come
from the ability to handle electronic representation of paper.
This then dictates the need for a relatively high bandwidth (
e.g. 10MB), or about 10 - 50 pages of text per second, but
tolerates asynchronous and loosely structured transmission

priority assignments (e.g. collision detect sensing). These concepts and underlying assumptions then explain why we did not feel compulsed to include in our initial product offering extremely high bandwidth which includes video capabilities, since the productivity of such a feature in the local office networking environment is not as yet demonstratable. It can also explain why our intial offering did not accept a much simpler transmission medium, such as twisted telephone wires, because the capacity requirements to support widely distributed printing and distributed records storage peripherals simply could not accomodate the rapid response time which is dictated by the human factors of such systems. Lastly, the frequently asked question concerning our concepts of networking deals with the subject of the use of ETHERNET to deal with voice communications. The current version of the Xerox communications approach does not economically satisfy circuit switching of analogue voice. It turns out that the issue of including conventional telephone traffic is not one of technical elegance, but a matter of economical viability. The productivity of the organizations we have experimented with would not be significantly improved by integrating the existing and highly efficient voice switching into the ETHERNET networks. Nevertheless, the role of audio remains very important, but primarily in the form of new "value added" functions such as "store and forward" voice messages and in "voice annotated" text. These are networking features that ETHERNET communications are admirably well suited to implement.

Concept #7: Productivity through Simplification of Work Structures

When we analyzed the differences between conventional , hierarchical organizations for accomplishing complex information tasks and the experimental work structures based on electronic workstations and electronic communications it became apparent that productivity improvements came principally from work simplification. We have observed, in each case, that savings accrued largely from an elimination of work steps and from increasing the proximity and immediacy of the ultimate results, as seen from the standpoint of the information worker. If these insights are translated into organizational designs it is interesting to see how the information flows are not only shortened, but they also tolerate a much smaller number of narrow specialists in any work sequence. The resulting organizational structure is then much "flatter", e.g. much less hierarchical inasmuch as it bypasses supervisory authority and coordinating overhead personnel. The implications on systems designs and technology choices are far reaching. First, it reinforces the importance of local workstation intelligence, so that each information worker can gradually alter the features and capabilities of their electronic device as the changing shape of workflow dictates. Second, it emphasizes the dominance of modular sofware features to be incorporated into individual workstations, as the information worker gradually acquires new job capabilities. Thirdly, it reinforces the need for inexpensive and easy communications among information workers. As work becomes redistributed, through work simplification, neither fixed communications links nor centrally managed software inhibits the gradual reshaping of work relationships. Consequently, one will observe that the principles we have adopted for configuring the hardware features as well as software modularity of our products display an unusually large degree of freedom for each workstation user.

Concept #8: Productivity through Work Enlargement

The ultimate payoff from the electronic work environment can be seen in the way individual jobs can grow through gradual work enlargement. As individuals acquire new software, they are suddenly endowed with new capabilities to do work which otherwise would have required the use of craft or technical specialists. Another way of looking at software features is to view them as encapsulated intellectual "capital" which makes it possible for people with a limited repertoire of skills to call, by means of their workstation, innumerable "intellectual servants" to run complex errands and to complete difficult assignments.

The entire sofware development environment for the Xerox STAR product has been designed to make it possible for modular sofware features to interact. The underlying design principle has been modelled around the idea that customers will pursue "work enlargement" through purchases of incremental sofware and hardware features, which will have to be able to co-exist in a very dynamic environment. Therefore, the entire structure of sofware and hardware upgrades has been optimized to permit a completely unhindered and procedurally simple method of passing tasks among applications.

Concept #9: Mastering the Technology through built-in Training

The analysis of total installation costs of office workstations has revealed an unsually high element of expense we have called "organization cost". It includes initial training, job interruptions, learning curve effects as new features are added to the network, group meetings to reach agreement on work reassignments, consultation with vendor or company technical experts on equipment and software features, etc. These costs, in the first year of installation, can easily exceed the total costs for equipment depreciation! When we analyzed the principal causes for these costs, the common thread was the real difficulty in coping with the complexity of the technology. This reaction was especially pronounced from the standpoint of managerial, professional and technical personnel whose work patterns are highly diverse and who need to be able to use a large number of features in order to be fully productive. The convenience with which an electronic workstation can be used casually and the high costs of any prolonged training would then represent a very heavy obstacle to the speedy adoption of our technologies by this personnel. The usual approach adopted by vendors is to provide for an extensive training course which consists largely of lessons to become acquainted with the extensive technical and application documentation manuals for each product offering. Needless to say, the tutorial as well as reference aspects of the vendor documentation are frequently compromised by conflicting objectives. A tremendous burden is placed on the ability of the user to remember complex commands and to repeat detailed procedures in order to be able to use various features of the equipment.

During the design process of our equipment we have come to recognize that perhaps one of the principal objection to the adoption of a totally flexible software and hardware architecture would be the extremely difficult training task. The issuance of an extensive set of manuals to accompany the release of each feature or program release would impose a very costly and difficult training process both on the supplier as well as on the user. Furthermore, the level of training, at each step would have to vary depending on the level of experience of the user, at the time of use.

As a major departure from prevailing industry practices we have opted to make a major and significant investment in computer aided training as an inseparable element of the operating system and applications design. A standard approach for invoking various levels of programmed instruction has been developed and fully integrated with software and technical support. The actual instruction manual that comes with our STAR workstation contains a minimum amount of introductory guidelines- only about a dozen pages. The bulk of the instructional text is an inseparable part of a specific sofware release and becomes revealed in an interactive way, in response to specific inquiries. In some respect the embedded text, inside the computer, has some of the attributes of a concept discussed many years ago under the general designation of "hyper-text" - a text that does not follow a linear, sequential method of presenting itself, but follows the needs and demands of the inquiring person and thus is resposive to specific calls for aid.

414

<u>Concept #10</u>: <u>Intuitive Approach to Communication with the Machine</u>

From the very inception of our design efforts we realized that to secure the use of electronic workstations on a mass marketing basis would be severely limited by the approaches which characterized the first 25 years of experience with computers. Not only has our past experience with computer technology been shrouded in a highly artificial approach, but it has also suffered from a totally counterintuitive manner in which it was designed to respond to humans. The typical behavioral model for dealing with central data processing computers was more of trying to approach a mysterious and potent source of magic through wizardry and miraculous incantation, rather than through commanding the services of an obedient slave. The Xerox concept has always been based to seek simplicity in communication with a machine by means of an approach that would intuitively fall within the easy reach of every person's sense of everyday experience. Incidentally, at this time it may be forgotten, or, it may appear to be commonplace, but one should remember that the major innovation of the first mass market Xerox copying machines was the enormous simplification which allowed every person to become a competent printer, with very little effort.

The ultimate solution to this problem how to deal with a computer by means of a visual display is now well known and is adequately documented elsewhere. The screen of the workstation presents itself as a series of familiar objects which can be manipulated in ways that do not violate intuitively obvious experiences. For instance, to print a document on a designated printer the representation of the document is actually "picked up" electronically, positioned on top of the image of the printing mechanism and then "released" by pushing the "do" button. The printer responds visually by changing its color and by signalling action through a pulsating image of itself. Similarly, choices made from a menu of options consistently reveal themselves in a standard, graphically conspicuous fashion. In case a particular option does not exist or is not contained in the software repertoire then the screen will wipe out the request as not being operationally acceptable.

The STAR user interface is rich with simple, behaviorally consistent conventions that people find intuitively acceptable because the symbols follow a pattern that have a logic which can be derived from everyday experience with similar objects. This approach is achieved through a very skillful blend of a very small number of comand verbs (e.g. SELECT, OPEN, CLOSE, etc. which is a much smaller set than encountered in any other computer system) and the ability to physically <u>point</u> at objects and choices. The incorporation of the spatially <u>versatile</u> "mouse" device that allows rapid selection from a range of options is a psychologically extremely powerful solution to the needs of a human being not to have to remember too many specific ways of addressing a machine.

Concept # 11: Emphasis on then Graphic Medium to Command

Implicit in design of the general purpose workstation that will serve as an individual's window into the electronic world is the need to match the speed of the human being to make discriminating choices and the ability of the electronic machine to carry out a large number of complex commands, rapidly. The concepts of work simplification and of work enlargement discussed in this paper place an enormous burden on the man-machine interface to be able to cope simultaneously with a large number of possible commands. Quite early in our design efforts our researchers concluded that the capability of a human being to perceive pictoral commands, in the form of "iconic" pictographs, would endow the electronic screen with a much more versatile and rapid interface than has been hitherto the standard in man computer communications--e.g. the use of verbs, abbreviations and alphanumerical codes which were uniquely conceived for every new computer system. At the present stage of our experience with the currently released icons which describe the standard office environment (e.g. the DESKTOP symbols) we are totally satisfied with user acceptance and strong preference for this approach.

The future of the visual command mode is now secure, especially through widespread acceptance of this approach in computer games and in the easy acceptability of these forms by people within widely varying cultures. In all likelihood we will see gradual migration of these graphic command symbols into the environment of other manufacturers and will then discover the adoption of a range of symbols as international standards for dealing with the world of global electronic communication.

Concept # 12: The Office -of -the -Future will not be Paperless

A number of recent advertisements by computer vendors and quite a few pronouncements by executives eager to defeat the debilitating effects of "paperwork" have given credence to the idea that somehow the "office of the future" will be totally electronic and that it will deliver huge savings by eliminating paper based information. Needless to say, this sort of talk would give a Xerox strategic planner a great deal of concern and therefore understanding the basis for the claims made by organizations aspiring to paperless existence warranted careful examination.

To begin with, we examined the underlying economic basis for opposition to paper based systems. Indeed, the costs, per transaction, are unnecesarily high. But, the costs are almost totally made up of labor handling expense, with the costs of supplies being almost incidental. We further examined the observed effects on the behavior of individuals who suddenly found themselves operating in a totally electronic environment, with equipment which has a broad range of capabilities to handle "electronic paper" more effectively than any other conventional data processing system in existence. The results were not surprising. It is true that transaction costs were significantly reduced by resorting to the totally electronic information handling approach. As a matter of fact, average costs were reduced by at least 50%. It is also true that the electronic environment made it possible to create a very large number of screen images which served extremely well as working "papers" during the text creation, text editing and electronic mail distribution process. These "electronic images", which we call "soft paper", grew enormously because it was so easy for individuals to view text and graphics on the screen. However, the resultant improvements in productivity, the lowering in transaction costs and the huge increase in originals being created resulted in a rapid expansion in the use of the final printed medium! In other words, with doubling in output of originals and with cutting the labor costs for intermediate handling of text by at least one half, we could observe that final output of printed materials more than doubled.

We therefore continue pursuing the design concept of "electronic paper" as a way of materially reducing the inefficient labor contents that deals with the preparation and handling of text and of graphic information. We are investing in the development of advanced printing technologies that can act as intelligent copiers and printers by offering the capability to print images from electronic pulses. In the foreseable future it is extremely unlikely that the established behavioral patterns would change so dramatically that they would shift preferences to reading text and graphic messages directly from the electronic medium.

CONCLUSION

The concepts and beliefs held by an organization are key to understanding its strategies, products and customer commitments. It is hoped that this paper will help in improving an understanding of the concepts of office automation as pursued from the standpoint of the Xerox Corporation.

<u>Die IBM-Konzeption zur Integration von</u>
<u>Daten- und Textverarbeitung</u>

Dr. E.G. Lotz
IBM Deutschland, Stuttgart

1.   <u>Daten</u> und <u>Text</u> haben in der IBM Tradition, wie schon der <u>Name</u> sagt:

      International Business Machines
      Internationale Büromaschinen

aber auch in den <u>Produkten</u>, wie ein Auszug aus der Daten- und Text-
produktpalette zeigt:

Daten-Produkte			Text-Produkte	
1923	IBM 011	elektrischer Locher	1935	Electromatic, erste IBM Schreib-maschine
1936	IBM D11	TAB-Maschine		
1948	IBM 604	elektronischer Rechenstanzer	1952	IBM Standard und Exec. Mod. OA
1952	IBM 701	EDPU Speichereinheit	1961	Kugelkopfmaschine IBM 72
1956	IBM 305	RAMAC, Magnetplatten-speicher	1966	IBM Composer
			1969	Magnetkartenschreiber MC 72
1959	IBM 1401		1970	Kopierer I
1964	IBM System /360		1976	Kopierer III
1970	IBM System /370		1976	IBM 6640 Tintenstrahldrucker
1978	IBM 8100		1977	IBM Textsystem 6
1979	IBM 43XX		1980	IBM Schreib-System
1981	IBM 3081XA		1980	Büro-System IBM 5520
			1981	IBM 75 Elektronische Schreib-maschine

2.1 Neue Forderung:

o   Integration von Daten und Text für Büroautomation,
      Rationalisierung, Verbesserung der Arbeitsbedingungen

2.2 Neue Möglichkeiten:

o   Integration von Daten und Text durch Mikroelektronik
o   Einsatz neuer Technologien
o   Verbesserung des Preis/Leistungsverhältnisses
o   Steuerung der Logik-Funktionen durch verbesserte Software,
      insbesondere Microcodierung

2.3 Neue Impulse:

o   Integration von Daten und Text durch Integration der
      Fernmeldenetze und durch neue Fernmeldedienste, z.B. Teletex
      und Bildschirmtext, Paketvermittlung

3. IBM Grundsatzüberlegungen für die Integration von Daten und Text

3.1 Es gibt nicht _eine_ Integrationsform, sondern viele - aus
Gründen der Ökonomie und Bedienbarkeit:

von   _über_

viel Daten/wenig Text   viel Text/wenig Daten

_zu_

viel Daten/viel Text

3.2 Integration darf nicht bei "Text" enden, sondern muß
nicht-codierte Informationen mit berücksichtigen. (Beispiele: Unterschriften, Bearbeitungshinweise, Firmen-
Symbole). Text wird mit "Graphik" zum "Dokument". Sprache kann zu einem späteren Zeitpunkt hinzugefügt werden.

3.3 Die Integration muß in allen hierarchischen Funktionen abgebildet werden:

- Endgeräte
- Endgeräte Steuereinheiten
- Klein/Mittel-Systeme (Verteilte Verarbeitung)
- Multiplexoren
- Zentrale EDV Systeme

3.4 Gleichzeitige Verwendung der System-Komponenten für Daten und
für Texte:

- Tastaturen
- Bildschirme
- Drucker
- Speichermedien
- Betriebssysteme
- Anwendungspakete

3.5 Die Schreibmaschinen-Ähnlichkeit muß erhalten bleiben (grundsätzlich
unveränderte Tastaturauslegungen etc.), aber volle Berücksichtigung
aller neuen ergonomischen Erkenntnisse.

3.6 Die Integration von Daten und Text kann nur in einem modularen
Systemkonzept erfolgen, d.h. Einstieg mit dem Einfachgerät mit
Wachstumsmöglichkeiten zum Gesamt-Bürosystem.

3.7. Das Gesamt-Bürosystem adressiert die verschiedenartigsten Bedürfnisse von:

- Sekretärin
- EDV-Spezialist
- Sachbearbeiter
- Manager

auf unterschiedliche Weise mit entsprechenden Geräten und
Software-Paketen, aber auf der gleichen Gesamt-System-Basis
wie:
Betriebssystem-Steuerung, Datenbanken, Übertragungswege etc.

3.8 Stetige Anreicherung der Funktionen in bestehenden Produkten und
unterbrechungsfreier Übergang auf Nachfolgeprodukte.

4. <u>Das IBM-Konzept zur Lösung der Integrationsaufgabe</u>
   <u>von Daten, Text, Bild (und evtl. Sprache)</u>

o   Schaffung einer Träger-Architektur für:

     -    Koexistenz der Medien
     -    Netzwerksteuerung
     -    Zusammenführbarkeit der verschiedenen Informations-
          Kategorien im Endgerät und in allen hierarchischen
          Stufen bis zum Anwendungsprogramm

o   Kontrollierte Freiheit und Vielfalt der Systemelemente
     (Ökonomie, Koexistenz, Bedienbarkeit)

     -    vom Endgerät zum Zentralrechner
     -    Verarbeitungspaket, Anwendungspaket

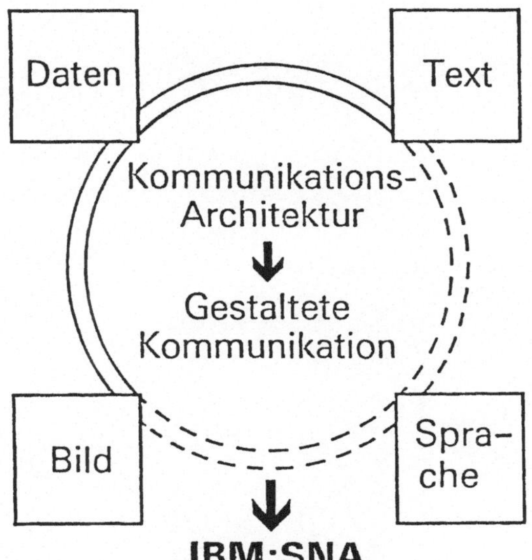

422

5. <u>Die Implementierung des IBM-Konzepts</u>

5.1. Als Träger-Architektur:
     SNA mit seinen Erweiterungen:

     -    DIA (Document Interchange Architecture)
     -    Local Area Networking (IEEE-Submission)
     -    Erweiterte Schnittstellen- und Dienstunterstützungen
          X21, X25, Teletex, Bildschirmtext

5.2. Als Elemente des Systems:

     -    Eine Vielzahl von Endgeräten und Steuereinheiten,
     -    Klein-, Mittel- und Großsysteme zur Adressierung der
          unterschiedlichsten Kundenbedürfnisse und ökonomischen
          Bedingungen, die unter SNA zu einem System zusammen-
          gebunden sind.

6. Beispiele für die Produktimplementierung des IBM-Konzepts:

6.1. Zugang von Text-Systemen zu DV-Systemen:

IBM Schreib-System
Büro-System IBM 5520   ⎤ voller Textfunktionsreichtum
IBM 8100 DOSF   ⎦ aber kapazitätsunterschiedlich

6.2. Texteditoren für Datenverarbeitungsgeräte:

System /23
System /34   mittlerer Textfunktionsreichtum
System /38   dezentrale Verfügbarkeit
Serie /1
System 5280

6.3. Textsoftware für Zentralrechner:

ATMS
STAIRS   voller Textfunktionsreichtum
IPDT   und zentrale Verfügbarkeit
DISOSS

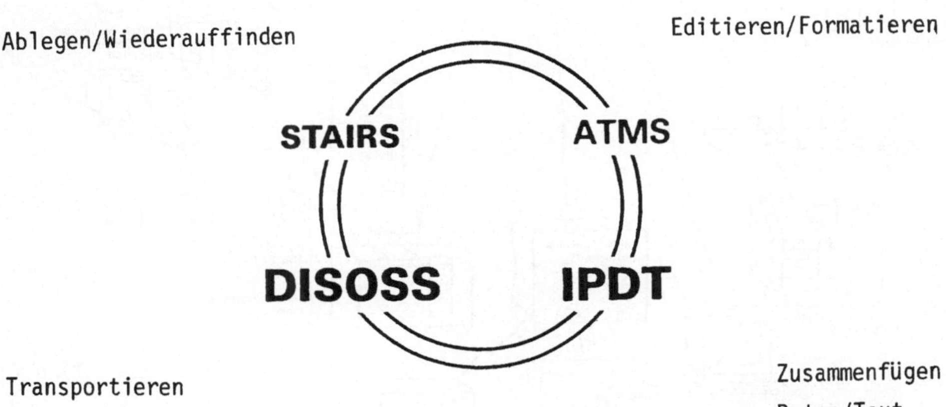

6.4. <u>Das Büro-System IBM 5520 als universelles Kommunikations-System zur Datenfernverarbeitung und Telekommunikation</u>

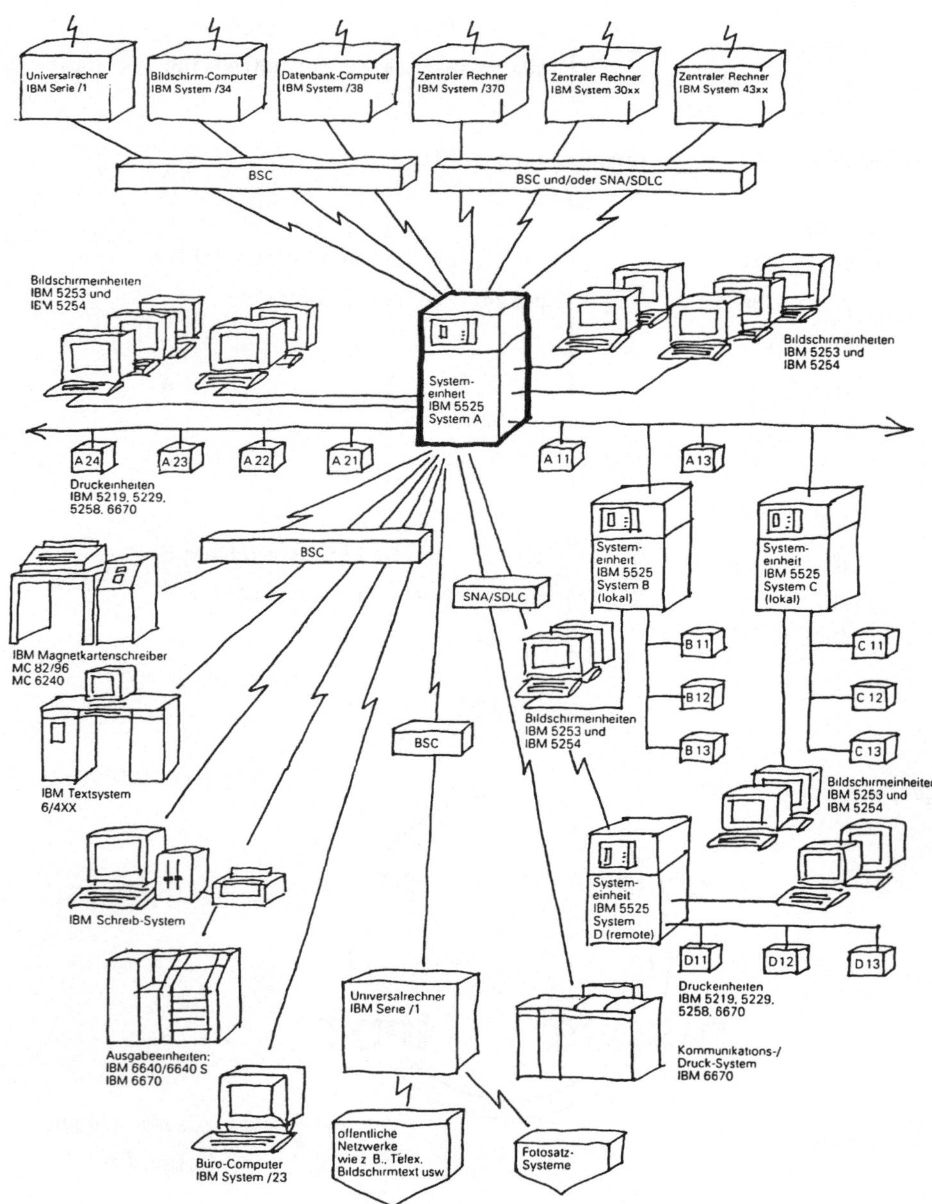

6.5 Das integrierte Textsystem IBM 8100 mit dem Lizenzprogramm DOSF als selbständiges Mehrplatz-System oder mit Anschluß an einen Zentralrechner

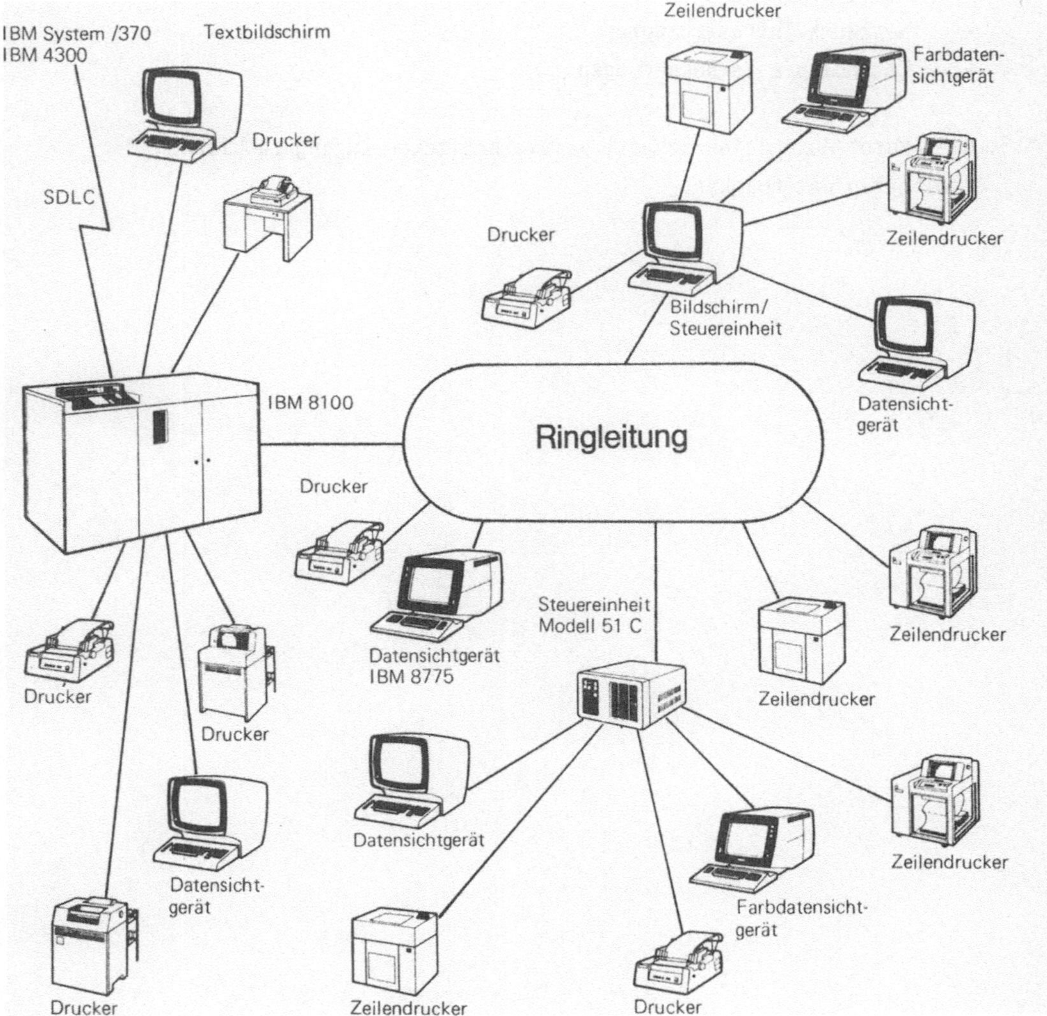

7. <u>Ausblick:</u>

7.1. Die Grundlagenarbeit ist geleistet.

7.2. Neue Produkt- und Systemimplementierungen sind abhängig von:

- Kunden-Forderungen
- Netzwerk-Infrastrukturen
- Technologie-Verbesserungen

7.3. Die "Büro"-Automation schafft weitverbreiteten Zugang zu bisher
     isolierten Datenbanken.

Bürostrukturänderungen durch Philips Informations- und Kommunikationssysteme

Ing. Dr. Johann Günther

Philips Data Systems GmbH, Wien

Strukturänderungen im Büro haben Auswirkungen auf 3 Faktoren:

* "Mensch",
* "Organisation" und
* "Maschine":

Alle drei Faktoren müssen stimmen, um ein günstiges Organisationskonzept auch in die Praxis umsetzen zu können. Die stärksten Eindrücke hinterlassen zwar zukünftige Maschinenentwicklungen, aber ohne auf das Individuum Mensch Rücksicht zu nehmen ist eine praktische Umsetzung nicht möglich.
Es wird eben keinen "neuen Menschen" geben, sondern der Mensch wird immer der Alte bleiben, auch wenn wir neue Strukturen, neue Maschinen und neue Systeme eingesetzt haben.

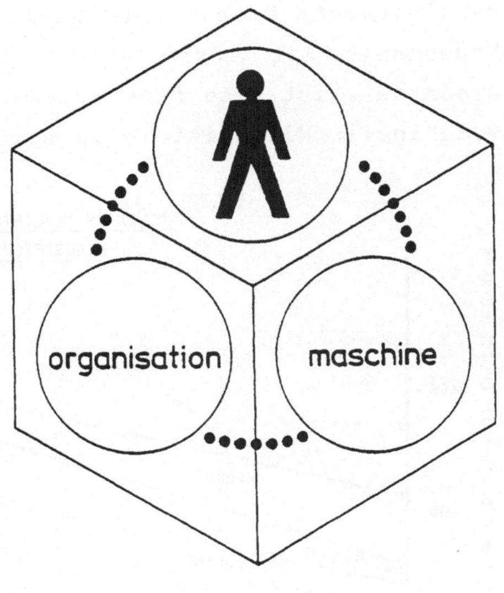

Abbildung 1

Wir haben es daher mit einer Wechselbeziehung zwischen Mensch-Organisation-Maschinen zu tun (Abbildung 1).

428

<u>Strukturänderung, warum?</u>

Zwei Trends sind heute zu erkennen, warum Büroorganisation und Bürorationalisierung notwendiger sind denn je:

a) <u>Zunahme der Bürobeschäftigen</u>:

Wie die Statistik in Abbildung 2 zeigt, nimmt die Beschäftigtenzahl im
Büro laufend zu. Würde der Anteil der im Büro beschäftigten, arbeiten-
den Welt weiterhin ansteigen, müßten zu einem bestimmten Zeitpunkt x
mehr als 100 % aller Menschen für Büroadministration tätig sein. Dieses
Parkinsonsche Gesetz wird aber nicht anwendbar sein, da die arbeitende
Menschheit mit ihren 100 % sich selbst limitiert. Der Mensch als
Gesamtheit ist also nicht vermehrbar und muß organisatorisch oder durch
maschinelle Hilfsmitteln in seiner Leistungskraft verstärkt werden.

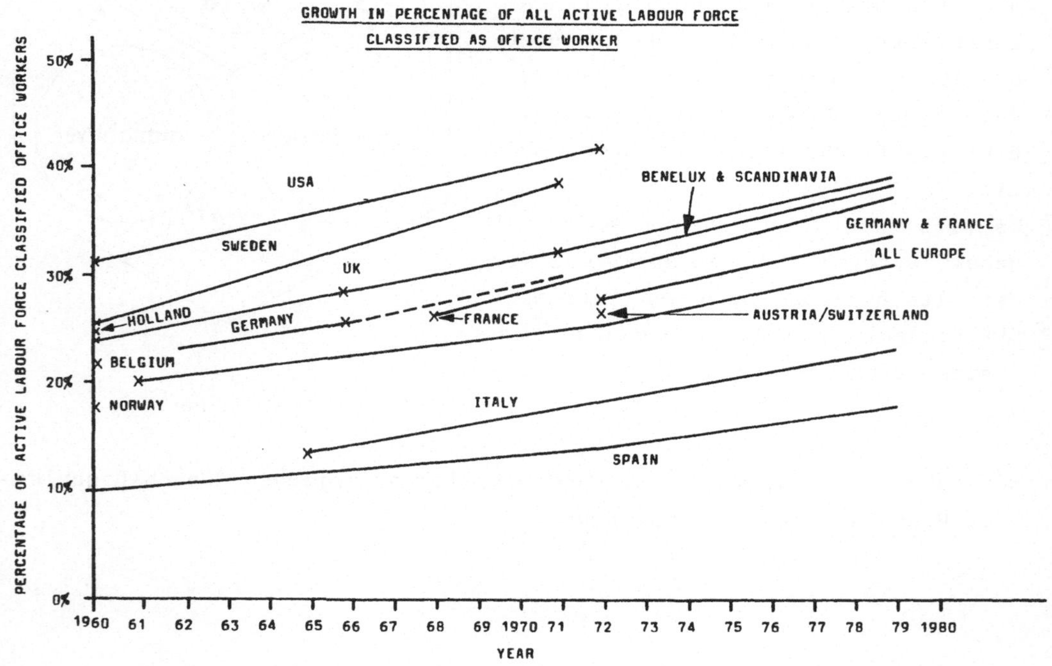

Abbildung 2

Die Weiterführung der in Abbildung 2 gezeigten Zuwachskurve der Bürobe-
schäftigten wirkt heute etwas absurd. Ähnliche Untersuchungen gab es
aber bereits vor mehr als 50 Jahren im Bürobereich. So mußte zum Beispiel eine der größten Telefongesellschaften Amerikas zu Beginn dieses
Jahrhunderts feststellen, daß bei weiterer konstanter Zunahme der Telefonanschlüsse im Jahre 1980 (also in unserer jetzigen Zeit) mehr als die
Hälfte aller weiblichen Amerikaner als Telefonfräulein tätig sein werden. Nun, heute können wir dabei auf die Vergangenheit zurückblicken und
feststellen, daß maschinelle Einrichtungen (Selbstwählverkehr) und organisatorische Änderungen das Problem mehr als bewältigt haben.
Das Problem, daß wir immer mehr Personen im administrativen Bereich und
immer weniger im Produktionsbereich beschäftigt haben, wird uns primär
durch die Massenmedien anhand der zunehmenden Beamtenschaft klarge-
macht. Da es jährlich mehr Beamte gibt, zeigt uns immer wieder sehr
deutlich, daß der Aufwand für unsere Selbstverwaltung immer größer
wird. Im Grunde genommen hat dieses Problem aber nicht nur die Behörde,
sondern auch jeder Privatbetrieb.

b) <u>Mehraufwand in der Administration</u>

In der Expansionszeit und in der Nachkriegsphase befand sich unsere
Wirtschaft in einer "Verteilerfunktion". Es war nicht notwendig hier zusätzlichen Aufwand für Marketing, Werbung etc. zu betreiben. Alles was
produziert wurde, wurde einem aus den Händen gerissen und brauchte nicht
speziell zusätzlich vermarktet werden. Ein Verkaufsapparat eines Unternehmens hatte mehr eine "Verteiler"- als eine "Verkaufsfunktion".
Erst in den 60er Jahren begann man mit einem aktiven Verkaufen. Erste
Sättigungen sind eingetreten und man benötigte bereits einen aktiven
Verkäuferstab um die produzierten Waren auch an den Konsumenten heranzubringen.

Mit verschärften Wirtschaftsituationen kam überhaupt erst der Begriff
"Marketing" auf. Strategisches Marketing brachte aber auch zusätzlichen
Administrationsaufwand. Auf einfachen Nenner gebracht bedeutet dies,
daß ein Unternehmen heute mehr Offerte schreiben muß als er noch vor
5 Jahren geschrieben hat. Der Mehraufwand des Briefverkehres bedeutet
aber nicht einen höheren Geschäftsumfang.

430

Dieser Mehraufwand schlägt sich aber nicht nur im Schreiben selbst, sondern überhaupt im Handling von Informationen nieder. Um beim Beispiel
einer verkaufenden Firma zu bleiben, sind es Mitbewerbsbeobachtungsda-
teien, Außendienstmitarbeitersteuerung, Kostenkontrolle etc. Alles Anforderungen, die man vor einigen Jahren noch nicht kannte.
Ich wage sogar die Behauptung, daß wir viele Einsatzgebiete, die in
5 Jahren zur Selbstverständlichkeit unseres Büroalltages gehören werden, heute noch gar nicht kennen. Welche Firma rechnet heute zum Beispiel schon die Rentabilität eines Kunden? Man wird immer mehr auch diese Aspekte berücksichtigen müssen um festzustellen, ob ein Kunde renta-
bel genug ist; ob man ihn mit einem Direktverkaufsapparat, über einen
indirekten Verkaufsapparat oder eben nur über Brief- oder Telefonverkauf
betreut.
Wesentlich für die Bürostruktur ist aber eines, daß all dies einen zusätzlichen Aufwand und eine Mehrbelastung und andere Anforderungen an
unsere Informations- und Kommunikationssysteme stellt.

c) "Blue-Coloured" to "White Coloured"

Ein bei uns vielleicht noch nicht sehr stark erkennbarer Trend, aber in
Amerika bereits deutlich signifikant erkennbare Entwicklung ist es, daß
eine Art "Landflucht" hin zu den Büroangestellten eingetreten ist. Das
Büro wird mehr und mehr zum "Mode-Beruf" und immer mehr Leute wechseln
vom "Produktionsbereich" zum "Administrationsbereich".

Obwohl wir diese Strukturänderungen kennen und, wie es unlängst Herr
Kom. Rat Hofstätter ausdrückte, die Zukunft der Büroorganisation klarer
am Tisch liegt, als je zuvor, werden viele Dinge immer noch nicht berücksichtigt.
Einerseits ist es die Aufgeschlossenheit gegenüber technischen Neuerungen der Büroangestellten, andererseits die zu geringe Investitionsfreu-
digkeit im Administrationsbereich.
Kommt zum Beispiel eine neue Büromaschine, so wollen viele der Büroangestellten nicht mit der neuen Maschine arbeiten, sondern mit der alten
nach Möglichkeit weiterleben können. Kommt dagegen im Produktionsbereich
- etwa in einer Tischlerei - eine Maschine, so will jeder mit diesem
neuen Gerät zuerst arbeiten.

Der deutsche "Papst" der Textverarbeitung, Herr Rolf Schreiber, formulierte dies einmal so: "Das wäre so, wie wenn ein Flugkapitän, der bis
jetzt Karavelle geflogen ist und die Fluggesellschaft sich entschlossen
hat auf DC 9 umzusteigen, das neue Fluggerät ablehnt und sagt, ich
fliege nicht Douglas, ich fliege nur Karavalle. Dieser Flugkapitän würde in der Praxis auf alle Fälle fliegen, aber weder mit DC 9 noch mit
Karavelle!."
Die Aufgeschlossenheit der Büroangestellten nimmt aber laufend zu und
hier darf auch vermerkt werden, daß auch die Schulen einen sehr erheblichen Anteil an Ausbildung beitragen. So ist in Österreich nicht nur
ein sehr modernes Gesetz für Ausbildungen in Handelsschulen und Han-
delsakademien vorhanden, sondern auch die praktische Umsetzung und die
praktischen Voraussetzungen in Form von mindestens 5 Bürocomputern pro
Schulklasse gegeben.
Im selben Sinne ist auch anzunehmen, daß sich die Investitionsbereitschaft ändert. Wie eine Statistik der 70er Jahre zeigt, wurden im Produktionsbereich 80 % investiert, dagegen im Büroadministrationsbereich
nur 4 %.

d) <u>Selbstverwaltung</u>

Bereits Boos Allen hat aufgezeigt, daß der Anteil unserer Selbstverwaltung immer stärker zunimmt und etwa 85-90 % Administrationsarbeit der
Eigenadministration aufgewendet wird.
Philips hat im Rahmen einer "Office Automation Arbeitsgruppe" konzern-
intern einen Betrieb herausgegriffen, und hier eine Untersuchung durchgeführt, die zwar noch nicht zu derartig extremen Prozentsätzen, wie es
Boos Allen aufzeigt gekommen ist, aber doch alarmierend zeigt, daß der
interne Aufwand immer größer wird.
Grob strukturiert konnte festgestellt werden, daß für

Telefon	
Intercom	47 %
Besprechung	
Eingangspost und Schreiber	30,5 %
Rechnen, Terminal und Listen	17,5 %

aufgewendet werden.

Untersucht man nun die Einzelwerte genauer, so muß festgestellt werden, daß etwa bei der geschriebenen Kommunikation (Briefpost) nur 24 % an den Kunden gehen und die restlichen 76 % für interne Verwaltung verwendet werden (Hauspost, Philips intern, Philips Ausland).
Ähnlich sieht es auch bei Telefongesprächen aus.
Basierend auf diesem erhobenen Tätigkeitsprofil wurde eine Strukturänderung insofern vorgenommen, als man den Weg von Sekretariaten zu sogenannten "Info-Centers" einschlug. Diese Info-Centers können auf Grund vorgegebener Zentralisierung maschinell wesentlich stärker ausgestattet werden und damit bestimmte Bereiche, wie etwa das "Schreiben", reduziert werden. Allein die Verwendung von Telefonanlagen mit größerem Komfort (Zwischenspeicher etc.) bringt auf ein größeres Bürohaus umgelegt zehntausende Arbeitsstunden Zeiteinsparung pro Jahr.

Wo kann rationalisiert werden ?

Die wesentlichste Strukturänderung im Büro bringt vor allem eine verbesserte "Kommunikation" mit sich. Ging es bis dato nur um eine schnellere und raschere Produktion der Informationen, so wird der Verarbeitung dieser Informationen immer mehr Bedeutung beigemessen.
Die Einsatzgebiete im Büro umfassen:
* Texterstellung,
* Texterfassung,
* Texttransport,
* Informationsablage und
* Wiederfinden der gewünschten Information
All diese Schlagwörter mit einem einfachen praktischen Beispiel illustriert zeigen die Bedeutung, die ein umfassendes Informations- und Kommunikationssystem bieten kann: die Produktion eines Rundschreibens oder einer Mitteilung an 10-20 Mitarbeitern.
Der Text muß vorerst von jemandem kreiert und diktiert werden. Handelt es sich um eine wichtigere Mitteilung, so sind sicherlich zwei Autoren ausschlaggebend, wobei einer einen Entwurf entwickeln wird und der zweite Verbesserungen vornimmt. Die Texte müssen also vorerst einmal geschrieben werden. Handelt es sich um ein, nach heutigen Bergriffen, modernes Unternehmen, so wird für die Texterfassung bereits ein Textverarbeitungssystem herangezogen, das nachträgliches Korrektieren

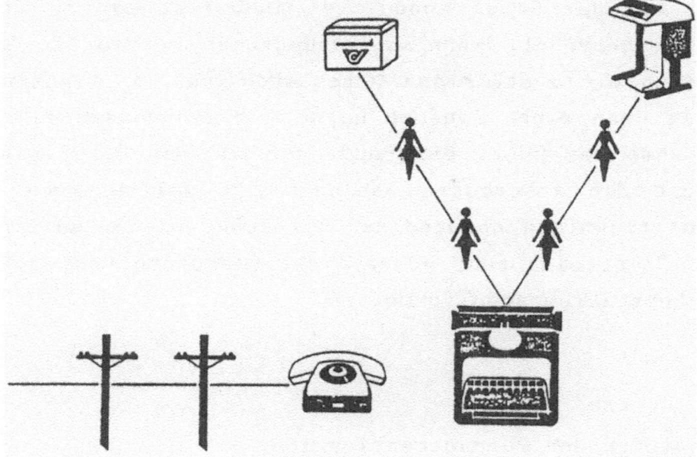

Bürokommunikation heute

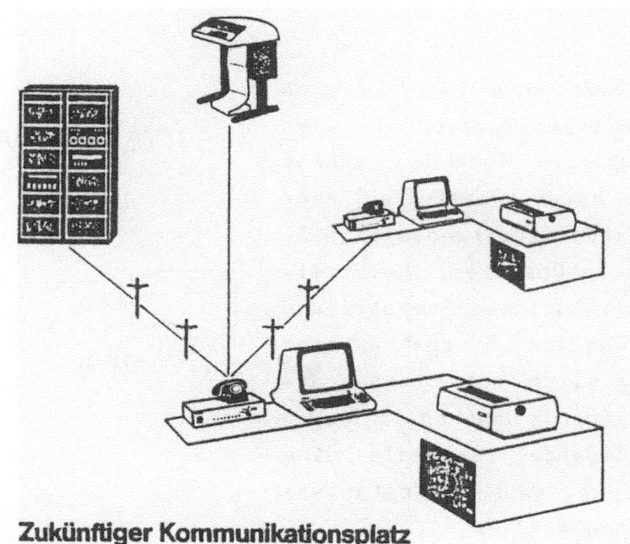

Zukünftiger Kommunikationsplatz

Abbildung 3

erleichtert. Ist der Brief endgültig produziert und in die endgültig letzte Version gebracht, kann er ausgedruckt werden. Es erfolgt eine Kuvertierung an die zuständigen Adressaten und der Transport - sofern es im Haus ist von einem eigenen Boten - beziehungsweise extern unter in Anspruchnahme der Post. Der Empfänger muß den Brief wieder öffnen, durchlesen und die Information ablegen. Er sollte diese Information aber auch zum richtigen notwendigen Zeitpunkt wieder auffinden können. Gerade darin liegt eine sehr wesentliche Bedeutung über zukünftige maschinelle Unterstützungsmöglichkeiten.

Entwicklungsstufen der Büroautomatisation

Textbe- und Textverarbeitung

Ein Einsatzgebiet, das heute mehr und mehr zur Selbstverständlichkeit wird und nicht nur ein Anwendungsgebiet für besonders priviligierte und eingeweihte Textverarbeitungsspezialisten ist. Micro-Computer, Personal-Computer, Small-Business-Computer und auch Groß-EDV-Anlagen übernehmen mehr und mehr zusätzlich auch Textverarbeitungsfunktionen. Unabhängig davon machen intelligente Terminals eine immer stärker werdende komfortablere Textverarbeitung möglich.

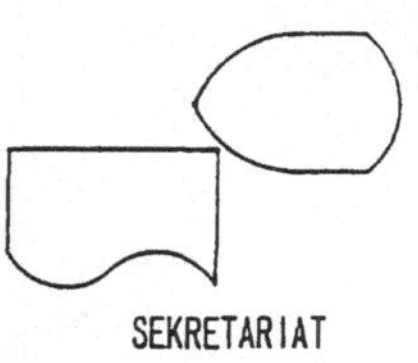

Abbildung 4

Multifunktionsterminal

Im selben Verhältnis wie andere Computerbereiche Textverarbeitungsfunktionen übernehmen, werden auch die bis dato speziellen Textverarbei-

tungssysteme hin zu Multifunktionstermi-
nals entwickelt.

Eine Untersuchung der von Philips Data
in Österreich installierten Textsysteme
(Philips ist in Österreich im Bereich
der organisierten Textverarbeitung seit
3 Jahren Marktleader) hat ergeben, daß
nur 20 % aller Installationen die Systeme nur für reine Textverarbeitung einsetzen. Vielfach werden Personal-Compu-
ting-Funktionen, wie Dateiverwaltungen,
einfache Berechnungen und auch Daten-
fernübertragunsfunktionen von derartigen
Textsystemen mitübernommen und die Bezeichnung "Textautomat" ist heute eigentlich gar nicht mehr gerechtfertigt.

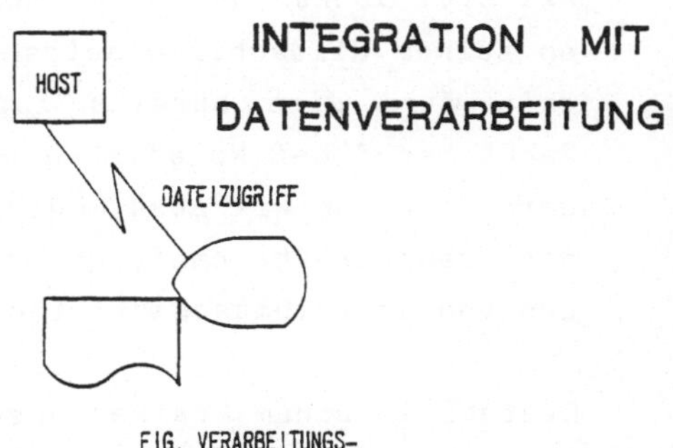

Abbildung 5

Bürokommunikation

Die einfachste der Bürokommunikation
ist, wenn das Sekretariat mit einem
Bildschirmarbeitsplatz ausgestattet ist,
daß auch der Chef selbst einen angeschlossenen Bildschirm erhält. Es wird
ihm so die Möglichkeit geboten, einen
von ihm diktierten Brief, der im Sekretariat erfaßt wurde, auf seinem Bildschirm einzulesen und Korrekturen auch
gleich selbst vorzunehmen. Dies bedeutet
in gewisser Beziehung auch eine Strukturänderung zwischen Schreibkraft und
Manager.

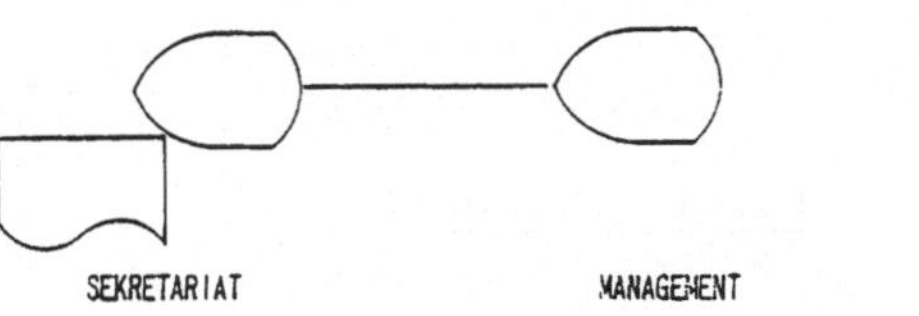

Abbildung 6

War es bis dato unter der "Würde" des Managers einfache Korrekturen selbst durchzuführen, so wird zukünftig bei kostenbewußterem und rationellerem Denken des Managements eine derartige Funktion vom "Diktanten" an seinem Bildschirmarbeitsplatz selbst durchgeführt. In manchen Branchen wird dies bereits zur Selbstverständlichkeit, wie es etwa im Rechtsberuf bei Notariaten und Rechtsanwälten zu registrieren ist. Andere Branchen wie etwa Mediziner werden noch länger mit dem Strukturänderungsprozeß beschäftigt sein um daraufzukommen, daß man beim Betätigen von Schreibmaschintasten nicht schmutzig wird.

Besteht in einem Krankenhaus etwa bereits eine elektronische Patientendatei, so tippt in vielen Fällen nicht der Arzt selbst den Namen des Patienten ein, um dessen Krankengeschichte lesen zu können, sondern er sagt der Schwester: "Schwester, bitte holen Sie den Patienten xx heraus".

Das bedeutet, daß durch den Einsatz von Informations- und Kommunikationssystemen einerseits Schreibkräfte und Sekretärinnen zu Sachbearbeitern aufgewertet werden und andererseits bestimmte Funktionen einer Sekretärin vom Manager selbst ausgeübt werden. Es ist dies heute eine vielleicht sehr harte und für viele nicht ganz vorstellbare Aussage - was nicht bedeutet, daß ich das sekretärinnenlose Büro prognostizieren möchte - sondern eine Realität, die wir wahrscheinlich erst dann wahrnehmen werden, wenn sie bereits vollzogen ist. So ist es eben heute, Dank des Einsatzes von verschiedensten elektrischen und elektronischen Haushaltsgeräten, nicht mehr so selbstverständlich wie vor 100 Jahren, daß man eine eigene Köchin und Stubenfrau besitzt.

Elektronic Mail

Wie im oben beschriebenen Beispiel des Verteilens eines Rundschreibens und einer in diesem Zusammenhang vielleicht durchgeführten Kostenrechnung, wieviel der Transport eines derartigen Rundschreibens kostet, ist die elektronische Verteilung eines geschriebenen Briefes sicherlich zweckmäßiger. Bildschirmarbeitsplätze in verschiedensten Bereichen in Sekretariaten werden mitsammen verbunden und können ihre Informationen papierlos weitergeben. Kuvertieren, Transportieren und Wiederöffnen des bedruckten Papieres kann entfallen.

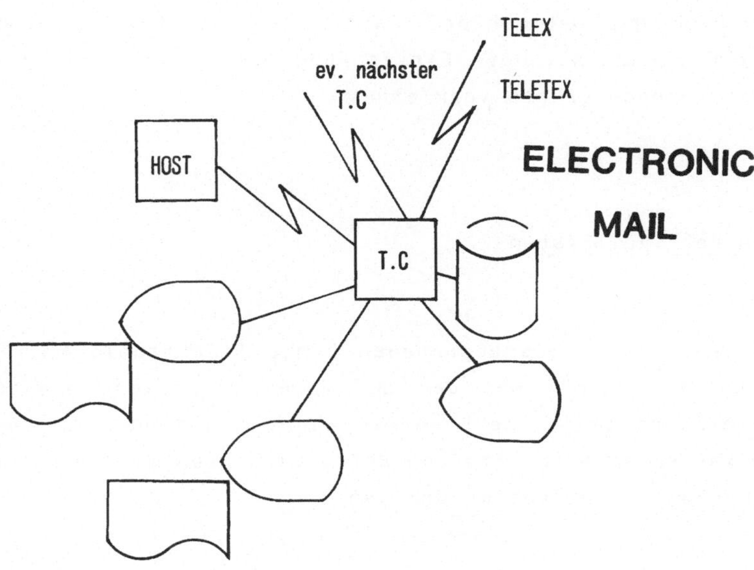

Abbildung 7

Der Transport der Informationen ist aber nicht nur ein "in-door", sondern auch ein "Out-door-Problem". Auch die Post würde bei einer genauen
Kalkulation einen Brief an die "Tante Mizzi" mit einer 4-Schilling Mar-
ke versehen nicht in den 2. Stock zustellen lassen können. Auch hier
wird nach Alternativen gesucht, die sich in Form von Teletex, Bildschirmtext, Telefax und Datex als Alternative "elektronische Briefträ-
ger" präsentieren.

Diese neuen Postdienste sind also nicht als neue und moderne Fernschreiber zu sehen, sondern wirklich als Informations- und Kommunikationseinrichtungen. Schickt eine Firma eine auf einem Computer erstellte Rechnung, so sollte es in Zukunft doch so sein, daß das Ausdrucken,
Kuvertieren und Versenden und neuerliche Erfassen der Daten beim Empfänger-Computer entfallen kann. Eine Übertragung der Informationen,
die für die Rechnung notwendig sind, über Teletex oder Datex des Absender zum Empfänger-Computer würde sicherlich viel zusätzliche Arbeit er-
sparen.

438

In dieser Richtung betrachtet, ist z. B. Teletex eine wesentlich
modernere und zukunftssichere Einrichtung als in Form eines schnellen
und modernen Fernschreibers verkleidet.

Information Retrieval System

Handelt es sich beim vorangegangenen Punkt "Elektronic Mail" um eine
reine "In-House-Lösung", bei der auf einem zentralen Datenträger nur
jene Informationen gespeichert werden konnten die auch im Haus erfaßt
wurden, so ist es beim Information Retrival System auch vorgesehen, daß
auch externe Post miterfaßt werden kann.

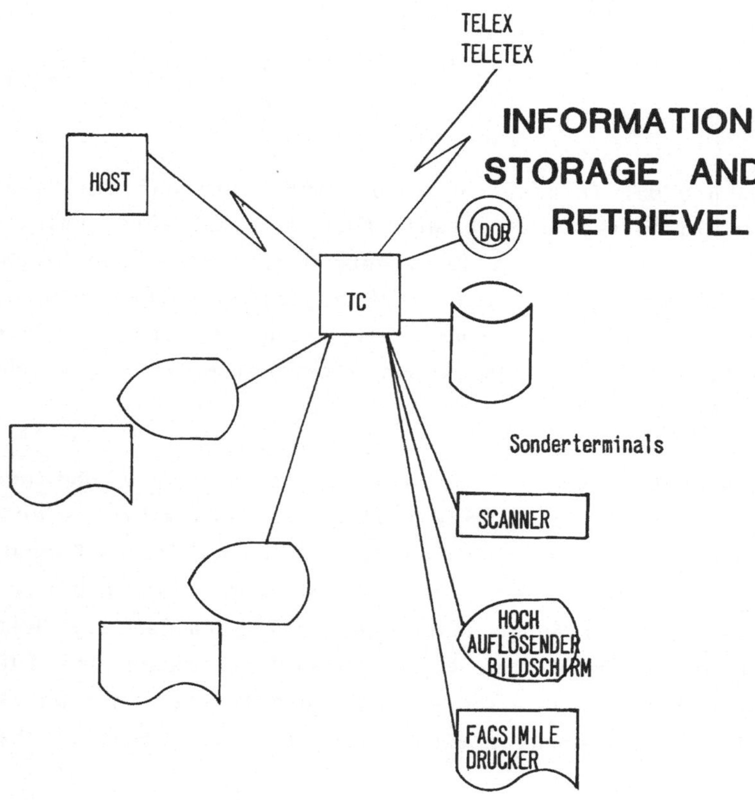

Abbildung 8

Technologien von IRS

* Super Scanner

Um die Eingangspost, die also nicht in digitalisierter Form vorliegt
auch in das Informationssystem erfassen zu können, ist es notwendig,
diese Seiten digital durch einen Scanner auflösen zu lassen. Sicherlich ist die Einrichtung eines Scanners keine neue technologische
Einrichtung, da auch Fernkopiergeräte bereits diese Funktion übernehmen. Das wesentliche am "Super Scanner" ist aber, daß die Lesege-
schwindigkeit eine wesentlich größere ist. Wird heute im Fernkopier-
bereich für eine DIN A4-Seite immerhin noch mehr als 1 Minute benötigt, so ist eine derartige Übertragungszeit für eine Posteinlauf-
stelle nicht akzeptabel. Nach Annahmen der Philips Labors muß hier
eine Aufnahmezeit pro DIN A4 Seite von ca. 1 Sekunde möglich sein.

* High Resolution Datentransport

Der "Super Scanner" reißt aber sofort ein zweites Problem auf: wenn
man eine DIN A4 Seite digital auflöst, so hat man es immerhin mit
ca. 1/4 Mill. Byte zu tun. Unter der Annahme, daß eine DIN A4 Seite
in ca. 1 Sekunde aufgenommen werden soll, stellt dies eine Anforderung an die Datenfernübertragung mit einer Übertragungszeit von
250.000 Zeichen pro Sekunde dar. High Resolution Datentransportein-
richtungen werden hier zur Übertragung der Informationen benötigt.

* Hochauflösende Bildschirme

Da nach Einspeicherung der Eingangspost das Original vernichtet
werden kann und so ein immenser Speicherplatz gespart werden soll,
ist eine Original-Wiedergabe zu einem späteren Zeitpunkt
Grundvoraussetzung.

440

Um die Texte lesen zu können sind Bildschirme der heutigen Qualität
nicht ausreichend. Hochauflösende Bildschirme mit einer Matrix von
ca. 64 Punkten/mm^2 sind notwendig, um dem Original nahe zukommen.

* <u>Faxsimile-Drucker</u>

Die selbe Anforderung wie an den Bildschirm wird auch an den Faxsimi-
le-Drucker gestellt.

* <u>DOR (Laser-Speicherplatte)</u>

Das Herzstück für die Ablage stellt die DOR Speicherplatte dar (Digi-
tal-Optical-Reader).
Auf der von der Unterhaltungselektronik abgeleiteten Speichertechnik
können pro Platte ca. 500.000 DIN A4 Seiten gespeichert werden. In
Form eines Gesamtsystemes, wie es MEGADOC darstellt, können ganze Ar-
chive elektronisch auf kleinstem Speicherplatz abgelegt werden. Über
MEGADOC wird aber im Rahmen dieses Kongresses von meinem Kollegen
Herrn Prok. Gilhofer noch genaueres gesagt werden.

Um hier aber nicht nur science-fiction-artige Technologien aufzuzeigen, die unsere Strukturen ändern werden, möchte ich zum Abschluß auf
einen "Time-Table" hinweisen, der auf die wahrscheinlichen Realisie-
rungsmöglichkeiten der einzelnen Bereiche hinweisen soll (Abbildung 9).

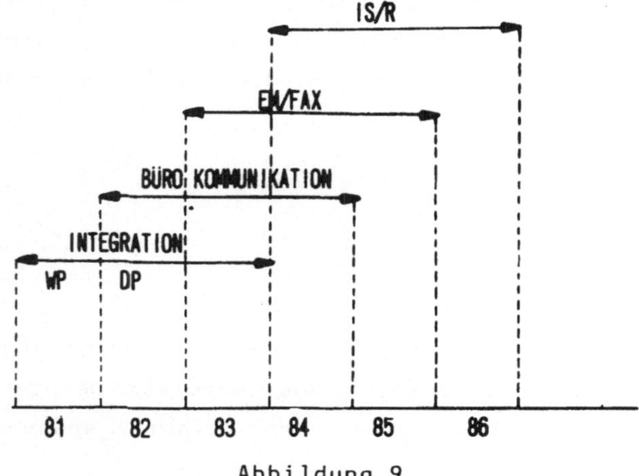

Abbildung 9

Unabhängig von der wirtschaftlichen Entwicklung kann man also hier feststellen, daß eine Verschmelzung zwischen Text- und Datenverarbeitung bereits voll im Gange ist; daß im Bereich der Kommunikation bis Mitte dieses Jahrzehnts die wesentlichen Bereiche gelöst werden und in der letzten Stufe, wie ich es in Form des "Information-Retrival-System" dargestellt habe, eine bestimmte Abhängigkeit von der wirtschaftlichen Entwicklung gegeben ist, ob eine praktische Realisierung noch in diesem Jahrzehnt oder erst im nächsten Jahrzehnt realistisch ist.

Im großen und ganzen kann man aber sagen, daß die 4 Kommunikationsmöglichkeiten in Form von Text, Daten, Stimme und bildlicher Darstellung bereits in absehbarer Zeit zu einem Gesamtbegriff "Informationsverarbeitung" zusammenlaufen werden (Abbildung 10). Die Aufnahme des gesprochenen Wortes zum geschriebenen Satz, wie es die Maschine in Abbildung 11 darstellt, wird allerdings noch einige Zeit auf sich warten lassen.

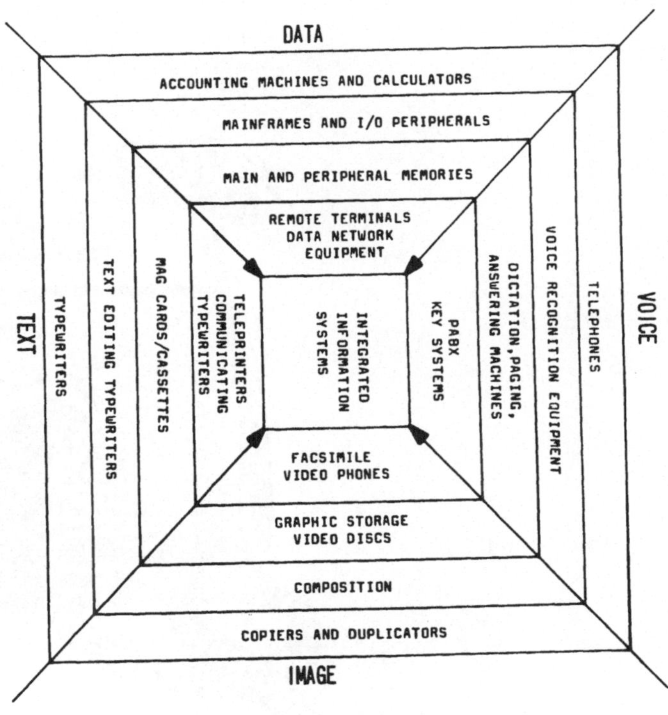

Abbildung 10

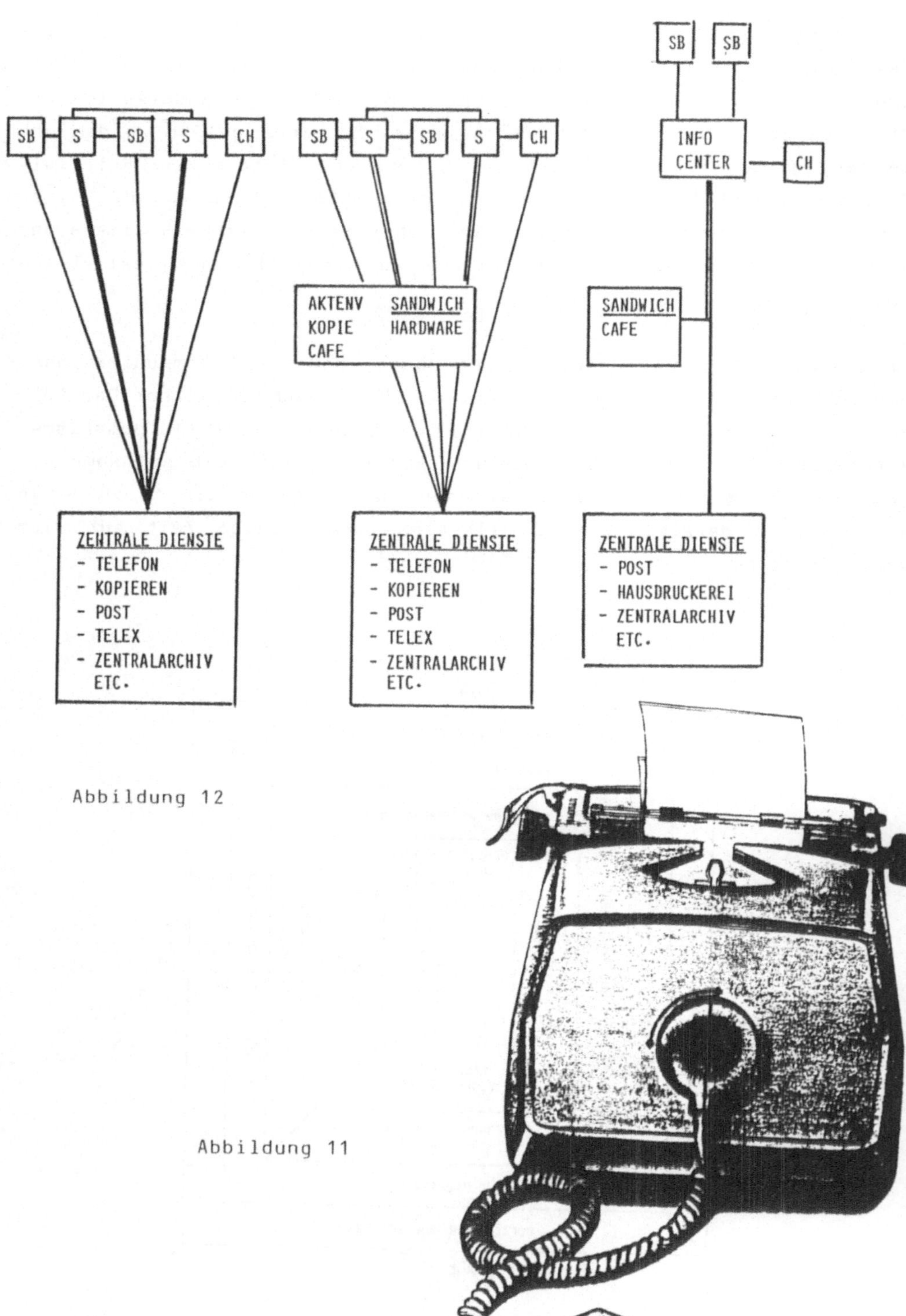

Abbildung 12

Abbildung 11

<u>EINSATZ NEUARTIGER KOMMUNIKATIONSTECHNIKEN</u>

<u>IN DORNIER-INFORMATIONS- UND -KOMMUNIKATIONSSYSTEMEN</u>

Dr.-Ing. Rolf Zimmermann

Dornier System GmbH, Friedrichshafen

1.   <u>Automatisierung im Büro</u>

Fachleute sind sich einig darüber, daß die Bedeutung der informationsverarbeitenden Berufe in den nächsten Jahren weiter wachsen wird und
daß in deren Arbeitswelt, nämlich im Büro, neue informationsverarbeitende Techniken Einzug finden werden. Gerade hier ist auch der größte
Nachholbedarf an neuen Techniken zu sehen, denn anders als in der
verarbeitenden Industrie hat sich der technologische Fortschritt der
letzten Jahrzehnte in der Mehrzahl der Büros nur in Detail-Verbesse-
rungen ausgewirkt. Fast wie zu Beginn dieses Jahrhunderts sind Telefon
und Schreibmaschine in den meisten Büros die einzigen Informations-
und Kommunikationsgeräte. Auch die Einführung von Kopierern und von
EDV-Systemen hat daran wenig geändert. Diese haben in den meisten
Fällen nur die Papierflut vergrößert, die der im Büro tätige Sachbearbeiter manuell weiter bearbeitet.

Die Folge davon ist, daß auch heute noch der Hauptanteil der Bürotätigkeit nicht die analytische Verarbeitung und das kreative Erzeugen
neuer Informationen ist, sondern der Empfang von Informationen,
deren Einordnung, Weitergabe, Verteilung, Abschreiben, Ablegen und
Wiederfinden sowie weitere zeitraubende organisatorische und Verwaltungsaufgaben. Veränderungen brachten in einem geringen Prozentsatz
der Büros moderne Textverarbeitungssysteme, die die Herstellung von
Routine-Briefen und das Überarbeiten von Texten erleichtern, sowie
onlinefähige Bildschirmgeräte, die die Bearbeitung eines Vorgangs
z.B. in Versicherungen oder Banken erheblich rationalisieren.

Die Gründe für die relativ geringe Nutzung dieser neuen Technologien
liegen unter anderem darin, daß die Kosten bisheriger Informationssysteme für traditionell investitionskostenarme Bürotätigkeiten zu
hoch liegen, daß ihre Bedienung zu kompliziert ist und daß diese

444

Systeme nur für einzelne spezielle Funktionen (z.B. Schreiben eines
Routinebriefs) echte Entlastung bringen und damit der Vielfalt normaler Bürotätigkeit nicht gerecht werden.

Es ist daher auch nicht damit zu rechnen, daß die Informationsgeräte-
industrie in Kürze den idealen "elektronischen Schreibtisch" oder das
"Büro der Zukunft" anbieten wird. Anders als in der Druck-Industrie,
wo durch Einführung einer einzigen neuen Technologie "Lichtsatz"
schlagartige Veränderungen entstanden, wird auch in Zukunft "das Büro"
nicht automatisiert oder wegrationalisiert, Büroarbeit wird auch
künftig von Menschen gemacht. Es wird jedoch durch die Einführung
neuer Informationssysteme zahlreiche Veränderungen der Tätigkeits-
schwerpunkte und auch der Arbeitsinhalte im Büro geben.

Die Besonderheiten dieser neuen Informationssysteme sind:

- besonders einfache Handhabung und Dialogführung, dadurch besonders
  geeignet für Nutzung ohne vorangehende Spezialausbildung und auch
  für selten benötigte Funktionen,

- relativ geringe Kosten für Investitionen und laufenden Betrieb,
  dadurch auch für kleinere Büros und einzelne Sachbearbeiter mit
  gelegentlicher Nutzung wirtschaftlich interessant,

- keine Beschränkung auf Texte und alphanumerische Daten, sondern
  auch grafische und bildhafte Darstellungen schwarzweiß oder farbig,
  dadurch keine Einschränkungen der Einsatzmöglichkeiten,

- Zugriffe auf weltweite Informationen und Dienstleistungen zu jeder
  Zeit und von jedem Ort aus, dadurch Verzicht auf zusätzliche
  "Papierdateien" beim einzelnen Bearbeiter möglich.

Der letztgenannte Punkt führt auch dazu, daß die internen und externen
Mitarbeiter eines Unternehmens oder einer Behörde und langfristig auch
die Mehrzahl der Kunden und sonstigen Informationspartner ihre Informationen eigenständig in das Informationsnetz eingeben bzw. Auskünfte
und Mitteilungen selbständig abrufen. Ein großer Teil der heutigen
vermittelnden, Daten eingebenden und Auskunft erteilenden Routinetätigkeiten eines Büros wird also zukünftig "am Büro vorbei" erledigt.

Die neuen Informationssysteme bringen durch schnellen zuverlässigen
Zugriff auf Informationen weitere Entlastungen, und nicht zuletzt
werden zukünftige integrierte Büroterminals, auf die am Schluß dieses
Beitrags noch eingegangen wird, "nebenher" noch einige Erleichterungen
beim Telefonieren, bei Terminplanungen und beim Anlegen und Wiederfinden von Notizen bringen.

Hoffen wir, daß der so entstehende Freiraum nicht nur zur Steigerung
der Produktivität, sondern auch für Verbesserungen der Arbeitsinhalte
und für ein Anwachsen von kreativen Tätigkeiten am Arbeitsplatz genutzt wird, daß übertriebenes Spezialistentum abgebaut werden kann
und funktionsorientierte Organisationen durch aufgabenorientierte
abgelöst werden können.

2. <u>Auskunfts- und Bestellsysteme mit rechnergesteuerter Sprach-
    ausgabe</u>

Das kostengünstigste Terminal, mit dem interne und externe Mitarbeiter, Kunden und sonstige Informationspartner am Büro vorbei direkt
mit der Datenverarbeitungsanlage eines Unternehmens oder einer Behörde kommunizieren können, ist der normale Fernsprechapparat. Beim
ersten System dieser Art, dem seit über drei Jahren laufenden Fahr-
planauskunftssystem "Karlchen" der Deutschen Bundesbahn kann <u>jeder</u>
Fernsprechteilnehmer des Ortsnetzes Frankfurt durch Eingabe seiner
Fahrtwünsche über die normale Telefonwählscheibe oder Wähltastatur
und durch Informationsausgabe in synthetischer oder rechnergesteuerter gespeicherter Sprache individuelle Auskünfte über die besten
Zugverbindungen zwischen Frankfurt und über 300 Zielorten im In- und
Ausland erhalten.

Bei diesem von Dornier System realisierten System wurden für die Erkennung der in Form von Wählsignalen eingegebenen Daten spezielle
Schaltungen entwickelt, für die Sprachausgabe wurden aus Versuchs-
gründen nacheinander vier unterschiedliche Systeme eingesetzt. Bei
einem Anruf wird zunächst ein kurzer Begrüßungstext und eine Bedienungsanleitung für den im allgemeinen nicht mit dem System vertrauten Anrufer ausgegeben. In einzelnen Dialogschritten wird der Anrufer dann nacheinander zum Einwählen der Telefonvorwahl des gewünschten Zielortes, der gewünschten Abfahrtzeit und des Reisetages aufgefordert. Jede Eingabe wird im Klartext bestätigt, abschließend wird
die optimale Zugverbindung ausgegeben. Bei fehlerhaften Eingaben

erhält der Anrufer entsprechende Hinweise und kann seine Eingaben
korrigieren. Mit dem Dialogverlauf vertraute Häufig-Anrufer können
auch alle einzugebenden Daten direkt hintereinander einwählen, ohne
die einzelnen Aufforderungen und Bestätigungen abzuwarten. Außerdem
ist die zusätzliche Abfrage alternativer Zugverbindungen möglich.

Die Betriebserfahrungen bei diesem mit täglich über 1000 Anrufen
recht häufig benutzten System waren überraschend gut. So wurde in ausführlichen demoskopischen Begleituntersuchungen das System unerwartet
eindeutig als beste Möglichkeit eingestuft, Fahrplanauskünfte zu erhalten. Auch die Eigenheiten der unterschiedlichen synthetischen
Sprachausgaben wurden von über 95% der Befragten akzeptiert, von vielen sogar als "persönliches Merkmal eines sprechenden Computers" erwartet.

Aufbauend auf den Erfahrungen mit diesem System und dem ähnlich aufgebauten und ebenfalls für allgemeine Benutzung konzipierten Fahr-
planinformationssystem "AFI" des Hamburger Verkehrsverbunds wurde
inzwischen bei Dornier System ein neues Sprachausgabesystem entwickelt.
Es ist ebenfalls für telefonische Informationssysteme ausgelegt, bei
denen eine größere Anzahl von professionellen oder privaten Anrufern
gleichzeitig gleichartige Dialoge führen kann und bei denen zumindest
die Anrufer aus dem gleichen Fernsprech-Ortsnetz für die Dateneingabe
keine Zusatzeinrichtungen benötigen sollen, Abb. 1.

Dieses Sprachdialogsystem wird dem speziellen Auskunftsrechner bzw.
der DVA vorgeschaltet und entlastet diese von allen Funktionen, die
die eigentliche Sprachausgabe und die Steuerung des Dialogablaufs
betreffen. Durch Vorverarbeitung der Eingabedaten wird erreicht, daß
an die DVA nur vollständig zusammengestellte Datensätze zur Bestäti-
gung oder Beantwortung übertragen werden. Die Antworten werden in
kodierter Form an das Sprachausgabesystem zurückgegeben, wo sie
selbsttätig in entsprechende Ausgabetexte umgesetzt werden. Dadurch
wird es möglich, ein System mit bis etwa 50 Telefonkanälen über eine
einzige serielle Schnittstelle mit der DVA zu verbinden.

Dialogeingabe und Sprachausgabe werden über einen jedem Fernsprechkanal zugeordneten Kanalmodul abgewickelt. Die Kanalmodule enthalten
dazu alle Einrichtungen zur Bedienung des Telefonanschlusses, zur
Erkennung und Vorverarbeitung von Wählimpulsen oder Signalen des Post-
MODEMs D10P-Z sowie zur Sprachausgabe. Sie sind dafür innerhalb des

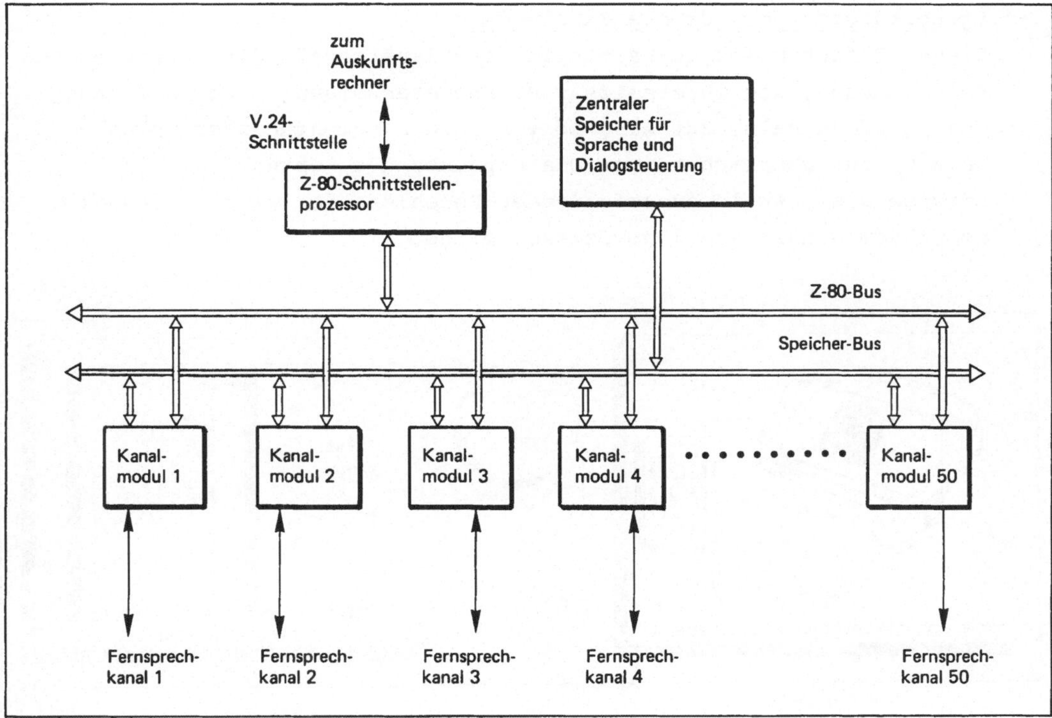

Abb. 1   Systemstruktur des Dornier-Sprachdialogsystems

Sprachdialogsystems mit zwei Bussystemen verbunden. Der Z-80-Schnitt-
stellenprozessor steuert den Informationsaustausch zwischen den Ka-
nalmodulen und dem Auskunftsrechner über eine V.24-Schnittstelle mit
einer Bitrate bis zu 9.600 bit/s und verschiedenen Ausgabeformaten.
Der zentrale Speicher enthält folgende Datenkomplexe:

- Sprachsegmente
  Dieses sind die kleinsten Textbausteine der Sprachausgabe. Sie enthalten entweder digitalisierte gesprochene Sprache (Delta-Modula-
  tion) oder Codes für die synthetische Sprache eines anschließbaren
  Systems.

- Sprachsätze
  In diesem Datenkomplex sind alle Sätze definiert, die im Verlauf
  des Dialoges ausgegeben werden sollen. Die Sprachsätze enthalten
  die Speicheradressen der zu verwendenden Sprachsegmente sowie die
  Pausenlängen, die bei der Ausgabe zwischen den einzelnen Sprachsegmenten einzuhalten sind.

- <u>Steuerinformation für die Kanalmodule</u>
  Dieser Datenkomplex enthält alle Befehlssätze für die verschiedenen
  Dialogphasen, die ihrerseits z.B. Steueranweisungen zur Bedienung
  des Telefonkanals, zur Ausgabe von Sprachsegmenten oder Sprach-
  sätzen, zur Überwachung von Dialogpausen u.a. enthalten. Die
  Adresse des jeweils auszuführenden Befehlssatzes wird dem Kanalmodul vom Schnittstellenprozessor mitgeteilt.

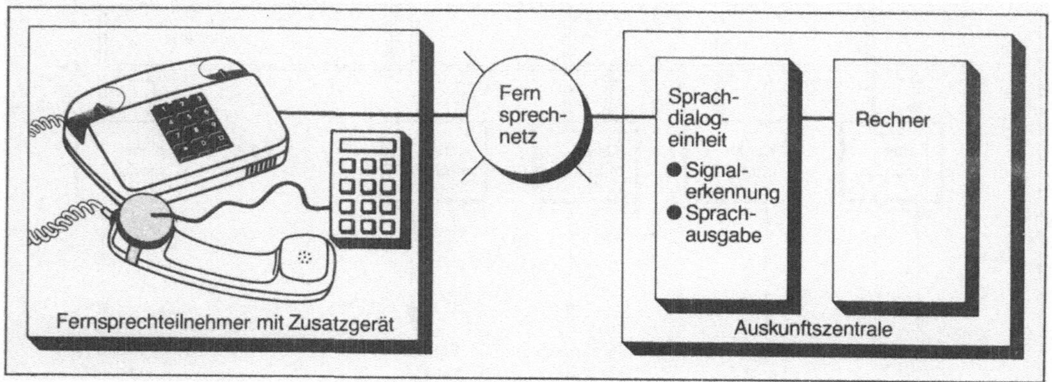

<u>Abb. 2</u> Bestell- und Buchungssystem für professionelle Teilnehmer

Die ersten Systeme dieser Art wurden im Vorjahr an ein Großversandhaus
für Bestelleingaben der Sammelbesteller ausgeliefert, Abb. 2. In
dieser Version für professionelle Anwender wird zur schnelleren und
auch im Fernnetz möglichen Dateneingabe ein von Dornier System gefer-
tigter Akustikkoppler mit Dezimaltastatur benutzt. Bei dem relativ
geringen Wortschatz bestehen die Sprachsegmente aus digital gespeicherten gesprochenen Wörtern und Textstücken. Die Umsetzung dieser
im zentralen Speicher abgelegten Daten in Sprachsignale und deren
Einkopplung in die Telefonleitung findet ebenfalls im Kanalmodul
statt.

Bei der Anwendung als Bestellsystem für Sammelbesteller und andere
Kunden meldet sich das Sprachdialogsystem mit einem Begrüßungstext
und fordert den Anrufer zur Eingabe seiner Kundennummer auf. Nach
Empfang der vollständigen Nummer wird diese zum Rechnersystem übermittelt und dort überprüft. Daraufhin wird der Anrufer zur Eingabe
der Bestellnummer, der Stückzahl und anderer Daten des ersten Artikels
aufgefordert. Diese Daten werden ebenfalls zum Rechnersystem über-

mittelt und dort überprüft. Gegebenenfalls werden weitere Spezifikationen vom Anrufer erfragt und die Lieferbarkeit des bestellten
Artikels festgestellt. Das Ergebnis wird dem Sprachdialogsystem gemeldet, dort in Sprache umgesetzt und ausgegeben.

Bei Systemen für Vertreter, Außenstellen oder sonstige geschlossene
Benutzergruppen kann als Schutz vor unbefugten Anrufern statt des
Begrüßungstextes nur ein kurzer Ton ausgegeben werden. Andere
Dornier-Auskunfts-, Buchungs-, Mitteilungs- und Datensammelsysteme
führen bereits in den Kanalmoduln umfangreiche Plausibilitätsprüfungen
und andere Vorverarbeitungsfunktionen durch und entlasten dadurch die
übergeordnete DVA noch stärker.

Im Vergleich zu den nachfolgend beschriebenen Kommunikationssystemen
mit Bildschirmen sind die Kosten für solch ein Sprachdialogsystem
extrem günstig. Innerbetrieblich (im Bereich der gleichen Fernsprech-
Nebenstellenanlage) kann jedes Telefon ohne Zusatzgeräte direkt zur
Dateneingabe genutzt werden, falls die Beschränkung auf 10 Ziffern
und der relativ langsame Wählvorgang nicht stören. Typische Anwen-
dungsbeispiele sind Lagerauskünfte, interne Bestellungen und Daten-
sammelfunktionen.

Dateneingaben aus dem gleichen Fernsprech-Ortsnetz sind (mit entsprechenden zentralen Zusatzschaltungen) ebenfalls ohne Zusatzgeräte
beim Teilnehmer möglich. Für weltweite Dateneingaben ist jedes Telefon mit Mehrfrequenzton-Tastatur geeignet, in Deutschland z.B. die
"bilingualen" Fernsprechapparate 78 und 80. Bei den sonst in Deutschland üblichen Fernsprechapparaten mit Impulswahl-Verfahren reicht
zur schnellen Dateneingabe, z.B. auch von jeder Telefonzelle, die
kleine handliche Zusatztastatur mit 12 Tasten und Akustik-Koppler
wie in Abb. 2 skizziert.

In Entwicklung befinden sich außerdem Verfahren zur Erkennung von
Sprache. So kann das Dornier-Sprachdialogsystem demnächst voraussichtlich um Zusatzschaltungen ergänzt werden, die gesprochene Einzelwör-
ter (z.B. Ziffern) ungeübter (und unbekannter) Anrufer auch bei Übertragung im Fernsprechnetz noch sicher erkennen. Wirtschaftlich sind
trotz bevorstehender Einführung von Bildschirmtext solche Sprachdia-
logsysteme noch mindestens zwei Jahrzehnte interessant, denn frühe-
stens dann werden Bildschirmtextgeräte und andere Bildschirmterminals ähnlich verbreitet sein wie heute die Telefonanschlüsse.

3. Informations- und Kommunikationsdienste mit Bildschirmtext

Die im letzten Abschnitt beschriebenen Informations- und Kommunikationssysteme mit Ausgabe rechnergesteuerter oder synthetischer Sprache
sind für Bestell- und Buchungsvorgänge sowie relativ einfache Auskünfte sehr gut geeignet. Da in Form von Sprache die Information "seriell"
dargeboten wird, kann man sie jedoch kaum zur Ausgabe von Auswahl-
Alternativen oder zur Ausgabe großer Informationsmengen für ein schnelles "Überfliegen" oder "Durchblättern" verwenden.

Hier sind Informationssysteme mit bildlicher Ausgabe erforderlich, die
auch größere Informationsmengen "parallel" darbieten können, dadurch
keine Einschränkung in der Anwendung besitzen und auch für die besonders benutzerfreundliche Menuetechnik und auch andere Dialogtechniken
geeignet sind. Moderne Bildschirmterminals bieten außerdem die Möglichkeit, Informationen tabellarisch oder grafisch zu gestalten. Solche
Darstellungen erlauben eine höhere Informationsdichte als Texte und
sorgen dadurch für eine deutliche Datenkomprimierung und Platz-Ersparnis. Grafiken erleichtern außerdem das schnelle Erfassen von Größenordnungen und von zeitlichen Abläufen, den Vergleich von Werten, das
Erkennen von Veränderungen und Tendenzen sowie das Verstehen von räumlichen oder funktionalen Zusammenhängen.

Für Anwendungen im Bürobereich sind dafür im allgemeinen keine hochauflösenden Grafik-Bildschirme erforderlich, sondern es reichen Geräte
mit einfacher Linien- und Blockgrafik, vorzugsweise jedoch mit mehrfarbiger Wiedergabe und mit frei definierbaren bildhaften Symbolen,
wie sie z. B. im neuen CEPT-Bildschirmtext-Standard enthalten sind.
Für den Bürobereich kommen also Bildschirmtextgeräte neuen Standards
als Bildschirmterminals infrage.

Selbstverständlich werden die Geräte für den Schreibtisch keine 67cm-
Heimfernseher sein, sondern kleine ergonomisch gestaltete Geräte, die
den Sicherheitsregeln und DIN-Richtlinien für Bildschirmarbeitsplätze
entsprechen. Außerdem sind zusätzliche Dialogfunktionen und andere
Bildformate innerbetrieblich nutzbar. So verwendet z. B. ein von
Dornier System vor zwei Jahren realisiertes Verteilsystem für Agenturnachrichten beim Bayerischen Rundfunk Bildschirmtextgeräte mit softwaremäßiger Umschaltung auf 20 Textzeilen je 64 Zeichen, wobei längere Agentur-Meldungen nahtlos und ruckfrei "durchgerollt" werden können. Der Abruf der Meldungen erfolgt außerdem nicht in Menue-Technik,

sondern durch Vorgabe von Meldungsnummern oder durch Auswahlkriterien wie Agenturname, Ressort-Kennzeichen, Datum und Uhrzeit, Schlagwörter usw.

Die Verwendung von Bildschirmtextgeräten im Büro liegt außerdem nahe, wenn vom Schreibtisch aus über das öffentliche Bildschirmtextnetz auf Informationen und Dienstleistungen von Bildschirmtext-Informationsanbietern bzw. auf die angeschlossenen Datenverarbeitungsanlagen zugegriffen werden soll, z. B. für aktuelle Marktinformationen und Wirtschaftsnachrichten, Börsen- und Devisenkurse, Lager- und Produktinformationen anderer Firmen, Fachinformationsdienste usw. Hier wäre es unsinnig, für rein interne Vorgänge ein anderes Bildschirmterminal einzusetzen, denn dann wären:

- die Investitionskosten für Geräte und Leitungen sowohl in der Summe als auch für jeden der Einzeldienste (gemessen an dessen evtl. relativ seltener Nutzung) sehr groß,
- Platzbedarf und ergonomische Anordnung mehrerer Geräte auf dem Schreibtisch sehr ungünstig,
- infolge unterschiedlicher Dialogtechniken spezielle Ausbildungsmaßnahmen je Gerät erforderlich,
- Überforderungen des Benutzers wegen der unterschiedlichen Bedienformen wahrscheinlich.

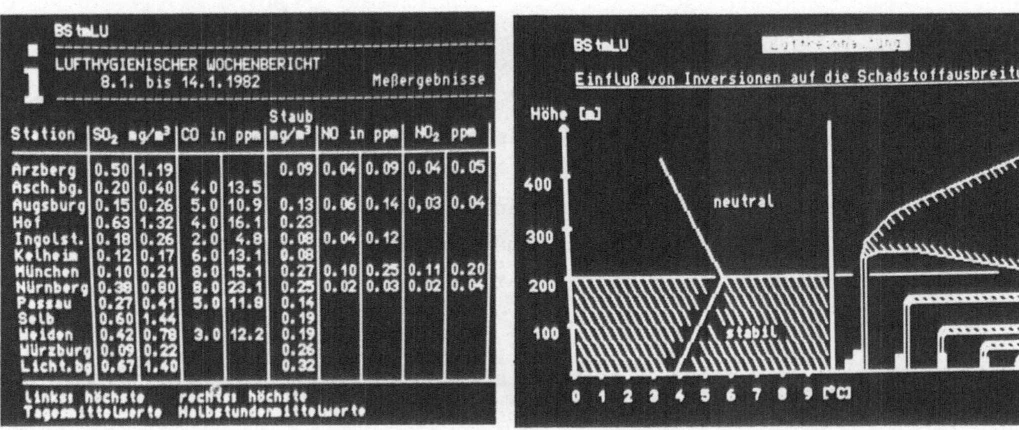

Abb. 3 Bildbeispiele aus einem internen BTX-Informationssystem

Bildschirmtext bietet zudem im Vergleich zu den meisten herkömmlichen Bildschirmterminal-Systemen einige Vorteile, nämlich:
- jederzeit präsente und leicht aktualisierbare Informationen, Zugriff ohne Wartezeiten,
- ansprechendere Darstellungsmöglichkeiten durch Farbe und Grafik, insbesondere mit den Verbesserungen des neuen Standards (Abb. 3),

- besonders einfache Handhabung und Dialogführung, dadurch besonders
  geeignet für ungeübte Benutzer und zur gelegentlichen Nutzung,
- relativ geringe Investititonskosten für Endgeräte und Leitungen.
Und bei Anschluß an das öffentliche Bildschirmtextnetz zusätzlich:
- zeitlich und räumlich unbegrenzter Zugriff auf Informationen und
  Dienstleistungen nahezu beliebig vieler Informationsanbieter und
  deren EDV-Anlagen
- sehr geringe und nutzungsabhängige Betriebskosten und Gebühren
  für die Datenübertragung.

Bereits bei einem sehr einfachen Abruf-System kann jeder Benutzer von
seinem Arbeitsplatz aus auf zentral eingegebene Daten zugreifen. Als
Anwendungen kommen viele Gebiete infrage, zum Beispiel:
- Abruf von Abteilungs-, Zuständigkeits- und Telefonverzeichnissen
- Abfrage von Produktübersichten, aktuellen Lagerbeständen, Preisen
  und Lieferzeiten
- Nachschlagen von Produktinformationen, technischen Daten, Bedie-
  nungsanleitungen, Kundendienstinformationen
- Störmeldungen und Checklisten
- Übersicht über Personal- und Terminplanung, Messen, Veranstaltungen
- Vorschriften, Richtlinien, Normen
- Ausbildung und interne Fortbildung
- Kostenverfolgung und Terminüberwachung zu laufenden Projekten
- Geschäftsberichte incl. grafische Darstellungen und Statistiken
- Elektronisches "schwarzes Brett" für Mitteilungen der Geschäftslei-
  tung und des Betriebsrates, aktuelle Stellenausschreibungen usw.

Von Bildschirmtextgeräten mit alphanumerischer Tastatur können zusätzlich interne Mitteilungen, Bestellungen, Abrechnungen und Rundschreiben sowie Notizen für den Eigenbedarf eingegeben werden.

Dornier System hat daher eine modular strukturierte Bildschirmtext-
Zentrale für innerbetriebliche Anwendungen entwickelt, Abb. 4. In der
einfachsten Ausführungsform hat diese private Bildschirmtext-Zentrale
nach neuem CEPT-Standard ähnliche Eigenschaften wie die derzeitigen
Feldversuchszentralen, auf Softwarepakete zur Gebühren-Erfassung, Sta-
tistikprogramme und einige weitere Verwaltungsprogramme kann jedoch
verzichtet werden. Auch ohne Anschluß an das öffentliche Bildschirmtextnetz oder an vorhandene Datenverarbeitungsanlagen können alle der
zuvor genannten Abruf- und Mitteilungsdienste genutzt werden.

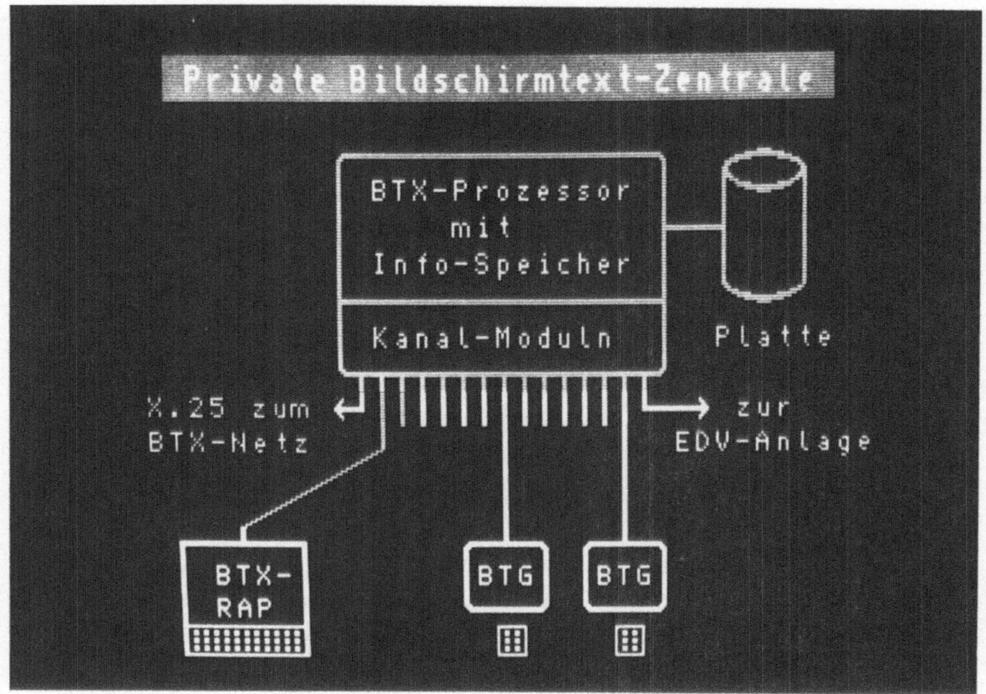

Abb. 4 Private Bildschirmtextzentrale, vereinfacht dargestellt. Die Zentrale besitzt in der Grundausbaustufe eigene Halbleiterspeicher und Plattenlaufwerke für die intern genutzten und jederzeit zugänglichen Informationen der Abruf- und Mitteilungsdienste. Über die Kanalmoduln werden BTX-Redakteursarbeitsplätze (RAP) und professionelle Bildschirmtextgeräte (BTG) in nahezug beliebiger Anzahl festverschaltet oder über die interne Telefonanlage angeschlossen.

In anderen Ausbaustufen können vorhandene EDV-Anlagen angeschlossen werden, sofern sie dialogfähig sind.

Bei EDV-Anlagen mit Stapel-Verarbeitung werden wichtige Dateien oder Datei-Auszüge in den Bildschirmtextprozessor gedoppelt und stehen dort jederzeit zur Verfügung. Bestellungen und Eintragungen im Dialog führen dann zu Datei-Änderungen, die gesammelt und zu vereinbarten Zeiten mit der EDV-Anlage ausgetauscht werden.

Die private BTX-Zentrale kann außerdem über einen X.25-Anschluß mit dem öffentlichen BTX-Netz verbunden sein und erlaubt dann den Zugriff auf alle dort verfügbaren Informationen und Dienstleistungen und auch die Ausgabe von Informationen. Sie kann dann auch die Funktionen eines externen Rechners übernehmen.

454

Die hausinternen Endgeräte können über Standleitungen oder die interne
Fernsprechnebenstellenanlage angeschlossen werden, Außenstellen über
MODEMs und das Fernsprechnetz. Da innerbetrieblich relativ häufig
gleichzeitig mit Abruf und Betrachtung von Bildschirmtext-Informationen
auch telefoniert wird (z. B. wenn zwei Personen über die bildlich dar-
gestellte Information sprechen), darf durch die Bildschirmtextgeräte
nicht der normale Fernsprechanschluß blockiert werden. Bildschirmtextgeräte sollten also innerbetrieblich vorzugsweise über Standleitungen
angeschlossen werden. Die Dornier-Bildschirmtext-Zentralen sind daher
für eine sehr große Zahl von gleichzeitig bestehenden Verbindungen ausgelegt und modular ausbaubar. Die Verwendung von Standleitungen hat
bei entsprechend ausgerüsteten Zentralen und Endgeräten noch weitere
Vorteile:
- Wegfall von Wählvorgängen, Verbindungsaufbauzeiten, Eröffnungsdialog
- Betrieb auch ohne MODEM möglich
- höhere Übertragungsraten nutzbar (bei DORNIER bis 64 kbit/s) und
  dadurch erheblich kürzere Bildaufbauzeiten auch bei sehr komplexen
  Bildern mit überwiegend punktweise übertragenen frei definierbaren
  Zeichen des CEPT-Standards.

Innerbetrieblich hat bei einem Bildschirmtext-System der Mitteilungs-
dienst besondere Bedeutung. Bei Dornier System werden daher Softwarepakete für eine sehr komfortable "Elektronische Post" entwickelt. Jeder
Teilnehmer besitzt dann wie im Feldversuch einen oder mehrere "elektronische Briefkästen", die über seinen Namen, seine Telefonnummer oder
die Abteilungs- oder Funktionsbezeichnung adressiert werden können. Mitteilungen können an einzelne Teilnehmer, an mehrere anhand einer individuell eingegebenen oder gespeicherten Verteilerliste festgelegte
Teilnehmer, an aufgrund ihrer Funktion festliegende Gruppen (z. B.
alle Sekretariate) oder auch an alle gesendet werden. Jeder Empfänger
kann eine Mitteilung vorerst zurückstellen (sie bleibt dann "im Brief-
kasten"), zurückweisen oder entgegennehmen und sie dann ggf. durch Ver-
längern der Verteilerliste "kopieren und weiterleiten", nach individuellen Gesichtspunkten einfach oder mehrfach "ablegen" oder "wegwerfen"
und außerdem bei angeschlossenem Drucker auch "ausdrucken". Für jede
Mitteilung wird eine entsprechende Verteilerliste geführt mit Eintragung von Datum und Uhrzeit des Absenders bzw. Ergänzung der Verteilerliste und der Entgegennahme durch die einzelnen Empfänger. Diese Liste
ist ebenfalls von allen an dieser Mitteilung Beteiligten abrufbar. Zusatzfunktionen erlauben die Einfügung von Anmerkungen und damit auch
elektronische "Mitzeichnungs-Verfahren".

In anderen Ausbaustufen besitzt die private Bildschirmtextzentrale
auch einen Anschluß an das öffentliche Bildschirmtextnetz mit Zugriff
auf alle dort verfügbaren Informationen und Dienstleistungen. Dazu können über das hauptsächlich für interne Zwecke benutzte Bildschirmtext-
gerät außer den bereits zu Anfang dieses Kapitels genannten Informations-
abrufen auch z. B. bei der Vorbereitung einer Reise eine Fahrplanaus-
kunft abgerufen, ein Flug gebucht und ein Hotelzimmer reserviert werden.
Hierbei kann die private Bildschirmtextzentrale als Mittler zwischen
internem Teilnehmer und öffentlichem Bildschirmtextnetz einige Funktionen wie Verbindungsaufbau und Eröffungsdialog automatisch durchführen
und für häufig benötigte Zielseiten auch Kurzwahltechniken erlauben
oder bestimmte Suchfunktionen, z. B. im alphabetischen Sachwortverzeich-
nis ("gelbe Seiten") des öffentlichen Bildschirmtextdienstes erleichtern.

Andererseits erlaubt der Anschluß an das öffentliche Bildschirmtextnetz
auch, dort Informationen abzulegen, die für jeden Bildschirmtextteil-
nehmer zugänglich sind, sowie betriebsinterne Informationen, die für
hierzu berechtigte Mitarbeiter, Kunden, Geschäftspartner usw. von jedem BTX-Gerät abgerufen werden können. In der Funktion als "externer
Rechner" des öffentlichen Bildschirmtextdienstes können außerdem, wie
aus dem Feldversuch bekannt und im 1. Abschnitt erwähnt, Bestellungen
und Buchungen entgegengenommen werden und weitere Dienstleistungen angeboten werden.

Je nach Größe und Auslegung kann eine private Bildschirmtext-Zentrale
auch für nahezu alle Gebiete der Betriebsdatenerfassung und Informa-
tionsverteilung und auch für andere Anwendungen wie Mitarbeiterschu-
lung, Gebäudeüberwachung oder leittechnische Aufgaben verwendet werden und dabei auch auf die Informationen bereits vorhandener Datenverarbeitungsanlagen zugreifen, vgl. Abb. 4. Die Dornier-Bildschirmtext-
Zentrale kann außerdem als Grundbaustein aller größeren Bildschirmtext-
Sondersysteme verwendet werden, z. B. für Kabeltextsysteme, Agentur-
nachrichtensysteme, Fahrplaninformationssysteme mit Auskunftssäulen
usw.

Mit professionellen Bildschirmtextsystemen lassen sich also sehr leistungsfähige Systeme für die interne und externe Kommunikation aufbauen, die durch ständige Verfügbarkeit, schnelle Aktualisierung und
benutzerfreundliche Dialogführung die tägliche Arbeit erheblich erleich-

tern und die durch die Reduzierung der Erzeugung, Sortierung, Verteilung und Ablage von "Papier" erhebliche zusätzliche Rationalisierungs-
effekte erreichen. Weitere Entwicklungen werden den Komfort bei der Ablage und beim Zugriff auf Informationen weiter verbessern, Kalender-
und Terminfunktionen (z. B. "Wiedervorlage") integrieren und Verbindungen zu anderen Telekommunikationsdiensten unterstützen, z. B. zu Telex,
Teletex oder auch zu Textverarbeitungssystemen. Zugehörige Terminals
besitzen dazu umschaltbare Bildformate.

4. Bild-Informationsdienste mit dezentraler oder zentraler Bild-speicherung

Die Darstellungsmöglichkeiten von Bildschirmtext und anderen Text- und
Grafik-Bildschirmsystemen reichen nicht aus, wenn Abbildungen von foto-
grafischer Qualität und Auflösung benötigt werden. Wenn keine hochak-
tuellen Bilder erforderlich sind und Fernsehqualität genügt und wenn
die gleichen Bilder an zahlreichen Stellen benötigt werden (z. B. für
Verkaufs- und Buchungsstellen des Versandhandels und der Touristik-
unternehmen, Reparaturwerkstätten, Ausbildungszentren, Beratungsstel-
len, Werbung), dann sind dezentrale Laser-Bildplattensysteme eine ideale Ergänzung zu Bildschirmtext. Hierbei erfolgen die Textkommunikation
für aktuelle Daten (z. B. Preise, Termine usw.) sowie die Steuerung der
Dialogabläufe im privaten oder öffentlichen Bildschirmtextnetz. An das
Teilnehmergerät ist ein elektronisch steuerbarer Laser-Bildplattenspie-
ler angeschlossen, der bei entsprechenden Befehlen von der Bildschirmtextzentrale das Bildschirmtextbild mit Einzelbildern oder Filmsequen-
zen von einer eingelegten Laser-Bildplatte (54 000 Einzelbilder je
Plattenseite) hinterlegt. Dornier hat solche kombinierten Bildschirm-
text/Bildplatten-Terminals erstmalig Anfang 1981 für die Verbraucher-
beratung bei der Stiftung Warentest realisiert, danach für Versandhan-
del und Ausbildungssysteme. Bei geringerem Bildbedarf oder bei Anwendungen, die noch bessere Bildqualität erfordern, können statt des
Bildplattenspielers auch ein Mikrofichegerät oder ein Diaprojektor
mit separatem Bildschirm angeschlossen werden.

Für den Abruf oder die Verteilung aktueller Bilder, für den Zugriff
auf sehr große Bildarchive, auf zentral gelagerte Dokumente (z. B.
Patente, Belege, Korrespondenz) oder auf zentrale Bibliotheken (Fachzeitschriften, Prospekte) muß jedoch auch die hierbei zentral gespeicherte Bildinformation zum Teilnehmer übertragen werden. In Ab-

hängigkeit von der erforderlichen Bildqualität, der tolerierbaren Übertragungszeit, der Zahl der Bildspeicher (zentrale Bildarchive), der
Zahl der Teilnehmer und der Häufigkeit der Bildabrufe kommen unterschiedliche Systemkonfigurationen infrage, die von Ergänzungen eines
schnellen Bildschirmtext-Systems (64 kbit/s im normalen Fernsprechnetz)
über Kabeltext- und Kabelbildsysteme (Bildabruf und Verteilung in einer
Standard-KTV-Verteilanlage) bis zu Breitband-Vermittlungsnetzen (ähnlich BIGFON) reichen.

5.   Zukünftige integrierte Büroterminals

Die zahlreichen genannten neuartigen Informations- und Telekommunika-
tionstechniken dürfen nicht zu einer ebenso großen Anzahl von Einzel-
geräten führen. Mit sinkenden Baugrößen von Prozessoren und Halbleiter-
speichern und mit der zu erwartenden Produktion von Flachbildschirmen
ist bereits in wenigen Jahren mit der Einführung von integrierten Büroterminals für den Schreibtisch zu rechnen mit
- Darstellungsmöglichkeiten des neuen CEPT-Bildschirmtextstandards
  und umschaltbaren Bildformaten für z. B. 80 Zeichen/Zeile
- Datenverarbeitungsfähigkeiten heutiger Kleincomputer und autonomer
  Datenspeicherung für Anwendungen als elektronisches Notizbuch, Telefonverzeichnis, Zettelkasten, Terminkalender, Uhr usw.
- bedarfsabhängiger Datenübertragung im Bildschirmtextstandard für In-
  house- und öffentliches Bildschirmtextnetz mit Verbindung zu externen
  Datenverarbeitungssystemen, auch mit höheren Geschwindigkeiten
- Fernsprech-Vermittlungs- und Steuerfunktionen heutiger Komfort-Tele-
  fone
- Erweiterungs- bzw. Anschlußmöglichkeiten für Großbildschirme, Drucker,
  Bildplattensysteme, Breitband-Kommunikationseinrichtungen usw.

Ein solches integriertes Schreibtisch-Terminal kann z. B. in der kom-
paktesten Bauform ähnlich aussehen wie ein heutiges Komfort-Telefon. Es
besitzt statt einer einzeiligen Anzeige jedoch einen postkartengroßen
LCD-Bildschirm (schwarz-weiß) für Bildschirmtext, umschaltbar für herkömmliche Bildschirmterminalfunktionen und Formate, eine integrierte
alphanumerische Kleintastatur und Anschlußmöglichkeiten für Farbfern-
seher, Drucker/Kopierer usw. Es besitzt einige lokale Lernhilfen,
Bibliotheks-, Notiz-, Terminplanungs- und Unterstützungsfunktionen und
dürfte damit alle Erfordernisse der Sprach-, Text-, Daten- und Bild-
kommunikation und -Information für Bürotätigkeiten erfüllen können.

<u>Die Produktstrategien der Nixdorf Computer AG</u>
<u>im Markt der Bürokommunikation</u>

Peter Nikodem
Nixdorf Computer Gesellschaft m.b.H.
1020 Wien, Untere Donaustraße 11

Die Bürokommunikation als Überbegriff für technische Untersuchung von
Arbeitsabläufen in den Verwaltungsbereichen der Unternehmen umfaßt drei
Schwerpunkte:

- die zentrale bzw. dezentral organisierte Datenverarbeitung,

- die Textverarbeitung mit Textverarbeitungssystemen bzw. mit Software-
  lösungen, die eine Integration von Daten- und Textverarbeitung ermöglichen,

- die Nachrichtentechnik mit digitalem Vermittlungssystem als mögliche
  Drehscheibe für Inhouse-Kommunikation und/oder lokale Netze zur Übermittlung von Daten, Text, Sprache, Grafik und Bild, die auch mit öffentlichen Diensten wie Teletex und Bildschirmtext verbunden werden
  können.

Der aktuelle Trend geht eindeutig dahin, daß Daten-, Text-, grafische
Verarbeitung und Nachrichtentechnik sinnvoll zusammenwachsen.

Zur Bewältigung dieser Aufgaben gehören die jeweils sprechenden Datenträger und die dazugehörenden Geräte.

Die heutigen technischen Möglichkeiten sind nicht ausreichend, die
Vielseitigkeit von Informationsaustausch und -verarbeitung zu substi-
tuieren. Der Informationsbedarf in den Unternehmen steigt schneller als
die Rationalisierungsmöglichkeit der Informationsverarbeitung.

Dies hat zur Folge, daß Information als vierter Produktionsfaktor angesehen werden muß. Der Engpaß ist nicht die Information selbst, sondern
die Bewältigung der Menge. Die in Zukunft eingesetzten neuen Technologien haben evolutionäre und keine revolutionären Auswirkungen auf die
Arbeitsplätze.

Zeitliche Schritte zur integrierten Bürokommunikation

Als erster Schritt ist hier die dezentrale Datenverarbeitung anzusehen.
Bei Betrachtung vorgangsbezogener Sachbearbeitung zeigt sich, wie gerade die dezentral organisierte Datenverarbeitung einen Grundstein für
die Bürokommunikation darstellt. Im Gegensatz zu zentralistischen Konzepten der Datenverarbeitung, die weder auf die Mitarbeiter selbst noch
auf den Informationsaustausch zwischen Sachbearbeitern, Führungskräften
und Sekretärinnen ausgelegt sind, stellt die dezentrale Datenverarbeitung den einzelnen Mitarbeiter in den Mittelpunkt des organisatorischen
Interesses. Die dezentrale Datenverarbeitung ist damit Wegbereiter für
die Informationsverarbeitung im Büro.

Dedizierte Textverarbeitungssysteme haben als vordringlichste Aufgabe
die Arbeit der Sekretärinnen und Schreibkräfte zu unterstützen. Stärker
als beim Sachbearbeiter wo Textbearbeitungskomfort geboten wird. Hier
kann jedoch davon ausgegangen werden, daß allein aus Kostengründen eine
Integration von Datenverarbeitungsmodulen am Sekretärinnenplatz nicht
sinnvoll erscheint. Um jedoch nicht einen isolierten, von der Kommunikation ausgeschlossenen, Sekretärinnenplatz zu haben ist der Verbund
zur Datenverarbeitung notwendig. Zusätzlich benötigte Informationen
können von elektronischen Archiven und Sachgebietsdatenbanken abgerufen
werden. Der interne und externe Schriftverkehr wird über Tastatur,
Bildschirm und Textbearbeitungsmodule abgewickelt; ferner können Bilder
und Dokumente empfangen, verarbeitet und versandt werden. Dies bedeutet
auch, daß die Sekretärinnen und Schreibkräfte an der innerbetrieblichen
Kommunikation, dem Informationsaustausch, teilhaben können. Der modular
konzepierte Bildschirmarbeitsplatz arbeitet im Verbund autonom.

Für den Verbund verteilter Systeme setzt als dritte und bis lang kaum
genutzte Kompenente der Bürokommunikation die Nachrichtentechnik ein.

Neue Kommunikationsstrukturen, wie lokale Netzwerke (LAN) bzw. digitale
Vermittlungssysteme (DVS) als Schlüssel zur Inhouse-Kommunikation sind
in der Lage, sowohl als Fernsprechnebenstellenanlage wie auch zur Vermittlung von beispielsweise Teletex zu dienen. Technologisch können
diese Anlagen erweitert werden zur Vermittlung von Texten, Daten, Grafiken und Bildern. Es kann ebenfalls davon ausgegangen werden, daß diese Systeme zusätzlich als Sprach-Speicher-Systeme in den Unternehmen

eingesetzt werden können. Dem gegenüber steht die Möglichkeit, ein lokales Netz aufzubauen. Ein lokales Netz stellt typischerweise hohe Übertragunsgeschwindigkeiten bei niedrigen Fehlerraten für unterschiedliche Informationsarten wie Daten, Text, Grafik, Sprache und Bild kostengünstig bereit.

Heute kann nicht gesagt werden, welche Alternative in den nächsten Jahren verstärkt eingesetzt wird.

Wesentliches Kennzeichen künftiger Bürosysteme ist die Dezentralisierung und Integration, die entsprechend den jeweiligen Anforderungen am Büroarbeitsplatz alle Formen der Büroarbeit technisch unterstützen. Telefonieren, diktieren, Briefe schreiben, Texte erfassen, verarbeiten, vervielfältigen und verteilen, Dokumente übermitteln, rechnen, Daten erfassen und verarbeiten, archivieren und auffinden erstellter Informationen. Dies bedeutet aber eine Reduktion der technischen und organisatorischen Schnittstellen am Arbeitsplatz. Das Hauptziel der Integration besteht darin, das Nebeneinander von spezialisierten Gerätetypen mit den sich zum Teil überschneidenden Funktionen abzubauen.

Vorgezeichnet wird der Trend zur Integration von der elektronischen Datenverarbeitung, wo sich das Endgerät für die dezentrale Datenerfassung und -verarbeitung immer mehr zum autonomen und universell nutzbaren Terminal entwickelt. Die Textverarbeitung wächst in den Textverarbeitungsverbund mit der Datenverarbeitung hinein. Das heutige "eindimensionale" Terminal entwickelt sich zum mehrfunktionalen Arbeitsplatz.

Der Einsatz neuer Verarbeitungs- und Kommunikationssysteme wird die Arbeit im Büro nicht grundsätzlich verändern.

Nach wie vor besteht Bürotätigkeit darin, eingehende Informationen und Nachrichten zu analysieren, zusätzliche Informationen zu den jeweils vorliegenden Geschäftsfällen einzuholen oder aus Ablagen herauszusuchen und dann aufgrund des fachlichen Know-Hows und der Kenntnis über die Geschäftsziele, neues Informationsmaterial zu erstellen. Diese neuen Informationen haben in der Regel anweisenden und erläuternden Charakter.

Von den heute erkennbaren Entwicklungen in der Datenverarbeitung und in ihrem unmittelbaren Umfeld lassen sich folgende neue Ansatzpunkte für die Informationsverarbeitung im Büro erkennen:

- die Höchstintegration schafft die Voraussetzung für mehr dezentrale
  Intelligenz

- moderne Ausgabeperipherien ermöglichen eine hohe Druckqualität, Gra-
  fikdarstellung und ganz wesentlich den arbeitsplatznahen Ausdruck.
  Moderne, geräuscharme Ausgabeperipherien sind die Voraussetzung dafür, daß die Informationstechnik in das Büro eingegebracht werden
  kann. Verfügen diese Drucksysteme über die Möglichkeit, am Arbeitsplatz Kopien zu erstellen, bzw. Bilder und Grafiken mit Text zu mischen, bilden sie die Vorstufe zum intelligenten Drucker, der neben
  codierten auch uncodierte Informationen (Telefax, Formulare, Brief-
  köpfe, Unterschriften usw.) verarbeiten kann. Diese verschiedenen
  Drucktechnologien finden damit ihren gemeinsamen Nenner im sogenannten "intelligenten Kopierer", der seine Informationen aus den unterschiedlichsten Quellen erhält und sie über eine universelle Druckein-
  heit ausgibt.

- sinkende Preise und steigende Kapazitäten konventioneller Speicher
  sowie Massenspeicher (optische Speicher) werden die klassische Ablage
  ablösen.

- dezentrale Intelligenz erlaubt eine wesentlich verbesserte komfortablere Mensch-Maschine-Schnittstelle.

Büro-Kommunikations-System

Das Nixdorf BK-System ist ein integriertes Bürosystem mit intelligenter
Technik, die durch sinnvolle Verknüpfung Kommunikationsprozesse in bisher nicht gekannter Perfektion steuert. Letztlich mit dem Ziel, unter
konsequenter Nutzung kontinuierlich fortentwickelter Büromaschinen- und
Computertechnologie immer mehr Entlastung und Freiraum für den Menschen
im Büro zu schaffen. In diesem Bemühen wurden alle Bürogeräte und Com-
puterplätze einbezogen, die bisher insular gearbeitet haben: Telefon,
Schreibmaschine, Fernschreiber, Kopierer, Diktiergerät, Arbeitsplatzrechner. Die Ergebnisse dieses, von Nixdorf realisierten, Entwicklungs-
konzepts zeigen sich einerseits in der qualitativen Verbesserung und in
der deutlichen Vermenschlichung der Informationsverarbeitung, sowie

gleichzeitig in einer wesentlichen Verbesserung der gesamten Produktivität im Büro, weil jeder mit jedem komfortabel, sach- und problembezogen kommunizieren kann. Etwas sehr menschliches hat das Nixdorf Bürosystem anderen Systemen voraus: die Möglichkeit der Ein- und Ausgabe von Sprache. Diese Schlüsselfunktion des Systems eröffnet bisher nicht gekannte Möglichkeiten des natürlichen Informationsaustausches. Die Sprache kann jetzt alle anderen Funktionen des Systems begleiten, ersetzen und ergänzen, sowie Anweisungen an die Sekretärin oder an Mitarbeiter deutlicher machen. Die Ein- und Ausgabe der Sprache ist auch unabhängig von der Anwesenheit des Partners. Jeder kann jederzeit Sprache eingeben oder gezielt abrufen. Weiters kann die Sprache zur Information, zur Mitarbeiterführung, zum Gedankenaustausch und zur Schulung eingesetzt werden.

Die Fähigkeit, Sprache mit Text, Grafik und Daten zu mischen und zu verbinden ist ein entscheidendes Plus der Nixdorf Bürokommunikation.

Klare funktionell gestaltete Technik erlaubt es allen Mitarbeitern im Büro, Vorgänge und Projekte komfortabel und integriert zu bearbeiten. Durch die leichte Bedienbarkeit ist es gleich ob sie Texte bearbeiten, Grafiken erstellen, Termine vorgeben oder ändern, sie archivieren, ordnen oder prüfen wollen.

Mit den Modulen für Textbe- und verarbeitung, Formularverarbeitung, Archivierung, Bausteine für die kaufmännische Grafik, für Bürofunktionen, elektronischen Postanschluß und der Sprachvermittlung ausgerüstet, ist jeder Mitarbeiter in der Lage seine Arbeit autonom, gut informiert und flexibel abzuwickeln.

Das elektronische Archivierungsystem hat zahlreiche Vorteile gegenüber einem Ablagesystem auf Papierbasis. Es verfügt über eine große Kapazität, schnellen Zugriff, Sicherheit gegen Verlust und unbefugten Zugriff, Verfügbarkeit von Kopien, und problemlose Änderung. Weitere Vorteile sind die Archivierung von gesprochenen Informationen neben Texten, Daten, Grafiken und Bildern, simultaner Zugriff von mehreren Benutzern, der automatischen Aktualisierung der Stammdatei und der automatischen Indexerstellung nach Wunsch. Die Archivierungsfunktionen beinhalten auch den persönlichen Posteingangskasten, den Papierkorb und das Vorlagefach. Die über Elektronic-Mail geschickten Dokumente werden im Postverzeichnis der einzelnen Benutzer registriert. Jedes Dokument kann, mit einer Verteilerliste versehen, archiviert werden. Die Zentraleinheit unterstützt die Kommunikation für die Übertragung zwischen Steuereinheiten. Sie arbeitet als elektronische Poststelle.

D̲igitales-V̲ermittlungs-S̲ystem

Wie schon zu Beginn dieses Vortrages erwähnt, wird die Informationsverarbeitung in den 80er Jahren vor allem durch folgende Entwicklungen gekennzeichnet sein: weiter fortschreitende Dezentralisierung der elektronischen Datenverarbeitung, zunehmender Einsatz der Textverarbeitung. Systeme mit dezentraler Intelligenz werden Stufe um Stufe zusätzliche Aufgaben in der Büro- und Verwaltungsarbeit übernehmen. Mit der steigenden Verbreitung von Bildschirmen am Büroarbeitsplatz gewinnt sowohl der elektronische Informationsaustausch zwischen den dezentralen Terminals und den zentralen EDV-Systemen, Textarchiven usw., als auch die Kommunikation zwischen internen und öffentlichen Netzen an Bedeutung. Für den Inhouse-Bereich sind dazu leistungsfähige Kommunikationsnetze bereitzustellen, die den Austausch unterschiedlichster Informationen zwischen den Arbeitsplätzen ermöglichen. Inhouse-Netze sollten dabei folgenden Anforderungen entsprechen:

hohe Übertragungsrate für einen verzögerungsfreien Informationsaustausch,

Nutzung des vorhandenen Leitungsnetzes und standardisierter Schnittstellen,

Übergänge zu den öffentlichen Netzen sowie Vermittlung der Informationsformen, Daten, Text, Bild und Sprache.

Es ist die Technik, der die Zukunft gehört. Im öffentlichen Bereich sind in den kommenden Jahren eine Reihe von Weiterentwicklungen geplant, die die Bürokommunikation wesentlich beeinflussen werden. Dies sind unter anderem die Einführung des Teletex-Dienstes auf der Basis einer Übertragungsgeschwindigkeit von 2400 Bit pro Sekunde, die Aufnahme des Bildschirmtext-Dienstes, die Standardisierung eines integrierten Text- und Faksimiledienstes, und der Aufbau eines sogenannten "Integrated Services Digital Network" (ISDN) gegen Ende dieses Jahrzehnts. Das

ISDN wird als Universalkommunikationsnetz das digitale Fernsprechnetz
sowie die leitungs- und paketvermittelnden Netze und Dienste der Post
umfassen.

Die Vorteile der Digital-Technik liegen auf der Hand. Auch in Zukunft
wird die Sprache die bedeutendste Kommunikationsform im Büro bleiben.
Die Nutzung des Telefons wird sich aber in den nächsten Jahren durch
die Digital-Technik grundlegend verändern. Liegt die Sprache als digitale Information vor, kann sie mit geringem Aufwand zwischengespeichert
und weitervermittelt werden. Gesprochene Nachrichten können auch gemeinsam mit Texten und Daten übertragen werden. Für die Sprachkommunikation ergeben sich mit der Digitalisierung also vielfältige neue Anwendungen. Die Übermittlung von Sprachmitteilungen mit Hilfe von
Sprach-Speicher-Systemen stellt dabei eine wichtige Komponente dar.
Entscheidend ist aber, daß die Sprache in digitaler Form nun in gleicher Weise wie Text und Daten behandelt werden kann.

Damit wird sowohl die integrierte Informationsverarbeitung am Arbeitsplatz als auch die integrierte Vermittlung unterschiedlicher Informationen technisch möglich.

Nixdorf ist der erste Hersteller in der Bundesrepublik Deutschland, der
ein digitales Fernsprechvermittlungssystem anbietet. Das Daten-Vermitt-
lungs-System 8818 (DVS 8818) integriert mit der Digital-Technik Sprache, Text und Daten. Bereits heute erlaubt das Digitale-Vermittlungs-
System den Aufbau eines geschlossenen Konzeptes für die hausinterne
Kommunikation, wobei das bereits installierte Leitungsnetz genutzt werden kann. Durch die Bereitstellung digitaler Schnittstellen und leistungsfähiger Terminalanschlüsse mit Übertragungsraten bis zu 64 Kbit/s
entstehen neue Anwendungen, die von der Integration von Sprache und
Daten bis zum Verbund mit schnellen hausinternen und externen Daten-
übertragungsnetzen reichen.

Das Leistungsangebot des digitalen Vermittlungssystems umfaßt alle heute benötigten Funktionen für die Sprachkommunikation, einschließlich
der neuen Leistungsmerkmale der Fernmeldeverordnung der Deutschen Bundespost. Es wird ergänzt durch vielfältige Zusatzfunktionen wie zum
Beispiel den Anschluß unterschiedlichster Telefon- und Terminalperiphe-
rien, die Kopplung mit den verschiedensten Sondereinrichtungen und den
Anschlüssen zu Datenverarbeitungsanlagen.

Das digitale Vermittlungssystem 8818 ist konzipiert als moderne Fernsprechnebenstellenanlage. Die angeführten Systemmerkmale erlauben jedoch, daß es vielfach eingesetzt werden kann:

als Vermittlungssystem für Bildschirmtextterminals und -systeme,

als Vermittlung für Teletex-Terminals, zur Datenvermittlung, in Verbindung mit Mail-Box-Systemen als Sprach-Speicher-System

als umfassendes Elektronic-Mail-System

und als Inhouse-Netzwerk für Übergänge zu internen Hochleistungsnetzen.

Das Datenvermittlungssystem 8818 eröffnet durch seine technologischen Voraussetzungen vielfache Zusatznutzen: direkter Anschluß verschiedener Terminals, in Verbund zur EDV und den Mehrfachnutzungen des Vermittlungssystems. Es stellt eine direkte Verbindung zwischen der Sprachkommunikation und der Datenverarbeitung her. Gesprächsdaten und weitere Informationen aus dem Telefon- und Datenverkehr werden direkt an die Datenverarbeitung weitergeleitet und dort verarbeitet.

Das zukunftsweisende Grundkonzept des Nixdorf Datenvermittlungssystems 8818 basiert auf dem Zeitmultiplex-Prinzip und der Puls-Code-Modulation (PCM). Die Realisierung dieser Technologien setzt die digitale Bereitstellung der zunächst uncodiert vorliegenden Informationsform Sprache voraus. Für die Sprachdigitalisierung setzt sich international das sogenannte Puls-Code-Modulations- und das Time-Division-Modulations-Verfahren (TDM) durch.

Beim Zeitmultiplex-Prinzip (TDM) wird das analoge Sprachsignal bis zu 8000 Mal in der Sekunde abgetastet. Die Dauer der einzelnen Abtastungen ist so gewählt, daß 256 gleichzeitige Abtastungen pro 8000stel Sekunde vorgenommen werden. Damit können bis 246 Teilnehmer gleichzeitig vermittelt werden. Mit Hilfe des Puls-Code-Modulation-Verfahrens werden die analogen Sprachproben digitalisiert, und zwar in 8-bit-Codewörtern. Durch die Abtastfrequenz von 8000 Hz und den 8-bit Informationsbus, ergibt sich die CCITT standardisierte Übertragungsgeschwindigkeit von 64 kbit/s.

Neben der digitalen Sprachinformation können auch andere analoge Informationen wie Faksimile und digitale Informationen, wie Daten und Text, vermittelt und übertragen werden.

Die Digital-Technik des Daten-Vermittlungs-Systems 8818 führt aufgrund der digitalen Gesprächsdurchschaltung zu einer konstanten Sprachqualität, wobei analoge Störungen durch den internen Vermittlungsvorgang nicht auftreten.

Beim Zusammenschalten mehrerer Gesprächsteilnehmer (Konferenzschaltung) sind bei analogen Anlagen die zulässigen Dämpfungswerte nur mit erhöhtem Aufwand bzw. ab einer bestimmter Anzahl von Teilnehmern nicht mehr einzuhalten. Bei digitalen Anlagen können dagegen die erreichten Dämpfungswerte mit zunehmender Anzahl von Teilnehmern noch verbessert werden.

Mit der ausschließlichen Verwendung elektronischer Bauteile hat das System einen vergleichsweise geringen Platzbedarf. Die moderne Halbleitertechnologie gewährleistet eine hohe Zuverläßigkeit und eine lange Lebensdauer. Über die PCM-Vermittlung wird eine hohe interne Vermittlungskapazität bereitgestellt dabei treten keine Besetztfälle durch interne Blockierung auf.

Neben der konstanten Übertragungsgüte bei der Sprachvermittlung bietet das digitale Informationsbus-"Koppelfeld" erweiterte Möglichkeiten für die Inhouse-Kommunikation. Mit der Datenübertragungsrate von bis zu 64 kbit/s je Zeiteinheit ist mit der X.21-Schnittstelle der Zugriff zum Datex-L-Netz möglich.

Die Gleichheit von Sprache, Text und Daten in der Darstellung auf dem Informationsbus, ermöglicht die Integration von unterschiedlichen Kommunikationsformen in dem digitalen Vermittlungssystem.

Wenn auch der Einfluß der Informationsstruktur auf die gesamten Unternehmen immer stärker wird - 1985 werden 70 % der Arbeitskräfte von maschineller Informationsverarbeitung abhängig sein - ist das Ziel der Automatisierung in der Bürowelt nicht der Ersatz des Menschen als Informationsvermittlers. Das Ziel heißt:

"Systematik der Informationsverarbeitung"

The Integrated Electronic Office
of DATAPOINT

____

Kirby Herron
European Marketing Manager
DATAPOINT Europe Ltd.

INTRODUCTION

Scanvest's office system, the Integrated Data Office, can be
summarized as "all functions carried out from the same keyboard".
In the following pages, we have described briefly what this means in
practice.

The Integrated Data Office is built up around DATAPOINT's local
network system, ARC, and the functions described have been developed
with ARC as a common base.

As will be clear from the contents page, there are a number of
different functions in the system and they are all integrated with
each other in a simple way. This description gives a good insight
into what is possible on such an integrated system.

The Integrated Data Office was introduced in USA in 1980 and has
been constantly developed further since then. Scanvest now offer
the full system in Norway.

In this introductory brochure, we hope to convince you that this
system is the way to a more productive office.

TRADE AND INDUSTRY PRODUCTIVITY

One factor occupies trade and industry's top management here in Norway more than any other at the moment: productivity and how it can be increased. The problem is actually present in most sectors of society but, because investments in aids that are not conducive to productivity has varied, the situation is not equally bad everywhere.

However, one sector stands out clearly. The office has been left a long way behind other areas such as agriculture and industry with regards to investments and the development of productivity per workstation.

In our part of the world the total work force has increased by 6 % in the last 10 year with an total growth in productivity of 80%.

If we take out the figures for the office, they are respectively, 45 % of the increase in the number of employees, but only 4 % for improvement in productivity.

These are clear but depressing figures. More and more people are engaged in office work, so it is all the more alarming that the Office is less and less efficient.

The amount of information is increasing

A common feature of all office work is communication, both oral and written. In the last 5 - 10 years the demand for communications in an office has increased considerably. In the same period, the volume of paper which is moved from office to office has grown accordingly.

More and more people read, copy, distribute and file written information which comes from an external source or internally from some "obliging" fellow worker who wishes to spread some "news" to all sundry!

The fact that, in the same period, technical aids have been developed
which make it easier to produce text and copy information has not
improved the situation! Briefly, to multiply the volume of paper
and spread it to the employees ensures that communications become steadily worse.

<u>The Integrated Data Office - the way to a more productive office</u>

Thus it is not without reason that many company managers now
place high expectations in <u>this</u> which will not only stop this
development, but turn it round and bring about increased efficiency.

The system that will "save" the office, is discussed and is ex-
plained more and more often and has already been given a number
of different names, such as: the electronic office, the office without paper, the office of the future, the automated office etc.

Irrespective of which name is used the idea behind such a system
is the same, i.e., all jobs in an office will be integrated and
made more efficient using data techniques.

The two important questions, which are, in most cases, unanswered,
are:
By which method? When and where to start?

Scanvest has the answer: The Integrated Data Office, which is now
practically operative with the functions we describe on the following
pages, can be put into operation now.

DATA PROCESSING

Choosing a supplier

For most Norwegian companies, data processing will be the function
that it is most natural to start off the integrated Data Office
with (the first IDO function).

Previously it was a difficult job to choos a supplier and buy the
equipment. Now this has become easier when data processing is regarded as only _one_ of _several_ IDO functions.

The number of suppliers ans systems for pure data processing, without any consideration given to integration with other office
functions, is growing continuously.

The number of manufacturers who have _different_ systems for different
functions in the office, such as word processing, copying, graphic
displays etc., is also steadily growing.

Only a few of today's manufacturers of DATAPOINT equipment have
equipment and/or systems which are aimed toward an _integrated_ ans
more productive office. This is what makes it easier to choose -
choose and see if such an integrated system is an important criterium
for the choice.

Data processing with DATAPOINT

DATAPOINT has a lot of experience in data processing, first and foremost in the field of dispersed data processing. This experience goes
back to the beginning of the 1970's when the equipment was used for
data input and as terminals.

What happened in the course of ten years was that the local equipment
for data input has developed into an effective minicomputer, a deve-

lopment which has happened in parallel with the transfer of data
processing jobs from central control to local.

DATAPOINT's terminals are used by nonspecialists which places great
demands upon the equipment. It must be simple to operate, reliable
and easy to use. DATAPOINT have carried these valuable characteristics
over into their later products.Reliability and simplicity have continued to be two of DATAPOINT's strongest points and are two of the
most important reasons for their success in the market.

<u>Unrestricted growth through the local network - ARC</u>

As the need for local computer power grew, DATAPOINT realised that
the traditional solution of constantly developing new and more powerful mini-computers, was not the right one. A new concept grew up
instead. It made it possible to link processors in a modular building-
block system, where each new processor's capacity and data power is
added to the capacity which was already there before. It gives the user
increased capacity in step with increased need <u>without</u> costly machine
exchanges. The concept was given the name ARC(Attached Resource Computer), a multi-processor system which today is the best developed
local network system - which is the descriptive term for the concept -
on the market.

Large data processing jobs can be run with DATAPOINTS's ARC. DATAPOINT
has a series of compatible equipment in the form of processors, disk-
drives, terminals, printers etc., which can all be linked together
in a local network. A "super-mini" has also been developed to handle
demanding batch jobs either in a stand-alone installation or in a local
network.

WORD PROCESSING

Two different user needs

Word processing has to cover two different needs in a company. One
is connected to general correspondence where 70 - 80 % of what
is written is <u>original</u> text. The number of pages in a single letter
or document is usually low - 1 to 5 pages. The other need covers
high-volume word processing which involves circulars, price-lists,
contracts and similar documents where 70 - 80 % of the work concerns
updating <u>old</u> texts. Such documents usually have a large number of
pages and have to be duplicated a large number of times.

DATAPOINT has the equipment in the form of unintelligent and intelligent work-places which are aimed at satisfying these two demands. The
work-places are identical as far as the keyboard and operating are
concerned, only the capacity separates them.

Word processing as an IDO function

What separates DATAPOINT's word processing system from other systems
is above all its integration with other functions in the Integrated
Data Office.

The system contains the user functions required. A few function keys
and commands in <u>Norwegian</u> which are all situated on and carried out
from the normal data screen together with an operating instruction
manual with illustrations and examples, make the system simple to
learn and use. The system is organised in files which contain documents. All information is filed electronically and is simple to retrieve using a search system, AIM, which is described in more detail
on the next page.

In addition to being integrated with a filing and information
retrieval system, integration with IDO functions such as <u>data processing</u>,
<u>individual data processing and electronic message system</u> (electronic
<u>post)</u> gives many advantages.

It is simple to use records from the data processing function, wether
there are customer, goods or some other type of records, Moreover,
common records mean simpler maintenance. For example, account numbers
can be taken directly from the computer function and input into the
year end reports. Individual calculations and number positions which
are made in the Multiplan system are simply moved over to the word
processing function and can be entered in an offer or other documents.
All information that is created using word processing, is distributed
automatically and effenciently through the electronic message system.

<u>Same work-place - many functions</u>

The effect of integration is greatly strenghtened if all the functions
can be carried out from the same work-place. General work-places in
the Integrated Data Office consist of data screens, DATAPOINT's screen
terminals fulfil economic demand. They have a large screen which can be
tilted (raised and lowered) and rotated, large legible letters in gold
on a brown background and keys to adjust the brightness of the screen.
The terminal is silent and has a free-standing keyboard. Using simple
commands, a terminal can be used as a word processing work-place, an
advanced calculator or a "post box" in an electronic message system.
In the IDO these are the very keys to a more productive office.

<u>FILING AND INFORMATION RETRIEVAL</u>

The Integrated Data Office processes and stores large amounts of information. This creates a need for a simple retrieval method.

474

<u>The search system AIM</u>

In data processing where everything takes place in a structures
way, a rapid search routine (customer no., goods no., etc.) is
usually needed. In word processing, whede it is most unstructured,
the demand is to look for information using totally different techniques. DATAPOINT has developed a system, called AIM - Associated
Index Method, which, when combined with our word processing system
for example, is an advanced, but also simple system for filing
and retrieving information.

AIM has been developed with the idea that <u>every</u> operator has his own
starting point when looking for information. A document data base where
all searches are based on quickly defined search keys, has its weaknesses.
AIM lets the operator's associations act as the key. The only stipulation
is that the association (s) must have at least three characters. AIM
combines two "brains", the operator's and the computer's. The association technique combines human intelligence with the computer's and
in such a way that it is the joint intelligence that gives results.

As operator you type in a word (or several) which you remember (asso-
ciate with the document). AIM show you which documents contain your
association. The text belonging to your association is displayed in
the screen so that you can "remember" more. In this way the dialogue
can be continued until the correct document is found.

AIM can also be used in the data processing function. It makes it
possible to use the association search technique instead of the custo-
mer/goods number. Goods description or parts of them, credit limits,
payment details and so on can be individual search concepts and can be
used without first developing a special search program.

AIM is an efficient aid for storing and retrieving information. In a
matter of seconds the information is retrieved. An integrated office

system cannot function satisfactorily without a system that is
fast, gives individual freedom and can be used by all.

ELECTRONIC MESSAGE SYSTEM

This is one of the most important functions in the Integrated
Data Office, first and foremost because it has a great effect on
productivity.

DATAPOINT has developed a system, called EMS (Electronic Message
System)which looks after the electronic distribution of information.
The system gives full control by the use of on-line screen monitoring
and a complete reporting system. EMS collects information, distributes
it internally and externally, monitors incoming and outgoing messages
and functions in reality like an electronic post office.

The system is operated by simple commands and all addressing of "mail"
takes place automatically.Adressing can also be carried out to different
groups of receivers based, for example, on titles or functions, and
in this connection AIM is used. Senders can demand that receivers
ackknowledge receipt of a message _before_ they can read it.

All internal distribution takes place at high speed in DATAPOINT's
local network system, ARC. External distribution is made by data
communication or via telex. The distribution is controlled by a
processor in the local network (Electronic Network Controller). EMS
has 4 levels of priority. A company will usually choose one of them
as standard, but a single operator can also deviate from it and choose
his own priority.

Confidential information is processed in a special way.Using crypto-
graphy, the sender can code a message so that it cannot be read en route.

The receiver must know the sender's code in order to decode the
message and be able to read it.

EMS operates in the form of logical "out" and "in" boxes. All
messages are filed auromatically and AIM can be used for retrieval.

INDIVIDUAL DATA PROCESSING

By individual data processing, we mean a function where a terminal work-
place, without any advance programming, replaces a calculator, pencil
and writing pad. There are a number of daily jobs where an office
worker uses such aids "manually". The tasks we are thinking of are
different types of financial calculations such as estimates, budget
simulations, conversion tables etc.

DATAPOINT has developed a system which is called MULTIPLAN. It includes
all the functions found on a calculator. Data screens replace paper
and pencil.

MULTIPLAN works with matrices. Each single matrix can contain up to
63 columns and up to 255 lines. Text or data can be put into each
separate element in the matrix. Using simple commands, usually in the
form of only one character, four types of calculation can be carried out.
The operator defines how the single matrix elements will be used in relation to one another and the way in which the calculation formulae
can be built up.

A formula that has been defined can be stored on the IDO system disk
for calling up later and for amendement. New values in a formula are
keyed in on-line.Finished results can be printed out directly or integrated with the word processing function if they are to be enteres in an
offer, budget report or other document.

COMMUNICATIONS

Communications will become steadily more centralised
in all information processing and as IDO functions
they will therefore take on more and more significance.
Datapoint has products which make it as easy to communicate externally with others as within a network.

From Datapoint to Datapoint

On-line via the tele-network:
=================================

Using intelligent multiplexers, data screen and printers
can be linked to Datapoint via the tele-network. The
technique means lower costs because it takes only a
line and a modem per remote connecting point. In
practice this means that such work places have access
to the same data and in the same way - with on-line
updating, inquiries and print-outs - as the purely
"local" work places.

Batch transmission
===================

A common communications job is to move information
from one place to another via batch transmission.

DATAPOLL is very suitable for this and the system has
built-in functions for automatic ringing up and
answering. This means that batch transmissions can be
carried out completely automatically, without intervention of the operator.

Local network to local network
==================================

Two or more local network systems (IDO systems) can
communicate with each other via the "remote ARC" concept. In practice this means that the date base in each
individual network can be accessed (assuming security
clearance) from work-places in the rest of the local
networks. This makes it possible to disperse a data
base and the system processes a local access and a
remote access in the same manner. Neither the users
nor the application programs are affected by this,
remote access takes only a little longer because of the
tele-connection.

From Datapoint to other computer systems

Direct connection to ARC
=========================

It is possible to connect certain types of large
computer directly to ARC. This is done via a

channel-adapter and the large computer(s) is regarded
then as an "applications processor" on-line with the
rest of the processors in ARC system. Such interaction
demands no adaptation in the programs on the side
of the large computer. That is taken care of by the
channel adapter which is connected directly to the
byte multiplexer channel of the large machine.

On-line connection

In many situations it can be necessary to have an on-
line connection from a Datapoint System to a "foreign"
machine system. A work-place which which inputs, updates
and interrogates a local network may need to carry
out the same operations on another system and very
often in the form of a combination of their own and
"foreign" disk access. Depending on what type of
equipment the "foreign" one is, different on-line
procedures are used. A work-place in a ARC local network
can communicate with IBM via 3270, with Honeywell Bull
via VIP7750 and with Univac via Uniscope 200. IBM
3270 communication can be of the binary synchronous
type (BSC) or "synchronous data link control" (SDLC)
under system network architecture (SNA) and with speeds
up to 9600 baud. A processor in the local network
simulates a control unit which can handle from 1 to 32
terminal lines at the same time to IBM.

Batch transmission

To move data from a Datapoint system to another "foreign"
system emulators are used. Such communications can be carried
out with most computer types on the market, such as Univac,
IBM, Burroughs, Nord, Honeywell Bull etc.

GRAPHICAL DIAGRAM PROCESSING

A graphical representation or a picture says more than
words. Any kind of message is understood more quickly
when it is presented visually and does not have to be
read.

Until now we have discussed IDO functions which have
processed information in the form of data and text.
There are other ways of presenting information and
below we will introduce a method that is very widespread, but which is none integrated function in
connection with the office - pictures.

An interesting function in the Integrated Data Office
is Datapoint's system: Colour Business Graphics (CBG)
which is a complete system of setting up, maintaining
and printing pictures and graphic diagrams in colour.

This function is built up around a special work place
which consists of the following components:

a) 15" colour screen.
b) Drawing board with light pen.
c) Colour printer.
d) "Copying unit" for slides.
e) "Copying unit" for overhead transparencies/
    colour pictures.

All or part of this work-place is connected via its
own graphics controller directly to an ARC local
network and so becomes an integrated function in the
IDO with access to the systems common data base.

We will comment briefly below on the three elements of
the system, setting up, maintenance and printing.

Setting up

A picture (image) is created on the colour screen. It
can be drawn free-hand on the drawingboard with the
light pen. It can also be created by using fixed
graphical figures, such as circles with "pieces of cake",
columns, lines (curves), rectangles etc., or a combination
of free-hand drawing and these figures. A picture can
consist of up to 12 different colours. The choice of
colour is made via the drawing board.

Values which fix the size of the graphical figure can
either be keyed in or read from the system's data base.
A finished picture is given a name or a number and can
be stored in the data base as a file.

Maintenance

A picture can be accessed at any time and displayed
on the colour screen for modifications. It has its
own library which takes care of storing and retrieval
of pictures, searching in data base and general maintenance.
The CBG system is a complete _ready made_ application and
requires no special programming.

<u>Printing</u>

Several printing functions give great flexibility. The
user can choose between three types, slides, colour
overhead transparencies and paper. A system can have one
or more of these.

There are many application areas for this system.
Graphical representations and illustrations which will
be used in the year end report,manuals etc. can be produced internally. It is easy to amend a picture if the
first draft is not satisfactory and it is therefore no
longer time-consuming and costly to "feel one's way".

Explanations and presentations can be made much more
effective with the use of slides or transparencies in
colour which can be produced quickly and professionally
yourself. A presentation series can also be "made" as
a series of still pictures on the colour screen.

<u>LASER PRINTER - AN ELECTRONIC "HOME PRINT SHOP"</u>

The Integrated Data Office processes, stores and <u>prints</u>
large amounts of information.

As an alternative to each operator having his own
printer, Datapoint have developed an advanced Laser
printer which takes care of the "written production"
of data, text and facsimile output.

It has five programmable paper magazines which each have
room for up to 500 sheets of paper or transparencies.
Up to 32 fonts (print layouts) can be used per page and,
in addition, there are special user's fonts such as
signatures, firms' logos, mathematical symbols and other
special symbols..

It is equipped with a memory of at least 128 K, which
can be increased to 512K, for online storage of programs
and different sets of drawings.

The laser printer can be equipped with up to 8 (1 is standard)
output modules which each have 10 programmable paper
magazines, in all 80 magazines. Each single magazine can
be equipped with a lockable cassette for the printing of
confidential information.

Laser printers are supplied with a special debiting system#
which takes care of cost distribution in relation to the
use of the "home print shop".

The finished results are of a very high quality. It is
very simple for the operator to use the laser printer
and it can be done directly from his own work-place.
From here the paper is chosen as well as fonts, including special symbols, lay-out and the direct control
to the output magazines. This type of use means that the
laser printer is acting as an advanced copying machine,
which in addition can be <u>remote controlled</u> from the
operator's own work-place.

Even the printing takes place with the aid of a laser-
electro-photographic process which converts digital
signals into legible symbols, figures and characters.

Datapoint has invested large resources in developing
this printer and not without reason. This advanced,
remote-controlled printer with a speed and quality
of print which are unique, will play a major central
role in the Integrated Data Office. It is a "home
printshop and a copying machine in the same cabinet.

TELEFAX

We mentioned earlier that we use the term "information"
to cover data, text and pictures. In the section on communications we described various techniques for transmitting
data via the telecommunication network.

Telefax, or remote copying, as the function is also
called, makes it possible to transmit both text and
pictures via the telecommunication network. Normally
this function requires special equipment. There are
several types of telefax machines on the market, which
are called group I,II andIII machines.

Datapoint has developed its own telefax-interface with
built-in fax-modems which can both receive and send
information in accordance with CCITT standards. Both
analog and digital signals can be handled and the interface unit can be used in connection with all three
groups of equipment.

An ARC local network can receive such telefax information
and store it in its data base for printing out later with
the laser printer.

All transmission of such information takes place via
the normal telephone network. This means that, when the
information is being sent, it can be combined with the
electronic message system function (EMS) with all the
advantages that implies.

TELEX
The most widespread message-system in the world is telex.
Today's telex network has over a million subscribers
and the telex service is indispensable to all business
operations.

The weaknesses in today's telex service lie in the
transmission rate and the equipment used. The speed
is low compared to normal data communications and the
equipment, which is used, demands more manual work
with regard to writing and corrections, dialing,
internal distribution and sending.

Datapoint has developed a system, called ITMS
(Integrated Telex Management System), which
rationalises the use of telex and makes it more
efficient. The aim of the system is that someone
from a data screen in a local network or in a stand-
alone system will be able to produce a telex for
automatic transmission later, or receive incoming
telexes. The link to the official telex network is

made via a Hardware Interface Module (HIM), which
has outlets for 4 telex lines. The system can
serve several HIMs and permits a normal telex machine
to be on-line to Datapoint and have access to the system's
data base.

ITMS uses "mnemonic" addressing. That means that the
internal and external distribution list can be specified
by using a unique code of a few characters. If a business
connection is made known by the mnemonic address that
applies to him and specifies it each time he sends
a telex, they will be distributed directly to one or
more printers and/or to the data base from where the
operator(s) can access the message(s) on their own
screens. The distribution of incoming telexes without
direct addressing, is carried out via a supervisor
function. By calling up the messages, which appear in
the order of arrival, and by giving them a mnemonic address,
distribution will be carried out automatically.

All outgoing telexes are entered at a work place in
the local network. Use of the screen and on-line
techniques make it simple to correct errors and
make amendments. Transmission is automatic.

A _single_ mnemonic address can contain the telex number
of _a number_ of business connections together with
internal printer addresses and/or files in the data base.

INFORMATION SWITCHBOARD

During the 1980's Norwegian companies' use of the
telephone service changed radically.

The transition from traditional analog techniques
to digital ones will bring about a number of changes
and many new types of telephone services will be
brought into use.

Datapoint has been involved in this problem for
many years and has developed a series of telephone
systems which are in use in USA.

In 1981 Datapoint introduced its ISX system
(Information Switching Exchange), which we have called
the Information Switchboard. This type of switchboard
is vastly superior to the traditional one, first and
foremost because it can handle all types of information - data, text, speech and pictures. What is very
interesting, is the possibility of transmitting data
and speech simulataneously on the same line. This
means great advantages both technically and
ecomonically.

Such an advanced communications system can become the
central control unit and "main artery" in the Integrated
Data Office. The ISX system integrates the most important
information aids in an office - telephone, terminals
and the local network.

The ISX system itself consists of the following three
main components: switchboard/PBX, the computer system
and user terminals.

The PBX consists of two main modules - a Central
Switching Unit (CSU) and one or more RSUs (Remote
Switching Unit). These work together to control the
flow of information. The CSU effects the link between
several RSUs and controls all speech and data transmission. Up to 350 user terminals can be connected
to each RSU.

The ISX system has its own Data Management System
(DMS) consisting of a Datapoint processor with disk
drive and printer. DMS can be a stand-alone system
or part of an ARC local network. DMS supervises the
traffic and procures a series of reports which show the
level of activity and degree of utilisation in the
system, based on various criteria.

Every link to the ISX system is defined as a user
terminal, regardless of whether it is a telephone,
computer, screen or printer. Both traditional
(analog) telephones and Datapoint's own digital
telephones, Infoset I and Infoset II can be used.

ISX is designed for continuous operation. It has
been arranged that critical components are duplicated
so that, in the event of a fault, back-up components
automatically take over.

Functions in integrated office automation

(Starting at 1 o'clock position)

Dat processing
Word processing
Filing an information retrieval
Electronic message system
Telex
Individual data processing
Communications
Graphics
Laser printer - an electro-photographic "home print shop"
Telefax
Information switchboard
Future products

Wang's sixth technology:

HUMAN FACTORS IN OFFICE AUTOMATION

by

Lawrence J. Marquit, Ph.D Director
European Office Automation Support
Wang Laboratories, Inc.
1 Industrial Avenue
Lowell, Massachussets 01851
U.S.A.

"For you see, ladies and gentlemen, and, above
all, your Imperial Majesty, with a real
Nightingale one can never calculate what is
coming, but in this artificial bird, everything
is settled. It is this way, and no other! One
can explain it; one can open it and show how it's
almost human; show where the records are, and how
they play and how one things depends on
another---!"

Hans Christian Andersen
"The Emperor's Nightingale"
Odense, Denmark, 1835

Introduction

The purpose of my talk today is to tell you about an important and unique methodology being developed by Wang Laboratories. Referred to as the Wang Human Factors Programme, it is designed to assist multi-national organisations with managing the planning, implemention, and evaluation of office automation technology. The purpose of the Programme is to help these organisations to successfully integrate office automation technology into the coporate work flow and culture.

Office Automation as a Corporate Investment

Each year increasing numbers of large corporations in Europe and the United Kingdom are making major investments in office automation equipment. These investments are made in order to realize numerous benefits, including increased worker productivity, more cost—effective operation, improved cash flows, and the rapid availability of accurate information storage and retrieval in the forms of words, numbers, images, and voice.

The Need to Protect the Investment

The return on the office automation investment becomes valuable only when the organisation begins to achieve the benefits of the technology. The longer it takes an organisation to achieve those benefits, the more doubtful it becomes about the validity and credibility of the technology. It is therefore in the best interests of the buyer, the vendor, and the industry that the customer organisation becomes successfully operational as rapidly as possible.

After a system installation is completed, the customer is left with the task of integrating that system into its corporate work flow, procedures, and culture. When the organisation is experienced with guiding and directing its own planned growth and development, this integration may be accomplished relatively smoothly. In addition, most vendors will do their best to help their customers to become fully operational. They will often make available considerable help to assure that the customer staff is prepared and trained, that the electrical and other physical requirements are taken care of, and that the right people are assigned to supervise the equipment and its operation.

Experience has shown, however, that many large organisations are not adequately prepared to take maximum advantage of all of the positive opportunities that office automation has to offer. Sometimes, when inadequately prepared organisations attempt to plan and manage their own installations, they take considerable risks with their future. For example, a poorly managed installation may soon be regarded by employees as a source of confusion, irritation, and a waste of time and money. It exteme situations it may be found that the equipment hardware and software work perfectly well, but the organisation suffers in chaos and confusion. This situation is like the surgeon who says: "The operation was a success but the patient is dying."

When workers do not or will not learn to use equipment properly, or when they are unclear about their new job requirements and how they are expected to do their work, they tend to blame the people who bought it, the equipment itself, and the equipment vendor. In some instances, the quality of office automation management has been sopoor that severe organisation problems resulted, including the sabotage of expensive equipment, worker strikes, and walk-outs.

The Office Automation Consultant

Many organisations realise that broad ranging office automation installations require careful planning. To help them in this respect, they frequently hire outside consultants and other experts to assist them. The quality consultant group will assist its client by analyzing work-flow procedures, communication patterns, and other office activities. This needs-analysis is usually followed by specific recommendations for improved hardware, software, and equipment configurations. In some instances, consultants will also recommend designs for organisation re-structuring such as word processing centers or distributed data processing activities. They may also recommend new position and training needs, suggest guidelines for budget preparation, and other related needs.

It has been found, however, that the area most neglected by many consultant groups is a suggested strategy for <u>accomplishing</u> each recommendation. For example, a consultant may recommend a comprehensive WP centre for document preparation, editing, storage, and printing to be run by a WP manager and a staff of ten operators using seven WP terminals. However, that same consultant may not offer an action plan which the client can follow in order to establish, maintain, evaluate and supervise such a Centre.

The Need for a Human Factors Technology

When inexperienced organisations attempt to implement an office automation plan, whether from a consultant, a vendor, or one that wasprepared by themselves, they often use trial-and-error methods. These methods can be expensive and time consuming. During this "trial-and-error" period, the organisation may be required to solve unfamiliar problems and make decisions with limited skills and experience. Productivity may decline, profits may diminish, and clarity of organisation purpose may become lost. Mistakes are easy to make and the inefficient use of human, physical, and financial resources can become costly. It is important that user organisations learn how to take maximum advantage of the opoortunities that office automation provides.

Office Automation Has Many Organisation Impacts

When office automation technology is introduced into any large corporation, many aspects of its operation are affected. For example, the physical environment is affected with video display units in places once reserved for typewriters. Disk drives and printers appear in place of filing cabinets and other office storage furniture.

The physical environment is not the only area affected by office automation. Other areas include company planning and organization, corporate goals and objectives, work flow and procedures, manpower planning, communication patterns, lines of authority and responsibility, activity scheduling, and market and sales forecasting. In addition, office automation has impacts on worker morale and other quality-of-work-life issues such as job security and confidence, and attitudes and beliefs about the corporate social and political system. I'll say more about this later.The Human Factors Programme Assists in Planning, Implementing, and Evaluating the Office Automation Installation

Until now, no manufacturer of office automation equipment has developed a standalone product that can help its customer to integrate office automation technology into their own organisation. Further, no manufacturer of office automation equipment has developed a systematic procedure for planning, implementing, and monitoring an office automation installation that reflects consideration for the total organisation: its environment, its people and how they get their work done, the company's products and services, and the company itself.

Wang Laboratories is currently developing a "Human Factors Programme." The _purpose_ of the Programme is to provide a customer-based, customer-driven, systematic procedure designed to help large purchasing organisations to achieve their own pre-determined benefits of office automation technology in an efficient and effective way. The _objectives_ of the Programme are to help customers to 1) identify and clarify for themselves the human factors benefits they want office automation to bring, 2) establish a data base of the current state of the human factors in the customer organization, and 3) create a realistic strategy for managing, monitoring, and evaluating their own progress towards their own goals.

Five Human Factors

For purposes of this Programme, the term "human factors" is defined as those aspects of employee activity that are affected by an office automation installation. Those aspects comprise five basic areas: <u>physical environment</u>, <u>corporate goals and objectives</u>,<u>organisation design and structure</u>, <u>role functions and accountabilities</u>, and <u>corporate culture and climate</u>. These human factors areas are based on theoretical constructs derived from business management and administration, ergonomics, psychology, sociology, and related behavioural sciences. Each human factor area may be described as follows:

First is the <u>physical environment</u>. In Europe and the United Kingdom, the term "ergonomics" refers to all of the impacts of technology on human activity, including health and safety issues, psychological concerns, and all of the social and political implications of the man-machine interface. In the context of the Wang Human Factors Programme, the concept of ergonomics is limited to the physical characteristics of the environment. These characteristics include furniture design, hardware design and safety, air temperature and quality, noise levels, relative humidity, lighting, and work space.

Experience has shown that any office automation installation will affect the physical environment. For example, printers make some noise, keyboards beep and clatter, and machines give off heat. New machines replace old ones, work spaces may be rearranged, and lighting conditions may vary from one part of the office to another.

Since human beings are affected by their environment, and since most office workers are human beings, the physical environment of the office is regarded as an essential human factor.

The second human factor is the <u>corporate goals and objectives</u>. The missions and goals of any company will determine what the people do who work within it. Since office automation can help employees accomplish what they do in a shorter period of time and with greater accuracy, more work can be accomplished and productivity levels can be increased. This can result in increased corporate profits, more available time for planning and organising, and other activities that impact the amount of work the company can expect to accomplish during any given fiscal period. Since office automation can directly affect employee activity of both workers and managers, corporate goals and objectives is considered another essential human factor.

This human factors area includes such corporate activities as strategic business planning, marketing and sales strategies, customer relations, office work-flow, administrative policies and procedures, corporate image, long- and short-range financial goals, compensation and benefits planning, and holiday scheduling.

The third human factor is <u>organisation design and structure.</u> In this human factors area consideration is given to how the people in the organization will work together with office automation technology to get the work of the company done.

How people work together is defined via the organisation's administrative design and structure. It includes those aspects of worker and management interaction necessary to establish and maintain continued corporate success. It identifies lines of authority and accountability, hierarchical levels of responsibility, influence, prestige, status and power, and clarifies patterns of communication and chains of command.

Office automation may require new positions, such as "Director of Management Information Systems","Data Processing Analyst", or "Systems Programmer". As these new positions occur, they must be included somewhere in the organisation structure. Further, careful consideration needs to be given to paths of access to the information stored in the equipment. An old management guideline tells us that "whoever controls the flow of information within an organisation controls the organization."

The fourth human factor area is <u>role functions and accountabilities</u>. Any office automation installation will require that certain workers know how to operate and use the equipment to its maximum advantage. Even though most people find it easy to learn to use the equipment, a certain amount of training is necessary. With training, there are frequently changes in job descriptions and titles. For example, typists may become word processing machine operators and clarks become data processing machine operators.

Managers, perhaps using Wang's Alliance system with an installed Digital Voice Exchange option and the WangNet communication system, will doubtless want to rethink how they accomplish their administrative tasks and functions. These new tasks and functions are examples of how office automation can influence how the people in an organisation accomplish their work. It is for this reason that employee function is included as an essential human factor.

Additional considerations included in this human factors area are employee training programs, manpower planning, performance appraisal systems, job titles and descriptions, career pathing systems, recruitment and selection procedures, and termination and retirement policies.

The fifth human factor area is the <u>corporate culture and climate</u>. This area is perhaps the most significant element contributing to the successful return on a company's office automation investment. For one thing, it addresses the willingness and readiness of the people in the organisation to accept and use the equipment. Research has already shown that defensive employee behavior can inhibit rather than facilitate a successful installation. Such defensive behaviors can be reflected by employee feelings towards such quality of work-life issues as job security, advancement, opportunities for making creative contributions to the organisation, and similar psychological and social considerations.

For these reasons employee attitudes and beliefs about the equipment and its benefits need to be positive. Successful training requires positive levels of motivation and enthusiasm. Successful use requires positive levels of confidence, trust, and adequacy.

Elements of the Wang Human Factors Programme

So far, I have attempted to point out that office automation is a major investment that can dramatically impact organisational life and operations. And, that the protection of that investment depends upon careful and deliberate planning and management along five human factors areas: environment, corporate goals and objectives, organisation structure, job functioning, and corporate culture and climate. Now, I would like to describe how the Wang Human Factors Programme is designed and implemented.

Programme assumptions

The design of the Programme is based on several assumptions. The first is that the decision to purchase office automation equipment is an executive policy decision and should be made at that level. It could be a mistake to delegate that decision to lower level management because it impacts so many aspects of corporate operation and life. Second, after the decision is made, middle management and the technical experts should be given major accountability for identifying equipment specifications, configurations, and reviewing, selecting, and recommending qualified vendors. This same group should also be accountable for planning the strategies necessary for achieving the office automation goals and objectives of the company.

A third assumption is that office automation needs to be viewed as an organisation investment that is being made for total corporate benefit, and not just for a privileged few. Fourth, that the decision to buy office automation technology represents the first major step towards a transition from a traditional way of handling information to a new and vastly improved way. My fifth assumption is that this transition from the old to the new should be regarded as a very high priority <u>continuous</u> <u>project</u>, and that it deserves support and commitment from all levels within the organisation: policy workers, knowledge workers, and information workers and their representatives.

Finally, it is assumed that since the planning, implementation, and evaluation of office automation is a high priority project, it deserves a qualified and dedicated group of people to accept accountability for the success of that project. This group may be considered the "Office Automation Project Team."

Programme design

As of today, the Programme is mostly a conceptual model. The model is currently being tested in a large European manufacturing company as a pilot project. What I'd like to do now is describe that concept to you.

Taking a very broad view, the Programme is designed to use team project management techniques for bringing about large scale organisational growth and improvement through the use of officeautomation technology. This concept has been demonstrated to be very effective in maximizing the success of integrating technology into the workplace. By involving many people in planning, implementing, and evaluating the office automation project, extensive committment and support for success may be achieved. Further, this employee involvement helps to assure employee "ownership" of the benefits, decisions, rewards, and problems that result.

As a team project management endeavour, it seeks to help small groups of people to identify four basic things: "Where do we want to go?," "Where are we now?," "What is the best way to get there?," and "How do we measure our rate of progress?"

The first part, "Where do we want to go," represents the goals and objectives of the office automation project. The second part, "Where are we now?," represents the present situation by determining some quantifiable base-line data. The third part, "What is the best way to get there?," represents the strategic action plans for accomplishing the goals and objectives. And the fourth part, "How do we measure our rate of progress?," represents the system of managerial control and evaluation necessary for efficient goal accomplishment.

Programme implementation

The Programme is designed to be conducted by a small group of highly trained consultants available through Wang Laboratories. This consultant group will meet with a representative group of those people who decided that office automation should be purchased. This group would comprise an _ad_ _hoc_ "Office Automation Steering Committee."

The purposes of this combination meeting and seminar--whichcould last from one to several days--are to help the Committee to 1) understand the purposes and objectives of the Wang Human Factors Programme, 2) function as a collaborative team, 3) identify some suggested major goals within the five human factors areas which they would like office automation to bring, 4) identify the members of the Office Automation Project Team, what they will do, how much time they will be given to do it, how they will be evaluated, and to plan some procedure for informing them of their new assignment, 5) establish a mechanism for evaluating their own progress and, 6) determine a clear strategy for supporting the office automation project.

Next, the Consultants will meet with the Office Automation Project Team. It is recommended that this group represent a "vertical slice" through the organisation; however, other alternatives exist.

This meeting-seminar--which again could last from one to several days--is designed to help the Team to: 1) understand the purposes and objectives of the Wang Human Factors Programme, 2) function in a collaborate way, 3) review the recommendations of the Steering Committee regarding roles, goals, time constraints, evaluation procedures, and support plans, 4) design a strategy for achieving at least one of the goals suggested by the Steering Committee along with a method for evaluating goal progress, 5) establish a practical method for determining the current situation regarding that goal, 6) identify the kinds and amount of assistance they will need from other parts of the organisation and 7) designing some strategy for disseminating the results of their work.

Conclusion

In my presentation today, I have tried to describe a human factors in office automation model being developed by Wang Laboratories. This model represents a systematic project management design and methodology. Its purpose is to help large user organisations to plan, implement, and evaluate the management of their own office automation installations. The objective is to help such organisations learn how to successfully integrate office automation technology into their own corporate work flow and culture.

The methodology focuses on how the people in the user organisation get their work done, how they work together to accomplish the goals and objectives of their company, and on the environment and the quality of work life that they face for at least eight hours every day.

The Wang Human Factors Programme elicits broad involvement and committment on the part of three levels of corporate employees: policies workers, knowledge workers, and information workers. These levels work together in small collaborative teams to plan their goals, establish a base of where they are, and to design and evaluate a strategic plan for getting there.

There still remains considerable work to be done. Thank you.

Integrierte Bürokommunikation mit Siemens-Produkten

von Dr.Heribert Peuckert, Siemens AG, K PN ID München

Die moderne Bürokommunikation ist der Schlüssel zur Gestaltung des Büros von morgen. Immer mehr Büro-Planer und Organisatoren fragen deshalb: Wie entwickeln sich Kommunikationstechnik und Informationsverarbeitung im Büro? Wie wachsen die einzelnen Systeme zusammen? Wird dies evolutionär geschehen, oder muß hier mit einem Bruch gerechnet werden?

Eine Antwort auf diese Fragen ist das für die ganze Bürokommunikation ausgelegte *Kommunikationssystem EMS* [1] von Siemens, das eine breite Palette von Arbeitsplatz- und Kommunikationseinrichtungen enthält. Dieses System unterstützt alle Arbeitsplätze im Büro und bietet Services für die Kommunikation von Sprache, Text, Bild, Daten, sowie die ganze Palette des Dokument-Handlings.

Situation im Büro heute

Die Büros in Wirtschaft und Verwaltung sind "Betriebe zur Informations-Produktion" mit zunehmender wirtschaftlicher Bedeutung; in den westlichen Industrieländern arbeiten dort schon mehr als die Hälfte aller Beschäftigten - und der Anteil der Bürotätigkeiten dürfte weiterhin wachsen.

Die Büroarbeit durch geeignete Bürosysteme zu erleichtern und wirksamer zu machen, ist deshalb ein immer intensiver verfolgtes Ziel. Die technologische Entwicklung kommt diesen Bestrebungen entgegen: Sie ermöglicht es, kostengünstig immer mehr Kommunikations- und Verarbeitungsleistungen an die Arbeitsplätze zu bringen.

In den letzten Jahren ist die Arbeit im Büro genau untersucht worden, um die Anforderungen der verschiedenen Arbeitsplätze an Bürosysteme herauszufinden. Dies ist die Voraussetzung für deren Akzeptanz und den Nutzen für den Anwender. Aus diesen Analysen ist deutlich geworden, daß der *Kommunikation* eine herausragende Bedeutung innerhalb der verschiedenen Bürotätigkeiten zukommt. Die dafür aufgewandte Zeit ist bei den Fach- und Führungskräften ganz besonders hoch - sie erreicht je nach Ebene 60% und mehr.

In der Bürokommunikation liegt deshalb der Schlüssel zur größeren Effizienz der Büroarbeit. Die modernen Bürosysteme versuchen deshalb, vor allem diesen wesentlichen Teil der Bürotätigkeit zu unterstützen.

Die Untersuchungen haben auch gezeigt: Die bisher übliche Bürotechnik erreicht -

abgesehen von dem überall vorhandenen Telefon - praktisch nur Arbeitsplätze mit immer wiederkehrenden bzw.formalisierbaren Abläufen, nämlich:

- *Unterstützungskräfte*, z.B. Sekretärinnen und Schreibkräfte, die mit Speicherschreibmaschinen und Textsystemen arbeiten
- *verfahrensorientierte Sachbearbeiter* mit Abwicklungsaufgaben, die über Datenstationen von DV-Systemen unterstützt werden

nicht aber:

- *Sachbearbeiter mit differenzierten Aufgaben*
- kreative *Fachkräfte und Führungskräfte*.

Diese bisherigen Einsatzschwerpunkte der Bürotechnik sind von den bisher gegebenen technischen Möglichkeiten her verständlich, nicht aber, wenn man die Kosten der Arbeitsplätze betrachtet :

Die Unterstützungskräfte bilden zwar 12% des Büropersonals, verursachen aber nur 6% der Personalkosten. Mehr als die Hälfte allein der Personalkosten im Büro kommen von den mit Bürosystemen bisher kaum unterstützten Fachkräften und Führungskräften.

Es kommt deshalb darauf an, auch die Arbeit der *Fachkräfte* und der *fachlich orientierten Führungskräfte* zu unterstützen - mit Bürokommunikations-Einrichtungen, die ihren spezifischen Anforderungen entsprechen. An diesen Arbeitsplätzen müssen *alle* der einander ergänzenden Kommunikationsmittel zugänglich sein - Sprache, Text, Bild, Daten und auch 'Bürodokumente'.

Entwicklung zur Integrierten Bürokommunikation

Die Entwicklung der Bürotechnik hat immer mehr Kommunikations-Medien und Terminalarten direkt an die Arbeitsplätze gebracht. Neben dem Telefon werden zunehmend auch Textstationen, Datenstationen und Fernkopierer genutzt.

Diese Entwicklung hat die Notwendigkeit des *Verbunds* der bisher getrennten Kommunikationsmittel deutlich gemacht. Gerade an den Arbeitsplätzen, an denen mehrere solcher Einrichtungen nebeneinander eingesetzt werden, bemängelt der Anwender, daß sie nicht direkt zusammenarbeiten können und er deshalb oft die gleiche Information arbeitsaufwendig neu eingeben muß. Hinzu kommt der hohe Aufwand für die getrennten Terminals.

Ein modernes Büro-Kommunikationssystem muß deshalb diese Einzelsysteme *verbinden* und einander anpassen - etwa zum direkten Informationsaustausch zwischen Text- und Datenverarbeitungseinrichtungen. Damit kann man dann auch bereits *vorhandene Terminals erweitert nutzen*, etwa Datenstationen für den Textverkehr oder Fernsprechterminals für einfache Dateneingaben in den Computer.

Zusätzlich werden heute Arbeitsplatzeinheiten gefordert, die schon von der Konzeption her für mehrere Kommunikationsformen ausgelegt sind.

Die heute am meisten gefragten 'integrierten' Arbeitsplatzsysteme vereinen Funktionen für *Text und Daten*. Mit diesen Systemen möchte man sowohl Texte übertragen als auch mit Computern kommunizieren können, daneben aber auch lokal Texte und Daten speichern und bearbeiten. Sie eignen sich besonders für Sachbearbeiter mit differenzierten Aufgaben, die sowohl mit Texten als auch mit Daten umgehen.

Diese Einrichtungen genügen allerdings noch nicht den Anforderungen der gehobenen Fachkräfte und der Führungskräfte.Diese "Professionals" im Büro stellen ganz besondere Anforderungen an ein Arbeitsplatzsystem zur Bürokommunikation - es muß ihrer in hohem Maße individuellen, kreativen Arbeitsweise entsprechen.

Fachleute entwerfen, redigieren, und gestalten Geschäftspapiere unterschiedlicher Art - Briefe, Angebote, Berichte, Druckschriften oder Vortragsmaterialien. Als Oberbegriff für diese Unterlagen, die aus Text (auch mit mehreren Schriftarten), Daten und Bildern bestehen können, hat sich der Ausdruck **Bürodokument** eingebürgert.

Es geht jetzt darum, auch diese Bürodokumente elektronisch erstellen, verteilen und bearbeiten zu können. Damit lassen sich dann selbst Geschäftspapiere, die bisher nur über die Hauspost oder die "gelbe Post" befördert werden konnten, schnell 'per Draht' als "elektronische Post" übermitteln.

Fach- und Führungskräfte möchten allerdings auch beim Umgang mit "elektronischen Dokumenten" die gewohnte Arbeitsweise am Schreibtisch beibehalten; sie sind nicht bereit, die in der Daten- und Textverarbeitung üblichen, speziellen Bedienabläufe zu erlernen. Die Arbeitsplätze für diesen Kreis müssen deshalb einfachste, bildhafte Bedienung ermöglichen und ein Höchstmaß an Freiheit für den individuellen Ablauf der Arbeit belassen.

Die richtige Ausstattung für jeden Arbeitsplatz

Das Kommunikationssystem EMS bietet eine Anzahl von Arbeitsplatzeinrichtungen, aus denen für jede Aufgabe im Büro die richtige Arbeitsplatzausstattung zusammengestellt werden kann:

- Für das **Sekretariat** sind Textstationen - z.B. die *Teletexstation T 4200* oder die kommunikationsfähige *Speicherschreibmaschine 5.505* -, für das **Schreibbüro** sind *Textsysteme* für höheres Schreibvolumen wie die *5.521* vorgesehen, die das lokale Schreiben wie auch das Senden und Empfangen von Texten in Briefqualität ermöglichen. Die Sekretariate können zusätzlich mit Faksimilegeräten, wie dem Fernkopierer HF 2050, ausgestattet werden. Für den im Chefsekretariat nötigen

Fernsprechkomfort bietet Siemens spezielle Chef-Sekretäranlagen.

- Für die **verfahrensorientierten Sachbearbeiter** gibt es *Datenstationen*, wie die ergonomisch optimal gestaltete Datenstation 5320 für den Dialog mit dem Computer. Die neuen EMS-Komforttelefone *comfoset* mit Programmtasten sind richtig für diesen Arbeitsplatz.

- Für Mitarbeiter mit **häufig wechselnden Sachaufgaben** ist die Arbeitsplatzeinheit 5620 für Daten und Text bestimmt, die lokale Text- und Datenbearbeitung wie auch den Zugang zu zentralen Computern und Ablageeinheiten bietet. Zur schnellen telefonischen Verständigung innerhalb der Arbeitsgruppen dient das neue Bürotelefon *teamset 200*.

- Den **Fachkräften** und den **fachlich orientierten Führungskräften** bietet Siemens das *Arbeitsplatzsystem 5815*. Es unterstützt die ganze Vielfalt der Aufgaben der Fachkräfte - vom Lesen der elektronischen Post bis zum Entwerfen, Redigieren, Verteilen und individuellen Ablegen von Geschäftspapieren unterschiedlichster Art und Gestaltung. Die Arbeitsplatzsysteme 5815 sind auf einfachste, bildorientierte Bedienung ausgelegt, sie können aber auch mit den anderen Arbeitsplatzsystemen zusammenarbeiten und haben über das schnelle lokale *EMS-Busnetz* [2] auch Zugang zu zentralen *Ablageeinheiten 5845* und zu zentralen Computern. Der erforderliche Telefonkomfort dazu ist mit dem neuen Cheftelefon *topset* gewährleistet.

- Das gemeinsam genutzte *Drucksystem 5835* mit einem Büro-Laserdrucker ermöglicht die geeignete Druckausgabe für die am Arbeitsplatzsystem 5815 gestalteten Bürodokumente. Diese Einheit ist mit einem Speicher ausgestattet, der es erlaubt, die eingehenden Druckaufträge zwischenzuspeichern und nach Empfängern sortiert zu drucken. Durch das Laserdruckprinzip lassen sich problemlos Dokumente in Offsetqualität herstellen, auch mit unterschiedlichen Zeichensätzen, Schriftarten, Schriftgrößen und Bildern.

Der Arbeitsplatz für Fachleute im Büro

Aus den vorangehenden Ausführungen wird klar, daß ein Schwerpunkt der zukünftigen Büroautomatisierung die Unterstützung und Effektivitätssteigerung der Fachleute sein wird. Daher soll im Folgenden etwas eingehender auf die Arbeitsweise und die Anforderungen dieser Gruppe eingegangen werden [3].

Der größte Teil der Fachleute im Büro ist dispositiv und kreativ tätig und nicht an fest eingeführte Ablaufverfahren gebunden. Das Medium, mit dem diese Mitarbeiter umgehen, ist beschriebenes oder bedrucktes Papier, das außer Text in vielfältiger Anordnung auch Tabellen und Grafiken enthalten kann. Fachleute bearbeiten am Arbeitsplatz derartige Bürodokumente, indem sie diese empfangen, redigieren, zusammenstellen, gestalten, kopieren, abgelegen, ausdrucken und versenden.

Fachleute sind sehr informationsorientiert, und das Ergebnis ihrer Arbeit ist meist wieder Informationsgrundlage für andere. Bei den Dokumenten, die sie erstellen, kommt es natürlich auf den richtigen Inhalt, aber auch auf eine übersichtliche, klare und dem Empfänger leicht verständliche Darstellung an. Das wird deutlich, wenn man sich ansieht, mit welchen Arten von Dokumenten Fachleute im Büro umgehen:

- Entscheidungshilfen für das Management. Hierfür sind Informationen in der übersichtlichsten und verständlichsten Form zu präsentieren; z.B. Darstellung durch Diagramme anstatt durch Texte und Zahlenkolonnen

- Technische Unterlagen, die einem Änderungsdienst unterliegen wie Produktbeschreibungen, Wartungshandbücher und Vertriebshandbücher mit vielen graphischen Darstellungen. Neben der Forderung nach Anschaulichkeit und Übersichtlichkeit tritt hier der Wunsch nach problemloser Aktualisierung des Inhalts

- Präsentationsfolien mit Diagrammen und Graphiken, in die auch Texte eingefügt sind. Hier spielt neben der guten Übersicht auch die Bildwirksamkeit eine Rolle

- Kundenangebote mit Text, Daten und Abbildungen in ansprechendem Druckbild, individuell zusammengestellt aus immer wieder verwendeten Bausteinen

- Interne und externe Briefe mit gutem Erscheinungsbild und häufig größerem Verteilerkreis

Für den Arbeitsstil der Fachleute im Büro ist charakteristisch, daß Dokumente wie die oben aufgezählten von der gleichen Person oft in unterschiedlicher Folge zu erstellen sind, wobei überdies die Arbeit an einem Dokument oft zugunsten der Arbeit an einem anderen, dringenderen unterbrochen werden muß. Die Tätigkeiten laufen ineinander verschachtelt ab. Es gibt somit an einem solchen Arbeitsplatz kaum gleichartige, sich immer wiederholende Abläufe. Entsprechend sind auch die an diesem Platz verwendeten Betriebsarten und Funktionen nach Art und Zusammensetzung sehr individuell. Ihre Handhabung läßt sich im Ablauf nicht vorhersagen und festlegen.

Viele für die Arbeit erforderlichen Informationen stehen nicht nur einem einzelnen Mitarbeiter zur Verfügung, sondern mehrere Fachleute müssen auf sie zugreifen können. Jedoch wird sie jeder von ihnen auf eine besondere, seiner Aufgabe entsprechenden Art und Weise betrachten, kombinieren und verwerten.

Arbeiten mit dem Kommunikationssystem EMS 5800 DOCUMENT

Ein wirkungsvolles Arbeitsplatzsystem für Fachleute im Büro muß in seinem Verhalten, seinen Funktionen und seiner Struktur diese sehr individuellen und immer wieder wechselnden Abläufe weitestgehend nachbilden können. Außerdem muß es ohne zeitaufwendige Schulung bedienbar sein.

Ein solches System soll aber nicht nur die Arbeit im Umkreis eines Schreibtisches unterstützen, sondern auch den Informationsfluß beschleunigen, und zwar sowohl zu zentralen Informationsquellen als auch zu Partnern, mit denen Dokumente abzustimmen sind oder an die Unterlagen zur Information weitergeleitet werden müssen. Das erfordert die Einbindung der einzelnen Arbeitsplatzsysteme in ein lokales Kommunikationsnetz, das ebenfalls Schnittstellen zu den Diensten der öffentlichen Netze bietet.

Das Kommunikationssystem *EMS 5800 DOCUMENT* wurde unter Berücksichtigung der Arbeitsstruktur und der Tätigkeitsmerkmale von Managern und Bürofachleuten entwickelt, wie sie in den vorangehenden Ausführungen dargestellt wurden. Es verbessert die heutigen papierorientierten Büroabläufe mit den Mitteln der Elektronik auf bisher einmalige Art und Weise.

Zahlreiche Eigenschaften machen das Kommunikationssystem *EMS 5800 DOCUMENT* besonders geeignet für erfolgreiches Arbeiten ohne zeitaufwendige Schulung:
- ein auf jedem Arbeitsplatzsystem verfügbares interaktives Trainingsprogramm
- eine Benutzerführung, die über Meldungen und Vorgaben dem Benutzer die nächsten Schritte vorschlägt
- Help-Funktionen, die dem Benutzer auf Wunsch jederzeit Erläuterungen zum aktuellen Vorgang anzeigen
- die Möglichkeit, Objekte auf dem Bildschirm zu markieren und auszuwählen durch einen Zeiger, der sich synchron zur Bewegung mit der Maus verschiebt
- klar definierte Funktionstasten, wobei z.B. die Grundfunktionen **Öffnen**, **Kopieren**, **Übertragen**, **Löschen** und **Eigenschaften zeigen** bei unterschiedlichen Arbeitsabläufen immer wieder Verwendung finden
- die Möglichkeit, Parameter (z.B. für die Formatierung von Dokumenten) über Menüs durch Markieren entsprechender Vorschläge des Systems zu bestimmen

Bürofachleute nutzen das Kommunikationssystem *EMS 5800 DOCUMENT*:
- zum Erstellen und Gestalten von Dokumenten (aus Text, Daten, Tabellen, Graphik, Diagrammen, mathematischen Formeln und Formularen)
- zum Informations-Management (Dateiverarbeitung)
- zum Senden und Empfangen von Dokumenten
- für den Zugriff zu entfernten Datenverarbeitungsanlagen.

Die für die Arbeit erforderlichen Hilfsmittel werden als Bildsymbole dargestellt und können am Bildschirm beliebig angeordnet werden. Dies können z.B. sein:

- leere Blätter oder erstellte Dokumente
- Dateien
- leere oder gefüllte Ordner
- Aktenschränke
- Eingangs- und Ausgangskörbe
- Drucker
- Disketten
- Terminals für den Computerdialog

Der aus diesen Hilfsmitteln zusammengestellte persönliche Arbeitsplatz kann bei Unterbrechung der Arbeit auf der Ablageeinheit aufbewahrt und von jedem beliebigen Arbeitsplatzsystem aus wieder aufgerufen werden.

Erstellung von Dokumenten

Text wird in Dokumente über die Tastatur eingegeben, oder aus bestehenden Dokumenten herauskopiert. Schriftart und Zeichendarstellung sind unter Verwendung der bereits erwähnten Menüs zu definieren. Häufig verwendete Darstellungen wie **fett**, *Kursiv*, <u>Unterstrichen</u>, Größer, Kleiner werden auch über Funktionstasten ausgelöst.

Von der physikalischen Tastatur abweichende Zeichensätze (z. B. nationale Zeichensätze, andere Schriftarten, mathematische Operationszeichen, Symbole aus dem Bürobereich) gibt man über virtuelle Tastaturen ein. Virtuelle Tastaturen werden am Bildschirm abgebildet und können direkt am Bildschirm mittels des Zeigers oder über die physikalische Tastatur angeschlagen werden, die dann entsprechend interpretiert wird.

Die Arbeitsplatzeinheit erleichtert die Erstellung von Tabellen dadurch, daß sie die Abmessungen der einzelnen Spalten in Länge und Breite automatisch an den eingetasteten Inhalt anpaßt. Spalten und Reihen können auch beliebig eingefügt, gelöscht, kopiert und der Spalteninhalt addiert werden.

Präsentationsgrafik wie Balken-, Kreis-, und Liniendiagramme wird entsprechend den vom Benutzer angegebenen Daten und Parametern (Skalierung, Wert, Schraffur) von der Arbeitsplatzeinheit generiert.

Grafiken, die der Benutzer selber entwirft, stellt das System aus Grundsymbolen (Punkt, Linie, Dreieck, Rechteck, Kreis, Ellipse, Kurve) zusammen, die aus einem speziellen Dokument übertragen werden. Die Symbole lassen sich je nach Bedarf vergrößern, verkleinern, stauchen, strecken und mit verschiedenen Schraffuren versehen.

Mathematische Formeln können am Bildschirm korrekt mit Operationszeichen und

Symbolen (wie z.B. $\sqrt{\ }, \int, \forall, \not\subseteq, \infty, \mathbb{N}, \mathbb{C}$) dargestellt werden, wobei die Eintastfolge der Berechnungsgrenzen vorgegeben wird und das Operationszeichen mit dem Umfang des eingegebenen Arguments mitwächst.

Anwenderspezifische Formulare mit den gewünschten Bedingungen für auszufüllende Felder sind vom Benutzer programmierbar. Die Programmiersprache CUSP (customer programming) ermöglicht eine Programmierung unter Verwendung einfacher englischer Wörter. Die Programmroutinen sind über angezeigte Konnektorsymbole abrufbar und werden in den aktuellen Bearbeitungsvorgang eingebunden.

Dateiverarbeitung

Dateien bzw. Karteien bestehen aus gleichartig aufgebauten Datensätzen. Datensätze sind in Felder strukturiert und enthalten homogene, zusammenhängende Informationen. Sie können alphabetisch oder nach Inhalt sortiert und mit Suchmasken aufgefunden werden.Dadurch erschließen sich viele interessante Anwendungsgebiete, die heute zumeist über Karteien realisiert werden:

- Führen von Adreßdateien
- Aufbau eines Terminkalenders und Wiedervorlagesystems
- Führen einer Personaldatei
- Führen einer Datei ausstehender Rechnungen.

Senden und Empfangen von Dokumenten

Soll ein Dokument mittels Elektronischer Post über das Kommunikationsnetz an einen oder mehrere Empfänger gesandt werden, so überträgt man es am Bildschirm zum Symbol des Ausgangspostkorbes und trägt die Adressen in eine Bildschirmmaske ein. Das System erledigt alles Weitere.

Sind ein oder mehrere Dokumente im eigenen Postfach eingetroffen, so erscheint im Symbol des Eingangskorbes die Darstellung eines Briefchens. Durch Öffnen des Eingangskorbes kann der Empfänger nachsehen, welche Dokumente von welchen Absendern wann eingetroffen sind; er kann die Dokumente in beliebiger Reihenfolge öffnen, lesen, bearbeiten und ablegen. Durch die Verwendung von Postfächern erfolgt die Kommunikation personenbezogen und nicht gerätebezogen.

Zugriff zu entfernten Datenverarbeitungsanlagen

Den Datenverkehr zu entfernten Computern ermöglichen Emulationen, die eine Kompatibilität zu der jeweiligen Anlage herstellen. Auf dem Bildschirm des Arbeitsplatzsystems wird dazu ein "Fenster" geöffnet, das in der Darstellung und im Verhalten einem vom Betriebssystem der betreffenden Anlage unterstützten Datenterminal entspricht.

Die vom Computer übertragenen Daten werden vom System in ein "5800-Dokument" umgesetzt und anschließend, wie gewohnt, bearbeitet. Eingegeben werden Daten über die Tastatur oder durch Kopieren aus bereits gespeicherten Dokumenten.

Anwendernutzen

Die wichtigsten Ziele für den Einsatz elektronischer Systeme zur Bürokommunikation bestehen in der Effektivitätssteigerung und Erleichterung der Büroarbeit sowie der Reduktion der Bürokosten [4]. Neue Geräte und Systeme werden daran gemessen, wie weit sie diese Forderungen erfüllen.

Am einfachsten lassen sich hierbei die eingesparten Bürokosten messen: durch geringere Geräte-, Wartungs- und Schulungskosten, eingesparte Postgebühren (Porto- und Fernmeldegebühren), geringeren Papierverbrauch und geringeren Platzbedarf für Geräte, Ablagen und Archive.
Schwieriger ist die Bewertung der Maßnahmen zur Effektivitätssteigerung "in Mark und Pfennig", obwohl oft gerade diese Aktivitäten die wichtigsten Effekte für das Unternehmen bedeuten. Die Konkurrenzfähigkeit eines Unternehmens wird doch wesentlich bestimmt durch schnelle Reaktionsfähigkeit gegenüber Kunden und Mitwerbern.

Diese Reaktionsfähigkeit wird aber gerade erreicht durch schnelle Abwicklung der interen Abläufe sowie die Fähigkeit, benötigte Information schnell zu beschaffen, zu qualitativ hochwertigen Dokumenten zusammenzustellen und sowohl intern als auch extern zu übertragen.

Die genannten Ablaufbeschleunigungen können mit den von Siemens angebotenen Kommunikationsgeräten, Arbeitsplatzsystemen und Service-Leistungen des Kommunikationssystems EMS erreicht werden. Mit der Erweiterung der öffentlichen Kommunikationsnetze um schnelle Kommunikationsdienste und den Ausbau zu dienstintegrierten digitalen Netzen (ISDN) werden mittel- und langfristig auch die externen Kommunikationsmöglichkeiten stark erweitert.

Es existieren eingehende Untersuchungen und Berechnungen über die erzielbaren Verbesserungen bei Einsatz von dedizierten Kommunikationsgeräten jeweils für die Sprach-, Text-, Bild- oder Datenübertragung. Man findet aber erst wenige Angaben darüber, welche Arbeitszeiteinsparungen und Verbesserungen bei Einsatz elektronischer Kommunikationssysteme für das gesamte Spektrum der Bürodokumente möglich sind. Die Studie "Managerial / Professional Productivity" von Booz& Allen [5] kommt zu dem Ergebnis, daß für die Gruppe der Führungs- und Fachkräfte mittlere Arbeitszeiteinsparungen von 15% bei Einsatz heute am Markt verfügbarer Technik realisierbar sind.

Das Kommunikationssystem EMS 5800 DOCUMENT unterstützt alle im Zusammenhang mit Bürodokumenten anfallenden Tätigkeiten. Dieses System ist bezüglich Funktionsvielfalt und Bedienungskomfort unübertroffen. Daher sind die genannten Einsparungsmöglichkeiten bei Einsatz dieses Systems sicherlich realisierbar. Die potentielle Arbeitszeiteinsparung ist dabei um so höher, je größer zuvor der Zeitaufwand für Dokumenterstellung und Dokumentverwaltung war.

Hinweise über die erzielbare Effektivitätssteigerung bei Einsatz von komfortablen elektronischen Arbeitsplatzsystemen ergeben sich aus bereits durchgeführten Piloteinsätzen. In einer Fallstudie wurde der Einsatz von Arbeitsplatzsystemen in einem Patentanwaltsbüro untersucht. Hierbei wurden bei Anwälten und Sekretärinnen insgesamt sieben Arbeitsplatzsysteme eingesetzt, die untereinander mit Ablage- und Druckeinheiten über ein Busnetz verbunden waren. Eine Kontrollgruppe mit vergleichbaren Aufgaben war mit Speicherschreibmaschinen ausgestattet. Der Vergleich der Arbeitsabläufe für die Erstellung eines Dokuments zeigt, daß bei der Pilotgruppe gegenüber der Kontrollgruppe über die Hälfte der Arbeitsschritte eingespart werden konnte.Es ergaben sich folgende meßbaren Verbesserungen:

	Kontrollgruppe	Pilotgruppe
Mittlere Laufzeit für interne Post	21,1 Std	1 Std.
Dokument-Output der Sekretärin	100%	250%
Zeitdauer für Dokumenterstellung:		
1-Seiten-Dokumente	1,3 Tage	1 Tag
komplexe Dokumente	20 Tage	7,5 Tage
Telefonaktivitäten pro Anwalt	+5%	-27%

Die direkt meßbare Arbeitszeitersparnis betrug 11% bei Anwälten und 13% bei Sekretärinnen. Darüber hinaus ergab sich eine Vielzahl weiterer Verbesserungen und nichtquantifizierbarer Einsparungen bezüglich Dokumentqualität, Arbeitszufriedenheit und der Reaktionsmöglichkeiten auf unvorhergesehene Arbeitsanforderungen.

Selbstverständlich stehen diese Ergebnisse nur beispielhaft für die erzielbaren Effektivitätssteigerungen. Für den Einsatz von Kommunikationsgeräten und Arbeitsplatzsystemen und deren Anschluß an das Kommunikationssystem EMS sollte auf alle Fälle zuvor eine Einsatzuntersuchung durchgeführt werden, so wie das heute für jede solide Maßnahme der Büroautomatisierung üblich ist. Abhängig von den einbezogenen Arbeitsplätzen, deren Aufgabenverteilung und Kommunikationsverhalten wird dann ein Konzept für den Systemeinsatz erarbeitet und die dabei erreichbaren Einsparungen und Arbeitsverbesserungen berechnet.
Diese Aufgaben werden sinnvollerweise von einem gemeinsam von Anwender und Hersteller eingesetzen Team aus Organisationsfachleuten, Anwendungsspezialisten und Systemfachleuten durchgeführt. Siemens besitzt zur Lösung dieser Aufgaben die gesamte Produktkenntnis der Datentechnik und der Kommunikationstechnik sowie Erfahrungen bei der Organisationsgestaltung und Benutzerbetreuung.

Schrifttum

[1]   Röscheisen,F.: Ein modulares System für die gesamte Bürokommunikation.
       data report 17 (1982) ,Heft 2

[2]   Fromm, I.: Local Area Networks - Hochgeschwindigkeitsnetze für die
       Bürokommunikation. telcom report 5 (1982) Heft 2

[3]   Fischer,K-J.: Kommunikationssystem EMS 5800 DOCUMENT- Arbeitsplatz- und
       Serviceeinheiten für Fach- und Führungskräfte im Büro.
       erscheint telcom report (1982) Heft 5

[4]   Peuckert,H.: Kommunikationssysteme machen die Büroarbeit effektiver.
       erscheint telcom report (1982) Heft 5

[5]   Booz. Allen & Hamilton Inc. :Multi-Client Study of Managerial / Professional
       Productivity. 1980

SPERRYLINK Office System

Büroinformations- und -kommunikationssystem von Sperry UNIVAC

Dr. M. Hamm
Office Information Systems
Sperry UNIVAC International Division
London

Einführung

Sperry UNIVAC hat die Bedeutung der Büroautomation erkannt und
deshalb einen eigenen Unternehmensbereich - OIS = Office Information Systems - gegründet, der sich mit allen Aspekten
der Büroinformation und -kommunikation beschäftigt. Seit
drei Jahren werden innerhalb von Sperry sowie bei zwei amerikanischen Großfirmen umfassende Pilotprojekte durchgeführt.
Die intensive Zusammenarbeit mit den Pilotkunden ermöglichte
einen ausgezeichneten Einblick in die Situation des Anwenders,
insbesondere in den gesamten Problemkreis der Implementierung
und Einführung eines neuen Bürosystems. Die gewonnenen Erkenntnisse aus diesen Pilotversuchen haben wesentlich das Konzept
des elektronischen Büros von Sperry UNIVAC geprägt. Das hier
präsentierte SPERRYLINK Bürosystem hat sich im alltäglichen
Einsatz bewährt, ist kein unausgegorener, artifizieller Pro-
totyp, der erst seine Feuertaufe in der Praxis bestehen muß.

Systemphilosophie

Die größte Änderung in der Bürotechnologie zeigt sich in den
letzten Jahren in einer immer engeren Verzahnung von drei,
bisher weitgehend unabhängigen Bereichen: Computertechnik,
Nachrichtentechnik und Bürotechnik.

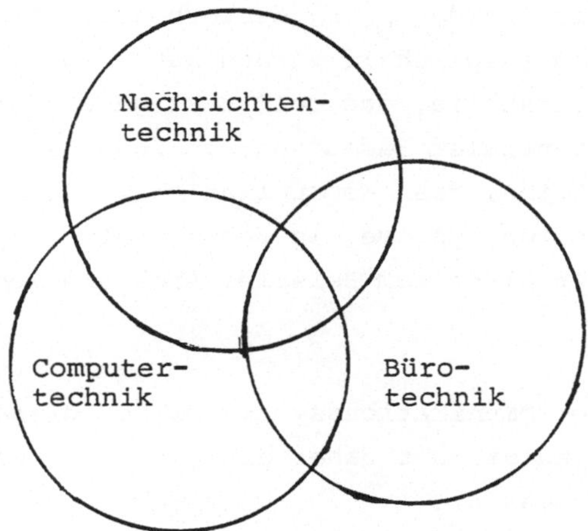

Entsprechend einer Studie der Diebold Deutschland G.m.b.H.
entwickelt sich in dem neu entstandenen Bereich Bürokommunikation eine Ordnung, die sich auf drei Ebenen bewegt.

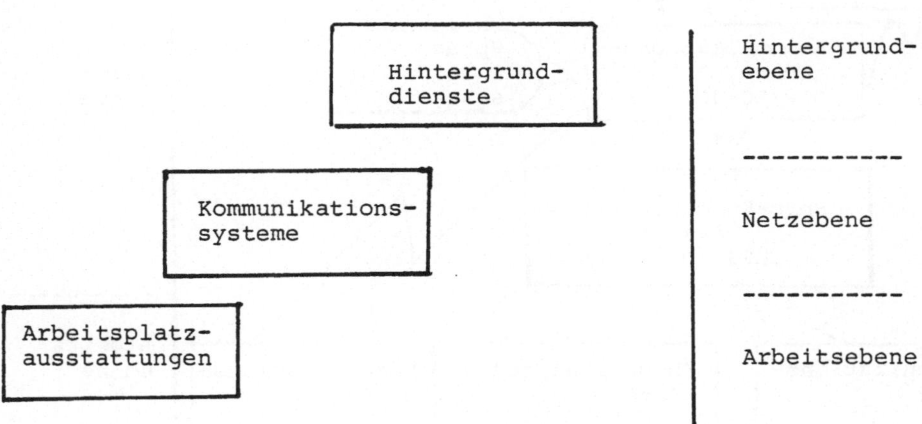

Quelle: Diebold

"Am Anfang steht der Benutzer, der an seinem Arbeitsplatz
bestimmte Funktionen lokal zur Verfügung haben sollte.

518

Je mehr dort erledigt werden kann, desto besser. Was dort
lokal bearbeitet und gespeichert werden kann, zum Beispiel
als private Gedächtnishilfe, das soll dort geschehen.
In der Mitte, von zentraler Bedeutung, befindet sich die
Informationsdrehscheibe, das Kommunikationssystem.
Im Hintergrund arbeiten Systeme, in denen Großtechnologie
effizient eingesetzt wird: zum Beispiel Archivspeicher oder
Datenbanksysteme".

Das SPERRYLINK Bürokommunikationssystem bildet diese drei
Ebenen exakt nach und erlaubt daher die genaueste Darstellung
von Informationsprozessen.

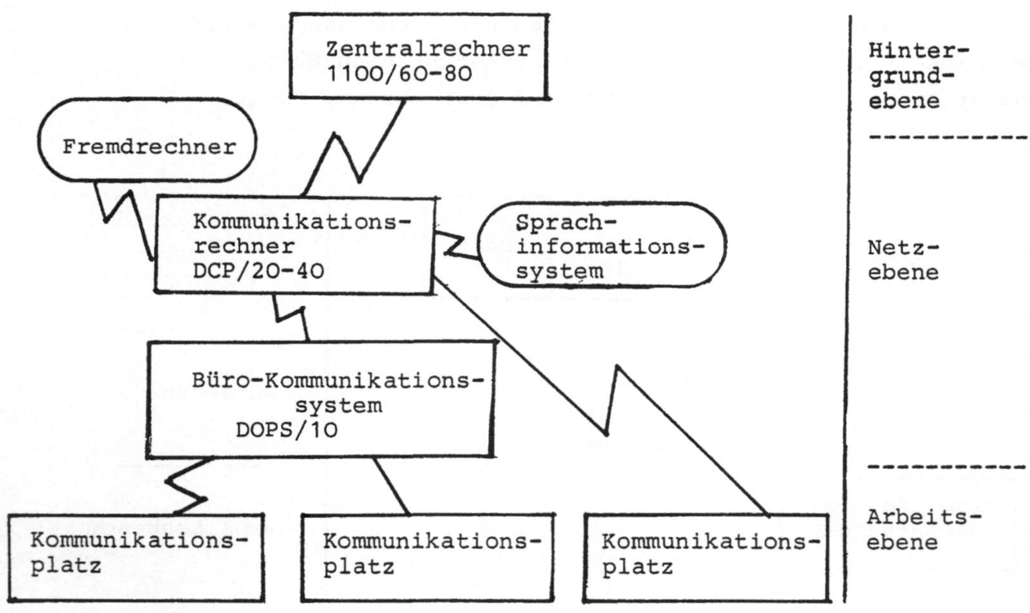

Der Benutzer kommuniziert mit dem SPERRYLINK Bürosystem
über seinen Kommunikationsplatz, einer programmierbaren,
mikroprozessorgesteuerten Datensichtstation. Dieses, nach
den neuesten ergonomischen Erkenntnissen konzipierte Terminal, kann entweder über einen Bürorechner, der bis zu
15 Arbeitsstationen unterstützt, oder direkt an die Zentral-
anlage, eine UNIVAC 1100/60-80 Mainframe, angeschlossen sein.
In beiden Konfigurationen steht dem Anwender die gesamte
Palette der SPERRYLINK Funktionen wie Text- und Datenverarbeitung, Elektronische Post, Personal Computing etc.,
welche im folgenden noch näher erläutert werden, zur Verfügung.

Die SPERRYLINK Systemarchitektur folgt dem "Priciple of shared
resources", d.h. daß einzelne Systemkomponenten wie beispielsweise ein aus der Konfiguration herausgegriffener Bürorechner
mit seinen Terminals oder ein einzelner mit Diskette und Drucker
ausgestatteter Kommunikationsplatz, selbständig und "stand
alone" arbeitsfähig sind. Das System ist somit sehr flexibel
und läßt sich an jede Organisationsstruktur anpassen.

Funktionalität

Bei der Konzeption des SPERRYLINK Bürosystems war man darauf
bedacht, die gewohnte, konventionelle Büroumgebung einfach
und direkt in das elektronische Büro abzubilden, um dem
Benutzer den Einstieg in das Büro der Zukunft so leicht
wie möglich zu machen.

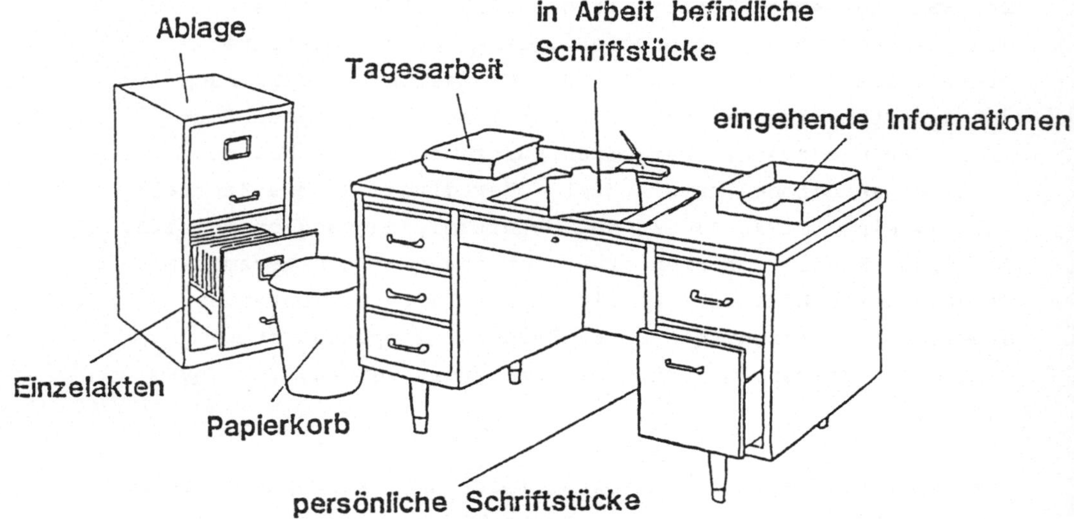

Alles, womit der Anwender jetzt vertraut ist - seinen Terminkalender, den Eingangs- und Ausgangspostkorb, die Ablage oder
die Dokumentenordner - all das wird er auch im SPERRYLINK Büro
wiederfinden. Es bedarf keiner besonderen Einschulung, sich in
das neue elektronische Büro einzuleben und dort die Arbeit
komfortabler, schneller und effizienter durchzuführen.
Das SPERRYLINK Büro bietet nicht nur einen einfachen, benutzerfreundlichen Einstieg, sondern eröffnet dem Anwender alle
Perspektiven eines interaktiven, integrierten Bürosystems.
Datenverarbeitung, Textverarbeitung, Sprachvermittlung, um
nur einige der zentralen Systemfunktionen anzuführen, sind
nicht mehr isolierte Bausteine, sondern von ein und demselben
Kommunikationsplatz - einem Multifunktionsterminal mit Tasten-
telefon - ansprechbar.

Was_kann_das_SPERRYLINK_Bürosystem_?

Hier eine kurze Zusammenfassung der wichtigsten SPERRYLINK
Funktionen.

TEXTVERARBEITUNG

Briefe, Berichte usw.können mit unglaublicher Leichtigkeit
äußerst schnell geschrieben, überarbeitet, verbessert, im
Format geändert und jederzeit wieder ausgedruckt werden.
Das Endprodukt ist von höchstmöglicher Qualität. Neben den
üblichen Editier- und Formatierfunktionen ermöglicht die
SPERRYLINK Textverarbeitung unter anderem

- Business Graphik
  Linien und Diagramme können in allen möglichen Formen
  konstruiert werden, Texte können in die betreffende Seite
  sowohl vor oder nach Durchführung der Zeichnung eingegeben
  werden.

- Versetzen von Spalten
  Kolonnen können vertauscht, gelöscht, beliebig in jede
  Richtung auf dem Bildschirm verschoben werden.

- Sortieren
  Leistungsfähiger, alphanumerischer Bildschirmsort.

- Rechnen
  Verschiedene mathematische Applikationen werden unterstützt
  z.B. Umwandlung des Bildschirmterminals in einen Taschen-
  rechner oder mit UNICALC in ein Planungsinstrument mit dem
  Budgetierungs- oder Fakturierungsaufgaben elegant gelöst
  werden können.

ELEKTRONISCHE INFORMATIONSSPEICHERUNG UND RÜCKGEWINNUNG

Mit der elektronischen Ablage bietet das SPERRYLINK Bürosystem
dem Benutzer ein entscheidendes Mittel, um der wachsenden
Informations- und Papierflut Herr zu werden. Da die konventionelle Informationsstruktur - Seite - Schriftstück - Akt -
Ablage direkt in das elektronische Dokumentsystem abgebildet
wurde, bedeutet die Benützung der elektronischen Ablage kei-
nerlei Umstellung für den Anwender.

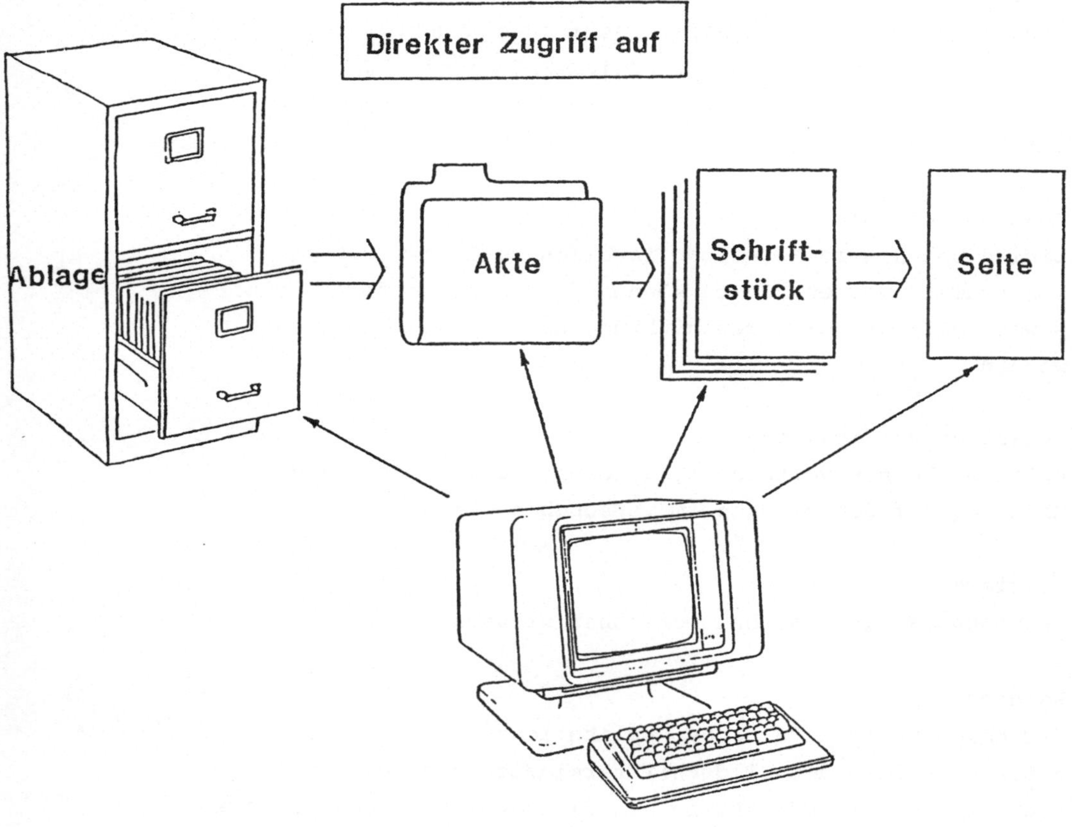

Komfortable, systemeigene Zugriffstechniken ermöglichen rasches
Auffinden der gespeicherten Information.

ELEKTRONISCHE POST

Briefe, Berichte können elektronisch an Einzelpersonen oder
ganze Verteilerlisten ausgesandt werden. Der Absender legt
fest, ob es sich bei dem verschickten Schriftstück ums
Original oder um eine Kopie handelt. Der Empfang der Nachricht wird am Kommunikationsplatz des Empfängers signalisiert,
für die Speicherung und Wiedergewinnung von Textnachrichten
sind elektronische Posteingangskörbe vorgesehen.
Die Zielpersonen können im selben Büro oder am anderen Kon-
tinent zu Hause sein.
Für rasche Kurzmitteilungen werden vom System Schnellnach-
richten zur Verfügung gestellt.

ADMINISTRATIVE DIENSTE

Sparen Zeit, Geduld, Geld und machen das tägliche Büroleben
angenehmer und produktiver.
Enthalten sind nachfolgende Servicefunktionen:
- Kalendermanagement
  Erlaubt die Eingabespeicherung und visuelle Abfrage eines
  persönlichen Kalenders für jeden gewünschten Tag, jede
  Woche oder jeden beliebigen Monat. Das System erinnert
  Sie automatisch an eingetragene Termine.
- Konferenzplanung
  Terminfestsetzung für eine Besprechung reduziert sich fast
  auf einen Knopfdruck, da der Computer die elektronischen
  Terminkalender der betroffenen Konferenzteilnehmer im Nu
  überprüfen und Sie von der angesetzten Konferenz infor-
  mieren kann.
- Persönliches Telephonbuch
  Ein elektronisches Telephonbuch mit Namen, Adressen, Tele-
  phonnummern steht Ihnen zur Verfügung. Sie brauchen nicht
  mehr selbst darin zu blättern, sondern können das System
  nach der gewünschten Information suchen lassen.

- Mitteilungen

  Sie brauchen keine Zettel mehr um jemandem eine Telephon-
  nachricht zukommen zu lassen. Sie können Mitteilungen
  direkt ins System eingeben, diese werden automatisch mit
  Zeit-und Datumstempel versehen.

PERSONAL COMPUTING

Sie können Ihr Bildschirmterminal als Personal Computer einsetzen. Das schon zum Industriestandard gewordene Betriebssystem CP/M von Digital Research steht Ihnen zur Verfügung
und damit eine Vielzahl von Standardapplikationen für unterschiedlichste Anwendungen.

ZUGRIFF ZUR DATENVERARBEITUNG

Die Datenverarbeitungskapazität Ihres Zentralrechners ist
jederzeit für Sie erreichbar. Die Eintragung eines Parameters
in der Menumaske macht Ihren Kommunkationsplatz zum Dialogterminal. Sie können aus der Textverarbeitung heraus Daten
vom Großrechner abrufen und sie mit lokal gespeicherten Texten
mischen. Das SPERRYLINK Bürosystem ermöglicht mit dem multifunktionalen Kommunikationsplatz die Integration der Text-
und Datenverarbeitung.

TELEKOMMUNIKATION

Sperry UNIVAC war immer ein Pionier auf dem Gebiet der Telekommunikation. Installierte Netzwerke mit tausenden von Terminals sind ein Zeugnis dafür. Das SPERRYLINK Bürosystem ist
nicht beschränkt auf Ihr Bürogebäude, es ist dynamisch ausbaufähig, um Ihre gesamte Organisation, mit allen ihren

Filialen, Tochterfirmen, ausländischen Vertretungen etc. zu
erfassen. Neben den UNIVAC Datenübertragungsprotokollen sind
am Kommunikationsrechner DCP-20/40 standardmäßig 3270 und
TTY-Prozeduren verfügbar, die Ihrem SPERRYLINK System auch
Zugriff zu Rechnern anderer Hersteller ermöglichen.

<u>SPRACHINFORMATIONSSYSTEM</u>

Mit dem Sprachinformationssystem können telephonische Mitteilungen ohne Rücksicht darauf abgesandt werden, ob der
Empfänger gerade besetzt ist oder nicht. Das System digitalisiert und speichert die Sprache und informiert die
Zielperson (es können auch mehrere sein), daß eine "voice
message" empfangen wurde.

<u>Was unterscheidet SPERRYLINK von anderen elektronischen
Bürosystemen?</u>

SPERRYLINK präsentiert dem Benutzer ein voll integriertes Bürosystem - von ein und demselben Bildschirmarbeitsplatz kann der
Anwender auf die gesamte Palette der Funktionen zugreifen. Er
kann seine intelligente Arbeitsstation als komfortables Textverarbeitungssystem, als Personal Computing oder als program-
mierbares Dialogterminal zu der leistungsfähigen Zentralrech-
nerserie UNIVAC 1100 einsetzen. Ist der Benutzer im Textver-
arbeitungsmodus, so arbeitet er lokal. Die Funktionen der
Textverarbeitung sind terminalresident, unabhängig von einem
Zentralrechner.
Das gesamte SPERRYLINK System ist modular aufgebaut - die
Bildschirmstationen können direkt an die Mainframe oder über
verteilte Bürorechner angeschlossen werden. Dieses Konzept erlaubt eine ideale Adaptation des elektronischen Büros an die
individuelle Organisation und die Bedürfnisse des Kunden.

Systemeinführung, Akzeptanz

Das Büro stellt eine der komplexesten Arbeitsumgebungen dar.
Die Vielschichtigkeit in der Beschäftigtenstruktur (Sekretärinnen, Sachbearbeiter, Ingenieure, Führungskräfte - sie
alle sind Bürangestellte) und die Vielfalt der wahrgenommenen Aufgaben kennzeichnen diese Situation. Das Schlagwort
"Büroautomation" wird stets mit den Begriffen Produktivitätssteigerung, Effektivitätssteigerung verwendet.
Was versteht man aber unter Produktivität im Büro? Wie mißt
man sie? Bisher hatte man Produktivität assoziert mit in-
dustrieller Produktivität, und diese war nicht so schwer zu
quantifizieren. Wollte man die Produktivität eines industriellen Betriebes, einer Fabrik bestimmen, mußte man im wesentlichen nur das Verhältnis zwischen Input und Output, d.h.
zwischen investierter Leistung (Arbeiter, Maschinen etc.)
und erzeugter Produktmenge bestimmen. Von Produktivitätssteigerung konnte man sprechen, wenn bei gleichem Input mehr
Produkte auf dem Fließband herauskamen. Wie ist es aber im
Büro? Offensichtlich ist hier das Verhältnis Input/Output
nicht aussagefähig. Man kann schwerlich annehmen, daß ein
Büro nur deshalb effektiver arbeitet, weil mehr Briefe und
Berichte geschrieben und ausgesandt werden.
Das wirft die grundlegende Frage auf: was produziert eigentlich
das Büro?
Der Sinn eines Büros ist sicher nicht Papier en masse zu produzieren. Die Hauptaufgabe besteht darin, Information richtig
zu verwalten und Entscheidungsfindung optimal zu unterstützen.
Die einzige Meßgröße, die sinnvolle Aussagen über die Produktivität eines Büros zuläßt, ist die Qualität der Information
selbst. Die Installation eines elektronischen Büros bedeutet
nicht unmittelbare Effektivitätssteigerung. Damit ein elektronisches Büro produktiv arbeitet, der Nutzen für den Kunden
transparent wird,ist bei der Einführung konsequente Beratung,

Organisationsplanung und Zusammenarbeit aller Beteiligten
notwendig.
Sperry UNIVAC hat einen detaillierten Implementierungsplan
für das SPERRYLINK Bürokommunikationssystem entwickelt.
Zusammen mit dem potentiellen Anwender wird eine Istanalyse
seiner Büroorganisation durchgeführt und die zu behandelnden
Nachrichten- und Informationsströme festgelegt. Es werden genau
die Beschäftigtenstrukturen der einzelnen Abteilungen und
deren Aufgabenbereiche erfaßt, und jene Funktionen im SPERRYLINK
System definiert, von denen entscheidende Produktivitätsstei-
gerungen erwartet werden. Daraufhin wird eine Pilotabteilung
bestimmt, in der die praktische Installation geprüft und
bewertet wird. Die Größe der Pilotabteilung ist variabel,
darf aber eine "kritische Masse" nicht unterschreiten. Dies
kann man sehr deutlich am Beispiel der elektronischen Post
demonstrieren:
Soll in einem Büro die elektronische Post effizient und ziel-
führend eingesetzt werden, so müssen sinnvollerweise all jene
Mitarbeiter mit Kommunikationsplätzen ausgestattet werden, die
häufig Nachrichten und Berichte untereinander austauschen. Nur
dann wird dieses Medium auch wirklich verwendet werden. Die
Bestimmung der Größe einer Pilotumgebung ist deshalb für die
gesamte Systemeinführung von entscheidender Bedeutung. Unser
Pilotkunde 3M hat mit 15 Arbeitsplätzen begonnen, und arbeitet
jetzt mit über 100 Bildschirmstationen.
Die erforderliche Testzeit des Pilotprojektes dürfte im Durchschnitt sechs Monate betragen. Danach kann in die Phase der
umfassenden Produktion eingetreten werden.
Eine der natürlichsten Reaktionen des Menschen ist Neuerungen
insbesondere jenen der Elektronik skeptisch gegenüber zu stehen.
Die Erfahrungen bei unseren SPERRYLINK Benutzern haben gezeigt,
daß schon nach einer kurzen Eingewöhnungsphase die Leute von
den Vorteilen unseres Systems beeindruckt waren, sich enlastet
fühlten und unser elektronisches Büro als Bereicherung empfanden.

Die Akzeptanz seitens der Anwender ist das entscheidende
Kriterium dafür, ob die eingesetzte Technik richtig konzipiert
ist oder nicht.
SPERRYLINK hat den Endbenutzer überzeugt und hat sich damit
bereits bewährt.

OFFICE 2000

Ein elektronisches Bürosystem im praktischen Einsatz

H. Felsner, E. Piller, M. Zimmermann
Honeywell Bull AG Österreich
Linke Wienzeile 236, 1150 Wien

1. Einleitung:

Im letzten Jahrzehnt war ein besonders starkes Steigen des Verwaltungsaufwandes in praktisch allen Branchen und auch im öffentlichen Bereich zu verzeichnen. Trotz der enormen Kostenexplosion lag der Produktivitätszuwachs unter 10 Prozent.

Man hatte zwar versucht, durch den Einsatz von EDV, Textverarbeitung, Mikrofilm und anderen Organisationsmitteln diese negative Entwicklung in den Griff zu bekommen, der durchschlagende Erfolg blieb jedoch offensichtlich aus. Ein wesentlicher Grund für den Mißerfolg ist der Umstand, daß die herkömmlichen Organisationsmitteln nicht zusammenpassen; die Verbindung muß der Mensch übernehmen, das ist zeitaufwendig und fehlerträchtig.

Einige Betriebe haben den Schritt zum Zusammenführen der organisatorischen Insellösungen schon hinter sich - zum Beispiel durch den Einsatz des Systems "OFFICE 2000".

"Office 2000" ermöglicht, Bilder, Texte und Zahlenmaterial in einem System integriert zu bearbeiten (Bild 1). Damit stellt "OFFICE 2000" für den Anwender eine vollständige Integration von EDV, Textverarbeitung, Bürokommunikation, Aktenschränken, Karteien, Mikrofilmen, Unterschriftsproben usw. dar.

2. Hardware:

Hardwaremäßig baut "OFFICE 2000" auf folgenden Komponenten auf (Bild 2):

- Zentralrechner

- Speichereinheiten

- Dokumentenerfassungseinheiten

- Dokumentenausgabeeinheiten

- Bearbeitungseinheiten

- Netzwerksteuerung

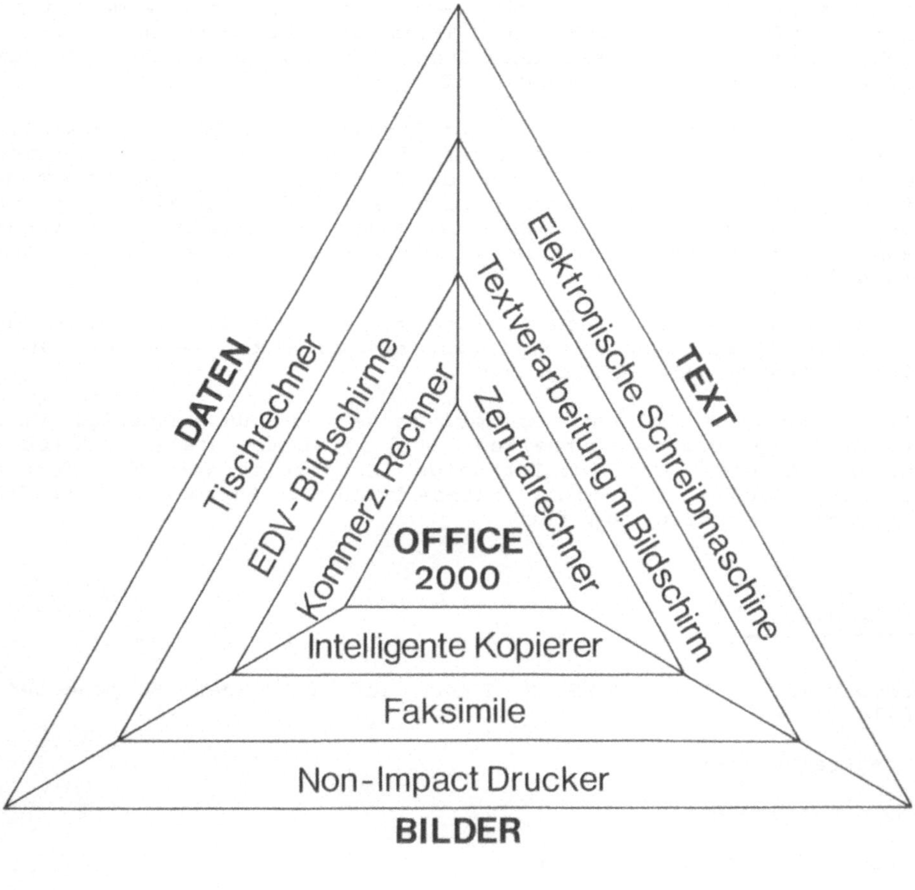

Bild 1: Zusammenführen von Funktionalitäten und Technologien im System Office 2000.

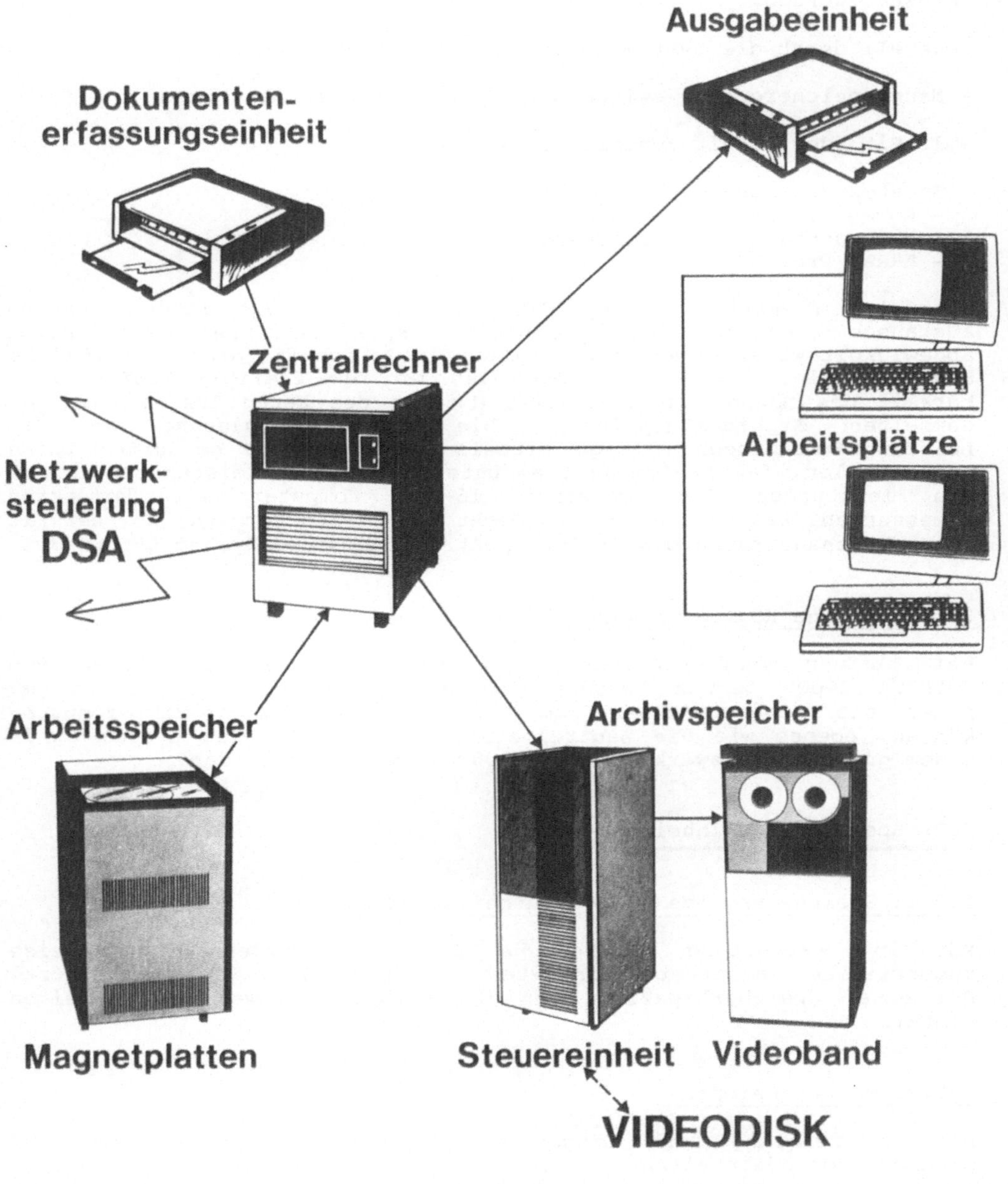

Bild 2: Basishardware von Office 2000

2.1. Zentralrechner:

2.1.1. Mittlere und große Konfigurationen:

Als Zentralrechner wird in den meisten Fällen ein Minicomputer der
Serie System 6 von HONEYWELL BULL eingesetzt. Die Systemfamilie 6
besteht aus 9 Modellen mit unterschiedlicher Ausbaufähigkeit und
Rechnerleistung. Alle Modelle sind untereinander kompatibel (z. B.
gleiche Peripheriepalette). Je nach Modell kann das System 6 auch
später durch Austausch des Prozessors auf ein höheres Modell auf-
gerüstet werden.

Generell deckt die Systemfamile 6 folgenden Bereich ab:

- Hauptspeichergrößen zwischen 128K Bytes und 16 Megabytes

- 16 Bit oder 32 Bit Zentralprozessoren

- Zusatzprozessoren:
  - Kommerzieller Prozessor
  - Wissenschaftlicher Prozessor
  - ARRAY-Prozessor

Zentrales Element ist der MEGABUS, über den der interne Datenaustausch zwischen den einzelnen spezialisierten Prozessoren
abgewickelt wird. Dieses Architekturprinzip schafft eine einheitliche
Schnittstelle, die Voraussetzung ist für die flexible Konfigurierbarkeit des Neuen System 6. Alle Modelle des Neuen System 6 folgen
demselben Architekturprinzip. Die genaue Anpassung an die
Leistungserwartungen erfolgt mittels einer präzise gestuften Reihe
von Modellen. Das Basismodell am unteren Ende der Leistungsskala ist
ein leistungsstarker moderner 16-Bit Computer mit kompakten
Abmessungen. Den oberen Bereich deckt ein 32-Bit Computer ab, der mit
hohen Durchsatzraten das Produktspektrum des Neuen System 6 abrundet.

2.1.2. Kleine Konfigurationen:

Bei kleinen Konfigurationen, bei denen nur Teilfunktionen von
"OFFICE 2000" genutzt werden, kommen gelegentlich auch Mikrocomputer als Zentralrechner zum Einsatz. Auch diese Mikrocomputer
können, ebenso wie die Zentralrechner aus der Familie System 6, in
einem größeren Netzwerk "OFFICE 2000" eingebunden werden.

2.2. Speicherungseinheiten:

2.2.1. Speicherung des aktiven Arbeitsbestandes:

Für in Bearbeitung befindliche Dokumente werden üblicherweise
kommerzielle Magnetpatteneinheiten von HONEYWELL BULL eingesetzt.
Bei einer Speicherkapazität von 300 MB finden etwa 8000 A4-Seiten
Platz.

2.2.2. Massenspeicher:

Die Archivierung und Langzeitspeicherung erfolgt derzeit auf
Studiovideobandeinheiten.

Jedes Band umfaßt über 4000 Megabytes. Der Index mit den Zugriffs-
schlüsseln wird auf den Magnetplatteneinheiten abgelegt. Wird nun ein
auf dem Massenspeicher archiviertes Dokument benötigt, so liefert der
Index die physische Adresse auf dem MAZ-Band. Auf dem Band selbst
wird die Tonspur zur Indexierung verwendet.

Die Konzeption von "OFFICE 2000" erlaubt es jedoch, bei Marktreife
der digitalen Videodisk-Schreib/Leseinheiten, diese später als Masse-
speicher in das System zu integrieren.

2.3. Dokumentenerfassungseinheiten:

Für die direkte Eingabe von Originaldokumenten in das System
"OFFICE 2000" dienen Scannerkameras mit händischer Eingabe für
die Originalbelege oder mit automatischem Blatteinzug für hohe
Eingabeleistungen. Eine A4-Seite wird horizontal in 1024 Bildpunkte und vertikal in 1024 oder 1536 Bildpunkte aufgelöst. Damit
liefert der Scanner 1 bzw. 1,5 Megabit Rohdaten pro A4-Seite.

Das gewählte Auflösungsvermögen entspricht sowohl dem von
handelsüblichen Grafikbildschirmen als auch den von der CCITT
festgelegten Telefax-(Telekopierer-) Normen. Damit ist "OFFICE 2000"
auch in diesen wichtigen Bereichen industriekompatibel.

2.4. Dokumentenausgabeeinheiten:

Beim derzeitigen Stand der Technologie haben sich elektrostatische
Plotter der Marken Versatec oder Gould mit dem zur Zeit
günstigsten Kosten/Nutzen-Verhältnis bewährt. Mit ihrer Auflösung
von 200 Punkten/Inch entsprechen sie auch den einschlägigen CCITT
Normen.

In nächster Zukunft ist zu erwarten, daß die attraktiven Technologien des Laser- und Magnetdruckes aufgrund der fallenden
Preise in das System "OFFICE 2000" wirtschaftlich integriert werden.

2.5. Bearbeitungseinheiten:

Abhängig von den Anforderungen des jeweiligen Arbeitsplatzes
können im System "OFFICE 2000" eine Vielzahl unterschiedlicher
Datenendplätze zum Einsatz kommen.

2.5.1. Elektronische Schreibmaschinen:

An Arbeitsplätzen, an denen keine Bildverarbeitung nötig ist und
an denen die Kommunikation im Vergleich zur lokalen Textverarbeitung eher gering ist, können elektronische Schreibmaschinen mit
Kommunikationsfähigkeit zum Einsatz kommen.

2.5.2. Textbearbeitungsplätze mit Bildschirm ohne eigene Intelligenz:

Hier ist eine breite Palette herkömmlicher EDV-Bildschirme
einsetzbar.

2.5.3. Intelligente Textbearbeitungsplätze:

Die intelligenten Textbearbeitungsplätze können sowohl völlig unabhängig vom Zentralsystem als auch im Dialog mit diesem arbeiten. Die Hauptkomponenten sind:

- Bildschirm mit 1920 Zeichen

- Schreibmaschinentastatur mit Zehnertastatur und Funktionstasten

- Eigene CPU und Hauptspeicher

- Lokale Massenspeicher (Floppy Disk, Harddisk)

2.5.4. Multifunktionale Bild- und Textbearbeitungsplätze:

Diese Arbeitsplätze sind mit einem eigenen Speicher ausgestattet und erlauben die gleichzeitige Darstellung und Bearbeitung von Bildern, Graphiken und Texten. Für Bild- und Textdarstellung kann der Bildschirm frei in zwei voneinander unabhängige Bereiche eingeteilt werden (Split-Screen-Technologie). Die Auflösung beträgt derzeit 1500 Zeilen für eine halbe A4-Seite.

2.6. Netzwerksteuerung mit DSA:

DSA ermöglicht den Aufbau unterschiedlichster Netzwerke, in denen Hauptrechner, Satellitenrechner, Terminals direkt oder über Konzentratoren oder über Satellitenrechner miteinander verbunden sind.

Die häufigsten Anwendungen innerhalb solcher verteilter Systeme sind Stapelfernverarbeitung, Transaktionsverarbeitung, Datenkonzentration und die Übertragung von Dateien.

Zu diesen genannten Applikationen, die den besonderen Wünschen des Anwenders entsprechend genutzt werden können, ermöglicht ein auf DSA-Richtlinien basierendes verteiltes System die Nutzung der Vorteile von öffentlichen Datentransportsystemen wie DATEX-P, TRANSPAC, EURONET oder NPDN (Nordic Public Data Network).

DSA unterstützt alle Netzwerktypen und ermöglicht die Kooperation komplexer Datenverarbeitungssysteme.

3. Software

Die Software von "OFFICE 2000" ist ebenso wie die Hardware modular aufgebaut - das System kann nach Bedarf ausgebaut werden (Bild 3).

Folgende Softwarekomponenten sind in "OFFICE 2000" konfigurierbar:

- Betriebssystem GCOS 6 für Systemfamilie 6

- Softwarepaket VIPS 2000 für digitale Bildverarbeitung

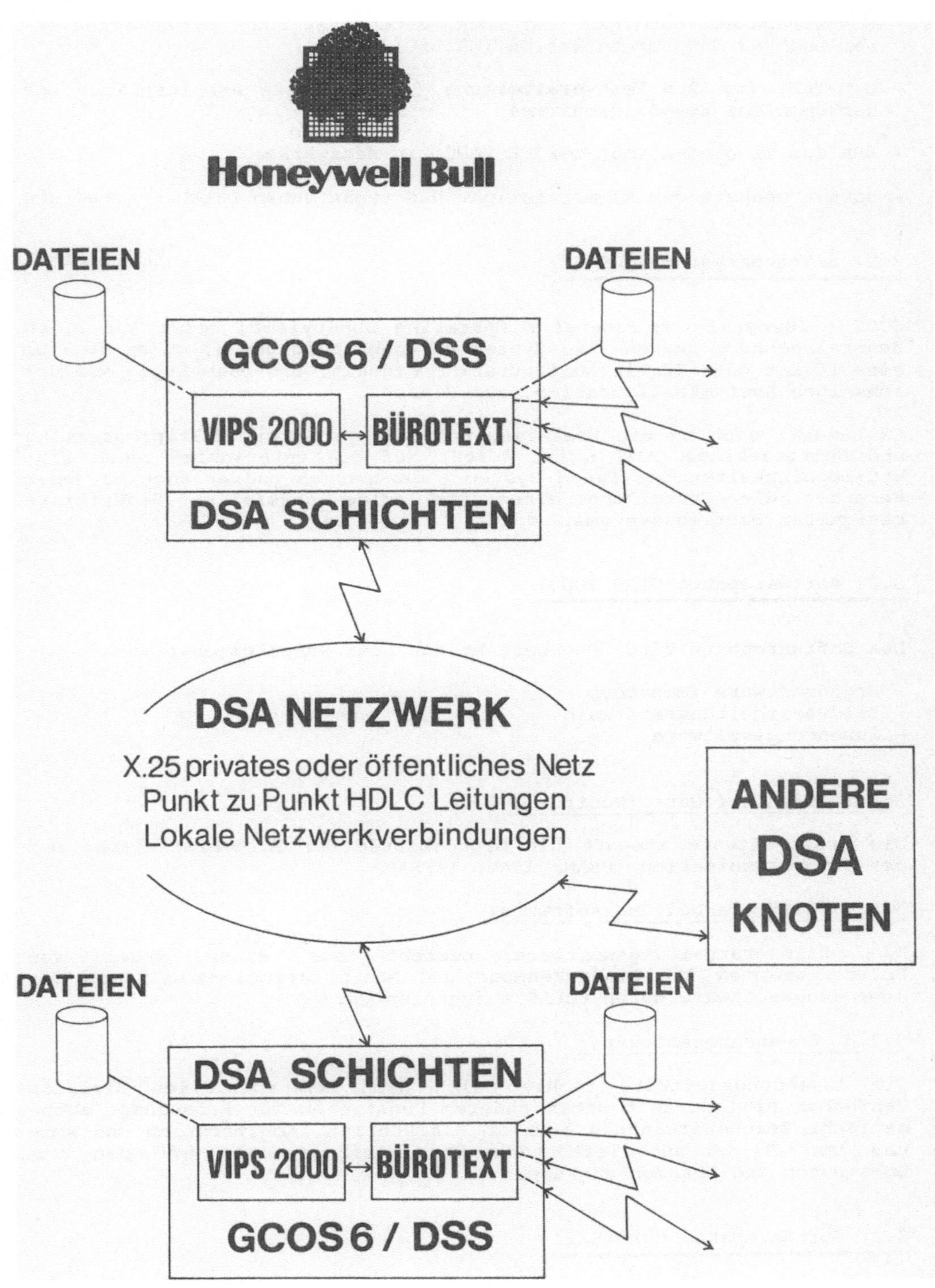

Bild 3: Die Software von Office 2000

- Softwarepaket BÜROTEXT für Dokumentenverwaltung, Dokumentenver-
  teilung und Bürokommunikation (MAILBOX).

- Q/M-TEXT für die Textverarbeitung (Intelligente Arbeitsplätze und
  herkömmliche EDV-Bildschirme)

- DSA zum Einbinden von "OFFICE 2000" in Netzwerke

- Softwarepakete der kommerziellen- und technischen Datenverarbeitung

3.1. Betriebssystem GCOS 6:

GCOS 6 (General Comprehensive Operating Supervisor) kommt auf allen
Zentralrechnern der Familie System 6, unabhängig davon, ob es sich um
eine 16 Bit oder 32 Bit Konfiguration handelt, und unabhängig von der
sonstigen Systemkonfiguration, zum Einsatz.

Es handelt sich um ein Real-Time-Betriebssystem mit Multiprogramming
und Multitasking. GCOS 6 ist leicht auf die unterschiedlichen Einsatzmöglichkeiten des Neuen System 6 anzupassen und erlaubt so jedem
Benutzer die Erstellung eines für seine speziellen Bedürfnisse
geeigneten Betriebssystems.

3.2. Softwarepaket VIPS 2000:

Das Softwarepaket VIPS 2000 besteht aus drei Hauptkomponenten

- Grundsoftware (Monitor)
- Bildverarbeitungssoftware
- Anwendungssoftware

3.2.1. Grundsoftware (Monitor):

Die Grundsoftware steuert die Grundabläufe der Bildverarbeitung und
der Datenorganisation (PSAM, ISAM, I/PSAM).

3.2.2. Bildverarbeitungssoftware:

Die Bildverarbeitungssoftware besteht aus einem Paket von
Unterprogrammen für Bilderkennung und Manipulation, welche von der
Anwendungssoftware durch CALLS aufgerufen werden.

3.2.3. Anwendungssoftware:

Die Anwendungssoftware richtet sich nach dem speziellen Einsatz.
Verfügbar sind derzeit unter anderem Funktionen für Erfassung, automatische Zeichenerkennung auch in Klarschrift, Konstruktion und Aufbau von Bild- und Textdatenbanken, Abfrage und Auffinden von
Dokumenten und Dokumentengruppen.

3.3. Softwarepaket BÜROTEXT:

Die Hauptfunktionalitäten von BÜROTEXT sind (Bild 4 und 5):

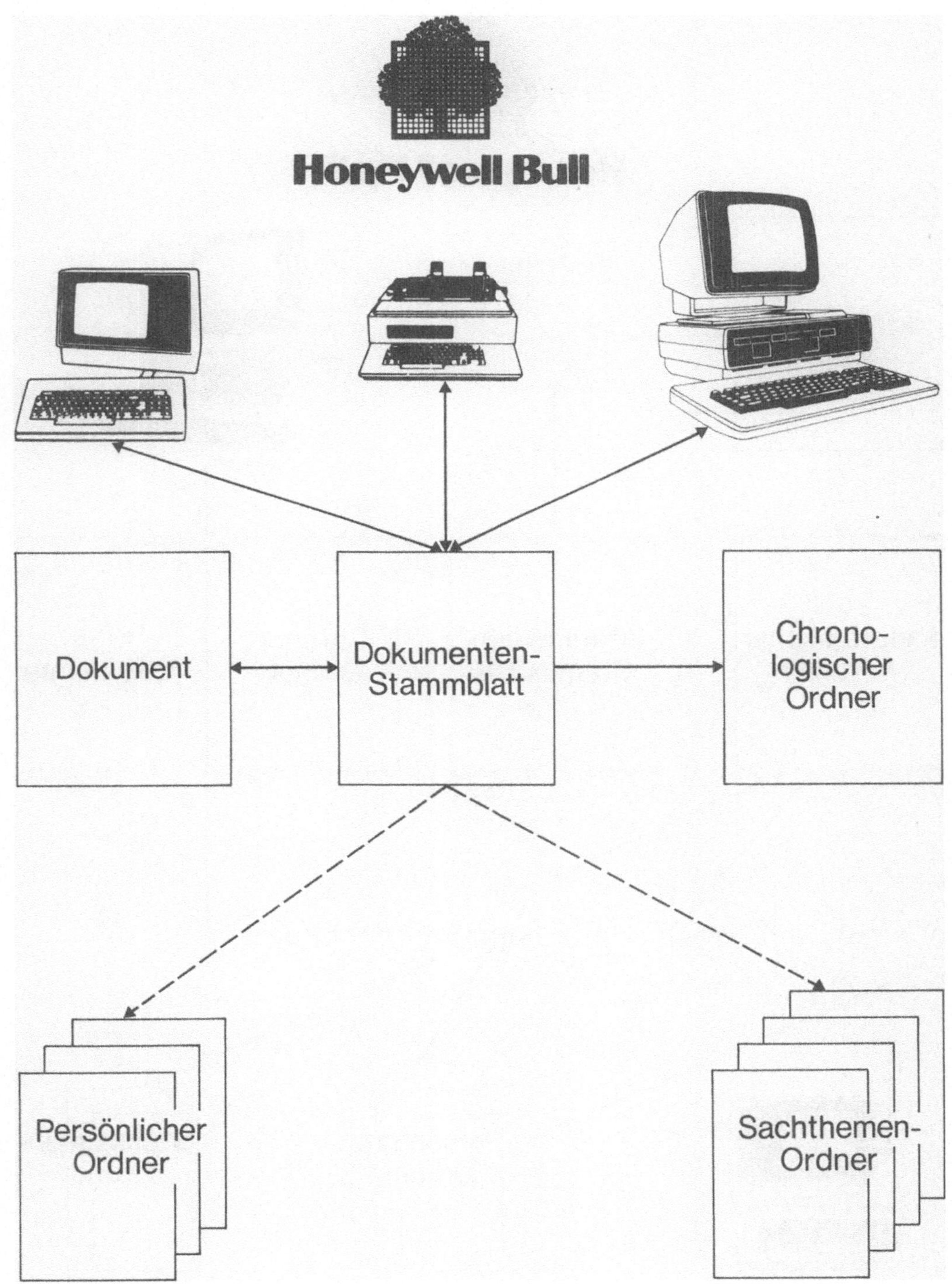

Bild 4: Bürotext / Dokumente - Erstellung, Einsatz und Verwaltung

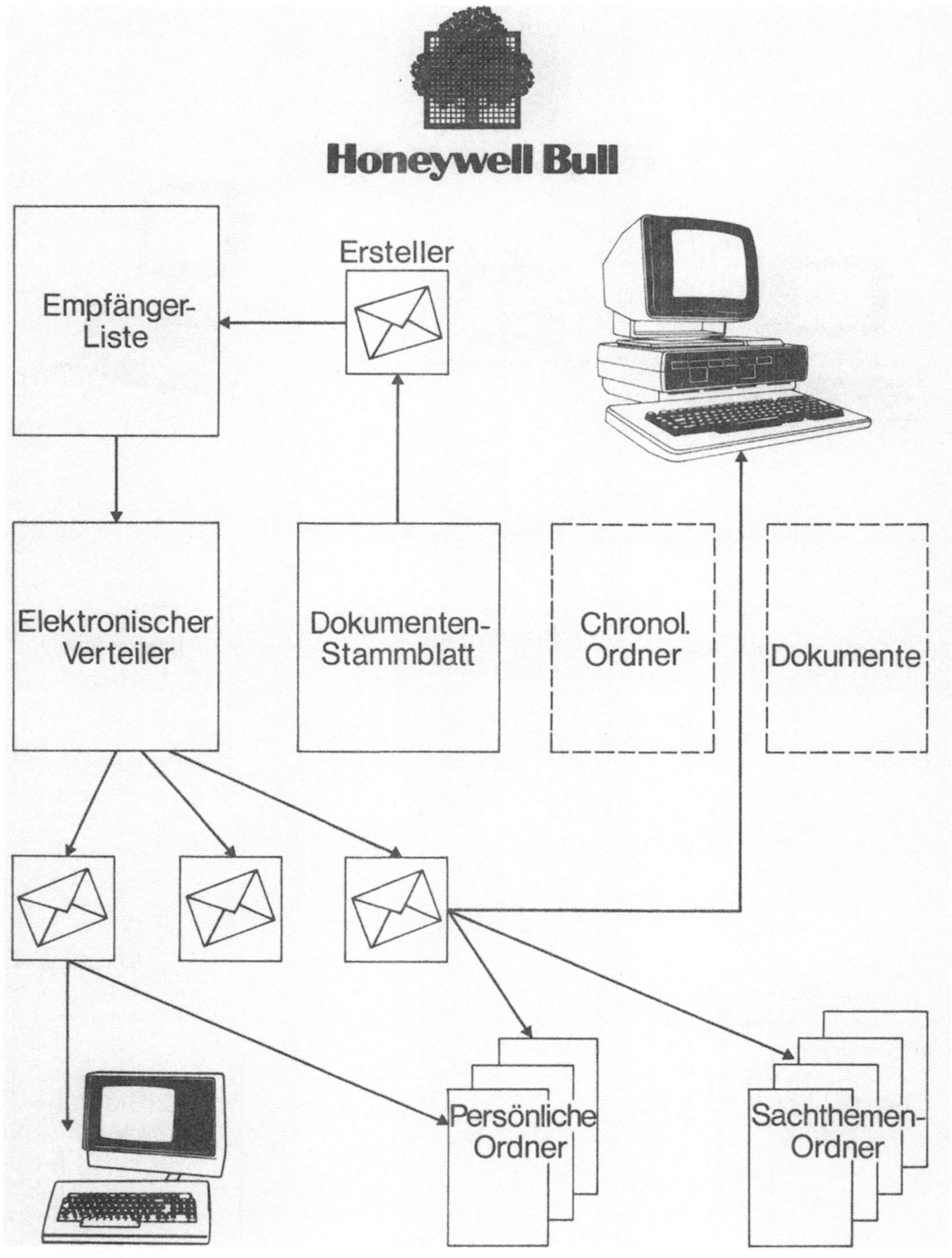

Bild 5: Bürotext/Elektronische Nachrichten-verteilung

- <u>Elektronische Dokumentenablage</u>:
BÜROTEXT erstellt bei der Eingabe eines Dokumentes automatisch ein
elektronisches Karteiblatt, das das Dokument bezüglich seines
Inhaltes und seiner Herkunft beschreibt. Die elektronischen Karteiblätter werden automatisch chronologisch in einem elektronischen
Ordner abgelegt, können jedoch zusätzlich noch in Sachthemenordner
kopiert werden. Es ist auch möglich, elektronische Karteiblätter
für physisch vorhandene Dokumente, die in herkömmlicher Form abgelegt sind, anzulegen, sodaß tatsächlich Dokumente jeder Form von
"OFFICE 2000" verwaltet werden können.

- <u>Zugriff auf Dokumente</u>:
Der Zugriff auf Dokumente kann direkt, über Sachthemen,
Schlüsselwörter oder verknüpfte Suchkriterien erfolgen. Der Zugriff
auf Dokumente kann durch Losungsworte abgesichert werden.

- <u>Elektronische Dokumentenverteilung</u>:
Frei formulierte Nachrichten und elektronische Karteiblätter können
direkt oder über Verteilerlisten an die gewünschten Empfänger
gesandt werden, dabei kann die Wichtigkeit der übermittelten
Botschaft gekennzeichnet werden.

- <u>Erzeugen von Übersichtslisten</u>:
Durch einen einfachen Formalismus können übersichtliche Auswertungen kommerzieller EDV-Dateien erzeugt werden.

3.4. Softwarepaket Q/M-TEXT:

Q/M-TEXT umfaßt alle Möglichkeiten modernster Textbe- und Textverar-
beitungsverfahren. Die Möglichkeiten der Textverarbeitung umfassen
unter anderem:

- Erfassung und Korrektur von Texten

- Beliebige Textkosmetiken

- Bausteintextverarbeitung

- Formularmasken

- Frei programmierbare Rechenfunktionen

- Serienbriefe

- Individuelle Serienbriefe

- Elektronische Bildschirmkartei mit wahlfreien Such- und
Sortiermöglichkeiten

4. Zusammenfassung:

Das elektronische Bürosystem "OFFICE 2000" erfüllt somit folgende
Hauptfunktionen:

- Originalbelege (Briefe, Protokolle, Unterschriftenproben etc.) werden eingelesen, klassifiziert und digital abgespeichert.
Klarschrift auf dem Originalbeleg wird automatisch erkannt. Wie bei

konventionellen Systemen können Daten (Briefe, Protokolle etc.)
auch an Bildschirmarbeitsplätzen eingegeben werden. Das System verwaltet die elektronisch gespeicherten Dokumente ebenso wie physisch
(z. B. in Aktenschränken) abgelegte Dokumente.

- Ein leistungsfähiges, konfigurierbares Karteiverwaltungssystem mit
  wahlfreien Zugriffsmöglichkeiten steht sowohl für die Organisation
  der Dokumente als auch für Dateiverwaltung zur Verfügung.

- Mit den Bearbeitungseinheiten können Dokumente benutzerfreundlich
  und zeitrationell dargestellt, be- und verarbeitet werden. Neue
  Dokumente können unter Verwendung von Teilen bestehender Dokumente
  erstellt werden.

- Im Bereich der Textverarbeitung können Texte benutzerfreundlich
  erfaßt und beliebige Textkorrekturen durchgeführt werden.
  Zusätzliche Funktionen wie Formular-Masken, Bausteintextverarbeitung, frei programmierbare Rechenfunktionen innerhalb der Textverarbeitung, Serienbriefe, individuelle Serienbriefe etc.
  unterstützen die Textverarbeitung.

- Alle Bearbeitungseinheiten können Dokumente und Nachrichten direkt
  oder über Verteilerlisten untereinander austauschen.

- Der Zugriff zu Dokumenten bzw. deren Duplizierung kann nur von
  autorisierten Personen erfolgen. Die Autorisierung kann sich auf
  alle Dokumente oder nur Teile davon erstrecken.

- Mittels der Hardcopyeinheiten und Drucker können Dokumente in
  Schrift und Bild auf Papier übertragen werden.

- Von allen Arbeitsplätzen aus kann ein Zugriff zu fertigen Programmpaketen (z. B. FIBU, CAD-Programmen, ...) erfolgen. Es können aber
  auch eigene Programme erstellt werden.

- Die Netzwerksteuerung erlaubt die Verbindung mehrerer Systeme
  untereinander und die Verbindung des Systems mit anderen EDV-
  Systemen.

<u>BÜROVERBUNDSYSTEME - DIGITAL´s LÖSUNGSANSATZ FÜR DAS</u>

<u>BÜRO DER ZUKUNFT</u>

Dipl.Ing. Peter H. Nedwed
DIGITAL Equipment Corporation
Gesellschaft m. b. H.
Abteilung Software Services

A-2334 Vösendorf-Süd, Pf. 3

1. <u>ZIELRICHTUNG EINES BÜROVERBUNDSYSTEMS</u>

Ziel eines Büroverbundsystems muß es sein, durch den Einsatz von elektronischen Arbeitsbehelfen

a) die Effektivität und Produktivität von qualifizierten Mitarbeitern im Bereich der technischen und kaufmännischen Verwaltungsarbeit zu steigern

b) die vorhandene Informationsflut zu systematisieren und

c) die mit dieser Informationsflut verbundene Papierlawine zu reduzieren.

2. <u>BEDINGUNGEN FÜR EINEN LÖSUNGSANSATZ</u>

Tätigkeiten im Verwaltungs-und Bürobereich lassen sich informations-technisch abstrahiert in 4 Grundfunktionen einteilen.

o Informationsverarbeitung

o Informationstransfer

o Informationsstorage und -retrieval

o Vorgangsverwaltung

Eine Abdeckung dieser 4 Grundfunktionen durch elektronische Hilfsmittel kann jedoch nur dann als sinnvoller Lösungsansatz für ein Büroverbundsystemkonzept gewertet werden, wenn zusätzlich sichergestellt ist, daß die oben genannten Funktionen für den Benutzer :

a) simultan ablaufen können

b) transparent bleiben

c) über eine konsistente Benutzerschnittstelle erreichbar sind.

Für einen überwiegenden Teil dieser Grundfunktionen der Verwaltungsarbeit gibt es bereits elektronische Arbeitsbehelfe (man vergleiche : Datenverarbeitung, Textverarbeitung, Grafik, Faksimile, u.a.). Einem großen Teil der bisher auf dem Markt befindlichen Arbeitsbehelfe haftet jedoch ein großer Nachteil an : es sind meist "Insellösungen".

Ein Büroverbundsystem kann jedoch nur über eine Integration aller Teilkomponenten realisiert werden. Wichtigster Integrationsfaktor dieses Prozesses ist die Kommunikation. Und Kommunikation steht hier nicht nur für Kopplungen von DIGITAL CPUs mittels DECnet, sondern auch für Gateqays zu SNA-Netzen, Local-Area-Networks, wie etwa ETHER-NET und öffentliche Datennetze, wie etwa DATEX-P.

Damit sind Büroverbundsysteme für DIGITAL nichts essentiell Neues, sondern sie stellen eine konsequente Weiterentwicklung der Philosophie der dezentralen Datenverarbeitung dar.

Unter den genannten Aspekten scheint eine weitgehende Integration von numerischen, textlichen und grafischen Informationen auf Benutzerebene notwendig.

Wir halten es daher für unerhört wichtig, daß alle Funktionen und Daten, ob grafisch, textlich oder numerisch vom einem Workstation-Typ bzw. Terminal-Typ aufgerufen werden können.

3. SOFTWARETECHNISCHE IMPLEMENTIERUNG

3.1 Implementierungsrichtlinien

Bei der softwaretechnischen Realisierung hat sich DIGITAL von folgenden Grundsätzen leiten lassen :

a) VAX/VMS (Virtual Memory System) Betriebssystem für die 32-bit VAX Hardware - Architektur ist die Basis für jenen Teil der Software, der die diversen Grundfunktionen und Software Subsysteme zu einem Büroverbundsystem integriert (im Folgenden Integrationssoftware genannt)

b) keine Modifikationen des Betriebssystems sind zulässig

c) Als Filesystem dient das Standard VMS Filesystem RMS.

d) Soweit als möglich sollen Standardsoftware Komponenten aus der DIGITAL Produktpalette eingesetzt werden (Datatrieve-32, FMS-32, CDD,DBMS-32), um die Softwarewartung einfach, zuverlässig und kostengünstig sicherstellen zu können.

e) Die allgemeinen Software-Subsysteme wie Textverarbeitung, Electronic Mail, Kalendermanagement etc. müssen sowohl jedes für sich, als auch in beliebiger Kombination ablauffähig sein, wobei hier das Zusammenspiel über ein übergeordnetes Integrationstool (Integrationssoftware) realisiert wird.

f) Die oben genannten Software-Subsysteme wurden so designed, daß eine Umstellung auf die im Mai angekündigten DIGITAL Arbeitsplatz-Computer (PC-100, PC-325, PC-350) schnell und mit geringem Kostenaufwand erfolgen kann. Damit ergibt sich die Möglichkeit, mittels vorgeschalteter, intelligenter Workstations (mit eigenem Massenspeicher), Arbeitslast von jener CPU zu nehmen, die die übergeordneten Integrationstools fährt. Damit ergibt sich im Vergleich zu Systemen, die aus CPU und unintelligenten Terminals bestehen, eine

wesentliche Erhöhung der Anzahl der Workstations pro übergeordne-
ter CPU, da Aufgaben wie Textverarbeitung und ähnliches auf die
intelligenten Workstations ausgelagert werden können.

g) Sämtliche Software-Subsysteme müssen einfach in die jeweilige Lan-
dessprache übersetzbar sein (Trennung von Code und Text)

h) Anpassungen der Büroverbundsystemmodule an die vorliegende Organisation sollen leicht und ohne Neucodierungsarbeiten möglich sein.

3.2 SOFTWARE PRODUKTPALETTE

Für alle angeführten Software-Subsysteme gilt generell, daß das Be-
nutzerinterface, die Bedienerführung, Fehlermeldungen und Dokumentation **deutschsprachig sind.**

3.2.1 Textverarbeitungspaket : DECtext

DECtext ist ein Multi-User Programmpaket, das speziell geeignet ist
für folgende Anwendungsbereiche :

o elektronische Schreibmaschine

o Bausteinbriefe

o programmierte Textverarbeitung

a) elektronische Schreibmaschine

   o Anzeige der Schreibposition durch den Cursor

   o Automatische Zeilenschaltung und Seitenendschaltung

   o vollautomatische Silbentrennung nach Rechtschreibregeln plus
   einer Ausnahmedatei

   o zahlreiche Textgestaltungsfunktionen, wie etwa Flattersatz
   oder Blocksatz (automatischer Seitenumbruch auch bei nachträ-
   glichem Einfügen von beliebig langem Text)

b) Bausteinbriefe

   o beliebig viele Textbausteine

   o Mischen von freien Textbausteinen und freiem Text jederzeit möglich

c) programmierte Textverarbeitung

   o Mischen von Adressbeständen und Brieftext

   o Mischen von über 25 kundenspezifischen Feldern mit Brieftext

   o Sammel-und Werbesendungen durch logische Verknüpfung von adreß-
   bzw. kundenspezifischen Feldern.

3.2.2 Elektronische Post

o Benutzerführung mit Menüsteuerung und HELP Tasten

o Nachrichtenaustausch auf elektronischem Weg

o Nachrichten erzeugen, versenden, empfangen und verwalten

o Verteilerlisten

o Möglichkeit von Empfangsbestätigungen

o Beifügen von Schriftstücken aus dem Textverarbeitungsbereich

o netzwerkfähig

o Benutzer-transparente Schnittstellen zu Telex/Teletex und ETHERNET
  in Vorbereitung

3.2.3 Dokumentationssystem (elektronische Ablage)

Alle Schriftstücke und Nachrichten werden nach fixen (Verfasser, Betreff ...) und frei wählbaren Kriterien (Stichwörter, Suchbegriffe)
abgelegt. Dadurch sind über die vorhandenen Suchalgorithmen alle Dokumente schnell verfügbar. Das Dokumentationssystem bezieht sich sowohl auf Nachrichten (Subsystem elektronische Post) als auch Dokumente (Subsystem Textverarbeitung). Wie bei allen anderen Subsystemen
ist die Bedienerführung über Menüsteuerung und HELP-Keys realisiert.

3.2.4 Kalendermanagement - System

Das Kalender-Subsystem verwaltet die eigenen Termine des Benutzers
und dessen Wiedervorlage. Zusätzlich dazu unterstützt das System die
Planung von Besprechungen mit mehreren Personen durch automatische
Terminvorschläge, die mit den Terminkalendern aller Beteiligten
abgestimmt sind. Der Bestätigungsmechanismus bedient sich der Funktionen der elektronischen Post.

3.2.5 Tischrechner / Kalenderfunktionen

o Rechenfunktionalität von Taschen-und Tischrechner

o Speicherung komplexer Formeln

o Erstellung von Datenblättern und Formularen ("Spread Sheet Calculation")

o Verknüpfung der Rechenfunktionen und logischen Aussagen innerhalb
  einer Matrix.

o einfache Entwicklung von Finanzmodellen (Alternativberechnungen)

3.2.6 Applikationsentwicklungs - Tool

DIGITALs Büroverbundsystem ist offen für die Einbeziehung neuer Aufgabenstellungen, die zusätzlich zu den Standard Software-Subsystemen integriert werden sollen. Das Applikationsentwicklungstool stellt ein Hilfsmittel zur schnellen und damit kostengünstigen Integration weiterer Funktionalität (unter Nutzung bereits bestehender Funktionalität) dar.

4.0 BVS - HARDWARE

o VAX 32-bit Rechnerfamilie (VAX 11/730, VAX 11/750, VAX 11/ 780, VAX 11/782)

o VT-100 Video Terminal Familie

o diverse Massenspeicher- und Kommuniktaionsperipherie aus der DIGITAL Produktpalette

o Einbeziehung der Arbeitsplatz-Computerfamilie (PC-100, PC-300, PC-325, PC-350), die sowohl mit eigener Intelligenz als auch als unintelligentes Terminal als BVS-Work Station arbeiten können, ist in Vorbereitung.

5. LEISTUNGSANGEBOT UND REALISIERUNGSSTRATEGIE

Büroverbundsysteme sind in den seltensten Fällen durch Implementierung von Standard Software-Komponenten realisierbar. Aus organisatorischen Gründen und um eine höhere Benutzerakzeptanz zu errreichen, sind Anpassungsarbeiten in der Regel notwendig.

Büroverbundsysteme werden daher von DIGITAL als Softwareprojekte betrachtet und behandelt, d.h. sie schließen

o Organisationsanalysen

o Entwicklung von Sollkonzepten

o Projektplanung und Projektmanagement

o Software- und Hardwareprodukte

o Dienstleistungen für die Implementierung

o Schulung von Anwendern und Systembetreuern

mit ein.

Im Allgemeinen wählt DIGITAL den Weg der Einsetzung einer Arbeitsgruppe, die sowohl von Stabspersonal und Anwendern des Kunden als auch DIGITAL Fachkräften beschickt wird.

Die aktuelle Einführung von Büroverbundsystemen erfolgt nach Möglichkeit mit Hilfe von Stufenplänen, wie etwa :

a) Testinstallation / Probebetrieb

b) Modellmodifikationen nach Feedback vom Probebetrieb

c) Einführung des Produktionssystems

Ob die Einführung des Systems

o horizontal (eine Teilfunktion über die gesamte Organisation, dann die nächste)

o vertikal (alle Funktionen in einem Unternehmensbereich)

o matrixmäßig (1-2 Funktionen horizontal, Ausweitung vertikal)

erfolgt, ist abhängig von der Organisationsstruktur und Teil der Aufgaben der Arbeitsgruppe.

Die technischen Vorraussetzungen für die Textverarbeitung

und

die technisch machbaren Funktionen

Dipl.-Ing. Gottfried B. Bertram

Olympia Werke AG

Wilhelmshaven

548

1. Voraussetzungen

Jeder Einsatz eines Computers setzt zwei Dinge voraus, Hardware
und Software. Das ist auch in der Textverarbeitung nicht anders.
Technisch gesehen ist die Textverarbeitung lediglich ein besonderes Gebiet der Datenverarbeitung, da Texte auch nur Daten sind,
mit denen Informationen wiedergegeben werden.
Hardware, das ist die gerätetechnische Seite der Textverarbeitung. Alles was an einer TV-Anlage sichtbar und materiell faßbar
ist, ist Hardware. Sie besteht unter anderem aus:

-Geräteteilen

-Elektronik

-Übertragungseinrichtungen

-Bildschirmen

-Computern

-Speichergeräten

-Druckwerken

-Datenträgern

Software, das ist all das Unsichtbare, das sind die in der
Anlage vorhandenen Programme. Sie bringen alle Geräteteile zum
Einsatz. Die einzelnen Programme bewirken alles das, was im
Betrieb sichtbar wird, zum Beispiel auf Bildschirm und Druckwer-
ken. An Software findet sich in TV-Anlagen meist ein ganzes
Geflecht von einzelnen Programmen dreier großer Systemgruppen.

-Betriebs-System-Programme

-Software-Werkzeuge (Anwendungsprogramme)

-Daten(Text)-haltungs- und Verwaltungssysteme

2. Technische Möglichkeiten

Vom Anschlag einer Taste an einem Bildschirmgerät bis zu dem
Zeitpunkt, da der eingetippte Buchstabe auf einem Drucker wie-
dererscheint, tut sich alles nur durch Software. Programme realisieren alles, was man in der TV zu be- und verarbeiten
wünscht. Sie machen alle nur vorstellbaren Anwendungen möglich,
vorausgesetzt, sie lassen sich so programmieren, daß die Software
mit einem noch sinnvollen Aufwand an Betriebsmitteln, das ist die
Hardware, zum Einsatz gebracht werden kann. Die technischen
Möglichkeiten liegen also darin:

- Was Programme leisten können?

- Wozu man schon Programme entwickelt hat?

- Was die Hardware der Software

  an Betriebsmitteln bereitstellt

- Was der Anwender verstehen und bedienen kann

3. Software und ihr Einsatz

TV-Geräte werden, wenn sie Texte oder Daten verarbeiten, von Programmen gesteuert, die Texte von irgendwoher beziehen und Resultate irgendwohin bringen müssen. Das "irgendwo" sind Speicher verschiedenster Form, zum Beispiel Disketten, Magnetbänder, Platten und Kassetten. Ihr Betrieb erfordert eine ganze Klasse von Programmen, die Texte einspeichern, sowie auf den Speichermedien organisieren und verwalten. Vor dem Einspeichern muß ein jeder Text geschrieben, das heißt erfaßt werden. Dazu dient eine weitere Gruppe von Programmen. Meist kann Text mit Hilfe dieser Programme während des Erfassens auch korrigiert werden. Umgekehrt kann jedes Korrekturwerkzeug (Software-Werkzeug) zum Erfassen benutzt werden. Beide Funktionen sind selten voneinander total getrennt eingebaut. Ähnlich der Kombination von Erfassen und Korrigieren sind oft das Gestalten der Texte und das Ausgeben, Abdrucken miteinander gekoppelt. Solche Programme gestalten die Texte in Form der Druckaufbereitung. Manchmal werden Texte schon während der Erfassung zwangsweise gestaltet durch zum Beispiel automatisch erzeugte Zeilenlängen. Vieles spricht allerdings dafür, beide Funktionen klar getrennt zu halten.
Die Möglichkeiten, beliebige Verarbeitungsgänge programmieren zu können, sind nicht nur für die Texterfassung, -Speicherung und Reproduktion nutzbar, sondern auch für sehr viel weitergehende, teilweise noch nicht erfundene Funktionen einsetzbar. Texte lassen sich erschließen, man kann aus ihnen automatisch Stichwortlisten, Indexe, Inhaltsverzeichnisse und viele andere Textstrukturen ermitteln. Sie lassen sich desgleichen automatisch prüfen, zum Beispiel durch Vergleich zweier Texte auf Gemeinsamkeiten oder Unterschiede. Wie oft werden verschiedene Textfassungen mühsam durchgelesen und auf Unterschiede untersucht? Das ist wirklich automatisierbar.
Wie Daten, so sind auch Texte oft nicht für jedermann bestimmt. Deshalb werden sie bisher weggeschlossen. In einem TV-System muß desgleichen möglich sein. Auch das wird wieder durch Programme herbeigeführt, durch solche die Texte sichern, verschlüsseln und den Zugang zu ihnen auf den Speichermedien kontrollieren.
Neben dieser letzten, durchaus wichtigen Klasse von Programmen lassen sich noch viele Dienstfunktionen auf den Bildschirm bringen. Das kann die Betriebsanleitung sein, die abrufbar ist, oder auch Taschen- oder Tischrechnerfunktionen. Wozu man die Software braucht, lautet zusammengefaßt:

- Speicherung und Verwaltung

- Eingabe und Korrektur

- Gestaltung und Ausgabe

- Erschließung und Prüfung

- Sicherung und Sonstiges

3.1 Speicherung und Verwaltung

Texte speichern und verwalten bedeutet, sie auf magnetischen
Medien so aufzuzeichnen, daß man sie in einer gewissen Adres-
sierorganisation wiederfinden kann. Es muß etwas per Software
getan werden, was zum Beispiel der Organisation der Ablage in
Ordnern und Schränken nebst Beschriftung entspricht.
Die Aufzeichnungsmedien haben gewisse technisch bedingte Formen
und Formate. Text selbst ist formatfrei, ihm kann und soll nicht
etwas, wie Records, Datensätze, Spuren oder ähnliches aufgeprägt
werden. Jedenfalls nicht so, daß der Anwender davon Notiz nehmen
müßte. Dem hat gute TV-Software Rechnung zu tragen. Jeder Text
ist eine, wenn auch manchmal lange Folge von Zeichen. Ein Text
soll unter frei wählbaren Bezeichnungen oder Namen adressiert
werden können.
Adressieren bedeutet, ihn wiederauffinden, lesen, löschen und
ändern können. Damit sich mittels Namen als Adressen eine elektronische Textablage gut organisieren läßt, muß es eine Adres-
sierstruktur geben, die es erlaubt, Kataloge von Texten und
Textnamen in katalogen zusammenzufassen, und zwar in beliebigen
Nestungen. Wichtige Forderungen an gute SW-Produkte für Text-
speicherung und -verwaltung sind daher:

- **formatfrei speichern**

- **per Namen adressieren**

- **hierarchisch organisieren**

Dazu gehören einige Operationen, die auf einer TV-Anlage vorhanden sein sollten, und die Texte, z.B.:

- **aneinanderfügen**

- **verschachteln**

- **kopieren**

- **löschen**

- **umbenennen**

- **archivieren**

- **verschiedene Versionen halten.**

3.2 Eingabe und Korrektur

SW-Werkzeuge, mit denen ein Bearbeiter Texte erfaßt, schreibt
oder eingibt und die ihm erlauben, gleichzeitig Texte zu korrigieren, nennt man allgemein "Editoren". Man unterscheidet
Bildschirm-Editoren, Zeichenstrom-Editoren und Formular-Masken-Generatoren.

Bildschirm-Editoren bieten beliebig auf dem Schirm positionierbare Texte und Läufermarken, die anzeigen, wo man gerade im Text steht. An diesen beliebig anwählbaren Stellen läßt sich der angezeigte Text beliebig ändern. Man kann ihn überschreiben, löschen oder auch Stücke einfügen, ohne dafür sorgen zu müssen, ob noch ein Buchstabe in eine Zeile oder einen Zwischenraum paßt oder nicht. Oft führen diese Editoren sehr komplexe Vorgänge durch, zum Beispiel ganze Textteile irgendwo auf dem Schirm herauszuschneiden und an anderen Stellen zu plazieren. Charakteristisch für Bildschirm-Editoren ist, daß alles in direkter Reaktion unter Sichtkontrolle vor sich geht.

Zeichenstrom-Editoren dagegen sind für den stillen, den systematischen Einsatz gedacht. Mit ihrer Hilfe können ganze Wörter, Abkürzungen oder beliebige Textmuster überall, wo sie vorkommen, durch beliebige andere Textteile ersetzt werden. Meist ist es uninteressant, solche systematisch durchzuführenden Änderungen auf dem Bildschirm anzuzeigen.

Formular-Masken-Generatoren dienen dazu, Formulare (Scheckvordrucke, Anträge und ähnliches) zu entwerfen, anzuzeigen und auf dem Bildschirm ausfüllen zu lassen. Das dient verschiedenen Formen, in denen Text und meist auch Datenerfassung im Dialog gesteuert wird.

3.3 Gestaltung und Ausgabe

Texte bestehen aus Wörtern, Halb- und Nebensätzen, Sätzen, Abschnitten und anderen Einteilungen, die mit ihrem Inhalt zusammenhängen. Auf diese Einteilungen beziehen sich fast alle Korrekturwünsche. Ändert man Texte, muß man sich in diesen Einteilungen zurechtfinden können. Solange sich der Inhalt eines Textes nicht ändert, ändern sich auch diese Einteilungen nicht. Ein und derselbe Text kann aber ohne Auswirkung auf seinen Inhalt in beliebigen Formen gestaltet, das heißt für den Druck aufbereitet werden.

Deshalb ist es sinnvoll und angeraten, die Textgestaltungsfunktionen von der Erfassung und Korrektur zu trennen. Das heißt nicht, daß ein gestalteter Text nicht mit einem Editor bearbeitet werden kann, es heißt aber, daß Editoren nicht automatisch irgendwelche Gestaltungen vornehmen sollen.

Die wichtigsten Gestaltungsprogramme nennt man Text-Formatter oder Formattierer. Sie bewältigen meist eine große Gruppe von Funktionen, wie zum Beispiel:

- Zeilen-, Seitenumbruch

- Kopf-, Fußzeilengenerierung

- Silbentrennung

- Einrückungen

- rechter, linker Randausgleich

- Zeichen- und Wortgestaltung

  -- fett drucken

  -- gesperrt drucken

  -- unterstreichen

- Spaltenumbruch

Komfortable Programme aus dieser Gruppe, wie sie von der typographischen Industrie schon benutzt werden, große Fotosatzanlagen zu steuern, werden demnächst sicher auch in Büros an kleineren Fotosatzanlagen anzutreffen sein.
Für spezielle Aufgaben, Texte zur Ausgabe aufzubereiten, sind Programme denkbar, die:

- Tabellen gestalten, indem sie Texte, Überschriften

  und Berandungen mit Daten mischen.

- Strichzeichnungen für Kurvenläufe aus Daten generieren

  und abdrucken. Mit Typenraddruckern läßt sich ganz gut plotten,

  d. h. Kurvenzeichnen.

- Texte aufbereiten, um sie nach verschiedenen Verfahren

  auf Datenübertragungskanälen übermitteln zu können

  (Telex, Teletex u.ä.)

3.4 Erschließung und Prüfung

Das ist ein Anwendungsbereich, für den noch nicht so viele SW-Werkzeuge vorhanden sind. Der Phantasie und dem Erfindungsgeist sind jedoch kaum Grenzen zu setzen, folgenden Weiteres hinzuzufügen. Bisher gibt es zum Beispiel Programme, die in Texten

- Index-Teile finden,

- Kreuzverweise generieren,

- Zeilen und Teile davon sortieren,

- Gleich- oder Ungleichheiten finden,

- Tippfehler suchen und

- Orthographie-Fehler suchen.

3.5 Sicherung und Sonstiges

Zum Sonstigen kann mann allgemeine Dienste zählen, die das Leben
im Büro vereinfachen. Dazu gehört:

- Tisch- und Taschenrechnerfunktionen auf der TV-Anlage

- die Bedienungsanleitung über den Bildschirm abrufen können

- eine Kalenderfunktion

- das eingespeicherte Firmentelefonbuch

- und vieles andere mehr.

Sehr viel wichtiger ist aber die Sicherheit und Sicherung ein-
gespeicherter Texte.
Zur Sicherheit gehört, daß Speicherfehler oder Fehlbedienungen
keine Texte vernichten, daß Texte zumindest immer rekonstru-
ierbar sind.
Die Sicherung befaßt sich damit, nicht jedem jeden Text zugänglich zu machen. Programmteile prüfen zu diesem Zwecke, ob Bediener gewisse Texte lesen dürfen oder nicht oder verändern dürfen
oder nicht. Keine Zugangsberechtigung und ihre Prüfung verhindert, daß "Systemkenner" irgendwie und irgendwann geschützte
Texte zumindest physisch lesen können. Nur Ver- und Entschlüsse-
lungsverfahren helfen dann noch, den Inhalt solcher Texte geheim
zu halten.
Im Zusammenhang mit der Sicherung und der Zugangsberechtigung
tritt das Problem der Authentisierung auf. Wie weist sich ein
Bediener dem Gerät gegenüber aus? Wie leistet man über Teletex
oder In-Haus-Textleitungen eine Unterschrift? Bisher ist es
üblich, dieses Problem mit Paßwörtern und Schlüsselwörtern zu
lösen. Vielleicht wird es in geraumer Zeit mustererkennende
Systeme geben, die handschriftlich gegebene Schriftzüge analysieren und prüfen können.

4. Funktionen und Forderungen an Hardware

Alle elektronischen oder mechanischen Teile einer TV-Anlage sind
Betriebsmittel für die Software. In den Kategorien Erfassen,
Verarbeiten, Speichern und Ausgeben stellen sie die unerläßlichen
Grundfunktionen zur Verfügung, wie zum Beispiel:

- Erfassen durch

  -- Tastaturen

  -- OCR-Leser

  -- Druckschrift-Leser

- Verarbeiten mittels kleinerer oder größerer Computer

- Ausgeben oder Anzeigen auf

  -- Bildschirmen geringer oder hoher Auflösung (soft copy)

  -- verschiedenen Speicher oder Übertragungsmedien

  -- Druckern (hard copy), die nach verschiedenen

     Verfahren arbeiten:

     Typenrad, Kugelkopf, Laserdrucker, Fotosatzanlage.

5. Was sieht der Anwender?

Von der Hardware sieht er fast alles.
Von der Software sieht er fast nichts oder nur das, was sich im
Betrieb auf den Anzeige- oder Ausgabegeräten vollzieht. Dennoch
ist es wichtig zur Kaufentscheidung einer Anlage, die Fähigkeiten
der Software genauer zu bewerten als die der Hardware.
Es darf nicht vergessen werden, daß die Anwendungs- oder Verar-
beitungswünsche in der TV die Art, Größe und Komplexität der
Software-Werkzeuge bestimmen. Die Software bestimmt dann Art,
Größe und Preis der Hardware, die sie als Betriebsmittel braucht.

6. Welche Funktionen oder Software findet man
   in welchen Geräteklassen?

Es ist schwierig, griffige Definitionen für zukünftig in den
Büros vorhandene Geräteklassen zu finden. Sicher wird es auch
weiterhin Schreibmaschinen geben. Daneben aber werden sicherlich
verschieden große Bürocomputer ihren Einsatz finden. Dazwischen
stehen die Textautomaten, die eigentlich Bürocomputer sind,
jedoch nur für die Textbe- und -verarbeitung eingesetzt werden.
Bürocomputer werden in Zukunft sicher zusätzlich zur Textverarbeitung DV-Funktionen am Sachbearbeiterplatz realisieren und
Vieles des jetzigen DV-Einsatzes dezentralisieren. Was zentral
oder dezentral verarbeitet wird, braucht zukünftig nicht mehr
nach dem optimalen Einsatz einer großen, teuren DV-Anlage entschieden zu werden, sondern nach den optimalen Organisationsvor-
stellungen.
In Zukunft sehen wir in den Büros also folgende Geräte der Klassen:

- Schreibmaschinen

- Textautomaten

- Bürocomputer

In jeder Klasse lassen sich einige oder alle der erwähnten Textverarbeitungsfunktionen durch entsprechende Software realisieren.
Es muß jedoch eine sinnvolle Zuordnung getroffen werden. So läßt
sich ein komfortables Korrigieren von Texten eben nur auf entsprechenden Bildschirmen realisieren.
Eine Zuordnung von Funktionen zu gewissen Gerätekombinationen
könnte wie folgt aussehen:

Schreibmaschinen

- Korrigieren der letzten 256 Zeichen

- Drucken im Blocksatz

- Silbentrennung

Speicherschreibmaschinen mit Zeilendisplay

(mit und ohne Mikrodisk)

- zeilenorientiertes Editieren

- Speichern eines Dokuments

- Blocksatz / Seiteneinteilung

- Teletex

Kleine Textautomaten

Mikrocomputer plus

       Bildschirm

       Tastatur

       Druckwerk

       Mikrodisk

- **interaktives Bildschirm-gestütztes Editieren**

  eines Dokuments

- weitere Features wie bei der Speicherschreibmaschine

Textautomaten mit Minifloppy

- Bildschirmedit
- Dokumentenablage nach Namen in einer Dateistruktur
- fast alle erwähnten Software-Features

Bürocomputer

- alle erwähnten Features
- local Network
- weitere Telekommunikationseinrichtungen
- parallele Arbeit auf verschiedenen Bildschirmfenstern
- Bit-Map-Graphik auf Schirm, Druckwerk und im Text
- Mehrplatzfähigkeit
- Electronic Mail in Background Processes

NET/ONE - ein busorientiertes lokales Datennetzwerk

G. Dieterle

Kontron Mikrocomputer GmbH

Breslauer Straße 2

D-8057 Eching b. München

Inhalt

1. Einsatzgebiete lokaler Netzwerke

2. Das technische Konzept von NET/ONE

2.1 Aufbau der Knotenrechner

2.2 Anwenderschnittstellen

3. Das Zugriffsverfahren CSMA/CD

4. Arten der Teilnehmerverbindung

5. Softwaremodule des NET/ONE

5.1 Konfigurationssoftware

5.2 Kommandosoftware

5.3 Filetransfersoftware

5.4 Protokollsoftware

5.5 Programmiermöglichkeiten

6. Die Übertragungsmedien und Übertragungsverfahren

6.1 Das Baseband-System

6.2 Das Broadband-System

7. Kopplung lokaler Netzwerke über Bridges

7.1 Kopplung von Baseband-Systemen

7.2 Kopplung von Broadband-Systemen

7.3 Kopplung zwischen Base- und Broadband-Systemen

8. Der Zugang zu öffentlichen Netzen

9. NET/ONE Bestandteile

NET/ONE - ein busorientiertes lokales Datennetzwerk

1. Einsatzgebiete lokaler Netzwerke

Unsere Arbeit ist heute durch einen hohen Spezialisierungsgrad gekennzeichnet. Dies bedeutet, daß in den verschiedenen Abteilungen eines
Unternehmens oder auch einer Universität Geräte installiert sind, die
für bestimmte Anwendungen spezialisiert sind. Teure Rechner unterschiedlicher Hersteller, Druckersysteme verschiedener Güteklassen oder spezialisierte Datenbanken sind heutzutage jeweils nur einem eng begrenzten
Benutzerkreis zugänglich. Daten, Dienste und Leistungen der gesamten
installierten Geräte an jeden beliebigen Platz innerhalb eines Be-
triebsgeländes zu bringen, das ist die Hauptaufgabe eines lokalen
Netzwerkes wie NET/ONE. Darüber hinaus wird die Kommunikation von Arbeitsplatz zu Arbeitsplatz möglich, "electronic mail" ist hier das
Stichwort. Der Anschluß an öffentliche Netze wie Datex-L oder Datex-P
gestattet den Zugriff auf dort implementierte Dienste von jedem Arbeitsplatz aus. NET/ONE stellt hier das Kommunikationsmedium dar, das
Terminals, Mikrocomputer, Minicomputer, Großrechner, Drucker usw. über
ein einziges Koaxialkabel untereinander verbindet. Durch seine Flexibilität läßt es sich leicht an vorhandene Hard- und Softwaregegebenhei-
ten anpassen und problemlos erweitern.

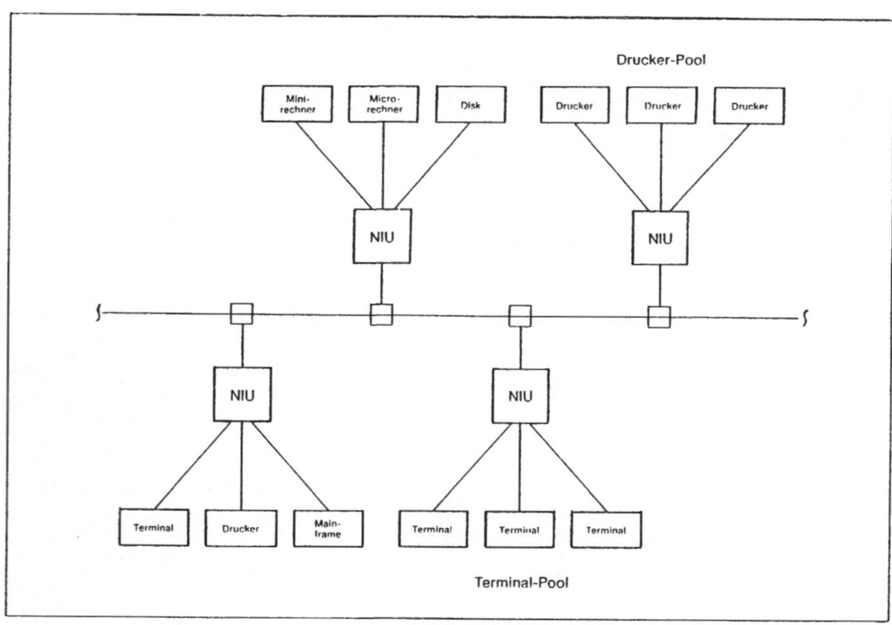

Bild 1: Standard-Anwendungsfall für NET/ONE

Von den Leistungsmerkmalen dieses Systems können besonders hervorgehoben
werden:

- Das System kann an jede Hardwareschnittstelle angepaßt werden.

- Das System kann an jede Übertragungsprozedur angepaßt werden.

- Mit geringem Aufwand können Netze mit mehreren tausend Teilnehmern
  aufgebaut werden.

- Das System ist offen für neue Übertragungsmedien und -verfahren
  (Baseband, Broadband).

- Das System senkt Installations- und Kabelkosten.

- Die Kosten pro Systemanschluß sinken drastisch mit steigender
  Teilnehmerzahl.

Bild 1 zeigt eine mögliche NET/ONE Konfiguration. Das Netzwerk wird
gebildet durch Knotenrechner (Network Interface Unit, NIU) und ein
Koaxialkabel als Verbindungselement. Die Knotenrechner stellen den Zugang von bis zu 24 Anwendern wie Rechnern, Terminals oder Druckern zum
gemeinsamen Übertragungsmedium her. Sie übernehmen im konkreten Anwendungsfall die Anpassung der einzelnen herstellerspezifischen Schnittstellen bezüglich der Hardware und Software und gestatten darüber hinaus
eine Datenvorverarbeitung, was zu einer merklichen Entlastung der angeschlossenen intelligenten Geräte führt.

2. Das technische Konzept von NET/ONE

Ziel bei der Konzipierung von NET/ONE war es, ein Netzwerk zu ent-
wickeln, dem das größtmögliche Maß an Intelligenz mitgegeben werden
konnte, um die angeschlossenen Geräte nicht mit solchen Aufgaben wie
Wegefindung durch das Netz, Kontrolle des korrekten Datenflusses,
Fehlerreaktion usw. zu belasten. Zudem sollte eine ganze Reihe von
Hardware-Schnittstellen realisiert werden, um ein wirklich für jeden
Anwender offenes System zur Verfügung stellen zu können.

Dieses Konzept führte zur Entwicklung von Knotenrechnern, die für den
Anwender die Schnittstellen zum gemeinsamen Übertragungsmedium darstellen.

Diese Knotenrechner übernehmen

- die Pufferung der Anwenderdaten und damit die Anpassung unterschiedlicher Datenraten,

- die Paketierung der Anwenderdaten,

- die Erzeugung von Checkbits, die eine Fehlererkennung gestatten,

- den Aufbau einer Verbindung zu einem Zielrechner,

- die Adreßerkennung,

- die schnelle Datenübertragung,

- die Fehlererkennung und - reaktion,

- den Abbau einer Verbindung und gegebenenfalls

- Datenvorverarbeitung durch zusätzlich implementierte Software.

Ein als Entwicklungsstation konfigurierter Knotenrechner (Network Configuration Facility, NCF) hält zusammen mit einem Massenspeicher (Network-
Storage-Modul, NSM) Software bereit, um

- das Netz im Dialog zu konfigurieren oder

- Anwendersoftware zu erstellen.

2.1 Aufbau der Knotenrechner

Die Knotenrechner bestehen aus einem auf dem Z80 A basierenden Mikrocomputer, dem sog. Netzwerkprozessor und - beim Modell NIU-2 - aus bis zu drei weiteren Mikrocomputern, den sog. Applikationsprozessoren. Wie Bild 2 zeigt, sind Netzwerk- und Applikationsprozessoren über einen schnellen Datenbus (8 Mbyte/s) miteinander verbunden. Dieser bildet auch die Verbindung zu zwei Baugruppen, die das Senden und das Empfangen von Daten sowie deren Kodierung bzw. Dekodierung übernehmen.

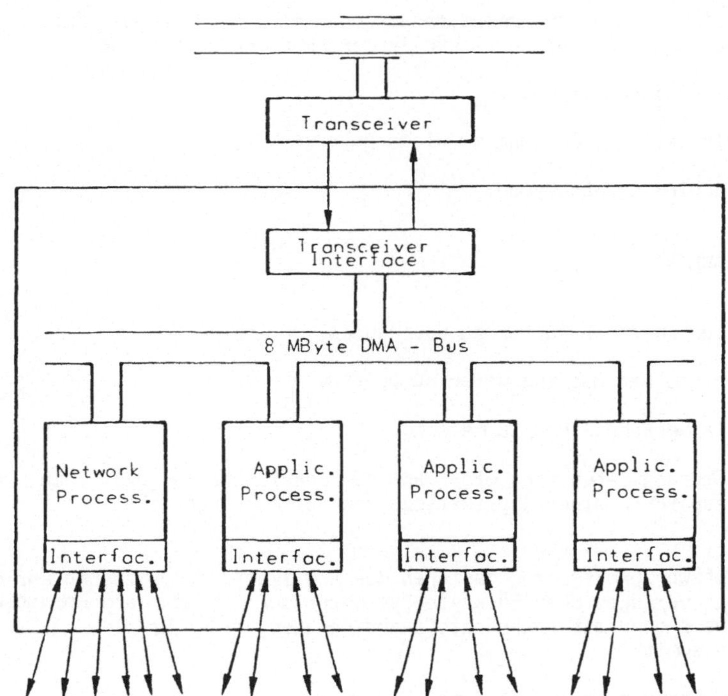

Bild 2: Aufbau eines Knotenrechners NIU-2

Aufgabe des Netzwerkprozessors ist es,

beim Einschalten:

- eine automatische Diagnose des Knotenrechners durchzuführen,

- die Geräteschnittstellen entsprechend der Spezifikation zu konfigurieren;

beim Senden:

- Anwenderdaten zu übernehmen,

- Daten in Paketen zusammenzufassen und mit Sender- und Empfängeradresse sowie Redundanzbits zur Fehlererkennung zu versehen,

- eine Verbindung aufzubauen,

- im Fehlerfall die Sendung zu wiederholen,

- eine Verbindung abzubauen;

beim Empfangen:

- die Daten in einen Puffer zu übernehmen,

- die Adresse der Empfangsdaten zu prüfen,

- Fehler zu erkennen und zu melden,

- die Empfangsdaten an eine Anwenderschnittstelle bzw. in den Arbeitsspeicher eines Applikationsprozessors zu übergeben.

Wie die Netzwerkprozessoren basieren die Applikationsprozessoren auf dem Z80 A. Sie verfügen über 64 KByte Speicher, der mit Standard-Kommunikationssoftware oder mit Anwendersoftware geladen werden kann.
Sie dienen somit

- der Erweiterung der Schnittstellen zum Anwender,

- der Datenvorverarbeitung durch Anwendersoftware,

- gegebenenfalls der Protokollwandlung und ermöglichen es,

- spezielle Dienste im Netz zu installieren

2.2 Anwenderschnittstellen (Hardware)

Die Knotenrechner ermöglichen mit ihren Schnittstellen den Anschluß beliebiger Geräte an NET/ONE:

- Großrechner, Mini- oder Mikrocomputer mit seriellen oder parallelen Schnittstellen

- intelligente oder funktionell einfache Terminals

- Drucker verschiedener Größe und Geschwindigkeit

- Plattenstationen usw.

Dafür stellt NET/ONE folgende Hardwareschnittstellen zur Verfügung:

- RS-232-C (V.24) Schnittstellen für asynchronen oder synchronen seriellen Betrieb bis zu einer Datenrate von 19.2 KBaud

- RS-232-C (V.24) Schnittstellen für asynchronen Betrieb mit einer Datenrate bis zu 56 KBaud

- 8 bit breite Parallelschnittstellen mit bis zu 8 programmierbaren Quittungsleitungen

- IEEE-488 Parallelschnittstelle mit direktem Speicherzugang (DMA)

- 32 bit breite Parallelschnittstelle mit direktem Speicherzugang (DMA). Diese Schnittstelle ist segmentierbar in 4x8, 2x16 oder 2x8 plus 1x16 bit breite Schnittstellen und bietet über einen Adapter den Zugang zu DEC-Rechnern.

3. Das Zugriffsverfahren CSMA/CD

Wenn eine Anzahl von Geräten zur Kommunikation ein gemeinsames Übertragungsmedium nutzt, muß sichergestellt sein, daß dieser Übertragungskanal innerhalb einer (sehr kurzen) Zeitspanne nur von einer Verbindung genutzt wird. NET/ONE gewährleistet dies durch Anwendung eines Verfahrens, das unter dem Namen CSMA/CD (Carrier Sense Multiple Access/Collision Detect) bekannt geworden ist: sämtliche am Netz beteiligten Knotenrechner prüfen durch ständiges "Mithören", ob auf dem Übertragungsmedium Datenverkehr stattfindet. Ist dies nicht der Fall, beginnt ein Knotenrechner zu senden. Tritt jedoch der Fall ein, daß zwei Knotenrechner mit Sendebegehren einen freien Übertragungskanal feststellen und zu senden beginnen, kommt es zu einer Datenkollision, die sich darin äußert, daß vorgeschriebene Signalpegel nicht mehr eingehalten werden. Dies wird von allen angeschlossenen Knotenrechnern erkannt. Daraufhin suspendieren die Knotenrechner ihre Sendeanforderungen für eine zufallsgesteuerte Zeitspanne. Nach erneutem Abhören des Übertragungskanals wird ein weiterer Übertragungsversuch gestartet. Wegen der unterschiedlichen Verzögerungszeit in den einzelnen Knotenrechnern sind weitere Kollisionen nahezu ausgeschlossen. Das beschriebene Verfahren nutzt das Netz optimal und ermöglicht es, auf einen Masterrechner, der den Datenaustausch kontrolliert, zu verzichten.

4. Arten der Teilnehmerverbindung

NET/ONE gestattet den Datenaustausch auf zwei verschiedene Arten, mittels eines sog. Datagramms oder über eine virtuelle Verbindung. Bei einer virtuellen Verbindung wird, ähnlich wie bei einem Telefongespräch, eine Verbindung zwischen zwei Teilnehmern aufgebaut. Wie dort kann diese Verbindung von keinem weiteren Teilnehmer genutzt werden, beide Kommunikationspartner erscheinen für einen dritten als belegt. Die Verbindung wird nur durch die kommunizierenden Partner wieder unterbrochen. Diese Art der Verbindung zwischen zwei Partnern ist brauchbar für jedes Gerät, ob intelligent oder nicht, da die Knotenrechner hier die Aufgabe der Kontrolle des Datenflusses, der Fehlererkennung und Fehlerreaktion übernehmen.

Demgegenüber steht das Datagramm-Verfahren, das mit dem Aussenden eines Telegramms zu vergleichen wäre. Datagramme werden von den Knotenrechnern ohne Prüfung an die Zielgeräte übergeben, sodaß diese die Aufgabe der Flußkontrolle, der Fehlererkennung und der -reaktion selbst übernehmen müssen. Dieser Betrieb ist damit nur zwischen intelligenten Geräten wie z.B. Rechnern möglich. Es entfällt hier jedoch der gesamte Prozeß des Verbindungsauf- und -abbaus, sodaß diese Betriebsart wesentlich schneller ist. Zudem bietet der Datagrammbetrieb die Möglichkeit der Mehrpunktverbindung, sodaß mit einer einzigen Nachricht mehrere Geräte zu einer Reaktion veranlaßt werden können.

5. Softwaremodule des NET/ONE

5.1 Konfigurationssoftware

Jedem System, dessen Schnittstellen anwenderspezifisch konfiguriert werden können, müssen die Parameter einer jeden Schnittstelle (z.B. Übertragungsrate, Anzahl der Informationsbits, Art der Flußkontrolle usw.) bekannt gemacht werden. Dies geschieht bei NET/ONE im Dialog. Auf der o.a. Entwicklungsstation (Network Configuration Facility, NCF) läuft ein Programm, das es gestattet, einzelne Geräteparameter zu spezifizieren und die Zuordnung dieser Geräte zu den einzelnen Knotenrechnern zu beschreiben. Für jedes Gerät und für jeden Knotenrechner legt dieses Konfigurationsprogramm auf dem angeschlossenen Massenspeicher eine Datei an. Auf Anforderung durch die einzelnen Knotenrechner, nach dem Einschalten oder Rücksetzen, werden diese Dateien vom Massenspeicher in die anfordernden Knotenrechner geladen. Dieses Verfahren gestattet es, bestehende Konfigurationen sehr bequem und sehr schnell zu variieren oder auch im laufenden Betrieb zu erweitern.

5.2 Kommandosoftware

Nach der Konfiguration des Netzes ist NET/ONE bereit, eine Reihe von Kommandos z.B. von einem Terminal zu empfangen, die dem Aufbau von Verbindungen, deren Abbau oder der Überprüfung des Status eines Gerätes dienen.

- CONNECT XXX   Stellt die Verbindung zu einem Gerät mit dem
                             Namen XXX her.

- INTERCONNECT XXX   Stellt die Verbindung zwischen den Geräten
  with YYY   XXX und YYY her.

- EXAMINE XXX   Ermittelt ob und mit wem Gerät XXX verbunden
                             ist.

- DISCONNECT   Unterbricht die durch EXAMINE ermittelte
                             Verbindung.

- SET ECHO ON/OFF   Erzeugt ein Echo am Bedienplatz bzw.
                             unterdrückt es.

- XYZ   Unterbricht eine durch CONNECT aufgebaute
                             Verbindung. XYZ ist frei definierbar.

5.3 Filetransfersoftware

Neben Konfigurations- und Kommandossoftware stellt NET/ONE ein Programmpaket zur Verfügung, das die Dateiübertragung zwischen zwei
Rechnern gestattet, die unter den Betriebssystemen UNIX und/oder CP/M
laufen. Dieses Paket besteht aus Treibersoftware, die in das jeweilige
Betriebssystem eingebunden wird und Software, die auf einem beliebig
ausgewählten Knotenrechner läuft. Bei einer Datenübertragung wandelt die
betriebssystemspezifische Treibersoftware die internen Datenformate des
Rechners A in ein netzspezifisches Datenformat um und übergibt diese
Daten an den Knotenrechner, auf dem die sog. Filetransfer-Software
installiert wurde. Dieser Knotenrechner überträgt die Daten weiter zum
Zielrechner B, dessen Treibersoftware das netzspezifische Datenformat in
das rechnerspezifische Format wandelt. Der Vorteil dieser zunächst um-
ständlich erscheinenden Umwandlung in ein internes Format wird ersichtlich, wenn in einem Netz mehr als nur zwei Betriebssysteme präsent
sind. Ohne internes Format müßte eine Formatwandlung von jedem Format in
jedes andere vorgenommen werden. Bei n vorkommenden Formaten bedeutet
das die Erstellung von n(n-1) Softwarepaketen zur Formatwandlung. Bei
der Übertragung im netzspezifischen Format hingegen muß nur die Wandlung
von rechnerspezifischem in netzspezifisches Format und zurück vorgenommen werden. Das bedeutet bei n vorkommenden Formaten die Erstellung von
2n Treibern. NET/ONE stellt Treibersoftware für UNIX- und CP/M-basieren-
de Systeme zur Verfügung, jedoch kann diese Software problemlos an
andere Betriebssysteme mit anderen Datenformaten angepaßt werden.

5.4 Protokollsoftware

War im letzten Abschnitt die Rede von der betriebssystemspezifischen
Darstellung von Daten, so sei jetzt das Augenmerk auf die "Verpackung"
der Daten und das Verfahren ihrer Übertragung gerichtet. Insbesondere
bei der Vernetzung von Großrechnern wird es nicht genügen, die
physikalische Verbindung herzustellen und in ihrem Zeitablauf richtig zu
bedienen. Hier muß eine Modifikation des Datenoverheads erfolgen sowie
das zeitliche Verhalten bei der Datenübertragung zwischen Großrechnern
einander angepaßt werden. Protokollwandlung ist hier das Stichwort.

Einen Schritt in diese Richtung macht NET/ONE durch die Bereitstellung folgender Software:

- Treibersoftware für Datenübertragung nach dem IBM 2780 BISYNC-Protokoll. Diese Treibersoftware bedient ein 2780 kompatibles Gerät, das über eine RS-232-C Schnittstelle mit einem Knotenrechner verbunden ist. Der Treiber erkennt BISYNC-Pakete und transportiert sie zwischen zwei 2780 kompatiblen Geräten oder Rechnern.

- Treibersoftware für Datenübertragung nach dem 3270 BSC und SDLC Protokoll. Diese Protokolle werden zwischen 3274/76 Front-End-Prozessoren und dem 370X Kommunikations-Controller gefahren.

- Treibersoftware für DEC-Rechner, die mit dem DR11-W Unibus DMA-Controller ausgerüstet sind oder für dazu kompatible Systeme. Das DR11-3 Interface wird ebenfalls unterstützt.

Diese Software kann käuflich erworben werden und wird auf dem Massenspeicher der Entwicklungsstation gehalten. Auf Anforderung durch die Knotenrechner wird sie wie die Standardsoftware in die anfordernden Knotenrechner geladen.

5.5 Programmiermöglichkeiten

Werden von NET/ONE anwendungsspezifische Protokollwandlungen, Datenvorverarbeitung oder andere spezielle Dienste gefordert, kann dies durch anwenderspezifische Software realisiert werden.

Die Network Configuration Facility (NCF) arbeitet in Verbindung mit dem Betriebssystem CP/M als Entwicklungsstation für anwenderspezifische Software. Editor, Assembler und Debugger sind standardmäßig vorhanden, jede unter CP/M ablauffähige höhere Programmiersprache kann auf dieser Entwicklungsstation realisiert werden. Dies bietet dem Anwender die Möglichkeit, beliebige Software zu erstellen und mit der Standardsoftware in jeden Knotenrechner zu laden. Damit kann dem Netzwerk fast beliebige Intelligenz mitgegeben werden, sodaß die angeschlossenen Geräte ohne Modifikation ihrer Software miteinander kommunizieren können.

6. Die Übertragungsmedien und Übertragungsverfahren

NET/ONE verwendet für eine Übertragung im sog. Baseband ein 50 Ohm Koaxialkabel und für eine Übertragung im sog. Broadband ein Standard-TV-Kabel mit einem Wellenwiderstand von 75 Ohm. Die Knotenrechner sind bezüglich Software und Netzwerk- bzw. Applikationsprozessoren identisch. Lediglich die Sende- und Empfangsboards sowie der Kabeladapter sind für beide Verfahren unterschiedlich.

6.1 Das Baseband-System

In der Baseband-Ausführung entspricht NET/ONE der von XEROX, INTEL und DEC definierten ETHERNET-Spezifikation. Diese definiert ein Koaxialkabel als Übertragungsmedium, das Zugriffsverfahren CSMA/CD sowie eine Datenübertragungsrate von 10 Mbit/s. Der ETHERNET-Spezifikation entsprechend wird NET/ONE aus bis zu 500 m langen Kabelsegmenten, die am Ende jeweils mit 50 Ohm abgeschlossen sind, aufgebaut. An solch ein Segment können bis zu 100 Knotenrechner angeschlossen werden. Eine Verlängerung der Kabel ist über Zwischenverstärker, sog. Repeater möglich, jedoch darf der Abstand zwischen zwei Knotenrechnern 1,5 km nicht überschreiten.Benutzt man ein Segment als zentrales Kabel, an das über 100 Repeater ebensoviele 500 m Kabelsegmente angeschlossen werden, so ist es möglich, ein zylinderförmiges Netz von 1 km Durchmesser und 500 m Höhe zu installieren. An dieses Netz können bis zu 1024 Knotenrechner, jeder ausgestattet mit maximal 24 Anwenderschnittstellen, angeschlossen werden.

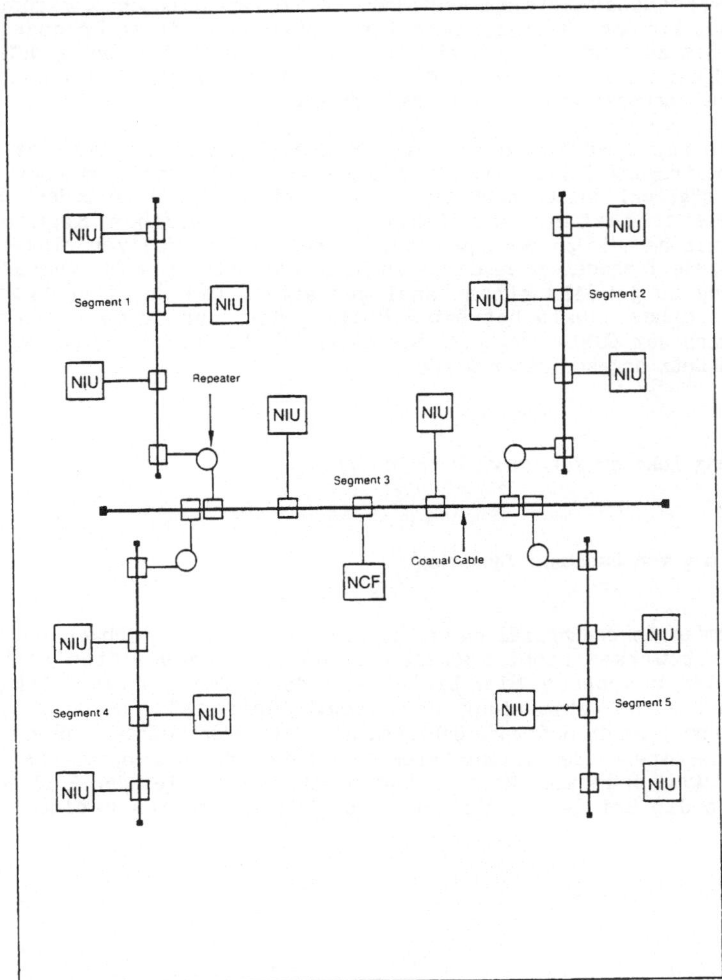

Bild 3: Ausdehnung des Baseband-Systems

Die Verbindung zum Koaxialkabel wird durch eine einfache Schelle hergestellt. Über zwei Stifte kontaktiert sie den Außenleiter des Koaxialka-
bels und bietet gleichzeitig die Möglichkeit, einen sog. Transceiver zu
befestigen. Dieser stellt über.einen weiteren Kontaktstift die Verbindung zum Innenleiter her. Der Transceiver übernimmt mit Hilfe einfacher
Differenzverstärker das Senden und Empfangen von Daten in digitaler
Form. Diese Codierung in digitaler Form wird wegen des in diesem Falle
vorhandenen Gleichanteils Baseband-Verfahren genannt.

6.2 Das Broadband-System

Im Gegensatz zum Baseband-Verfahren wird beim Broadband-Verfahren die zu
übertragende Information der Amplitude einer Trägerfrequenz aufmodu-
liert. Sendedaten und Empfangsdaten erhalten innerhalb eines 6 MHz
breiten Frequenzbandes je eine eigene Trägerfrequenz, was impliziert,
daß eine Frequenzumsetzung von Sende- zu Empfangsfrequenz vorgenommen
werden muß. Ein sog. Frequenzremodulator übernimmt diese Frequenzumsetzung. Bis zu fünf dieser 6 MHz breiten Frequenzbänder stellt NET/ONE
zur Verfügung, sodaß bis zu fünf voneinander unabhängige Netzwerke auf
einem Kabel nebeneinander existieren können.

Als Übertragungsmedium dient ein 75 Ohm Koaxialkabel wie es für
Fernsehübertragung üblich ist. Verzweigungen des Netzes sind über sog.
Splitter möglich, jedoch darf der Abstand zwischen zwei Anwendern 8 km
nicht überschreiten. Das Kabel wird in einzelnen Segmenten
verlegt,zwischen die an den gewünschten Stellen Transceiver eingefügt
werden. Diese Transceiver realisieren Bandpässe, die einem Knotenrechner
den Zugang zu jeweils einem Kanal gestatten. Die Übertragungsrate
innerhalb eines Kanals beträgt 5 Mbit/s, der Zugriff auf das Kabel
erfolgt nach dem CSMA-Verfahren. Bis zu 300 Knotenrechner können an ein
Broadband-Netz angeschlossen werden.

7. Kopplung lokaler Netzwerke über Bridges

7.1 Kopplung von Baseband-Systemen

In bestimmten Anwendungsfällen werden die Ausdehnungsmöglichkeiten eines
lokalen Netzwerkes nicht ausreichen, um alle gewünschten Partner
miteinander zu koppeln. Hier bietet sich der Aufbau mehrerer lokaler
Netze und eine Verbindung über sog. "Bridges" an. Dies sind
Knotenrechner, deren Software dahingehend modifiziert wurde, daß sie die
Zieladresse eines jeden Datenpaketes daraufhin untersuchen, ob das Ziel
in einem zweiten lokalen Netz vorhanden ist. Sollte dies der Fall sein,
übernimmt die Bridge die Weiterleitung der Daten ins zweite Netz.

7.2 Kopplung von Broadband-Systemen

Wie o.a. können in einem Broadband-System fünf voneinander unabhängige
Netze auf einem Kabel nebeneinander existieren. Ist hier ein Übergang
von einem Netz zum anderen, d.h. von einem Frequenzband zum anderen
erwünscht, so kann dies durch eine Broadband-to-Broadband-Bridge geschehen. Neben der Adreßerkennung und Zuordnung zu einem bestimmten Netz
findet in dieser Bridge auch die entsprechende Frequenzumsetzung statt.

7.3 Kopplung zwischen Baseband- und Broadband-Systemen

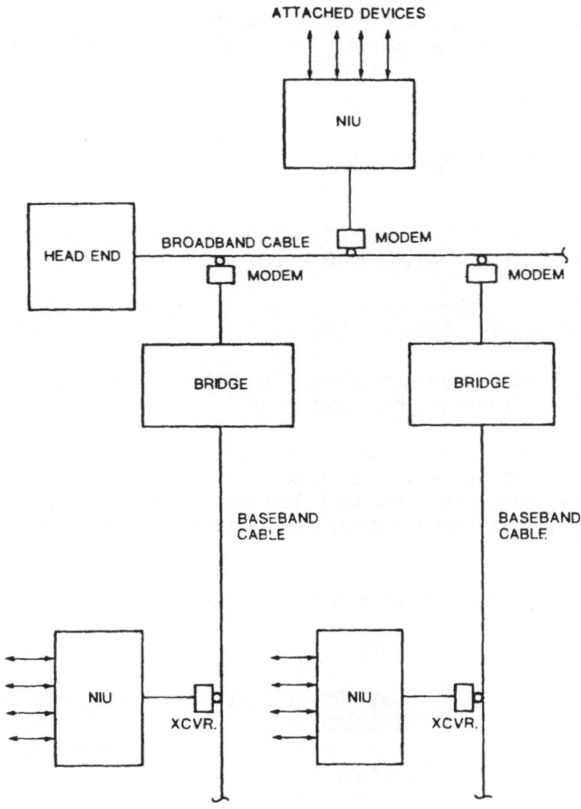

Bild 4: Kopplung zwischen Baseband- und Broadband-Systemen

Die Knotenrechner des Broadband-Systems unterscheiden sich von denen des Baseband-Systems lediglich in zwei Baugruppen, die die Aufgabe des Sendens, Empfangens, der Paketierung, Adress- und Fehlererkennung übernehmen. Diese Baugruppen enthalten in der Broadband-Version ein Modem, das den zugehörigen Transceiver bedient. Bezüglich Standard- und Anwendersoftware sind beide Systeme voll kompatibel, sodaß ein Baseband-System durch einfachen Flachbaugruppentausch in ein Broadband-System überführt werden könnte.

Darüber hinaus bietet NET/ONE als einziges System die Möglichkeit, Baseband- und Broadband-Netze miteinander zu koppeln. Bild 2 zeigt eine Konfiguration in der diese Kopplung durch zwei Brücken (bridges) vorgenommen wurde. Somit kann ein Broadband-System installiert werden, wo die entsprechenden Kabel bereits verlegt sind oder wo Video-Übertragungen erwünscht sind. Wird hingegen größere Flexibilität gefordert (die Schellen des Baseband-Systems lassen sich jederzeit entfernen und im laufenden Betrieb an anderer Stelle wieder anbringen, wohingegen die Transceiver des Broadband-Systems fest installiert bleiben müssen) oder ist eine höhere Datenübertragungsrate zu einem geringeren Preis erwünscht, bietet sich das Baseband-System an. NET/ONE bietet die Möglichkeit der Kopplung beider Systeme.

8. Der Zugang zu öffentlichen Netzen

Die Kopplung von NET/ONE mit öffentlichen, d.h. durch die Post betriebenen Netzen erfolgt unter zwei Aspekten:

- Zur regionalen und überregionalen Verbindung zweier oder mehrerer lokaler NET/ONE-Netze (Gateway-Funktion),

- um die Dienstleistungen der öffentlichen Netze über NET/ONE an den Arbeitsplatz des Benutzers heranzuführen.

Für jeden gewünschten Dienst kann zwischen Postnetz und NET/ONE eine Verbindung hergestellt werden. Die Auswahl des Netzes sollte sich nach den Eigenschaften der entsprechenden Dienste und dem Benutzerbedürfnis richten. Für jeden Anschluß gelten die Bestimmungen der Deutschen Bundespost

Folgende Netze stellt die Bundespost zur Verfügung:

Netz	Zugang
Fernmeldenetz	Akustikkoppler bis 300 Baud erfordern keine FTZ-Zulassung. Mit Modems (Schnittstelle V.24) - mit oder ohne automatischer Wähleinrichtung (Schnittstellen V.24/V.25) - können Übertragungsraten bis 4800 Baud erzielt werden. Über spezielle Modems ist der Übergang zu Datex-P möglich.
Direktrufnetz (HFD)	Über Datenanschaltgeräte für Fest- oder Wählverbindungen können Übertragungsraten bis 48 kBaud erreicht werden.

Datex-L   Datenvermittlungsnetze mit (automatisch) wählbaren Leitungsverbindungen. Übertragungsraten mittels Datenfernschaltgerät (DFG) bis 9600 Baud (Schnittstellen X.21 bzw. X.21 bis)

Datex-P   Datenvermittlungsnetz mit wählbaren oder festen virtuellen Verbindungen (X.25 Übertragungsprotokoll) bis 48 kBaud. Anschluß an Datenanschaltgerät (Schnittstelle X.25) über Protokollkonverter.

Teletex   Anschluß über Teletex-Endgeräte, die über eine V.24 Schnittstelle verfügen, an das Teletex-Netz (X.21).

Der Teletex- bzw. Datex-P-Anschluß ist über entsprechende FTZ-zugelassene Datenendgeräte bzw. Protokollkonverter sofort möglich. Für die anderen Anschlüsse sind FTZ-Zulassungen beantragt.

9. NET/ONE Bestandteile

Zum Lieferumfang von NET/ONE gehören, unabhängig vom Übertragungsverfahren, folgende Hard- und Software-Komponenten.

Hardware:

- NIU-1   Network Interface Unit 1
Knotenrechner ohne Applikationsprozessor

- NIU-2   Network Interface Unit 2
Knotenrechner mit bis zu drei Applikationsprozessoren. Auf Wunsch mit XEROX-kompatibler Software.

- NCF-1/2   Network Configuration Facility 1/2
speziell konfigurierter Applikationsprozessor zum Einbau in eine NIU-2. Dient in Verbindung mit einem Massenspeicher (entweder zwei Floppy-Laufwerke oder ein Floppy-Laufwerk und eine Harddisk) der Konfiguration des Netzwerkes und der Erstellung von Anwendersoftware unter CP/M.

- NRU   Network Repeater Unit
Zwischenverstärker zur Erweiterung eines Baseband-Netzes. Als Board zum Einbau in NIU-2 oder in Stand-Alone-Ausführung erhältlich.

- NTR   Network Transceiver Unit
Kabeladapter zum Senden und Empfangen von Daten in einem Baseband-Netz

- LFB   Local filtered Bridge
Brücke zur Kopplung zweier Baseband-Netze

Software:

-       zur Konfiguration des Netzes

-       zur Erstellung anwenderspezifischer Software

-       zur Fileübertragung zwischen CP/M und UNIX basierenden
        Systemen

-       zur Protokollierung des Netzverkehrs

-       für weit verbreitete Kommunikationsprozeduren (2780,
        3780, DR-11W/B)

Die komplexe Problematik der Datenkommunikation erfordert ein umfassendes Produktkonzept, das die heute bestehenden Standards berücksichtigt
und die Implementierung zukünftiger Standards ermöglicht. Durch die
Möglichkeit, NET/ONE als Broadband- und Baseband-System zu installieren
und diese zu koppeln und die Möglichkeit, Knotenrechner anwenderspezifisch zu programmieren, erfüllt NET/ONE diese Anforderungen in hohem
Maße. Weit über 150 Installationen zeigen, daß diese Vorteile weltweit
gesehen werden.

ANSCHRIFTENVERZEICHNIS DER AUTOREN, SITZUNGSLEITER UND MITGLIEDER
DES PROGRAMMAUSSCHUSSES

Dr. Albrecht Blaser
IBM Deutschland GmbH
Wiss. Zentrum Heidelberg
Tiergartenstraße 15
D-6900 Heidelberg
Tel. 06221/45064

Dipl.-Ing. Gottfried B. Bertram
Olympia Werke AG
Postfach 960
D-2940 Wilhelmshaven
Tel. 04421/781

Ulrich Busch
SKF Kugellagerfabriken GmbH
Zentralbereichsleitung
Informationssysteme
Postfach 1440
D-8720 Schweinfurt 1
Tel. 09721/56760

Dipl.-Ing. Gerhard Dieterle
Kontron Mikrocomputer GmbH
Abteilung Datenkommunikation
Breslauer Straße 2
D-8057 Eching b. München
Tel. 089/31901-0

Dir. Dipl.-Ing. Heinz Felsner
Honeywell Bull AG
Linke Wienzeile 236
A-1150 Wien
Tel. 0222/853641-0

Dr. Wolfgang F. Finke
Universität Paderborn - Gesamthochschule
Fachbereich 5, Wirtschaftswissenschaft
Betriebswirtschaftslehre, insbes.
Wirtschaftsinformatik und Operations
Research
Warburger Straße 100
D-4790 Paderborn
Tel. 05251/60-2808

Univ.-Doz Dr. K. Fuchs
DIE ERSTE österreichische Spar-Casse
Graben 21
A-1011 Wien
Tel. 0222/6618-0

Prok. Ulrich Gilhofer
Philips Data Systems GmbH
Computerstraße 6
A-1100 Wien
Tel. 0222/622111

Prof. Dr. Oskar Grün
Wirtschaftsuniversität Wien
Institut für Produktions- und
Organisationsforschung
Augasse 2-6
A-1090 Wien
Tel. 0222/340525-0

Ing. Dr. Johann Günther
Philips Data Systems GmbH
Computerstraße 6
A-1100 Wien
Tel. 0222/622111

Prof. Dr. Hans Robert Hansen
Wirtschaftsuniversität Wien
Institut für Unternehmensführung /
Wirtschaftsinformatik
Augasse 2-6
A-1090 Wien
Tel. 0222/340531-774

Dr. Mladen Hamm
Sperry Univac Centre
Stonebridge Park
North Circular Road
GB-London NW10 8LS
Tel. 01-965 0511

Dr. Wolfgang Heilmann
INTEGRATA GmbH Unternehmens-
beratung, BDU
Biesingerstraße 10
D-7400 Tübingen 1
Tel. 07071/24388/89

Kirby Herron
DATAPOINT Europe Ltd.
Headstone Road 5-9
Harrow Middlesex, HA 1 1 PL
England
Tel. 01/863-8311

Heinz C. Höfer
Hilti Aktiengesellschaft
Vorstandsressort Informatik
FL-9494 Schaan
Fürstentum Liechtenstein
Tel. 075/6 21 11

Dipl. Betriebswirt Helmut Kalt
Siemens AG
Unternehmensbereich Datentechnik
Otto Hahn-Ring 6
D-8000 München-Perlach
Tel. 089/636-3890

Dr. Alfred Kasparek
Bundesministerium für Finanzen
ADV-Sektion
Hintere Zollamtsstraße 4
A-1033 Wien
Tel. 0222/6623-2265

Prof. Dr. Helmut Kerner
Technische Universität Wien
Institut für Angewandte Informatik und
Systemanalyse
Argentinierstraße 8
A-1040 Wien
Tel. 0222/5601-4467

Dr. Richard Koch
Bundesinstitut für Berufsbildung
Fehrbelliner Platz 3
D-1000 Berlin 31
Tel. 030/8683-275

Walter Konvicka
DIE ERSTE österreichische Spar-Casse
Neutorgasse 8
A-1010 Wien
Tel. 0222/661637

Prof. Dr. Hermann Krallmann
Technische Universität Berlin
Fachgebiet Systemanalyse und EDV
HAD 2
Hardenbergstraße 4-5
D-1000 Berlin 12
Tel. 030/314-3959

Thomas Kreifelts
GMD Gesellschaft für Mathematik
und Datenverarbeitung
Schloß Birlinghoven
Postfach 1240
D-5205 St. Augustin 1
Tel. 02241/14-2315

Prof. Dr. F. Krückeberg
GMD Gesellschaft für Mathematik
und Datenverarbeitung
Postfach 12 40
Schloß Birlinghoven
D-5205 St. Augustin 1
Tel. 02241/14-2335

Heinz Lasta
Philips Data Systems Ges.m.b.H.
Computerstraße 6
A-1100 Wien
Tel. 0222/622111

Norbert Leckebusch
PR-Redaktion Leckebusch KG
Postfach 172
D-7142 Marbach/Neckar
Tel. 07144-36676

Dr. E.G. Lotz
IBM Deutschland GmbH
Hauptverwaltung
Pascalstraße 100
D-7000 Stuttgart 80
Tel. 0711/785-0

Dir. Lawrence J. Marquit, Ph.D.
Wang Laboratories, Inc.
European Office
Automation Support
One Industrial Avenue,
Lowell, MA 01851
USA
Tel.(617) 459-5000

Dipl.-Ing. Wolfgang Michalke
Fernmeldetechn. Zentralamt
Abteilung T
Postfach 111
A-1103 Wien
Tel. 0222/781511-305

Herbert Mildt
Siemens AG
Zentrale Betriebswirtschaft
und Organisation (ZBO)
Wittelsbacher Platz 2
D-8000 München
Tel. 089/234-4564

Dr. Michaela Moritz
Gewerkschaft der Privat-
angestellten
Deutschmeisterplatz 2
A-1010 Wien
Tel. 0222/343520-204

F.R. Müller
Diebold Deutschland GmbH
Feuerbachstraße 8
D-6000 Frankfurt 1
Tel. 0611/7107-0

Prof. Dr. Ludwig Nastansky
Universität Paderborn - Gesamthochschule
Schwerpunkt Wirtschaftsinformatik und
Operations Research
Fachbereich Wirtschaftswissenschaft
Warburger Straße 100
D-4790 Paderborn
Tel. 05251/60-2808

Dipl.-Ing. Peter H. Nedwed
Digital Equipment Corporation Ges.m.b.H.
A-2331 Vösendorf bei Wien, SCS
Tel. 0222/677641-0

Ing. Peter Nikodem
Nixdorf Computer Ges.m.b.H.
Untere Donaustraße 11
A-1020 Wien
Tel. 0222/266767-0

Dipl.-Ing. Walter von Pattay
Siemens AG
Abteilung DTS 3
Otto Hahn-Ring 6
D-8000 München-Perlach
Tel. 089/636-3877

Dr. Heribert Peuckert
Siemens AG
Abteilung PN IK
Hofmannstraße 51
D-8000 München 70
Tel. 089/72244909

E. Piller
Honeywell Bull AG
Linke Wienzeile 236
A-1150 Wien
Tel. 0222/853641-0

Dipl.-Ing. Christian Pronay
Technische Universität Wien
Institut für praktische Informatik
Argentinierstr. 8
A-1040 Wien
Tel. 0222/5601-4461

Dr. Walter Schiebel
Wirtschaftsuniversität Wien
Institut für Absatzwirtschaft
Augasse 2-6
A-1090 Wien
Tel. 0222/340525

Dr. Wolfgang Schröder
mbp Mathematischer Beratungs- und
Programmierungsdienst GmbH
Semerteichstraße 47
D-4600 Dortmund 1
Tel. 0231/4348-0

Dr. Peter U. Schulthess
Eidgenössische Technische Hochschule
Institut für Informatik
Clausiusstraße 55
CH-8092 Zürich
Tel. 01/2562211

Dr.-Ing. Tom W.H.A. Sommerlatte
Arthur D. Little International, Inc.
A.-Lincoln-Straße 34
D-6200 Wiesbaden
Tel. 06121/74601

Prof. Dr. Otto Spaniol
Universität Frankfurt
Fachbereich 20 (Informatik)
Postfach 11 19 32
D-6000 Frankfurt/M.
Tel. 0611/798-8149

Dipl.-Math. Jochen Speek
mbp - Mathematischer Beratungs-
und Programmierungsdienst GmbH
Semerteichstraße 47
D-4600 Dortmund 1
Tel. 0231/4348-0

Paul A. Strassmann
Xerox Corporation
Information Products Group
POB 1600
Stamford, Ct. 06904
USA

Dr. P. Stucki
IBM Forschungslaboratorium
Advanced Applied Studies Group
Säumerstraße 4
CH-8803 Rüschlikon
Tel. 01/724-2727

Dipl.-Math. Michael Stumm
Institut für Informatik der
Universität Zürich
Sumatrastraße 30
CH-8035 Zürich
Tel. 01/2511872

Dr. Martin Thomson
Pactel GmbH
Wiesenau 27-29
D-6000 Frankfurt 1
Tel. 0611/71091

Dir. Willi U. Vonrufs
Schweizerische Bankgesellschaft
Organisations- und
EDV-Entwicklung
Bahnhofstr. 45
CH-8021 Zürich
Tel. 01/2365514

Dipl.-Math. Klaus Wenke
Martin Brinkmann AG Bremen
Dötlinger Straße 4
D-2800 Bremen 1
Tel. 0421/548-4701

Dipl.-Ing. Leopold Weninger
Technische Universität Wien
Institut für Angewandte Informatik
und Systemanalyse
Argentinierstraße 8
A-1040 Wien
Tel. 0222/5601-4466

Dipl.-Ing. Alexander E. Wiesmayr
Bundesministerium für Finanzen
Abteilung VII/1
Hintere Zollamtsstraße 4
A-1033 Wien
Tel. 0222/6623-2056

Dr. P. Wißkirchen
Gesellschaft für Mathematik und
Datenverarbeitung mbH Bonn
Postfach 12 40
Schloß Birlinghoven
D-5205 St. Augustin 1
Tel. 02241/14-2315

BauDir. H. Wortmann
Bundesministerium des Innern
Postfach 170290
D-5300 Bonn 1
Tel. 0228/6684-244

Michael Zimmermann
Honeywell Bull AG
Linke Wienzeile 236
A-1150 Wien
Tel. 0222/853641-0

Dipl.-Ing. Rainer Zimmermann
Technische Universität Berlin
Fachgebiet Systemanalyse und EDV
HAD 2
Hardenbergstraße 4-5
D-1000 Berlin 12
Tel. 030/314-3959

Dr.-Ing. Rolf Zimmermann
Dornier-System GmbH
Postfach 1360
D-7990 Friedrichshafen 1
Tel. 07545/8-5411

Betriebs- und Wirtschaftsinformatik

Herausgeber: H.R.Hansen, H.Krallmann, A.-W.Scheer, D.Seibt, P.Stahlknecht, H.Strunz, R.Thome

EDV-Systeme im Finanz- und Rechnungswesen

Anwendergespräch, Osnabrück, 8.-9. Juni 1982

Gesellschaft für Informatik e.V.
Verband der Hochschullehrer für Betriebswirtschaft e.V. (WK Betriebsinformatik)

Herausgeber: **P.Stahlknecht**

1982. XIV, 518 Seiten
DM 79,-. ISBN 3-540-11743-1

Das Buch enthält die Vorträge des 2. Anwendergesprächs „EDV-Systeme im Finanz- und Rechnungswesen" am 8. und 9. Juni 1982 in Osnabrück. In diesen Vorträgen werden

- Erfahrungen mit einzelnen EDV-Anwendungssystemen im Finanz- und Rechnungswesen sowohl in Großunternehmen als auch in kleinen und mittleren Betrieben unterschiedlicher Branchen wiedergegeben.
- Entwicklungstendenzen, z.B. über die Einsatzmöglichkeiten dialog-gestützter Entscheidungshilfen oder relationaler Datenbankmodelle für die Kostenrechnung, aufgezeigt, und
- neue Programmprodukte vorgestellt.

Das Buch gibt den aktuellen Stand der Wissenschaft und der Praxis auf dem Gebiet des EDV-Einsatzes im Bereich Finanz- und Rechnungswesen wieder. Für Praktiker, die mit der Umstellung auf die Dialogverarbeitung befaßt sind oder die die Einführung der Datenverarbeitung planen, bietet es eine wertvolle Hilfestellung. Der Betriebswirtschaftslehre werden Ansätze für praxisorientierte Forschungsarbeiten gezeigt.

Während bei dem 1. Anwendergespräch noch der EDV-Einsatz in den klassischen Teilgebieten der Finanzbuchhaltung im Vordergrund stand, hat sich das Schwergewicht bei den hier wiedergegebenen Referaten auf dialoggestützte, auf dem Datengerüst des Finanz- und Rechnungswesens aufgebaute Entscheidungshilfen für das Management verlagert.

Unternehmensplanung und -steuerung in den 80er Jahren

Eine Herausforderung an die Informatik

Anwendergespräch, Hamburg,
24.-25. November 1981

Gesellschaft für Informatik e.V.
Verband der Hochschullehrer für Betriebswirtschaft e.V. (WK Betriebsinformatik)

Herausgeber: **H.Krallmann**

1982. XI, 450 Seiten
DM 69,-. ISBN 3-540-11600-1

Die gegenwärtige ökonomische Situation ist durch eine zunehmende Unsicherheit über die zukünftige Entwicklung geprägt. In dieser Situation kommt einer effizienten Planung des Unternehmensgeschehens entscheidende Bedeutung zu. Im vorliegenden Band wird in insgesamt 23 Beiträgen von Wissenschaftlern und insbesondere von Praktikern auf die Möglichkeiten eingegangen, die neue Informationstechnologien für die unternehmerische Planung bieten. Hierbei werden vor allem die Möglichkeiten und Grenzen rechnergestützter Planungssysteme dargestellt und analysiert. Der Einsatz dieser Planungssysteme wird für unterschiedliche Unternehmensgrößen und in verschiedenen betrieblichen Teilbereichen diskutiert, Leistungsfähigkeit und Grenzen dieser neuen Technologie werden praxisbezogen dargestellt.

Springer-Verlag Berlin Heidelberg New York